La Poésie du XIXᵉ siècle

★★

NAISSANCE DE LA POÉSIE MODERNE

Ouvrages de

ROBERT SABATIER

aux Éditions Albin Michel

Essais :

HISTOIRE DE LA POÉSIE FRANÇAISE :

1. La Poésie du Moyen Age
2. La Poésie du xvie siècle
3. La Poésie du xviie siècle
4. La Poésie du xviiie siècle
5. La Poésie du xixe siècle
   * Les Romantismes
   ** Naissance de la poésie moderne

en préparation

6. La Poésie du xxe siècle
   * Le Demi-Siècle
   ** L'Avenir

L'ÉTAT PRINCIER
DICTIONNAIRE DE LA MORT

Poésie :

LES FÊTES SOLAIRES
DÉDICACE D'UN NAVIRE
LES POISONS DÉLECTABLES
LES CHATEAUX DE MILLIONS D'ANNÉES
ICARE ET AUTRES POÈMES

Romans :

LES ALLUMETTES SUÉDOISES
TROIS SUCETTES A LA MENTHE
LES NOISETTES SAUVAGES
ALAIN ET LE NÈGRE
LE MARCHAND DE SABLE
LE GOUT DE LA CENDRE
BOULEVARD
CANARD AU SANG
LA SAINTE FARCE
LA MORT DU FIGUIER
DESSIN SUR UN TROTTOIR
LE CHINOIS D'AFRIQUE

Robert Sabatier
de l'Académie Goncourt

HISTOIRE DE LA POÉSIE FRANÇAISE

★★★
★★

La Poésie du XIXe siècle

II
NAISSANCE DE LA POÉSIE MODERNE

Albin Michel

IL A ÉTÉ TIRÉ DE CET OUVRAGE
SOIXANTE EXEMPLAIRES SUR VÉLIN
CUVE PUR CHIFFON DE RIVES,
DONT CINQUANTE NUMÉROTÉS
DE 1 À 50, ET DIX HORS COM-
MERCE NUMÉROTÉS DE I À X.

© Éditions Albin Michel, 1977
22, rue Huyghens, 75014 Paris

ISBN BROCHÉ 2-226-00428-9
ISBN RELIÉ 2-226-00429-7

Le Mouvement parnassien

I

Les Poètes du Parnasse

THÉOPHILE GAUTIER nous a permis de donner les grandes lignes de l'art parnassien, mais de nouvelles et jeunes présences incitent à considérer l'histoire du mouvement et à tenter d'analyser des doctrines fluctuantes, car les poètes qui se sont regroupés sous cette bannière représentent, comme ce fut le cas pour les romantiques (avec qui le Parnasse n'est pas antithétique), autant de directions qu'ils ont d'individualités.

Durant l'exil de Victor Hugo qui est « là-bas dans l'île » comme dit son admirateur Théodore de Banville, de nouvelles générations apparaissent qui le respectent tout en le tenant pour une sorte de divinité lointaine, un maître dont on attend les billets de satisfaction (qu'il ne ménage pas d'ailleurs). En son absence, Théophile Gautier aurait pu être le maître d'école, le meneur de jeu, mais un respect profond de la liberté d'autrui allié à un tempérament individualiste, quasi anarchiste, bien que son influence soit prépondérante, ne l'y prédisposait pas. Devenir ce guide attendu, Sainte-Beuve le suggère à Baudelaire qui n'y tient pas davantage : « Je ne suis pas fait pour diriger qui que ce soit et j'ai un profond mépris pour les gens qui ne savent pas se diriger eux-mêmes », écrit-il. Théodore de Banville sera plus actif, mais on ne prendra pas tout à fait au sérieux l'auteur des *Odes funambulesques*. Il s'intéresse cependant aux jeunes, a le sens de l'amité et des rapports humains, montre une faconde étonnante, mais ne veut imposer aucune loi. Et Leconte de Lisle? Il répond plus à une attente, mais, à la fois orgueilleux et pudique, despotique plus que sachant s'imposer véritablement, si on l'accepte, c'est vraiment faute de mieux. Non, les poètes parnassiens n'auront pas à leur tête l'équivalent d'un Ronsard, d'un Malherbe, d'un Hugo, d'un Mallarmé, d'un André Breton, car les plus grands refusent ce rôle.

Les Premières métamorphoses.

Aux alentours de 1860, le Romantisme de Lamartine semble loin, Musset a toujours ses fervents, mais aussi ses détracteurs. Il semblerait que ce fût autour de lui que s'organisât le débat : Baudelaire l'a méprisé, Verlaine fera son procès, Rimbaud l'exécutera. Seule la gloire de Victor Hugo résiste : il est le romantique en constante transformation, le démocrate en exil, le bénisseur aussi. Banville lui est fidèle, face à Leconte de Lisle, grincheux, qui le rejette. Mais tous ne sont-ils pas ses fils ? S'il existe un début de ferveur autour de Gérard de Nerval, il reste discret. Vigny semble sur les hauteurs et peut-être oublie-t-on de voir qu'après André Chénier, par des poèmes comme *le Bain d'une esclave romaine,* il est un des précurseurs du Parnasse. Marceline Desbordes-Valmore est présente, et Verlaine, disant son génie, la situera parmi ses poètes maudits, mais elle ne correspond guère à la nouvelle esthétique. Les chefs de file non avoués sont bien Gautier, Baudelaire, Leconte de Lisle, Banville.

Le Parnasse naît officiellement en 1867 chez l'éditeur Lemerre, mais le groupe existait déjà depuis sept ans autour de la *Revue fantaisiste* lancée par le Bordelais Catulle Mendès qui trouvera le nom de Parnasse, où l'on verra Gautier, Baudelaire, Banville, Sully-Prudhomme, Villiers de l'Isle-Adam. Puis, il y eut, en 1863, *la Revue du Progrès* de Louis-Xavier de Ricard, le futur auteur des *Petits mémoires d'un parnassien, et l'Art* de 1865. C'est par la réunion de cette dernière revue et de la *Revue fantaisiste* que paraît *le Parnasse contemporain,* recueil de vers nouveaux, avec Catulle Mendès pour rédacteur en chef, les noms déjà cités pour auteurs et beaucoup d'autres, connus aujourd'hui ou oubliés, mais dont la liste reste prestigieuse :

José-Maria de Heredia, Louis Ménard, François Coppée, Auguste Vacquerie, Léon Dierx, André Lemoyne, Émile et Antony Deschamps, Paul Verlaine, Arsène Houssaye, Léon Valade, Stéphane Mallarmé, Henry Cazalis, Philoxène Boyer, Emmanuel des Essarts, Albert Mérat, Henry Winter, Armand Renaud, Eugène Lefébure, Edmond Lepelletier, Auguste de Châtillon, Jules Forni, Charles Coran, Eugène Villemin, Robert Luzarche, Alexandre Piédagnel, Paul Fertiault, Francis Tesson, Alexis Martin.

Nous avons déjà parlé de certains d'entre eux, car ce premier Parnasse groupe les poètes les plus divers, forces vives de la jeune poésie : romantiques déjà connus comme les frères Deschamps, parnassiens d'une plus stricte obédience, futurs symbolistes comme

Verlaine ou Mallarmé, et surtout poètes dont la personnalité brise la barrière des écoles comme Baudelaire.

Les lieux de rendez-vous sont : chez Lemerre, l'éditeur, dont la boutique est « l'entresol du Parnasse », chez Leconte de Lisle, chez Louis-Xavier de Ricard qui reçoit chez sa mère, chez des égéries comme Nina de Villard ou Augusta Holmès.

Le mot *Parnasse* ne s'est pas tout de suite imposé. Avant, on avait trouvé *Stylistes, Formistes, Fantaisistes* (qui sera repris par les poètes du *Divan* en 1909), *Impassibles...* qui expriment assez bien certains points de doctrine. N'osant aller jusqu'à l'Olympe, on se contenta du Parnasse et les ennemis divulguèrent le nom de parnassiens, non sans quelque ironie.

Ces ennemis qui étaient-ils ? Il y eut les romantiques purs comme Jules Barbey d'Aurevilly qui jeta ses *Trente-sept médaillonnets du Parnasse contemporain;* il y eut les romanciers Paul Arène et Alphonse Daudet avec *le Parnassiculet contemporain.* Ces diminutifs montrent bien le désir de réduire la nouvelle école et de ridiculiser les impassibles et les maniaques de la poésie plastique. Ennemis aussi, évidemment, les philistins, les bourgeois. Comme l'écrit André Thérive : « En face, chez les bourgeois, on confondait d'ailleurs dans un même opprobre tout ce qui n'était pas la poésie claire et familière, le clairon de Déroulède et la musette de Béranger. » Ennemis aussi, la plupart des romanciers naturalistes. Pour un Edmond de Goncourt, pourtant artiste, il n'y a qu'un poète accepté, et encore avec des réticences, Hugo, les autres n'étant rien, la poésie n'existant plus que par la prose de son école.

Après 1870, au temps du deuxième Parnasse (que la guerre avait retardé) et du troisième Parnasse, aux noms de la première livraison s'en ajoutent d'autres, encore une fois romantiques des générations de 1820 et de 1830 rejoignant leurs collègues de la génération de 1860. Comme dit encore Thérive : « Que de poètes, que de grands poètes, que de petits, que de poétereaux, que de cadavres ! » Les voici :

Auguste Barbier, Sainte-Beuve, Victor de Laprade, Louis Ratisbonne, Joseph Autran, Auguste Lacaussade, Laurent Pichat, Louise Colet, Marc Monnier, Paul de Musset, Malvina Blanchecotte, Alfred des Essarts, Achille Millien, Édouard Grenier, Louise Ackermann, Joséphin Soulary, Anatole France, Frédéric Plessis, Charles Cros, Maurice Rollinat, Louisa Siefert, André Theuriet, Jean Aicard, Armand d'Artois, Alcide Dusolier, Charles Grandmougin, Georges Lafenestre, Eugène Manuel, Maurice Talmeyr, Claudius Popelin, Gabriel Vicaire, Camille Delthil, Léon Grandet, Robert de Bonnières, Raoul Gineste, Jules Breton, Albert Glatigny, Léon Cladel, Ernest d'Hervilly, Émile Bergerat, Émile Blémont, Paul Bourget, Antony Valabrègue, Nina de Callias, Mélanie

Bourotte, Henri Rey, Gabriel Marc, Gustave Pradelle, Louis Salles, Amédée Pigeon, Alexandre Cosnard, Isabelle Guyon, Myrten, Paul Marrot, Guy de Binos, B. de Foucaud, Gustave Ringal, N. Richardot, Mme Penquer, Bertrand Robinot, P. Saint-Cyr.

On le voit : l'accueil est le plus large. Un Malherbe ou un Breton auraient sans doute biffé bien des noms, mais l'éditeur Lemerre, entre le Jean de Tournes de la Renaissance et le Pierre Seghers d'aujourd'hui, se prépare un fameux catalogue. Les anthologies fleurissent, des *Trois livres de sonnets,* 1874, 1875, 1883, à la vaste *Anthologie des poètes français du XIXe siècle,* 1887-1888, et aussi les revues, éphémères ou non, qui remplacent les cénacles du début du siècle. Après la disparition du Parnasse, des revues seront toujours proches du mouvement : *la Renaissance littéraire et artistique* d'Émile Blémont, *la Revue du monde nouveau* de Charles Cros, *la République des Lettres, le Monde poétique, la Vie moderne* de Gatulle Mendès, etc. Il en sera de même aux époques présymboliste et symboliste, au temps des nombreux clans, groupes et clubs poétiques, et cela jusqu'à nos jours où les revues sont les supports de la poésie alors que la grande presse délaisse le genre. Cet immense grouillement de la poésie, à partir des années 1860, forme une jungle inextricable dans laquelle il est difficile de tracer des chemins. Il faudra, les grandes lignes étant tracées, faire du « coup par coup », procéder poète par poète.

Les Métamorphoses du Romantisme.

Ainsi, des poètes, jeunes ou non, se sont aperçus que le Romantisme, bien que libérateur de l'art et de la pensée, à force de sensiblerie, de mélancolie chronique, conduisait vers une impasse. La douleur, la nature épuisées laissaient place à l'artifice. Il fallut donc, pour Gautier et ses amis, établir la primauté de l'art, ce qui fut excessif, car c'était refuser à la poésie d'être l'écho des préoccupations du temps en même temps que des émotions intimes du poète. La réaction d'un Leconte de Lisle est brutale : « L'héroïque bataillon des élégiaques verse moins de pleurs réels que de rimes insuffisantes. » Sans l'épanchement des sentiments, sans la cohésion profonde avec le rythme de l'actualité, le poète ne va-t-il pas perdre son public? Pour maints parnassiens désabusés, le lecteur français est, de toute façon, peu apte à comprendre la vraie poésie. Alors pourquoi l'utilité? Pourquoi ne pas garder simplement la beauté? Nous sommes au cœur d'un des grands débats poétiques. Leconte de Lisle écrit encore : « Il n'est pas bon de plaire ainsi à une foule quelconque. Un vrai poète n'est jamais l'écho systématique ou involontaire de l'esprit public. » Il ne s'aperçoit pas qu'il rejette ainsi la meilleure part, mais la tâche sera longue et ardue, la victoire peu probable. Notons au passage ce réquisitoire de Leconte de Lisle qui, hélas! n'est point si faux : « Le peuple français, particulièrement, est doué en ceci d'une façon incurable. Ni ses yeux, ni ses oreilles, ni son intelligence, ne percevront jamais le monde divin du Beau. Race d'orateurs éloquents, d'héroïques soldats, de pamphlétaires incisifs, soit, mais rien de plus... » Et encore : « Aucun peuple n'est plus esclave des idées reçues, plus amoureux de la routine, plus scandalisé par tout ce qui frappe pour la première fois son entendement. »

Les grands points de la doctrine : « La Poésie n'inspirera plus de vertus sociales » (Leconte de Lisle); « Il n'y a de vraiment beau que ce qui ne peut servir à rien; tout ce qui est utile est laid, car c'est l'expression de quelque besoin, et ceux de l'homme sont ignobles et dégoûtants, comme sa pauvre et infirme nature » (Théophile Gautier). Mais le slogan le plus concis fut jeté par Victor Hugo en 1829 au cours d'un discours sur la stylisation abstraite des caractères tragiques de Voltaire : « Plutôt cent fois l'Art pour l'Art. » Avec *les Orientales* n'a-t-il pas fait une réponse négative aux fouriéristes et aux saint-simoniens qui demandaient aux poètes de participer à l'effort général pour mettre la parole au service du progrès social? Il suffit de lire dans sa préface qu'il revendique le droit de publier « un livre inutile de pure poésie jeté au milieu des préoccupations graves du public ». A cette idée, Hugo ne se tiendra pas, et ce sera Gautier qui la reprendra et lui sera fidèle, rappelons-le.

Toute la question est là : l'art peut-il être serein? La suite apprendra sans doute aux parnassiens qu'ils ont engendré quelques maux : l'inhumanité, la fabrication, le factice, le formel. Mais l'on est tenté de voir dans leur doctrine une réaction normale, biologique, du corps poétique contre certaines facilités. En somme, un relais indispensable aux essors de la poésie.

Impassibles?

Autant de parnassiens, autant de manières d'envisager le Parnasse. A l'accusation d'impassibilité, Leconte de Lisle répond : « Un poète impassible! c'est une farce! Alors, quand on ne raconte pas de quelle façon on boutonne son pantalon et les péripéties de ses amourettes, on est un poète impassible? C'est stupide. » Il est vrai que tout n'est pas tranché et que le sentiment et l'émotion ne seront absents nulle part. On tourne le dos au moyen

âge de Hugo pour aller chercher l'inspiration dans cette anti- .
quité que Victor Hugo n'aimait guère, car elle lui rappelait le
classicisme impersonnel. Mais n'y a-t-il pas entre le personnel et
l'impersonnel des degrés? Toute la question est là. Les affirmations de Leconte de Lisle ont fait croire à l'impersonnalité de tout
le Parnasse : « Les émotions personnelles n'ont laissé dans mes
poèmes antiques que peu de traces. Il y a, dans l'aveu public des
angoisses du cœur et de ses voluptés non moins amères, une vanité
et une profanation non moins gratuites. » Or, il existe tant de
tempéraments et de tendances que maints parnassiens apportent
par endroits une dénégation à un de leurs maîtres. Et puis, si au
temps du classicisme, la poésie était impersonnelle parce que les
mentalités étaient ainsi prédisposées, il n'en est pas de même au
XIXe siècle dominé par la révolution du Romantisme. Ajoutons
qu'il y a un déplacement du sentiment vers l'objet, comme le dit
Frédéric Bataille à la fin d'un sonnet :

> Vous mettez des regards, des voix et des frissons
> Dans vos marbres païens; mais, pour vous, homme et femme
> Sont des jouets sans cœur et des pantins sans âme.

Sans doute y aurait-il bien des parallèles à faire avec notre temps,
des assimilations entre Romantisme et Surréalisme d'une part et
Parnasse et Nouveau Roman d'autre part. Voilà un bon sujet de
thèse comparative. Pour en rester au Parnasse, disons qu'il a le
respect et la religion de l'art, qu'il recherche le sentiment perdu
de la beauté plastique, de l'art sculptural, qu'il se voue à la forme,
a quelque peu tendance au pédantisme et à l'érudition, qu'il tient à
l'originalité et au travail du vers, en faisant la réserve qu'il substitue « respect de l'art » à « liberté de l'art ». C'est pourquoi la
poésie va pénétrer dans les musées et les ateliers d'art avec Gautier,
dans les bibliothèques avec ceux qui le suivront, pour trouver le
soutien des disciplines scientifiques, de l'archéologie à l'histoire
des religions, de la philologie aux langues orientales, de l'histoire
ancienne à celle de l'art, avec souvent maints artifices.

Le Métier pour le métier.

Bien souvent, c'est « le métier pour le métier » plus que « l'art
pour l'art ». La vigueur, la mesure, les rimes éclatantes, les rythmes
solides, on va donner à la langue poétique de lourdes tentures
en attendant les tulles du Symbolisme. D'aucuns, comme Théodore
de Banville, essaieront d'échapper à la pesanteur par des jeux acro-
batiques; d'autres tenteront vainement d'arracher au sol des vais-

seaux trop chargés. Le Parnasse aura une postérité avec des jeunes gens amoureux du culte de la beauté froide et du néopaganisme, mais son principal mérite est sans doute d'avoir été la critique du Romantisme évanescent et de susciter par ses exagérations une riposte des nostalgiques de la spiritualité, de la sensibilité réelle et du mystère essentiel. Et puis, dans son sein même, il y a les dissidents de la tendresse, François Coppée ou Sully Prudhomme, porteurs des pires défauts du Romantisme. Chez nombre de poètes de l'époque cohabitent un parnassien et un symboliste, à moins qu'on ne passe selon les modes de l'un à l'autre. Paul Verlaine ou Albert Samain fournissent de bons exemples, unissant des systèmes apparemment contradictoires. L'influence sera durable, on le verra encore au début du xxe siècle avec Laurent Tailhade, Anatole France ou Pierre Louÿs et quelques autres personnalités bien différentes. Pour les précurseurs, fions-nous à ce que disait Catulle Mendès : « Nous n'avions rien de commun, sinon la jeunesse et l'espoir, la haine du débraillé poétique et la chimère de la beauté parfaite. Et cette beauté chacun de nous la conçut selon son idéal personnel. »

Avant d'en venir à Charles Baudelaire dont la personnalité dépasse l'école parnassienne, nous rendrons visite aux poètes du mouvement dont le large éventail se déploie de la droite rigoriste à la gauche sentimentale.

Leconte de Lisle

Pᴇᴜ lu aujourd'hui, Marie-René-Charles Leconte, dit Leconte de Lisle (1818-1894) a des convictions courtes, mais si fortement ancrées qu'il peut influencer ses jeunes amis. Sa parole est péremptoire et persuasive; sa tenue littéraire, faite de hauteur et de discrétion, en impose. Si le siècle n'avait pas été aussi riche en fortes personnalités, avec la grande ombre de Victor Hugo, sans doute eût-il pris une place prépondérante. Il régna cependant sur un groupe, donna des directions, imposa des idées poétiques assez limitées pour qu'on les embrasse facilement, d'autant qu'elles étaient dans le sens d'une certaine forme de l'esprit français désireux d'un académisme renouvelé.

Il naquit à la Réunion : son exotisme ne sera pas conventionnel, mais inhérent à ses origines, avec cependant des déplacements dans l'espace et dans le temps n'échappant que de peu aux conventions. Il eut le temps de trouver dans son île sa Virginie qui s'appelait Élixenne de La Nux et il la chantera. Petit-cousin de Parny par sa mère, on ne trouve pas chez lui l'indolence créole, le charme et l'abandon des *Chansons madécasses*. Cela vient d'une éducation sévère qui en fait un caractère bien trempé, proche de Vigny dont il a le pessimisme stoïque, la vie étant « un accident sombre entre deux sommeils infinis ». Il compléta ses études à Rennes où il créa la revuette *Variété,* 1840, support de ses premiers contes en prose, avant de venir à Paris pour donner des vers dans *la Phalange* et collaborer à *la Démocratie pacifique* de Victor Considérant.

Fouriériste, républicain avancé, il entra dans la lutte politique en 1848, avec, semblait-il, des chances de succès. Or, cet aristocrate de la pensée et de la plume ne sut remuer les masses populaires et imposer une action. Un échec électoral le détourna de la vie politique. Les études grecques, l'histoire et l'histoire religieuse, comme la poésie, lui étaient chères. Parmi ses amis, il comptait son compatriote îlien Auguste Lacaussade, Louis Ménard, esprit universel, Thalès-Bernard, féru lui aussi d'hellénisme. Quand il se prononça pour l'abolition de l'esclavage, sa famille lui coupa les vivres.

Retour à l'Antiquité.

Durant le Second Empire, il mena une vie calme et besogneuse d'homme de lettres voué aux travaux de librairie qui, heureusement, le plus souvent correspondaient à ses goûts. Son premier livre fut *Poèmes antiques,* 1852. Dans une préface qu'il publia lors des éditions suivantes, il regarde avec hauteur la poésie de son temps et déclare que la science et l'art ne doivent faire qu'un. Il est caractéristique de voir que, l'année suivante, Champfleury, annonciateur du Naturalisme de Zola, allait poser les mêmes principes pour le roman. Leconte de Lisle donne donc des poèmes à la forme châtiée, soignée, serrée, où le poète, s'effaçant devant l'œuvre patiente, avec quelque froideur, mais moins d'impassibilité qu'on ne l'a dit (la comparaison avec les gémissements romantiques imposa cette épithète), propose des thèmes historiques, religieux, antiques, guerriers. Il oublie le cœur intime pour des voyages désenchantés à travers une histoire mouvante, énorme, immense, cruelle. Son idéal de beauté plastique, sa recherche de l'essentiel tentent vainement de combler l'universel néant. Philosophe, toute sa vie durant, il va contempler et traduire l'élaboration, la naissance, la destruction des choses, le recommencement et le renouvellement de ce qui est appelé à subir l'immense travail du temps.

Pour ces *Poèmes antiques,* Hugo le félicite, tandis que la fameuse préface lui vaut des ennemis, deux conditions nécessaires pour connaître la notoriété. La littérature alimentaire qu'il produit ne semble pas le gêner. Il y a les travaux de journalisme, mais aussi et surtout les traductions où il excelle : Anacréon, Homère, Eschyle, Sophocle, Euripide, Hésiode, Théocrite, enrichissent sa poésie en lui permettant des exercices de style dans ce domaine de la traduction que Baudelaire élève à l'art littéraire.

Ainsi, après s'être dégagé de premières influences lamartiniennes, ayant trouvé pour sa pensée poétique un moule qu'il ne songera jamais à renouveler, il chante la beauté hellénique en ne se séparant pas de ses grands modèles : quand on lit *Hélène, Niobé, Odes anacréontiques* ou les légendes autour d'Héraklès, *la Robe du Centaure, Héraklès au taureau, Héraklès solaire, l'Enfance d'Héraklès,* on retrouve aisément ses sources même lorsqu'il abrège Théocrite :

> Mais Héraklès, debout, dans ses langes se dresse,
> S'attache aux deux serpents, rive à leurs cous visqueux
> Ses doigts divins, et fait, en jouant avec eux,
> Leurs globes élargis sous l'étreinte subite
> Jaillir comme une braise au-delà de l'orbite.
> Ils fouettent en vain l'air, musculeux et gonflés,
> L'Enfant sacré les tient, les secoue étranglés,
> Et rit en les voyant, pleins de rage et de bave,
> Se tordre tout autour du bouclier concave.
> Puis, il les jette morts le long des marbres blancs,
> Et croise pour dormir ses petits bras sanglants.

Ce n'est pas, on le voit, ce qui est goûté aujourd'hui. En son temps, cela lui vaudra une influence qui durera jusqu'à ses *Derniers poèmes,* 1895, posthumes, et même au-delà, après que des générations aient aimé, après ses poèmes de l'Antiquité, ses *Poèmes barbares,* 1859, et ses *Poèmes tragiques,* 1884. Pour nous, il se montre le meilleur quand il se dégage de l'influence directe de tel ou tel auteur ancien, quand il quitte un ton guindé pour s'abandonner à la splendeur des spectacles. C'est là sa nature profonde : elle lui permet de témoigner de fraîcheur d'âme, de trouver de la clarté dans l'enfance des civilisations, de composer des tableaux solaires, de peindre à grand renfort de couleurs des paysages. Son poème le plus connu est *Midi,* avec lequel tenteront de rivaliser Sully Prudhomme et Auguste Lacaussade comme les moins connus Madeleine Paul, Léonce Depont et tant de parnassiens. Voici quelques extraits de ce poème :

> Midi, roi des étés, épandu sur la plaine,
> Tombe en nappe d'argent des hauteurs du ciel bleu.
> Tout se tait. L'air flamboie et brûle sans haleine;
> La terre est assoupie en sa robe de feu.
>
> L'étendue est immense et les champs n'ont point d'ombre,
> Et la source est tarie où buvaient les troupeaux;
> La lointaine forêt, dont la lisière est sombre,
> Dort là-bas, immobile, en un pesant repos.
>
> Seuls, les grands blés mûris, tels qu'une mer dorée,
> Se déroulent au loin, dédaigneux du sommeil :
> Pacifiques enfants de la terre sacrée,
> Ils épuisent sans peur la coupe du soleil.

A la fin du poème, ses origines romantiques apparaissent, et l'on pense irrésistiblement à Alfred de Vigny :

Homme, si le cœur plein de joie ou d'amertume,
Tu passais vers midi dans les champs radieux,
Fuis! la nature est vide et le soleil consume :
Rien n'est vivant ici, rien n'est triste ou joyeux.

Mais si, désabusé des larmes et du rire,
Altéré de l'oubli de ce monde agité,
Tu veux, ne sachant plus pardonner ou maudire,
Goûter une suprême et morne volupté;

Viens : le soleil te parle en lumières sublimes,
Dans sa flamme implacable absorbe-toi sans fin;
Et retourne à pas lents vers les cités infimes,
Le cœur trempé sept fois dans le néant divin.

Il a trouvé dans les littératures antiques cette impersonnalité qui reste le principal fondement de son esthétique. Il refuse les faciles émotions du cœur. Il est dans la lignée d'un Gautier poète ou d'un Flaubert pour le roman :

Dans mon orgueil muet, dans ma tombe sans gloire,
Dussé-je m'engloutir pour l'éternité noire,
Je ne te vendrai pas mon ivresse ou mon mal!

Je ne livrerai pas ma vie à tes huées,
Je ne danserai pas sur ton tréteau banal
Avec tes histrions et tes prostituées.

Tel qu'un morne animal, meurtri, plein de poussière,
La chaîne au cou, hurlant, au chaud soleil d'été,
Promène qui voudra son cœur ensanglanté
Sur ton pavé cynique, ô plèbe carnassière!

Une Philosophie cohérente.

La philosophie sous-tend ses poèmes, une philosophie courte, mais cohérente et prête pour des développements dans de multiples décors. Désenchantée, elle fait naître sa plainte grave, car elle lui dit la souffrance universelle, la mort, la douleur inséparable de l'être. Il prend du recul avec son époque pour trouver la splendeur grecque, le merveilleux oriental, la farouche grandeur scandinave et celtique, la puissance féodale, les mystères de l'Égypte, le primitivisme barbare, les secrets de l'Inde, l'ivresse de conquête des Arabes, la suavité des premiers chrétiens ou le mysticisme médiéval. Aux Hellènes, Aryens, Sémites, Arabes, cet homme cultivé demande des réponses à ses interrogations, mais c'est lui qui se répond à lui-même par leur voix.

Pour lui, comme chez les Bouddhistes, « toute chose est le rêve d'un rêve ». Il aspire au *nirvâna,* à la mort libératrice :

> Ô toi, divine mort, où tout rentre et s'efface,
> Accueille tes enfants dans ton sein étoilé;
> Affranchis-nous du temps, du nombre et de l'espace;
> Et rends-nous le repos que la vie a troublé.

Ce qui différencie Leconte de Lisle de nombreux parnassiens, c'est le fonds de culture universelle qui enrichit sa poésie, c'est la cohérence d'une philosophie tournée vers l'aspiration au néant.

L'Exotisme.

Peintre paysagiste, Leconte de Lisle, dans les *Poèmes barbares,* se fait peintre animalier comme Barye ou Frémiet : *les Éléphants, le Sommeil du condor, le Rêve du jaguar, les Larmes de l'ours,* et des tigres, des lions, des panthères, des aigles, des boas entrent dans une galerie zoologique glanée lors de voyages au Sénégal et au Cap ou tout simplement derrière les barreaux du Jardin des Plantes. On pense à des tableaux pour exposition coloniale avec cependant une animation véritable de la nature lumineuse et brûlante et d'excellents portraits d'animaux. Précurseur des safaris photographiques, il s'émerveille devant la faune comme ici avec *les Éléphants :*

> Le sable rouge est comme une mer sans limite,
> Et qui flambe, muette, affaissée en son lit.
> Une ondulation immobile remplit
> L'horizon aux vapeurs de cuivre où l'homme habite.
>
> Nulle vie et nul bruit. Tous les lions repus
> Dorment au fond de l'antre éloigné de cent lieues,
> Et la girafe boit dans les fontaines bleues,
> Là-bas, sous les dattiers des panthères connus.
>
> Pas un oiseau ne passe en fouettant de son aile
> L'air épais, où circule un immense soleil.
> Parfois quelque boa, chauffé dans son sommeil,
> Fait onduler son dos dont l'écaille étincelle.
>
> Tel l'espace enflammé brûle sous les cieux clairs.
> Mais, tandis que tout dort aux mornes solitudes,
> Les éléphants rugueux, voyageurs lents et rudes,
> Vont au pays natal à travers les déserts.
>
> D'un point de l'horizon, comme des masses brunes,
> Ils viennent, soulevant la poussière, et l'on voit,
> Pour ne point dévier du chemin le plus droit,
> Sous leur pied large et sûr crouler au loin les dunes.
>
> Celui qui tient la tête est un vieux chef. Son corps
> Est gercé comme un tronc que le temps ronge et mine;
> Sa tête est comme un roc, et l'arc de son échine
> Se voûte puissamment à ses moindres efforts.

Sans ralentir jamais et sans hâter sa marche,
Il guide au but certain ses compagnons poudreux;
Et, creusant par derrière un sillon sablonneux,
Les pèlerins massifs suivent leur patriarche.

L'oreille en éventail, la trompe entre les dents,
Ils cheminent, l'œil clos. Leur ventre bat et fume,
Et leur sueur dans l'air embrasé monte en brume;
Et bourdonnent autour mille insectes ardents...

Ces poèmes animaliers sont les plus connus du recueil parce que les plus immédiatement séduisants. On peut les prendre comme une illustration ou un repos dans un ensemble plus profond. Car dans ces *Poèmes barbares,* le pessimisme du poète s'accentue, surtout lorsqu'il évoque la naissance, la vie et la mort des religions. Ses tableaux sont tirés des parties sombres de la Bible comme dans *Qaïn* (les recherches de transcriptions littérales des noms propres sont curieuses : Klitaïmnestra pour Clytemnestre, etc.), de l'histoire d'une Grèce primitive et cruelle, des mythologies nordiques ou des mythes cosmogoniques de la Polynésie. Par contraste avec la nature tropicale, il sait donner les tableaux de la nature du Nord avec ses ciels sombres et ses étendues neigeuses. Il oppose la vie rude des guerriers, leur caractère farouche et passionné à l'affadissement et à l'avilissement de la civilisation moderne. Les mythes de l'*Edda,* du *Kalevala,* d'autres d'origine celtique, nourrissent sa poésie de leur puissance.

Mais son art, fait de clarté formelle, ne s'accorde pas toujours aux mythes obscurs qu'il veut traduire parce qu'ils traduisent eux-mêmes un secret humain qu'il ne peut livrer que par truchement. Refusant la plainte personnelle, ne voulant pas donner sa souffrance en spectacle, il la détourne par le biais de l'art et du stoïcisme. Dans *le Manchy,* il confie des souvenirs de jeunesse avec une extrême délicatesse :

Le bracelet aux poings, l'anneau sur la cheville,
Et le mouchoir jaune aux chignons,
Deux Télingas portaient, assidus compagnons,
Ton lit aux nattes de Manille.

Ployant leur jarret maigre et nerveux, et chantant,
Souples dans leurs tuniques blanches,
Le bambou sur l'épaule et les mains sur les hanches,
Ils allaient le long de l'Étang.

Le long de la chaussée et des varangues basses
Où les vieux créoles fumaient,
Par les groupes joyeux des Noirs, ils s'animaient
Au bruit des bobres Madécasses.

Dans l'air léger flottait l'odeur des tamarins;
Sur les houles illuminées
Au large, les oiseaux, en d'immenses traînées,
Plongeaient dans les brouillards marins.

Et tandis que ton pied, sortant de la babouche,
Pendait, rose, au bord du manchy
A l'ombre des Bois-noirs touffus et du Letchi
Aux fruits moins pourprés que ta bouche;

Tandis qu'un papillon, les deux ailes en fleur,
Teinté d'azur et d'écarlate,
Se posait par instants sur ta peau délicate
En y laissant de sa couleur;

On voyait, au travers d'un rideau de batiste,
Tes boucles dorer l'oreiller,
Et, sous leurs cils mi-clos, feignant de sommeiller,
Tes beaux yeux de sombre améthyste...

Dans d'autres poèmes comme *le Runoïa,* il montre la victoire pro-
visoire du Christianisme sur le Paganisme en attendant que la fin
des croyances le fasse sombrer. Furieux contre cette religion des-
tructrice des mystères du Paganisme, il réserve cependant au Christ
une sorte de considération respectueuse. Dans la plupart des
poèmes, Leconte de Lisle tente surtout d'imposer par la puissance
et la perfection de l'art une mythologie brumeuse comme celle
qu'on trouve dans *les Larmes de Sigurd* ou dans *le Cœur de Hialmar*
avec ses héros scandinaves que fera vivre plus tard Ingmar Bergman
au cinéma :

Viens par ici, Corbeau, mon brave mangeur d'hommes!
Ouvre-moi la poitrine avec ton bec de fer.
Tu nous trouveras demain tels que nous sommes.
Porte mon cœur tout chaud à la fille d'Ylmer.

Dans Upsal, où les Jarls boivent la bonne bière,
Et chantent, heurtant les cruches d'or, en chœur,
A tire d'aile vole, ô rodeur de bruyère!
Cherche ma fiancée et porte-lui mon cœur.

Au sommet de la tour que hantent les corneilles,
Tu la verras debout, blanche, aux longs cheveux noirs.
Deux anneaux d'argent fin lui pendent aux oreilles,
Et ses yeux sont plus clairs que l'astre des beaux soirs.

Qu'il y ait dans ces poèmes du prosaïsme, un exotisme parfois
facile, un abus d'épithètes et quelques chevilles est indéniable.
Cependant, son art n'est pas gratuit; il a ses exigences alors même
qu'il succombe à des défauts admis à l'époque : l'école parnassienne saura le considérer et le respecter. Il ne recherche pas l'admi-

ration de la foule. Comme dit Baudelaire : « Le caractère distinctif de sa poésie est un sentiment d'aristocratie intellectuelle, qui suffirait, à lui seul, pour expliquer l'impopularité de l'auteur. »

Le Poète tragique.

L'*Orestie* d'Eschyle inspire à Leconte de Lisle sa tragédie *les Erinnyes,* 1873, en vers. Cette œuvre est faible, car le poète ne semble se soucier que d'accentuer les aspects horrifiques en oubliant le sens du sacré et les nuances de la psychologie. Un des torts de Leconte de Lisle est d'être massif. Il faut ici citer Verhaeren qui le définit bien : « Leconte de Lisle se construisit un temple solennel et rectiligne. Angles lourds, blocs énormes. Ses poèmes s'en échappent comme des oracles. Ses monologues sont des vaticinations lentes, pondérées, superbes. »

Cette tragédie sera jointe à l'édition des *Poèmes tragiques,* 1884, deux ans avant une tardive entrée à l'Académie française au fauteuil de Victor Hugo qui avait désigné son successeur. Certes, sous les signes de l'histoire de l'humanité et de la poésie, il existe des points communs entre les deux poètes : Leconte de Lisle est un historien plus scrupuleux et plus minutieux que l'auteur de *la Légende des siècles,* mais il n'en a pas le souffle et la diversité, le grain de génie et de folie qui favorise l'envol des épopées. Sa religion du *nirvâna* empêche Leconte de Lisle de trouver les grands élans généreux face à l'histoire d'une humanité qu'il considère avec scepticisme.

Lorsque parurent les *Poèmes tragiques,* à défaut d'un succès populaire, Leconte de Lisle était auréolé d'une certaine gloire dans les milieux intellectuels et littéraires. Le recueil se distingue à peine des deux précédents. Peut-être le poète perd-il par endroit de sa force massive au profit de plus de délicatesse et de musicalité. On le remarque dans des poèmes comme *les Roses d'Ispahan* ou *l'Illusion suprême* quand la mort semble amorcer un recul devant une vision de beauté comparable à celle rencontrée dans *le Manchy :*

> Et tu renaîs aussi, fantôme diaphane,
> Qui fis battre son cœur pour la première fois,
> Et, fleur cueillie avant que le soleil te fane,
> Ne parfumas qu'un jour l'ombre calme des bois !
>
> Ô chère Vision, toi qui répands encore,
> De la plage lointaine où tu dors à jamais,
> Comme un mélancolique et doux reflet d'aurore
> Au fond d'un cœur obscur et glacé désormais.

Des mots du pays natal reviennent et aussi des souvenirs qui hantent le poète : tamarins (qui rime avec marins...), letchis, mangues, calaous, varangue, bambous, pirogues, et c'est cet emploi des mots qui crée le dépaysement et la chaude sensualité. Mais la beauté traversée, c'est le pessimisme fondamental de Leconte de Lisle qui conclut (avec un vers célèbre que nous soulignons) :

> Ah! tout cela, jeunesse, amour, joie et pensée,
> Chants de la mer et des forêts, souffles du ciel
> Emportant à plein vol l'Espérance insensée,
> *Qu'est-ce que tout cela, qui n'est pas éternel?*

> Soit! la poussière humaine, en proie au temps rapide,
> Ses voluptés, ses pleurs, ses combats, ses remords,
> Les Dieux qu'elle a conçus et l'univers stupide
> Ne valent pas la paix impassible des morts.

Comme Hugo, il continue à toucher à toutes les civilisations, cherchant l'exotisme dans leurs mots. Voici les pays musulmans et la Turquie. Voici l'univers issu du *Romancero espagnol* ou du moyen âge latin ou germanique. Sans cesse, le poète a recours aux religions orientales, au paganisme, au positivisme pour étayer son impiété et sa vision noire des choses. Il affirme une fois de plus son anticléricalisme dans *la Bête écarlate*. Il se complaît aux tableaux cruels des luttes de la nature. Comme il est à l'aise dans le monde animal! On a admiré *le Lévrier de Magnus* ou *la Chasse de l'aigle,* on les a tenus pour des chefs-d'œuvre, mais que d'images contestables, que de retombées prosaïques avec parfois une étrange puissance. Le combat de l'aigle et de l'étalon pourra faire sourire, certes, mais la couleur pourra aussi apporter quelques étonnements :

> L'aigle tombe sur lui comme un sinistre rêve,
> S'attache au col troué par ses ongles de fer
> Et plonge son bec courbe au fond des yeux qu'il crève.

> Cabré, de ses deux pieds convulsifs battant l'air,
> Et comme empanaché de la bête vorace,
> L'étalon fuit dans l'ombre ardente de l'enfer.

> Le ventre contre l'herbe, il fuit, et, sur sa trace,
> Ruisselle de l'orbite excave un flux sanglant;
> Il fuit, et son bourreau le mange et le harasse.

> L'agonie en sueur fait haleter son flanc;
> Il renâcle, et secoue, enivré de démence,
> Cette grande aile ouverte et ce bec aveuglant...

Dans le même livre, cette *Villanelle* apporte un contraste :

> Le Temps, l'Étendue et le Nombre
> Sont tombés du noir firmament
> Dans la mer immobile et sombre.

Suaire de silence et d'ombre,
La nuit efface absolument
Le Temps, l'Étendue et le Nombre.

Tel qu'un lourd et muet décombre,
L'Esprit plonge au vide dormant,
Dans la mer immobile et sombre.

En lui-même, avec lui, tout sombre,
Souvenir, rêve, sentiment,
Le Temps, l'Étendue et le Nombre,
Dans la mer immobile et sombre.

Les *Derniers poèmes,* 1895, sont posthumes. Le volume contient
une tragédie d'après Euripide, *l'Apollonide,* et des textes divers,
préfaces, notes théoriques et critiques. Dans les poèmes, on retrouve
un choix des thèmes de Leconte de Lisle : l'Inde, la Grèce avec
des *Hymnes orphiques,* le Catholicisme contesté, mais non point
incompris, dans *les Raisons du Saint-Père,* les regrets du pays natal
dans *les Yeux d'or de la nuit,* une philosophie des religions dans *la
Paix des Dieux* qui résume la pensée du poète. Après tant de divinités disparues, l'homme reste seul sous le ciel vide : les dieux sont
morts. Mais ce què le poète ne dit pas, c'est qu'une déesse reste : la
poésie, car il l'adore à l'égal d'une religion.

Le Désir de la grandeur.

Pour le lecteur d'aujourd'hui, Leconte de Lisle paraît bien
effacé. S'il eut, selon l'heureuse expression de Marcel Arland,
« plutôt qu'une naïve et vraie grandeur, le désir et le décor de
la grandeur », il reste digne de considération : il n'a jamais dévié
de son idéal artistique, menant une vie austère toute dévouée au
poème, se tenant à l'écart du bruit et de la gloriole, ayant souci
de perfection, restant d'une probité intellectuelle totale. Il est
curieux de voir ce contemplateur essayant sans cesse de réchauffer
une froide rhétorique aux soleils d'autres continents. Il incarne les
négations de l'esprit moderne avec une sérénité académique. Il
connaît l'absurde sans refuser d'être sans cesse convenu. Exilé de
son siècle, il en exprime quelques tendances. Il chante la « divine
mort » sans paraître vraiment lassé de vivre. Indigné par l'avilissement des religions et les horreurs de l'histoire, il cherche à n'en
retenir que les beautés extérieures – et cela en se voulant ennemi
des apparences. Curieux de tout et cherchant partout la beauté,
prenant l'esthétique comme un tranquillisant, il passe toute sa vie
à sculpter dans le marbre froid à peu près les mêmes formes sans
vraiment rejoindre l'âme des choses. Il ne lui vient jamais à l'idée

que son art formel puisse avoir besoin d'être remis en question. Toutes les civilisations doivent s'accorder au moule qu'il s'est fabriqué une fois pour toute. Les a-t-il bien comprises, bien exprimées? On préfère finalement ses bestiaires ou telle évocation d'un amour de jeunesse aux grandes machines glacées dont la forme a dans son temps exprimé toute la perfection possible en poésie, mais qui ne résistent pas toujours à un examen approfondi. Cet homme probe, cet artisan ne fut pas à l'abri des imperfections humaines.

3

Banville le funambule

Un Original.

Q UEL contraste apporte Banville avec Leconte de Lisle, — tout
en étant aussi amoureux de la forme et de la couleur! Il est
plus brillant, plus varié, plus près de la vie. Certes, pour ce ciseleur, la poésie est plus affaire de mots bien mariés que d'idées bien
traduites, mais il est si naturellement poète qu'il peut se jouer des
difficultés qu'il s'invente, et, tout extérieur qu'il paraisse, on le voit
rejoindre plus sûrement la poésie que beaucoup d'autres. Poète,
il l'est avec aisance un peu partout : dans sa pièce en prose dédiée
à Victor Hugo, *Gringoire,* dans ses écrits en prose (contes, souvenirs,
romans, critiques) comme dans ses vers.

Comme Gautier, il a le culte de la rime : « Elle est tout le vers
parce que dans un vers on n'entend que le mot qui est à la rime. »
L'analyse est courte : on ne saurait réduire la poésie aux bouts-
rimés. Et pourtant, Théodore de Banville, ce dernier romantique
au fond, a une telle agilité qu'il saura, chose rare, nous faire sourire
en poésie sans employer des moyens bas. « Un original de l'espèce
la plus élevée », affirme Baudelaire. Né un siècle plus tard, peut-
être aurait-il été proche de Cocteau ou de Max Jacob avec lesquels
on peut trouver un lointain cousinage.

Théodore Faullin de Banville (1823-1891) est né à Moulins. Fils
d'un capitaine de vaisseau, il vint à Paris pour faire ses études et se
mêla tout de suite aux poètes. Il commença par publier *les Cariatides,* 1842, poèmes parnassiens avant qu'on invente le mot,
proches de Gautier et dans la filiation des romantiques comme
Hugo, Musset ou Laprade. Ayant lu les poètes de la Pléiade remis
à la mode par Sainte-Beuve, il en retient les procédés métriques.
Si la personnalité de Banville ne s'est pas dégagée des influences,

si le pastiche est parfois visible, si le choix des rimes n'a pas la
rigueur qu'il prônera, on retient des œuvres de virtuose comme ce
Sous-bois qui fait penser à *la Fête chez Thérèse* de Victor Hugo, au
Carnaval de Venise de Théophile Gautier, tout en laissant pressentir
les Fêtes galantes de Paul Verlaine :

> A travers le bois fauve et radieux,
> Récitant des vers sans qu'on les en prie,
> Vont, couverts de pourpre et d'orfèvrerie,
> Les comédiens, rois et demi-dieux.
>
> Hérode brandit son glaive odieux,
> Dans les oripeaux de la broderie,
> Cléopâtre brille en jupe fleurie
> Comme resplendit un paon couvert d'yeux.
>
> Puis, tout flamboyants sous les chrysolithes,
> Les bruns Adonis et les Hippolytes
> Montrent leurs arcs d'or et leurs peaux de loups.
>
> Pierrot s'est chargé de la dame-jeanne.
> Puis, après eux tous, d'un air triste et doux,
> Viennent en rêvant le Poète et l'Ane.

Avant Francis Jammes, c'est la rencontre du poète et de l'âne.
Dans *les Cariatides,* on trouve une admiration fervente pour la
beauté antique. Ce très jeune homme qu'est alors Théodore de
Banville sait déjà que l'histoire de sa vie se confondra avec celle de
ses œuvres. S'il opte pour une poésie objective et décorative, il a
trop de personnalité, trop de goût pour certains romantiques, pour
que le sentiment, malgré son refus, ne perce pas. Son souci de la
technique n'empêche que certaines idées apparaissent : il tente
d'harmoniser catholicisme romain et paganisme grec; il est souvent proche de Louis Ménard ou de Victor de Laprade, mais avec
quelle légèreté, quelles espiègleries d'enfant terrible du poème!
Dans le second recueil, *Stalactites,* 1846, son art apparaît plus
mûr. Un poème donne dès le premier vers son art poétique :

> Sculpteur, cherche avec soin, en attendant l'extase,
> Un marbre sans défaut, pour en faire un beau vase.
> Cherche longtemps sa forme, et n'y retrace pas
> D'amours mystérieux ni de divins combats.
> Pas d'Alcide vainqueur du lion de Némée,
> Ni de Cypris naissant sur la terre embaumée;
> Pas de Tytans vaincus dans leurs rebellions,
> Ni de riant Bacchus attelant les lions
> Avec un frein tressé de pampres et de vignes;
> Pas de Léda jouant dans la troupe des cygnes
> Sous l'ombre des lauriers en fleur, ni d'Artémis
> Surprise au sein des eaux dans sa blancheur de lis.

Qu'autour du vase pur, trop beau pour la bacchante,
La verveine mêlée à des feuilles d'acanthe
Fleurisse, et que plus bas des vierges lentement
S'avancent deux à deux, d'un pas sûr et charmant,
Les bras pendants le long de leurs tuniques droites
Et les cheveux tressés sur leurs têtes étroites.

Il a déjà une grâce proche de celle qu'on trouve dans les poèmes
légers de Musset ou de Gautier. Ainsi dans *A la Font-Georges :*

Ô ma vieille Font-Georges,
Vers qui les rouges-gorges
Et le doux rossignol
    Prenaient leur vol!

Maison blanche où la vigne
Tordait en longue ligne
Son feuillage qui boit
    Les pleurs du toit!

Ô source claire et froide,
Qu'ombrageait le tronc roide
D'un noyer vigoureux
    A moitié creux!

Sources! fraîches fontaines!
Qui, douces à mes peines,
Frémissiez autrefois
    Rien qu'à ma voix!

Dans maints poèmes se montre ainsi un observateur de la nature
comme il en fut à la Renaissance et qui accorde ses cadences au
gentil spectacle qu'il transmet :

Bassin où les laveuses
Chantaient, insoucieuses,
En battant sur leur banc
    Le linge blanc!

Ô sorbier centenaire,
Dont trois coups de tonnerre
N'avaient pas abattu
    Le front chenu!

Il y a déjà dans les premiers recueils toutes les promesses qui
seront tenues et l'on verra Banville ressusciter les petits genres du
passé : ballades et chants royaux, rondeaux, virelais, et il fera naître
l'odelette, à la fois ode en plus petit et épître légère :

Jeune homme sans mélancolie,
Blond comme un soleil d'Italie,
Garde bien ta belle folie.

C'est la sagesse! Aimer le vin,
La beauté, le printemps divin,
Cela suffit. Le reste est vain.

Souris, même au destin sévère :
Et, quand revient la primevère,
Jettes-en les fleurs dans ton verre.

Au corps sous la tombe enfermé,
Que reste-t-il? D'avoir aimé
Pendant deux ou trois mois de mai.

« Cherchez les effets et les causes »,
Nous disent les rêveurs moroses.
Des mots! Des mots!... Cueillons les roses!

« Ton volume éclate de rire... »

Lorsque paraîtront *les Odelettes,* 1856, on lira dans la préface
cette définition : « une goutte d'essence de rose sous une étroite
agate dans le chaton d'une bague, cadeau d'anniversaire, rappel
quotidien d'une joie fugitive ». Un an plus tard, Théodore de Banville réunit des poèmes alertes dispersés dans *la Silhouette* ou *le
Corsaire* sous le titre d'*Odes funambulesques,* 1857. Ce recueil va
surprendre, déconcerter parfois. Apparaissent l'espièglerie, la fantaisie, les jongleries de rimes les plus inattendues. Oui, la rime
devient un tremplin pour des jongleries capricieuses et bouffonnes
sans que ce soit au détriment d'une authentique poésie. L'année
même de la publication, Hugo écrit au jeune poète : « Je viens de
lire vos *Odes.* Donnez-leur l'épithète que vous voudrez (celle que
vous avez choisie est charmante), mais sachez bien que vous avez
construit là un des monuments lyriques du siècle... » Auguste
Vacquerie lui adresse des vers :

Ton volume éclate de rire,
Mais le beau rayonne à travers.
J'aime ce carnaval du vers
Où l'Ode se masque en satire.

C'est méchant et c'est excellent!
C'est la ruade et l'étincelle,
Le coup de poing et le coup d'aile;
Ça fredonne, même en ronflant.

C'est le babil de toutes choses,
De l'éteignoir et du flambeau;
C'est le laid qui devient le beau;
C'est le fumier frère des roses!

. . . .

C'est tous les jurons de l'auberge
Et toutes les chansons des bois.
Un funambule par endroits
Danse sur un fil de la Vierge.

Bottom, à vingt ânes pareil,
Tend son dos à Puck qui le monte,
Et Scapin bâtonne Géronte
Avec un rayon de soleil!

Si dans ses *Odes,* Théodore de Banville se costume en saltimbanque, c'est par mépris de la vie bourgeoise. En cela, il rejoint
Baudelaire, son grand ami Baudelaire dont il partage les idéaux.
Pour aller plus haut, toujours plus haut, il faut se délester des
routines et de l'attraction de la foule qui vous retient au sol. Pour
rejoindre les régions où se trouve la beauté, il faut délaisser les
contingences sociales et oublier pensées et sentiments usés. Le
poème le plus significatif est *le Tremplin.* Il montre que les jeux,
les acrobaties du versificateur, ne sont pas gratuits et peuvent permettre d'atteindre à la poésie la plus authentique. Ce clown qui
fait son entrée dans le poème, avec « sa plaie au flanc » comme
Prométhée, est l'homme qui tente de vaincre la pesanteur comme
Icare. Pour cela, il lui faut la maîtrise totale de son corps, le calcul
rigoureux de son élan et surtout une force spirituelle qui assure
son essor. Il s'écrie : « Des ailes! des ailes! des ailes! » et s'il veut
« rouler dans les étoiles », c'est pour connaître une élévation semblable à celle de Baudelaire, pour rejoindre l'azur mallarméen,
agrandir le champ du possible comme le tentera Valéry, pour exprimer aussi que le poète peut atteindre au sublime par la perfection
de son art :

Clown admirable en vérité!
Je crois que la postérité,
Dont sans cesse l'horizon bouge,
Le reverra, sa plaie au flanc.
Il était barbouillé de blanc,
De jaune, de vert et de rouge.

Même jusqu'à Madagascar
Son nom était parvenu, car
C'était selon tous les principes
Qu'après les cercles de papier,
Sans jamais les estropier,
Il traversait le rond des pipes.

De la pesanteur affranchi
Sans y voir clair, il eût franchi

Les escaliers de Piranèse.
La lumière qui le frappait
Faisait resplendir son toupet
Comme un brasier dans la fournaise.

. . . .

Tout le peuple criait : « Bravo! »
Mais lui, par un effort nouveau,
Semblait raidir sa jambe nue,
Et sans que l'on sût avec qui,
Cet émule de la Saqui
Parlait bas en langue inconnue.

C'était avec son cher tremplin.
Il lui disait : « Théâtre, plein
D'inspiration fantastique,
Tremplin qui tressailles d'émoi,
Quand je prends un élan, fais-moi
Bondir plus haut, planche élastique!

Frêle machine aux reins puissants,
Fais-moi bondir, moi qui me sens
Plus agile que les panthères,
Si haut que je ne puisse voir,
Avec leur cruel habit noir,
Ces épiciers et ces notaires!

. . . .

Plus loin! plus haut! je vois encor
Des boursiers à lunettes d'or,
Des critiques, des demoiselles
Et des réalistes en feu.
Plus haut! plus loin! de l'air! du bleu!
Des ailes! des ailes! des ailes! »

Enfin, de son vil échafaud,
Le clown sauta si haut, si haut!
Qu'il creva le plafond de toiles
Au son du cor et du tambour,
Et, le cœur dévoré d'amour,
Alla rouler dans les étoiles.

Dans ces *Odes funambulesques* que suivront de *Nouvelles odes funambulesques,* 1869, certaines pièces sont tellement attachées à l'actualité qu'un commentaire historique serait nécessaire pour les comprendre entièrement. Il faut ici rappeler une ambition originale de Banville qui était de marier la poésie au journal (ce que fit sur un autre mode le Du Bellay des *Regrets,* ce que fera Raoul Ponchon). Dans une préface, Banville dit : « Comment le journal qui doit nous donner la vie d'hier, encore saignante et palpitante, ne s'accommoderait-il pas de l'événement pris sur le vif ou d'un croquis de mœurs rapidement saisi, et exprimé par cette Poésie de veine bien française, vive, ironique, précise, lyrique aussi, que nous a léguée à travers une succession de générations le grand aïeul Villon? » Quoi de plus significatif en effet d'une époque que la poésie du « grand aïeul » malgré les références qui nous échappent? Ainsi, faut-il prendre les odes du funambule comme des caricatures d'actualité, des pièces de circonstance auxquelles l'art donne une dimension plus durable.

Banville penseur.

Entre les deux séries d'odes, Banville publia *les Améthystes,* 1862, dont le titre dit bien le souci d'orfèvre du poète, et surtout *les Exilés,* 1867, un de ses plus beaux recueils. Il dirait, s'il en était besoin, toute la profondeur du poète. D'aucuns, en effet, ne voient chez Banville que l'acrobate du vers et l'enfileur de rimes. Il faut le répéter, Banville est le maître d'une pensée et d'une poésie remarquables (ce que Baudelaire savait bien), riches de sensibilité moderne et d'ouverture sur l'avenir. En 1874, à propos des *Exilés,* Banville écrit : « Ce livre est celui peut-être où j'ai pu mettre le plus de moi-même, et s'il devait rester un livre de moi, je voudrais que ce fût celui-ci; mais je ne me permets pas de telles ambitions car nous aurons vécu dans un temps qui s'est médiocrement soucié de l'invincible puissance du Rythme, et dans lequel ceux qui ont eu la noble passion de vouloir enfermer leurs idées dans une forme parfaite et précise ont été des exilés. »

L'idée générale du livre est que l'artiste exilé parmi les hommes, voué au mépris et à la solitude, a l'imagination pour patrie. Banville pense à Ovide exilé chez les Sarmates, à Dante exilé à Vérone, à Victor Hugo exilé à Guernesey, à tous ceux que le génie isole de la foule comme le *Moïse* d'Alfred de Vigny. Les pièces les plus puissantes du recueil sont *l'Exil des Dieux, Erinna, la Mort de l'amour, la Reine Omphale, les Loups, Penthésilée, Au laurier de la Turbie.* Elles se situent à la hauteur des plus beaux poèmes lyriques du siècle. On peut lire :

> Pâle et muet, j'entends le murmure des roses;
> Et de tous les trésors et de toutes les choses
> Qui plantent dans nos cœurs un regret meurtrier,
> Tu le sais bien, je n'ai voulu que toi, Laurier!

Il faut lire *les Torts du cygne* et le placer auprès des poèmes de Mallarmé et de Sully Prudhomme consacrés à l'oiseau inspirateur :

Il chantait toujours. Et les bois
Frissonnants écoutaient la voix
Pleine d'hymnes et de louanges.
Alors, d'autres êtres ailés
Traversèrent les cieux voilés
D'azur. Ceux-là, c'étaient des Anges.

Ces beaux voyageurs, sans pleurer,
Regardaient le Cygne expirer
Parmi sa pourpre funéraire,
Et, vers l'oiseau du flot obscur
Tournant leur prunelle d'azur,
Ils lui disaient : « Bonsoir, mon frère. »

Voici la fin de *l'Exil des Dieux*. Il faut remarquer au passage la subtilité de la construction rhétorique, avec ces reprises comme on en trouvera chez Charles Péguy :

Homme, vil meurtrier des Dieux, es-tu content?
Les bois profonds, les monts et le ciel éclatant
Sont vides, et les flots sont vides : c'est ton règne!
Cherche qui te console et cherche qui te plaigne!
Les sources des vallons boisés n'ont plus de voix,
L'antre n'a plus de voix, les arbres dans les bois
N'ont plus de voix, ni l'onde où tu buvais, poète!
Et la mer est muette, et la terre est muette,
Et rien ne te connaît dans le grand désert bleu
Des cieux, et le soleil de feu n'est plus un Dieu!

. . . .

Oh! lorsque tu chantais et que tu combattais,
Nous venions te parler à mi-voix! Tu sentais
Près de ta joue, avec nos suaves murmures,
Délicieusement le vent des chevelures
Divines. Maintenant, savoure ton ennui.
Te voilà nu sous l'œil effrayant de Celui
Qui voit tant de milliers de mondes et d'étoiles
Naître, vivre et mourir dans l'infini sans voiles,
Et devant qui les grains de poudre sont pareils
A ces gouttes de nuit que tu nommes soleils.

Banville artiste.

Devenu un des chefs de file de la poésie moderne, Banville se maria en 1866 et connut une vie sans histoire. Dans son appartement de la rue de l'Éperon, il eut ses jeudis, puis ses dimanches fréquentés par les poètes. Il donna de nombreuses œuvres. Après *les Occidentales,* 1869, écho des *Orientales* quarante ans après, la guerre lui inspira des *Idylles prussiennes,* 1871. Dans sa comédie

Gringoire, il avait glissé une *Ballade des pendus.* En 1872, il publie *Trente-six ballades joyeuses.* Ce sont des œuvres de fantaisie qui ne sont pas le meilleur de lui-même. Cependant, on les lit avec un plaisir complice, notamment quand il s'adresse : « A Victor Hugo, père de tous les rimeurs », avec ce vers pour refrain. « Mais le père est là-bas, dans l'île », ou bien qu'il conclut : *Au lecteur, pour finir,* avec « J'ai composé mes trente-six ballades ». Il donne *les Princesses* en 1874. Il peut consacrer des sonnets à *Pasiphaé* et à *Médée,* à *Marie Stuart* ou à *la Princesse Borghèse* avec art, mais sans que se manifeste profondément sa personnalité. En 1875, il réunit *Occidentales, Rimes dorées, Rondels.* Dans ces derniers, qu'il chante les éléments ou les saisons, il excelle à charmer. La forme chère à Charles d'Orléans et Marot lui convient bien. Des petits riens comme *la Lune* le montrent :

> Avec ses caprices, la Lune
> Est comme une frivole amante.
> Elle sourit et se lamente,
> Elle fuit et vous importune.

> La nuit, suivez-la sur la dune,
> Elle vous raille et vous tourmente;
> Avec ses caprices, la Lune
> Est comme une frivole amante.

> Et souvent elle se met une
> Nuée en matière de mante;
> Elle est absurde, elle est charmante;
> Il faut adorer sans rancune,
> Avec ses caprices, la Lune.

La coupure à la fin du premier vers de la troisième strophe est hardie pour l'époque. Elle provoque une surprise charmante. Dans un autre rondel, *le Thé,* Banville se rapproche du Théophile Gautier de *Chinoiserie :*

> Miss Ellen, versez-moi le Thé
> Dans la belle tasse chinoise,
> Où des poissons d'or cherchent noise
> Au monstre rose épouvanté.

> J'aime la folle cruauté
> Des chimères qu'on apprivoise :
> Miss Ellen, versez-moi le Thé
> Dans la belle tasse chinoise.

> Là sous un ciel rouge irrité,
> Une dame fière et sournoise
> Montre en ses longs yeux de turquoise
> L'extase et la naïveté :
> Miss Ellen, versez-moi le Thé.

En 1873, jetant un regard en arrière, Banville se découvre proche de la génération des bousingots dans leurs refus : « Je partage avec les hommes de 1830 la haine invétérée et irréconciliable de ce que l'on appela alors *les bourgeois* [...], en langage romantique, *bourgeois* signifiait l'homme qui n'a d'autre culte que celui de la pièce de cent sous, d'autre idéal que la conservation de sa peau, et qui en poésie aime la romance sentimentale, et dans les arts plastiques la lithographie coloriée. »

A partir de 1880, Banville s'adonna surtout à la prose : des souvenirs, *l'Ame de Paris,* des volumes de *Contes* que l'on redécouvrira peut-être un jour à la faveur d'une mode. Il donna aussi de nombreuses pièces de théâtre : *Déidamia, le Baiser, Riquet, Socrate et sa femme, Ésope,* ainsi que des fables en prose. Il se dispersa et sa poésie y perdit quelque peu. *Nous tous, Sonnailles et clochettes, la Fournaise* apparaissent comme des tentatives de poésie réaliste où le maître semble se mettre à l'école d'un jeune disciple, François Coppée. Parfois du charme comme lorsqu'il décrit avec humour *les Lapins,* toujours une virtuosité du vers, mais rien de comparable à ses premières œuvres légères ou profondes. Dès lors, on est tenté de revenir en arrière, de relire des poèmes comme *Erato* ou *Hermaphrodite* où passe un écho de Chénier, de lire les syncopes imitatives de *la Chanson du vin* où apparaît dans un mélange savant de rythmes la démarche titubante de l'ivrogne, de retrouver le jeune poète romantique et pré-baudelairien :

> Oh! quand la Mort, que rien ne saurait apaiser,
> Nous prendra tous les deux dans un dernier baiser,
> Et jettera sur nous le manteau de ses ailes,
> Puissions-nous reposer sous deux pierres jumelles!
> Puissent les fleurs de rose aux parfums embaumés
> Sortir de nos deux corps qui se sont tant aimés,
> Et nos âmes fleurir ensemble, et sur nos tombes
> Se becqueter longtemps d'amoureuses colombes!

Et de rejoindre le poète tourné vers l'avenir et saluant de nouvelles aurores comme le feront Baudelaire et Apollinaire. Voici un Banville lumineux et fraternel :

> Vous en qui je salue une nouvelle aurore,
> Vous tous qui m'aimerez,
> Jeunes hommes des temps qui ne sont pas encore,
> Ô bataillons sacrés!

> Et vous, poètes, pleins comme moi de tendresse,
> Qui relirez mes vers
> Sur l'herbe, en regardant votre jeune maîtresse
> Et les feuillages verts!

Vous les lirez, enfants à chevelure blonde,
     Cœurs tout extasiés,
Quand mon cœur dormira sous la terre féconde
     Au milieu des rosiers.

Mais moi, vêtu de pourpre, en d'éternelles fêtes
     Dont je prendrai ma part,
Je boirai le nectar au séjour des poètes,
     A côté de Ronsard.

L'Assouplissement du langage.

L'avenir? On a bien oublié Théodore de Banville, alors que ses grands contemporains l'appréciaient tant. Il est cependant un maillon solide de la chaîne poétique allant de Chénier à Hugo, de Hugo à Gautier, de Gautier à Baudelaire, Mallarmé ou Verlaine. N'oublions pas les éloges de Baudelaire : « Dans ses vers, tout a un air de fête et d'innocence, même la volupté. Sa poésie n'est pas seulement un regret, une nostalgie, elle est même un retour très volontaire vers l'état paradisiaque. » Mallarmé pourra parler du « divin Banville » et son appel à l'azur ne sera pas éloigné du *Tremplin,* de même qu'il l'imitera dans la première version de *l'Après-midi d'un faune;* il saura lui rendre justice : « Mon poète, c'est le divin Théodore de Banville, qui n'est pas un homme mais la voix même de la lyre. » Il rejoindra en cela Théophile Gautier : « De naissance il eut le don de cette admirable langue que le monde entend et ne parle pas; et de la poésie, il possède la note la plus rare, la plus haute, la plus ailée, le lyrisme. » Funambule et virtuose, dernier des romantiques et premier des parnassiens pour Anatole France, il offre, pour Jules Lemaitre, « l'exemple extravagant d'un homme qui n'a vécu que de mots comme les divines cigales se nourrissent de leur chant ».

Théodore de Banville a participé à un assouplissement de la poésie dont bénéficieront ses contemporains, et, à partir d'eux, les nôtres comme Cocteau, Max Jacob, Desnos, Aragon. Peut-être un Laforgue, un Fourest, un Corbière, un Toulet ont-ils bénéficié des voies ouvertes par Banville le méconnu. Et sans Banville, peut-être Verlaine n'aurait-il pas écrit aussi habilement ses *Fêtes galantes* ou ses *Romances sans paroles.* Aujourd'hui, si l'on peut s'apercevoir qu'il a manqué à Banville ce qu'avait son ami Baudelaire : la perception des mystères que peut révéler la poésie, on doit reconnaître ses qualités propres et son rôle historique essentiel : il a rappelé toutes les ressources de la poétique française en renouvelant de vieux genres et en montrant que la virtuosité n'est pas forcément l'ennemie de la poésie.

Son *Petit traité de poésie française* de 1872 put devenir le manuel d'art poétique des temps nouveaux auquel se référeront des générations de poètes. On y voit que Banville ne déteste ni la polémique ironique ni les paradoxes. Il affirme la gratuité de la poésie et la quasi-inutilité de l'art dont le seul but est d'embellir la vie. C'est là qu'on trouve bien sûr son panégyrique de la forme et de la rime dont il étudie les rapports avec l'inspiration. Cette dernière n'étant pas constante, tout l'art consiste à en lier les fragments. Cent ans après, nous trouvons bien des insuffisances et l'on préfère les exemples poétiques qui nous sont donnés par Banville et ses amis. Mais l'on apprécie qu'il parle en artisan probe des secrets du métier. Le travail du vers, les formes simples ou difficiles, les constructions, les mètres, les grands genres hérités du passé sont décrits avec intelligence et légèreté, sans lourdeurs didactiques.

En bref, on voudrait dire que Banville est sans doute le poète le plus sympathique du groupe parnassien. Si le recours à l'actualité date parfois ses poèmes, s'il a été effacé par ceux qui l'ont suivi, sa lecture apporte mille surprises. Jamais rien en lui qui pèse ou qui pose : le vers est son langage natal. Entre Gautier et Verlaine, il y eut ce délicieux rimeur. N'annonce-t-il pas ce dernier quand il écrit une *Promenade galante?*

> Dans le parc au noble dessin
> Où s'égarent les Cidalises...
>
> Iris, que suit un jeune essaim,
> Philis, Eglé, nymphes éprises,
> Avec leurs plumes indécises,
> En manteau court, montrant leur sein.
>
> Lycaste, Myrtil et Sylvandre
> Vont parmi la verdure tendre,
> Vers les grands feuillages dormants.
>
> Ils errent dans le matin blême,
> Tous vêtus de satin, charmants
> Et tristes comme l'Amour même.

4

Maîtres du Parnasse

Un Prix Nobel : Sully Prudhomme.

E N 1865, on récite dans les salons un poème, *le Vase brisé;* il connaît une vogue comparable à celle du sonnet d'Arvers; les âmes sentimentales aiment que ce qui les touche s'allie à la perfection formelle :

> Le vase où meurt cette verveine
> D'un coup d'éventail fut fêlé;
> Le coup dut effleurer à peine.
> Aucun bruit ne l'a révélé.
>
> Mais la légère meurtrissure
> Mordant le cristal chaque jour,
> D'une marche invisible et sûre
> En a fait lentement le tour.
>
> Son eau fraîche a fui goutte à goutte,
> Le suc des fleurs s'est épuisé;
> Personne encore ne s'en doute.
> N'y touchez pas, il est brisé.
>
> Souvent aussi la main qu'on aime,
> Effleurant le cœur, le meurtrit;
> Puis le cœur se fend de lui-même,
> La fleur de son amour périt;
>
> Toujours intact aux yeux du monde,
> Il sent croître et pleurer tout bas
> Sa blessure fine et profonde.
> Il est brisé, n'y touchez pas.

Ce poème alangui est extrait de *Stances et poèmes.* L'auteur se nomme René-François-Armand Prudhomme, mais se fait appeler

Sully Prudhomme (1839-1907). Sainte-Beuve salua son livre et il put collaborer au *Parnasse*. Les études de ce nouveau poète, commencées au lycée Bonaparte, se poursuivirent à la Faculté des Sciences; il se destinait à l'École Polytechnique. On le trouva ingénieur chez Schneider au Creusot, étudiant en droit à Paris, stagiaire chez un notaire, avant qu'il ne se consacre entièrement à la poésie et à la philosophie. Signalons son œuvre en prose : *De l'Expression dans les beaux-arts,* 1884, *Testament poétique avec trois études sociologiques,* réédition en 1902, *le Problème des causes finales,* en collaboration avec Charles Richet, 1902, *la Vraie religion selon Pascal,* 1905, *Psychologie du libre arbitre,* 1906. Académicien français en 1881, prix Nobel vingt ans plus tard (il consacre la somme reçue à un prix de poésie), voilà un écrivain comblé.

Dans son recueil *les Solitudes,* 1869, Sully Prudhomme traduit les vibrations de sa pensée philosophique. La même année, il met le grand traité de Lucrèce en vers français. Ses *Vaines tendresses,* 1875, sont sentimentales. Mais il a surtout l'ambition de penser en vers dans de vastes poèmes didactiques comme *la Justice,* 1878, sorte d'enquête sociologique rimée, comme *le Bonheur,* 1888, épopée symboliste. La poésie le trahit-elle qu'il reste sans cesse en dehors de ses sujets, leur ôtant toute profondeur, les noyant sous un bavardage insipide, avec fausse virtuosité et maniérisme? Ou bien masque-t-elle vaguement par ses rythmes son indigence? Il eut mieux été inspiré de choisir la prose. Dans *la Révolte des fleurs,* 1874, dans *Prisme,* 1886, les mêmes défauts apparaissent. On lui reconnaît de l'ambition pour son art, un sens élevé de la dignité humaine et des hautes vertus morales, mais, malgré, comme dit Gaston Paris, « la souplesse du rythme, le balancement habile des tournures, l'équilibre savant des mots, l'harmonie vibrante ou étouffée qui charme l'oreille et berce l'esprit », il se perd dans sa logique et son désir d'apporter justifications et preuves. On sent chez lui une sorte d'impuissance à s'exprimer vraiment, à s'abandonner aux forces intérieures. Il se contrôle, il cherche les causes, il analyse, il dissèque, il pense et ne ressent pas, il élabore et ne s'épanouit pas. On comprend qu'il quitte le domaine sentimental :

> J'ai voulu tout aimer et je suis malheureux,
> Car j'ai de mes tourments multiplié les causes.

pour s'orienter vers les recherches que lui dicte sa curiosité de savant et de spiritualiste. Il aurait fallu alors qu'il oublie sa manie versificatrice.

Bien sûr, nous voudrions tempérer ces sévérités, car l'homme angoissé, souffrant, probe dans ses travaux, est infiniment respectable. Sincère, anxieux, désireux de trouver le vrai et le juste, n'est-il pas malheureusement le Delille du Parnasse ?

> La Grande Ourse, archipel de l'Océan sans bords,
> Scintillait bien avant qu'elle fût regardée
> Bien avant qu'il errât des pâtres en Chaldée...

Ou bien le Monsieur Prudhomme ?

> J'ai bon cœur, je ne veux à nul être nul mal,
> Mais je retiens ma part des bœufs qu'un autre assomme,
> Et, malgré ma douceur, je suis bien aise en somme
> Que le fouet d'un cocher hâte un peu mon cheval.

A cela, on préfère certaines trouvailles comme à la fin de *l'Étranger* :

> J'écoute en moi pleurer un étranger sublime
> Qui m'a toujours caché sa patrie et son nom.

Ou encore ses accents verlainiens :

> Te souvient-il du parc où nous errions si tristes ?
> Dans un sentier tout jonché de lilas
> La solitude alanguissait nos pas,
> Le crépuscule aux fleurs mêlait ses améthystes.

Car il lui arrive d'être poète, et même grand poète : il lui suffit de trouver une bonne inspiration. Ainsi *le Cygne* avec sa belle musique et son harmonie imitative (ce rejet « Et glisse » qui traduit effectivement le glissement) :

> Sans bruit, sous le miroir des lacs profonds et calmes,
> Le cygne chasse l'onde avec ses larges palmes,
> Et glisse. Le duvet de ses flancs est pareil
> A des neiges d'avril qui croulent au soleil ;
> Mais, ferme et d'un blanc mat, vibrant sous le zéphire
> Sa grande aile l'entraîne ainsi qu'un lent navire.
> Il dresse son beau col au-dessus des roseaux,
> Le plonge, le promène allongé sur les eaux,
> Le courbe gracieux comme un profil d'acanthe,
> Et cache son bec noir dans sa gorge éclatante.

Parfois, il chante comme on chantait au siècle précédent :

> Le meilleur moment des amours
> N'est pas quand on a dit : Je t'aime.
> Il est dans le silence même
> A demi rompu tous les jours ;
>
> Il est dans les intelligences
> Promptes et furtives des cœurs ;
> Il est dans les feintes rigueurs
> Et les secrètes indulgences.

Il fait des variations sur *le Doute* :

> La blanche Vérité dort au fond d'un grand puits.
> Plus d'un fuit cet abîme ou n'y prend jamais garde;
> Moi, par un sombre amour, tout seul je m'y hasarde,
> J'y descends à travers la plus noire des nuits.

Ou sur *l'Inspiration* :

> Un oiseau solitaire aux bizarres couleurs
> Est venu se poser sur une enfant; mais elle,
> Arrachant son plumage où le prisme étincelle,
> De toute sa parure elle fait des douleurs;
>
> Et le duvet moelleux, plein d'intimes chaleurs,
> Épars, flotte au doux vent d'une bouche cruelle.
> Or l'oiseau, c'est mon cœur; l'enfant coupable est celle,
> Celle dont je ne puis dire le nom sans pleurs.
>
> Ce jeu l'amuse, et moi j'en meurs, et j'ai la peine
> De voir dans le ciel vide errer sous son haleine
> La beauté de mon cœur pour le plaisir du sien!
>
> Elle aime à balancer mes rêves sur sa tête
> Par un souffle et je suis ce qu'on nomme un poète.
> Que ce souffle leur manque et je ne suis plus rien.

Comme beaucoup de ses contemporains voués aux leçons du parnasse, Sully Prudhomme réussit dans la description somptueuse, le symbole brillant, l'image chaleureuse. C'est aussi le cas pour un Léon Dierx ou un Catulle Mendès. Et l'on s'aperçoit souvent, dans les meilleures réussites, qu'elles inclinent vers le Symbolisme : comme au temps où cohabitaient précieux et burlesques, les frontières entre les deux écoles ne sont pas toujours très nettes.

Ainsi Sully Prudhomme dont la poésie a bien des défauts, peut agréablement surprendre le lecteur patient qui feuillette ses pages. Auprès des grands naufrages didactiques, de ses *Stances et poèmes* à ses posthumes *Épaves,* 1909, on trouve çà et là ce que Banville a si bien défini : « Sa Muse n'attire le regard ni par des joyaux d'or et de pierreries, ni par des guenilles, mais elle s'empare de vous et vous possède avant qu'on ait eu le temps de se défendre de son regard, attirant comme une eau limpide et céleste. » Il y a, en effet, auprès de défauts indiscutables, des poèmes qui portent leur magie et leur attraction. La gravité, la sensibilité pensive, une certaine pureté de ton, une élévation de pensée finissent par être persuasives. S'il nous parle de *l'Idéal,* nous avons envie de nous élever vers son étoile suprême :

> A celle qu'on n'aperçoit pas,
> Mais dont la lumière voyage
> Et doit venir jusqu'ici-bas
> Enchanter les yeux d'un autre âge.

Quand luira cette étoile, un jour,
La plus belle et la plus lointaine,
Dites-lui qu'elle eut mon amour,
Ô derniers de la race humaine!

Un Parnassien épique : Heredia.

Descendant des conquistadores (un de ses ancêtres, compagnon de Cortès, fonda Carthagène des Indes), José-Maria de Heredia (1842-1905) naquit près de Santiago de Cuba d'un père Espagnol et d'une mère Française. Élevé à Senlis, il ne quitta la France que pour un bref séjour à La Havane avant de revenir à Paris pour suivre les cours de l'École des Chartes. Là, il se lia avec Leconte de Lisle et ses amis. Ses contemporains ont laissé le témoignage d'un homme volubile et joyeux, ayant beaucoup d'entregent et le sens de la société.

Un seul recueil, *les Trophées,* 1893. Il devait tout d'abord s'intituler *Fleurs de feu,* titre d'un des sonnets qu'il améliora. Nous proposons les deux versions, car la seconde est significative de ce désir de donner de l'éclat au poème. Au lecteur de choisir la meilleure, de les trouver bonnes toutes deux ou de les refuser en bloc. Voici la première :

Bien des siècles, depuis les siècles du Chaos,
La flamme, par torrents, coula de ce cratère,
Et ce pic, ébranlé d'un éternel tonnerre,
A flamboyé plus haut que les Chimborazos.

Tout s'est éteint. La nuit n'a plus rien qui l'éclaire.
Aucun grondement sourd n'éveille les échos.
Le sol est immobile, et le sang de la Terre,
La lave, en se figeant, lui laissa le repos.

Pourtant, dernier effort de l'antique incendie,
On voit, dans cette lave à peine refroidie,
Éclatant à travers les rocs pulvérisés,

Au milieu du feuillage, aigu comme une lance,
Sur la tige de fer qui d'un seul jet s'élance,
S'épanouir la fleur des cactus embrasés.

Et voici la version définitive :

Bien des siècles, depuis les siècles du Chaos,
La flamme par torrents jaillit de ce cratère,
Et le panache igné du volcan solitaire
Flambe plus haut encor que les Chimborazos.

Nul bruit n'éveille plus la cime sans échos.
Où la cendre pleuvait, l'oiseau se désaltère;
Le sol est immobile, et le sang de la Terre,
La lave, en se figeant, lui laissa le repos.

Pourtant, suprême effort de l'antique incendie,
A l'orbe de la gueule à jamais refroidie,
Éclatant à travers les rocs pulvérisés,

Comme un coup de tonnerre au milieu du silence,
Dans le poudroiement d'or du pollen qu'elle lance,
S'épanouit la fleur des cactus embrasés.

Servi par des études historiques poussées, Heredia fit du sonnet un emploi nouveau. Dans l'espace des célèbres quatorze vers, il enchâsse un tableau historique, mythologique, héroïque, descriptif, en prenant soin de donner de fortes sonorités. On retrouvera la nature où s'est épanouie la petite enfance du poète, le sang bouillant des ancêtres espagnols ou les beautés antiques. Le chartiste a souci d'exactitude. Ses poèmes sont d'un érudit qui, comme Jean Chapelain et Pierre Corneille, les frères Abel et Victor Hugo, introduit l'Espagne en France. Le passé surgit à la lumière de sciences telles que l'archéologie, la philologie, l'épigraphie ou la diplomatique. Cela plaira aux gens cultivés.

Le plus significatif des 118 sonnets est celui que ses rimes riches, sonnantes, à l'éclat métallique, fixent facilement dans la mémoire. Voici *les Conquérants* :

Comme un vol de gerfauts hors du charnier natal,
Fatigués de porter leurs misères hautaines,
De Palos, de Moguer, routiers et capitaines
Partaient, ivres d'un rêve héroïque et brutal.

Ils allaient conquérir le fabuleux métal
Que Cipango mûrit dans ses mines lointaines,
Et les vents alizés inclinaient leurs antennes
Aux bords mystérieux du monde occidental.

Chaque soir, espérant des lendemains épiques,
L'azur phosphorescent de la mer des Tropiques
Enchantait leur sommeil d'un mirage doré;

Ou, penchés à l'avant des blanches caravelles,
Ils regardaient monter en un ciel ignoré
Du fond de l'Océan des étoiles nouvelles.

Voici un autre sonnet fait pour enchanter les humanistes qui penseront à Théocrite et à Virgile, *le Chevrier* :

Ô berger, ne suis pas dans cet âpre ravin
Les bonds capricieux de ce bouc indocile;
Aux pentes du Ménale, où l'été nous exile,
La nuit monte trop vite et ton espoir est vain.

Restons ici, veux-tu? J'ai des figues, du vin.
Nous attendrons le jour en ce sauvage asile.
Mais parle bas. Les Dieux sont partout, ô Mnasyle,
Hécate nous regarde avec son œil divin.

Ce trou d'ombre là-bas est l'antre où se retire
Le démon familier des hauts lieux, le Satyre;
Peut-être il sortira, si nous ne l'effrayons.

Entends-tu le pipeau qui chante sur ses lèvres?
C'est lui! Sa double corne accroche les rayons,
Et, vois, au clair de lune il fait danser mes chèvres.

Un des plus réussis est *Antoine et Cléopâtre* avec ce quatorzième vers
qui prolonge infiniment le court poème :

Tous deux ils regardaient, de la haute terrasse,
L'Égypte s'endormir sous un ciel étouffant,
Et le fleuve, à travers le Delta noir qu'il fend,
Vers Bubaste ou Saïs rouler son onde grasse.

Et le Romain sentait sous la lourde cuirasse,
Soldat captif berçant le sommeil d'un enfant,
Ployer et défaillir sur son cœur triomphant
Le corps voluptueux que son étreinte embrasse.

Tournant sa tête pâle entre ses cheveux bruns
Vers celui qu'enivraient d'invincibles parfums,
Elle tendit sa bouche et ses prunelles claires;

Et sur elle courbé, l'ardent Impérator
Vit dans ses larges yeux étoilés de points d'or
Toute une mer immense où fuyaient des galères.

Voilà bien une bonne idée pour un cinéaste hollywoodien! Il
y a, on le voit, une poésie-péplum au temps du Parnasse. On pourrait dire des *Trophées* qu'ils forment, comme chez son maître Leconte
de Lisle un ensemble de poèmes « antiques, barbares et tragiques »
composant une « Légende des siècles » en cinq parties : la Grèce
et la Sicile, Rome et les Barbares, l'Orient et les Tropiques, la
Nature, puis le Rêve. Les amoureux du formalisme ne pourront faire
aucun reproche : composition parfaite, couleur et sonorité du vers,
érudition sans faille, somptuosité lyrique, ampleur verbale, rimes
riches. Heredia est bien le joaillier, l'orfèvre souhaité par Théophile
Gautier. Il y a en lui un maître sonneur, un mosaïste, comme dit

Faguet. Il peut être prince du sonnet. Il excelle à faire entrer de l'air dans ce cadre étroit. « Chacun d'eux, dit Jules Lemaitre, suppose une longue préparation et que le poète a vécu des mois dans le pays, dans le temps, dans le domaine particulier que ces deux quatrains et ces deux tercets ressuscitent. Chacun d'eux résume à la fois beaucoup de science et beaucoup de rêve. Tel sonnet renferme toute la beauté d'un mythe, tout l'esprit d'une époque, tout le pittoresque d'une civilisation. »

Mais lire à la suite ces 118 sonnets parfaits et uniformes ne va-t-il pas sans lassitude ? Dans son cadre rigide, Heredia a inclu des merveilles de savoir-faire, de dextérité, s'efforçant toujours de donner un prolongement sensible à son tableau et y parvenant souvent. C'est grand, c'est beau, c'est noble, on a envie d'applaudir, mais les lumières de tant de joailleries se gênent, se nuisent. On reconnaît vite un système, une fabrication ingénieuse. Heredia suscitera bien des disciples parmi les poètes du dimanche soucieux d'inclure dans la miniature d'un sonnet aux rimes riches quelque personnage ou quelque épisode historique. Avec deux dictionnaires, l'un de rimes, l'autre de noms propres, on peut commettre facilement du sous-Heredia. Georges Duhamel écrira même dans *le Mercure de France* une savoureuse recette pour réussir un bon sonnet. Mais cela n'enlève rien des mérites du créateur du genre dont bien des sonnets sont remarquables.

C'est bien Heredia qui réalise la perfection de l'art parnassien selon Leconte de Lisle en ne cessant de ciseler, pour reprendre un de ses vers, « un combat de Titans au pommeau d'une dague ». L'unique recueil du poète suffit à sa gloire et le fit entrer à l'Académie française où l'on n'oublia pas qu'il était le brillant administrateur de la Bibliothèque de l'Arsenal. Son recueil est un musée, une galerie de médailles et de bronzes. Aujourd'hui poussiéreux, terni par le temps, si l'on se mêle de quelque nettoyage, on est surpris de découvrir des chatoiements de bijoux, des éclats de métal.

Trois poèmes des *Trophées* ne sont pas des sonnets. Ils forment un triptyque de terza rima comme en emploie Théophile Gautier dans son poème *Ribeira* et Hugo de manière libre dans *Aux Feuillantines*. Ces poèmes sont inspirés du *Romancero,* cette source pour un romantique comme Hugo ou un parnassien comme Leconte de Lisle dont *la Tête du Comte* emploie le même thème qu'Heredia dans *la Revanche de Diego Laynez*. Là encore, il ne faut pas chercher autre chose qu'une anecdote historique mise en vers. C'est Heredia cherchant à rejoindre Corneille. Quand Ruy apporte à son père la tête du Comte, cela donne ce tableau horrifique, dramatique et hautain, prêt pour tous les pastiches du pompiérisme :

J'ai forcé ce ragot; je t'en offre la hure! —
Ruy dit, et tend le chef livide et hérissé
Qu'il tient empoigné par l'horrible chevelure.

Diego Laynez d'un bond sur ses pieds s'est dressé :
— Est-ce toi, Comte infâme? Est-ce toi, tête exsangue,
Avec ce rire fixe et cet œil convulsé?

Oui, c'est bien toi! Tes dents mordent encor ta langue;
Pour la dernière fois l'insolente a raillé,
Et le glaive a tranché le fil de sa harangue! —

Sous le col d'un seul coup par Tizona taillé,
D'épais et noirs caillots pendent à chaque fibre;
Le vieux frotte sa joue avec le sang caillé.

D'une voix éclatante et dont la salle vibre,
Il s'écrie : — Ô Rodrigue, ô mon fils, cher vainqueur,
L'affront me fit esclave et ton bras me fait libre!

Et toi, visage affreux qui réjouis mon cœur,
Ma main va donc, au gré de ma haine indomptable,
Satisfaire sur toi ma gloire et ma rancœur! —

Et souffletant alors la tête épouvantable :
— Vous avez vu, vous tous, il m'a rendu raison!
Ruy, sieds-toi sur mon siège au haut bout de la table.

Car qui porte un tel chef est Chef de ma maison. —

Après cela, Georges Fourest pourra s'en donner à cœur joie.
On retiendra surtout ses sonnets, car les bourgeois du xixe siècle
adorent les bibelots. Bien sûr, si on oppose à ces pièces de vers
celles de Nerval, de Baudelaire, de Verlaine, de Mallarmé, elles
apparaissent bien artificielles, bien superficielles; il faut les prendre
telles qu'elles sont avec leur ambition d'artisanat supérieur. Heredia s'est débarrassé du positivisme athée, du pessimisme des premiers maîtres du Parnasse. Il se sent fort bien dans le monde tel
qu'il est et œuvre dans l'art pour l'art en toute sérénité, avec l'Académie au bout de la carrière. Nous sommes éloignés de la conception du poète maudit, ce qui n'est pas une raison pour refuser les
qualités propres à Heredia. Son gendre, Henri de Régnier, voit
dans *les Trophées* une transition entre les parnassiens et les symbolistes comparable aux *Bucoliques* d'André Chénier permettant un
lien entre classiques et romantiques. C'est plus apparent dans
l'œuvre d'un Verlaine ou d'un Léon Dierx.

L'Élégiaque du Parnasse : Léon Dierx.

Celui qui succédera à Mallarmé comme « Prince des Poètes » en 1898, Léon Dierx (1838-1912), est un idéaliste soucieux d'élever sa pensée et d'en chasser tout ce qui lui paraît vil et bas. Il a plus que tout autre le sens inné de la musicalité. C'est là un point commun avec Théodore de Banville. Il en a un autre avec Leconte de Lisle : comme lui, il est né à La Réunion. Pour la forme, il procède de ce dernier, mais la nostalgie qui traverse ses alexandrins le rapproche de Lamartine. Il a, comme les maîtres de l'art pour l'art, la passion du poème, la religion de la poésie, une ferveur immense qui s'accompagne de modestie. Il partage le pessimisme de Leconte de Lisle, mais il ne se plie à aucune impassibilité, étant trop sensible et trop sensuel pour cela. On peut se demander si son obédience à la stricte forme parnassienne s'accorda bien à sa nature élégiaque, toute en délicatesses rêveuses. Lorsqu'on sacrifia à cette tradition d'élire un « Prince des Poètes », de nombreux symbolistes lui donnèrent leur voix.

Voici un croquis physique dû à Verlaine : « Tête superbe : un 1830 blond. Toujours serré dans sa redingote. Sans gestes. Rieur et très rieur par instants. Grand fumeur de cigarettes. Il vit assez retiré, occupe un emploi à l'Instruction publique, fréquente les peintres, peint lui-même avec talent. N'est pas encore décoré ! » Zola peut ajouter : « Son bagage de poète est assez considérable. Il plane toujours, et sur des sonnets inconnus des hommes. »

Léon Dierx ne publia que des vers : *Aspirations poétiques,* 1858, premier recueil très romantique, fut suivi de *Poèmes et poésies,* 1864, *les Lèvres closes,* 1867, *les Paroles du vaincu,* 1871, *les Amants,* 1879. Certains poèmes, comme *Lazare,* sont très parnassiens selon le goût de Leconte de Lisle :

> Et Lazare à la voix de Jésus s'éveilla :
> Livide, il se dressa d'un bond dans les ténèbres ;
> Il sortit, trébuchant dans ses liens funèbres ;
> Puis, tout droit devant lui, grave et seul, s'en alla.
>
> Seul et grave, il marcha depuis lors dans la ville,
> Comme y cherchant quelqu'un qu'il ne retrouvait pas,
> Et se heurtant partout, à chacun de ses pas,
> Aux choses de la vie, au grouillement servile.
>
> Sous son front reluisant de la pâleur des morts,
> Ses yeux ne dardaient pas d'éclairs ; et ses prunelles,
> Comme au ressouvenir des splendeurs éternelles,
> Semblaient ne pas pouvoir regarder au-dehors.

Il allait, chancelant comme un enfant, lugubre,
Comme un fou. Devant lui la foule au loin s'ouvrait.
Nul n'osant lui parler, au hasard il errait,
Tel qu'un homme étouffant dans un air insalubre.

Les thèmes mortuaires seront présents, soit dit au passage, chez de nombreux poètes de la fin du siècle : Jehan Rictus, Anatole Le Braz, Louis Mercier, Edmond Haraucourt, Georges Lafenestre, Maurice Rollinat, et bien sûr Baudelaire.

Voici un poème, *Au Jardin,* car il donne une idée du Léon Dierx le plus musical :

Le soir fait palpiter plus mollement les plantes
Autour d'un groupe assis de femmes indolentes
Dont les robes, qu'on prend pour d'amples floraisons,
A leur blanche harmonie éclairent les gazons.
Une ombre par degrés baigne ces formes vagues;
Et sur les bracelets, les colliers et les bagues,
Qui chargent les poignets, les poitrines, les doigts,
Avec le luxe lourd des femmes d'autrefois.
Du haut d'un ciel profond d'azur pâle et sans voiles
L'étoile qui s'allume allume mille étoiles.
Le jet d'eau dans la vasque au murmure discret
Retombe en brouillard fin sur les bords; on dirait
Qu'arrêtant les rumeurs de la ville au passage,
Les arbres agrandis rapprochent leur feuillage
Pour recueillir l'écho d'une mer qui s'endort
Très loin au fond d'un golfe où fut jadis un port.

Certains poèmes des *Aspirations poétiques* faisaient penser au Musset des *Nuits.* Ensuite l'influence de Leconte de Lisle se manifesta en lui apportant sa leçon de rigueur. Puis, resserrant sa poésie, il sut lui donner une intensité baudelairienne. Panthéiste et pessimiste dans les poèmes *Lazare* ou *Dolorosa Mater,* il aspire à la clarté dans *la Vision d'Ève* qui peut être comparé à des poèmes sur le même thème de Charles Van Lerberghe, Charles Guérin, Henri de Régnier ou Émile Verhaeren. En voici un trop court extrait :

Soleil du jardin chaste! Ève aux longs cheveux d'or!
Toi qui fus le péché, toi qui feras la gloire!
Toi, l'éternel soupir que nous poussons encor!
Ineffable calice où la douleur vient boire!

Ô Femme! qui, sachant porter un ciel en toi,
A celui qui perdait l'autre ciel, en échange,
Offris tout, ta splendeur, ta tendresse et ta foi,
Plus belle sous le geste enflammé de l'archange!

Ô mère aux flancs féconds! Par quelle brusque horreur,
Endormeuse sans voix, étais-tu possédée?
Quel si livide éclair t'en fut le précurseur?
A quoi donc songeais-tu, la paupière inondée?

> Ah! dans le poing crispé de Caïn endormi
> Lisais-tu la réponse à ton rêve sublime?
> Devinais-tu déjà le farouche ennemi
> Sur Abel faible et nu s'essayant à son crime?

De tels vers pouvaient susciter l'admiration des symbolistes dont rien ne sépare Léon Dierx, poète encore aujourd'hui méconnu. Un de ses poèmes, *Stella Vespera,* montre un peintre rencontrant vivant le modèle inconnu d'un de ses chefs-d'œuvre, celui de la femme idéale qu'il a imaginée; devant l'être de chair, il devient fou. Nous sommes là dans l'univers d'Edgar Poe ou de Villiers de l'Isle-Adam. Dans sa comédie en vers, *la Rencontre,* Léon Dierx, en même temps qu'il exprime, loin de la réserve parnassienne, ses problèmes d'artiste et sa souffrance intérieure, montre un couple désuni après une trahison et trouvant sa grandeur dans une lucidité qui sublimise l'amour blessé.

Son recueil *les Lèvres closes,* un des plus beaux, contient des poèmes philosophiques et historiques un peu longuets comme *la Révélation de Jubal* ou *la Chanson de Mahali,* mais aussi d'admirables morceaux comme *le Survivant, Jamais* ou *Soir d'Octobre,* tout imprégnés de mystère et de brumes :

> — Comme elle vibre en nous la cloche qui bourdonne! —
> L'automne, avec la pluie et les neiges, demain
> Versera les regrets et l'ennui monotone;
> Le monotone ennui de vivre est en chemin!
> Plus de joyeux appels sous les voûtes ombreuses;
> Plus d'hymnes à l'aurore, et de voix dans le soir
> Peuplant l'air embaumé de chansons amoureuses!
> Voici l'automne! Adieu, le splendide encensoir
> Des prés en fleurs fumant dans le chaud crépuscule!
> Dans l'or du crépuscule, adieu, les yeux baissés,
> Les couples chuchotants dont le cœur bat et brûle,
> Qui vont la joue en feu, les bras entrelacés,
> Les bras entrelacés, quand le soleil décline!

On notera au passage les reprises de mots d'un vers à l'autre. Dierx est un musicien comme il est un peintre impressionniste. Ses amis parnassiens lui trouvaient moins de magnificence dans la forme que chez Leconte de Lisle; les symbolistes savaient quelles étaient sa finesse et sa subtilité.

Ce poète est avant tout un amoureux de l'amour. On le voit dans l'ensemble *les Amants* où un poème tout particulièrement, *Corot,* exprime l'amour recréant l'éden, source merveilleuse permettant le retour aux belles années de jeunesse dans l'île retrouvée. Ignoré de la foule en son temps, il fut apprécié par tous les poètes et Catulle Mendès en a parlé admirablement : « Léon Dierx, dont l'œuvre considérable reste presque ignorée de la foule, dont le talent n'est estimé à sa juste valeur que par les artistes et les lettrés, est véritablement un des plus purs et des plus nobles esprits de la fin du xixe siècle. Je ne crois pas qu'il ait jamais existé un homme plus intimement, plus essentiellement poète que lui. La poésie est la fonction naturelle de son âme, et les vers sont la seule langue possible de sa pensée... Tout ce qui est beau, tout ce qui est tendre et fier, la mélancolie hautaine des vaincus, la candeur des vierges, la sérénité des héros, et aussi la douceur infinie des paysages forestiers traversés de lune et des méditerranées d'azur où tremble une voile au loin, l'impressionne incessamment, le remplit, devient comme l'atmosphère où respire heureusement sa vie intérieure. »

Parnassien ? Oui, par ses amitiés, par certains poèmes, mais les meilleurs sont ceux qui échappent au stoïcisme guindé, aux références envahissantes de l'histoire. On le place plus près de Baudelaire et de Verlaine que de Leconte de Lisle. Il mérite mieux que d'être un des disciples effacés du Parnasse. Son titre de Prince des Poètes n'est pas usurpé.

Un Poète-Protée : Catulle Mendès.

« Miel et poison », disait Sainte-Beuve de *Philoméla,* le premier recueil de Catulle Mendès (1841-1909), ce Bordelais dont l'enfance ne fut que voyages avant une adolescence toulousaine et la « montée » à Paris, ville centralisatrice. Homme d'action, ayant le don d'animation, il sut grouper les poètes de son temps en usant de diplomatie et d'habileté. Patronné par Gautier, il fonde *la Revue fantaisiste,* 1860. Un voyage de l'autre côté du Rhin l'amène à se passionner pour ce Richard Wagner que les Français refusent. Son ami Louis Ménard le fait venir chez Leconte de Lisle et c'est la naissance du Parnasse.

Catulle Mendès a touché à tous les genres : il écrivit une vingtaine de pièces de théâtre en vers ou en prose, des opéras (Emmanuel Chabrier a composé la musique de *Gwendoline,* 1886, André Messager celle d'*Isoline*), des romans et des contes en très grande quantité (certains, de lecture populaire, sont loin d'être sans intérêt), d'innombrables chroniques dans *l'Écho de Paris, le Journal* et d'autres quotidiens. Il est quelque peu polygraphe, produit beaucoup trop; on l'appelle « le Poète-Protée » ou même « le Roi du simili ». Il faut aller voir du côté de ses poèmes pour voir que, si justes que soient ces appellations, on ne saurait tout à fait l'y réduire.

Sa *Légende du Parnasse contemporain* reste un précieux document. Pour lui, l'idée de « mouvement » serait bien « légende »; il s'agirait seulement d'un groupe de poètes formels n'ayant nullement idée de faire école; les parties les plus intéressantes sont celles où il évoque les poètes et leurs œuvres, Mendès ayant le sens du portrait et de la critique poétique. Au fond, ses détracteurs lui reprochent d'avoir trop de dons, de trop bien assimiler les idées d'autrui, et comme l'époque est en proie à un racisme bourgeois assez tenace, les critiques attribuent cela à son origine israélite, sans qu'il leur vienne à l'idée que des légions d'autres poètes, de quelque confession qu'ils fussent, présentent les mêmes caractéristiques. Toute la poésie est faite de mariages et d'influences transcendées.

On peut le situer dans la lignée de Banville : fantaisie, agilité, rimes variées, lyrisme sensuel, verbalisme, plaisir de vaincre les difficultés qu'il invente dans sa versification, il y a de tout cela chez l'allègre Catulle. Il est si léger, si habile qu'on ne croit pas trop à sa personnalité profonde de poète. Il va trop vite d'une chose à une autre, il est trop subtil, trop aérien. On lui reproche de pasticher, de se jouer de tous les thèmes qu'ils soient graves ou héroïques, qu'ils soient pris dans les anciennes légendes ou les contes exotiques. Il aime les apologues de l'Orient, la sagesse bouddhique, les légendes chrétiennes, les atmosphères nuageuses auxquelles il ajoute d'autres nuages. Parfois, on sent un peu trop le travail du vers et cela alourdit, mais souvent il enchante.

Dès *Philoméla,* 1863, dédié à Théophile Gautier, il montre la variété de ses dons. Il sait doser l'érotisme, la volupté, la chaleur, la ferveur, le mystère. Philoméla, c'est le rossignol des nuits. C'est parfois baudelairien en moins fort, parfois proche de Heredia (dans les sonnets) en moins achevé. Il a des trouvailles, des vers qui restent : « Tu portes fièrement la honte d'être beau. » Aujourd'hui, on le trouverait un peu « kitsch » en lisant :

Deux monts plus vastes que l'Hécla
Surplombent la pâle contrée
Où mon désespoir s'éveilla.

Solitude qu'un rêve crée!
Jamais l'aube n'étincela
Dans cette ombre démesurée.

La nuit! la nuit! rien au delà!
Seule une voix monte, éplorée;
Ô ténèbres, écoutez-la.

C'est ton chant qu'emporte Borée,
Ton chant où mon cri se mêla,
Éternelle désespérée,

Philoméla! Philoméla!

Écoutons *le Rossignol :*

C'était un soir du mois où les grappes sont mûres,
Et celle que je pleure était encore là.
Muette, elle écoutait ton chant sous les ramures,
Élégiaque oiseau des nuits, Philoméla!

Attentive, les yeux ravis, la bouche ouverte,
Comme sont les enfants au théâtre Guignol,
Elle écoutait le chant sous la frondaison verte,
Et moi je me sentis jaloux du rossignol.

« Belle âme en fleur, lilas où s'abrite mon rêve,
Disais-je, laisse là cet oiseau qui me nuit.
Ah! méchant cœur, l'amour est long, la nuit est brève! »
Mais elle n'écoutait qu'une voix dans la nuit.

Dans son *Hespérus,* 1869, dans ses *Contes épiques,* 1870, passe un écho métaphysique et l'on pense à Swedenborg. La narration splendide, la description précieuse, le recours au baroquisme permettent d'atteindre une poésie plus légère que les hautes tentures d'un Leconte de Lisle. Ainsi, dans ce *Paysage de neige :*

Au dedans, le silence et la paix sont profonds;
De froides pesanteurs descendent des plafonds,
Et, miroirs blanchissants, des parois colossales
Cernent de marbre nu l'isolement des salles.
De loin en loin, et dans les dalles enchâssé,
Un bassin de porphyre au rebord verglacé
Courbe sa profondeur polie, où l'onde gèle;
Le froid durcissement a poussé la margelle,
Et le porphyre en plus d'un endroit est fendu;
Un jet d'eau qui montait n'est point redescendu,
Roseau de diamant dont la cime évasée
Suspend une immobile ombelle de rosée.
Dans la vasque, pourtant, des fleurs, givre à demi,
Semblent les rêves frais du cristal endormi
Et sèment d'orbes blancs sa lucide surface,
Lotus de neige éclos sur un étang de glace,
Lys étranges, dans l'âme éveillant l'idéal
D'on ne sait quel printemps farouche et boréal.

Nous ne citons ici qu'un extrait d'une description beaucoup plus étendue; ici les écoles du regard auraient pu trouver référence, mais les poètes étouffés par l'appellation de parnassiens restent méconnus. Dans ces recueils, que le poème soit fondé sur une anecdote comme dans *le Consentement,* sur un conte comme dans *le Lion,* il n'oublie jamais d'être orné de mots rares et de tableaux somptueux qui font penser parfois, et c'est le cas pour beaucoup de poètes du Parnasse attirés par le Symbolisme, à Gustave Moreau ou à Odilon Redon.

Parfois, comme cela arrive dans *les Soirs moroses,* 1876, Catulle Mendès s'alanguit, fait penser à Albert Samain, et semble préparer sa voie au Paul Géraldy de *Toi et moi :*

> Reste. N'allume pas la lampe. Que nos yeux
> S'emplissent pour longtemps de ténèbres, et laisse
> Tes bruns cheveux verser la pesante mollesse
> De leurs ondes sur nos baisers silencieux.
>
> Nous sommes las autant l'un que l'autre. Les cieux
> Pleins de soleil nous ont trompés. Le jour nous blesse.
> Voluptueusement berçons notre faiblesse
> Dans l'océan du soir morne et délicieux.
>
> Lente extase, houleux sommeil exempt de songe,
> Le flux funèbre roule et déroule et prolonge
> Tes cheveux où mon front se pâme enseveli...
>
> Ô calme soir, qui hais la vie et lui résistes,
> Quel long fleuve de paix léthargique et d'oubli
> Coule dans les cheveux profonds des brunes tristes.

Mais on est aussi proche de Baudelaire, celui des lourdes chevelures et des extases voluptueuses. Dans le même recueil, il emploie volontiers le tercet dans des poèmes de treize vers construits sur deux rimes seulement, comme c'est le cas dans *Douceur du souvenir* ou dans *Exhortation,* plus moraliste et didactique :

> Être homme? tu le peux. Va-t'en, guêtré de cuir,
> L'arme au poing, sur les pics, dans la haute bourrasque,
> Et suis le libre isard aussi loin qu'il peut fuir!
>
> Fais-toi soldat; le front s'assainit sous le casque.
> Jeûnant pour avoir faim et peinant pour dormir,
> Sois un contrebandier dans la montagne basque!
>
> Mais, dans nos vils séjours, ne t'attends qu'à vieillir.
> Les pleurs mentent ainsi que le rire est un masque;
> Tout est faux : glas du deuil et grelots du plaisir.
>
> Et comme l'eau rechoit, par flaques, dans la vasque,
> C'est notre vieux destin qu'en un lâche loisir
> Se raffaisse toujours notre volonté flasque
>
> Entre l'ennui de vivre et la peur de mourir.

Ses autres recueils sont (nous citons les principaux) : *Colère d'un franc-tireur,* poème, 1871; *Odelette guerrière,* 1871; *Sérénades,* 1876;

recueils de *Poésies* de 1885, 1892, 1893; *la Grive des vignes,* 1897; *les Braises du cendrier,* 1899. Les diverses tendances des années s'y reflètent. Il use de distiques comme Verlaine :

> Au fin brouillard levant des collines boisées
> Les Grâces du matin, les sœurs, se sont posées.

> Elles ont leur habit de charme, velouté
> De brume, et de rosée, au bas, diamanté.

> On ne voit pas leurs fronts voilés, que l'aube arrose
> D'un fluide secret de diadème rose;

> On ne voit pas leurs yeux voilés, on y pressent
> Quelque chose de pur qui nous aime, et descend;

> Et des roses de neige à des rayons mêlées
> Ruissellent de leurs mains qu'on ne voit pas, voilées!

Catulle écrira aussi, dans le goût médiéval cher à Théodore de Banville, une *Ballade de l'âme de Paul Verlaine.* Comme Pierrot est à la mode, il l'inspire comme il inspire Laforgue, avec fantaisie :

> Bien qu'il ait l'âme sans rancune,
> Pierrot dit en serrant le poing :
> « Mais, sacrebleu, je n'ai nul point
> De ressemblance avec la lune!

> « Ô faux sosie aérien!
> Mon nez s'effile, elle est camuse;
> Elle a l'air triste! je m'amuse
> De tout, un peu, beaucoup, de rien.

> « On la dit pâle! Allons donc! jaune!
> Moi seul suis blanc comme les miss.
> Elle est chaste autant qu'Artémis,
> Je le suis aussi, comme un faune.

> « N'importe! Dès qu'elle a penché
> Son front : « Bonsoir, Pierrot céleste! »
> Dit l'un; un autre dit : « Ah! peste!
> « Pierrot, ce soir, a l'œil poché. »...

Il joue de tant d'instruments qu'on pourrait en former un orchestre. Il ne perd pas le souvenir des élans de Hugo et de Gautier, il étonne parfois par son souffle : *le Soleil de minuit* est traversé de lueurs dantesques, par son savoir-faire : ses triolets de *la Grive des vignes* qui sont couronnés de longs titres à la manière orientale comme *le Poète se souvient d'une fleur cueillie au Printemps* ou *le Poète ne se plaint pas de la mort prochaine à cause du souvenir de sa première chanson d'amour* que voici :

> J'ai chanté comme Chérubin
> Pour les beaux yeux de ma marraine!
> Plus heureux qu'un page de reine
> En mon émoi de coquebin.
>
> N'espérant, ingénu bambin,
> Que d'être frôlé de sa traîne,
> J'ai chanté comme Chérubin
> Pour les beaux yeux de ma marraine.
>
> Plus noir que diacre ou rabbin,
> Qu'importe qu'en le pâle frêne
> Près de ma couche incertaine
> Croasse bientôt le corbin...
> J'ai chanté comme Chérubin!

Depuis Théophile Gautier, en vers comme en prose, Catulle Mendès, l'aimable parrain du Parnasse, s'affirme comme le plus habile des manieurs de la langue française. Mais peut-être sa facilité d'écriture l'entraîne-t-elle à trop de dispersion. Infiniment varié, protéiforme, un des poètes les plus doués de son temps, il semble sans cesse dire : « Et moi aussi je suis poète... » en imitant ses amis et en les égalant. Mais quelles que soient l'infinité et la disparité de ses genres, ils ont un dénominateur commun : la création incessante d'images splendides et harmonieuses. Partout poète, Catulle Mendès apporte du charme, de la musique, des parfums lourds ou vaporeux ; il embellit les décors, rehausse les peintures, extrait du monde ambiant tout ce qu'il peut receler de magnificence. Cultivant tous les genres, ne se fixant jamais, ce touche-à-tout émerveille tout ce qu'il touche.

Le Parnasse des Humbles : François Coppée.

D'aucuns le diraient « parnassien du pauvre » plus que « des pauvres », ce François Coppée (1842-1908) qui dit de lui-même :

> Je suis un pâle enfant du vieux Paris, et j'ai
> Le regret des rêveurs qui n'ont pas voyagé.

C'est que, malgré sa naissance populaire, malgré qu'il prenne son inspiration dans le peuple, il n'est pas tout à fait le poète du peuple. Où les uns ont distingué un poète sensible, d'autres parlent de sensiblerie et de mièvrerie. Où les uns voient un Parisien gouailleur, d'autres voient de la badauderie et des réflexions prudhommesques. Dans son temps, il connut un vif succès auprès de la petite bourgeoisie avec ses tableaux souriants formant une épopée des faubourgs et de la banlieue. Jules Claretie put écrire : « Il

aime les petits, les timides, les désolés, ceux qui traînent obscurément les plus lourdes chaînes, les parias de notre société heureuse
et souriante, les pauvres diables dont la chair ne semble faite que
pour fournir de l'humus au sol où s'épanouissent les fleurs cueil-
lies par les autres, et ces " Humbles " sont un pauvre mobile arraché au pays natal par le grand devoir, ou une enfant rachitique
condamnée aux exhibitions de la scène, un déporté, un outlaw qui
se retrouve français lorsque le drapeau est en danger ou une pauvre
marchande de journaux. »

En fait, François Coppée est toujours prêt pour l'attendrissement
et si les vers « bêbêtes » pullulent dans son œuvre, il faut lui
reconnaître des qualités humaines : tout d'abord, les honneurs ne
grisent pas ce petit employé devenu académicien français, et ne lui
font pas oublier ses origines; ensuite, on lui sait gré d'avoir été
fidèle en amitié comme en témoigne sa fraternité pour Paul Verlaine le bohème; enfin, il ne changea rien dans son art ou dans ses
habitudes. Par ses chroniques, il ne manqua jamais de faire
connaître de nouveaux poètes, par exemple Albert Samain ou
Francis Jammes.

Ses premiers amis furent Leconte de Lisle, Heredia surtout,
Catulle Mendès qui le patronna. Son art est bien celui d'un parnassien pour la versification, mais il s'éloigne de la conception de l'art
pour l'art en se faisant le chantre naturaliste de l'humanité humble,
en inclinant à un prosaïsme total, c'est-à-dire éloigné de cet art
contenu dont use à merveille un Baudelaire. En fait, bien qu'il soit
parfaitement capable d'autre chose, et il le prouve parfois comme
en témoignent des poèmes épars, il parle, il raconte, il bavarde en
vers, ce qui lui joue des mauvais tours lorsqu'on extrait certains
passages de leur contexte sans se donner trop de mal pour les trouver :

> Et, vers le temps des fruits, ils ont des confitures.

> Et la gendarmerie est en pantalon blanc.

> Se rappelant toujours cet ordre laconique,
> Le fils du général entre à Polytechnique.

> Et la lune se lève au moment du café.

Comment s'étonner dès lors qu'on accuse cet artisan de plati-
tude? Ce n'est pas aujourd'hui que le discrédit dans lequel il est
tombé disparaîtra, mais sa tentative de poésie populaire qui, à son
insu, fut bourgeoise, mérite qu'on s'y arrête, même si elle est avortée. Et puis, disant le pire, qui sait si nous ne rencontrerons pas, au
hasard des pages, le meilleur?

Dès ses premiers recueils, *le Reliquaire,* 1866, *les Intimités,* 1868, apparaît une personnalité qui ne changera guère. *La Petite marchande de fleurs* propose ses violettes à un couple qui s'attristera devant cette misère, mais sans qu'un appel à l'idée de justice apparaisse. On fera l'aumône :

> Elle nous proposa ses fleurs d'une voix douce,
> Et souriant avec ce sourire qui tousse.
> Et c'était monstrueux, cette enfant de sept ans
> Qui mourait de l'hiver en offrant le printemps.
> Ses pauvres petits doigts étaient pleins d'engelures.
> Moi je sentais le fin parfum de tes fourrures,
> Je voyais ton cou rose et blanc sous la fanchon,
> Et je touchais ta main chaude dans ton manchon.
> Nous fîmes notre offrande, amie, et nous passâmes;
> Mais la gaîté s'était envolée, et nos âmes
> Gardèrent jusqu'au soir un souvenir amer.
>
> Mignonne, nous ferons l'aumône cet hiver.

C'est un acte en vers, *le Passant,* 1869, interprété à l'Odéon par la célèbre Mlle Agar et par la jeune Sarah Bernhardt qui lui apporta gloire et fortune. Il s'agissait d'un badinage romantique entre une courtisane et un éphèbe, superficiel, avec toutes les facilités d'une vieille rhétorique sentimentale. Par la suite, François Coppée donna des drames et des comédies volontiers en vers. Cette notoriété attira l'attention sur ses *Poèmes modernes,* 1869, et comme ils étaient composés de récits en vers, faciles à lire, touchants, d'une narration simplette, d'une émotion sans difficulté, le public les aima. Ces récits, *le Défilé, la Grève des forgerons, la Bénédiction, l'Angélus, le Père,* pouvaient faire battre les cœurs. Roublard, François Coppée n'y serait pas parvenu. Non, c'est sincère, naturel, même si parfois, autres temps, autres mœurs, cela nous paraît ridicule. *Les Humbles* sont encore de courtes histoires, des tableaux versifiés racontant les misères et les joies des petites gens. C'est une poésie pauvre mais honnête, pauvre dans son inspiration, honnête dans son artisanat, dont voici un exemple extrait du poème *Petits bourgeois :*

> Je n'ai jamais compris l'ambition. Je pense
> Que l'homme simple trouve en lui sa récompense,
> Et le modeste sort dont je suis envieux,
> Si je travaille bien et si je deviens vieux,
> Sans que mon cœur de luxe ou de gloire s'affame,
> C'est celui d'un vieil homme avec sa vieille femme,
> Aujourd'hui bons rentiers, hier petits marchands,
> Retirés tout au bout du faubourg, près des champs.
> Oui, cette vie intime est digne du poète.

On pense au *Joseph Delorme* de Sainte-Beuve, et plus encore à certaines chansons de Béranger. L'intimisme familial de certains poèmes de Gérard de Nerval a un autre charme.

Parfois, cependant, l'univers urbain lui dicte des trouvailles comme dans son recueil *le Cahier rouge,* 1874, où le poème *Gaîté du cimetière* montre un croque-mort joyeux du Père-Lachaise que le printemps amène à

> Cueillir de ses doigts noirs, gantés de filoselle,
> Des bouquets pour sa dame et pour sa demoiselle.

Auparavant, il avait publié un *Écrit pendant le siège,* 1870, et surtout *Promenades et intérieurs,* 1872. Trente-neuf pièces composent cet ensemble. Elles ont la même forme : un dizain d'alexandrins, et la même inspiration : chacune est un tableau, scène de rue parisienne, regard sur la vie du foyer, promenade campagnarde. François Coppée s'abandonne aux sensations fugitives, aux images, aux rêves, et l'on voudrait que tous ses poèmes fussent de la même veine que ce que lui dictent ici les parfums si chers à Baudelaire :

> Volupté des parfums! – Oui, toute odeur est fée.
> Si j'épluche, le soir, une orange échauffée,
> Je rêve de théâtre et de profonds décors;
> Si je brûle un fagot, je vois, sonnant leurs cors,
> Dans la forêt d'hiver les chasseurs faire halte;
> Si je traverse enfin ce brouillard que l'asphalte
> Répand, infect et noir, autour de son chaudron,
> Je me crois sur un quai parfumé de goudron,
> Regardant s'avancer, blanche, une goélette,
> Parmi les diamants de la mer violette.

Ce *Paysage d'hiver* est, lui aussi, exempt des niaiseries sentimenteuses chères à Coppée :

> L'allée est droite et longue, et sur le ciel d'hiver
> Se dressent hardiment les grands arbres de fer,
> Vieux ormes dépouillés dont le sommet se touche.
> Tout au bout, le soleil, large et rouge, se couche.
> A l'horizon, il va plonger dans un moment.
> Pas un oiseau. Parfois un lointain craquement
> Dans les taillis déserts de la forêt muette;
> Et là-bas, cheminant, la noire silhouette,
> Sur le globe empourpré qui fond comme un lingot,
> D'une vieille à bâton, ployant sous son fagot.

Mais, dès *le Reliquaire,* Coppée ne s'était-il pas affirmé comme un poète capable de splendeurs languides comme on en trouve chez Léon Dierx ou Catulle Mendès? Auprès des poèmes pour les humbles, on pouvait en trouver pour les salons :

Hors du coffret de laque aux clous d'argent, parmi
Les fleurs du tapis jaune aux nuances calmées,
Le riche et lourd collier qu'agrafent deux camées,
Ruisselle et se répand sur la table à demi.

Un oblique rayon l'atteint. L'or a frémi.
L'étincelle s'attache aux perles parsemées,
Et midi darde moins de flèches enflammées
Sur le dos somptueux d'un reptile endormi.

Cette splendeur rayonne et fait pâlir des bagues
Éparses où l'onyx a mis ses reflets vagues
Et le froid diamant sa claire goutte d'eau ;

Et, comme dédaigneux du contraste et du groupe,
Plus loin, et sous la pourpre ombreuse du rideau,
Noble et pur, un grand lis se meurt dans une coupe.

Quelle différence de ton entre ce *Lis* et le bouquet de violettes de
la petite mendiante! Il existe une telle diversité entre certains
groupes de poèmes de François Coppée qu'on imagine ce que pourrait faire un anthologiste avec ce poète : selon son choix, il pourrait
le montrer excellent ou détestable. Excellent, il peut d'ailleurs
l'être dans ses tableaux populaires, mais à condition qu'il observe
justement, en naturaliste, en se gardant de s'apitoyer faussement
et inutilement. On aime parfois le suivre dans de « champêtres et
lointains quartiers », avec les bals en plein vent d'où

S'échappent les éclats de rire à pleine bouche,
Les polkas, le hoquet des cruchons qu'on débouche,
Les gros verres trinquant sur les tables de bois,
Et parmi le chaos des rires et des voix,
Et du vent fugitif dans les ramilles noires,
Le grincement rythmé des lourdes balançoires.

Nous sommes bien dans l'univers d'un Maupassant ou d'un
Zola. Par la richesse de l'observation, on ne peut nier qu'un charme
s'opère :

Noces du samedi! noces où l'on s'amuse,
Je vous rencontre au bois où ma flaneuse Muse
Entend venir de loin les cris facétieux
Des femmes en bonnet et des gars en messieurs
Qui leur donnent le bras en fumant un cigare,
Tandis qu'en un bosquet le marié s'égare,
Souvent imberbe et jeune, ou parfois mûr et veuf,
Et tout fier de sentir, sur sa manche en drap neuf,
Chef-d'œuvre d'un tailleur-concierge de Montrouge,
Sa femme, en robe blanche, étaler sa main rouge.

Ces dizains, les joyeux compères de l'*Album zutique* les parodie-
ront. Au fond, Arthur Rimbaud qui adore pasticher Coppée, le

fait sans méchanceté et lui rend peut-être, à sa manière, quelque hommage. Citons *le Balai* par ce Coppée revu par Rimbaud :

> C'est un humble balai de chiendent, trop dur
> Pour une chambre ou pour la peinture d'un mur.
> L'usage en est navrant, et ne vaut pas qu'on rie.
> Racine prise à quelque ancienne prairie,
> Son crin inerte sèche; et son manche a blanchi
> Tel qu'un bois d'île à la canicule rougi.
> La cordelette semble une tresse gelée.
> J'aime de cet objet la saveur désolée,
> Et j'en voudrais laver tes larges bords de lait,
> Ô Lune, où l'esprit de nos Sœurs mortes se plaît.

Le récit en vers *Olivier,* 1876, trop long, est relevé par un certain sens du coloris. C'est le roman d'un jeune désabusé, blasé par les plaisirs de la vie, desséché par la vie factice des salons (Coppée a lu son Musset) qui cherche la guérison dans l'amour de la nature et d'un seul être. Si prosaïque que soit le poème, on voit quelle est la science versificatrice de Coppée qui se joue avec les difficultés et peut donner de la rapidité à son rythme. Sentimental dans ses *Récits et élégies,* 1878, où passe l'image d'une jeune Norvégienne d'un amour malheureux, il revient à ses imageries dans *Contes en vers et poésies diverses,* 1880, où, comme dans un album suranné, on voit un bateau-mouche, un régiment qui défile, un asile de nuit, une marchande de journaux ou un enfant de la balle. Des humbles encore dans *l'Arrière-saison,* 1887, où le poète flâne dans la cité comme un peintre avec son chevalet portable et ses pinceaux, et aussi des poèmes où la somptuosité parnassienne accueille la tendresse, comme dans ces *Ruines du cœur :*

> Mon cœur était jadis comme un palais romain,
> Tout construit de granits choisis, de marbres rares.
> Bientôt les passions, comme un flot de barbares,
> L'envahirent, la hache ou la torche à la main.
>
> Ce fut une ruine alors. Nul bruit humain.
> Vipères et hiboux. Terrains de fleurs avares.
> Partout gisaient, brisés, porphyres et carrares;
> Et les ronces avaient effacé le chemin.
>
> Je suis resté longtemps, seul, devant mon désastre.
> Des midis sans soleil, des minuits sans un astre,
> Passèrent, et j'ai, là, vécu d'horribles jours;
>
> Mais tu parus enfin, blanche dans la lumière,
> Et, bravement, afin de loger nos amours,
> Des débris du palais j'ai bâti ma chaumière.

Cette inspiration se retrouve dans *les Paroles sincères,* 1891, ou *Des Vers français,* 1906, où François Coppée va vers l'élégie, avec des délicatesses, de douces mélancolies qui le rapprochent de manière inattendue d'un Henri Heine. La personnalité de Coppée n'est pas simple. Nous ne dirons pas avec Henri de Régnier : « Il n'y a là qu'un cas de mauvaise littérature. » Il n'est pas qu'un poète pour lecteur de romans-feuilletons, il n'a pas écrit que « les Veillées des Chaumières » de la poésie. Dans le genre populaire, s'il ne bêtifie pas, il est capable de tracer des tableaux durables, dignes des peintres flamands. Dans un domaine précieux, sentimental, élégiaque, sans se séparer du réalisme, il peut atteindre au grand art parnassien comme au vaporeux symboliste. Mais son honneur est peut-être, même s'il n'a pas toujours réussi, de s'être souvenu que le petit épicier de Montrouge, le voyou de barrière au grand cœur, l'orphelin ou l'ivrogne, le pioupiou ou la nourrice existaient. Comme les bourgeois du XIXe siècle, il a aimé les intérieurs chauds et ses poèmes intimistes ont fait penser, dit Victor Cherbuliez « aux maîtres de l'école hollandaise, à Mieris, à Terburg ».

Une lecture honnête de l'œuvre poétique de François Coppée montre qu'on ne saurait le réduire à l'idée générale donnée par ses plus mauvaises productions. Il peut surprendre par certaines touches picturales, par certaines analyses sentimentales, par les qualités de son artisanat, par la souplesse d'un art prêt à répondre à de multiples sollicitations, et, de même, il fait sourire par ses vers plats ou pompiers, par son sentimentalisme facile. Plus que naturaliste, il invente le populisme d'un Charles-Louis Philippe, un populisme auquel la prose convient mieux. Par certains côtés, Coppée descend de Sainte-Beuve poète et de Musset autant que de Leconte de Lisle. Ajoutons que si les peintures quotidiennes, les tableaux pris sur le vif se démodent, le temps passant, on peut trouver un certain charme à flâner dans les vieux quartiers d'il y a un siècle avec ce « parigot » né dans le peuple, ayant connu une ascension sans l'oublier, mais n'en participant plus totalement. Au fond, on l'aime bien, ce François dont le vrai prénom était Francis (comme Carco), mais on l'aurait voulu moins mièvre, moins attendri, moins poète pour retraités, et plus constant dans les qualités dont il témoigne parfois, plus dur et plus révolté socialement, plus critique envers sa production. Cela posé, je suis sûr qu'on peut encore prendre plaisir à Coppée.

5

Galerie parnassienne

Le Lucrèce du Parnasse : Louis Bouilhet.

L E docteur Flaubert, parmi ses internes, comptait un jeune homme doué, Louis Bouilhet (1822-1869) qui devint l'ami fraternel de son fils Gustave. Sans cesse, l'auteur de *Madame Bovary* mit la personnalité de Bouilhet en valeur. Il est même arrivé que cette amitié rouennaise agace et que l'on ne croit pas le poète digne de l'admiration du romancier : cet excès d'honneur le dirige vers les indignités, et nous voudrions ici, tout en disant ses défauts, montrer qu'il est digne d'intérêt.

Héritier des Romantiques, précurseur du Parnasse, la souplesse de ses rythmes le rapproche de Théophile Gautier, dont il partage le goût pour les tableaux chinois, et de Théodore de Banville. Ayant renoncé à la chirurgie pour les études humanistes, son premier livre, *Melaenis,* 1851, est d'un érudit : la narration est solide, mais ce conte romain en plusieurs chants contient des mauvais vers et des platitudes. Voici la fin d'une des parties, *la Nouvelle mariée :*

> Elles vivaient ainsi, les mères d'Étrurie,
> Celles du latium et du pays sabin,
> Gardant comme un trésor, loin du tumulte humain,
> Le travail, la pudeur, les dieux et la patrie;
> Elles n'attendaient pas qu'un prêteur d'Illyrie,
> Vint tenter leur vertu des colliers à la main.

Il fit de nombreuses pièces en vers, surtout des drames, comme *Mme de Montarcy,* 1856, *Hélène Peyron,* 1858, *Dolorès,* 1862, *la Conjuration d'Amboise,* 1866, son plus grand succès, *Mlle Aïssé,* 1869. Pour son deuxième recueil, *les Fossiles,* 1854, il alla chercher son inspiration dans le monde antédiluvien, ce qui n'est pas courant, et tenta d'unir science et poésie. Les cinq premières parties sont en suites d'alexandrins, la sixième est composée de quatrains. Voulant décrire les animaux et les végétaux disparus, il tente, selon Gautier, « l'œuvre la plus difficile peut-être qu'ait tentée un poète ». On pourrait dire : n'est pas Lucrèce qui veut, mais, comme affirme justement Fernand Gregh, « cela ressemble à du Delille qui serait excellent », et l'on peut avec lui signaler ce passage où Bouilhet s'adresse à l'être qui succédera à l'homme sur la terre, ce qui peut intéresser les amis de la science-fiction comme ceux qui aiment que le poème prenne d'amples sonorités :

> Ce n'est pas le vent seul, quand montent les marées,
> Qui se lamente ainsi dans les goémons verts,
> C'est l'éternel sanglot des races éplorées!
> C'est la plainte de l'homme englouti sous les mers.
>
> Ces débris ont vécu dans la lumière blonde;
> Avant toi, sur la terre ils ont marqué leurs pas.
> Contemple avec effroi ce qui reste d'un monde,
> Et d'un pied dédaigneux ne les repousse pas.
>
> Ne les méprise pas! Tu connaîtras toi-même,
> Sous ce soleil plus large étalé dans tes cieux,
> Ce qu'il faut de douleur pour crier un blasphème
> Et ce qu'il faut d'amour pour pardonner aux dieux!
>
> Ne les méprise pas! Les destins inflexibles
> Ont posé la limite à tes pas mesurés;
> Vers le rayonnement des choses impassibles
> Tu tendras comme nous des bras désespérés.
>
> Tu n'es pas le dernier! D'autres viennent encore
> Qui te succéderont dans l'immense avenir;
> Toujours sur les tombeaux se lèvera l'aurore
> Jusqu'au temps inconnu qui ne doit pas finir!

Quoi qu'on pense de la valeur du poème, l'inspiration est haute et respectable. Dans *Festons et Astragales,* 1858, Louis Bouilhet s'essaie à des tours de force techniques, mais il n'a pas assez de fantaisie pour plaire et il arrive qu'il distille l'ennui. On retient ses *Vers à une femme* qui furent cités non seulement par Flaubert, mais aussi par De Gaulle dans une conversation intime :

> Tu n'as jamais été, dans tes jours les plus rares,
> Qu'un banal instrument sous mon archet vainqueur,
> Et, comme un air qui sonne au bois creux des guitares,
> J'ai fait chanter mon rêve au vide de son cœur.

Gustave Flaubert, grâce à sa *Correspondance,* garda le nom de Louis Bouilhet. Le romancier publia aussi les posthumes *Dernières chansons,* 1872, avec une notice dont voici un extrait : « Mais qu'on m'indique, chez Musset, un ensemble quelconque où la description et l'intrigue s'enchaînent, pendant plus de deux mille vers, avec une telle suite de composition et une pareille tenue dans le langage?... Quel art il a fallu pour reproduire toute la société romaine d'une manière qui ne sentît pas le pédant, et dans les bornes étroites d'une fable dramatique! » Flaubert n'aimait pas trop celui qu'il appelait « le gars Musset ». On voudrait que *Melaenis* eût la grâce, la souplesse et la désinvolture de ce dernier et la comparaison ne peut être que défavorable à Bouilhet. Nous préférons cette chinoiserie, *le Tung-Whang-Fung*, extraite des *Dernières chansons* :

La fleur Ing-wha, petite et pourtant des plus belles,
N'ouvre qu'à Ching-tu-fu son calice odorant;
Et l'oiseau Tung-whang-fung est tout juste assez grand
Pour couvrir cette fleur en tendant ses deux ailes.

Et l'oiseau dit sa peine à la fleur qui sourit,
Et la fleur est de pourpre, et l'oiseau lui ressemble,
Et l'on ne sait pas trop, quand on les voit ensemble,
Si c'est la fleur qui chante, ou l'oiseau qui fleurit.

Et la fleur et l'oiseau sont nés à la même heure,
Et la même rosée avive chaque jour
Les deux époux vermeils, gonflés du même amour.
Mais quand la fleur est morte, il faut que l'oiseau meure.

Alors, sur ce rameau d'où son bonheur a fui,
On voit pencher sa tête et se faner sa plume.
Et plus d'un jeune cœur, dont le désir s'allume,
Voudrait, aimé comme elle, expirer comme lui.

Et je tiens, quant à moi, ce récit qu'on ignore
D'un mandarin de Chine, au bouton de couleur.
La Chine est un vieux monde où l'on respecte encore
L'amour qui peut atteindre à l'âge d'une fleur.

N'est-ce pas délicieux? Il est fort estimable, Louis Bouilhet. Comme dit Catulle Mendès, il « tenta d'être grand, sembla l'être, le fut presque ». Il y a parfois en lui du versificateur de collège et parfois du poète inspiré, touché par la grâce. Cela lui arrive encore avec *la Colombe* qui vaut bien des poèmes de Leconte de Lisle :

Durant ces jours d'angoisse où la terre étonnée
Portait, comme un fardeau, l'écroulement des cieux,
Un seul homme, debout contre la destinée,
Osa, dans leur détresse, avoir pitié des Dieux.

C'était un large front, — un Empereur, — un sage,
Assez haut sur son trône et sur sa volonté
Pour arrêter du doigt tout un siècle au passage,
Et donner son mot d'ordre à la Divinité.

. . . .

Tu connaîtras aussi, ployé sous l'anathème,
La désaffection des peuples et des rois,
Si pauvre et si perdu que tu n'auras plus même,
Pour t'y coucher en paix, la largeur de ta croix!

Ton dernier temple, ô Christ, est froid comme une tombe;
Ta porte n'ouvre plus sur le vaste Avenir;
Voilà que le jour baisse et qu'on entend venir
Le vieux prêtre courbé qui porte une colombe!

Partisan, comme les parnassiens, de la poésie impersonnelle, il échappe souvent à cet engagement, à son insu, et toujours avec bonheur. Il n'a jamais été vers la facilité, même quand il choisissait le genre facile apparemment des *Festons et Astragales,* ces agréables fantaisies. Ne disait-il pas dans une lettre à Frédéric Plessis : « La popularité peut suivre ceux qui se hâtent — la gloire est à ceux qui savent attendre »?

Un Hellène du Parnasse : Louis Ménard.

Fils d'un éditeur de Lamartine, Louis Ménard (1822-1901) est un esprit universel. Il faut dire au passage que la culture, l'érudition, le travail sont les qualités de la plupart des parnassiens. Louis Ménard est un vrai savant qui inventa le collodion; un essayiste politique socialiste dont le *Prologue d'une révolution,* 1849, fit scandale; un historien de qualité : *Études sur les origines du christianisme,* 1867, *Histoire des Israélites,* 1883, *Histoire des Grecs,* 1884, etc.; un philosophe et un linguiste : *la Morale avant les philosophes,* 1860, *la Science du langage,* 1867.

Enfin, l'étonnant Louis Ménard est un poète. Ami de Baudelaire, de Banville, de Leconte de Lisle, il est une des personnalités du mouvement parnassien. Ayant l'amour et la connaissance de l'Antiquité, poète et philosophe néo-platonicien, stoïcien comme beaucoup de poètes de son groupe, après une traduction en vers de *Prométhée délivré,* sous le pseudonyme de L. de Sonneville, 1847, il donna des recueils qui forment un ensemble cohérent : *Poèmes,* 1855, *Fleurs de toutes les saisons,* sonnets, 1877, *Rêveries d'un païen mystique,* prose et vers, 1876. Sans doute sa pensée scientifique et philosophique eut-elle une influence sur Leconte de Lisle et son Panthéon cosmogonique. On retrouve chez lui les dieux de toutes les époques réconciliés. Ici, il fait parler *Empédocle :*

« J'ai tour à tour, poisson muet dans le flot sombre,
Taureau dans les champs, aigle dans le ciel,

Lion dans les déserts, sous ces formes sans nombre,
  Pas à pas suivi l'être universel.

Mille fois retrempée à la source des choses,
  Mon âme grandie, en son vol joyeux,
Par l'échelle sans fin de ses métempsychoses
  Va de l'arbre à l'homme, et de l'homme aux dieux.

Maintenant il me faut une dernière épreuve;
  Je pars, mais je sais, en quittant le port,
Car déjà du Léthé j'ai traversé le fleuve,
  Qu'un autre soleil luit sur l'autre bord.

Zeus, éther créateur, flamme, aliment des mondes,
  De ton foyer pur l'esprit émané
Y retourne; et toi, Terre aux entrailles fécondes,
  Je te rends ce corps que tu m'as donné.

Des souillures des sens l'âme humaine se lave,
  Comme le métal qu'épure le feu;
Etna qui me reçois dans ton ardente lave,
  Du sage qui meurt tu vas faire un dieu! »

D'un suprême sourire il salua la terre,
Et l'Etna l'engloutit dans son brûlant cratère,
Et bientôt du volcan le reflux souterrain
Rejeta vers le ciel ses sandales d'airain,
Mais, ainsi qu'un navire aux vents livrant ses voiles,
L'esprit du sage errait au-dessus des étoiles.

Louis Ménard aime aussi adapter les ballades germaniques, les romances sentimentales. Dans ses grands poèmes, il n'a pas toujours la perfection formelle d'un Leconte de Lisle; il se montre par endroits peu artiste, assez lourd, mais il est plus original, plus riche d'idées que ses contemporains. Ce savant fut un homme engagé : son action et ses écrits lui valurent en 1848 la condamnation et l'exil. Jamais vie ne fut aussi pleine. « Aventurier de la pensée, dit Pierre Moreau, il voulait, néanmoins, rester en communion avec l'universelle masse des hommes. De là cette bible de l'humanité par laquelle il voulait réconcilier tous les dieux. » N'oublions pas de signaler que Heredia avoua que, sans lui, il n'aurait pas écrit *les Centaures.* Lorsque Ménard publia *les Rêveries d'un païen mystique,* 1876, puis les mélanges des *Poèmes et rêveries d'un païen mystique,* 1896, sa pensée eut une grande influence sur les lettrés de son temps. C'est Ménard qui donna, par l'ensemble de son œuvre philosophique et poétique, le goût de la recherche ésotérique qui influença Anatole France et Maurice Barrès. Ce grand savant avait le sens de la poésie la plus subtile, comme en témoigne encore ce sonnet intitulé *Circé :*

Douce comme un rayon de lune, un son de lyre,
Pour dompter les plus forts, elle n'a qu'à sourire.
Les magiques lueurs de ses yeux caressants
Versent l'ardente extase à tout ce qui respire.

Les grands ours, les lions fauves et rugissants
Lèchent ses pieds d'ivoire; un nuage d'encens
L'enveloppe; elle chante, elle enchaîne, elle attire,
La Volupté sinistre, aux philtres tout-puissants.

Sous le joug du désir, elle traîne à sa suite
L'innombrable troupeau des êtres, les charmant
Par son regard de vierge et sa bouche qui ment,

Tranquille, irrésistible. Ah! maudite, maudite!
Puisque tu changes l'homme en bête, au moins endors
Dans nos cœurs pleins de toi la honte et le remords.

Nous allions oublier de dire que Louis Ménard fut aussi un peintre. Dans ses vers, il n'oublie pas la musique et le lecteur a remarqué l'habile disposition des rimes du sonnet cité.

Un Paysagiste normand : André Lemoyne.

Ils ne sont pas rares les peintres en vers du Parnasse, les « plastiques » qui suivent Théophile Gautier et Leconte de Lisle. Nous rencontrerons maints parnassiens encore dans un chapitre qui nous entraînera vers les poésies rurales et campagnardes. André Lemoyne (1822-1907), de Saint-Jean-d'Angély, a excellé dans la peinture des paysages normands. Il n'est pas un virtuose comme Théodore de Banville, mais un poète appliqué cherchant l'exactitude dans le détail de ses descriptions. Consciencieux, laborieux, cherchant la perfection, ce typographe qui devint archiviste, est un ouvrier du style, un artisan solitaire et rêveur dont la philosophie ingénue a de la grandeur. Ses principaux recueils : *les Charmeuses, les Roses d'antan*, 1855-1870; *Légendes des bois et chansons marines, Paysages de mer et fleurs des prés, Soir d'hiver et de printemps*, 1871-1883; *Fleurs et ruines, Oiseaux chanteurs*, 1884-1890; *Fleurs du soir, Chansons des nids et des berceaux*, 1890-1896, disent, par leurs titres, l'unité de leur inspiration. Nous nous éloignons des grands fauves de Leconte de Lisle pour rencontrer, dans *Matin d'Octobre,* une bonne vache normande :

Oubliant de brouter, parfois la grosse bête,
L'herbe aux dents, réfléchit et détourne la tête,
Et ses grands yeux naïfs, rayonnants de bonté,
Ont comme des lueurs d'intelligence humaine.
Elle aime à regarder cette enfant qui la mène,
Belle petite brune ignorant sa beauté.

Comme la terre, la mer l'inspire dans cette *Chanson marine* :

> De loin nous fûmes reconnus,
> Par un vol de mouettes blanches,
> Oiseaux de Granville et d'Avranches
> Pour nous revoir exprès venus.
>
> Ils nous disaient : L'Orne et la Vire
> Savent déjà votre retour,
> Et c'est avant la fin du jour
> Que doit mouiller votre navire.
>
> . . . .
>
> Nous connaissons de belles filles,
> Aux coiffes en moulin à vent,
> Qui de vous ont parlé souvent,
> Au feu du soir dans vos familles.
>
> Et nous en avons pris congé
> Pour vous rejoindre à tire d'ailes.
> Vous avez trop vécu loin d'elles,
> Mais pas un seul cœur n'a changé.

C'est là le meilleur Lemoyne : net, franc et plein de grâce. Ce peintre du dimanche, sa palette est pleine de délicatesse, mais s'il veut peindre à fresque de grands sujets philosophiques, il ne semble pas suffisamment armé, malgré ses ambitions. Ainsi, unir Beethoven et Rembrandt dans un long poème lyrique où tout est trop dit, pas assez suggéré :

> Ces deux prédestinés ont des similitudes :
> Quelque chose de fier, de sauvage et de grand,
> Marque pour l'avenir Beethoven et Rembrandt,
> Ennemis naturels des hautes servitudes.
>
> De leur temps, ils passaient pour hallucinés :
> L'un voyant tout en or dans une chambre noire,
> L'autre écoutant des voix au fond de sa mémoire,
> Comme les Enchanteurs et les Illuminés...

Un Hindou, un Grec, un Alexandrin...

Polytechnicien, Armand Silvestre (1837-1901), un des nombreux scientifiques du Parnasse, vit ses *Rimes neuves et vieilles,* 1866, préfacées par George Sand. Il y a du romantisme lamartinien dans son lyrisme moins impassible qu'il ne le voudrait. Jules Lemaitre le dira « l'un des plus lyriques, des plus envolés, des plus mystiques et des mieux sonnants parmi les lévites du Parnasse » et ajoute : « Chez ce Panurge bien en chair, il y eut un Hindou, un Grec, un Alexandrin. » Anatole France le dit « impalpable, impondérable » et ces épithètes surprennent tant tout est détaillé, exprimé, logique. Des *Reconnaissances,* 1869, aux *Fleurs d'hiver,* 1900, on peut trouver d'honnêtes poèmes qu'en son époque on put trouver passionnés, sensuels et mystiques, mais dans lesquels l'expression attendue arrive immanquablement. Au fond, on préfère qu'il ne soit pas trop lyrique, car dans son envol il charrie des banalités qu'on ne trouve pas lorsqu'il calme ses élans. Ainsi, lorsqu'il chante *les Arbres :*

> C'est qu'ils portent en eux, les arbres fraternels,
> Tous les débris épars de l'humanité morte
> Qui flotte dans leur sève et, de la terre, apporte
> A leurs vivants rameaux ses aspects éternels.

> Et, tandis qu'affranchis par les métamorphoses,
> Les corps brisent enfin leur moule passager,
> L'Esprit demeure et semble à jamais se figer
> Dans l'immobilité symbolique des choses.

La Foi dans l'avenir par l'amour du passé.

Cet alexandrin contient le programme philosophique de Georges Lafenestre (1837-1916) et il donne le ton à ses recueils : *Espérances,* 1864, *Idylles et chansons,* 1874, *Images fuyantes,* 1902. Il était critique d'art, il adorait l'Italie, il goûtait les voyages et y trouvait la matière de ses poèmes. Comme chez Silvestre, il reste du romantisme chez ce parnassien, du romantisme apaisé par la sérénité du philosophe qui croit en la beauté consolatrice. Il dit encore : « Je vis avec les morts plus qu'avec les vivants » et si cela donne à sa poésie un petit goût d'éternité, parfois un essor qui le pousse vers un lyrisme prophétique puisé très haut, on regrette qu'il s'égare dans des tours convenus sur un ton moralisateur. Mais ne boudons pas trop : son *Matin sombre,* ses *Visites de nuit* montrent de la lucidité, de la sincérité, un sens accompli de son art et de ses fins. Sans cesse le doute et sans cesse l'espoir quand même sont en lutte dans ses vers :

> A quoi bon prolonger la lutte et la révolte?
> Transmettre, sans scrupule, à d'autres combattants
> Un mot d'ordre menteur qui mène aux guet-apens?
> Les laboureurs sont las de semer sans récolte.
> Ce monde peut mourir! Je suis prêt et j'attends...

> J'attends, j'attends encore... Ah! suprême ironie!
> Le rêve du néant, même, est un faux espoir!
> Car voici que, soudain, là-bas, dans le fond noir
> Tressaille, radieuse, ardente, rajeunie,
> La fleur des vieux matins, comme un rouge ostensoir!

. . . .

Puisque la vie est là, cruelle, mais certaine,
Dans l'ivresse d'agir il faut bien oublier!
J'ai les bras, j'ai le cœur d'un vaillant ouvrier;
Je ne veux m'endormir que sur ma gerbe pleine;
Rêvant d'un maître juste et qui saura payer.

A la vie! A la vie! Et tous dans la lumière!
Sur la glèbe ou les flots, main calleuse et grands fronts,
Moissonneurs de pensers, ramasseurs d'épis blonds,
Tous les hommes, à l'œuvre, et les lâches derrière!
Toi, poète, en avant, pour sonner les clairons!

Romantique classique : Emmanuel des Essarts.

Chez ces poètes, le Parnasse semble bien être une sorte de classicisme du Romantisme. Pas plus que Silvestre et Lafenestre, Emmanuel des Essarts (1839-1909), le cher ami de jeunesse de Mallarmé, ne refuse le lyrisme. Il montre qu'il sait allier à l'esprit antique l'esprit moderne. On le voit dès son premier recueil, *les Élévations,* 1859, où il dédie un poème, *la Vie harmonieuse,* à Leconte de Lisle. Son lyrisme sincère, ses hautes aspirations font penser à Vigny et à Laprade. Théophile Gautier affirme qu' « il vole en plein ciel, chassant devant lui l'essaim des strophes, et ne redescend que sur les cimes », mais ses poèmes donnent malheureusement une impression d'effort. Des *Poésies parisiennes,* 1862, aux *Poèmes de la révolution,* 1868, où passent les hommes de 1789, il montre, en spiritualiste, qu'il recherche la vie heureuse et une harmonie dont il a la nostalgie :

J'eusse été citoyen de quelque république
Songe de Pythagore, œuvre d'un Dorien,
Harmonieux état réglé par la musique,
Où la loi se conforme au rythme aérien.

Puis, dans une agora, j'aurais avec ivresse
Admiré longuement les poses et les sons
De ces beaux orateurs dont la phrase caresse
L'oreille inattentive aux rigides leçons,

Et devant la tribune, étendu sur le stade,
J'aurais senti descendre à moi, sous un ciel clair,
Le flot sonore et pur qu'épanche Alcibiade,
Et monter le murmure éloquent de la mer.

Ô la vie adorable, élégante et facile!
Du lierre sur le front, des myrtes dans les mains,
Les jardins embaumés où le sage s'exile,
Et l'accueil de la flûte au détour des chemins!

> Ainsi, franc de remords, étranger à la plainte,
> De mon droit au bonheur fermement convaincu,
> Un jour je serais mort sans regret et sans crainte,
> Harmonieusement, comme j'aurais vécu !

Emmanuel des Essarts s'est intimement mêlé à la vie poétique et intellectuelle de son temps, publiant en grand nombre des articles et des mémoires. Très cultivé, cet ancien élève de l'École Normale supérieure a été un républicain libéral hanté par les souvenirs de la Révolution sur lesquels il fait passer un souffle de lyrisme pur.

Il était le fils d'Alfred des Essarts (1813-1893), romancier en vers d'une *Comédie du monde* et d'un poème sur la guerre civile américaine, *la Guerre des frères*, 1867, geste généreuse, maladroite et guindée, mais qui témoigne de l'intérêt français pour le peuple américain. C'est un classique du Romantisme comme en témoignera encore un recueil du grand âge, *De l'Aube à la nuit*, 1882.

Glatigny le funambule.

Le poète le plus proche du Banville villonesque est Albert Glatigny (1839-1873). Il fut l'homme de tous les métiers avant de courir la province comme un héros de Théophile Gautier ou de Scarron avec une troupe de comédiens. Il n'est pas étonnant que ce soient les *Odes funambulesques* qui le révèlent à lui-même et l'on sent fortement leur influence dès *les Vignes folles*, 1857. Ce compagnon du chariot de Thespis écrit naturellement des pièces en vers comme *l'Ombre de Callot*, 1863, titre qui lui convient parfaitement. Il est lié avec le souple Catulle Mendès qui apprécie ses recueils, *les Flèches d'or*, 1864, *le Fer rouge*, 1871, *Gilles et pasquins*, 1872. Prédisposé aux aventures picaresques, sa vie en est traversée. En Corse, un gendarme le prenant pour l'assassin Jud l'enferme dans une cave où il contracte une maladie de poitrine. Comme ses poèmes naissent directement des circonstances de sa vie, Banville peut affirmer qu'il n'écrit pas de seconde main. Les êtres qui traversent ses poèmes ressemblent à ceux d'Aloysius Bertrand. Au cœur d'un mouvement assez froid, il apporte la gaieté, l'esprit, la gaillardise. Il est charmant et malheureux, désinvolte et spleenétique. Il chante *les Bohémiens* comme Baudelaire ou Émile Goudeau et fait montre d'une délicieuse préciosité en chantant *Circé* :

> Mais je prendrais mon cœur meurtri, mon cœur qui saigne
> Et je l'enfilerais, pareil à ceux qu'on voit
> Galamment transpercés et peints sur une enseigne,
> Avec ces mots : – Ici l'on mange, ici l'on boit !

J'en ferais un hochet bien ciselé pour celle
Dont la superbe épaule a le balancement,
Sous l'ardeur des cheveux où la flamme ruisselle,
Du ballon que les airs bercent nonchalamment!

Un hochet pour les mains magnifiques et pures
De l'enfant radieuse et blanche, de l'enfant
Dont les tout petits doigts aux roses découpures
Tiennent la clé des cieux, qu'un chérubin défend.

Et quand j'aurais bien dit les angoisses amères
Et les soucis aigus aux serres de vautour,
Épris de la grandeur terrible des chimères,
J'irais lécher les pieds du beau chasseur Amour;

M'humilier devant son regard qui m'attire,
Vous dire : – Emplissez-moi la coupe où j'ai laissé
Mon âme; prolongez sans cesse mon martyre,
Sans pitié, sans égard, ô puissante Circé.

On le voit, surtout dans ces trois dernières strophes, Glatigny est un de ceux qui laissent préfigurer Verlaine tandis que passe un accent baudelairien. Par certains côtés, il se rattache à cette veine Watteau déjà présente chez Gautier. Glatigny représente avec Banville l'aile aérienne du Parnasse.

Hanté par le néant : Jean Lahor.

Encore un ami de jeunesse de Mallarmé, comme des Essarts, le médecin Henri Cazalis, dit Jean Lahor (1840-1909) est un proche de Leconte de Lisle, un proche plus qu'un disciple, car s'il suit un itinéraire de pensée voisin (et commun à tant de poètes contemporains du Parnasse), il ne semble pas dépendre directement du maître. Un recueil résume les autres : *l'Illusion,* 1875, qui comprend l'essentiel de son œuvre poétique. Dans chaque poème apparaît un stoïcisme alimenté aux sources bouddhistes, nihilistes, à la philosophie de Schopenhauer et des poètes et philosophes orientaux. Lahor correspond bien à ce pessimisme parnassien hanté par le néant, la brièveté de la vie, la précarité humaine, la grandiose sérénité humaine face à la fugacité des choses.

Paul Bourget a fort bien parlé de lui : « Étudiant en droit, puis en médecine, passionnément épris et profondément instruit des littératures orientales, il a joint à cette riche et multiple expérience intellectuelle celle des grands voyages de la vie cosmopolite. C'est dire que peu d'écrivains de ce temps-ci ont coulé plus de métaux et de plus précieux dans le moule de leurs vers. Un goût souverain de l'art, un amour à la fois religieux et mélancolique de la beauté, une sorte de mysticisme nihiliste, de désenchantement enthousiaste et comme un vertige de mystère, donnent à sa poésie un charme composite, inquiétant et pénétrant, comme celui des tableaux de Burne-Jones et de la musique tzigane, des romans de Tolstoï et des lieds de Heine. »

Il a traduit *les Quatrains d'Al-Ghazali,* 1896. En voici deux :

> La nuit splendide et bleue est un paon étoilé
> Aux milliers d'yeux brillants comme des étincelles,
> Qui fait la roue et marche, ou vole et bat des ailes
> Devant ton trône, Allah, à nos regards voilé.
>
> Les êtres pour le Sage ont l'aspect de fantômes;
> Vaine agitation de forces et d'atomes,
> Un mouvement sans but tourmente l'univers,
> Que sans but réfléchit l'eau calme de mes vers.

Ils semblent rythmer la démarche intellectuelle de Jean Lahor, parfait artiste et métaphysicien qui vit intensément ses poèmes. Les titres des parties de *l'Illusion,* son épopée nihiliste, l'expriment bien : chants panthéistes, heures sombres, gloire du néant, chants d'amour et de la mort... ce sont bien là ses thèmes. On s'étonne en le lisant qu'il ne soit pas plus connu. Sans doute faut-il l'attribuer au gnomisme constant qui ne plaît guère à notre temps. Voici un exemple de son panthéisme philosophique, pris dans le poème *Brahm* :

> Je suis l'Ancien, je suis le Mâle et la Femelle,
> L'Océan d'où tout sort, où tout rentre et se mêle;
> Je suis le Dieu sans nom, aux visages divers;
> Je suis l'Illusion qui trouble l'univers.
> Mon âme illimitée est le palais des êtres;
> Je suis l'antique Aïeul qui n'a pas eu d'ancêtres.
> Dans mon rêve éternel flottent sans fin les cieux;
> Je vois naître en mon sein et mourir tous les dieux.
> C'est mon sang qui coula dans la première aurore;
> Les nuits et les matins n'existaient pas encore,
> J'étais déjà, planant sur l'océan obscur.
> Et je suis le Passé, le Présent, le Futur;
> Je suis la large et vague et profonde Substance
> Où tout retourne et tombe, et tout reprend naissance,
> Le grand corps immortel qui contient tous les corps :
> Je suis tous les vivants et je suis tous les morts.
> Ces mondes infinis, que mon rêve a fait naître,
> – Néant, offrant pour vous l'apparence de l'être –,
> Sont, lueur passagère et vision qui fuit,
> Les fulgurations dont s'éclaire ma nuit.
> – Et si vous me demandez pourquoi tant de mensonges,
> Je vous réponds : « Mon âme avait besoin de songes,

D'étoiles fleurissant sa morne immensité,
Pour distraire l'horreur de son éternité!... »

Lorsqu'il écrit *le Sage, l'Épervier d'Allah, la Passion de Siva,* on peut évoquer Leconte de Lisle. Il y a similitude plutôt qu'influence profonde. Jean Lahor vit directement dans le domaine qu'il évoque; il ne s'agit pas d'établir un inventaire, mais de trouver des présences lui permettant d'exprimer ce qu'il ressent, de rejoindre des bouches pour leur prêter sa voix. Elle est ample et musicale comme les harpes d'or de David qu'il chante, elle roule comme dans cet *Ouragan nocturne :*

Le vent criait, le vent roulait ses hurlements,
L'Océan bondissait le long de la falaise,
Et mon âme, devant ces épouvantements,
Et ces larges flots noirs, respirait plus à l'aise.

La lune semblait folle, et courait dans les cieux,
Illuminant la nuit d'une clarté brumeuse;
Et ce n'était au loin qu'aboiements furieux,
Rugissements, clameurs de la mer écumeuse.

– Ô Nature éternelle, as-tu donc des douleurs?
Ton âme a-t-elle aussi ses heures d'agonie?
Et ces grands ouragans ne sont-ils pas des pleurs,
Et ces vents fous, tes cris de détresse infinie?

Souffres-tu donc aussi, Mère qui nous a faits?
Et nous, sombres souvent comme tes nuits d'orage,
Inconstants, tourmentés, et comme toi mauvais,
Nous sommes bien en tout créés à ton image.

Jean Lahor a encore publié *les Chants populaires de l'Italie,* 1865, mais son autre pseudonyme était alors Jean Caselli. Nous ne citerons pas ici ses œuvres médicales nombreuses, mais il faut signaler que, parallèlement à son activité de poète, Jean Lahor, philosophe, homme de science, s'attacha à l'action sociale et humanitaire. Ses poèmes peuvent donner l'idée d'un contemplatif à la manière orientale, or l'on voit bien qu'une énergie les traverse, convaincante, cherchant l'espoir des désespérés.

Un Parfum de garrigue : Louis-Xavier de Ricard.

Comme Jean Lahor, Louis-Xavier de Ricard (1843-1911) est pénétré d'idées humanitaires. Cet homme d'action n'a cessé de lancer des journaux et des revues et son activité montre que, pour la défense de ses idées sociales et esthétiques, il est infatigable. Fondateur de *la Revue du Progrès,* 1863, de tendance opposée à l'Empire, du *Parisien,* 1863, puis de *l'Art,* 1865, cette première ébauche du *Parnasse contemporain,* ses idées en 1871 l'obligèrent à s'exiler. En 1873, revenu à Montpellier, il fonde plusieurs journaux, et cette activité se poursuit entre 1882 et 1885 en Argentine, au Paraguay, au Brésil. De retour en France, il fut l'apôtre du Fédéralisme, publia à la fin du siècle ses *Petits mémoires d'un parnassien,* laissa, en plus de poèmes épars dans les revues, deux recueils de jeunesse : *les Chants de l'aube,* 1862, et *Ciel, rue et foyer,* 1865, sans oublier des œuvres historiques, politiques, dramatiques ou romanesques.

On le voit imiter les trouvères du temps jadis, avec quelque juvénilité, mais aussi une grande originalité de ton. Parallèlement au travail des romantiques, il invente son moyen âge, en reprenant un thème fort connu, *la Mort de Rollant* dont le récit est fait à Hugues Capet par un vieil ermite :

> C'était orgueil de vivre en France-la-Louée,
> car Dieu l'avait élue et le monde avouée :
> et, manifeste en tous ses gestes qu'il dictait,
> Dieu s'exprimait par elle − et la Terre écoutait.
> Les jeunes d'à présent, vous l'avez appauvrie
> de gloires et d'honneur jusqu'à la ladrerie,
> si − qu'à vous observer − nous, les vieux, nous songeons :
> la sève du vieux tronc se perd en sauvageons.
>
> Karl, le grand Empereur, s'en revenait d'Espagne :
> et, droit contre le ciel, en haut de la montagne,
> son beau neveu Rollant planta son pavillon.
> L'aube crève : − les preux s'assemblent : Gannelon
> dit au grand Karl : « Rollant, mon beau fils, est un homme
> des plus fameux parmi tous ceux que l'on renomme :
> si nous voulons rentrer, sans être talonnés
> par ces nègres païens, vrais diables incarnés,
> à qui pouvons-nous mieux fier l'arrière-garde
> qu'à Rollant? »...

Cette tentative de résurrection de la geste, ce pastiche « Viollet-le-Duc » ne pouvait qu'être promis à l'échec. On y trouve cependant une image de l'idée médiévale que pouvait avoir un parnassien et un emploi du prosaïsme dans le récit poétique qui a quelques mérites. Il y a une tentative d'accès à un langage autre. Il y a aussi en Ricard un poète qui, comme dit Emmanuel des Essarts, « se rattache à Leconte de Lisle et à Lamartine par la solennité du rythme et l'harmonie continue de la phrase ». On le voit dans *Sérénité :*

> On dirait que ce vent vient de la mer lointaine;
> Sous des nuages blonds l'azur du ciel verdit,
> Et, dans l'horizon blême, une brume incertaine
> S'amasse à flot épais, se dilate et grandit.

Elle éteint le dernier éclat du soleil pâle
Qui plonge et s'enfouit dans le vague Occident;
Son front, mélancolique et noirci par le hâle,
Cache au fond du ciel gris son diadème ardent.

. . . .

Si je te dis, Nature impassible et sereine :
« Bonne Mère! rends-moi plus puissant et meilleur! »
Je vois dans tes yeux bleus, éternelle sirène,
Sourire vaguement l'éternelle douleur.

« Bonne Mère!... », Ricard est un homme du Sud. On le sent dans
la Garrigue :

Puisse ma libre vie être comme la lande
Où sous l'ampleur du ciel ardent d'un soleil roux,
Les fourrés de kermès et les buissons de houx
Croissent en des senteurs de thym et de lavande.

Il existe une œuvre occitane de Ricard dispersée dans les revues.
Avec Auguste Fourès, il fonda *la Lauseda,* organe d'un groupe
important de félibres républicains. Dans tous ses livres se répand
une inspiration généreuse née des aspirations profondes des
hommes du XIXᵉ siècle les plus épris de liberté et de justice. Sa
langue est mâle, virile, riche d'éclats indignés. D'origine anglaise,
sa femme, Lydie de Ricard (1850-1880), sous le nom médiéval du
temps des trobaïris de Na Dulciorella, a publié des proses poétiques, *Au bord du Lez,* posthume, 1891, qui ont du charme.

Lyriques du Parnasse.

Daniel Stern, autrement dit la comtesse d'Agoult, fut étudiée
par son chevalier servant Louis de Ronchaud (1816-1887), Juras-
sien, poète de la Grèce, notamment dans ses *Poèmes dramatiques,*
1883, sans originalité. La mort lui inspire des vers gnomiques
attendus dans les *Poèmes de la mort,* 1887, ou *la Mort du Centaure,*
1886. Il se situe entre Lamartine et le Parnasse sentimental de
Coppée. Il répète ce que les poètes de la mort depuis Helinand
ont dit mieux que lui :

Sous le suaire au loin étendu tout s'efface,
La fortune, le rang, et titre et dignité.
Tout, jusqu'au nom! La Mort a partout même face,
Elle n'a qu'un seul nom pour tous : Éternité!

« Les pures beautés de Chénier et de Lamartine », Jules Lemaitre
dit qu'Édouard Grenier (1819-1901) les rappelle. Il est vrai que
« toute la grande poésie romantique se réfléchit dans ses vers ».

En fait, il est surtout proche de Sully Prudhomme dans *Primavera,* 1843, *Poèmes épars,* 1889, en passant par une dizaine d'autres livres : une didactique *Mort du président Lincoln,* 1867, *Amicis,* 1868, *Séméia,* 1869, etc. Ambitieux pour son art, soucieux de musique, cultivé, il traduit le *Renard* de Goethe, il voyage beaucoup, il est l'ami du poète roumain Vasile Alecsandri. Philosophe intimiste, il s'attendrit quelque peu dans ses élégies et sait invoquer la nature avec délicatesse. Les symboles d'une morale stoïque ornent ses poèmes. Ses vers sont souvent l'écho de ses voyages en Allemagne, en Roumanie ou en Turquie, comme dans son *Prélude de l'Elkovan* :

> La brise fait trembler sur les eaux diaphanes
> Les reflets ondoyants des palais radieux;
> Le pigeon bleu se pose au balcon des sultanes;
> L'air embaumé s'emplit de mille bruits joyeux;
> Des groupes nonchalants errent sous les platanes;
> Tout rit sur le Bosphore, et seuls les elkovans
> Avec des cris plaintifs rasent les flots mouvants.
>
> Ô pâles elkovans, troupe agile et sonore,
> Qui descendez sans trêve et montez le courant!
> Hôtes doux et plaintifs des ondes du Bosphore,
> Qui ne vous reposez comme nous qu'en mourant!
> Pourquoi voler ainsi sans cesse dès l'aurore,
> Et d'Asie en Europe, et de l'aube au couchant,
> Jeter sans fin ce cri monotone et touchant?

Des sérénades, des plaintes, des chansons le montrent en communion avec une nature dont les éléments s'aiment et se consolent.

Disciple de Hugo, ami de Banville et de Baudelaire, il arrive que Philoxène Boyer (1827-1867) enthousiasme les Romantiques. Ce Grenoblois érudit a de l'esprit et il se répand, comme dit des Essarts, « en doctes bagatelles ». Beau parleur, improvisateur, il enchante, il charme, il est sans doute ce « prodigieux hurluberlu » dont parle Jacques Vier, il connaît un succès qui disparaît avec sa personne. Il collabora avec Banville pour des pièces éphémères, il fit mieux connaître Shakespeare, Balzac, Heine, mais si l'on parcourt ses *Deux saisons,* on trouve de petits poèmes mièvres qui découragent la citation.

Sans doute le principal acte poétique de Stephen Liégeard (1830-1925) est-il d'avoir intitulé un ouvrage *la Côte d'Azur,* 1888, inventant, dit-on, le terme. Cet homme politique, poète à ses heures, a ciselé des poèmes parnassiens de tendance romantique : *les Abeilles d'or,* 1859, *le Verger d'Isaure,* 1870, *l'Espérance,* 1913, etc. Il a multiplié les recueils, ce grand seigneur lettré, un peu redondant, pompeux, mais glanant dans le spectacle de la nature des images amples et harmonieuses non sans préciosité :

> Par la porte d'ivoire, au seuil des nuits sereines,
> Voici venir le Songe, enfant du pâle azur;
> De son char de saphir sa main saisit les rênes,
> Puis les bleux papillons l'entraînent d'un vol sûr.

Jean Lahor a consacré un ouvrage à un inconnu, Henri Regnault (1843-1871), peintre et poète, qui mourut en combattant les Prussiens. Ce parnassien héroïque, dans sa *Mort du Négus* montre qu'il a lu Victor Hugo.

Parmi ces poètes, on trouve l'ami de cœur de la princesse Mathilde, Claudius Popelin (1825-1892) qui, dans son *Livre des sonnets,* 1888, cherche la rime sonore et le mot rare :

> Quand l'oxyde aura mis sur les plombs du vantail
> La morsure affamée, et quand le froid des givres,
> Sous sa flore enroulée aux méandres des guivres
> Aura fait éclater les feuilles du vitrail.
>
> Quand les blés jauniront les îles du corail,
> Quand les émaux figés sur le galbe des cuivres
> Auront été brisés par des lansquenets ivres,
> Quand la lime des temps finira son travail,
>
> Les beaux sonnets inscrits sur la stèle d'ivoire
> De l'œuvre épanoui conserveront la gloire
> Afin de la narrer aux hommes qui vivront;
>
> Et le bon ouvrier sous le marbre des tombes,
> Gardera verdoyants au fond des catacombes,
> Les lauriers que l'oubli sécherait sur son front.

Léon Cladel (1835-1892) qui voit ses *Martyrs ridicules,* 1862, préfacés par Baudelaire, est plus à l'aise dans le roman paysan ou les nouvelles ingénieuses que dans la poésie. Il garde le culte de la forme et chante *Mon Ane* ou plutôt le décrit platement en un sonnet. Ils sont légion ces sonnetistes hantés par les succès de Heredia. Maurice Montégut (1855-1911) est bien pénible quand il enferme ainsi en quatorze vers *la Faim, la Soif,* ou *le Sommeil,* et aussi Jules Truffier (1855-1943) avec sa *Vitrine,* si transparente qu'elle soit, ou son *Enterrement de Molière* (il fit bien des comédies avec André Gill, Gabriel Vicaire, Émile Blémont, Léon Valade). Sonnets encore chez le peintre Ary Renan (1857-1900), mais plus imagés, nourris par l'observation directe du voyage, dans ses *Rêves d'artiste,* 1901. Ernest-Marie d'Hervilly (1839-1911) reprend sans art un titre renaissant, *les Baisers,* 1872. Raoul-Robert Guérin de La Grasserie (1839-1914) se montre philosophe dans *Hommes et singes,* 1889, et *les Formes,* 1891. Plus curieux, Paul Haag (1843-1911) publie anonymement *le Livre d'un inconnu,* 1879, qui, selon Banville, « répond au véritable idéal actuel ». Voici quelques vers :

Pas un souffle, pas un frisson, pas une haleine
Dans ce ciel qu'on dirait à jamais apaisé.
Comme un puissant essieu dans ses gonds alésés
Silencieusement tourne l'axe du monde...

Comme Coppée, Parisiens...

Comme Edmond de Goncourt assura sa postérité en créant une Académie littéraire, Émile Petitdidier (1839-1927), dit Émile Blémont, installa rue Ballu, dans son hôtel particulier, une « Maison de Poésie » fréquentée surtout par les poètes traditionalistes. Ami de Mérat, de Valade, de Verlaine, il fonda de célèbres revues comme *la Renaissance* que salua Victor Hugo, où collaborèrent les meilleurs poètes, tandis que Blémont s'attachait à faire connaître les préraphaélites. Ses recueils sont nombreux : *Poèmes d'Italie,* 1870, *le Jardin enchanté,* 1882, *l'Ame étoilée,* 1906, *les Beaux rêves,* 1909, etc., sans oublier son théâtre en vers. Sa personnalité de poète a sans doute été étouffée par ses qualités de rassembleur et d'animateur. Poète formel, il a parfois des accents symbolistes comme on en trouve chez Catulle Mendès ou Léon Dierx auxquels il ressemble dans ses meilleurs moments. On pense à Mendès quand il intitule un *Poème de Chine,* de seize vers, *Un Jeune poète pense à sa bien-aimée qui habite de l'autre côté du fleuve.* Il aime « les extatiques chants de Dante et de Pétrarque », se montre panthéiste quand il est pris entre « l'Aveugle Foi » et « l'Aveugle Raison » et livre ses intimités parisiennes :

Le soir, après avoir veillé tard sur un livre,
Quand ma lampe charbonne en son cercle de cuivre,
Quand au loin, dans Paris silencieux et noir,
L'écho des derniers pas meurt le long du trottoir,
Je sors de mon travail fiévreux, comme d'un rêve.

Son ami Léon Valade (1814-1884) joue sur le mode mineur comme le troisième compagnon Albert Mérat (1840-1909) avec qui il fait équipe pour des sonnets, *Avril, Mai, Juin,* 1863, ou pour la traduction de l'*Intermezzo* de Heine. Valade brosse dans *A mi-côte,* 1874, des tableaux parisiens, disant *la Nuit de Paris* ou le *Lever* d'une belle, dédie ses fantaisies au Pierrot lunaire ou égratigne dans ses triolets Zola ou Sarcey. Mérat est aussi dans la ligne de Coppée, et de Banville; il ressemble étonnamment à Valade, décrivant la ville et sa nature artificiellement reconstituée sur un balcon, des paysages de banlieue vus de la Seine. Ses titres : *les Chimères,* 1886, *l'Idole,* 1869, *les Villes de marbres,* 1874, *Poèmes de Paris,* 1880. Bibliothécaire du Sénat (après Coppée, Lacaussade, Ratisbonne, Anatole

France, Leconte de Lisle), il est un poète sage et apaisant qui dédie ses quatrains à Venise et Florence, chante le moulin ou les fleurs, tient de Coppée et de Heredia quand il met en sonnet *la Statue de Colleoni* par exemple :

> L'aventurier, d'un sang plus pur qu'un sang royal,
> Étant né de celui des belles républiques,
> Appuie aux étriers d'airain ses pieds obliques,
> Et, du bras gauche, enlève et retient son cheval.

Il est fort différent quand oubliant la recette du sonnet à la Heredia et l'airain habituel, il se montre familier. On peut dire alors avec lui :

> Quelquefois même, et c'est charmant,
> Sur la tête de la petite
> On voit luire distinctement
> Des étoiles de clématite.

> Aux étages moins près du ciel,
> C'est très souvent la même chose :
> Un printemps artificiel
> Fait d'un œillet et d'une rose.

Dans les mêmes régions se situe Antony Valabrègue (1844-1900), poète de l'intimité familiale et bourgeoise dans la descendance de Sainte-Beuve, puis de Coppée. Il peint ce qu'il voit avec affection et parfois de la qualité dans ses *Petits poèmes parisiens, la Chanson de l'hiver,* 1890, *l'Amour des bois et des champs,* 1891.

Le Voisinage de l'Histoire.

Comme la géographie et les sciences, l'histoire est l'intendance du Parnasse, nous l'avons vu à travers la plupart des œuvres dans la tendance de Leconte de Lisle et de Heredia. Il n'est point étonnant que des historiens soient venus à la poésie aussi naturellement que des poètes sont venus à l'histoire. Nous aurions pu citer auprès de Louis Bouilhet, Alfred Le Poittevin (1816-1848), historien de la Révolution, mais qui n'a écrit que quelques poèmes. Ou bien l'historien Théodore Alfonsi (1832-1880) dit « le poète blond », né en Corse, qui taquina la muse. Ou encore le Normand Wilfrid Challemel (1846-1909), auteur des poèmes du *Promenoir,* historien lettré qui cerne dans un sonnet un gentilhomme ou une dame dévote de l'époque Louis XIII qui avait déjà son romantisme :

> Les gants à la Phyllis protègent ses mains blanches;
> Elle marche, les bras écartés par des manches
> Gonflant avec ampleur leur ballon tailladé.

> D'un pas grave et contrit, elle entre dans l'église;
> Hélas! l'esprit malin hier soir l'a surprise,
> Elle a dansé le branle et le motivandé.

Jacques Normand (1848-1931) vient de l'École des Chartes. Il a épousé la fille de Joseph Autran, a composé une pièce avec Guy de Maupassant, écrit des contes, des souvenirs parisiens, ne se séparant jamais d'un ton familier comme en témoignent ses titres : *les Moineaux,* 1887, *la Muse qui trotte,* 1894. Dans *les Visions sincères,* 1903, il est inspiré par son *Encrier* ou par ses *Clefs* comme jadis Sedaine par sa robe de chambre. Cela ne va pas très loin, mais pourquoi pas? Il écrit comme Musset *Après une lecture* et certains poèmes sentent le pastiche. Auteur de monologues, il a de la verve et de la drôlerie. Il déteste les symbolistes, il se situe entre le Parnasse de Théodore de Banville et un romantisme fantaisiste plus lointain.

Archéologue et historien, Charles Lefeuve (1818-1882), sous le nom de Jean donne *Léa,* 1851, drame en vers, et quelques recueils. Ferdinand Dugué (1816-1873) écrit des romans médiévaux, des drames historiques en vers ou réalistes en prose, connaît le succès avec *les Pirates de la Savane,* 1859, mais ses poèmes, *le Vol des heures,* 1839, *les Éclats d'obus,* 1871, sont plats. Autre dramaturge en vers, Paul Delair (1842-1894) emprunte à l'histoire, donne des poèmes, *les Nuits et les réveils,* 1870, et des poèmes sentimentaux comme en écrit François Coppée. Il se montre poète-philosophe à la manière de Sully Prudhomme dans *la Vie chimérique,* 1892, et *Testament poétique,* 1895. Spécialiste des guerres de religion, Victor Boreau (né en 1804) donne des *Poèmes et chants lyriques.* Dans *les Parques,* 1884, Ernest Dupuy (né en 1849) tente de rejoindre le lyrisme historique de Hugo en chantant les souffrances de l'humanité; on regrette qu'il s'empêtre dans sa rhétorique professorale, car il a parfois de la grandeur.

Latiniste, Frédéric Plessis (1851-1942) dans *la Lampe d'argile, Vesper, Gallica,* 1904, fait avancer des vers lourds comme des tentures. Même s'il pétrarquise et pare sa poésie de raffinements fragiles, Victor d'Auriac (né en 1858), dans *Pâques fleuries,* 1883, *Renaissance,* 1887, *Astarté,* 1903, ne peut forcer l'admiration, mais on voit sans cesse son goût du moyen âge et de la Renaissance dont il est historien. Biographe de *Bernard Palissy,* 1864, Louis Audiat (né en 1826), érudit né à Moulins, professeur renommé à Saintes, s'en prend aux vandales, dans *Démolissons,* de curieuse façon :

> Improductifs!... Cercueils, plombs, pierres sépulcrales,
> Os même, l'industrie en saura bien user!
> Que du passé nos mains déchirent les annales!
> Le Progrès vient, ces murs l'empêchent de passer :

Roulez, antiques ponts! à bas, tours féodales!
Il nous faut des débris pour nous mieux exhausser,
Nous nous croirons plus grands de taille et de penser
Quand rien ne montera plus haut que nos sandales.

Mais la mauvaise poésie n'est pas la plus dangereuse, car elle ne porte pas de masque. Le malheur de la plupart de ces poètes parnassiens ou néo-parnassiens vient de leur manque de personnalité. Bien installés dans leurs sonnets sans défauts qui valent, croient-ils parce qu'on le leur a dit, un long poème, mettant l'histoire en vers ou se contentant d'exotisme facile, ils vivent et créent dans la sécurité de la culture toute-puissante. La plupart pensent qu'il suffit d'aller chercher le thème du poème un peu loin dans le temps ou dans l'espace pour se rehausser. Ainsi, de bons maîtres en mauvais disciples, l'erreur se propage.

Nous citerons encore quelques-uns de ces poètes moyens. Fonctionnaire en Algérie, Paul-Eugène Bache (1812-1863) y puise son inspiration et fait penser à l'art parnassien dans *Ali ou cent sonnets,* 1846, *les Oranaises,* 1850, *Poésies,* 1856. Le fondateur de la Société asiatique, le baron Guerrier de Dumast (1796-1883), publie *Fleurs de l'Inde.* Ernest Prarond (1821-1909), dramaturge et conteur en vers, chante, comme Édouard Grenier, *la Mort de Lincoln,* et, dans *De Montréal à Jérusalem,* trace des paysages laborieusement dépeints; or, certains de ses vers sont attribués à son ami Baudelaire, ce qui est bien étonnant. Ses œuvres, *Vers,* 1841, *Fables,* 1847, *Fables politiques,* 1849, sont moyennes. Nous préférons en lui l'humaniste, l'historien, l'archéologue d'une inlassable curiosité dont certains poèmes parisiens comme *Du Louvre au Panthéon,* 1881, rappellent François Coppée. Nourri de l'humanisme renaissant, il chante les *Quais savants :*

Le livre ouvre sa page et la fleur sa corolle.
Du livre et de la fleur le vent prend la parole,
Fond l'antique savoir dans l'odeur du matin,
Et, son rythme ainsi fait, le porte au mont latin.

Charles-Florentin Liriot (1849-1905) dans *Oriens,* 1895, imite Heredia dans des poèmes intitulés *Thermontis, le Temple de Jérusalem.* André de Guerne (1853-1912), imitateur de Leconte de Lisle, parcourt en trois recueils *l'Orient magique,* 1890; *l'Orient grec,* 1893; *l'Orient chrétien,* 1897. Traducteur de Lucrèce et de Virgile en vers, l'anthropologue André Lefèvre (1834-1904), dans *la Flûte de Pan,* 1864, et *la Lyre intime,* 1866, a quelques accents harmonieux, mais des maladresses l'empêchent de s'élever à la hauteur de l'idéalisme qu'il proclame. Élégiaque, l'égyptologue Eugène Lefébure (né en 1838) chante gentiment *la Rose malade.*

A ces poètes, nous préférons Robert de Bonnières (1850-1905) qui va, hors des courants habituels, chercher son inspiration dans le monde des saints et des fées : *Contes dorés*, 1887, *Contes à la reine*, 1893. Ce dernier volume est divisé en trois parties : *Livre des fées*, *Livre des saints, Livre des rois*. Là, Robert de Bonnières joue sur l'archaïsme et mêle le ton de la fable au ton du conte féerique. Comme dit Émile Faguet, l'auteur « a tenté de ressusciter la jolie langue et la charmante allure de style des conteurs du XVIIIᵉ siècle. C'est dans ce mode, sans une fausse note, à ce qu'il nous semble, sans broncher une fois sur le fond ni sur le ton, qu'il nous déduit les aventures des bonnes et des méchantes fées, du diable au moulin, des bons saints et des bonnes bêtes qui les aiment et qui les suivent jusqu'en paradis ». Malgré quelques mièvreries, ce qui plaît, c'est que Bonnières rejoint parfois une poésie populaire d'almanach tout en étant un écrivain raffiné, au talent musical (il écrivit pour Vincent d'Indy et eut pour amis les musiciens connus). Ces contes en vers font appel à tout le répertoire existant :

> En ce temps-là vivaient le Roi Charmant,
> Serpentin-Vert et Florine ma mie,
> Et, dans sa tour, pour cent ans endormie,
> Dormait encor la Belle-au-Bois-Dormant.
>
> C'était le temps des palais de féerie,
> De l'Oiseau bleu, des Pantoufles de vair,
> Des vieux récits dans les longs soirs d'hiver :
> Moins sots que nous y croyaient, je vous prie.

Ils inventent aussi, saisissent au passage une image ravissante comme celle de la fée qui offre son amour à Jeannot qui paie son hésitation, ce qui inspire au poète une moralité :

> Ne tardez pas, quand l'heure heureuse sonne,
> Gentils amants, aimez-vous sans façon.
> Le bel Amour n'a besoin de leçon,
> Le bel Amour ne consulte personne.

Ou bien apparaît un *Saint aux ânes* tout franciscain. Là, Bonnières touche naturellement à la poésie, tandis que s'il offre un sonnet à *Beethoven,* il entre dans certaines conventions parnassiennes.

Les Dernières générations parnassiennes.

Des hommes vivant dans notre temps ont pu encore connaître certains de ces parnassiens fidèles à la leçon mémorable de Leconte de Lisle et de ses amis. Ainsi, l'auteur des *Poèmes de la guerre*, 1871,

Émile Bergerat (1845-1923), gendre de Théophile Gautier. Ces poèmes le rendirent célèbre, car ils furent populaires, un peu à la manière de ceux de Déroulède. Dits à la Comédie-Française par Coquelin, récités dans les écoles, des poèmes comme *les Cuirassiers de Reichshoffen, Strasbourg, le Maître d'école* appartiennent au folklore patriotique. Éloignés de notre sensibilité, ils donnèrent dans les chaumières une idée de fierté nationale. On a oublié *la Lyre comique,* 1889, *la Lyre brisée,* 1903, et ses comédies en vers (*Une Année, le Capitaine Fracasse,* etc.) ou ses romans, mais ses *Souvenirs d'un enfant de Paris,* où apparaît le boulevardier et le poète funambulesque selon le goût de Banville, ont un charme certain. Il vécut assez avant dans notre siècle pour regretter ses amis dans une ballade à la Villon revue par Banville :

> Où est Gautier, âme sans prix ?
> Flaubert, bon géant chez les gnomes ?
> Las ! dissipés dans le pourpris
> Du temple d'azur aux sept dômes !...
> Sur Banville, j'ai dit les psaumes,
> Puis le créole aux vers sertis
> Dans les rythmes grecs et les nomes.
> Tous ceux que j'aimais sont partis.
>
> Initiés du Verbe, épris
> Du mystère des idiomes,
> Pacifiques sous les mépris
> Des Tallemants et des Brantômes,
> Ô mes maîtres, les chrysostomes,
> Tisserands des tons assortis
> Et brodeurs des mots polychromes,
> Tous ceux que j'aimais sont partis.

Et dans son envoi, Bergerat prévoit l'arrivée des « gens à diplômes ». Il est un autre poète que louèrent Théodore de Banville, Sully Prudhomme et François Coppée, c'est Georges Boutelleau (né en 1846). Il est oublié ce ciseleur de *Poèmes en miniatures,* 1881, si proche des *Émaux et Camées,* qui publia, en plus de pièces, *le Vitrail,* 1887, *les Cimes,* 1894, *le Banc de pierre,* 1905. Ses thèmes le rapprochent des symbolistes. Il aime le symbole frêle et pittoresque qui l'aide à délivrer son chant intérieur. On trouve *l'Éventail, le Colibri, les Cygnes* :

> Cygnes, ils sont vêtus pour les lacs de lumière,
> Mais leur élan se brise en spasmes onduleux ;
> Ils glissent, impuissants, sur les marches de pierre,
> Et le soleil fait luire au loin les étangs bleus.

D'Auguste Angellier (1848-1911), *A l'Amie perdue,* 1896, compte des sonnets surannés que traversent des chants d'amour nostalgique au tissu peu serré. *Le Chemin des saisons,* 1903, joue sur l'émotion discrète avec plus de vérité. Se libérant de « la tranquille habitude aux mains silencieuses » du sonnet, Angellier reste intimiste, mais moins languide. Il a aussi des poèmes légers, sertis de baroquisme ou de rococo. Il lui arrive d'être un didactique descriptif, par exemple avec *le Faisan doré* :

> Quand le Faisan doré courtise sa femelle,
> Et fait, pour l'éblouir, la roue, il étincelle
> De feux plus chatoyants qu'un oiseau de vitrail.
> Dressant sa huppe d'or, hérissant son camail
> Couleur d'aube et zébré de rayures d'ébène,
> Gonflant son plastron rouge ardent, il se promène,
> Chaque aile soulevée, en hautaines allures;
> Son plumage s'emplit de lueurs, les marbrures
> De son col vert bronzé, l'ourlet d'or de ses pennes,
> L'incarnat de son dos, les splendeurs incertaines
> De sa queue où des grains serrés de vermillon
> Sont alternés avec des traits noirs sur un fond
> De riche, somptueuse et lucide améthyste,
> Tout s'allume, tout luit...

Ces parnassiens sont des peintres étonnants; ils sont les animaliers de la poésie; depuis Leconte de Lisle, ils épuisent les bestiaires. On le voit encore avec tel *Chevreuil* de Raphaël Gouniot-Damedor (né en 1849) aussi imagé, mais moins adroit.

Le goût du bibelot sonore apparaît dans *les Médaillons,* 1880, d'un écrivain et journaliste célèbre, Jules Lemaitre (1853-1914), l'auteur des *Contemporains,* ces volumes qui, à partir de 1885, réunirent des articles de critique littéraire. Professeur, Lemaitre est le critique classique de Racine, Fénelon, Rousseau, Chateaubriand. Ses poèmes sont bien d'un maître rompu à la discipline poétique qui taquine la muse : c'est léger, cavalier. On peint une jeune fille, un paysage, on enferme un écrivain ou un moraliste dans le cadre d'un sonnet, comme ici *Pascal* :

> Tu voyais sous tes pas un gouffre se creuser
> Qu'élargissaient sans fin le doute et l'ironie;
> Et, penché sur cette ombre, en ta longue insomnie,
> Tu sentais un frisson mortel te traverser.
>
> A l'abîme vorace, alors, sans balancer,
> Tu jetas ton grand cœur brisé, ta chair punie.
> Tu jetas ta raison, ta gloire et ton génie,
> Et la douceur de vivre et l'orgueil de penser...

Plus que de poésie, il s'agit de sonnets pédagogiques comme en écriront maints professeurs pour familiariser dans un résumé rimé leurs élèves avec la littérature. Lemaitre portraiture aussi bien

Don Juan intime ou *les Mouettes* en donnant la même impression de gratuité, avec cependant un peu plus d'habileté. De même, ses *Petites Orientales,* 1883, jettent leurs sautillements coquets et faciles. Le poète cherche *Des Sages* dans un café maure ou confie, alors qu'il se trouve à Alger, une *Nostalgie* peu touchante. On préfère à ses vaines fantaisies, si pimpantes qu'elles soient, certaines rimes tierces du recueil *Une Méprise,* 1896, comme *la Lyre d'Orphée,* plus franchement parnassienne :

> A sa voix se leva le prince des Aèdes,
> Et son Luth animé, plein de souffles ardents,
> Si douloureusement vibra sous ses doigts raides,
>
> Que les tigres rayés et les lions grondants
> Le suivaient, attendris, et lui faisaient cortège,
> Doux, avec des lambeaux de chair entre les dents.
>
> Chœur monstrueux conduit par un divin Chorège!
> Les grands pins, pour mieux voir l'étrange défilé,
> En cadence inclinaient leurs fronts chargés de neige.
>
> Les gouttes de son sang sur le Luth étoilé
> Brillaient. Charmant sa peine au son des notes lentes,
> L'Aède, fils du ciel, se ˙sentit consolé :
>
> Car tout son cœur chantait dans les cordes sanglantes.

Lancé par François Coppée et Sully Prudhomme, Auguste Dorchain (1857-1930), dès *la Jeunesse pensive,* 1881, fut reconnu comme un poète charmant et connut le succès avec sa comédie *Contes d'Avril,* 1885, à l'Odéon. Promis aux louanges académiques, ses poèmes montrent un lamartinien attardé. Ainsi *les Étoiles éteintes :*

> A l'heure où sur la mer le soir silencieux
>   Efface les lointaines voiles,
> Où, lente, se déploie, en marche dans les cieux,
>   L'armée immense des étoiles,
>
> Ne songes-tu jamais que ce clair firmament,
>   Comme la mer a ses désastres?
> Que, vaisseaux envahis par l'ombre, à tout moment
>   Naufragent et meurent des astres?

Il évolua vers un Parnasse oublieux de ses somptuosités, de ses recherches philosophiques, de son baroquisme, qui, mis à nu, montra ses faiblesses : le gnomisme bien pensant, le discours sage. Auteur de *l'Art des vers,* 1906, vade-mecum impeccable pour la stricte prosodie, il écrit parfaitement ses vers dans le respect des règles. Il multiplie les poèmes de circonstance comme les *Stances à Sainte-Beuve* ou *l'Ode à Michelet,* il donne le long poème *Jean de Calais,* le recueil *Vers la lumière,* 1896. C'est un poète de *Préceptes* comme il intitule un poème pour Jean Lahor :

> Et d'abord, sois fidèle à la chambre d'étude;
> Prends-y sur chaque jour, d'une stricte habitude,
> Un temps pour la pensée et pour la solitude...

Georges Druilhet (né en 1868) avec *Au temps des lilas,* préfacé par François Coppée, est agréable et lumineux à la manière de Théophile Gautier :

> Sur le féerique bateau
> Que Watteau
> Appareille pour Cythère,
> Veux-tu fuir aux fabuleux
> Pays bleus,
> Loin, très loin de notre terre?

Écrit-il des poèmes de mètres plus longs, il perd son harmonie. Il peint des sensations fugitives : un paysage, la fuite du temps, l'absence. Les mêmes épithètes s'accordent à Henri Malteste (né en 1870), aérien, léger, « Tibulle en train d'éclore » pour Faguet. Son recueil *l'Encens perdu,* 1903, unit grands sujets : *Icare tombé, le Baiser de l'Homme,* et poèmes familiers de peu d'ampleur : *le Livre mal lu, la Bonne soirée...*

Dans *les Hymnes profanes,* 1892, ou *l'Infinie tendresse,* Achille Segard (né en 1872) dilue des poèmes courants, tout comme le néo-hellénique Marc Legrand, auteur de *l'Ame antique,* 1896. Louis Payen (né en 1875) est plus ambitieux dans *A l'Ombre du portique,* 1900; *Persée,* 1901; *les Voiles blanches,* 1905, mais il mêle les influences des maîtres du Parnasse sans rien ajouter. Les voyages d'un magistrat colonial, Maurice Olivaint (1860-1929), lui fournissent des tableaux de beauté et de facile pittoresque : *Fleurs du Mé-Kong,* 1894; *Fleurs de corail,* 1900.

Disciple de Gautier et de Heredia, Louis Le Lasseur de Ranzay (né en 1856) laisse passer un souvenir d'*Emaux et Camées* dans ses agrestes octosyllabes. Même dans le sonnet style Heredia, « l'orchestre du printemps, hautbois, flûtes et harpe » apporte une légèreté musicale. On lit sans déplaisir *les Mouettes,* 1886, ou *Sonnets à la lune,* 1897.

Paul Peyssonnié (né en 1853) signe ses poèmes Paul Sonniès. Il débute par des comédies en vers avant de peindre *les Idoles,* paganisantes à souhait, où la rime riche frappe et sonne des poèmes antiques où la momie parle, où prêtresses et guerriers prennent la voix héroïque et exotique des parnassiens.

François Coppée a préfacé *Voluptés et parfums,* 1888, d'Auguste Jehan (né en 1863) qui aime les paysages lointains et montre qu'il a lu Leconte de Lisle et Baudelaire. Souvent, il tombe dans la convention mièvre des bons sentiments. Théodore de Banville a préfacé

Chansons pour Toi, 1889, de Claude Couturier (né en 1858), jeune rapin en mal de lyrisme, qui imite son maître dans des ballades ou pastiche Leconte de Lisle en exagérant ses défauts.

Traduisant et imitant Edgar Poe, Goldschmidt ou Swift, William Blake et Foe, B.-H. Gausseron (né en 1845) ignore leurs leçons et sa fausse éloquence est écrasante dans *le Fils de Kaïn,* 1869. Mêmes défauts bavards chez Léon Duplessis (né en 1853) dans un ambitieux *Erostrate,* 1882, ou chez Raymond de Borrelli (1837-1906) qui de *Sursum corda!* 1885, à *Rimes d'argent,* 1894, fait couler son vers comme le faisait Musset, mais sans le charme.

L'esprit du Parnasse imprègne les œuvres de plusieurs générations. On n'en retient souvent que les défauts : le moralisme, les facilités, alors qu'il fut une leçon de rigueur. Des Leconte de Lisle, des Théodore de Banville, des Heredia, des François Coppée au petit pied vont se manifester longtemps, avec parfois les évanescences d'un Symbolisme amenuisé. Nous n'en avons pas fini avec le Parnasse. Nous retrouverons un Pierre Louÿs parfois admirable, un Anatole France ou un André Theuriet contestables, dans d'autres chapitres. Le lecteur a sans doute hâte de quitter d'innombrables poètes de bonne volonté et de petit talent. Nous nous sommes promis de ne rien dédaigner, même si le découragement nous saisit. Et puis, c'est peut-être une manière de montrer ce qu'est la poésie moyenne d'une époque.

Nous allons rencontrer le plus important des parnassiens, si grand, si personnel qu'il échappe à ce qui est son école dans la suite de Théophile Gautier : Charles Baudelaire. Né en 1821, dix ans après le bon Théo, trois ans après Leconte de Lisle, deux ans avant Théodore de Banville, ses *Fleurs du Mal* sont de 1857 : c'est dire si, après avoir suivi les parnassiens attardés, nous allons remonter dans le temps pour retrouver non seulement Baudelaire, mais aussi tous les grands poètes qui font la poésie moderne.

Naissance de la poésie moderne : Charles Baudelaire

I

Qui est Charles Baudelaire ?

« Le Poète apparaît en ce monde ennuyé. »

Faut-il le dire ? Charles-Pierre Baudelaire (1821-1867), mort relativement jeune, est sans doute le poète le plus influent du XIXᵉ siècle. Sa poésie a une obédience au Parnasse un peu trop oubliée, ce qui est naturel, car il dépasse de loin l'idée du mouvement en agissant sur notre sensibilité, en la modifiant, tout en gardant le culte de l'art pour l'art, sans rien renier de ses idées sur la forme et sur la beauté. Ainsi, un grand poète échappe aux définitions limitées d'une école.

Dès lors que sa poésie touche à l'être intérieur, tout moment de sa vie est important et significatif. Il faut savoir qu'il naquit le 9 avril 1821 au 13 de la rue Hautefeuille. Les transformations de Paris ont fait que sa maison natale se trouvait sur l'emplacement actuel des éditions Hachette. Son père, à sa naissance, avait soixante-trois ans. C'était un homme âgé, charmant, cultivé, qui conduisit son fils vers les musées dès ses premiers pas. Il se nommait Joseph-François Baudelaire (1758-1827), était peintre, ancien prêtre assermenté, devenu chef des bureaux du Sénat. Le petit Charles avait six ans lorsqu'il le perdit. Sa mère, Caroline Archimbaut-Dufays, épousa l'année suivante le commandant Jacques Aupick. Le poète ne put jamais, ni dans l'enfance ni dans l'âge mûr, supporter ce militaire qui devint général de division, puis ambassadeur. Ce dernier ne comprit jamais rien à la sensibilité, au caractère et aux goûts littéraires et artistiques précoces de cet être d'une autre qualité. Pour l'enfant, l'adolescent, ce fut le temps des internats, au collège royal de Lyon, puis à Paris à Louis-le-Grand. Ces études faites, Baudelaire logea à la pension Lévêque-Bailly, place de l'Estrapade, et s'inscrivit à la Faculté de Droit en compagnie de deux autres poètes, Ernest Prarond et Gustave Levavasseur. A dix-sept ans, il écrit des vers nés d'un voyage aux Pyrénées, à dix-neuf il s'éprend de Sarah, dite Louchette, son amie juive, qui lui inspire, parmi d'autres vers, celui qu'on retrouvera dans *les Fleurs du Mal* : « Tu mettrais l'univers entier dans ta ruelle. » La vie d'artiste, la bohème, la dissipation, voilà ce que craint le beau-père Aupick. Le 9 juin 1841, Charles Baudelaire embarque à Bordeaux sur un paquebot en direction de Calcutta. Il ne semble pas que le jeune homme aille plus loin que la Réunion. Ce voyage marque son œuvre, apporte, comme chez Leconte de Lisle, une note exotique. Il éprouve des sensations de grand large et de lieux édéniques et ce mythe du voyage qui l'accompagne. Il revient avec l'ébauche de *l'Albatros,* le sonnet *A une créole* inspiré par la femme de son hôte dans l'île de la Réunion.

A son retour en France, quelques mois après son départ, il peut prendre possession de l'héritage paternel. Suit une période de dandysme, d'esthétisme artistique où le poète joue au riche amateur d'art, montre un luxe ostentatoire, fait de folles dépenses. Il devient l'amant de la belle mulâtresse Jeanne Duval (« la seule femme que j'ai aimée », écrira-t-il) dont il a fait connaissance en compagnie de son ami Félix Tournachon, connu sous le nom de Nadar, photographe et aéronaute. C'était au Quartier latin, dans un théâtre de vaudeville, où elle était petite comédienne, voire même figurante. On sait quels fruits poétiques apporta cette liaison sensuelle, charnelle, orageuse. Baudelaire a des dettes. En 1844, sa famille lui fait connaître l'humiliation d'un conseil judiciaire. Comment ces bourgeois pouvaient-ils deviner que ce fils bizarre, ce dilapideur d'héritage (ô horreur!) représente, comme dit Verlaine, « puissamment et essentiellement l'homme moderne »? Pour aller ainsi, aux yeux du commun, de déchéance en déchéance, sous le regard de sa lucidité, que cherche-t-il? son propre Enfer? la conduite de sa vie? sa culpabilité et sa punition? On ne cessera dans des centaines d'études de s'interroger. Baudelaire va vivre une vie difficile. Il se débattra sans cesse avec des soucis d'argent jusqu'à la fin de sa vie. Les deux volumes de sa *Correspondance* dont l'édition a été établie par Claude Pichois ne cessent de nous dire ses quêtes pitoyables qui nous attristent. Mais il connaît Théophile Gautier qu'il admire, Sainte-Beuve qui sera injuste, Théodore de Banville qu'il loue dans un sonnet, de jeunes peintres. Il habite successivement différentes demeures dans l'île Saint-Louis. Pour vivre, il fait des travaux de librairie, des articles (on les lui refuse parfois), il collabore anonymement à des publications secondaires, il donne aussi un beau sonnet qui paraît sous la signature de ce bohème parisien, né en Guadeloupe, Alexandre Privat d'Anglement, mais s'il publie *A une Créole,* il oublie l'esprit de supercherie et signe Baudelaire-Dufays comme il le fera pour *le Salon de 1845,* une modeste plaquette peu remarquée sinon par des connaisseurs qui peuvent déceler un esthéticien, un critique d'art dans la tradition de Diderot.

En 1846, il se montre moraliste ironique avec un *Choix de maximes consolantes sur l'amour* et des *Conseils aux jeunes littérateurs* dont nous extrayons le chapitre VII, *De la Poésie :*

> Quant à ceux qui se livrent ou se sont livrés avec succès à la poésie, je leur conseille de ne jamais l'abandonner. La poésie est un des arts qui apportent le plus; mais c'est une espèce de placement dont on ne touche que plus tard les intérêts, – en revanche très gros.
>
> Je défie les envieux de me citer de bons vers qui aient ruiné un éditeur.
>
> Au point de vue moral, la poésie établit une telle démarcation entre les esprits du premier ordre et ceux du second, que le public le plus bourgeois n'échappe pas à cette influence despotique. Je connais des gens qui ne lisent les feuilletons souvent médiocres de Théophile Gautier que parce qu'il a fait la *Comédie de la Mort;* sans doute ils ne sentent pas toutes les grâces de cette œuvre, mais ils savent qu'il est poète.
>
> Quoi d'étonnant d'ailleurs, puisque tout homme bien portant peut se passer de manger pendant deux jours, – de poésie, jamais!
>
> L'art qui satisfait le besoin de plus impérieux sera toujours le plus honoré.

Ce texte permet aujourd'hui bien des méditations... Les contemporains de Baudelaire ne voient alors en lui qu'un critique d'art et un essayiste, poète à ses heures. Le *Salon de 1846* est révélateur de la qualité de son regard : il choisit Delacroix contre Horace Vernet et le situe au sommet. C'est le temps où paraissent des traductions médiocres ou moyennes d'Edgar Poe. Elles suffisent à faire connaître ce poète à Baudelaire qui, de 1848 à 1865, le traduira avec fidélité. Une comédienne, Marie Daubrun, lui inspire d'admirables poèmes, *l'Invitation au Voyage, Chant d'Automne* entre autres. Ses poèmes paraissent de temps en temps : *A une Malabraise,* 1846, *les Chats,* 1847, *le Vin de l'assassin,* 1848 (dans *l'Echo des marchands de vin!...*).

En 1848, Baudelaire monte sur les barricades en tenue de dandy. Il adhère à la Société républicaine centrale, son nom figure dans une feuille socialiste, *le Salut Public.* Malgré ses attitudes un peu lointaines, sa distance apparente avec les bouleversements politiques et sociaux, il a sincèrement compati aux misères du peuple, notamment lorsqu'il a parlé de Pierre Dupont et de son *Chant des Ouvriers.* Maints poèmes comme *Tableaux parisiens* et *le Vin* montreront combien il est proche du prolétariat urbain. Ajoutons que sa participation à l'insurrection de février 1848 s'explique aussi par son opposition à la bourgeoisie conservatrice du beau-père Aupick.

L'année suivante, il est brouillé avec sa mère. Il rencontre son futur éditeur, Poulet-Malassis (qu'il appellera Coco-Malperché), républicain comme lui.

Durant ces années, Baudelaire élabore son œuvre poétique, ébauche ses poèmes saphiques, ses futurs *Paradis artificiels*. En 1852, paraissent *les Poèmes antiques* de Leconte de Lisle, *Émaux et Camées* de Théophile Gautier. En bons termes sans plus avec le premier, ami et protégé du second, Baudelaire a en commun avec eux un certain nombre de notions esthétiques, et surtout une aversion profonde envers les élégiaques du Romantisme, envers Musset, nous l'avons dit. Théophile Gautier aide Baudelaire à publier son étude sur Edgar Poe et ses traductions. Le poète rédige aussi ses *Fusées* qui paraîtront après sa mort. Tandis que ses amours difficiles avec Jeanne Duval se poursuivent par intermittences, fin 1852, alors qu'il dîne chez la très belle Apollonie Sabatier, la Présidente comme on l'appelle, en compagnie de Gautier, Flaubert, Sainte-Beuve, Maxime Du Camp, Arsène Houssaye et d'autres convives, il devient follement amoureux, envoie anonymement des vers à son hôtesse, *A une Femme trop gaie* (qui figurera dans les pièces proscrites en 1857), poème peut-être inspiré par Marie Daubrun. La vie matérielle de Baudelaire est difficile; il déménage pour échapper à ses créanciers.

Il publie régulièrement les grandes œuvres de Poe, de même que ses magistrales critiques picturales. Dans *la Revue des Deux Mondes* paraissent, le 1er juin 1855, dix-huit poèmes sous le titre *les Fleurs du Mal,* le premier étant *Au Lecteur* qui restera en prologue de l'édition complète, les autres représentant les diverses tendances du poète. Il voulait intituler cet ensemble *les Limbes*. C'est un de ses amis, le romancier Hippolyte Babou qui trouva le célèbre titre. Deux poèmes en prose paraissent dans un recueil collectif, *Fontainebleau,* hommage à ce C.-F. Denecourt dont les promeneurs suivent encore les itinéraires dans la célèbre forêt : ce sont *De l'Essence du Rire* qui annonce Bergson et une présentation de *Philibert Rouvière,* dramaturge et comédien.

La préparation de l'édition des *Fleurs du Mal* est minutieusement avancée par Baudelaire et Poulet-Malassis, comme en témoigne une longue correspondance. Et voilà une grande date de l'histoire de la poésie : le 11 juillet 1857 paraissent *les Fleurs du Mal*. Devant une telle révolution, la stupidité bourgeoise montre vite son nez. Un nommé Gustave Bourdin attaque avec imbécillité et virulence dans *le Figaro*. La justice se saisit de l'affaire. Qui peut défendre le poète? Il y a Édouard Thierry qui, dans *le Moniteur,* journal officiel de l'Empire, fait un article élogieux; il y a Barbey d'Aurevilly et Charles Asselineau, mais leurs articles sont censurés. Il y aura le fameux procès. Le défenseur, un des grands avocats du xixᵉ siècle, Maître Chaix d'Est-Ange montrera un esprit élevé. Le procureur impérial l'emporte : Baudelaire et Poulet-Malassis sont condamnés pour « outrage à la morale publique et aux bonnes mœurs ». Six poèmes devront être supprimés : *le Léthé, les Bijoux, Femmes damnées, Lesbos, A Celle qui était trop gaie, les Métamorphoses du Vampire.* Sait-on la date à laquelle ce jugement a été cassé par la Cour suprême? Près de cent ans plus tard, le 31 mai 1949! Comme quoi la Justice peut être lente ou rapide selon les cas. Victor Hugo a pu écrire et c'est son honneur : « Donnez-moi la main. Et quant aux persécutions, ce sont des grandeurs. Courage! » Mais nous verrons plus loin qu'à part quelques cécités, les meilleurs découvrirent la haute valeur du poète.

Le Guignon.

En attendant que la seconde édition du livre, en 1861, fasse naître la ferveur et l'admiration d'une nouvelle génération poétique, Charles Baudelaire n'a pour lui l'estime que de quelques grands esprits. L'incompréhension l'isole et il doit lutter contre les difficultés matérielles. Lorsqu'en 1858 le général Aupick meurt, sa veuve tente un rapprochement avec Charles, mais il préfère la liberté difficile à une vie familiale à Honfleur. Il en est de ses relations avec sa mère un peu comme avec Jeanne Duval : séparations, réconciliations se succèdent. Souffrant de maux stomacaux, Baudelaire a recours aux stupéfiants. Il vit le plus souvent dans une chambre d'hôtel. Jusqu'en 1861, il donne tous ses soins aux poèmes qu'il remanie et aux nouvelles œuvres qui compléteront son ouvrage. Les grandes traductions de Poe paraissent régulièrement. Baudelaire publie des études sur le haschisch, sur la caricature, sur Théophile Gautier, ce qui est pour lui une occasion de définir le Poète.

L'année 1860 est celle d'une première attaque cérébrale encore bénigne. Une aide ministérielle parvient au critique d'art qui publie ses *Salons* annuels. Avec Jeanne Duval devenue hémiplégique et un frère (ou selon Jacques Crépet un prétendu frère) de cette dernière, il s'installe à Neuilly. Paraissent les analyses subtiles de la drogue, *les Paradis artificiels,* en partie inspirées par Thomas de Quincey. La publication des nouvelles *Fleurs du Mal* lui vaut en 1861 l'admiration de l'Anglais Algernon Charles Swinburne (1837-1909) qui prépare un dithyrambe. Le mauvais accueil fait en France à Richard Wagner scandalise Baudelaire qui a honte pour ses compatriotes; il tente de réparer en écrivant *Richard Wagner et Tannhaüser*. Déçu, coléreux, il déverse déjà sa hargne en rédigeant le journal *Mon cœur mis à nu*. Sa candidature à l'Académie française paraît légitime à Vigny et à Flaubert, elle gêne Sainte-Beuve, elle paraît inopportune aux chroniqueurs; Baudelaire la retirera. Il réunit les poèmes en prose du *Spleen de Paris,* mais, malgré un accord avec l'éditeur Hetzel, ils ne paraîtront qu'après sa mort, par les soins de Banville et Asselineau, sous le titre *Petits poèmes en prose.* Le goût de Baudelaire pour les actrices ne se dément pas et il éprouve une passion pour Louise Deschamps de l'Odéon. Il a écrit sur Manet, il écrit encore sur Constantin Guys, *le Peintre de la vie moderne,* traçant en fait son art poétique personnel. Sans cesse, le poète, éclairé par *les Phares* de la peinture, les éclaire à son tour.

La Belgique est pour le poète que poursuivent ses créanciers un refuge possible. Déjà Poulet-Malassis a passé la frontière. Baudelaire donne à Bruxelles, sans aucun succès, des conférences sur Delacroix, Gautier, les paradis artificiels. Il comptait trouver un éditeur, or c'est l'échec complet. Parcourant le pays, Anvers, Malines, Bruges, Liège, Gand, villes admirables, il ne voit dans la Belgique et dans les Belges qu'une caricature de la France et des Français. Grincheux, mécontent, il reste aux aguets de tout ce qui lui déplaît le plus dans son propre pays. Il note, il grince, il verse dans la caricature, car il existe aussi chez lui un poète satirique. Cela formera les notes d'un pauvre pamphlet dans la marge d'une aussi grande œuvre, *Pauvre Belgique.* Mais Baudelaire doit rester loin de Paris. Il publie toujours des parties du *Spleen de Paris,* ainsi que les œuvres de Poe qui voient le jour régulièrement : à ce moment-là, *Histoires grotesques et sérieuses, Eureka.* Il fait de rapides apparitions à Paris, à Honfleur auprès de cette mère qu'il aime et qu'il ne peut s'empêcher de peiner, d'où le remords et la torture.

Les deux dernières années de la vie de Baudelaire sont affreuses. Alors qu'il visite l'église Saint-Loup à Namur, en compagnie de Poulet-Malassis et de son nouvel ami Félicien Rops, il fait une chute : c'est la première attaque de paralysie que suivent une hémiplégie et une perte de la parole. Baudelaire s'alarmait déjà depuis un certain temps de son impuissance à écrire et d'un état qu'il disait « soporeux ». Dans ce drame, sans doute ne put-il goûter quelques joies : deux jeunes poètes le saluent, le premier dans *l'Artiste* (il se nomme Stéphane Mallarmé), le second dans *l'Art* (c'est Paul Verlaine). A Bruxelles, Baudelaire entre dans une maison de santé religieuse. Il réagit mal à ces saluts de poètes : « Ces jeunes gens... me font une peur de chien. Je n'aime rien tant qu'être seul. » Il correspond avec Catulle Mendès, lui envoyant pour *le Parnasse contemporain* vingt-trois poèmes des *Épaves* que publie Poulet-Malassis à Bruxelles. Parmi ces derniers, se trouvent les *Pièces condamnées* de 1857. Félicien Rops fait le frontispice.

Victor Hugo a appris l'état de santé de Baudelaire. Il écrit à Théodore de Banville : « Je ne consens pas à désespérer de Baudelaire. Qui sait? *Flamma tenax!* » Hélas! Baudelaire, s'il n'a rien perdu de sa lucidité et de son intelligence, n'a pas recouvré la parole. Sa mère et Arthur Stevens le ramènent à Paris où il est reçu à la maison de santé du Dr Duval. Les poètes et les amis signent une pétition (même Mérimée qui n'apprécie pas le poète) et l'État participe aux frais d'hospitalisation. Baudelaire mourra le 31 août après une longue agonie. Tous les amis lui avaient rendu visite : Sainte-Beuve, Maxime Du Camp, Théodore de Banville, Leconte de Lisle, Nadar. Mme Paul Meurice venait lui jouer du Wagner. Sa mère, qui a recueilli son dernier souffle, prenait conscience du génie de son fils.

Après un service religieux, on enterre Baudelaire au cimetière Montparnasse auprès... du général Aupick. Mme Aupick les rejoindra en 1871. Ainsi, le plus grand poète moderne français est toujours enterré près de l'homme qui représentait ce qu'il détestait le plus au monde. Les œuvres de Baudelaire paraîtront régulièrement, car les amis poètes, surtout Banville et Asselineau, veillent à entretenir sa mémoire. En 1868 et 1869, Lévy qui a acheté les droits de Baudelaire publie *Curiosités esthétiques, l'Art romantique,* la troisième édition des *Fleurs du Mal* préfacée par Gautier, les *Petits poèmes en prose,* Lemerre fait paraître l'étude biographique et critique d'Asselineau, *Charles Baudelaire, sa vie et son œuvre.* Ce sera le départ d'un des plus importants corpus critiques qui soient, Eugène et Jacques Crépet étant parmi les meilleurs éditeurs avant les générations de notre siècle.

En 1870, Nadar aperçoit sur les boulevards une femme qui se traîne sur des béquilles. C'est Jeanne Duval. Apollonie Sabatier mourra en 1890, Marie Daubrun en 1901. Baudelaire, lui, vient de naître pour une vie immortelle au cœur des poètes qui, pour la plupart, reconnaissent en lui leur plus parfaite image. Il faut lire non seulement *les Fleurs du Mal* et les poèmes en prose, mais tout Baudelaire, sa correspondance aussi, car elle est le témoignage le plus déchirant d'une existence d'artiste véritable et de créateur blessé tout en étant l'ennemi des pleurnicheries élégiaques.

2

Les Fleurs du Mal

L'ŒUVRE de Baudelaire, par sa richesse, par ses innombrables avenues, était prête pour toutes les interrogations, toutes les confrontations, toutes les démonstrations. Dans ce champ clos, les analyses se sont multipliées, qu'elles soient philosophiques — marxistes, existentialistes —, psychanalytiques, psychologiques, politiques, religieuses, etc., à ce point que, devant l'exaltation de Baudelaire penseur ou philosophe, Baudelaire poète est quelque peu oublié. Si les esprits les plus divers le revendiquent, c'est que son œuvre est un lieu privilégié, grouillant d'idées et de réflexions en accord avec une nouvelle civilisation humaine pressentie, un carrefour de tendances, un point de départ pour tous les voyages et toutes les aventures.

Tout en reconnaissant les droits et la nécessité de la plus parfaite intelligence du poète et des différents visages qu'on lui prête, il serait dommage d'oublier nos premiers contacts, souvent adolescents, avec une poésie immédiatement bouleversante, car Baudelaire, faut-il le préciser? peut aussi se lire en poète. Alors, on reçoit le ciel et l'enfer, l'extase et l'abîme, l'azur et les ténèbres, les souvenirs et les pressentiments, la beauté immobile et le voyage, la malédiction et la pitié, la réalité et le symbole, le classicisme romantique du Parnasse et les audaces de la jeune poésie, la sensualité et la rigueur, la dignité de l'homme toujours et toujours la lumière, lumière blanche ou noire, exploratrice, excavatrice de l'homme en proie à la dualité, où chacun choisit son bien, en ignorant une totalité qui se résout par la poésie. On en appelle, pour une lecture, à ne point oublier la complicité poétique d'une part, et à ne rien refuser des prolongements intellectuels d'autre part.

Refus et contradictions.

Baudelaire est tout d'abord l'homme du refus des conventions sociales et bourgeoises. Son dandysme se définit comme « l'amour absurde de la dignité ». Il est le refus, la protection, le défi. Bien que Baudelaire, comme les romantiques, se sente prédestiné au malheur, il refuse les états mensongers de la sensibilité, il sait que la douleur ne saurait faire de lui un guide inspiré de l'humanité, il se méfie des pouvoirs. Son chant porte « le meilleur témoignage que nous puissions donner de notre dignité ». Avant tout il considère que « l'imagination est la reine des facultés ». Ne remplaçons pas trop vite le mot par un autre, comme philosophie, par exemple.

On lit dans *Fusées* : « Maistre et Edgar Poe m'ont appris à raisonner. » Le premier lui apporte une dialectique inflexible qui le soumet à l'ordre providentiel, mais surtout, par-delà cette négativité, une technique de manieur de mots, de phrases rapides, d'images percutantes, d'habiletés rhétoriques au service de l'idée. Et Edgar Poe? La coloration, le climat, la primauté de l'intelligence et de la volonté créatrices, une réflexion continuelle sur la poésie source de poésie. Baudelaire dit : « La poésie n'a d'autre but qu'elle-même. » Elle est, comme la peinture de Delacroix, comme la musique de Wagner, une création artistique. Dès lors, Baudelaire n'est-il pas l'allié des parnassiens contre l'art philosophique, moral, social ou l'étalage des « aventures de table d'hôte » (comme chez Musset)? Si, mais que de différences! Il ne se voue pas aux beautés antiques, à la plastique froide. Il est un poète moderne, un homme subissant son temps dont il veut exprimer les fascinantes tragédies, les déchirements, les antagonismes. Il est... Mais si nous le laissions parler en puisant dans ses projets de préface aux *Fleurs du Mal?*

La France traverse une phase de vulgarité. Paris, centre et rayonnement de bêtise universelle [...] Les élégiaques sont des canailles. *Et verbum caro factum est.* Or le poète n'est d'aucun parti. Autrement il serait un simple mortel [...] Le Diable. Le péché originel. Homme bon. Si vous vouliez, vous seriez le favori du Tyran; il est plus difficile d'aimer Dieu que de croire en lui. Au contraire, il est plus difficile aux gens de ce siècle de croire au diable que de l'aimer. Tout le monde le sent et personne n'y croit. Sublime subtilité du Diable [...] Je sais que l'amant passionné du beau style s'expose à la haine des multitudes [...] Ce livre, essentiellement inutile et absolument innocent, n'a été fait dans un autre but que de me divertir et d'exercer mon goût passionné de l'obstacle [...] Ce monde a acquis une épaisseur de vulgarité qui donne au mépris de l'homme spirituel la violence d'une passion [...] Ceux qui savent me devinent, et pour ceux qui ne peuvent ou ne veulent pas comprendre, j'amoncellerais sans fruit les explications [...] Je n'ai désir ni de démontrer, ni d'étonner, ni d'amuser, ni de persuader. J'ai mes nerfs, mes vapeurs. J'aspire à un repos absolu et à une nuit continue. Chantre des voluptés folles du vin et de l'opium, je n'ai soif que d'une liqueur inconnue sur la terre, et que la pharmaceutique céleste elle-même ne pourrait pas m'offrir ; d'une liqueur qui ne contiendrait ni la vitalité, ni la mort, ni l'excitation, ni le néant. Ne rien savoir, ne rien enseigner, ne rien vouloir, ne rien sentir, dormir, et encore dormir, tel est aujourd'hui mon unique vœu...

Ce qui empêche sans cesse d'enfermer Baudelaire dans une théorie, c'est qu'il est heureusement lunatique, versatile, en proie à ses humeurs, généreux et aussi méfiant envers ceux qu'il appelle « entrepreneurs de bonheur public », car ils sont « ceux qui conseillent à tous les pauvres de se faire esclaves, et ceux qui leur persuadent qu'ils sont tous des rois détrônés ». En proie aux contradictions, aux paradoxes, il aime tant l'œuvre poétique, la phrase juste, l'image parfaite, le cri vrai, qu'il peut unir dans une même admiration Joseph de Maistre ou Barbey d'Aurevilly d'une part et d'autre part Pierre Dupont et Victor Hugo dans leur amour des humbles. Il déteste la famille Bonaparte et Proudhon. Si la poésie n'explique pas toutes les positions d'éclectismes curieux, du moins peut-elle apporter un début de compréhension. Baudelaire, un des hommes les plus intelligents de son temps, un des plus lucides, a forgé en prose et en vers le matériau porteur de la plus grande puissance convaincante et émotionnelle qui soit. Il a le don de la formule. Pense-t-il directement ou non en vers ? Pour Leconte de Lisle, il mettait en vers une prose préalable. Cela lui est arrivé, si l'on en juge par des traces de prosaïsme, mais là encore, il ne faut pas parler d'une méthode ou d'une loi : chez Baudelaire, le travail artisanal du vers ne s'oppose pas aux révélations de l'artiste, la maîtrise du texte ne signifie pas le refus de l'inspiration et de l'imagination.

Némésis, Satan et d'autres.

Dans les Fleurs du Mal, dès le poème Au Lecteur, se manifeste un ton satirique, proche du sermon, du réquisitoire pessimiste. En cela, il rejoint ses maîtres du XVIe siècle et du XVIIe siècle, le Ronsard du Discours des Misères de ce temps ou des Remontrances, l'Agrippa d'Aubigné des Tragiques, le Du Bartas du Triomphe de la Foi, le Mathurin Régnier ou le Boileau des Satires, mais avec un ton nouveau :

La sottise, l'erreur, le péché, la lésine,
Occupent nos esprits et travaillent nos corps,

Et nous alimentons nos aimables remords
Comme les mendiants nourrissent leur vermine.

Nos péchés sont têtus, nos repentirs sont lâches ;
Nous nous faisons payer grassement nos aveux,
Et nous rentrons gaiement dans le chemin bourbeux,
Croyant par de vils pleurs laver toutes nos taches.

Sur l'oreiller du mal c'est Satan Trismégiste
Qui berce longuement notre esprit enchanté,
Et le riche métal de notre volonté
Est tout vaporisé par ce savant chimiste.

C'est le Diable qui tient les fils qui nous remuent !
Aux objets répugnants nous trouvons des appas ;
Chaque jour vers l'Enfer nous descendons d'un pas,
Sans horreur, à travers des ténèbres qui puent.

Son *Épigraphe pour un livre condamné* s'adresse d'une autre manière
au lecteur :

Lecteur paisible et bucolique,
Sobre et naïf homme de bien,
Jette ce livre saturnien,
Orgiaque et mélancolique.

Si tu n'as fait ta rhétorique
Chez Satan, le rusé doyen,
Jette ! tu n'y comprendrais rien
Ou tu me croirais hystérique.

« Adorable sorcière aimes-tu les damnés ? » interroge-t-il dans
l'Irréparable. Il a vu parfois, « au fond d'un théâtre banal »,

Un être qui n'était que lumière, or et gaze,
Terrasser l'énorme Satan ;
Mais mon cœur, que jamais ne visite l'extase,
Est un théâtre où l'on attend
Toujours, toujours en vain, l'Être aux ailes de gaze !

Il faut payer *la Rançon* et lorsque viendra pour l'homme « le
terrible jour » le Juge sera exigeant :

Il faudra lui montrer des granges
Pleines de moissons, et des fleurs
Dont les formes et les couleurs
Gagnent le suffrage des Anges.

La vision de l'Ange est souvent celle d'un furieux auquel résiste
le Rebelle :

Et l'Ange, châtiant autant, ma foi ! qu'il aime,
De ses poings de géant torture l'anathème ;
Mais le damné répond toujours : « Je ne veux pas ! »

Satan, on a dit que Baudelaire l'a installé au cœur de l'homme, comme Racine y a instauré la fatalité tragique. Selon Eliot, son satanisme est une « tentative pour accéder au christianisme par l'arrière-porte ». Baudelaire a l'obsession de l'enfer, il se révolte contre le Créateur (il écrit : « Ma vie est damnée »), et, dès lors, il apporte son alliance aux parias, aux réprouvés. Masochiste, il cherche dans l'échec un sentiment de culpabilité qui guide ses actes. Il se livre au satanisme intellectuel, à la jouissance amère du mal, des tourments de sa conscience, de ses remords provoqués. Il se situe en marge des quêtes humaines traditionnelles et pourtant il sait que son mal peut être partagé :

> C'est l'Ennui! — l'œil chargé d'un pleur involontaire,
> Il rêve d'échafauds en fumant son houka.
> Tu le connais, lecteur, ce monstre délicat,
> — Hypocrite lecteur, — mon semblable, — mon frère!

Dès le premier poème de *Spleen et idéal,* l'admirable *Bénédiction,* on trouve la dualité malédiction-bénédiction. Dans ses voyages du ciel et de l'enfer, Baudelaire trace le chemin du poète, et, si les thèmes sont proches de ceux du romantisme, apparaît le fameux « frisson nouveau », la réalité nouvelle :

> Lorsque, par un décret des puissances suprêmes,
> Le Poète apparaît en ce monde ennuyé,
> Sa mère épouvantée et pleine de blasphèmes
> Crispe ses poings vers Dieu, qui la prend en pitié :
>
> — « Ah! que n'ai-je mis bas tout un nœud de vipères,
> Plutôt que de nourrir cette dérision!
> Maudite soit la nuit aux plaisirs éphémères
> Où mon ventre a conçu mon expiation!
>
> Puisque tu m'as choisie entre toutes les femmes
> Pour être le dégoût de mon triste mari,
> Et que je ne puis pas rejeter dans les flammes,
> Comme un billet d'amour, ce monstre rabougri,
>
> Je ferai rejaillir ta haine qui m'accable
> Sur l'instrument maudit de tes méchancetés,
> Et je tordrai si bien cet arbre misérable,
> Qu'il ne pourra pousser ses boutons empestés! »...

Après l'inventaire des tortures humaines et de leur diabolisme, la bénédiction; après les ténèbres, la lumière :

> — « Soyez béni, mon Dieu, qui donnez la souffrance
> Comme un divin remède à nos impuretés
> Et comme la meilleure et la plus pure essence
> Qui prépare les forts aux saintes voluptés!

> Je sais que vous gardez une place au Poète
> Dans les rangs bienheureux des saintes Légions,
> Et que vous l'invitez à l'éternelle fête
> Des Trônes, des Vertus, des Dominations.
>
> Je sais que la douleur est la noblesse unique
> Où ne mordront jamais la terre et les enfers,
> Et qu'il faut pour tresser ma couronne mystique
> Imposer tous les temps et tous les univers.
>
> Mais les bijoux perdus de l'antique Palmyre,
> Les métaux inconnus, les perles de la mer,
> Par votre main montés, ne pourraient pas suffire
> A ce beau diadème éblouissant et clair;
>
> Car il ne sera fait que de pure lumière
> Puisée au foyer saint des rayons primitifs,
> Et dont les yeux mortels, dans leur splendeur entière,
> Ne sont que des miroirs obscurcis et plaintifs! »

Des morts romantiques aux poètes maudits, ces thèmes sont sans cesse développés. On note au passage les éléments autobiographiques où apparaissent la mère, la femme qui torturent le poète épris d'idéal. Dès ce poème, l'essentiel est dit et des groupes de poèmes s'apparentent à *Bénédiction*. Ainsi *l'Albatros :*

> Le Poète est semblable au prince des nuées
> Qui hante la tempête et se rit de l'archer;
> Exilé sur le sol au milieu des huées,
> Ses ailes de géant l'empêchent de marcher.

ou encore *Élévation :*

> Au-dessus des étangs, au-dessus des vallées,
> Des montagnes, des bois, des nuages, des mers,
> Par delà le soleil, par delà les éthers,
> Par delà les confins des sphères étoilées,
>
> Mon esprit, tu te meus avec agilité,
> Et, comme un bon nageur qui se pâme dans l'onde,
> Tu sillonnes gaiement l'immensité profonde
> Avec une indicible et mâle volupté.

Ce que demande Baudelaire à la poésie, c'est de l'arracher, par les voies de la révolte et de l'art, aux malédictions sociales et métaphysiques. Chaque poème tente d'édifier un nouvel univers où l'harmonie, les images, la musique rendent la vie possible, la terre humaine habitable. Mais le lecteur prendra souvent goût à ses aspects les plus ténébreux ou les plus violents comme dans *Une Charogne :*

Rappelez-vous l'objet que nous vîmes, mon âme,
    Ce beau matin d'été si doux :
Au détour du sentier une charogne infâme
    Sur un lit semé de cailloux,

Les jambes en l'air, comme une femme lubrique,
    Brûlante et suant les poisons,
Ouvrait d'une façon nonchalante et cynique
    Son ventre plein d'exhalaisons.

Le soleil rayonnait sur cette pourriture,
    Comme afin de la cuire à point,
Et de rendre au centuple à la grande Nature
    Tout ce qu'ensemble elle avait joint;

Et le ciel regardait la carcasse superbe
    Comme une fleur s'épanouir.
La puanteur était si forte, que sur l'herbe
    Vous crûtes vous évanouir.

Jamais antithèse ne fut si forte :

    — Et pourtant vous serez semblable à cette ordure,
        A cette horrible infection,
    Étoile de mes yeux, soleil de ma nature,
        Vous, mon ange et ma passion!

Oui! telle vous serez, ô la reine des grâces,
    Après les derniers sacrements,
Quand vous irez, sous l'herbe et les floraisons grasses,
    Moisir parmi les ossements.

Alors, ô ma beauté, dites à la vermine,
    Qui vous mangera de baisers,
Que j'ai gardé la forme et l'essence divine
    De mes amours décomposés!

Ce poème-choc fit connaître le nom de Baudelaire par le scandale. Pourtant, en lisant François Villon ou Agrippa d'Aubigné, on retrouve cette pestilence, et, moins loin, un Alphonse Rabbe et surtout un Théophile Gautier :

    Dédaigneuse! à ton tour tu donnes la nausée,
    Ta figure est déjà bleue et décomposée,
    Tes parfums sont changés en fétides odeurs,
    Et tu n'es qu'un ramas d'effroyables laideurs!

ont traité ces thèmes qu'on retrouve un peu partout chez Baudelaire et notamment dans *Sépulture, le Mort joyeux, Alchimie de la douleur, Une Martyre* ou *Remords posthume :*

    Lorsque tu dormiras, ma belle ténébreuse,
    Au fond d'un monument construit en marbre noir,
    Et lorsque tu n'auras pour alcôve et manoir
    Qu'un caveau pluvieux et qu'une fosse creuse;

> Quand la pierre, opprimant ta poitrine peureuse
> Et tes flancs qu'assoupit un charmant nonchaloir,
> Empêchera ton cœur de battre et de vouloir,
> Et tes pieds de courir leur course aventureuse,
>
> Le tombeau, confident de mon rêve infini
> (Car le tombeau toujours comprendra le poète),
> Durant ces grandes nuits dont le somme est banni,
>
> Te dira : « Que vous sert, courtisane imparfaite,
> De n'avoir pas connu ce que pleurent les morts? »
> — Et le ver rongera ta peau comme un remords.

Si le tombeau le tente par un morbide attrait, n'oublions pas qu'il est aussi la porte béante sur cet « inconnu » qui tente sans cesse le poète, comme en témoignent les deux vers terminant *le Voyage* :

> Plonger au fond du gouffre. Enfer ou ciel, qu'importe?
> Au fond de l'inconnu, pour trouver du *nouveau*.

Cet « inconnu », par toutes ses forces, Baudelaire tente sans cesse de le rejoindre.

Le Spleen, tyran du monde.

Pour bien des adolescents, Baudelaire représente avant tout le *spleen,* ce terme préromantique et que l'on trouve déjà chez Diderot, non sans qu'il s'y mêle quelque idée d'un dandysme de l'ennui, et que les dictionnaires définissent mal « ennui de toutes choses, dégoût de la vie ». On préfère les approches de Jacques Crépet : « On a pu opposer le spleen à l'ennui comme le positif au négatif ou encore comme un mal peu durable et bénin à un mal chronique et inguérissable. Le spleen est plus brumeux, l'ennui plus noir. Mais l'étymologie nous avertit plus profondément qu'ennui comporte haine et que le spleen est maladie. Le spleen est " paralysie ", malaise, asphyxie. L'ennui voisin de la peine et du tourment ne va pas sans irritation, trahit une force inemployée, se présente comme une puissance contenue [...] Les deux mots sont souvent pris l'un pour l'autre et désignent tout au plus l'envers et l'endroit d'un même état. Vivier a très justement noté que cet état gardait chez Baudelaire quelque chose de logique, de précis et d'arrêté : vide strictement borné, cercle qui tient la rêverie captive, âme morne de prisonnier. Comme le montrent les images du couvercle, du caveau, de la geôle ou du filet qui traduisent chez Baudelaire l'étouffement d'un homme à l'étroit dans les limites de sa condition, le spleen et l'ennui naissent uniquement dans l'âme " retenue ", bloquée, circonscrite : c'est ainsi que du caprice des nerfs l'on passe au malaise métaphysique. »

Pour Baudelaire, le spleen, allié du démon, ennemi personnel, tyran du monde, n'est pas un fait simple et facilement décelable. L'ennui est un tourment connu des Anciens qui court à travers toutes les littératures jusqu'au Romantisme. Pour Baudelaire, il faut trouver des causes non seulement physiques ou métaphysiques, mais le carcan de la société telle qu'elle est, contraignante et décevante. *Spleen* opposé à idéal ? Sans cesse, dans chaque poème, ce sentiment, cette maladie, ce mal peut se rencontrer. Quatre poèmes portent ce titre, ils sont également remarquables. Nous verrons que trois d'entre eux sont traversés par la pluie. Voici le premier, un sonnet :

> Pluviôse, irrité contre la ville entière,
> De son urne à grands flots verse un froid ténébreux
> Aux pâles habitants du voisin cimetière
> Et la mortalité sur les faubourgs brumeux.
>
> Mon chat sur le carreau cherchant une litière
> Agite sans repos son corps maigre et galeux ;
> L'âme d'un vieux poète erre dans la gouttière
> Avec la triste voix d'un fantôme frileux.
>
> Le bourdon se lamente, et la bûche enfumée
> Accompagne en fausset la pendule enrhumée,
> Cependant qu'en un jeu plein de sales parfums,
>
> Héritage fatal d'une vieille hydropique,
> Le beau valet de cœur et la dame de pique
> Causent sinistrement de leurs amours défunts.

Le second *Spleen :*

> J'ai plus de souvenirs que si j'avais mille ans.
>
> Un gros meuble à tiroirs encombré de bilans,
> De vers, de billets doux, de procès, de romances,
> Avec de lourds cheveux roulés dans des quittances,
> Cache moins de secrets que mon triste cerveau.
> C'est une pyramide, un immense caveau,
> Qui contient plus de morts que la fosse commune.
> — Je suis un cimetière abhorré de la lune,
> Où comme des remords se traînent de longs vers
> Qui s'acharnent toujours sur mes morts les plus chers.
>
> . . . .
>
> Rien n'égale en longueur les boiteuses journées,
> Quand sous les lourds flocons des neigeuses années
> L'ennui, fruit de la morne incuriosité,
> Prend les proportions de l'immortalité.

Le troisième *Spleen* montre par son vocabulaire (faucon, bouffon, lit fleurdelisé, dames d'atour, etc.) que Baudelaire a en vue les drames romantiques encore à la mode :

> Je suis comme le roi d'un pays pluvieux,
> Riche, mais impuissant, jeune et pourtant très-vieux,
> Qui, de ses précepteurs méprisant les courbettes,
> S'ennuie avec ses chiens comme avec d'autres bêtes.
> Rien ne peut l'égayer, ni gibier, ni faucon,
> Ni son peuple mourant en face du balcon.
> Du bouffon favori la grotesque ballade
> Ne distrait plus le front de ce cruel malade ;
> Son lit fleurdelisé se transforme en tombeau,
> Et les dames d'atour, pour qui tout prince est beau,
> Ne savent plus trouver d'impudique toilette
> Pour tirer un souris de ce jeune squelette.
> Le savant qui lui fait de l'or n'a jamais pu
> De son être extirper l'élément corrompu,
> Et dans ces bains de sang qui des Romains nous viennent,
> Et dont sur leurs vieux jours les puissants se souviennent,
> Il n'a su réchauffer ce cadavre hébété
> Où coule au lieu de sang l'eau verte du Léthé.

Le quatrième *Spleen* a des rapports avec celui de Philothée O'Neddy dans son poème qui porte ce titre. On y pouvait lire :

> Oh ! combien de mes jours le cercle monotone...
> Dans cet air étouffant qui pèse sur la ville...

Les mots sont proches de ceux de Baudelaire et l'on pense aussi à *la Chute de la Maison Usher* : « Pendant toute une journée d'automne, journée fuligineuse, sombre et muette, où les nuages pesaient lourds et bas dans le ciel... » Voici le poème de Baudelaire, un de ses plus beaux :

> Quand le ciel bas et lourd pèse comme un couvercle
> Sur l'esprit gémissant en proie aux longs ennuis,
> Et que de l'horizon embrassant tout le cercle
> Il nous verse un jour noir plus triste que les nuits ;
>
> Quand la terre est changée en un cachot humide,
> Où l'Espérance, comme une chauve-souris,
> S'en va battant les murs de son aile timide
> Et se cognant la tête à des plafonds pourris ;
>
> Quand la pluie étalant ses immenses traînées,
> D'une vaste prison imite les barreaux,
> Et qu'un peuple muet d'infâmes araignées
> Vient tendre ses filets au fond de nos cerveaux,
>
> Des cloches tout à coup sautent avec furie
> Et lancent vers le ciel un affreux hurlement,
> Ainsi que des esprits errants et sans patrie
> Qui se mettent à geindre opiniâtrement.

> — Et de longs corbillards, sans tambours ni musique,
> Défilent lentement dans mon âme; l'Espoir,
> Vaincu, pleure, et l'Angoisse atroce, despotique,
> Sur mon crâne incliné plante son drapeau noir.

Mais les tourments de l'ennui apparaissent dans bien des poèmes, comme *le Possédé* :

> Le soleil s'est couvert d'un crêpe. Comme lui,
> Ô Lune de ma vie! emmitoufle-toi d'ombre;
> Dors ou fume à ton gré; sois muette, sois sombre,
> Et plonge tout entière au gouffre de l'Ennui...

Dans *Réversibilité*, l'angoisse, la haine apparaissent comme les sœurs de cet ennui :

> Ange plein de gaieté, connaissez-vous l'angoisse,
> La honte, les remords, les sanglots, les ennuis,
> Et les vagues terreurs de ces affreuses nuits
> Qui compriment le cœur comme un papier qu'on froisse?
> Ange plein de gaieté, connaissez-vous l'angoisse?

> Ange plein de bonté, connaissez-vous la haine,
> Les poings crispés dans l'ombre et les larmes de fiel,
> Quand la Vengeance bat son infernal rappel,
> Et de nos facultés se fait le capitaine?
> Ange plein de bonté, connaissez-vous la haine?

Et aussi la tristesse dans *Semper eadem* :

> « D'où vous vient, disiez-vous, cette tristesse étrange,
> Montant comme la mer sur le roc noir et nu? »

Et la douleur dans *l'Héautontimorouménos* s'accompagne de cette frénésie du désespoir qu'on retrouve dans *Obsession, le Goût du néant, Alchimie de la douleur* ou *Horreur sympathique*. On retrouve aussi dans ce poème un ton biblique comme dans maints poèmes de Baudelaire :

> Je te frapperai sans colère
> Et sans haine, comme un boucher,
> Comme Moïse le rocher!
>
> . . . .
>
> Je suis la plaie et le couteau!
> Je suis le soufflet et la joue!
> Je suis les membres et la roue
> Et la victime et le bourreau!
>
> Je suis de mon cœur le vampire,
> — Un de ces grands abandonnés
> Au rire éternel condamnés,
> Et qui ne peuvent plus sourire.

Le spleen, apparenté au diable, amène à *la Destruction* :

> Sans cesse à mes côtés s'agite le Démon;
> Il nage autour de moi comme un air impalpable;
> Je l'avale et le sens qui brûle mon poumon
> Et l'emplit d'un désir éternel et coupable.
>
> Parfois il prend, sachant mon grand amour de l'Art,
> La forme de la plus séduisante des femmes,
> Et, sous de spécieux prétextes de cafard,
> Accoutume ma lèvre à des philtres infâmes.
>
> Il me conduit ainsi, loin du regard de Dieu,
> Haletant et brisé de fatigue, au milieu
> Des plaines de l'Ennui, profondes et désertes,
>
> Et jette dans mes yeux pleins de confusion
> Des vêtements souillés, des blessures ouvertes,
> Et l'appareil sanglant de la Destruction.

L'Horloge et le calendrier.

Parmi les thèmes nombreux de Baudelaire, un des plus constants est celui du temps qui peut aussi être, selon les saisons et notamment l'automne, celui du « temps qu'il fait », du temps météorologique, nous pouvons le constater au cours des nombreuses pluies et des décors de « sombre dimanche » des poèmes spleenétiques. Le plus souvent, la durée est assimilée au gouffre, à l'abîme, au néant obsessionnels. Dans *la Fin de la journée,* qui est aussi la fin de la vie, l'arrivée des « rafraîchissantes ténèbres » qui riment avec « songes funèbres », le rapprochement s'impose avec *le Crépuscule du soir* ou *l'Examen de minuit* où Baudelaire est dominé par son éducation catholique qui lui donne le goût de l'examen de conscience :

> La pendule, sonnant minuit,
> Ironiquement nous engage
> A nous rappeler quel usage
> Nous fîmes du jour qui s'enfuit :
> — Aujourd'hui, date fatidique,
> Vendredi, treize, nous avons,
> Malgré tout ce que nous savons,
> Mené le train d'un hérétique...

Au cours d'une narration au prosaïsme bien mené comme on en trouve chez Villon, Marot, La Fontaine, Musset, comme on en trouvera chez Apollinaire, Baudelaire va se frapper la poitrine jusqu'à recourir aux ténèbres, avec quelque chose de si sincère et de si naïf qu'on reconnaît la marque de l'éducation enfantine.

Le cliché de la fuite du temps donne le poème *l'Horloge.* Ici et là, Baudelaire se lamente sur le temps perdu, les années gaspillées, comme Villon, comme Verlaine, entretenant un sentiment de culpabilité qu'il semble juger délectable. Que le temps coule trop vite dans *l'Avertisseur, Rêve parisien,* ou qu'il soit trop lent dans *le Masque, De profundis clamavi, le Goût du néant,* la révolte est la même. On trouve ce thème notamment dans *Timon d'Athènes* de Shakespeare, *le Lac* de Lamartine, *Melmoth* de Maturin, *le Démon de la perversité* de Poe, *Childe Harold* de Byron, *l'Horloge* de Gautier. Baudelaire ajoute quelque pompe à la gravité du sujet :

> Horloge! dieu sinistre, effrayant, impassible,
> Dont le doigt nous menace et nous dit : *« Souviens-toi!*
> Les vibrantes Douleurs dans ton cœur plein d'effroi
> Se planteront bientôt comme dans une cible;
>
> Le Plaisir vaporeux fuira vers l'horizon
> Ainsi qu'une sylphide au fond de la coulisse;
> Chaque instant te dévore au morceau du délice
> A chaque homme accordé pour toute sa saison.
>
> Trois mille six cents fois par heure, la Seconde
> Chuchote : *Souviens-toi!* — Rapide, avec sa voix
> D'insecte, Maintenant dit : Je suis Autrefois,
> Et j'ai pompé ta vie avec ma trompe immonde.
>
> *Remember! Souviens-toi,* prodigue! *Esto memor!*
> (Mon gosier de métal parle toutes les langues.)
> Les minutes, mortel folâtre, sont des gangues
> Qu'il ne faut pas lâcher sans en extraire l'or...

La saison pluvieuse, l'automne, lui dicte *l'Ennemi, Causerie, Chant d'automne, Sonnet d'automne.* Toujours le goût de la confession chargé, dans *l'Ennemi,* de réminiscences romantiques :

> Ma jeunesse ne fut qu'un ténébreux orage,
> Traversé çà et là par de brillants soleils;
> Le tonnerre et la pluie ont fait un tel ravage,
> Qu'il reste en mon jardin bien peu de fruits vermeils.
>
> Voilà que j'ai touché l'automne des idées,
> Et qu'il faut employer la pelle et les râteaux
> Pour rassembler à neuf les terres inondées,
> Où l'eau creuse des trous grands comme des tombeaux.
>
> Et qui sait si les fleurs nouvelles dont je rêve
> Trouveront dans ce sol lavé comme une grève
> Le mystique aliment qui ferait leur vigueur?
>
> — Ô douleur! ô douleur! Le Temps mange la vie,
> Et l'obscur Ennemi qui nous ronge le cœur
> Du sang que nous perdons croît et se fortifie!

A partir d'une neuve métaphore, selon un mode cher à Baudelaire, la femme est assimilée à la nature dès le premier vers de *Causerie* :

Vous êtes un beau ciel d'automne, clair et rose!
Mais la tristesse en moi monte comme la mer,
Et laisse, en refluant, sur ma lèvre morose
Le souvenir cuisant de son limon amer.

Il dira dans la deuxième partie de *Chant d'automne* : « J'aime de vos longs yeux la lumière verdâtre » et parlera du « rayon jaune et doux de l'arrière-saison », mais la première partie du poème, avec ses sonorités hugoliennes, pourra tenter la mise en musique de Rollinat et de Fauré, prêtera à bien des interprétations, car il y règne une singulière richesse, car il y sourd de lourdes prémonitions :

Bientôt nous plongerons dans les froides ténèbres;
Adieu, vive clarté de nos étés trop courts!
J'entends déjà tomber avec des chocs funèbres
Le bois retentissant sur le pavé des cours.

Tout l'hiver va rentrer dans mon être : colère,
Haine, frissons, horreur, labeur dur et forcé,
Et, comme le soleil dans son enfer polaire,
Mon cœur ne sera plus qu'un bloc rouge et glacé.

J'écoute en frémissant chaque bûche qui tombe;
L'échafaud qu'on bâtit n'a pas d'écho plus sourd.
Mon esprit est pareil à la tour qui succombe
Sous les coups du bélier infatigable et lourd.

Il me semble, bercé par ce choc monotone,
Qu'on cloue en grande hâte un cercueil quelque part.
Pour qui? – C'était hier l'été; voici l'automne!
Ce bruit mystérieux sonne comme un départ.

Il faut dire par parenthèse que la prosodie de Baudelaire auprès de celle d'un Hugo par exemple paraît bien sage, disciplinée, ordonnée, comme si le poète voulait sans cesse maîtriser sa passion. Une lecture attentive montre sans cesse des beautés, comme si presque tous les vers, selon l'expression de Valéry, étaient donnés par les dieux, mais on remarque aussi des parties prosaïques sur lesquelles nous reviendrons, des chevilles, des épithètes trop nombreuses, faites pour emplir le vers ou pour le chant de la rime plutôt que par nécessité. Si la glorification et l'accusation du mal, les confessions bouleversantes et les défis déchirants, les cris de révolte n'étaient en son temps d'une nouveauté si évidente, on resterait sur une curieuse impression de gageure. Entre Classicisme et Romantisme, entre l'ordre de la bourgeoisie et la révolte de

l'artiste, exilé de son milieu, exilé du peuple, Baudelaire trouve
un équilibre par l'art. Remy de Gourmont signala les liens existant
entre *le Songe d'Athalie* de Racine et *les Métamorphoses du Vampire,*
mais nous devons penser à une commune source biblique. En lisant
des passages de *Delphine et Hippolyte,* nous penserons à *Phèdre,*
ces vers en témoignent :

> De ses yeux amortis les paresseuses larmes,
> L'air brisé, la stupeur, la morne volupté,
> Ses bras vaincus, jetés comme de vaines armes,
> Tout servait, tout parait sa fragile beauté.

Hier et demain.

Multiples, les thèmes baudelairiens s'interpénètrent. *Les Fleurs
du Mal* sont une maison à mille lucarnes, chacune d'elles permettant
un regard particulier sur tout l'ensemble et l'éclairant de sa lumière
particulière. La plus sublime idée de temps, la plus mystérieuse,
la plus féconde est dans *la Vie antérieure,* ce poème troublant s'ouvrant sur une vision paradisiaque :

> J'ai longtemps habité sous de vastes portiques
> Que les soleils marins teignaient de mille feux,
> Et que leurs grands piliers, droits et majestueux,
> Rendaient pareils, le soir, aux grottes basaltiques.
>
> Les houles, en roulant les images des cieux,
> Mêlaient d'une façon solennelle et mystique
> Les tout-puissants accords de leur riche musique
> Aux couleurs du couchant reflété par mes yeux.
>
> C'est là que j'ai vécu dans les voluptés calmes,
> Au milieu de l'azur, des vagues, des splendeurs
> Et des esclaves nus, tout imprégnés d'odeurs,
>
> Qui me rafraîchissaient le front avec des palmes,
> Et dont l'unique soin était d'approfondir
> Le secret douloureux qui me faisait languir.

Duparc n'aura sans doute guère de mal à mettre en musique,
car les mots portent déjà leur mélodie. Rappelons que Baudelaire
admirait Nerval, « le Pythagoricien moderne », et que ce poème
lui doit beaucoup. Gérard lui aussi parle d'une existence antérieure. Baudelaire ajoute sa vision personnelle, large, sensuelle,
ouverte sur ces lieux chauds qui sont chers aux parnassiens, qui
les ont hérités de Parny, de Léonard ou de Bertin, qui appartiennent
à Leconte de Lisle.

Le regard, du passé se porte vers l'avenir, invoque la mémoire
future. Depuis des siècles, le poète a l'orgueil de ce pouvoir du

verbe : conférer l'immortalité. Que serait Laure sans la voix de Pétrarque ou Marquise sans l'apostrophe de Corneille? Villon immortalise sa mère, Marot ou Ronsard les hommes de leur temps. Les poètes aiment promettre ce bien fragile à leurs maîtresses, on le voit encore avec Byron dans sa dédicace à Yanthé du *Pèlerinage de Childe Harold* ou avec l'Aragon des *Yeux d'Elsa*. En même temps, le poète peut en appeler à sa propre durée. Dans les quatrains du sonnet, Baudelaire a ingénieusement contrarié les rimes :

> Je te donne ces vers afin que si mon nom
> Aborde heureusement aux époques lointaines,
> Et fait rêver un soir les cervelles humaines,
> Vaisseau favorisé par un grand aquilon,
>
> Ta'mémoire, pareille aux fables incertaines,
> Fatigue le lecteur ainsi qu'un tympanon,
> Et par un fraternel et mystique chaînon
> Reste comme pendue à mes rimes hautaines;
>
> Être maudit à qui, de l'abîme profond
> Jusqu'au plus haut du ciel, rien, hors moi, ne répond!
> — Ô toi qui, comme une ombre à la trace éphémère,
>
> Foules d'un pied léger et d'un regard serein
> Les stupides mortels qui t'ont jugée amère,
> Statue aux yeux de jais, grand ange au front d'airain!

On pense encore à Gérard de Nerval quand, dans *Correspondances*, « les parfums, les couleurs et les sons se répondent ». Ce poème, le Symbolisme s'en réclamera. Il se rattache à des recherches qui ont toujours préoccupé savants et poètes à travers les siècles, de Philon d'Alexandrie, saint Paul, Plutarque à Newton ou Voltaire, Leibnitz, Sénancour, Fourier, Ballanche, Novalis, Hoffmann, Heine, Maturin, Sainte-Beuve, Lamartine, Balzac... Nous nous souviendrons des recherches du xviiie siècle, celles du père Castel et de ses amis. Il y a chez Baudelaire une mise en forme parfaite grâce à l'utilisation heureuse des symboles, à la répartition savante des thèmes, aux rapports et aux oppositions mesurés. Sous une forme ramassée, comme dans les meilleurs sonnets des *Chimères,* se présente le catéchisme esthétique des *Correspondances* :

> La Nature est un temple où de vivants piliers
> Laissent parfois sortir de confuses paroles;
> L'homme y passe à travers des forêts de symboles
> Qui l'observent avec des regards familiers.
>
> Comme de longs échos qui de loin se confondent
> Dans une ténébreuse et profonde unité,
> Vaste comme la nuit et comme la clarté,
> Les parfums, les couleurs et les sons se répondent.

Il est des parfums frais comme des chairs d'enfants,
Doux comme les hautbois, verts comme les prairies,
— Et d'autres, corrompus, riches et triomphants,

Ayant l'expansion des choses infinies,
Comme l'ambre, le musc, le benjoin et l'encens
Qui chantent les transports de l'esprit et des sens.

Nostalgie encore quand il évoque *la Lune offensée* « qu'adoraient discrètement nos pères » :

Sous ton domino jaune, et d'un pied clandestin,
Vas-tu, comme jadis, du soir jusqu'au matin,
Baiser d'Endymion les grâces surannées?

Son *Recueillement* devant la fuite du temps figure parmi ses poèmes les plus intenses :

Sois sage, ô ma Douleur, et tiens-toi plus tranquille.
Tu réclamais le Soir; il descend : le voici :
Une atmosphère obscure enveloppe la ville,
Aux uns portant la paix, aux autres le souci.

Pendant que des mortels la multitude vile,
Sous le fouet du Plaisir, ce bourreau sans merci,
Va cueillir des remords dans la fête servile,
Ma Douleur, donne-moi la main; viens par ici,

Loin d'eux. Vois se pencher les défuntes Années,
Sur les balcons du ciel, en robes surannées;
Surgir du fond des eaux le Regret souriant;

Le Soleil moribond s'endormir sous une arche,
Et comme un long linceul traînant à l'Orient,
Entends, ma chère, entends la douce Nuit qui marche.

Verticale dans le temps, horizontale dans l'espace, Baudelaire le lunatique, le grand contradicteur, offre une poésie d'union avec parfois des nostalgies, celles des beautés disparues :

J'aime le souvenir de ces époques nues,
Dont Phoebus se plaisait à dorer les statues.
Alors l'homme et la femme en leur agilité
Jouissaient sans mensonge et sans anxiété,
Et, le ciel amoureux leur caressant l'échine,
Exerçaient la santé sur leur noble machine.
Cybèle alors, fertile en produits généreux,
Ne trouvait point ses fils un poids trop onéreux,
Mais, louve au cœur gonflé de tendresses communes,
Abreuvait l'univers à ses tétines brunes.
L'homme, élégant, robuste et fort, avait le droit
D'être fier des beautés qui le nommaient leur roi;
Fruits purs de tout outrage et vierges de gerçures,
Dont la chair lisse et ferme appelait les morsures!

Cette libération à laquelle en appelait Baudelaire est-elle acquise aujourd'hui ? Le poète accuse son temps en mettant à l'honneur la santé païenne, les époques précédant le Christianisme et l'idée de péché. Ce thème est un des plus constants chez tous les poètes et l'on peut citer, depuis Lucrèce, Ronsard, Régnier, Léonard, Musset, Gautier, Leconte de Lisle, avant Rimbaud, Jules Laforgue, Edmond Haraucourt, Ephraïm Mikhaël, tous répétant à la manière de Rimbaud : « Je regrette les temps de l'antique Cybèle », ainsi qu'en témoignent Jacques Crépet et Georges Blin dans leur célèbre édition critique des *Fleurs du Mal.* Dans *le Balcon :*

> Mère des souvenirs, maîtresse des maîtresses,
> Ô toi, tous mes plaisirs ! ô toi, tous mes devoirs !
> Tu te rappelleras la beauté des caresses,
> La douceur du foyer et le charme des soirs,
> Mère des souvenirs, maîtresses des maîtresses !

Baudelaire nous dit :

> Je sais l'art d'évoquer les minutes heureuses,
> Et revis mon passé blotti dans tes genoux.
> Car à quoi bon chercher tes beautés langoureuses
> Ailleurs qu'en ton cher corps et qu'en ton cœur si doux ?
> Je sais l'art d'évoquer les minutes heureuses !
>
> Ces serments, ces parfums, ces baisers infinis,
> Renaîtront-ils d'un gouffre interdit à nos sondes,
> Comme montent au ciel les soleils rajeunis
> Après s'être lavés au fond des mers profondes ?
> – Ô serments ! ô parfums ! ô baisers infinis !

Debussy ajoutera sa musique à ce poème. Le dernier vers, par tous ses mots, évoque la durée. Il faut noter dans l'art subtil des correspondances que les parfums ont une réelle importance chez Baudelaire et sans cesse ils apparaissent porteurs de souvenirs, évocateurs, troublants. Ils emplissent souvent le poème et en sont le moteur. Comme dans *le Parfum,* un grain d'encens remplit une église, dans *Parfum exotique, la Chevelure, Harmonie du soir* et tant de poèmes, les odeurs sont révélatrices d'infinies correspondances, porteuses de souvenirs. Et, dans *le Flacon,* on va du parfum à la pestilence :

> Il est de forts parfums pour qui toute matière
> Est poreuse. On dirait qu'ils pénètrent le verre.
> En ouvrant un coffret venu de l'Orient
> Dont la serrure grince et rechigne en criant,
>
> Ou dans une maison déserte quelque armoire
> Pleine de l'âcre odeur des temps, poudreuse et noire,
> Parfois on trouve un vieux flacon qui se souvient,
> D'où jaillit toute vive une âme qui revient.

Mille pensers dormaient, chrysalides funèbres,
Frémissant doucement dans les lourdes ténèbres
Qui dégagent leur aile et prennent leur essor,
Teintés d'azur, glacés de rose, lamés d'or.

Voilà le souvenir enivrant qui voltige
Dans l'air troublé; les yeux se ferment; le Vertige
Saisit l'âme vaincue et la pousse à deux mains
Vers un gouffre obscurci de miasmes humains.

. . . .

Je serai ton cercueil, aimable pestilence!
Le témoin de ta force et de ta virulence,
Cher poison préparé par les anges! liqueur
Qui me ronge, ô la vie et la mort de mon cœur!

Même idée dans *Harmonie du soir* où sur deux rimes seulement Baudelaire donne un parfait exemple de symbolisme musical :

Voici venir les temps où vibrant sur sa tige
Chaque fleur s'évapore ainsi qu'un encensoir,
Les sons et les parfums tournent dans l'air du soir;
Valse mélancolique et langoureux vertige!

Chaque fleur s'évapore ainsi qu'un encensoir;
Le violon frémit comme un cœur qu'on afflige;
Valse mélancolique et langoureux vertige!
Le ciel est triste et beau comme un grand reposoir.

Le violon frémit comme un cœur qu'on afflige,
Un cœur tendre, qui hait le néant vaste et noir!
Le ciel est triste et beau comme un grand reposoir;
Le soleil s'est noyé dans son sang qui se fige.

Un cœur tendre, qui hait le néant vaste et noir,
Du passé lumineux recueille tout vestige!
Le soleil s'est noyé dans son sang qui se fige...
Ton souvenir en moi luit comme un ostensoir!

Claude Debussy mettra aussi ce poème en musique. Reprenant des jeux de rimes qu'on retrouve souvent chez les poètes romantiques, Baudelaire a créé une sorte de pantoum libéré, dans une forme qui tient de la gageure. Sa nouveauté et sa musicalité font figurer ce poème parmi les premières grandes œuvres du symbolisme.

« Je suis belle, ô mortels!... »

Le lecteur l'a sans doute compris, nous flânons parmi les poèmes des *Fleurs du Mal* au gré des thèmes. Baudelaire a lui-même distribué ses poèmes selon son ordre personnel. Auprès de ses grands cycles : *Spleen et Idéal, le Vin, Fleurs du Mal, Révolte, la Mort...,* on peut, comme le signalaient Crépet et Blin, en distinguer d'autres : les parfums, les rêves, les chats, le macabre, le médiéval, l'exotique, etc. Il est d'ailleurs enrichissant de lire et de relire le recueil selon telle ou telle approche.

La Beauté s'apparente au Parnasse de Gautier et de Leconte de Lisle. C'est un des plus purs poèmes de Baudelaire :

> Je suis belle, ô mortels ! comme un rêve de pierre,
> Et mon sein, où chacun s'est meurtri tour à tour,
> Est fait pour inspirer au poète un amour
> Éternel et muet ainsi que la matière.
>
> Je trône dans l'azur comme un sphinx incompris ;
> J'unis un cœur de neige à la blancheur des cygnes ;
> Je hais le mouvement qui déplace les lignes,
> Et jamais je ne pleure et jamais je ne ris.
>
> Les poètes, devant mes grandes attitudes,
> Que j'ai l'air d'emprunter aux plus fiers monuments,
> Consumeront leurs jours en d'austères études ;
>
> Car j'ai, pour fasciner ces dociles amants,
> De purs miroirs qui font toutes choses plus belles :
> Mes yeux, mes larges yeux aux clartés éternelles.

Ce « rêve de pierre » s'anime dans un *Hymne à la Beauté* né de stances glissées par Xavier de Montépin (!) dans un roman, *les Filles de plâtre,* 1856 :

> Qui donc es-tu ? — Muse et Bacchante ?
> Réponds, *effrayante* beauté !...
> Viens-tu des cercles *noirs* du Dante ?
> Es-tu l'esprit de volupté ? [...]
> Mais, que tu sois un mauvais *ange*
> Peu m'importe ! — Tu sais charmer...

Si l'on ajoute quelques réminiscences, notamment du Voltaire de *la Henriade :*

> Sors-tu du noir abîme ou descends-tu des cieux ?
> Faut-il que je t'encense ou bien que je t'abhorre ?

sans oublier un certain nombre de romantiques dont les images sont proches, on en vient à la réussite de Baudelaire :

> Viens-tu du ciel profond ou sors-tu de l'abîme,
> Ô Beauté ? ton regard, infernal et divin,
> Verse confusément le bienfait et le crime,
> Et l'on peut pour cela te comparer au vin.

. . . .

> Sors-tu du gouffre noir ou descends-tu des astres?
> Le Destin charmé suit tes jupons comme un chien;
> Tu sèmes au hasard la joie et les désastres,
> Et tu gouvernes tout et ne réponds de rien.
>
> Tu marches sur des morts, Beauté, dont tu te moques;
> De tes bijoux l'Horreur n'est pas le moins charmant,
> Et le Meurtre, parmi tes plus chères breloques,
> Sur ton ventre orgueilleux danse amoureusement.
>
> . . . .
>
> De Satan ou de Dieu, qu'importe? Ange ou Sirène,
> Qu'importe, si tu rends, — fée aux yeux de velours,
> Rythme, parfum, lueur, ô mon unique reine! —
> L'univers moins hideux et les instants moins lourds?

On lira ailleurs :

> Je m'avance à l'attaque, et je grimpe aux assauts,
> Comme après un cadavre un chœur de vermisseaux,
> Et je chéris, ô bête implacable et cruelle!
> Jusqu'à cette froideur par où tu m'es plus belle!

Et encore :

> Parfois il parle et dit : « Je suis belle, et j'ordonne
> Que pour l'amour de moi vous n'aimiez que le Beau;
> Je suis l'Ange gardien, la Muse et la Madone. »

Deux propositions de Baudelaire se rapportent à l'idée de beauté : « le caractère de beauté du dandy consiste surtout dans l'air froid » et « le type le plus parfait de beauté virile est Satan ». En attendant la définition de la beauté surréaliste, ces phrases où l'on peut trouver une antithèse entre froid et feu s'accordent à une double idée d'immobilité et de mouvement. La beauté peut être l'hymne à la statue comme l'hymne à la femme. Cette dernière, selon son goût, est épanouie et non pas abstraite, plantureuse, sensuelle et non pas académique. Mais les plus parfaites approches sont contenues dans les Phares, cette galerie où apparaissent Rubens, Léonard de Vinci, Rembrandt, Michel-Ange, Puget, Watteau, Goya, Delacroix... avec chacun son quatrain :

> Rubens, fleuve d'oubli, jardin de la paresse,
> Oreiller de chair fraîche où l'on ne peut aimer,
> Mais où la vie afflue et s'agite sans cesse,
> Comme l'air dans le ciel et la mer dans la mer;
>
> Léonard de Vinci, miroir profond et sombre,
> Où des anges charmants, avec un doux souris
> Tout chargé de mystère, apparaissent à l'ombre
> Des glaciers et des pins qui ferment leur pays;

Rembrandt, triste hôpital tout rempli de murmures,
Et d'un grand crucifix décoré seulement,
Où la prière en pleurs s'exhale des ordures,
Et d'un rayon d'hiver traversé brusquement;

. . . .

C'est un cri répété par mille sentinelles,
Un ordre renvoyé par mille porte-voix;
C'est un phare allumé sur mille citadelles,
Un appel de chasseurs perdus dans les grands bois!

Car c'est vraiment, Seigneur, le meilleur témoignage
Que nous puissions donner de notre dignité
Que cet ardent sanglot qui roule d'âge en âge
Et vient mourir au bord de votre éternité.

Pour Jean Cocteau, une œuvre d'art doit satisfaire toutes les Muses; il appelle cela « preuve par neuf ». Baudelaire, en s'adressant à tous les sens, répond mieux que quiconque à cette exigence. Pour lui, la beauté est flamme et purification. Trouvant les caractères du Beau, il s'éloigne de la statuaire parnassienne de ses débuts et nous dit : « Ce qui n'est pas légèrement difforme a l'air insensible – d'où il suit que l'irrégularité, c'est-à-dire l'inattendu, la surprise, l'étonnement, sont une partie essentielle et la caractéristique de la beauté. » Nous sommes éloignés, on le voit, de l'harmonie antique.

L'Homme, la mer, le voyage.

Le thème de la mer, un des plus constants de la poésie romantique, dicte à Baudelaire de nombreux poèmes où se retrouvent le symbolisme de la destinée humaine, les images de l'eau, l'idée du voyage ou de l'espoir du voyage, les comparaisons avec la femme, la puissance de la nature, la liberté, la mort à la barre. Les réussites sont parfois totales, parfois inégales. Après une lecture du *Pèlerinage de Childe Harold,* celle du court poème *l'Homme et la mer,* malgré de beaux vers, déçoit quelque peu. Le parallèle de la destinée humaine et de la mer aurait pu susciter d'autres développements. Prenons le poème comme un résumé rapide de thèmes que Baudelaire développera mieux ailleurs :

Homme libre, toujours tu chériras la mer!
La mer est ton miroir; tu contemples ton âme
Dans le déroulement infini de sa lame,
Et ton esprit n'est pas un gouffre moins amer.

Tu te plais à plonger au sein de ton image;
Tu l'embrasses des yeux et des bras, et ton cœur
Se distrait quelquefois de sa propre rumeur
Au bruit de cette plainte indomptable et sauvage.

Vous êtes tous les deux ténébreux et discrets :
Homme, nul n'a sondé le fond de tes abîmes;
Ô mer, nul ne connaît tes richesses intimes,
Tant vous êtes jaloux de garder vos secrets!

Et cependant voilà des siècles innombrables
Que vous vous combattez sans pitié sans remords,
Tellement vous aimez le carnage et la mort,
Ô lutteurs éternels, ô frères implacables!

Quels que soient ses mérites, ce didactisme paraît bien plat auprès du *Bateau ivre* de Rimbaud ou des hauts passages de Lautréamont. On préfère le symbolisme maritime tel qu'il apparaît dans de nombreux poèmes : *la Musique, Obsession, Semper eadem, Moesta et errabunda* ou dans les poèmes en prose. On trouve : « la musique me prend comme une mer » ou, soudain, dans *Obsession,* le deuxième quatrain :

Grands bois, vous m'effrayez comme des cathédrales;
Vous hurlez comme l'orgue; et dans nos cœurs maudits,
Chambres d'éternel deuil où vibrent de vieux râles,
Répondent les échos de vos *De Profundis.*

Je te hais, Océan! tes bonds et tes tumultes,
Mon esprit les retrouve en lui; ce rire amer
De l'homme vaincu, plein de sanglots et d'insultes,
Je l'entends dans le rire énorme de la mer.

Encore la mer dans *Semper eadem* qui garde certaines tonalités de Byron et de Lamartine :

« D'où vous vient, disiez-vous, cette tristesse étrange,
Montant comme la mer sur le roc noir et nu? »

Dans *Moesta et errabunda,* le thème de la mer se mêle à ceux de l'évasion, du spleen, de l'exil, de l'enfance et de celui du paradis, le « vert paradis des amours enfantines » :

La mer, la vaste mer, console nos labeurs!
Quel démon a doté la mer, rauque chanteuse
Qu'accompagne l'immense orgue des vents grondeurs,
De cette fonction sublime de berceuse?
La mer, la vaste mer, console nos labeurs!

Emporte-moi, wagon! enlève-moi, frégate!
Loin! loin! ici la boue est faite de nos pleurs!
— Est-il vrai que parfois le triste cœur d'Agathe
Dise : Loin des remords, des crimes, des douleurs,
Emporte-moi, wagon, enlève-moi, frégate?

. . . .

Mais le vert paradis des amours enfantines,
Les courses, les chansons, les baisers, les bouquets,
Les violons vibrant derrière les collines,
Avec les brocs de vin, le soir, dans les bosquets,
— Mais le vert paradis des amours enfantines...

Le Beau navire permet de dire les beautés de la dame comme le faisaient les pétrarquisants de la Renaissance (comme chez les romantiques, on trouve un Baudelaire renaissant auprès d'un Baudelaire médiéval). Il est curieux de montrer des vers de Ronsard décrivant le crêpe de deuil de Marie Stuart s'éloignant de la France. On le voit

Qui s'enfle ainsi qu'un voile quand le vent
Souffle la barque et la cingle en avant.

Dans Ronsard encore, on lit :

Tous les chemins blanchissoient sous vos toiles,
Ainsi qu'on voit blanchir les rondes voiles,
Et se courber bouffantes sur la mer...

Baudelaire retrouve cette lointaine voix :

Je veux te raconter, ô molle enchanteresse!
Les diverses beautés qui parent ta jeunesse;
Je veux te peindre ta beauté,
Où l'enfance s'allie à la maturité.

Quand tu vas balayant l'air de ta jupe large,
Tu fais l'effet d'un beau vaisseau qui prend le large,
Chargé de toile, et va roulant
Suivant un rythme doux, et paresseux, et lent.

Le poème le plus beau est sans doute celui qui inspira Duparc, Chabrier et maints autres musiciens, *l'Invitation au voyage,* ce poème si particulier du recueil, jouant sur deux mètres courts et impairs et apportant, comme dit Verlaine, « de la musique avant toute chose ». Mouvement de la mer, balancement du navire sont étonnamment traduits. Ici, comme dans *le Cantique des Cantiques,* la maîtresse est la sœur. Le navire, le départ, l'espoir d'un autre horizon, d'un autre monde, éden et pays de cocagne, sont évoqués. Ce thème est vieux comme le monde et jeune comme la poésie. On le retrouve chez Stace, Parny, Gautier, et aussi Hoffmann, Shelley, Poe. Ce sera le titre d'un des *Petits poèmes en prose.* Baigné de nostalgie, reflétant toute la beauté de l'univers rêvé, ce poème aux douceurs de romance donne une idée de la perfection :

Mon enfant, ma sœur,
Songe à la douceur
D'aller là-bas vivre ensemble!
Aimer à loisir,
Aimer et mourir
Au pays qui te ressemble!
Les soleils mouillés
De ces ciels brouillés
Pour mon esprit ont les charmes
Si mystérieux
De tes traîtres yeux
Brillant à travers leurs larmes.

Là, tout n'est qu'ordre et beauté,
Luxe, calme et volupté.

Des meubles luisants,
Polis par les ans,
Décoreraient notre chambre ;
Les plus rares fleurs
Mêlant leurs odeurs
Aux vagues senteurs de l'ambre,
Les riches plafonds,
Les miroirs profonds,
La splendeur orientale,
Tout y parlerait
A l'âme en secret
Sa douce langue natale.

Là, tout n'est qu'ordre et beauté,
Luxe, calme et volupté.

Vois sur ces canaux
Dormir ces vaisseaux
Dont l'humeur est vagabonde ;
C'est pour assouvir
Ton moindre désir
Qu'ils viennent du bout du monde.
— Les soleils couchants
Revêtent les champs,
Les canaux, la ville entière,
D'hyacinthe et d'or ;
Le monde s'endort
Dans une chaude lumière.

Là, tout n'est qu'ordre et beauté,
Luxe, calme et volupté.

Une autre image du paradis imaginé par Baudelaire se trouve dans son *Voyage à Cythère,* cette « île des doux secrets et des fêtes du cœur! », mais aussi « île triste et noire » d'un gibet. Si *l'Invitation* est un recours à la lumière, le *Voyage,* à partir d'images heureuses :

> Belle île aux myrtes verts, pleine de fleurs écloses,
> Vénérée à jamais par toute nation,
> Où les soupirs des cœurs en adoration
> Roulent comme l'encens sur un jardin de roses...

débouche bientôt sur une vision villonesque :

> De féroces oiseaux perchés sur leur pâture
> Détruisaient avec rage un pendu déjà mûr,
> Chacun plantant, comme un outil, son bec impur
> Dans tous les coins saignants de cette pourriture;
>
> Les yeux étaient deux trous, et du ventre effondré
> Les intestins pesants lui coulaient sur les cuisses,
> Et ses bourreaux, gorgés de hideuses délices,
> L'avaient à coups de bec absolument châtré.

Né d'une prose de Gérard de Nerval, ce poème devait dicter à Victor Hugo le *Cérigo* des *Contemplations,* réponse par la sublimation de l'amour à l'exécration de la chair qui clôt le poème de Baudelaire.

La mer, le voyage fournissent au poète les images les plus diverses, les effets les plus contrastés, on le voit encore dans l'idée des *Épaves* comme dans les vers qui terminent le cycle de la mort dont nous allons parler :

> Ô Mort, vieux capitaine, il est temps! levons l'ancre!
> Ce pays nous ennuie, ô Mort! Appareillons!
> Si le ciel et la mer sont noirs comme de l'encre,
> Nos cœurs que tu connais sont remplis de rayons!
>
> Verse-nous ton poison pour qu'il nous réconforte!
> Nous voulons, tant ce feu nous brûle le cerveau,
> Plonger au fond du gouffre, Enfer ou Ciel, qu'importe?
> Au fond de l'Inconnu pour trouver du *nouveau!*

Souvent, auprès du voyage maritime, on trouve le voyage terrestre sans fin, celui des *Bohémiens en voyage* desquels le poète se sent proche comme de tous les êtres en marge parce qu'il s'assimile à eux :

> La tribu prophétique aux prunelles ardentes
> Hier s'est mise en route, emportant ses petits
> Sur son dos, ou livrant à leurs fiers appétits
> Le trésor toujours prêt des mamelles pendantes.

La Mort Baudelaire.

Tout au long de l'histoire de la poésie, la mort propose ses thèmes, et cela depuis le temps lointain du moine Helinand, des *Danses macabres,* de Villon, jusqu'au Romantisme, jusqu'à nos

jours. Les mêmes images, parfois à peine modifiées, se sont succédé, — réalistes, moralistes, abstraites ou concrètes, stoïques,
révoltées, religieuses, empreintes de paganisme. Aussi grave que
ses prédécesseurs, Charles Baudelaire est si plein de ce thème que
tout son œuvre en est imprégné, et qu'il en est inséparable.
Son originalité est d'en assurer par de nouvelles images et de nouvelles pensées le renouvellement. N'oublions pas ce premier titre
du recueil, *les Limbes,* maints poèmes en prose, ce goût du néant qui
s'exprime déjà dans de nombreux titres faciles à glaner : *Une
Charogne, le Vampire, Remords posthume, le Poison, le Revenant, Sépulture, le Squelette laboureur, le Mort joyeux, Danse macabre, l'Amour et le
crâne,* etc., titres parlants avant même d'en arriver au cycle qui
porte ce titre, *la Mort,* avec son frisson nouveau.

Il y a non seulement la mort physique, hideuse, celle des char-
niers, avec ses puanteurs, mais aussi la mort-gouffre, la mort-
évasion, promesse d'inconnu, la mort-couronnement, ouverte sur
l'imaginaire, la mort parachèvement de l'œuvre d'art, la mort
confrontée aux thèmes et aux objets, aux sentiments et aux terreurs, la mort-idée, la mort-sommeil promis et qui n'est pas sûr,
la mort-nuit ou la mort-soleil... Les explorations de Baudelaire
s'expriment dans la diversité des interrogations. Par la mort, il
trouve l'identification de son drame personnel à la condition
humaine dans son ensemble. Il se sépare des expressions usuelles
de la mort pour trouver des chants nouveaux, plus suaves, plus
douloureux, plus intérieurs. Il fait goûter une sorte de sensualité
effrayante et belle.

Le lecteur qui lira *les Fleurs du Mal* avec attention glanera sans fin
cette imagerie dont voici quelques exemples pris dans diverses
pièces :

> La Maladie et la Mort font des cendres
> De tout le feu qui pour nous flamboya.

> Tout cela ne vaut pas le terrible prodige
> De ta salive qui mord,
> Qui plonge dans l'oubli mon âme sans remords,
> Et, charriant le vertige,
> La roule défaillante aux rives de la mort!

> Dites, quelle moisson étrange,
> Forçats arrachés au charnier,
> Tirez-vous, et de quel fermier
> Avez-vous à remplir la grange?

Sa *Danse macabre* nous fait penser à ces processions du moyen
âge montrant tour à tour les grands et les petits soumis à la même
loi. Ici, le peuple de la mort est renouvelé :

Bayadère sans nez, irrésistible gouge,
Dis donc à ces danseurs qui font les offusqués :
« Fiers mignons, malgré l'art des poudres et du rouge,
Vous sentez tous la mort ! Ô squelettes musqués,

Antinoüs flétris, dandys à face glabre,
Cadavres vernissés, lovelaces chenus,
Le branle universel de la danse macabre
Vous entraîne en des lieux qui ne sont pas connus!

Des quais froids de la Seine aux bords brûlants du Gange,
Le troupeau mortel saute et se pâme, sans voir
Dans un trou du plafond la trompette de l'Ange
Sinistrement béante ainsi qu'un tromblon noir.

En tout climat, sous tout soleil, la Mort t'admire
En tes contorsions, risible Humanité,
Et souvent, comme toi, se parfumant de myrrhe,
Mêle son ironie à ton insanité! »

Le goût sensuel, païen, hédoniste de la mort apparaît dans *le Mort joyeux* où perce l'influence de certains poèmes de Gautier :

Dans une terre grasse et pleine d'escargots
Je veux creuser moi-même une fosse profonde,
Où je puisse à loisir étaler mes vieux os
Et dormir dans l'oubli comme un requin dans l'onde.

Je hais les testaments et je hais les tombeaux;
Plutôt que d'implorer une larme du monde,
Vivant, j'aimerais mieux inviter les corbeaux
A saigner tous les bouts de ma carcasse immonde.

Ô vers! noirs compagnons sans oreille et sans yeux,
Voyez venir à vous un mort libre et joyeux;
Philosophes viveurs, fils de la pourriture,

A travers ma ruine allez donc sans remords
Et dites-moi s'il est encor quelque torture
Pour ce vieux corps sans âme et mort parmi les morts!

Sépulture, comme chez certains anciens poètes, Voltaire notamment, s'adresse, avec des images contrastées, au « corps vanté » d'une comédienne :

Si par une nuit lourde et sombre
Un bon chrétien, par charité,
Derrière quelque vieux décombre
Enterre votre corps vanté,

A l'heure où les chastes étoiles
Ferment leurs yeux appesantis,
L'araignée y fera ses toiles,
Et la vipère ses petits;

> Vous entendrez toute l'année
> Sur votre tête condamnée
> Les cris lamentables des loups
>
> Et des sorcières faméliques,
> Les ébats des vieillards lubriques
> Et les complots des noirs filous.

Dans *les Deux bonnes sœurs,* il unit la bière et l'alcôve, le tombeau et le lupanar, car « la débauche et la mort sont deux aimables filles ». *Le Guignon* l'emmène « vers un cimetière isolé » et *le Mauvais moine* glorifie « la Mort avec simplicité ». Partout Baudelaire côtoie la mort sans en reprendre les vieux clichés.

Le cycle de la Mort proprement dit se compose de : *la Mort des amants, la Mort des pauvres, la Mort des artistes, la Fin de la journée, le Voyage* déjà cité. Le premier, *la Mort des amants,* rappelle l'intimisme, l'exotisme, la subtile musicalité de *l'Invitation au voyage,* avec, en plus, une curieuse morbidité vaporeuse, aérienne, une fluidité sensuelle incomparable, et cela par l'emploi du décasyllabe avec césure au cinquième pied qui paraissait peu s'y prêter :

> Nous aurons des lits pleins d'odeurs légères,
> Des divans profonds comme des tombeaux,
> Et d'étranges fleurs sur des étagères,
> Écloses pour nous sous des cieux plus beaux.
>
> Usant à l'envoi leurs chaleurs dernières,
> Nos deux cœurs seront deux vastes flambeaux,
> Qui réfléchiront leurs doubles lumières
> Dans nos deux esprits, ces miroirs jumeaux.
>
> Un soir fait de rose et de bleu mystique,
> Nous échangerons un éclair unique,
> Comme un long sanglot, tout chargé d'adieux;
>
> Et plus tard un Ange, entr'ouvrant les portes,
> Viendra ranimer, fidèle et joyeux,
> Les miroirs ternis et les flammes mortes.

Sait-on que Villiers de l'Isle-Adam, éperdu d'admiration, mit ce poème en musique? Maurice Rollinat fit de même pour *la Mort des pauvres,* poème qui s'apparente aux poètes renaissants comme, une fois de plus, à Théophile Gautier qui a bien mérité la fameuse dédicace. De cette œuvre, Léon Daudet écrit justement : « Jamais Hugo, ni Lamartine, ni Musset, n'ont écrit une pièce qui, pour la compréhension, l'émotion, l'odeur de misère et de désespérance, ait atteint au centième de celle-ci. » Voici ce sonnet :

> C'est la Mort qui console, hélas! et qui fait vivre;
> C'est le but de la vie, et c'est le seul espoir

> Qui, comme un élixir, nous monte et nous enivre,
> Et nous donne le cœur de marcher jusqu'au soir;
>
> A travers la tempête, et la neige, et le givre,
> C'est la clarté vibrante à notre horizon noir;
> C'est l'auberge fameuse inscrite sur le livre,
> Où l'on pourra manger, et dormir, et s'asseoir;
>
> C'est un Ange qui tient dans ses doigts magnétiques
> Le sommeil et le don des rêves extatiques,
> Et qui refait le lit des gens pauvres et nus;
>
> C'est la gloire des Dieux, c'est le grenier mystique,
> C'est la bourse du pauvre et sa patrie antique,
> C'est le portique ouvert sur les Cieux inconnus!

On s'arrête volontiers au *Voyage* dédié à Maxime Du Camp, et dont nous avons cité les derniers vers. Ce poème de la mer et de la mort vaut aussi par son départ magnifique :

> Pour l'enfant, amoureux de cartes et d'estampes,
> L'univers est égal à son vaste appétit.

De même dans les trois poèmes du cycle *Révolte,* un au-delà de la mort apparaît dans *le Reniement de saint Pierre :*

> — Certes, je sortirai, quant à moi, satisfait
> D'un monde où l'action n'est pas la sœur du rêve;
> Puissé-je user du glaive et périr par le glaive!
> Saint Pierre a renié Jésus... il a bien fait!

Dans *Abel et Caïn,* dans *les Litanies de Satan,* on trouve un écho de l'attirance des francs-maçons du xviiie siècle, puis des romantiques, vers Caïn, comme vers Satan et Prométhée. Chez des poètes comme Byron, Vigny, Hugo, aux prosateurs comme Michelet et Balzac, on peut trouver une révision du procès Caïn qui représente tantôt l'insurrection humaine contre l'injustice divine, tantôt le sacrifice refusé, tantôt le travailleur, l'actif, opposé à l'oisif Abel. C'est surtout un texte de Balzac dans *Splendeurs et misères des courtisanes :* « Il y a la postérité de Caïn et celle d'Abel... » qui a inspiré ces distiques antithétiques entre les deux races :

> Ah! race d'Abel, ta charogne
> Engraissera le sol fumant!
>
> Race de Caïn, ta besogne
> N'est pas faite suffisamment;
>
> Race d'Abel, voici ta honte :
> Le fer est vaincu par l'épieu!
>
> Race de Caïn, au ciel monte,
> Et sur la terre jette Dieu!

La séduction de Satan présente chez Goethe et Byron, Vigny et Lamartine, chez Proudhon aussi, est constante chez Baudelaire qui tente lui aussi la réhabilitation de celui qu'il appelle « le plus savant et le plus beau des Anges ». Après chaque distique de ses *Litanies de Satan* apparaît l'imploration « Ô Satan, prends pitié de ma longue misère! », le poème se terminant sur cette prière :

> Gloire et louange à toi, Satan, dans les hauteurs
> Du Ciel, où tu régnas, et dans les profondeurs
> De l'Enfer, où, vaincu, tu rêves en silence!
> Fais que mon âme un jour, sous l'Arbre de Science,
> Près de toi se repose, à l'heure où sur ton front
> Comme un Temple nouveau ses rameaux s'épandront!

Mais ne peut-on parler du Satan des poètes comme on parle du Dieu des poètes? Ailleurs, Baudelaire loue le Créateur, notamment lorsqu'il traduit *le Calumet de paix* de Longfellow, donnant avec « Gitche Manito, le Maître de la Vie » un poème parnassien à la manière de Leconte de Lisle, dont voici la fin :

> Chacun s'en retourna, l'âme calme et ravie,
> Et Gitche Manito, le Maître de la Vie,
> Remonta par la porte entr'ouverte des cieux.
> — A travers la vapeur splendide du nuage
> Le Tout-Puissant montait, content de son ouvrage,
> Immense, parfumé, sublime, radieux!

Du Vin à la Muse.

Le vin, inspirateur habituel des chansons de table, est envisagé par Baudelaire noblement, comme un haschisch, comme un des *Paradis artificiels* populaires. Il examine les effets de l'ivresse selon qui la reçoit tout en ayant la sagesse de ne pas aller jusqu'au bout de son propos par une recension qui serait fastidieuse. Gautier nous dit : « Ce sont des peintures hideuses et terribles de l'ivrognerie, mais sans moralité à la Hogarth. Le tableau n'a pas besoin de légende, et le *Vin de l'ouvrier* fait frémir. » Mais l'auteur d'*Émaux et Camées* limite Baudelaire et confond sans doute *le Vin de l'ouvrier* et *le Vin de l'assassin*. Amateur de vin d'ailleurs, Baudelaire se rapproche plus de Byron ou d'Hoffmann, de Borel ou de Rabbe, que des poètes bachiques, de la Pléiade au *Caveau*, en passant par Racan et Saint-Amant, Panard et Piron. Dès *l'Ame du vin*, il donne un éloge :

> J'allumerai les yeux de ta femme ravie;
> A ton fils je rendrai sa force et ses couleurs
> Et serai pour ce frêle athlète de la vie
> L'huile qui raffermit les muscles des lutteurs.

En toi je tomberai, végétale ambroisie,
Grain précieux jeté sur l'éternel Semeur,
Pour que de notre amour naisse la poésie
Qui jaillira vers Dieu comme une rare fleur.

Le Vin des chiffonniers « dicte des lois sublimes » et il « roule de l'or, éblouissant Pactole ». Là encore le vin apporte le rêve, l'évasion, la consolation, au cours d'un poème qui s'apparente aux tableaux parisiens, avec une fin un peu pompeuse :

C'est ainsi qu'à travers l'Humanité frivole
Le vin roule de l'or, éblouissant Pactole;
Par le gosier de l'homme il chante ses exploits
Et règne par ses dons ainsi que les vrais rois.

Pour noyer la rancœur et bercer l'indolence
De tous ces vieux maudits qui meurent en silence,
Dieu, touché de remords, avait fait le sommeil;
L'Homme ajouta le Vin, fils sacré du Soleil!

On comprend que Villiers de l'Isle-Adam ait chanté dans les banquets littéraires un poème mis en musique par lui-même, *le Vin de l'assassin*. Cynique et populaire, lugubre et terrible, il a des allures de chanson. D'ailleurs, une chanson s'en rapproche : « Elle est morte... » par un même réalisme. Le début le montre :

Ma femme est morte, je suis libre!
Je puis donc boire tout mon soûl.
Lorsque je rentrai sans un sou,
Ses cris me déchiraient la fibre.

L'ivrogne narre les débuts de ses amours, puis son crime que nul, hormis lui, ne peut comprendre, s'appliquant « à faire du vin un linceul » avant l'éclat final :

— Me voilà libre et solitaire!
Je serai ce soir ivre mort;
Alors, sans peur et sans remords,
Je me coucherai sur la terre,

Et je dormirai comme un chien!
Le chariot aux lourdes roues
Chargé de pierres et de boues,
Le wagon enragé peut bien

Écraser ma tête coupable
Ou me couper par le milieu,
Je m'en moque comme de Dieu,
Du Diable ou de la Sainte Table!

Le Vin du solitaire est d'une inspiration symboliste :

Le regard singulier d'une femme galante
Qui glisse vers nous comme le rayon blanc
Que la lune onduleuse envoie au lac tremblant,
Quand elle y veut baigner sa beauté nonchalante ;

Le dernier sac d'écus dans les doigts d'un joueur ;
Un baiser libertin de la maigre Adeline ;
Les sons d'une musique énervante et câline,
Semblable au cri lointain de l'humaine douleur,

Tout cela ne vaut pas, ô bouteille profonde,
Les baumes pénétrants que ta panse féconde,
Garde au cœur altéré du poète pieux ;

Tu lui verses l'espoir, la jeunesse et la vie,
— Et l'orgueil, ce trésor de toute gueuserie,
Qui nous rend triomphants et semblables aux Dieux !

C'est une autre « invitation au voyage » qui est contenue dans
le Vin des amánts :

Aujourd'hui l'espace est splendide !
Sans mors, sans éperons, sans bride,
Partons à cheval sur le vin
Pour un ciel féerique et divin !

Comme deux anges que torture
Une implacable calenture,
Dans le bleu cristal du matin
Suivons le mirage lointain !

Mollement balancés sur l'aile
Du tourbillon intelligent,
Dans un délire parallèle,

Ma sœur, côte à côte nageant,
Nous fuirons sans repos ni trêves
Vers le paradis de mes rêves !

Élixir, drogue, le vin apparaît dans de nombreuses pièces.
Ainsi, dans *la Fontaine de sang :*

J'ai demandé souvent à des vins captieux
D'endormir pour un jour la terreur qui me mine ;
Le vin rend l'œil plus clair et l'oreille plus fine !

Il accompagne la volupté dans *la Prière d'un Païen :*

Volupté, sois toujours ma reine !
Prends le masque d'une sirène
Faite de chair et de velours,

Ou verse-moi tes sommeils lourds
Dans le vin informe et mystique,
Volupté, fantôme élastique !

Une ivresse proche de celle que dispense le vin pourrait être celle de *la Pipe,* avec sa mine « d'Abyssinienne ou de Cafrine », mais Baudelaire y trouve non pas une exaltation, mais un baume, une vapeur qui guérit « De ses fatigues mon esprit ». C'est avant tout *le Calumet de paix* déjà cité :

> — A travers la vapeur splendide du nuage
> Le Tout-Puissant montait, content de son ouvrage,
> Immense, parfumé, sublime, radieux !

Si elle n'est pas marquée par un titre général, on sait qu'au début du recueil existe une série de deux « Muses ». L'influence de la Pléiade se manifeste dans ces doléances et dans son recours à la couleur antique lorsqu'il s'adresse à *la Muse malade* comme l'ont fait Mathurin Régnier dans sa *Satyre IX* et Sainte-Beuve dans *Ma Muse,* cette dernière étant atteinte de phtisie bien romantique. Ce poème est curieux par ses rencontres : le succube, le lutin, Minturnes, l'inattendu « sang chrétien », l'antiquité :

> Ma pauvre muse, hélas ! qu'as-tu donc ce matin ?
> Tes yeux creux sont peuplés de visions nocturnes,
> Et je vois tour à tour réfléchis sur ton teint
> La folie et l'horreur, froides et taciturnes.
>
> Le succube verdâtre et le rose lutin
> T'ont-ils versé la peur et l'amour de leurs urnes ?
> Le cauchemar, d'un poing despotique et mutin,
> T'a-t-il noyée au fond d'un fabuleux Minturnes ?
>
> Je voudrais qu'exhalant l'odeur de la santé
> Ton sein de pensers forts fût toujours fréquenté,
> Et que ton sang chrétien coulât à flots rythmiques,
>
> Comme les sons nombreux des syllabes antiques,
> Où règnent tour à tour le père des chansons,
> Phoebus, et le grand Pan, le seigneur des moissons.

La pauvreté des Muses est un argument constant des poètes de la Pléiade, sans cesse obligés de « jouer de l'encensoir » pour vivre. Au xviie siècle, Maynard se plaint que sa muse si misérable n'ait pas « une robe à mettre sur elle ». Aujourd'hui, la situation n'a guère changé, sinon que le poète ne loue plus les princes. Quand on lit, dans la Bibliothèque de la Pléiade, les deux volumes de la *Correspondance* de Baudelaire, on est sans cesse ému par les appels de fonds du poète, prince du luxe devenu prince du dénuement. Les échos de ses difficultés sont partout dans son œuvre : qu'on lise *A une mendiante rousse* ou, dans les *Petits poèmes en prose,* celui intitulé *la Chambre double.* Dans le sonnet *la Muse vénale,* avant le sarcasme du dernier vers, sont déplorés ce froid dont Baudelaire se plaint souvent, la bourse vide, le manque de pain, cette condition sociale qui oblige encore le poète soit à louer, soit à jouer les histrions. Ce poème, toujours d'actualité, est remarquable :

> Ô muse de mon cœur, amante des palais,
> Auras-tu, quand Janvier lâchera ses Borées,
> Durant les noirs ennuis des neigeuses soirées,
> Un tison pour chauffer tes deux pieds violets?
>
> Ranimeras-tu donc tes épaules marbrées
> Aux nocturnes rayons qui percent les volets?
> Sentant ta bourse à sec autant que ton palais,
> Récolteras-tu l'or des voûtes azurées?
>
> Il te faut, pour gagner ton pain de chaque soir,
> Comme un enfant de chœur, jouer de l'encensoir,
> Chanter des *Te Deum* auxquels tu ne crois guère,
>
> Ou, saltimbanque à jeun, étaler tes appas
> Et ton rire trempé de pleurs qu'on ne voit pas,
> Pour faire épanouir la rate du vulgaire.

Les Vieilles capitales.

Comme François Coppée, mais d'une manière plus intériorisée, Baudelaire se laisse toucher par les *Tableaux parisiens,* selon le titre d'une de ses séries où sont montrées les images diurnes et nocturnes de la cité, « le paysage des grandes villes », expression qu'il emploie pour déplorer que ce genre soit dédaigné par les peintres (cf. *Salon de 1859*). Ses *Tableaux parisiens* en vers correspondent au *Spleen de Paris* en prose, et c'est bien le spleen du poète qui s'y reflète avec le symbole de l'humanité quotidienne. Comme l'expriment Crépet et Blin, « l'amour qu'il a toujours voué à la ville s'explique non seulement par les exigences du dandysme (il n'est de dandy que des capitales) ou par une haine théorique pour toute nature végétale (la Ville de pierre offre des structures typiquement artificielles), mais aussi par le goût des plaisirs secrets qu'abritait le Paris du Second Empire et par une curiosité enflammée de moraliste ».

Il ne s'agit pas, même s'il y a imagerie et description, d'une poésie descriptive, mais de la représentation d'un état intérieur en rapport avec ce lieu « où toute énormité fleurit comme une fleur ». N'oublions pas l'aspect « reportage poétique » de ces poèmes nés de flâneries et de vagabondages dans Paris en compagnie d'un Gérard de Nerval ou d'un Privat d'Anglemont. Dès le premier poème, *Paysage,* le regard est actif comme il le sera chez les poètes urbains, ceux des villes tentaculaires :

Les deux mains au menton, du haut de ma mansarde,
Je verrai l'atelier qui chante et qui bavarde;
Les tuyaux, les clochers, ces mâts de la cité,
Et les grands ciels qui font rêver d'éternité.

Il est aux aguets « le long du vieux faubourg » pour surprendre tout événement, comme *le Soleil,* « ce père nourricier, ennemi des chloroses » :

Quand, ainsi qu'un poète, il descend dans les villes,
Il ennoblit le sort des choses les plus viles,
Et s'introduit en roi, sans bruit et sans valets,
Dans tous les hôpitaux et dans tous les palais.

Sur un rythme de Ronsard, en utilisant uniquement des rimes masculines, il trace un de ces portraits comme les aime Gautier et le dédie *A une mendiante rousse :*

Blanche fille aux cheveux roux,
Dont la robe par ses trous
Laisse voir la pauvreté
Et la beauté,

Pour moi, poète chétif,
Ton jeune corps maladif,
Plein de tâches de rousseur,
A sa douceur.

Les noms de Ronsard, de Belleau, des Valois apparaissent dans ce tableau renaissant en plein xixᵉ siècle avant qu'on en arrive à cette fin familière :

Tu vas lorgnant en dessous
Des bijoux de vingt-neuf sous
Dont je ne puis, oh! pardon!
Te faire don.

Va donc, sans autre ornement,
Parfum, perles, diamant,
Que ta maigre nudité,
Ô ma beauté!

Le Cygne, poème des exilés, puisé chez Virgile, a des vers raciniens tout en étant moderne. Il est symbolique comme *l'Albatros* et joue comme maints poèmes sur l'exotisme. Mallarmé ou Moréas se souviendront sans doute de ce poème :

Andromaque, je pense à vous! Ce petit fleuve,
Pauvre et triste miroir où jadis resplendit
L'immense majesté de vos douleurs de veuve,
Ce Simoïs menteur qui par vos pleurs grandit...

Paris, l'Antiquité, le cygne sont curieusement unis aux « matelots oubliés dans une île » ou aux « cocotiers absents de la superbe Afrique », aux reproches à Dieu de l'exilé ou à « l'homme d'Ovide ». Comme ce poème, *les Sept vieillards* se terminera sur une image maritime très hugolienne :

> Et mon âme dansait, dansait, vieille gabarre
> Sans mâts, sur une mer monstrueuse et sans bords.

mais auparavant, nous aurons rencontré le fantastique quotidien avec « ces sept monstres hideux » décrits avec réalisme inspirant l'effroi par leur « cortège infernal » au cœur de la ville :

> Son pareil le suivait : barbe, œil, dos, bâton, loques,
> Nul trait ne distinguait, du même enfer venu,
> Ce jumeau centenaire, et ces spectres baroques,
> Marchaient du même pas vers un but inconnu.
>
> A quel complot infâme étais-je donc en butte,
> Ou quel méchant hasard ainsi m'humiliait?
> Car je comptai sept fois, de minute en minute,
> Ce sinistre vieillard qui se multipliait!
>
> Que celui-là qui rit de mon inquiétude,
> Et qui n'est pas saisi d'un frisson fraternel,
> Songe bien que malgré tant de décrépitude
> Ces sept monstres hideux avaient l'air éternel!

Avec de tels portraits, comment ne pas penser à ceux que traçaient les burlesques et baroques du xviie siècle, Théophile, Saint-Amant, Scarron, Régnier et les satiriques? Voilà donc ce que recèle cette

> Fourmillante cité, cité pleine de rêves,
> Où le spectre en plein jour raccroche le passant!

Le pendant féminin, *les Petites vieilles,* commence de même manière :

> Dans les plis sinueux des vieilles capitales,
> Où tout, même l'horreur, tourne aux enchantements,
> Je guette, obéissant à mes humeurs fatales,
> Des êtres singuliers, décrépits et charmants.
>
> Ces monstres disloqués furent jadis des femmes,
> Éponine ou Laïs! Monstres brisés, bossus
> Ou tordus, aimons les!...

La misogynie de Baudelaire s'efface devant les « mères au cœur saignant, courtisanes ou saintes » devenues « débris d'humanité ». C'est l'ouverture à la pitié, à la fraternité :

Ruines! ma famille! ô cerveaux congénères!
Je vous fais chaque soir un solennel adieu!
Où serez-vous demain, Èves octogénaires,
Sur qui pèse la griffe effroyable de Dieu?

Le poète est saisi par ces thèmes qu'on retrouve dans les *Petits poèmes en prose*. Goya, Brueghel sont encore présents lorsqu'il peint *les Aveugles* :

Contemple-les, mon âme; ils sont vraiment affreux!
Pareils aux mannequins; vaguement ridicules;
Terribles, singuliers comme les somnambules;
Dardant on ne sait où leurs globes ténébreux.

avant de s'écrier : « Que cherchent-ils au ciel tous ces aveugles? » Spectateur, il arrête ses regards sur *une Passante* et rêve : « Ô toi que j'eusse aimée, ô toi qui le savais! » Parmi ces *Tableaux parisiens* suivent *le Squelette laboureur, le Crépuscule du soir* :

Voici le soir charmant, ami du criminel;
Il vient comme un complice, à pas de loup; le ciel
Se ferme lentement comme une grande alcôve,
Et l'homme impatient se change en bête fauve.

Quelle différence avec les gentils tableaux de François Coppée! On le voit encore dans *le Jeu,* thème cher à Baudelaire, *Danse macabre* ou *l'Amour du mensonge* aux inflexions musicales :

Quand je te vois passer, ô ma chère indolente,
Au chant des instruments qui se brise au plafond
Dispensant ton allure harmonieuse et lente,
Et promenant l'ennui de ton regard profond;

Quand je contemple, aux feux du gaz qui le colore,
Ton front pâle, embelli par un morbide attrait,
Où les torches du soir allument une aurore,
Et tes yeux attirants comme ceux d'un portrait,

Je me dis : Qu'elle est belle! et bizarrement fraîche!
Le souvenir massif, royale et lourde tour,
La couronne, et son cœur, meurtri comme une pêche,
Est mûr, comme son corps, pour le savant amour.

Qu'il nous dise : « Je n'ai pas oublié, voisine de la ville » et nous sommes pris par une harmonie qui donne l'essor du poème. Et puis, il y a là ce poème familier, ému et tendre, dont le premier vers est si souvent cité :

La servante au grand cœur dont vous étiez jalouse,
Et qui dort son sommeil sous une humble pelouse,
Nous devrions pourtant lui porter quelques fleurs.
Les morts, les pauvres morts ont de grandes douleurs...

Il nous dit au hasard de sa promenade *Brumes et pluies, Rêve parisien, le Crépuscule du matin* qui s'ouvre sur un distique éclatant que n'oublieront pas Apollinaire ou Aragon :

> La diane chantait dans les cours des casernes,
> Et le vent du matin soufflait sur les lanternes.

Baudelaire, poète de la ville et surtout de ses hôtes les plus ténébreux...

Les Bêtes d'Orphée.

Voudrait-on constituer un bestiaire poétique chez Baudelaire que le choix serait vaste, comme chez ses amis parnassiens, mais avec quelle profondeur, quels symboles! Auprès de *l'Albatros* qui est le poète ou *le Serpent qui danse* la femme, trouvons la félinité baudelairienne avec *le Chat* :

> Viens, mon beau chat, sur mon cœur amoureux;
> Retiens les griffes de ta patte,
> Et laisse-moi plonger dans tes beaux yeux,
> Mêlés de métal et d'agate.

ou avec cet autre poème portant le même titre :

> Dans ma cervelle se promène,
> Ainsi qu'en son appartement,
> Un beau chat, fort, doux et charmant.
> Quand il miaule, on l'entend à peine,
>
> Tant son timbre est tendre et discret;
> Mais que sa voix s'apaise ou gronde,
> Elle est toujours riche et profonde.
> C'est là son charme et son secret.

La voix du « chat mystérieux, chat séraphique », mais aussi la fourrure et le parfum, et toujours la fascination du regard :

> Je vois avec étonnement
> Le feu de ses prunelles pâles,
> Clairs fanaux, vivantes opales,
> Qui me contemplent fixement.

Encore ce thème dans *les Chats,* ces « amis de la science et de la volupté », ces « grands sphinx » aux « prunelles mystiques », car

> Les amoureux fervents et les savants austères
> Aiment également dans leur mûre saison,
> Les chats puissants et doux, orgueil de la maison,
> Qui comme eux sont frileux et comme eux sédentaires.

Même mystère de l'œil dans *les Hiboux* immobiles :

> Sous les ifs noirs qui les abritent,
> Les hiboux se tiennent rangés,
> Ainsi que des dieux étrangers,
> Dardant leur œil rouge. Ils méditent.

L'œil animal est aussi celui de la femme comme dans bien des poèmes, par exemple *Ciel brouillé* :

> On dirait ton regard d'une vapeur couvert;
> Ton œil mystérieux (est-il bleu, gris ou vert?)
> Alternativement tendre, rêveur, cruel,
> Réfléchit l'indolence et la pâleur du ciel.

Dans le poème qui commence par « Tu mettrais l'univers entier dans ta ruelle », c'est l'œil féminin lumineux :

> Tes yeux, illuminés ainsi que des boutiques
> Et des ifs flamboyants dans les fêtes publiques,
> Usent insolemment d'un pouvoir emprunté,
> Sans connaître jamais la loi de leur beauté.

Et l'on s'arrête aux yeux mystiques du poème *le Flambeau vivant* :

> Ils marchent devant moi, ces Yeux pleins de lumières,
> Qu'un Ange très savant a sans doute aimantés;
> Ils marchent, ces divins frères qui sont mes frères,
> Secouant dans mes yeux leurs feux diamantés.

Chats, hiboux, eux, disent l'immobilité sage. D'autres animaux exprimeront de nombreuses comparaisons, soit qu'un poème leur fût consacré, soit qu'ils habitent un poème. La sensualité, le mystère, la tragédie, la beauté s'aident d'images où apparaissent encore le loup, le requin, les araignées, le ver, de « féroces oiseaux » ou *le Cygne,* ou le cheval d'*une Gravure fantastique*. Ils sont souvent proches des monstres, des démons, des satyres, des harpies, des succubes, à moins que l'Ange ne rejoigne la Sirène ou le Cygne la Beauté dans une multiplication de correspondances, de thématiques mêlées, d'antithèses fortes. Mais l'on pourrait continuer ce voyage animal. Avec *Duellum,* on pénètre « Dans le ravin hanté des chats-pards et des onces ». Dans *la Voix,* il dit : « Je traîne des serpents qui mordent mes souliers. » Et encore dans un sonnet le reptile :

> Avec ses vêtements ondoyants et nacrés,
> Même quand elle marche on croirait qu'elle danse,
> Comme ces longs serpents que les jongleurs sacrés
> Au bout de leurs bâtons agitent en cadence.

La femme et le chat, la femme et le serpent. Au temps du Parnasse amoureux des animaux, ces comparaisons typiquement baudelairiennes s'imposaient.

L'Élixir amoureux.

Expériences de la vie, apparences du monde sont transposées par la rêverie, par des unions de mots choisis qui dépassent les simples données du réalisme pour atteindre des régions symboliques, voire surnaturelles. Si le poète chante le désir, la passion, l'amour, c'est en rejoignant les secrets les plus intimes du corps et du cœur. Il ne recule devant aucune sensation et sait par quelque magie devenir l'autre tout en restant lui-même. Fasciné fascinant, il est l'analyste sans froideur de ce qu'on appelle vice ou perversion, avec des regards nostalgiques vers la beauté qui se refuse, vers « le vert paradis » ou « l'innocent paradis » que tentent peut-être de rejoindre des « paradis artificiels ». Sa quête le conduit vers la Femme, esclave ou bourreau, étrange comme le chat est étrange, idole et amante, mère ou fille, sans renier les antagonismes des sexes, mais la Rose qu'il tente d'atteindre ne peut se donner que dans la mort. Haine amoureuse, amour haineux, érotisme du mal, sensations sexuelles, animalité et, aussi bien, accents mystiques sont présents dans des poèmes inspirés par des muses si diverses que Jeanne Duval, Apollonie Sabatier ou Marie Daubrun. Il dit quelque part : « La femme est naturelle, c'est-à-dire abominable », ce qui ne l'empêche pas d'affirmer aussi que « le goût du monde féminin fait les génies supérieurs ». Retenons encore quelques phrases : « Sois charmante et tais-toi! » *(Sonnet d'automne)*, « Aimer les femmes intelligentes est un plaisir de pédéraste. » *(Fusées)* et encore dans ce dernier livre : « Il y a dans l'acte de l'amour une grande ressemblance avec la torture ou avec une opération chirurgicale. » Pour lui, « la femme ne sait pas séparer l'âme du corps » *(Mon cœur mis à nu)*.

Il chante le corps féminin mieux qu'on ne l'a fait avant lui. Olfactif, tactile, sensuel, aux fourrures électriques des chats répond cet attribut, *la Chevelure* :

> Ô toison, moutonnant jusque sur l'encolure!
> Ô boucles! Ô parfum chargé de nonchaloir!
> Extase! Pour peupler ce soir l'alcôve obscure
> Des souvenirs dormant dans cette chevelure,
> Je la veux agiter dans l'air comme un mouchoir!
>
> La langoureuse Asie et la brûlante Afrique,
> Tout un monde lointain, absent, presque défunt,
> Vit dans les profondeurs, forêt aromatique!
> Comme d'autres esprits voguent sur la musique,
> Le mien, ô mon amour! nage sur ton parfum.

« La musique creuse le ciel » a écrit magnifiquement Baudelaire, rappelons-le. Retenons le premier vers de l'avant-dernière
strophe « Cheveux bleus, pavillon de ténèbres tendues » pour ses
correspondances qu'on dirait aujourd'hui mallarméennes :

> Cheveux bleus, pavillon de ténèbres tendues,
> Vous me rendez l'azur du ciel immense et rond ;
> Sur les bords duvetés de vos mèches tordues
> Je m'enivre ardemment des senteurs confondues
> De l'huile de coco, du musc et du goudron.
>
> Longtemps ! toujours ! ma main dans ta crinière lourde
> Sèmera le rubis, la perle et le saphir,
> Afin qu'à mon désir tu ne sois jamais sourde !
> N'es-tu pas l'oasis où je rêve, et la gourde
> Où je hume à longs traits le vin du souvenir ?

On lit encore dans *le Parfum* :

> De ses cheveux élastiques et lourds,
> Vivant sachet, encensoir de l'alcôve,
> Une senteur montait, sauvage et fauve,
>
> Et des habits, mousseline ou velours,
> Tout imprégnés de sa jeunesse pure,
> Se dégageait un parfum de fourrure.

Obsession ? Certes, et obsession encore dans un poème que
loua Flaubert, *la Géante*. Il procède peut-être d'un poème de
Du Bartas :

> Les espaisses forêts sont ses cheveux espais ;
> Les rochers sont ses os...

ou peut-être encore d'une nourrice rencontrée chez Jonathan
Swift, à moins que Rabelais, à moins qu'une vision de *la Chute
d'un ange* de Lamartine... Mais cette idée de géante appartient sans
doute à l'inconscient collectif : Freud pourrait répondre. Chez
Baudelaire, c'est un peu la multiplication du désir :

> Du temps que la Nature en sa verve puissante
> Concevait chaque jour des enfants monstrueux,
> J'eusse aimé vivre auprès d'une jeune géante,
> Comme aux pieds d'une reine un chat voluptueux.
>
> J'eusse aimé voir son corps fleurir avec son âme
> Et grandir librement dans ses terribles jeux ;
> Deviner si son cœur couve une sombre flamme
> Aux humides brouillards qui nagent dans ses yeux ;
>
> Parcourir à loisir ses magnifiques formes ;
> Ramper sur le versant de ses genoux énormes,
> Et parfois en été, quand les soleils malsains,

> Lasse, la font s'étendre à travers la campagne,
> Dormir nonchalamment à l'ombre de ses seins,
> Comme un hameau paisible au pied d'une montagne.

Il vogue de l'amour monstrueux à l'amour exotique, dans *Sed non satiata,* vers une « enfant de minuit » née d'un « Faust de la savane », ce qui rappelle Nerval dans sa traduction de Goethe, avec la rencontre de l'opium et du vin qui a tant d'importance dans son œuvre. Ici le vin de Constance et celui de Nuits-Saint-Georges :

> Bizarre déité, brune comme les nuits,
> Au parfum mélangé de musc et de havane,
> Œuvre de quelque obi, le Faust de la savane,
> Sorcière au flanc d'ébène, enfant des noirs minuits.
>
> Je préfère au constance, à l'opium, aux nuits,
> L'élixir de ta bouche où l'amour se pavane;
> Quand vers toi mes désirs partent en caravane,
> Tes yeux sont la citerne où boivent mes ennuis.
>
> Par ces deux grands yeux noirs, soupiraux de ton âme,
> Ô démon sans pitié! verse-moi moins de flamme;
> Je ne suis pas le Styx pour t'embrasser neuf fois,
>
> Hélas! et je ne puis, Mégère libertine,
> Pour briser ton courage et te mettre aux abois,
> Dans l'enfer de ton lit devenir Proserpine!

A une Malabraise, c'est un souvenir de l'île Maurice, c'est aussi un souvenir de *la Fille d'O-Taïti* chère à Victor Hugo, de Théophile Gautier dans deux poèmes. Baudelaire aime ces titres dédicatoires : *A une dame créole, A Celle qui était trop gaie, A la Belle aux cheveux d'or, A une Madone, A une mendiante rousse, A une passante...* Sa Malabraise, héroïne d'un de ses plus parfaits poèmes, est bien la sœur de la dame créole et de la « bizarre déité », la femme à peau couleur de nuit :

> Tes pieds sont aussi fins que tes mains, et ta hanche
> Est large à faire envie à la plus belle blanche;
> A l'artiste pensif ton corps est doux et cher;
> Tes grands yeux de velours sont plus noirs que ta chair.

« Pourquoi, l'heureuse enfant, veux-tu voir notre France? » écrit-il après un tableau très parnassien où il n'oublie pas « ananas et bananes » et « où les rêves flottants sont pleins de colibris ». Le poème se termine par une opposition entre les grands tamarins et les sales brouillards. Le dernier vers montre quel pouvoir suggestif peut avoir une simple inversion :

> Toi, vêtue à moitié de mousselines frêles,
> Frissonnante là-bas sous la neige et les grêles,
> Comme tu pleurerais tes plaisirs doux et francs,
> Si, le corset brutal emprisonnant tes flancs,
> Il te fallait glaner ton souper dans nos fanges,
> Et vendre le parfum de tes charmes étranges,
> L'œil pensif, et suivant, dans nos sales brouillards,
> Des cocotiers absents les fantômes épars!

Dans *Hymne,* certains vers font penser à ceux qu'écriront plus tard les surréalistes (comme Éluard, chantant l'aimée) :

> Elle se répand dans ma vie
> Comme un air imprégné de sel,
> Et dans mon âme inassouvie
> Verse le goût de l'éternel.

La première des *Pièces condamnées, les Bijoux,* montre encore une « peau couleur d'ambre ». C'est un des plus voluptueux poèmes :

> La très-chère était nue, et, connaissant mon cœur,
> Elle n'avait gardé que ses bijoux sonores,
> Dont le riche attirail lui donnait l'air vainqueur
> Qu'ont dans leurs jours heureux les esclaves des Mores.

A la troisième personne encore, dans *Allégorie,* il décrit « une femme belle et de riche encolure » :

> Elle marche en déesse et repose en sultane;
> Elle a dans le plaisir la foi mahométane,
> Et dans ses bras ouverts, que remplissent ses seins,
> Elle appelle des yeux la race des humains.
> Elle croit, elle sait, cette vierge inféconde
> Et pourtant nécessaire à la marche du monde,
> Que la beauté du corps est un sublime don
> Qui de toute infamie arrache le pardon.

Il idolâtre plus qu'il n'aime, il idéalise, il divine, il veut trouver la durée, qu'il s'agisse de la Beauté ou de la Femme, comme dans une *Chanson d'après-midi :*

> Je t'adore, ô ma frivole,
> Ma terrible passion!
> Avec la dévotion
> Du prêtre pour son idole.

ou bien cet « ex-voto dans le goût espagnol » *A une Madone :*

> Je veux bâtir pour toi, Madone, ma maîtresse,
> Un autel souterrain au fond de ma détresse,
> Et creuser dans le coin le plus noir de mon cœur,
> Loin du désir mondain et du regard moqueur,
> Une niche, d'azur et d'or tout émaillée,
> Où tu te dresseras, Statue émerveillée.

Le goût voluptueux, freudien, du sein domine ses descriptions du corps féminin et l'on pourrait multiplier les exemples. Choisissons *Bien loin d'ici* où la « fille très-parée » :

> D'une main éventant ses seins,
> Et son coude dans les coussins,
> Écoute pleurer les bassins...

Ou *Tristesse de la lune* :

> Ce soir, la lune rêve avec plus de paresse;
> Ainsi qu'une beauté, sur de nombreux coussins,
> Qui d'une main distraite et légère caresse
> Avant de s'endormir le contour de ses seins...

Goût aussi des pleurs dans *Madrigal triste* :

> Je t'aime quand ton grand œil verse
> Une eau chaude comme le sang;
> Quand, malgré ma main qui te berce,
> Ton angoisse, trop lourde, perce
> Comme un râle d'agonisant.

Ou dans *Sisina,* ce poème où l'on peut imaginer « Diane en galant équipage » sortir du XVIe siècle et « Théroigne, amante du carnage » deux siècles plus tard réunies avec Sisina « la douce guerrière » :

> Telle est la Sisina! Mais la douce guerrière
> A l'âme charitable autant que meurtrière;
> Son courage, affolé de poudre et de tambours,
>
> Devant les suppliants sait mettre bas les armes,
> Et son cœur, ravagé par la flamme, a toujours
> Pour qui s'en montre digne, un réservoir de larmes.

Il en est de même à la fin d'un poème exotique et nostalgique où le pleur est appelé :

> Une nuit que j'étais près d'une affreuse Juive,
> Comme au long d'un cadavre un cadavre étendu,
> Je me pris à songer près de ce corps vendu
> A la triste beauté dont mon désir se prive.
>
> Je me représentai sa majesté native,
> Son regard de vigueur et de grâces armé,
> Ses cheveux qui lui font un casque parfumé,
> Et dont le souvenir pour l'amour me ravive.
>
> Car j'eusse avec ferveur baisé ton noble corps,
> Et depuis tes pieds frais jusqu'à tes noires tresses
> Déroulé le trésor des profondes caresses,

> Si, quelque soir, d'un pleur obtenu sans effort
> Tu pouvais seulement, ô reine des cruelles!
> Obscurcir la splendeur de tes froides prunelles.

Sans cesse, il tente de faire aborder son amour « aux époques lointaines » et les rapports avec le temps implacable contre lequel il lutte par la vénération sont nombreux. Par exemple, dans *le Jet d'eau* :

> Ô toi, que la nuit rend si belle,
> Qu'il m'est doux, penché vers tes seins,
> D'écouter la plainte éternelle
> Qui sanglote dans les bassins!
> Lune, eau sonore, nuit bénie,
> Arbres qui frissonnez autour,
> Votre pure mélancolie
> Est le miroir de mon amour.

Les huitains de ce poème sont séparés par un refrain d'une grande harmonie :

> La gerbe épanouie
> En mille fleurs,
> Où Phoebé réjouie
> Met ses couleurs,
> Tombe comme une pluie
> De larges pleurs.

Mais la femme peut aussi exprimer *les Métamorphoses du vampire*. Démiurge à la bouche de fraise, elle peut consoler ou damner les anges. La vision devient épouvantable :

> Quand elle eut de mes os sucé toute la moelle,
> Et que languissamment je me tournai vers elle
> Pour lui rendre un baiser d'amour, je ne vis plus
> Qu'une outre aux flancs gluants, toute pleine de pus!

Comment ne pas distinguer le « frisson nouveau »?

Les Poèmes saphiques.

Il n'hésite pas à plonger vers ce qui lui restera inconnu, pour trouver, une fois encore, du « nouveau ». Il apparaît dans ce cortège peint des *Femmes damnées* qu'il voit « comme un bétail sur le sable couchées », avec « de douces langueurs et des frissons amers ». C'est une procession douloureuse que le poète donne à voir. Ces maudites atteintes dans leur condition de femme par la religion et la société, il se sent leur frère :

> Vous que dans votre enfer mon âme a poursuivies,
> Pauvres sœurs, je vous aime autant que je vous plains,
> Pour vos mornes douleurs, vos soifs inassouvies,
> Et les urnes d'amour dont vos grands cœurs sont pleins.

Condamnées le seront ces pièces, *Lesbos* ou les autres *Femmes damnées, Delphine et Hippolyte*. Le premier de ces poèmes est de stricte obédience parnassienne dans la tradition d'André Chénier. Baudelaire emploie la strophe de cinq vers avec reprise du premier au cinquième pour créer une litanie obsessionnelle et musicale :

> Mère des jeux latins et des voluptés grecques,
> Lesbos, où les baisers, languissants ou joyeux,
> Chauds comme les soleils, frais comme les pastèques,
> Font l'ornement des nuits et des jours glorieux;
> Mère des jeux latins et des voluptés grecques,
>
> Lesbos, où les baisers sont comme des cascades
> Qui se jettent sans peur dans les gouffres sans fonds
> Et courent, sanglotant et gloussant par saccades,
> Orageux et secrets, fourmillants et profonds;
> Lesbos où les baisers sont comme des cascades!
>
> Lesbos, où les Phrynés l'une et l'autre s'attirent,
> Où jamais un soupir ne resta sans écho,
> A l'égal de Paphos les étoiles t'admirent,
> Et Vénus à bon droit peut jalouser Sapho!
> Lesbos, où les Phrynés l'une et l'autre s'attirent.

A ce Lesbos qui est Cythère s'oppose cette vision freudienne de la femme blessée par le « brutal », comme Baudelaire a pu l'être par son entourage. Le tourment, la quête de l'absolu, l'inassouvissement, la révolte baudelairiennes trouvent chez les sœurs maudites une équivalence. En chantant Lesbos, le poète se chante lui-même, se lamente par elle :

> — De Sapho qui mourut le jour de son blasphème,
> Quand, insultant le rite et le culte inventé,
> Elle fit son beau corps la pâture suprême
> D'un brutal dont l'orgueil punit l'impiété
> De celle qui mourut le jour de son blasphème.
>
> Et c'est depuis ce temps que Lesbos se lamente,
> Et, malgré les honneurs que lui rend l'univers,
> S'enivre chaque nuit du cri de la tourmente
> Que poussent vers les cieux ses rivages déserts.
> Et c'est depuis ce temps que Lesbos se lamente!

Si *Lesbos* s'ouvre comme un poème parnassien, le second poème intitulé *Femmes damnées,* d'une rhétorique des plus classiques, joue sur des harmonies symbolistes :

> A la pâle clarté des lampes languissantes,
> Sur de profonds coussins tout imprégnés d'odeur,
> Hippolyte rêvait aux caresses puissantes
> Qui levaient le rideau de sa jeune candeur.

Près de cette beauté frêle, la beauté forte de Delphine la couve. Et revient cette idée de la blessure du mâle :

> — « Hippolyte, cher cœur, que dis-tu de ces choses ?
> Comprends-tu maintenant qu'il ne faut pas offrir
> L'holocauste sacré de tes premières roses
> Aux souffles violents qui pourraient les flétrir ?
>
> Mes baisers sont légers comme ces éphémères
> Qui caressent le soir les grands lacs transparents,
> Et ceux de ton amant creuseront leurs ornières
> Comme des chariots ou des socs déchirants ;
>
> Ils passeront sur toi comme un lourd attelage
> De chevaux et de bœufs aux sabots sans pitié...
> Hippolyte, ô ma sœur ! tourne donc ton visage,
> Toi, mon âme et mon cœur, mon tout et ma moitié,
>
> Tourne vers moi tes yeux pleins d'azur et d'étoiles !
> Pour un de ces regards charmants, baume divin,
> Des plaisirs plus obscurs je lèverai les voiles
> Et je t'endormirai dans un rêve sans fin ! »

Aux épouvantes, aux inquiétudes répond ce vers : « Qui donc devant l'amour ose parler d'enfer ? » Nous sommes au XIXe siècle et l'idée de malédiction règne cependant :

> Loin des peuples vivants, errantes, condamnées,
> A travers les déserts courez comme les loups ;
> Faites votre destin, âmes désordonnées,
> Et fuyez l'infini que vous portez en vous !

Avec Georges-Emmanuel Clancier, nous pouvons poser ces questions : « Comment ne les reconnaîtrait-il pas pour compagnes de misère, de servitude et de grandeur ? Comment aussi ne glorifierait-il pas en elles cette tentation de Narcisse : aimer un autre soi-même, se confondre, s'identifier avec lui, en fait ne pouvoir ni ne vouloir s'arracher à soi, à ses délices comme à ses délires ? Comment enfin ne verrait-il pas dans Sappho et ses amies la Féminité qu'à la fois il redoute et adore, s'érigeant en triomphatrice farouche et stérile, inaccessible à la race ennemie, grossière et méprisée, des hommes ? Quant à lui, il ne lui restera plus qu'à chanter ce triomphe qui le bafoue, puis à s'embarquer pour une Cythère de dérision où il découvrira son double, pourri et châtré, fruit monstrueux à l'arbre du mal. » Et puis, il y a la séduction de cet inconnu des corps auquel on ne participe pas. Il faut bien parler d'un certain « voyeurisme ».

L'Expérience du gouffre.

Tout au long des *Fleurs du Mal* et des autres œuvres de Baudelaire apparaît l'idée du gouffre et du vertige infini, du couvercle et de l'étouffement irrémédiable. L'espace, comme le temps, est assimilé au vide. Ces lignes de *Mon cœur mis à nu* en témoignent : « Au moral comme au physique, j'ai toujours eu la sensation du gouffre; non seulement du gouffre du sommeil, mais du gouffre de l'action, du rêve, du souvenir, du désir, du regret, du remords, du Beau, du nombre, etc. J'ai cultivé mon hystérie avec jouissance et terreur. Maintenant, j'ai toujours le vertige. » Et aussi ces vers de *l'Aube spirituelle :*

> Des Cieux spirituels l'inaccessible azur,
> Pour l'homme terrassé qui rêve encore et souffre,
> S'ouvre et s'enfonce avec l'attirance du gouffre.

« Et le Temps m'engloutit minute par minute... », dit-il dans *le Goût du Néant.* Et dans *l'Horloge :* « Le gouffre a toujours soif. » Comme Pascal qu'il admirait : « Pascal avait son gouffre... », il s'écrie dans *le Gouffre :*

> — Hélas! tout est abîme, — action, désir, rêve,
> Parole! et sur mon poil qui tout droit se relève
> Mainte fois de la Peur je sens passer le vent.
>
> . . . .
>
> J'ai peur du sommeil comme on a peur d'un grand trou,
> Tout plein de vague horreur, menant on ne sait où;
> Je ne vois qu'infini par toutes les fenêtres,
>
> Et mon esprit, toujours du vertige hanté,
> Jalouse du néant l'insensibilité.
> — Ah! ne jamais sortir des Nombres et des Êtres!

L'escalier, la vis sans fin, percée vers le gouffre, est dans cette descente aux enfers de *l'Irrémédiable :*

> Un damné descendant sans lampe,
> Au bord d'un gouffre dont l'odeur
> Trahit l'humide profondeur,
> D'éternels escaliers sans rampe...

Un tableau de Delacroix, *Sur le Tasse en prison,* lui donne le titre d'un poème et une visualisation de cette descente en tourbillon :

> Le poète au cachot, débraillé, maladif,
> Roulant un manuscrit sous son pied convulsif,
> Mesure d'un regard que la terreur enflamme
> L'escalier de vertige où s'abîme son âme.

Le génie dans un taudis malsain, assailli par la peur et le doute est celui « Que le Réel étouffe entre ses quatre murs! », l'idée du caveau s'unissant à celle du gouffre comme dans maints poèmes, entre autres, *le Châtiment de l'orgueil :*

> Le silence et la nuit s'installèrent en lui,
> Comme dans un caveau dont la clef est perdue.

Dans le *Coucher de soleil romantique,* il poursuit « en vain le Dieu qui se retire » et, quand vient la nuit,

> Une odeur de tombeau dans les ténèbres nage,
> Et mon pied peureux froisse, au bord du marécage,
> Des crapauds imprévus et de froids limaçons.

Les Fleurs du Mal sont aussi le livre de la peur. Peur de la nuit, peur du *Couvercle :*

> Le Ciel! couvercle noir de la grande marmite
> Où bout l'imperceptible et vaste Humanité.

« Quand le ciel bas et noir pèse comme un couvercle... » : c'est une obsession. Autre espace, le tonneau, celui des « pâles Danaïdes ». Et toujours le vertige de l'abîme-tombeau dans *les Plaintes d'un Icare :*

> Et brûlé par l'amour du beau,
> Je n'aurai pas l'honneur sublime
> De donner mon nom à l'abîme
> Qui me servira de tombeau.

Sans privilégier un thème, on peut penser que s'il fallait choisir une clef pour l'œuvre de Baudelaire, l'image incessante du gouffre s'imposerait et engloberait la plupart des autres thèmes. Chacun d'eux, Baudelaire y a recours jusqu'à l'obsession. On lui a reproché ces répétitions. Nous nous garderons bien de le faire, ce serait méconnaître les mérites de l'incantation et les vérités profondes de toute une vie qui s'y expriment avec tant de modulations. Il est à souhaiter que ce parcours des *Fleurs du Mal* donne au lecteur le désir de recourir au texte complet pour qu'il accomplisse au rythme qui est le sien ce voyage. Si la première lecture de ce livre unique reste inoubliable, chaque nouveau regard est ébloui par l'éclat de richesses incomparables.

3

Poésie moderne et poésie de la modernité

Le Spleen de Paris.

Nous célébrons l'union de deux poètes : Aloysius Bertrand et Charles Baudelaire. A *Gaspard de la Nuit* qui évoque « à la manière de Rembrandt et de Callot » des paysages passés, répond Baudelaire qui utilise le poème en prose pour rejoindre la ville et la vie moderne dans *le Spleen de Paris,* qui eut aussi pour titre *Poèmes nocturnes* et *Petits poèmes en prose.* Il s'agit de publications éparses dans des journaux comme *la Presse* et *le Figaro* ou dans de petites revues et rassemblées après sa mort. On rapproche ce *Spleen de Paris* (le titre qui convient le mieux) des *Tableaux parisiens.* Voilà une vision de Paris bien différente de celle, mondaine et financière, de Balzac ou de celle révolutionnaire de Hugo : avec Baudelaire, nous rejoignons naturellement les lieux de la malédiction, hôpitaux, asiles, bordels, où vit un monde spectral d'épaves, d' « infortunés que le soir ne calme pas », d'hommes en proie à « l'inquiétude d'un malaise perpétuel », ignorés par une société aveugle et sourde, sans chaleur et sans fraternité, sans désir de communication; c'est l'univers de la solitude la plus atroce, celle que nous rencontrons encore aujourd'hui. Le premier poème a un titre significatif, *l'Étranger* :

— Qui aimes-tu le mieux, homme énigmatique, dis? ton père, ta mère, ta sœur ou ton frère?
— Je n'ai ni père, ni mère, ni sœur, ni frère.
— Tes amis?
— Vous vous servez là d'une parole dont le sens m'est resté jusqu'à ce jour inconnu.
— Ta patrie?
— J'ignore sous quelle latitude elle est située.
— La beauté?

— Je l'aimerais volontiers, déesse et immortelle.
— L'or?
— Je le hais comme vous haïssez Dieu.
— Eh! qu'aimes-tu donc, extraordinaire étranger?
— J'aime les nuages... les nuages qui passent... là-bas... là-bas... les merveilleux nuages!

On a pu dire que si « *les Fleurs du Mal* ouvrent la voie à la poésie moderne, les *Petits poèmes en prose* inaugurent la poésie de la modernité », ce que Robert Kopp explique bien : « La poésie moderne se définit toujours par rapport à un passé; c'est sa manière d'orienter vers l'avenir. La poésie de la modernité n'a d'ancêtres que par dérision : elle ne connaît d'éternel que le présent. » Cette vue correspond bien à l'idée baudelairienne. Le poète des *Fleurs du Mal* emploie pour un usage neuf les ressources de la prosodie classique, et, tandis que la prose établit par l'histoire ou le roman son empire dans un monde enclin au prosaïsme, il fait pénétrer la poésie dans cette prose comme il puise le rêve au cœur de la réalité. C'est un enrichissement, une prise de pouvoirs qui fait date : la prose, comme déjà chez maints poètes de 1830, va être métamorphosée par de nouvelles images, de nouveaux rythmes, de nouvelles structures, de nouvelles cadences, de nouvelles musiques, tout en gardant sa souplesse. La correspondance entre prose et vers chez Baudelaire est sans cesse affirmée, à ce point que certains poèmes en prose semblent destinés à former le plan de poèmes en vers alors qu'il s'agit souvent du contraire. Mêmes thèmes : la ville, le spleen, l'amour, etc. Parfois mêmes titres : *l'Horloge, l'Invitation au voyage, le Crépuscule du soir...* Toujours mêmes thèmes : *le Désespoir de la vieille, les Foules, les Veuves, le Vieux saltimbanque, un Hémisphère dans une chevelure, la Solitude, les Bienfaits de la lune, le Miroir, le Port,* etc.

Au tableau de la ville énorme dont le mouvement de la vie moderne accentue les traits blessants, Baudelaire ajoute sa propre confession, soit à la première personne, soit en utilisant doubles ou masques. L'identité des visages, leur manque d'ouverture le heurtent. Comme il dit dans *A une heure du matin* : « Enfin! la tyrannie de la face humaine a disparu, et je ne souffrirai plus que par moi-même. Enfin! il m'est donc permis de me délasser dans un bain de ténèbres! » Dans *le Crépuscule du soir,* après la rencontre de ceux que la tombée du jour rend fous, il en appelle à un bain de nuit :

Ô nuit! ô rafraîchissantes ténèbres! vous êtes pour moi le signal d'une fête intérieure, vous êtes la délivrance d'une angoisse! Dans la solitude des plaines, dans les labyrinthes pierreux d'une capitale, scintillement des étoiles, explosion des lanternes, vous êtes le feu d'artifice de la déesse Liberté.

Sans cesse Baudelaire cherche un monde habitable et un de ses apparents paradoxes est qu'il peut aussi rechercher *les Foules,* car il sait que : « Le poète jouit de cet incomparable privilège, qu'il peut à sa guise être lui-même et autrui. Comme ces âmes errantes qui cherchent un corps, il entre, quand il veut, dans le personnage de chacun. » Il lui arrive de tirer « une singulière ivresse de cette universelle communion » :

> Il n'est pas donné à chacun de prendre un bain de multitude : jouir de la foule est un art; et celui-là seul peut faire, aux dépens du genre humain, une ribote de vitalité, à qui une fée a insufflé dans son berceau le goût du travestissement et du masque, la haine du domicile et la passion du voyage.
> Multitude, solitude : termes égaux et convertibles pour le poète actif et fécond. Qui ne sait pas peupler sa solitude, ne sait pas non plus être seul dans une foule affairée.

Cette foule, d'un poème à l'autre, Baudelaire en extrait les individualités et toute l'œuvre est une galerie de portraits au cours de poèmes en prose, certes, mais qui peuvent être contes ou apologues. On trouve « la petite vieille ratatinée » qui veut faire fête à un enfant, mais l'épouvante; le *Plaisant* ganté qui présente ses vœux à un âne; l'huissier pareil à un spectre qui pénètre dans *la Chambre double; le Vieux Saltimbanque* qui amène « l'image du vieil homme de lettres qui a survécu à la génération dont il fut le brillant amuseur »; les enfants qui se battent pour *le Gâteau; le Joujou du pauvre* qui montre un petit misérable présentant un rat vivant à un enfant riche que cela ravit; *le Fou et la Vénus :* il peut comprendre « l'immortelle Beauté », mais « l'implacable Vénus regarde au loin je ne sais quoi avec ses yeux de marbre »; un autre bouffon est celui d'*une Mort héroïque;* il y a l'homme qui donne de *la Fausse monnaie* à un mendiant, celui très laid, épouvantable, qui revendique le droit de se regarder dans *le Miroir* parce que « d'après les immortels principes de 89, tous les hommes sont égaux en droit », *la Belle Dorothée* entrevue comme *la Passante* des *Fleurs du Mal...*

Dans *Chacun sa chimère,* « sous la coupole spleenétique du ciel », Baudelaire a rencontré « plusieurs hommes qui marchaient courbés », et c'est un tableau fantastique comme on en rencontre aujourd'hui dans certains *space opera* de la science-fiction :

> Chacun d'eux portait sur son dos une énorme Chimère, aussi lourde qu'un sac de farine ou de charbon, ou le fourniment d'un fantassin romain.
> Mais la monstrueuse bête n'était pas un poids inerte; au contraire, elle enveloppait et opprimait l'homme de ses muscles élastiques et puissants; elle s'agrafait avec ses deux vastes griffes à la poitrine de sa monture; et sa tête fabuleuse surmontait le front de l'homme, comme un de

ces casques horribles par lesquels les anciens guerriers espéraient ajouter à la terreur de l'ennemi.

Où vont ces hommes? demande Baudelaire. Ils n'en savent rien, ils marchent et peu à peu le poète est écrasé par l'indifférence. Même question dans *les Bons chiens* : « Où vont les chiens, dites-vous, hommes peu attentifs? Ils vont à leurs affaires. » Cette méditation canine, si éloignée qu'elle soit d'un texte d'Alphonse Allais sur le même sujet, n'en comporte pas moins quelque humour dans l'épilogue d'une histoire amusante :

Et toutes les fois que le poète endosse le gilet du peintre, il est contraint de penser aux bons chiens, aux chiens philosophes, aux étés de la Saint-Martin et à la beauté des femmes très-mûres.

Humour chez Baudelaire, oui, mais cela grince et va jusqu'au plus noir. Si celui exprimé dans *le Chien et le flacon* est plus lourd, il vaut mieux lire *le Mauvais vitrier* qui pourrait tenter l'illustration de Topor. On y trouve, Armand Hoog l'a remarqué, la préfiguration de l'acte gratuit cher au Lafcadio d'André Gide :

Il y a des natures purement contemplatives et tout à fait impropres à l'action, qui cependant, sous une impulsion mystérieuse et inconnue, agissent quelquefois avec une rapidité dont elles se seraient crues elles-mêmes incapables.

. . . .

Un de mes amis, le plus inoffensif rêveur qui ait existé, a mis une fois le feu à une forêt pour voir, disait-il, si le feu prenait avec autant de facilité qu'on l'affirme généralement. Dix fois de suite, l'expérience manqua; mais, à la onzième, elle réussit beaucoup trop bien.

Un autre allumera un cigare à côté d'un tonneau de poudre, *pour voir, pour savoir, pour tenter la destinée,* pour se contraindre lui-même à faire preuve d'énergie, pour faire le joueur, pour connaître les plaisirs de l'anxiété, pour rien, par caprice, par désœuvrement.

Après cela, Baudelaire n'a plus qu'à tenter son acte mystificateur et odieux en laissant tomber un pot de fleurs sur l'étalage d'un vitrier ambulant parce qu'il manque de verres de couleur. Et il clôt le poème en prose d'une manière tranquille et froide dont on retrouve le ton chez maints humoristes à froid :

Ces plaisanteries nerveuses ne sont pas sans péril, et on peut souvent les payer cher. Mais qu'importe l'éternité de la damnation à qui a trouvé dans une seconde l'infini de la jouissance?

A ce dandysme s'ajoute la misogynie exprimée dans *la Femme sauvage et la petite maîtresse,* sorte d'épître dont voici le début :

« Vraiment, ma chère, vous me fatiguez sans mesure et sans pitié; on dirait, à vous entendre soupirer, que vous souffrez plus que les glaneuses sexagénaires, et que les vieilles mendiantes qui ramassent des croûtes de pain à la porte des cabarets... »

Et la fin :

« Tant poète que je sois, je ne suis pas aussi dupe que vous voudriez le croire, et si vous me fatiguez trop souvent de vos *précieuses* pleurni-cheries, je vous traiterai en *femme sauvage,* ou je vous jetterai par la fenêtre, comme une bouteille vide. »

A l'opposé, dans *les Veuves,* il se montre pitoyable et attendri en tentant de découvrir « les innombrables légendes de l'amour trompé, du dévouement méconnu, des efforts non récompensés, de la faim et du froid humblement, silencieusement supportés ».

Certes, tous ces poèmes en prose sont de valeur inégale et par-fois la donnée anecdotique semble prendre le pas sur la poésie. Mais aucune de ces pièces, poèmes en prose ou *short stories,* ne laisse indifférent. On pourra goûter plus particulièrement des poèmes dépouillés comme *le Confiteor de l'artiste,* ce regard sur la nature inspiratrice de pensée. Le Baudelaire le plus conforme à l'image que nous en avons se retrouve dans les poèmes sensuels et exotiques comme *un Hémisphère dans une chevelure :*

Dans l'ardent foyer de ta chevelure, je respire l'odeur du tabac mêlé à l'opium et au sucre; dans la nuit de ta chevelure, je vois resplendir l'in-fini de l'azur tropical; sur les rivages duvetés de ta chevelure, je m'enivre des odeurs combinées du goudron, du musc et de l'huile de coco.

Laisse-moi mordre longtemps tes tresses lourdes et noires. Quand je mordille tes cheveux élastiques et rebelles, il me semble que je mange des souvenirs.

Quant à *l'Invitation au voyage,* comment ne pas reconnaître ce lieu du poème où tout n'est qu'ordre et beauté, luxe, calme et volupté? Il serait beau de publier côte à côte le célèbre poème en vers cité plus haut et le poème en prose. Ces trop courts extraits témoignent de leur identité d'inspiration :

Un vrai pays de Cocagne, où tout est beau, riche, tranquille, honnête; où le luxe a plaisir à se mirer dans l'ordre; où la vie est grasse et douce à respirer; d'où le désordre, la turbulence et l'imprévu sont exclus; où le bonheur est marié au silence; où la cuisine elle-même est poétique, grasse et excitante à la fois; où tout vous ressemble, mon cher ange.

. . . .

Sur des panneaux luisants, ou sur des cuirs dorés et d'une richesse sombre, vivent discrètement des peintures béates, calmes et profondes, comme les âmes des artistes qui les créèrent. Les soleils couchants, qui colorent si richement la salle à manger ou le salon, sont tamisés par de belles étoffes ou par ces hautes fenêtres ouvragées que le plomb divise en nombreux compartiments. Les meubles sont vastes, curieux, bizarres, armés de serrures et de secrets comme des âmes raffinées. Les miroirs, les métaux, les étoffes, l'orfèvrerie et la faïence y jouent pour les yeux une symphonie muette et mystérieuse; et de toutes choses, de tous les coins, des fissures des tiroirs et des plis des étoffes s'échappe un parfum singulier, un *revenez-y* de Sumatra, qui est comme l'âme de l'appartement.

Ces paysages pour le Des Esseintes de Huysmans, Baudelaire, à la fin du poème, les assimile à celle qu'il aime :

Ces trésors, ces meubles, ce luxe, cet ordre, ces parfums, ces fleurs miraculeuses, c'est toi. C'est encore toi, ces grands fleuves et ces canaux tranquilles. Ces énormes navires qu'ils charrient, tout chargés de richesses, et d'où montent les chants monotones de la manœuvre, ce sont mes pensées qui dorment ou qui roulent sur ton sein. Tu les conduis doucement vers la mer qui est l'Infini, tout en réfléchissant les profondeurs du ciel dans la limpidité de ta belle âme; — et quand, fatigués par la houle et gorgés des produits de l'Orient, ils rentrent au port natal, ce sont encore mes pensées enrichies qui reviennent de l'Infini vers toi.

On peut rapprocher de cette œuvre le poème *Déjà!* exclamation jaillie « en disant adieu à cette incomparable beauté » de la mer. Cette phrase sonne comme du René Char : « Depuis nombre de jours, nous pouvions contempler l'autre côté du firmament et déchiffrer l'alphabet secret des antipodes. » Beau sujet pour le Gaston Bachelard de *la Flamme d'une chandelle* dans *les Fenêtres* :

Celui qui regarde du dehors à travers une fenêtre ouverte, ne voit jamais autant de choses que celui qui regarde une fenêtre fermée. Il n'est pas d'objet plus profond, plus mystérieux, plus fécond, plus ténébreux, plus éblouissant qu'une fenêtre éclairée d'une chandelle. Ce qu'on peut voir au soleil est toujours moins intéressant que ce qui se passe derrière une vitre. Dans ce trou noir ou lumineux vit la vie, rêve la vie, souffre la vie.

Les Dons des fées, ce sont les présents aux nouveaux-nés de « toutes ces antiques et capricieuses Sœurs du Destin, toutes ces Mères bizarres de la joie et de la douleur », une image de la prédestination :

Les Dons, les Facultés, les bons Hasards, les Circonstances invincibles, étaient accumulés à côté du tribunal, comme les prix sur l'estrade, dans une distribution de prix. Ce qu'il y avait ici de particulier, c'est que les Dons n'étaient pas la récompense d'un effort, mais tout au contraire une grâce accordée à celui qui n'avait pas encore vécu, une grâce pouvant déterminer sa destinée et devenir aussi bien la source de son malheur que de son bonheur.

Quand ces présents d'un univers absurde seront épuisés, il ne restera pour le dernier venu que le don de plaire. Si un boutiquier à son propos questionne, une Fée dira à ses sœurs : « Comment trouvez-vous ce petit Français vaniteux, qui veut tout comprendre, et qui ayant obtenu pour son fils le meilleur des lots, ose encore interroger et discuter l'indiscutable? » Proche de ce poème, celui des *Vocations* où Baudelaire trouve un frère en l'incompris. Dans *les Tentations* ou *Éros, Plutus et la gloire,* officient « deux superbes Satans et une Diablesse ». La moralité des *Projets* est la suivante : « Et à quoi bon exécuter des projets, puisque le projet est en lui-même une jouissance suffisante? » *Le Thyrse,* poème à part, est un hommage à Franz Liszt. Emblème sacerdotal ou simple bâton, « le thyrse, dit le poète au musicien, est la représentation de votre étonnante dualité, maître puissant et vénéré, cher Bacchant de la Beauté mystérieuse et passionnée ». Le poème intitulé *Laquelle est la vraie?* en un court apologue exprime aussi une dualité, celle du réel face à l'idéal.

Enivrez-vous conseille un titre, et comment ne pas penser à cet « enrichissez-vous » si célèbre? Citons in extenso cet art d'exister :

> Il faut être toujours ivre. Tout est là : c'est l'unique question. Pour ne pas sentir l'horrible fardeau du Temps qui brise vos épaules et vous penche vers la terre, il faut vous enivrer sans trêve.
> Mais de quoi? De vin, de poésie ou de vertu, à votre guise. Mais enivrez-vous.
> Et si quelquefois, sur les marches d'un palais, sur l'herbe verte d'un fossé, dans la solitude morne de votre chambre, vous vous réveillez, l'ivresse déjà diminuée ou disparue, demandez au vent, à la vague, à l'étoile, à l'oiseau, à l'horloge, à tout ce qui fuit, à tout ce qui gémit, à tout ce qui roule, à tout ce qui chante, à tout ce qui parle, demandez quelle heure il est; et le vent, la vague, l'étoile, l'oiseau, l'horloge, vous répondront : « Il est l'heure de s'enivrer! Pour n'être pas les esclaves martyrisés du Temps, enivrez-vous; enivrez-vous sans cesse! De vin, de poésie ou de vertu, à votre guise. »

« Extravaguez », disait Victor Hugo. Chaque poème a son sujet central. *Le Cheval de race* montre celle qui « aime comme on aime en automne ». Dans *Portraits de maîtresses,* c'est un homme qui tue une femme parce qu'elle est la perfection même. Dans *le Tir et le cimetière,* la Mort est le seul but. Dans la *Perte d'auréole,* un mauvais lieu reçoit un « buveur de quintessences », un « mangeur d'ambroisie ». Ou bien, c'est *Mademoiselle Bistouri* qui collectionne les médecins. Ou encore, dans *la Soupe et les nuages,* une « petite folle bien-aimée » jette au poète : « Allez-vous bientôt manger votre soupe, s... b... de marchand de nuages? »

La foule toujours, Paris, mais aussi le voyage, comme dans *le Port* « séjour charmant pour une âme fatiguée des luttes de la vie ». Un des poèmes les plus frappants, si l'on peut dire, est *Assommons les pauvres!* Après être resté confiné dans sa chambre avec ses livres, le poète sent « le germe obscur d'une idée supérieure à toutes les formules de bonne femme ». Il nous dit : « Et je sortis avec une grande soif. Car le goût passionné des mauvaises lectures engendre un besoin proportionnel du grand air et des rafraîchissants. » Au seuil d'un cabaret, un mendiant lui tend son chapeau. Le poète entend la voix d'un « Démon d'action » qui lui chuchote : « Celui-là seul est l'égal d'un autre, qui le prouve, et celui-là seul est digne de la liberté, qui sait la conquérir. » Et Baudelaire rosse brutalement le pauvre. Alors :

Tout à coup, – ô miracle! ô jouissance du philosophe qui vérifie l'excellence de sa théorie! – je vis cette antique carcasse se retourner, se redresser avec une énergie que je n'aurais jamais soupçonnée dans une machine si singulièrement détraquée, et, avec un regard de haine qui me parut de *bon augure,* le malandrin décrépit se jeta sur moi, me pocha les deux yeux, me cassa quatre dents, et, avec la même branche d'arbre, me battit dru comme plâtre. – Par mon énergique médication, je lui avais donc rendu l'orgueil et la vie.
Alors, je lui fis force signes pour lui faire comprendre que je considérais la discussion comme finie, et me relevant avec la satisfaction d'un sophiste du Portique, je lui dis : « Monsieur, *vous êtes mon égal!* veuillez me faire l'honneur de partager avec moi ma bourse; et souvenez-vous, si vous êtes réellement philanthrope, qu'il faut appliquer à tous vos confrères, quand ils vous demanderont l'aumône, la théorie que j'ai eu la *douleur* d'essayer sur votre dos. »
Il m'a bien juré qu'il avait compris ma théorie, et qu'il obéirait à mes conseils.

Baudelaire prenait goût à écrire ces textes. On en juge par la liste impressionnante de ceux qu'il avait en projet, par ses plans et par ses notes. Signalons que l'ensemble du *Spleen de Paris* se termine par un poème en vers qui s'y accorde. Son titre est *Épilogue* :

Le cœur content, je suis monté sur la montagne
D'où l'on peut contempler la ville en son ampleur,
Hôpital, lupanar, purgatoire, enfer, bagne,

Où toute énormité fleurit comme une fleur.
Tu sais bien, ô Satan, patron de ma détresse,
Que je n'allais pas là pour répandre un vain pleur;

Mais comme un vieux paillard d'une vieille maîtresse,
Je voulais m'enivrer de l'énorme catin
Dont le charme infernal me rajeunit sans cesse.

Que tu dormes encor dans les draps du matin,
Lourde, obscure, enrhumée, ou que tu te pavanes
Dans les voiles du soir passementés d'or fin,

Je t'aime, ô capitale infâme! Courtisanes
Et bandits, tels souvent vous offrez des plaisirs
Que ne comprennent pas les vulgaires profanes.

Un mérite du Baudelaire des *Petits poèmes en prose* est d'avoir traduit la poésie cachée « dans les plis sinueux des vieilles capitales » comme dans les recoins cachés de l'âme humaine, en s'attachant à la grandeur pudique des plus démunis. Ce dandy a su dépister la noblesse de cœur chez le misérable ou le saltimbanque, et cela sans vain bavardage, sans oiseuse démonstration. Certes, les audaces, les tours surprenants sont moins constants que dans les poèmes en vers. Il n'y a pas cette solennité classique, parnassienne, quasi rituelle des *Fleurs du Mal*. Sans le soutien de la rime si chère à son temps, sans la sécurité d'un rythme établi, dans l'entière liberté, se laissant bercer ou guider par la rêverie créatrice, Baudelaire a su réunir tout un monde d'idées et de sensations vagues, difficiles à exprimer, dans un moule chaque fois refait. Chaque poème en prose est un concentré d'émotion, une rencontre de l'homme nouveau, une coupe de réalisme plus vrai que le réel parce que transfiguré à la lumière de la poésie et du risque, loin des modes convenus. A partir de cette reprise originale d'un genre cher à Parny et à Bertrand, à Nerval ou à Forneret, d'une reprise transformée, d'autres, comme Rimbaud, pourront atteindre de nouvelles régions plus proches du délire.

Un Baudelaire moins connu.

Comme pour Nerval, nous voulons jeter un regard vers des poèmes moins connus de Baudelaire, encore qu'ils figurent dans de nombreuses publications, en particulier dans l'édition Claude Pichois des *Œuvres complètes* dans la Bibliothèque de la Pléiade qui contient un ensemble unique de notes éclairantes. Les poèmes de jeunesse montrent que le poète des *Fleurs du Mal* est déjà présent. S'il commence un poème par « Je n'ai pas pour maîtresse une lionne illustre », il est déjà tenté par la beauté de la laideur :

> Elle n'a que vingt ans; sa gorge – déjà basse
> Pend de chaque côté comme une calebasse,
> Et pourtant me traînant chaque nuit sur son corps,
> Ainsi qu'un nouveau-né, je la tète et la mords –
>
> Et bien qu'elle n'ait pas souvent même une obole
> Pour se frotter la chair et pour s'oindre l'épaule –
> Je la lèche en silence avec plus de ferveur,
> Que Madeleine en feu les deux pieds du Sauveur –
>
> La pauvre Créature au plaisir essoufflée
> A de rauques hoquets la poitrine gonflée,
> Et je devine au bruit de son souffle brutal
> Qu'elle a souvent mordu le pain de l'hôpital.

Ce distique burlesque peut étonner :

> Ci-gît qui, pour avoir trop aimé les gaupes,
> Descendit jeune encore au royaume des taupes.

Si des poèmes pour Sainte-Beuve ou Banville sont plus marqués par la circonstance, si, comme tout un chacun, Baudelaire écrit des vers d'album, il n'est de lieu où l'on ne retrouve le poète, des pièces écrites en collaboration aux vers retrouvés. Certes, on est surpris qu'il écrive sur l'air du roi d'Yvetot, *un Soutien du valet de trèfle* qui sent son Béranger :

> Il est un académicien
>   Connu... de mon grand-père,
> On le prétend homme de bien,
>   Homme de lettres, guère...
> Le laurier dont il est orné,
> Était déjà quand je suis né
>   Fané.
> Oh, oh, oh, oh! ah, ah, ah, ah!
> Connaissez-vous ce garçon-là?
>   La la.

Ou par ce *Sonnet burlesque* prêt pour l'exégèse d'un critique de *Poétique* ou de *Tel Quel* :

> Vacquerie
> A son py-
> Lade épi-
> Que : « Qu'on rie
>
> « Ou qu'on crie
> Notre épi
> Brave pi-
> Aillerie.
>
> « Ô Meuri-
> Ce! il mûri-
> Ra, momie;
>
> « Ce truc-là
> Mène à l'A-
> Cadémie! »

Ou encore par cette pochade :

> Qui fit *L'Ombre d'Éric?*
> C'est Paulin Limayrac.
>   Cric!
>   Crac!

A moins que ce ne soit par les dix-huit quatrains monosyllabiques du *Pauvre Diable* qui rappellent Rességuier ou Hugo :

Père	Maigre	Songe	Chaque	Rêve
Las!	Flanc,	Vain...	Vent	Pain
Mère	Nègre	Ronge	Claque	Crêve
Pas	Blanc,	Frein.	Dent.	Faim...
Erre	Blême!	Couche	Rude	Cherche
Sur	Pas	Froid,	Jeu...	Rôt,
Terre...	Même	Mouche	Plus de	Perche
Dur!	Gras.	Doigt;	Feu!	Haut [...]

Une *Élégie refusée aux jeux floraux* a pour sujet des bottes. De fort jolis sonnets *A Madame Du Barry, A Yvonne Pen-Moore, A une belle dévote, A une jeune saltimbanque, A une dame inconnue,* sont ornés de dentelle précieuse. *Avril* est un sonnet digne du temps de Ronsard et de Belleau. N'oublions pas ses vers latins qui lui valent des premiers prix au concours général. Et non plus le théâtre en vers avorté d'*Idéolus,* et surtout les admirables proses riches de poésie et de pensée, *les Paradis artificiels, Fusées,* les nouvelles...

Baudelaire critiqué.

S'il force l'admiration, Baudelaire peut aussi faire naître des critiques. Elles sont d'ailleurs souvent le fait de ceux qui l'aiment. Le styliste est si étonnant qu'on ne veut lui pardonner ses faiblesses. Ainsi, lorsqu'il se souvient par trop de Delille :

> L'ennui, fruit de la morne incuriosité,
> Prend les proportions de l'immortalité.
> . . . .
> Et l'appareil sanglant de la Destruction.

Ou bien lorsqu'il ne fait que mettre en vers de la prose :

> Vous avez prélassé votre orgueil d'architecte
> Dans des constructions dont l'audace correcte
> Fait voir quelle sera votre maturité.

Il est vrai aussi qu'il y a un abus, parfois une débauche d'épi-thètes, qu'il les fait volontiers rimer avec facilité (comme d'ailleurs tant de mots qui fournissent des rimes attendues) ou bien qu'elles font cheville, qu'elles sont là pour bien remplir l'alexandrin, mais du moins ne pourra-t-on pas lui reprocher de les mal choisir ou de les unir mal.

Les principaux reproches, surtout au xixᵉ siècle, sont marqués d'incompréhension. Mérimée : « *Fleurs du Mal :* livre très médiocre, nullement dangereux, où il y a quelques étincelles de poésie, comme il peut y en avoir dans un pauvre garçon qui ne connaît pas la vie et qui est las parce qu'une grisette l'a trompé. » (!) Brunetière :

« Le monstrueux orgueil du poète n'est fait que du mépris de ses semblables... Il ne reste (de lui) que des lieux communs. » Paul Bourget : « Les prestiges l'ont quitté; le bel arbre est abandonné. » Le procureur général Pinard lors du fameux procès : « Il fouillera la nature humaine et l'exagérera dans ses côtés hideux. » La critique bourgeoise le repoussera ou bien, si elle veut marquer son désir de compréhension, le dira « poète original, mais étrange », l'accusera de vouloir se singulariser, etc., avant que quelques années s'étant écoulées et le poète n'étant pas jugé dangereux, elle l'accepte avec un trop grand empressement.

Plus sérieuses, plus étayées sont des critiques comme celle de Gilbert Mury lorsqu'il affirme que Baudelaire a condamné son temps, mais « sans le comprendre ni, par conséquent, le transformer ». Claude Pichois, après l'avoir cité, indique : « De fait, Baudelaire n'est pas un révolutionnaire; c'est un révolté. Cette révolte établit une tension en lui, entre lui et le monde, dans son œuvre, une tension que nous pouvons et devons reconnaître en nous sous peine d'adhérer à un ordre méprisable ou de nous désagréger dans un désordre stérile. » Une dure étude d'Alain Jouffroy est parue dans un *Tableau de la Littérature française du XIXe siècle*. Elle débute ainsi : « La contradiction, pour qui veut écrire un texte sur Baudelaire, réside dans l'accord que suscitent la beauté, la perfection de ses phrases, la transparence de ses mots, et dans le désaccord que provoquent la plupart de ses idées morales et philosophiques. » Le poète contemporain a pour le poète des exigences qui dépassent celles de la poésie immédiatement perçue. Par exemple l'apologie de Paul de Molènes peut choquer. Cet écrivain militaire eut, selon Baudelaire, « le grand mérite, dans un temps où la philosophie se met uniquement au service de l'égoïsme, de décrire, souvent même de démontrer l'utilité, la beauté, la moralité de la guerre ». Comme Jouffroy se réfère à ce texte, on peut se référer au texte de Baudelaire sur Pierre Dupont où le beau-fils du général Aupick écrit : « Sans doute, plusieurs personnes regretteront de ne pas trouver dans ces chants politiques et guerriers tout le bruit et tout l'éclat de la guerre, tous les transports de l'enthousiasme et de la haine, les cris enragés du clairon, le sifflement du fifre pareil à la folle espérance de la jeunesse qui court à la conquête du monde, le grondement infatigable du canon, les gémissements des blessés, et tout le fracas de la victoire, si cher à une nation militaire comme la nôtre. » Tout cela est-il inattendu ? Baudelaire, poète de la complexité, « Hamlet plus compliqué que celui de Shakespeare » (Paul Fort et Louis Mandin) est le lieu de tant de contradictions qu'il inspire parfois des balancements critiques à son image. La principale critique qu'on peut faire aujourd'hui tient non pas à ses œuvres poétiques, mais, comme dit Jouffroy, à « ce refus moral du changement » qui « a maintenu Baudelaire en suspens dans la marge de l'Histoire : celle où l'individu non révolutionnaire enregistre tous les coups ». Un siècle après lui, le rayonnement de Baudelaire va-t-il continuer à s'affirmer? Ou bien appartient-il déjà à une vieille histoire? Pour nous, quelles que soient les réserves qu'on puisse émettre à bon droit, il se situe à la naissance de la poésie moderne. Les études qu'il continue de susciter prouvent sa vitalité, mais nous pourrions faire un court tableau d'opinions favorables.

Le Rayonnement du Poète.

Un panorama critique, si bref qu'il soit, donnera sans doute une idée de plus d'un siècle d'intérêt, des romantiques aux poètes les plus immédiats, pour l'œuvre poétique de Charles Baudelaire.

Pour Charles Asselineau, « la poésie de M. Baudelaire, profondément imagée, vivace et vivante, possède à un haut degré ces qualités d'intensité et de spontanéité que je demande au poète moderne ». Nous sommes en 1857, et cette année-là, Jules Barbey d'Aurevilly jette cette phrase : « Il y a du Dante dans l'auteur des *Fleurs du Mal,* mais c'est du Dante d'une époque déchue, c'est du Dante athée et moderne, du Dante venu après Voltaire, dans un temps qui n'aura point de saint Thomas. » La même année encore, un maître du barreau, Chaix d'Est-Ange, fait face au procureur Pinard, plus haut cité, il s'écrie : « Il vous montre le vice, mais il vous le montre odieux; il vous le peint sous des couleurs repoussantes, parce qu'il le méprise et veut que vous le méprisiez. » En 1859, Hugo écrit à Baudelaire son « Courage! » et l'année suivante trouve la belle formule : « Vous créez un frisson nouveau. » En 1862, le sévère Alfred de Vigny confie : « Ce que vous ne saurez pas, c'est avec quel plaisir je lis à d'autres, à des poètes, les véritables beautés de vos vers encore trop peu appréciés et trop légèrement jugés. »

Avant que Pierre-Jean Jouve, Pierre Emmanuel, Yves Bonnefoy ne saluent, chacun à sa manière, Baudelaire, il faut bien rappeler une autre trinité de poètes : Paul Verlaine, Stéphane Mallarmé, Arthur Rimbaud. En 1865, Paul Verlaine écrit : « La profonde originalité de Charles Baudelaire, c'est, à mon sens, de représenter puissamment et essentiellement l'homme moderne... » Théodore de Banville n'avait pas ménagé la louange : « Il faut admirer en Baudelaire un des plus grands hommes de ce temps... »

Au début du XXᵉ siècle, Paul Claudel que cite André Gide dit que « Poe et Baudelaire sont les deux seuls critiques modernes » (1905), et André Suarès : « Trop chrétien pour être cynique, et trop peu pour être humble. Riche de sens et de péché, hardi à s'ouvrir les entrailles, trop libre pour être hypocrite. Grand poète, sans abondance ni facilité, il fut plus artiste en vers qu'on n'avait été avant lui, depuis Racine » (1911). Paul Valéry en 1929 écrivit un texte qui semblait définitif : « On voit assez que Baudelaire a recherché ce que Victor Hugo n'avait pas fait, qu'il s'abstient de tous les effets dans lesquels Victor Hugo était invincible [...] La poésie de Baudelaire doit sa durée et cet empire qu'elle exerce encore à la plénitude et à la netteté singulière de son timbre. Cette voix, par instants, cède à l'éloquence, comme il arrivait un peu trop souvent aux poètes de cette époque; mais elle garde et développe presque toujours une ligne mélodique admirablement pure et une sonorité parfaitement tenue qui la distinguent de toute prose. » Il est vrai qu'André Gide rapporte : « J'ai entendu Paul Valéry parler des vers souvent médiocres, parfois exécrables, de Baudelaire. Ce jugement, si autorisé qu'il puisse paraître dans la bouche d'un artiste admirable et qui, sur les techniques du vers, s'y connaît mieux que personne aujourd'hui, me paraît excessif, et même, osons le dire, assez injuste. » Et l'auteur d'une pessimiste anthologie ajoute : « Je ne conteste point la faiblesse de certains vers des *Fleurs du Mal;* mais il ne me paraît point qu'elle soit inconsciente et aussi involontaire qu'on pourrait le croire d'abord : j'y vois surtout un singulier désir de se rapprocher du lecteur (alors que Leconte de Lisle, Mallarmé, Valéry s'écartent résolument de lui). »

Une critique plus intériorisée apparaît heureusement chez nombre de « baudelairistes ». On lit toujours avec profit Jacques Crépet, Claude Pichois, Jean Pommier, Georges Blin, M. W. Y. Bandy, Charles Mauron, Marcel Ruff, Maurice Blanchot, et, parmi ceux qui le comprennent profondément, des poètes : Pierre-Jean Jouve et *le Tombeau de Baudelaire,* Pierre Emmanuel et *Baudelaire* (devant Dieu), Michel Butor et *Histoire extraordinaire : Essai sur un rêve de Baudelaire,* Yves Bonnefoy qui écrit dans une *Préface* aux *Fleurs du Mal :* « Voilà le maître livre de notre poésie. »

Jean-Paul Sartre en s'attachant à montrer le choix existentiel de Baudelaire a suscité quelques foudres : pour Pascal Pia, il « a relayé Brunetière ». Pour Kléber Haedens, Baudelaire « restera le magicien d'un classicisme nouveau ». Pour André Lebois, « il a marqué les meilleurs et les marquera demain ». Pour Paul Guth,

« il transfigure tout au soleil de l'art ». Jean-Pierre Richard a parlé de sa timidité, de son « élan retenu ». Claude Pichois a montré que, contrairement à Rimbaud « qui nous entraîne loin de nous-mêmes », Baudelaire « nous ramène toujours à nous-mêmes ». Nous pourrions citer interminablement, car Baudelaire a tenté tout grand critique, tout grand poète.

Dans le cadre de notre histoire, de la projection du poète vers l'avenir, nous pouvons répéter avec Marcel Raymond : « C'est l'extraordinaire complexité de " l'âme humaine " en Baudelaire, et l'audience qu'il a su donner à quelques-unes des revendications les plus violentes du romantisme qui expliquent d'abord son pouvoir de rayonnement. » Le même critique relie le poète à l'avenir ainsi, tout en jugeant sa vue approximative, mais acceptable : « Une première filière, celle des artistes, conduira de Baudelaire à Mallarmé, puis à Valéry; une autre filière, celle des voyants, ira de Baudelaire à Rimbaud, puis aux derniers venus des chercheurs d'aventures. » Nul ne peut nier le pouvoir suggestif et dynamique de la poésie de l'auteur des *Fleurs du Mal* et du *Spleen de Paris*.

Créations indépendantes

I

Isidore Ducasse, comte de Lautréamont

Portrait sans portrait.

L'ITINÉRAIRE d'Isidore Ducasse, dit le comte de Lautréamont (1846-1870), dans son enfance, est le même que celui de Jules Laforgue : naissance à Montevideo, et, de là, Tarbes pour les premières études. Ducasse a alors quatorze ans et Laforgue vient de naître; tous les deux mourront jeunes. Longtemps, la vie du premier fut un mystère total. Ses biographes, comme François Caradec entre autres, ont dû jouer les détectives pour retrouver ses traces. On admire leur sagacité, mais il reste des mystères, des coins ombreux qui s'accordent d'ailleurs à l'œuvre et ajoutent à son intérêt. Comme dit Marcelin Pleynet, « il se réclame de l'anonymat, de l'absence, du plagiat ». Comme l'homme sans trace tente les biographes, l'homme sans visage tente le portrait : avait-il quelque ressemblance avec les portraits imaginaires tentés par Vallotton ou Salvador Dali?

Le jeune Isidore devait préparer son admission à l'École Polytechnique. Les notes du lycée de Tarbes montrent son goût pour les mathématiques, la zoologie, la botanique, le dessin. Quand il passa de Tarbes à Pau, puis à Paris, il lut beaucoup ceux à qui ses *Chants de Maldoror* peuvent faire référence : Sophocle, Milton, Dante, Rabelais, Shakespeare, Shelley, Byron, Gautier... les traces et les indications sont nombreuses, et l'on ajoute Mickiewicz, et surtout les auteurs de romans noirs, Maturin, Lewis, Ann Radcliffe, Marie Shelley (comme le veut Louis Parrot qui pense à *Frankenstein*). Maurice Blanchot nous dit : « Son imagination est environnée de livres. Et cependant, aussi éloignée que possible d'être livresque, cette imagination ne semble passer par les livres que pour rejoindre les grandes constellations dont les œuvres gardent l'influence, faisceaux d'imagination impersonnelle que nul volume d'auteur ne peut immobiliser ni confisquer à son profit. » Comme dit Pierre-Olivier Walzer qui le cite, « l'écart entre la source et ce qu'en fait le poète est à la mesure de son originalité ». Qui est Lautréamont ? « Lautréamont, dit Maurice Blanchot, est cet être étrange qui, irréel encore sous le nom apparent de Ducasse, a voulu se donner à lui-même le jour et porter tout à fait la responsabilité de son propre commencement. Tentative admirable qui est la vérité de son mythe. »

Ce nom de Lautréamont, peu employé par lui, vient d'un roman d'Eugène Sue, *Latréaumont,* personnage historique qui, sous la plume du romancier, passe d'une chevalerie au service du bien à une monstruosité cruelle étalant ses vices et blasphémant jusqu'au seuil de l'échafaud. Nous voyons l'analogie avec Maldoror. Curieusement, Balzac, dans une lettre à Mme Hanska, nomme lui aussi le personnage d'Eugène Sue Lautréamont.

A Paris, ce que l'on sait : Ducasse a habité des garnis et des hôtels, rue Notre-Dame-des-Victoires, puis faubourg Montmartre. Selon Léon Genonceaux, il écrivait la nuit, buvait comme Balzac des pots de café, soutenait ses phrases par des accords de piano. Ne sortant jamais, il se tenait à sa tâche pour faire son « sacré bouquin ». Le chant I de *Maldoror* parut à compte d'auteur, anonymement, en 1868. Un an après, les six chants parurent (le chant I ayant été remanié) sous le nom célèbre et romantique du comte de Lautréamont, mais son éditeur, craignant les poursuites judiciaires à cause de la crudité de ton de l'ouvrage, n'osa le mettre en vente. Il n'est pas impossible que Ducasse ait participé en 1868 et 1869 à l'activité de clubs révolutionnaires, ce qui expliquerait ses fréquents changements d'adresse. Pensant les Belges plus ouverts que ses compatriotes, il se rendit à Bruxelles pour préparer une nouvelle édition, intégrale, de son œuvre. Il projeta un second livre ouvert sur l'espérance et en fit paraître la seule préface sous le titre de *Poésies*. Le 24 novembre, il mourut dans un meublé du faubourg Montmartre. Il s'était composé cette épitaphe : « Ci-gît un adolescent qui mourut poitrinaire : vous savez pourquoi. Ne priez pas pour lui. » On trouvera dans *l'Insurgé* de Jules Vallès, « le portrait d'un Ducasse qui est d'une ressemblance accablante », dit Philippe Soupault. Pour Léon Bloy, bien imaginatif, il aurait fini ses jours dans un cabanon. Remy de Gourmont voulut aussi qu'il eût été un malade mental. Rien ne permet de telles affirmations. Comme dit Roland Purnal : « On ne laisse pas de s'étonner de ce jugement téméraire. Car chacun sait que le propre de la démence est justement d'être hors d'état de donner une expression valable à ce qu'elle conçoit. Or, que voit-on chez le comte de Lautréamont ? Un écrivain féru avant tout de la forme, et très apte à la cultiver puisqu'on relève, dans *Maldoror,* plusieurs morceaux dont l'écriture fait parfois penser à Dante et à nos plus grands prosateurs. Cette constatation est plus que suffisante pour que l'on se puisse inscrire à jamais en faux contre la prétendue folie d'Isidore Ducasse. » Mais Gourmont, plus tard, changea d'avis, voyant en Lautréamont un génie supérieur conduit à feindre la folie pour se soustraire à un monde dont il avait la nausée.

Si John Charpentier l'a fait figurer dans son choix des poètes symbolistes, il ne semble pas que Lautréamont ait eu une influence sur le mouvement. On sait que Verlaine ne l'a pas fait figurer parmi ses *Poètes maudits*. L'intérêt fut suscité successivement par Léon Bloy et Remy de Gourmont, par Valery Larbaud, puis par Léon-Paul Fargue et Max Jacob. C'est après la Première Guerre mondiale qu'il fut reçu comme un précurseur et un maître par les surréalistes. André Breton : « C'est au comte de Lautréamont qu'incombe peut-être la plus grande part de l'état de choses poétique actuel : entendez la révolution surréaliste. » Paul Éluard : « A quoi bon parler du comte de Lautréamont. Vous semblez oublier que la France a horreur de la poésie, de la *vraie* poésie ; elle n'aime que des saligauds comme Béranger ou de Musset. » Philippe Soupault : « Le nom de Lautréamont désormais devient synonyme de courage à mort. Peut-être ce nom suffira-t-il à épargner la lâcheté et le renoncement. » Julien Gracq : *« Les Chants de Maldoror* ne sont pas un éclair tombé du ciel serein. Ils sont le torrent d'aveux corrosifs alimenté par trois siècles de mauvaise conscience littéraire. Ils viennent à point nommé pour corriger dans notre littérature un déséquilibre des plus graves, et on s'étonne de la méconnaissance où l'on a tenu si longtemps le sens extraordinairement *positif* de l'apport de Lautréamont, qui consiste en une avalanche de matériaux bruts, encore tout ruisselants de gemmes souterraines — matériaux à construire *l'homme complet. »*

Pour beaucoup, Lautréamont est « en dehors de l'histoire littéraire et de l'histoire des mœurs » (Philippe Soupault) et « connaître Lautréamont, savoir son âge, la couleur de ses yeux ou la longueur de ses doigts sont désormais des souhaits inutiles ». Par-delà l'intérêt documentaire de la biographie, la gageure tentatrice, il y a le visage halluciné et frénétique qui habite un langage traité par une singulière alchimie verbale. Comme chez Lewis ou Maturin, les chers bousingots romantiques ou Edgar Poe, le portrait est dans le texte.

Les Chants de Maldoror.

Ce qui frappe chez ce père de la poésie moderne, c'est une rhétorique parfaite, majestueuse, ample, harmonieuse et forte comme une période de Bossuet. Un mouvement admirable conduit chaque partie avec précision dans un univers où l'imprécis domine généralement. Par lui, l'incohérence devient cohérente, le matériel d'images empruntées partout, souvent dans les sciences physiques, se fond dans un ensemble onirique. Les diatribes contre les « pantins en baudruche » et « toute la série bruyante des diables en carton » fabriqués par « les-Grandes-Têtes-Molles » du passé atteignent à la grandeur. Ces tigres de papier — les thuriféraires du mal et de la douleur, les moralistes, les penseurs chrétiens — sont bafoués au cours d'une révolte qui s'exerce contre tout y compris soi-même. Les acquis de la culture et de la civilisation, les prestiges de la raison sont battus en brèche par ce qui est révolte à l'état pur. Le moraliste Albert Camus pourra bien écrire : « Lautréamont, salué cordialement comme le chantre de la révolte pure, explique au contraire, et malgré lui, le goût de l'asservissement intellectuel qui s'épanouit dans notre monde. » On retiendra :

Il y en a qui écrivent pour rechercher les applaudissements humains, au moyen de nobles qualités du cœur que l'imagination invente ou qu'ils peuvent avoir. Moi, je fais servir mon génie à peindre les délices de la cruauté! Délices non passagères, artificielles; mais, qui ont commencé avec l'homme, finiront avec lui. Le génie ne peut-il pas s'allier avec la cruauté dans les résolutions secrètes de la Providence? ou, parce qu'on est cruel, ne peut-on pas avoir du génie? [...]

J'ai vu, pendant toute ma vie, sans en excepter un seul, les hommes, aux épaules étroites, faire des actes stupides et nombreux, abrutir leurs semblables, et pervertir les âmes par tous les moyens. Ils appellent les motifs de leurs actions : la gloire. En voyant ces spectacles, j'ai voulu rire comme les autres; mais, cela, étrange imitation, était impossible. J'ai pris un canif dont la lame avait un tranchant acéré, et me suis fendu les chairs aux endroits où se réunissent les lèvres. Un instant je crus mon but atteint. Je regardai dans un miroir cette bouche meurtrie par ma propre volonté! C'était une erreur! Le sang qui coulait avec abondance des deux blessures empêchait d'ailleurs de distinguer si c'était là vraiment le rire des autres. Mais, après quelques instants de comparaison, je vis bien que mon rire ne ressemblait pas à celui des humains, c'est-à-dire que je ne riais pas. J'ai vu les hommes, à la tête laide et aux yeux terribles enfoncés dans l'orbite obscure, surpasser la dureté du roc, la rigidité de l'acier fondu, la cruauté du requin, l'insolence de la jeunesse, la fureur insensée des criminels, les trahisons de l'hypocrite, les comédiens les plus extraordinaires, la puissance de caractère des prêtres, et les êtres les plus cachés au dehors, les plus froids des mondes et du ciel; lasser les moralistes à découvrir leur cœur, et faire retomber sur eux la colère implacable d'en haut.

Avec lui, le sadisme entre en poésie. La morale lira avec effroi : « J'ai fait un pacte avec la prostitution afin de semer le désordre dans les familles. » Si dans ce premier chant, on commence à lire les invocations au vieil océan, elles habiteront à jamais la mémoire dès cette ouverture :

Je me propose, sans être ému, de déclamer à grande voix la strophe sérieuse et froide que vous allez entendre. Vous, faites attention à ce qu'elle contient, et gardez-vous de l'impression pénible qu'elle ne manquera pas de laisser, comme une flétrissure, dans vos imaginations troublées.

Mais comment choisir alors que tout est à citer ? Encore un passage :

[...] Ô poulpe, au regard de soie! toi, dont l'âme est inséparable de la mienne; toi, le plus beau des habitants du globe terrestre, et qui commandes à un sérail de quatre cents ventouses; toi, en qui siègent noblement, comme dans leur résidence naturelle, par un commun accord, d'un lien indestructible, la douce vertu communicative et les grâces divines, pourquoi n'es-tu pas avec moi, ton ventre de mercure contre ma poitrine d'aluminium, assis tous les deux sur quelque rocher du rivage, pour contempler ce spectacle que j'adore!
Vieil océan, aux vagues de cristal, tu ressembles proportionnellement à ces marques azurées que l'on voit sur le dos meurtri des mousses; tu es un immense bleu, appliqué sur le corps de la terre : j'aime cette comparaison. Ainsi, à ton premier aspect, un souffle prolongé de tristesse, qu'on croirait être le murmure de ta brise suave, passe, en laissant des ineffaçables traces, sur l'âme profondément ébranlée, et tu rappelles au souvenir de tes amants, sans qu'on s'en rende toujours compte, les rudes commencements de l'homme, où il fait connaissance avec la douleur, qui ne le quitte plus. Je te salue, vieil océan!

Maldoror, épopée splendide, douloureuse et torturée, magique et cosmique, dont chaque partie est inattendue, déconcertante, donne mille thèmes particuliers formant les facettes d'une idée dominante : la révolte blasphématoire contre le Créateur, « l'Éternel à face de vipère », et les objets de la création. On pense aux poètes funèbres de la fin du XVIIIe siècle inspirés par les tombeaux, au satanisme des romans noirs et de Byron, aux visions de Dante dont Ducasse reprend les tournures, à la cruauté de Sade devenant son propre objet, aux tourments de Baudelaire. La nature, les sciences physiques et naturelles ont une place prépondérante. La vie animale, avec ses luttes et ses pactes, apparaît sans cesse avec ses armes naturelles : griffes et dents, cornes et dards. Les poèmes grouillent de ces bêtes meurtrières ou visqueuses.

Gaston Bachelard a compté cent quatre-vingt-cinq animaux. André Malraux, en comparant deux écritures d'un texte, s'est

aperçu que les corrections de Lautréamont suivaient un procédé :
« remplacer toutes les abstractions par des noms d'objets ou d'animaux, lesquels n'ont point de rapport logique avec le poème ».
Ainsi, l'esprit du Bien, Dazet, devient « poulpe au regard de soie »,
« gros crapaud », « monarque des marécages », « acarus sarcopte
qui produit la gale ». Il est vrai que Ducasse a un intérêt sans bornes
pour son bestiaire, aimant le requin comme l'aigle, l'araignée et le
pou, toutes ces bêtes qu'on trouve au chant IV :

> Je suis sale. Les poux me rongent. Les pourceaux, quand ils me
> regardent, vomissent. Les croûtes et les escarres de la lèpre ont écaillé
> ma peau, couverte de pus jaunâtre. Je ne connais pas l'eau des fleuves, ni
> la rosée des nuages. Sur ma nuque, comme sur un fumier, pousse un
> énorme champignon, aux pédoncules ombellifères. Assis sur un meuble
> informe, je n'ai pas bougé mes membres depuis quatre siècles. Mes pieds
> ont pris racine dans le sol et composent, jusqu'à mon ventre, une sorte de
> végétation vivace, remplie d'ignobles parasites, qui ne dérive pas encore de
> la plante, et qui n'est plus de la chair. Cependant mon cœur bat. Mais
> comment battrait-il, si la pourriture et les exhalaisons de mon cadavre
> (je n'ose pas dire corps) ne le nourrissaient abondamment ?

Ici, c'est la charogne qui parle dans un état entre vie et mort.
Les monstres sont enfantés non par le sommeil de la raison, mais
par l'éveil de la lucidité. C'est un cauchemar éveillé où apparaissent
les bêtes de la nuit, une fulguration de l'avenir possible du corps :

> Sous mon aisselle gauche, une famille de crapauds a pris résidence, et,
> quand l'un d'eux remue, il me fait des chatouilles. Prenez garde qu'il ne
> s'en échappe un, et ne vienne gratter, avec sa bouche, le dedans de votre
> oreille : il serait ensuite capable d'entrer dans votre cerveau. Sous mon
> aisselle droite, il y a un caméléon qui leur fait une chasse perpétuelle, afin
> de ne pas mourir de faim : il faut que chacun vive. Mais, quand un parti
> déjoue complètement les ruses de l'autre, ils ne trouvent rien de mieux
> que de ne pas se gêner, et sucent la graisse délicate qui couvre mes
> côtes : j'y suis habitué. Une vipère méchante a dévoré ma verge et a pris
> sa place : elle m'a rendu eunuque, cette infâme. [...]

Lisons bien : « les chatouilles », « il faut que chacun vive », « elle
m'a rendu eunuque »... l'humour est présent, noir et dévastateur
et cet univers du corps où entrent en lutte les occupants abomi-
nables, peut-être l'univers tout court avec ses combats incessants
pour la vie. Léon Bloy pourra écrire : « L'effet d'ensemble est terrible au-delà de toute expression et d'une beauté unique surpre-
nante. » Nous pensons, avec Edmond Jaloux, que « les génies nocturnes peuvent attirer moins d'esprits que les autres, mais ceux
qui ont été séduits une fois par leur redoutable pouvoir leur sont
attachés par une passion qui ressemble à un long et mystérieux
envoûtement ». Lautréamont est bien le héros et le héraut d'un

romantisme paroxystique et s'il devait être attaché à une école, ce serait celle de l'hyper-romantisme qu'il invente.

Il a plagié parfois, il a glissé dans son texte telle séquence non pas prise chez un écrivain, mais dans quelque manuel scientifique. Si les mots sont à tous, il n'a pas hésité à prendre des groupes de mots quand cela était nécessaire. Il a minutieusement fabriqué ses chants avec une logique outrancière comme l'a remarqué le grand poète italien Giuseppe Ungaretti qui affirme : « Il discerne, avec une précision cruelle, les limites de chaque mode du langage, et démontre que le mode lyrique est le plus illimité. Les échos de ses grandes images se croisent d'un bout à l'autre de son poème. Le retentissement, par un art qu'on serait tenté de comparer à l'attrait de la lune s'exerçant sur les vagues, non seulement ordonne en chants et en strophes le poème, mais il en organise l'unité impeccable. »

Des souvenirs scolaires, on en trouve dans l'utilisation de la rhétorique, mais dès qu'il flagelle, ce sont des images neuves qui s'imposent à lui. Elles viennent à foison et se multiplient : l'homme peut être « à la verge rouge » ou « aux lèvres de bronze » ou « la chevelure pouilleuse ». Il aime la splendeur et si l'on juge admirable : « La tête de la vipère, séparée de son tronc, siffle encore pendant quinze jours », que l'on aille voir dans le traité de Pline et l'on trouvera sans cesse cette poésie involontaire née du merveilleux des erreurs scientifiques. Tout le sert et il est admirable qu'il donne sa cohésion à tant d'éléments épars réunis dans sa fable diabolique où tous les temps sont forts. Il ouvre bien une carrière infinie à l'imaginaire, mais son héritage ne sera recueilli qu'au XXᵉ siècle où le sens de l'absurde sera plus développé.

Lisons encore cet extrait du chant II car il est significatif des reprises de ce long monologue inventif où le poète reprend sans cesse sa confession à lui-même :

[...] Un jour, donc, fatigué de talonner du pied le sentier abrupt du voyage terrestre, et de m'en aller, en chancelant comme un homme ivre, à travers les catacombes obscures de la vie, je soulevai avec lenteur mes yeux spleenétiques, cernés d'un grand cerne bleuâtre, vers la concavité du firmament, et j'osai pénétrer, moi, si jeune, les mystères du ciel! Ne trouvant pas ce que je cherchais, je soulevai la paupière effarée plus haut, plus haut encore, jusqu'à ce que j'aperçusse un trône, formé d'excréments humains et d'or, sur lequel trônait, avec un orgueil idiot, le corps recouvert d'un linceul fait avec des draps non lavés d'hôpital, celui qui s'intitule lui-même le Créateur! Il tenait à la main le tronc pourri d'un homme mort, et le portait, alternativement, des yeux au nez et du nez à la bouche; une fois à la bouche, on devine ce qu'il en faisait. [...]

Comme plus tard Henri Michaux, il construit une ville avec des loques, comme le héros de Michel Tournier, le dandy des gadoues, dans *les Météores,* il sait que le trône est formé d'ordures autant que d'or.

Le propre du génie est souvent dans la contradiction de lui-même. On ne sait ce qu'aurait été le « livre futur » dont Ducasse a écrit la préface. *Les Chants de Maldoror* atteignent, semble-t-il, les limites de la création lyrique romantique. Mais ce super-romantique, dans la fameuse préface, *Poésies,* s'est attaqué à tout : « Laissez de côté les écrivassiers funestes : Sand, Balzac, Alexandre Dumas, Musset, Du Terrail, Féval, Flaubert, Baudelaire, Leconte et la *Grève des Forgerons!* » Il sait que « toute l'eau de la mer ne suffirait pas à laver une tache de sang intellectuelle » et s'il va jusqu'à divaguer avec une lyre « satirique et nihiliste », si « une vérité banale renferme plus de génie que les ouvrages de Dickens, de Gustave Aymard, de Victor Hugo, de Landelle », si « le plagiat est nécessaire », s'il démolit quelques siècles de littérature, si ses affirmations sont sujettes à caution, s'il s'intéresse aux « types agitateurs » comme Faust, Manfred, Konrad, si « quelques philosophes sont plus intelligents que quelques poètes », s'il ne reconnaît pas pour acceptable le Mal, s'il prône la poésie impersonnelle (cette phrase célèbre, ce dogme : « La poésie doit être faite par tous, non par un »), il n'oublie jamais l'humour dans la bataille :

[...] Renouons la chaîne régulière avec les temps passés; la poésie est la géométrie par excellence. Depuis Racine, la poésie n'a pas progressé d'un millimètre. Elle a reculé. Grâce à qui? aux Grandes-Têtes-Molles de notre époque. Grâce aux femmelettes, Chateaubriand, le Mohican-Mélancolique; Sénancour, l'Homme-en-Jupon; Jean-Jacques Rousseau, le Socialiste-Grincheur; Ann Radcliffe, le Spectre-Toqué; Edgar Poe, le Mameluck-des-Rêves-d'Alcool; Mathurin, le Compère-des-Ténèbres; George Sand, l'Hermaphrodite-Circoncis; Théophile Gautier, l'Incomparable-Épicier; Leconte, le Captif-du-Diable; Goethe, le Suicidé-pour-Pleurer; Sainte-Beuve, le Suicidé-pour-Rire; Lamartine, la Cigogne-Larmoyante; Lermontoff, le Tigre-qui-Rugit; Victor Hugo, le Funèbre-Echalas-Vert; Miçkiéwicz, l'Imitateur-de-Satan; Musset, le Gandin-Sans-Chemise-Intellectuelle; et Byron, l'Hippopotame-des-Jungles-Infernales.

Chez ce contradicteur-né, il faut souvent lire à l'envers. Il aime inverser les maximes ou les formules des grands écrivains, on le voit dans *Poésies II* où le procédé est quelque peu facile, et l'on préfère quand il brasse les thèmes, quand il se livre à des affirmations originales comme « le doute est un hommage rendu à l'espoir » ou « les jugements sur la poésie ont plus de valeur que la poésie » ou « cache-toi, guerre » ou « lutter contre le mal est lui faire trop d'honneur ». Cet anti-moraliste prend les armes de la morale. L'important pour lui est l'agitation. C'est le provocateur pur. Mais que de beautés pré-surréalistes! Ainsi : « Les descriptions sont une prairie, trois rhinocéros, la moitié d'un catafalque. » Mais rien n'atteint ici le monologue frénétique de Maldoror-Ducasse-Lautréamont. Simplement, on retient, comme dit Soupault, que « Ducasse ne veut rien respecter et il conseille de ne respecter rien ».

Isidore Ducasse est le créateur d'un style : comme Mallarmé, comme Rimbaud. De la poésie, il est le démon et « la louve enragée courant de ses pattes agiles et silencieuses à la rencontre d'un voyageur » dont parle Léon Bloy qui ajoute : « qu'à la lecture on sent battre ses artères et vibrer son âme jusqu'au tremblement, jusqu'à la dislocation ». Par Lautréamont, le mal a son épopée et son œuvre est bien ce que dit André Breton « le manifeste même de la poésie convulsive », ce que dit André Gide de lui : « le maître des écluses pour la littérature de demain ». D'autres verrons là une mystification littéraire. Nous en aimerions beaucoup de cette sorte.

Des Individualités

Le Duc de Guise de la littérature.

J ULES BARBEY D'AUREVILLY (1808-1889) est une sorte de conné-
table des lettres. L'auteur d'une élégie juvénile adressée à
Casimir Delavigne, *Aux héros des Thermopyles,* 1825, fut l'ennemi
juré des parnassiens après s'être opposé aux idées libérales des
romantiques. Il est vrai que ce solitaire hautain, admirateur de
Byron, défenseur de Balzac et de Baudelaire, mit sans cesse flam-
berge au vent, attaquant un peu tout, Hugo comme Sainte-Beuve,
Cousin comme Augier, l'Académie française et la Comédie-
Française comme Zola. C'est un dandy qui multiplie les aventures
amoureuses, un lion qui dédaignera les changements de mode et
restera célèbre par un port de tête hautain, une redingote longue
et cintrée, une tenue excentrique et inchangée. C'est un catholique
de combat, un mystique anti-démocratique, un prosateur de
haute qualité épris de l'étrange et du fantastique, nouvelliste
étonnant des *Diaboliques* entre autres. Pour aider au portrait, citons
Charles Buet qui définit cet aristocrate normand épris d'absolu et
ne transigeant avec rien : « Ce fut une des intelligences les plus
profondes, les plus complètes de ce temps-ci, que cet homme qui
s'est contenté d'être un solitaire, écrivant des histoires pour lui-
même et pour ses amis, faisant bon marché de l'argent et de la
gloire, et prodigue éperdu, semant à tous les vents assez de génie
pour laisser croire qu'il en avait le mépris. » Il aura vécu, dit Paul
Bourget, « à l'état de révolte permanente et de protestation
continue ».
    La gloire de ses romans a masqué sa poésie. Son aspect « réac-
tionnaire » se double d'indépendance : n'a-t-il pas défendu Jules
Vallès l'insurgé et été l'ami d'Octave Mirbeau le polémiste socia-

liste? n'a-t-il pas, ce traditionaliste, délivré le roman de l'analyse psychologique et de l'étude des caractères pour donner place au surnaturel? Barbey est plus complexe qu'il n'y paraît à première vue. Du temps des premières œuvres publiées à Caen chez le libraire Trébutien jusqu'au temps de Paris où il recevra dans une chambre meublée de jeunes disciples : Léon Bloy, François Coppée, Paul Bourget, Péladan, il ne change guère, éreintant dans un volume *Goethe et Diderot*, 1880, ou *les Bas bleus*, 1877, en franc misogyne. Il épousera une dame austère, Louise Read, et prendra une jeune maîtresse qui sera une actrice célèbre : Marthe Brandès.

Sa poésie? Il est presque trop facile de dire qu'on la trouve dans sa prose, et cela dès *la Bague d'Annibal*, 1843, récit en 151 chapitres qu'il appelle des strophes, plein de brio, de fantaisie et de mordant sur un fond romantique, plutôt que dans ses *Poésies,* 1854, ou ses *Poussières,* non pas qu'elle n'y soit pas présente, mais quelque grandiloquence, quelque panache la masque :

> Mais ces flancs terrassés qu'on croyait sans blessure
> En ont une depuis qu'ils respirent, hélas!
> D'un trait mal appuyé légère égratignure,
> Qui n'a jamais guéri, mais qui ne saignait pas!
> Ce n'était rien, — le pli de ces premières roses
> Qu'on écrase au printemps sur le cœur, quand il bout...
> Ah! dans ce cœur combien il a passé de choses!
>   Mais ce rien resté... c'était tout!

Il veut arracher le soleil des cieux, le voir sombrer, « astre découronné, comme un roi de la terre » et il parle de « grimace de mourir, grimace funéraire » si le couchant lui fait entrevoir sa mort. Voici une strophe de *la Haine du soleil* où le sujet est plus original que la manière dont il est traité :

> Car je te hais, Soleil! oh! oui, je te hais, comme
> L'impassible témoin des douleurs d'ici-bas...
> Chose de feu, sans cœur, je te hais, comme un homme!
> L'être que nous aimons passe, et tu ne meurs pas!
> L'œil bleu, le vrai soleil qui nous verse la vie,
> Un jour perdra son feu, son azur, sa beauté,
> Et tu l'éclaireras de ta lumière impie,
>   Insultant l'immortalité!

Barbey disait : « J'ai parfois, dans ma vie, été bien malheureux, mais je n'ai jamais quitté mes gants blancs. » S'il n'était dans la prose un maître de liberté peignant le cœur humain « tel qu'il est », ce dont se souviendront François Mauriac et bien des romanciers, s'il n'avait cette ouverture constante sur le surnaturel, s'il n'avait cette étonnante personnalité, on serait tenté de dire qu'en poésie il ne quitte guère lesdits gants blancs, mais il serait injuste de ne pas envisager un écrivain dans sa totalité et ses vers sans nouveauté sont des plus honorables.

« La langue, vraiment d'un Dieu, partout. »

Cette phrase est de Mallarmé; elle s'adresse à Philippe-Auguste-Mathieu Villiers de l'Isle-Adam (1838-1889), cet autre aristocrate des lettres, cet autre maître du surnaturel, comme Barbey. De Mallarmé, de Charles Cros, Villiers fut l'ami, comme il avait été celui de Baudelaire. Comme Barbey encore, il est surtout connu pour son œuvre en prose : ses *Histoires insolites,* ses *Contes cruels,* ses récits comme *l'Ève future,* ses drames symbolistes comme *Axël.* Baudelaire lui avait révélé Edgar Poe qui, avec Hegel, fut son maître. Au réalisme et au naturalisme, il opposa le surnaturel et la magie. N'aurait-il que ces titres qu'il figurerait dans une histoire de la poésie, ce mesureur des mots, ce parfait dominateur des sonorités verbales. Homme de l'imaginaire, il fut à ses débuts poète en vers, s'apparentant au romantisme de Vigny et de Lamartine sans beaucoup de personnalité : *Premières poésies,* 1856-1858; *Fantaisies nocturnes,* 1862. Mais il fut un poète de la prose durant toute sa vie, et auteur de poèmes en prose dans ses *Histoires insolites,* 1888, et dans *Chez les passants,* 1890, posthume, d'où l'on a plaisir à extraire *le Convive* :

Tu voudrais être mon convive, jeune affamé qui mange des yeux le festin? Tu aspires la fumée des mets pleins d'odorantes promesses. La blancheur de la nappe te rend joyeux.

Vois les vins rouges et dorés qui frissonnent dans la pureté du cristal. Vois ces beaux fruits qui s'amoncellent en pyramides somptueuses, et ces fleurs qui croulent dans des vases.

L'ardeur de la faim luit dans tes yeux avec l'espoir du repas prochain : Quelle fête de regarder s'assouvir ton appétit fougueux! Je voudrais voir tes dents déchirer la joue froide des fruits mûrs, je voudrais voir tes jeunes lèvres se baigner dans la rougeur du vin.

Mais ne t'assieds pas à ma table, enfant au naïf désir : ici les mets n'ont aucune saveur.

Les vins sont figés dans leur prison claire : tu te briserais les dents sur la chair de marbre de ces fruits si beaux.

Va-t'en vers d'autres régals moins pompeux, va t'asseoir à une table plus hospitalière et tandis que tu apaiseras ta faim, tandis que l'ivresse réjouira ton front, déplore le triste festin sans convive, le repas solitaire dont nulle faim ne s'assouvira.

Est-ce à dire que l'auteur de *Tribulat Bonhomet* n'est poète qu'en prose? Il rebaptisera ses premières poésies *les Sillons stériles.* Est-ce un signe? En fait, il eut peu de succès avec ses poèmes. Comme souvent d'ailleurs, sa gloire ne fut tout d'abord qu'auprès de quelques-uns comme Verlaine qui le dit « génie tôt en proie à la fatalité de sa glorieuse supériorité sur même l'élite » et ce descendant du grand maître de Rhodes connut la gêne. On peut l'apparenter aux romantiques :

> Voici les premiers jours du printemps et d'ombrage,
> Déjà chantent les doux oiseaux;
> Et la mélancolie habite le feuillage;
> Les vents attiédis soufflent dans le bocage
> Et font frissonner les ruisseaux.

Cependant les dialogues versifiés de *Zaïra* pourraient être d'un parnassien :

> « Ô perle du désert! dis-moi :
> Si le giaour infidèle
> Ne s'en revenait plus vers toi?
> — Je te comprends bien, lui dit-elle :

> « Mais je m'appelle Zaïra.
> Va, mon cœur l'aimerait quand même :
> Je suis de la tribu d'Azra;
> Chez nous on meurt lorsque l'on aime! »

Entre Parnasse et Symbolisme, et plus près de ce dernier mouvement, il sera l'auteur du grand poème dramatique en prose en quatre parties : *Axël,* vaste symphonie lyrique, inégale, souvent pleine de splendeurs sombres, de profondeurs mystérieuses, avec des éclairs de magie et d'occultisme, proche de Wagner, qui eut une grande influence sur les jeunes symbolistes. Marcel Schneider écrit : « *Axël,* le sublime *Axël* qui tient dans l'œuvre de Villiers la place de *Faust* dans l'œuvre de Goethe... » Prince de la chimère, oui, et qui n'a jamais cessé de croire au miracle, Villiers a vécu sa vie comme un songe dans l'univers du fantastique et de l'imaginaire. On ne peut oublier la langue magnifique qui se déploie dans ses proses. N'ayant écrit que très peu en vers, il mérite pour l'ensemble de son œuvre le titre de poète.

Présence d'un romantisme traditionnel.

Peu soucieux des apports nouveaux, quelques poètes restent fidèles au premier Romantisme. Louis Reybaud (1799-1879) avant ses volumes de *Jérôme Paturot à la recherche d'une position sociale,* 1843, et leurs suites ironiques et promptes à railler les institutions nouvelles, écrivit dans des journaux d'opposition et donna *la Dupinade,* 1831, satire héroïque. Le pamphlétaire et romancier Louis

Veuillot (1813-1882) a écrit de mauvais poèmes en vers, mais certains fragments de prose se rapprochent du poème :

> Là vous trouverez le houx et la noble-épine, qui fleurissent en leur temps. Le chèvrefeuille, le lierre, la vigne sauvage pendent en festons joyeux.
> Comptez ces fleurs, depuis l'humble touffe de véronique jusqu'à cette haute et fière grappe de bouillon-blanc qui s'épanouit sur sa tige de velours;
> Pervenche, liseron, glaïeul, bouton d'or, et la graminée élégante, et l'églantine blanche et rose, et, le matin les diamants de la rosée;
> Et les insectes d'émeraude, et les papillons volants, et les lézards fuyants, et les oiseaux chantants, quelle boutique d'orfèvre est aussi riche qu'une de nos haies?

Le bibliographe des romantiques, l'ami de Baudelaire, Charles Asselineau (1820-1874) a le grand mérite de s'être attaché aux « petits » romantiques, de Pétrus Borel à Philothée O'Neddy, qui pour beaucoup sont les vrais romantiques. Charles de Mazade (1821-1893) écrivit de médiocres *Odes,* 1841, avant de devenir un critique écouté. On doit à Charles-Gabriel Thalès-Bernard (1821-1873) d'avoir fait connaître en France les chants populaires estoniens, albanais, hongrois, etc., les imitant dans ses *Mélodies pastorales,* 1871, un peu trop faciles et sans relief. Plutôt que ses recueils comme *Poésies nouvelles, Adorations, Poésies mystiques, le Progrès,* poème didactique, on retient sa tentative de rapprocher la poésie du peuple. D'autres romantiques en retard sont Arnaud Baron (1843-après 1891), Gustave Rivet (né en 1848), Joseph Derisoud (né en 1833), Henri Cantel (né en 1830), Charles Grandsard (né en 1817), Alphonse Leflaguey, Edmond Arnould. Une place à part doit être donnée à Pierre Leroux (1797-1871), car cet ancien maçon, ancien typographe inventeur du pianotype, machine à compter, fondateur du *Globe,* a été un des premiers à distinguer dans le Romantisme l'apparition du Symbolisme, professant avant Mallarmé que le poème doit « faire entendre au lieu de dire ». Héritier de Rousseau, admirateur de Victor Hugo, démocrate, exilé après le coup d'État du 2 décembre, il écrivit, pour répondre à un pamphlet du hargneux Eugène de Mirecourt (1812-1880), l'ennemi de Dumas et de tant d'autres, *la Grève de Samarez,* poème philosophique où l'on rencontre Byron, Shelley, et surtout Victor Hugo.

Quelques « curiosités » poétiques.

Pour un petit entracte dans ce livre, nous trouvons quelques originaux et quelques poètes insoupçonnés. Raymond Queneau nous a appris le nom du premier : Defontenay dont on ne sait rien, ni sa date de naissance ni celle de sa mort; bien plus mystérieux que Lautréamont, la gageure de sa biographie ne peut être tentée. Son éditeur, Ledoyen, on ne le connaît pas. Restent les titres de ses ouvrages : *Essai de Calliplastie* (il était docteur en médecine), *Études dramatiques (Barkokébas, le Vieux de la montagne, Orphée, Prométhée)*, 1854, et surtout « le livre qui lui donne le droit de figurer plus qu'honorablement dans toutes les histoires de la littérature française », selon Queneau : *Star ou Ψ de Cassiopée*. C'est l' « Histoire merveilleuse de l'un des mondes de l'espace. Nature singulière, coutumes, voyages, littérature starienne. Poèmes et comédies traduites du starien. Fantasio », par Defontenay. Une maxime pétronienne et fouriériste figure en épigraphe : *Delectari maxime, semper et illico*. Ce livre est de 1854 et l'on pourrait croire à une merveilleuse supercherie si Queneau ne précisait : « Il se trouve à la B. N., Y^2 69.715 » et si Charles Monselet ne l'avait signalé dans *la Lorgnette littéraire*, 1857 : « Defontenay. Imagination étrange, nébuleuse. »

Parmi les merveilles de cette exploration imaginaire figure une typographie originale qui rappelle les recherches spatiales de maints poètes d'avant-garde aujourd'hui :

Malgré mon froid dégoût   pour ce hideux spectacle   la
curiosité   me poussait cependant   à faire l'examen
de la masse céleste   qui pendant un instant   avait pesé
peut-être   dans la main de Brahma   ou qui du moins au
ciel   avait longtemps erré   dans les flots supérieurs
de la mer des étoiles.

Je déblayai la neige   dans laquelle gisait   cette pierre du
ciel   et je pus voir alors   la tranche micacée   et
quelque peu rugueuse   de sa cassure ornée   des plus vives
paillettes.

Defontenay décrit : les soleils et les satellites, la végétation, la faune, les races, les mythologies, les sciences, la vie intellectuelle et politique, la mort :

[...] Chez les Rudariens, la *Mort* est véritablement un être vivant et visible; c'est une espèce matérielle qui a la forme et le volume d'une vessie allongée, pourvue, tout autour de son enveloppe extérieure, de membranes ou de lames pendantes qui lui servent d'ailes. Ces êtres, qui n'ont rien de commun avec les autres êtres de ce monde, ni comme organisation ni comme nature, sont pour l'espèce humaine et le règne animal l'ennemi dévorant et le tombeau de toute vie...

Et comment sont ces Rudariens que Defontenay dit grands, maigres et osseux?

[...] Leur peau uniformément argentée, brille d'un éclat métallique assez vif. Au lieu de cheveux, leur tête est recouverte d'écailles étroites, longues et luisantes, auxquelles les mouvements des muscles du crâne impriment un bruit analogue à celui que rendent les serpents à sonnettes. Leurs yeux d'un vert émeraude ont la prunelle d'un jaune de feu, et jettent une phosphorescence singulière...

Ces hommes bruissants et phosphorescents ne sont-ils pas une création poétique? On remercie Raymond Queneau découvreur et poète de nous parler de celui qu'il appelle « un " génie méconnu ", un authentique précurseur de la science-fiction et de Michaux ».

On ne saurait ranger dans les fous littéraires cet Arthur-Joseph qui se donna le titre de comte de Gobineau (1816-1882) et inspira un fou d'une autre espèce nommé Adolf Hitler avec un *Essai sur l'inégalité des races humaines* raciste avant le mot et sans fondement scientifique. Ce diplomate ami de Tocqueville qui annonce Nietzsche, s'il écrivit avec *les Pléiades,* 1874, un des grands romans français, fut auteur de feuilletons et de poèmes oubliés : *les Cousins d'Isis,* 1844; *la Chronique rimée de Jean Chouan,* 1874; *Amadis,* épopée en six chants, 1876. Il était plutôt fait pour la prose, ce pessimiste, ce despotique, cet ami de la lointaine Renaissance, ce servant d'idées erronées et néfastes, mais qui savait écrire.

Et Eugène Fromentin (1820-1876), peintre et écrivain comme Gavarni, auteur de *Dominique,* ce roman de formation si délicat, qui sait qu'il a écrit des vers de jeunesse qu'on ne peut dédaigner?

Lorsque, dans son *Journal,* le 25 janvier 1876, Edmond de Goncourt écrira : « La littérature inaugurée par Flaubert et les Goncourt pourrait, il me semble, se définir ainsi : une étude rigoureuse de la nature dans une prose parlant la langue des vers » — peut-être élargira-t-il quelque peu le domaine de la poésie. Si le génial auteur de *Madame Bovary* ou de *l'Éducation sentimentale,* dans *Salammbô,* donne de merveilleux effets décoratifs, s'il est épris de « mots rayonnants, de mots de lumière », son art de manier une prose parnassienne manque parfois de ce « rapport nécessaire entre le mot juste et le mot musical ». Il parvient cependant à se rapprocher du poème en prose : il ne lui manque souvent qu'un sens de l'accent, de la sonorité, du rythme comme l'a remarqué Paul Claudel parlant de « l'uniformité décolorée de ces syllabes sans vibration » et ajoutant : « L'auteur semble ignorer le ballon des féminines, la grande aile de l'incidente qui, loin d'alourdir la phrase, l'allège et ne lui permet de toucher à terre que tout son sens épuisé... » Mais nous avouons qu'il est d'autres plaisirs littéraires que celui de la poésie.

Le souvenir de Chateaubriand, de Fénelon, de Massillon permet parfois à la prose de belles cadences lyriques et l'on en trouve chez Ernest Renan (1823-1892), notamment dans *la Prière sur l'Acropole* :

Ô noblesse! ô beauté simple et vraie! déesse dont le culte signifie raison et sagesse, toi dont le temple est une leçon éternelle de conscience et de sincérité, j'arrive tard au seuil de tes mystères; j'apporte à ton autel beaucoup de remords. Pour te trouver, il m'a fallu des recherches infinies...

Je suis né, déesse aux yeux bleus, de parents barbares, chez les Cimmériens bons et vertueux qui habitent au bord d'une mer sombre, hérissée de rochers, toujours battue par les orages. On y connaît à peine le soleil; les fleurs sont les mousses marines, les algues et les coquillages coloriés qu'on trouve au fond des baies solitaires. Les nuages y paraissent sans couleur, et la joie même y est un peu triste; mais des fontaines d'eau froide y sortent du rocher, et les yeux des jeunes filles y sont comme ces vertes fontaines, où, sur des fonds d'herbes ondulées, se mire le ciel...

Un immense fleuve d'oubli nous entraîne dans un gouffre sans nom. Ô abîme, tu es le dieu unique. Les larmes de tous les peuples sont de vraies larmes; les rêves de tous les sages renferment une part de vérité. Tout n'est ici-bas que symbole et que songe. Les dieux passent comme les hommes, et il ne serait pas bon qu'ils fussent éternels. La foi qu'on a eue ne doit jamais être une chaîne. On est quitte envers elle quand on l'a soigneusement roulée dans le linceul de pourpre où dorment les dieux morts.

Autres « curiosités » poético-médicales.

Il existe une tradition du poème chez les médecins. Leur lyre est souvent didactique et traite de sujets médicaux. François Artance dans son *Abrégé d'anatomie en vers français,* 1846, semble donner le ton :

> L'orbite en pyramide où sont logés les yeux
> Est faite de sept os bien unis entre eux;
> Ces os sont le frontal, et l'ailé sphénoïde,
> Et le sus-maxillaire, et complexe ethmoïde...

On songe aux poèmes mnémotechniques que nous avons rencontrés au XVIIIe siècle. Paul-Jean-Laurent Ambialet met en vers *les Aphorismes d'Hippocrate,* 1855, comme vingt poètes l'ont fait avant lui. En vers seront mis les *Préceptes de l'École de Salerne,* 1844, par J.-P. Allouel. Claude-François Andrevetan versifie un *Code moral du médecin* dès 1842. On trouvera, toujours en vers, *les Règles de l'hydrothérapie,* 1860, par Viateur-Théophile Blau (1798-1862); *les Eaux et les maladies,* 1863, par François Foucauld de l'Espagnery. D'autres médecins chanteront la nature, comme Romain Blache qui joue au Delille dans *les Saisons et les travaux des champs en Provence* ou Eugène Villemin qui décrit les plantes dans un *Herbier poétique,* 1842.

Des médecins encore s'adonnent dans le souvenir de leur confrère Rabelais au genre héroï-comique : Jean Courcelle-Seneuil avec une *Procynarnocupidomachie,* 1865, ou Philippe Ricord, avec une *Dhuisyade.* Quant à Jean Barbier, il donne un *Abrégé des crimes de 93,* poème en dix-sept drames, 1858. Il y a des amis de La Fontaine : Paul Belouino et ses *Fables et apologues,* 1868 ; Jean-Baptiste Bernier et ses *Fables morales à l'usage de la jeunesse,* 1859 ; Claude-Auguste Delétant et ses *Fables et contes en vers,* 1867 ; Pierre-Casimir Ordinaire et ses *Fables de l'horticulteur,* 1864. Tout cela procède d'un honnête amateurisme, mais nous donne à penser sur la diversité des demeures de la maison de la poésie. On pourra même citer un poème de Paul Broca (1824-1888) qui a laissé son nom à un hôpital : Dieu, l'âme, la nature l'inspirent mal. Chez ces médecins-poètes on préfère souvent la lyre intime ou la muse chansonnière. Cependant, dans la deuxième partie du XIXe siècle, le didactisme est un peu passé de mode, et le Romantisme étant passé par là, on sera plus volontiers descriptif comme le Dr Édouard Aubas (1822-1865) dans *les Moghrabines,* 1855, à moins qu'un regret ne fasse naître quelque *Napoléonide,* 1861, chez Paul Barbarin-Durivaud, le mythe ayant bien pris corps. Fin de l'entracte.

Le Mouvement symboliste et Paul Verlaine

I

L'Univers symboliste

Entre le Parnasse et le Symbolisme, celui de Verlaine, Laforgue, Mallarmé, Ghil, Corbière, Vielé-Griffin, Stuart Merrill, Verhaeren et les symbolistes belges, etc., de nombreux mouvements sont apparus, fusionnant le plus souvent avec le mouvement dominant. Ce sont les décadents, les déliquescents, les hirsutes, les zutistes, les je-m'en-foutistes, les vilains bonshommes, les hydropathes, les poètes du *Chat Noir,* bohème rive gauche aimant les cafés, cabarets et clubs, s'exprimant dans des revues souvent satiriques et volontiers mystificatrices comme *l'Hydropathe, Tout-Paris, la Nouvelle rive gauche, Lutèce,* etc. Il est difficile d'ordonner, mais le faut-il ? ce grand fourmillement d'une période riche, agitée, batailleuse, au cœur de l'univers d'une bourgeoisie industrielle où tant de créateurs, par leur idéalisme militant, sauvent l'honneur des hommes.

Approches du Symbolisme.

Le mouvement parnassien est plus aisé à cerner que le mouvement qui le supplante — encore que les deux cheminent ensemble et se retrouvent chez de nombreux poètes. Baudelaire, Mallarmé, Verlaine se montrent souvent symbolistes au cœur d'une structure parnassienne, c'est-à-dire d'un Romantisme classique. Si peu facile que soit la définition du Symbolisme, tentons quelques approches avec la conviction que l'exemple des poèmes est plus significatif que nos développements.

Dans une préface aux poèmes de Lucien Fabre, intitulée *Connaissance de la Déesse,* Paul Valéry donna cette formule : « Ce qui fut baptisé le Symbolisme se résume très simplement dans l'intention commune à plusieurs familles de poètes (d'ailleurs ennemies) de "reprendre à la musique leur bien ". » Rodenbach donne une meilleure définition : « La poésie symbolique, c'est le rêve, les nuances, l'art qui voyage avec les nuages, qui apprivoise des reflets, pour qui le réel n'est qu'un point de départ et le papier lui-même, une frêle certitude blanche d'où s'élancer dans des gouffres de mystères qui sont en haut et qui attirent. »

Au matérialisme, au positivisme des parnassiens de stricte obédience (Leconte de Lisle forme le plus parfait modèle), à la raison qui raisonne, à l'impeccabilité, à l'impassibilité vont répondre l'individualisme, l'idéalisme, l'intuition, l'indécision, la fantaisie, la fluidité, et surtout une harmonie plus subtile. Dans *la Poésie nouvelle,* André Beaunier écrit : « Peindre la réalité, telle qu'elle se présente immédiatement aux regards de l'observateur, tel est l'art du parnassien; représenter dans la réalité tout le définitif mystère qu'elle recouvre, tel est l'art du symboliste. »

Ces formules sont insuffisantes. La musique dont parle Valéry existe chez les parnassiens; les deux propositions de Beaunier sont simplistes. On oublie, par exemple, que le Symbolisme s'accompagne d'une contestation sociale de la vie moderne, qu'il est une tentative d'appréhender les mystères de l'au-delà et des sens, de saisir l'essence de la poésie loin du didactisme parnassien et du sentiment romantique. Dans le Symbolisme, n'oublions pas la notion de symbole qui, ne s'accordant pas à une période historique donnée, est remise en valeur; même si on ne s'y réfère pas, les mythes et les rites primitifs, la fable, le rêve, le psychisme s'y reflètent. Tout cela que le rationalisme ou le bon sens refusent et tiennent pour irréel reste psychologiquement vrai, ce n'est plus à démontrer, et les créateurs auront conscience de participer, en de fins réseaux de correspondances, à une réalité psychique symbolisée par la poésie, ses mots, ses images et toujours en voie de métamorphose. Le poème prend dès lors pour objet d'exprimer des états d'âme. L'idée de correspondances chère à Nerval et à Baudelaire trouvera des prolongements. Il existe entre l'innocence et la conscience des niveaux intermédiaires, des relations indicibles. Et il en est de même entre la pensée et l'univers des sons. Le symbolisme prend conscience de cette complexité.

Le Symbolisme, essentiellement poétique.

Cette nouvelle théorie, au contraire du Naturalisme dont elle sera l'ennemie, est d'essence poétique. Elle a ses dettes : le Romantisme lui a légué l'idée que la poésie, chant intérieur, est l'expression de la subjectivité individuelle, et aussi cette image du poète maudit, frappé par l'ostracisme de la société bourgeoise; le divorce de l'action et du rêve, la notion d'art lui viennent du Parnasse.

Pour les symbolistes, la poésie devient un mode de connaissance, une approche intuitive de l'univers secret, une expérience de l'absolu, un idéalisme créateur. En cela, ils sont proches du Romantisme allemand cherchant une explication orphique de l'univers et une métaphysique expérimentale. Le langage devient une clé permettant d'ouvrir les portes inconnues de l'irrationnel, de l'inconscience, du délire et du rêve. C'est le plus grand pas jamais accompli vers une libération en attendant le Surréalisme.

On pénètre dans le monde de la pensée analogique, c'est-à-dire des sensations intuitives et divinatrices, des illuminations, des révélations. Le poète va laisser, comme dit Mallarmé, « l'initiative aux mots » qui prennent valeur de sons, de notations musicales. « De la musique avant toute chose », dit Verlaine. Deux arts convergent : musique et poésie. C'est un pas vers l'hermétisme initiatique. Richard Wagner, mal reçu par les Français, a fait son véritable voyage en France dans l'esprit des poètes. Novalis, peu répandu, a laissé des traces.

La position du poète en face de la nature change. Le vague, le vaporeux du rêve enveloppent donc une poésie idéaliste. Dans les choses, le poète voit des apparences. Existant non par elles-mêmes, non pour elles-mêmes, les choses sont présentes selon une vision perçue. Porteur du monde sensible, le poète n'attend plus que les paysages lui fournissent des états d'âme; c'est lui-même ou son âme qui reflète l'état de la nature. Henri de **Régnier** en donne un exemple :

> La nuit dort ton sommeil, l'averse pleut tes pleurs,
> L'avril sourit ton rire, et l'août rit ta joie,
> Tu cueilles ton parfum en chacune des fleurs,
> Et tout n'étant qu'en toi, tu ne peux être ailleurs.

Selon les dispositions du moment, c'est le poète qui modifie la nature; ce n'est pas elle qui lui apporte un sentiment de mélancolie, mais lui qui rend la nature mélancolique, en lui prêtant sa propre vie, son corps, sa démarche, ses larmes – ou sa joie. Les peintres symbolistes donnent des exemples proches. Les musiciens participent du mouvement qui, comme le Romantisme ou le Surréalisme, n'est pas uniquement littéraire, ce qui affirme sa portée universelle. A sa manière, le peintre Arnold Böcklin unit les arts : « Un tableau doit raconter quelque chose, donner à penser au spectateur comme une poésie et lui laisser une impression comme un morceau de musique. » Et l'on pourrait appliquer à

bien des poètes symbolistes ce que Huysmans disait d'Odilon
Redon : « Ces dessins étaient en dehors de tout; ils sautaient pour
la plupart par-dessus les bornes de la peinture, innovaient un fantastique très spécial, un fantastique de maladie et de délire. » Et
Redon n'écrit-il pas : « C'est la nature aussi qui nous prescrit
d'obéir aux dons qu'elle nous a donnés. Les miens m'ont induit
au rêve; j'ai subi les tourments de l'imagination et les surprises
qu'elle me donnait sous le crayon, mais je les ai conduites et menées,
ces surprises, selon des lois d'organisme d'art que je sais, que je
sens, à seule fin d'obtenir chez le spectateur, par un attrait subit,
toute l'évocation, tout l'attirant de l'incertain, sur les confins de
la pensée. » Nietzsche écrivant : « Désormais l'essence de la nature
doit s'exprimer symboliquement; un nouveau monde de symboles
est donc nécessaire... » apporte aide et inspiration. A une enquête
de Jules Huret, Mallarmé répondra : « Nommer un objet, c'est
supprimer les trois quarts de la jouissance du poème qui est faite
du bonheur de deviner peu à peu; le suggérer, voilà le rêve. C'est
le parfait usage de ce mystère qui constitue le symbole : évoquer
petit à petit un objet pour montrer un état d'âme, ou, inverse-
ment, choisir un objet et dégager un état d'âme, par une série de
déchiffrements. » Oui, comme dit Verlaine, « le symbole, c'est la
métaphore, c'est la poésie même ». A ces poètes si différents,
répond la diversité des peintres symbolistes comme les Français
Gustave Moreau, Odilon Redon, Lucien Lévy-Dhurmer, les Anglais
Aubrey Vincent Beardsley, Edward Burne-Jones, Dante Gabriel
Rossetti, les Belges Jean Delville ou Fernand Khnopff, et toute cette
Europe symboliste où l'on trouve entre cent peintres : Gustav Klimt,
Alfons Mucha, Edvard Munch, Carlos Schwabe, Jan Toorop, etc.

Le Langage et les mots.

Cette révolution calme du Symbolisme à laquelle l'histoire littéraire n'a peut-être pas accordé une assez grande attention ne fut
pas sans choquer maints esprits — et nous ne sommes pas sûrs que
les conceptions symbolistes soient aujourd'hui acceptées par tous.
Après un siècle, il arrive encore qu'on adresse des reproches aux
poètes qui en participent, même si le Surréalisme a permis de
nouvelles conquêtes. Brusquement, la pensée poétique n'apparaissait plus exprimée dans une langue claire, simple, au moyen
de mots conservant leur sens ordinaire — sans toutefois qu'on
sache bien la valeur de ce « sens ordinaire ». A la clarté française
allait succéder une clarté plus vive, une nouvelle lumière, lumière
noire, lumière bientôt mallarméenne. On accusa les symbolistes

d'entortiller, d'entremêler leurs idées, d'accoupler les vocables avec étrangeté, de donner aux mots des sens nouveaux, de créer une confusion mentale. Nous étions bien au pays de Descartes et de Boileau, même si les romantiques étaient passés par là. En 1902, Henry Bordeaux pouvait encore écrire : « Le Symbolisme commença d'apparaître en 1885. Il fut une réaction contre les formules trop arrêtées et rigoureuses du Parnasse, contre ses principes trop étroits qui, après avoir protégé le sentiment poétique comme une cuirasse, ne servaient plus qu'à l'étouffer. Et comme toutes les réactions, il dépassa d'abord la mesure. Il fit de l'imprécision une règle et du mystère une nécessité, parce que l'école parnassienne avait été l'esclave de l'exactitude et de la science positive. Il rompit brusquement avec la réalité et aussi, trop souvent, avec la syntaxe et la grammaire. Il fut donc obscur avec acharnement et volupté. » Avait-on compris que le but de la nouvelle poésie n'était pas de nommer les choses, mais de les évoquer subtilement ? La plupart des critiques ne retenaient que leur propre peur de la nuit.

Le Symbolisme fut aussi une révolution dans les rapports du créateur et du lecteur appelé à un rôle créatif. Selon son esprit, sa personnalité, son intelligence du texte, qui lisait pouvait trouver le plaisir de comprendre les choses selon lui-même, puisque les possibilités de lecture étaient multipliées. Aucun texte, dira-t-on, même avant le Symbolisme, n'était perçu de la même manière par deux lecteurs ou deux auditeurs. Certes, mais ici la multiplication paraissait infinie, et, depuis, la poésie a toujours présenté cette possibilité. Un texte de Mallarmé, avec une nuance, exprime cela : « Les Parnassiens prennent la chose entièrement et la montrent; par là, ils manquent de mystère. Ils retirent aux esprits cette joie délicieuse de croire qu'ils créent. Il doit toujours y avoir énigme en poésie. »

Le grand reproche qu'on fait aux symbolistes est d'être abscons. Ce terme va fleurir. Pour beaucoup, il n'est pas question d'accorder au langage ce qu'on accorde à la musique. L'imprécis, l'aérien, le vague, l'indéterminé font peur. Mais la poésie progresse, bien que les symbolistes soient assimilés aux décadents, mot qui sonne mal et fait les bouches dédaigneuses. Même les sympathisants, comme Huysmans, paraissent un peu dépassés : « Le clan décadent, dit Huysmans, divague, sous prétexte de causette d'âme, dans l'inintelligible charabia des télégrammes. En réalité, il se borne à cacher l'incomparable disette de ses idées sous un ahurissement voulu du style. » Des Esseintes démentirait-il son créateur ? Certes. Face au Naturalisme profondément ressenti, le Symbolisme préservera les droits du rêve, le charme de l'imprécis, la beauté musicale. Quant au reproche d'obscurité, la lecture de Verlaine, d'Henri de Régnier, de Vielé-Griffin et de tant d'autres, nous paraît extrêmement claire. Celle de Mallarmé ou de Rimbaud, aujourd'hui, dépasse les difficultés premières. Mais nous verrons qu'il n'existe pas *un* Symbolisme, mais *des* Symbolismes. Le tourment de création d'un Jules Laforgue, par exemple, diffère de celui de Mallarmé ou celui de Rimbaud de celui de Verlaine. Les préoccupations d'un Verhaeren ne sont pas si éloignées de celles de Zola. Les grandes lignes que nous tentons de tracer ici seront corrigées par la lecture des textes de chacun.

Regards sur la prosodie symboliste.

Il n'y a pas chez les symbolistes une rupture totale avec la prosodie classique, mais la révolution importante de leur mouvement consiste dans l'apparition du vers libre, même si son utilisation n'est pas absolue : les auteurs de vers libres que sont Henri de Régnier, Verhaeren, Samain et d'autres ont écrit des vers selon la formule traditionnelle.

Avant son nouvel usage, à la fin du XIXᵉ siècle, le terme de vers libres au pluriel s'appliquait à des vers réguliers de mètres différents mêlés dans le poème, La Fontaine dans ses *Fables* fournissant un parfait exemple. La symétrie habituelle du vers, avec sa césure le partageant en parties égales (à l'exception toutefois du merveilleux décasyllabe 4 + 6 permettant des effets de fluidité dont Valéry se souviendra), la structure des strophes et des rythmes, leur ordre, ne suffisaient plus aux tenants d'une nouvelle harmonie. Les « vers libristes » vont créer un instrument au clavier plus souple, permettant de multiplier les nuances (pas la couleur, la nuance...), de permettre plus de fluidité, de variations mélodiques et harmoniques, d'accorder le poème à l'impalpable, à l'imprécis, à la liberté de l'expression. N'oublions pas que les langues étrangères, avec les ressources de la quantité et de l'accent tonique, ont toujours pu rejoindre les états sensibles, poétiques, difficiles à atteindre avec notre prosodie disposant aux effets oratoires, — ce qui, dit par parenthèse, n'a pas empêché les poètes, nous l'avons vu tout au long de cette histoire, d'atteindre les régions les plus profondes et les plus subtiles, mais il a fallu souvent des miracles d'art. Certaines quasi-impossibilités ont d'ailleurs été perçues de tous temps par les poètes. Nous avons insisté sur la création des vers baïfins. Certains poètes de la Pléiade ont tenté des vers de 14 ou 18 pieds. Jean de La Jessée, au

XVIᵉ siècle, a écrit un sonnet en vers blancs, c'est-à-dire non rimés, ce qui fut aussi le cas de Voltaire. Turgot, pour traduire *l'Énéide* n'a pas hésité à employer des vers de 14 pieds :

> Jadis sur la fougère une musette accompagna mes chants.
> J'osai depuis, sortant du bois, disciple de Cérès,
> Forcer la terre à répondre aux vœux de l'avare agriculteur.
> Mars aujourd'hui m'appelle. Ô Muse! embouche la trompette...

Nous avons déjà rencontré l'impair cher à Verlaine chez plusieurs de ses aînés : Hugo, Banville, Baudelaire, etc. Même chez les symbolistes, l'accord sur le vers libre ne fut jamais total, et non plus sur certains mètres trop longs comme en témoigne la fin d'une épigramme de Paul Verlaine à Moréas, commençant par « J'ai fait un vers de dix-sept pieds! » :

> Mon vers n'est pas de dix-sept pieds.
> Il est de deux vers bien divers
> Un de sept, un de dix. — Riez
Du « distinguo » : c'est bon, rire. Et c'est meilleur encor, aimer vos vers.

Il arriva que Mallarmé niât la différence entre la poésie et la prose : « Le vers est partout dans la langue, où il y a rythme, partout excepté dans les affiches et à la quatrième page des journaux. Dans le genre appelé prose, il y a des vers, quelquefois admirables, de tous rythmes. Mais en vérité il n'y a pas de prose; il y a l'alphabet et puis des vers plus ou moins serrés, plus ou moins diffus. Toutes les fois qu'il y a effort du style, il y a versification. » Mais nous verrons plus loin que Mallarmé sut défendre le vers régulier. Paul Bourget, dans ses *Essais de psychologie contemporaine,* remarque : « Un style de décadence est celui où l'unité du livre se décompose pour laisser sa place à l'indépendance de la page, où la page se décompose pour laisser la place à l'indépendance de la phrase, et la phrase à l'indépendance du mot. »

La question du vers libre donna naissance à de longs débats, à une foule d'études prosodiques et scientifiques, favorables ou hostiles, comme en témoignent des œuvres théoriques dont nous donnons une liste abrégée :

Vigié-Lecoq : *Poésie de 1884-1896.* Adolphe Boschot : *La crise poétique.* Sully Prudhomme : *Réflexion sur l'art d'écrire.* Robert de Souza : *le Rythme poétique.* André Beaunier : *la Poésie nouvelle.* Le Goffic et Thieulin : *Nouveau traité de versification.* Jules Tellier : *Nos poètes.* Gustave Kahn : *le Vers libre.* Vielé-Griffin : *Causerie sur le vers libre et la tradition.* Albert Mockel : *Propos de littérature.* Georges Vanor : *l'Art symboliste.* Pierre de Bouchaud : *Considérations sur quelques écoles poétiques.* Adolphe Retté : *le Symbolisme,* etc., études fort intéressantes auxquelles il faut joindre, dans cette première époque, celles d'Adolphe Lacuzon, Remy de Gourmont, Ernest Psichari, Léon Vanoz, etc.

Selon l'opinion qu'on a du vers, on satirisa de part et d'autre, on satirise encore d'ailleurs chez les tenants du traditionalisme, parlant du poème comparable à un peigne aux dents cassées, du vers qui a conquis le droit de ne plus être un vers, etc. Depuis les premiers symbolistes usant de cette nouvelle forme, il n'est plus à prouver qu'elle a fait ses preuves. Déjà, Arthur Rimbaud, malgré sa révérence pour le voyant Baudelaire, lui reprochait d'être resté esclave de la « forme vieille ». Des poèmes comme *Marine* et *Mouvement* donnent l'exemple d'une métrique totalement libérée. Verlaine, s'il ne renonça pas à nombre de prescriptions classiques, comme la rime qu'il garde pour en dire les torts, comme l'élision ou l'hiatus, prescrivit l'impair et s'insurgea contre l'emploi banvillesque du « bijou d'un sou ». Enfin, nous rencontrerons de parfaites réussites un peu partout.

Si le vers, perdant son unité particulière, se confond dans l'unité de la strophe, il n'importe plus qu'il soit inclus dans le cours d'une strophe de longueur déterminée, dira le vers-libriste. Dès lors, le poète peut produire des membres rythmiques de toutes valeurs et les combiner à sa guise, selon le développement de son inspiration. Gustave Kahn écrit : « La strophe est engendrée par le premier vers, le plus important en son évolution verbale. L'évolution de l'idée génératrice de la strophe crée le poème particulier ou chapitre en vers d'un poème en prose. » René Ghil en développant sa théorie de l'instrumentation verbale (il s'autorise des travaux de Helmholtz sur les harmoniques) s'affronta avec Stéphane Mallarmé, homme d'ouverture, mais apportant une défense du vers régulier qui représente une unité magique, pour lui seule capable de condenser la pensée poétique jusqu'à son point d'incandescence.

Finalement, le discrédit ne sera pas jeté sur le vers régulier et le vers libre sera accrédité. La qualité est le point d'accord. Le vers régulier et le vers libre ont la même chance d'être mal compris et mal utilisés si le « poète » est maladroit ou médiocre. On sait bien que le vers régulier peut se prêter à un automatisme facile et ne donner lieu qu'à versification ou rimailleries qui, si parfaitement prosodiques qu'elles soient, peuvent se situer hors la poésie. De même, le vers libre peut donner lieu à du prosaïsme simplement déséquilibré, découpé arbitrairement en vers, sans se soucier d'harmonie ou de disharmonie volontaire — à moins qu'il ne s'agisse de révolte et de dérision, encore que cela demande aussi une recherche. Ici et là, les dangers existent; ici et là, les réussites sont possibles; les querelles du vers libre et du vers régulier sont dépassées et appartiennent aux vieilles lunes. Ce qui importe chez le symboliste utilisant le vers libre, c'est que le vers et la strophe, libérés, soumis non à d'étroites règles, mais accordés au cheminement de l'idée poétique, aient une valeur psychique plus que syllabique et métrique.

Périodes et familles.

En 1903, dans *la Plume,* Stuart Merrill pouvait faire un retour en arrière : « L'école symboliste fut un simple groupement sympathique à des jeunes gens qui, différant entre eux par le tempérament et ne s'entendant même pas sur les meilleurs moyens de s'exprimer, se réunirent dans une haine commune du bas naturalisme qui triomphait vers 1885 et dans un même amour de l'art lyrique, libre et synthétique. L'école symboliste se forma plutôt par le hasard de circonstances que par la volonté réfléchie de ses adhérents. Elle répondait à un besoin du moment. Elle représentait la réaction nécessaire contre la littérature du document et contre la poésie trop formaliste du Parnasse. Elle rendait la liberté à l'imagination de l'écrivain et affirmait que toute imagination est valable. »

Il existe, dans cette école symboliste, des périodes et des familles, des individualités surtout que nous tenterons de rejoindre dans les chapitres qui vont suivre.

On peut distinguer une période préparatoire qui se situe entre 1875 et 1885, et c'est en 1886 que l'année est marquée par des publications importantes, des affirmations, des prises de conscience qui distingueront peu à peu le Symbolisme des divers mouvements en effervescence de l'avant-garde littéraire plus haut cités. Des poètes s'uniront autour d'une doctrine cohérente. Dès lors, le décadentisme apparaîtra comme un des courants littéraires du Symbolisme, puisque les grands symbolistes, comme Mallarmé ou Verlaine, apportent des cautions à ce mouvement où l'on rencontre les poètes de *la Jeune Belgique* comme Rodenbach, Verhaeren, Maeterlinck, Van Lerberghe, Grégoire Le Roy, Iwan Gilkin, Albert Girard, Edmond Picard, ou comme les Français Maurice Rollinat, Moréas, qui se veut le représentant du groupe, Anatole Baju qui lança *le Décadent artistique et littéraire,* Huysmans pour *A Rebours,* plus tard Montesquiou le précieux. La plupart de ces Décadents sont marqués par une sorte de romantisme spleenétique soit en accord avec les brumes du Nord, notamment pour les poètes belges, soit par une prédisposition dont témoigne le titre de Rollinat, *les Névroses,* Baudelaire, Laforgue, Corbière, Verlaine apportant l'influence de leur sensibilité maladive ou inquiète.

En 1886 donc, paraissent *l'Avant-dire* de Mallarmé au *Traité du verbe* de René Ghil, le *Manifeste du Symbolisme* de Moréas, des poèmes de Rimbaud dans *la Vogue,* par les soins de Verlaine. Mallarmé reprend et développe son propos de *l'Avant-dire* à propos de Richard Wagner : « Tout reprendre à la musique. » Teodor de Wyzewa, d'origine polonaise, fonde *la Revue wagnérienne* alliée au Symbolisme, et, dans ses études, souligne les rapports nouveaux entre la poésie et la musique.

Dans la période qui suit, la plus effervescente, les débats à propos du vers libre, les articles, les études, les enquêtes, les manifestes, comme ceux de Georges Vanor, Charles Morice, Jean Moréas infatigable, se multiplient. Le public devient curieux de ce mouvement dont l'influence s'étend aux autres arts. Des revues fleurissent : *la Plume, Entretiens politiques et littéraires, Mercure de France, Revue blanche, l'Ermitage;* la grande presse, les petites feuilles se font volontiers l'écho des turbulences et parfois des mouvements en profondeur. C'est une des belles périodes de la poésie, et il est curieux qu'en ce xixᵉ siècle si agité, si divers, le Romantisme n'ait pas tout pris : le Parnasse, le Symbolisme disent son pouvoir dynamique et créatif.

En 1890, un journaliste, Jules Huret, fait une enquête auprès des écrivains. Une majorité répond à ce sondage d'autrefois en annonçant la mort du Naturalisme. Rien n'indique que cette enquête fut menée scientifiquement et peut-être fut-elle dirigée. Il n'empêche. Le romancier Paul Alexis proteste par une dépêche dont on se souviendra et qu'on imitera : « Naturalisme pas mort. » On redira ainsi : « Poésie pas morte. » Mais cette enquête révèle aussi un maître, un chef de file, une conscience : Stéphane Mallarmé, comparable dans le mouvement à André Breton pour le groupe surréaliste. Le critique Brunetière, dans la sage *Revue des Deux Mondes,* reconnaîtra que les symbolistes « ont essayé de rendre la poésie contemporaine à ses véritables destinées ».

Cependant, dès son apogée, le Symbolisme semblera connaître un rapide déclin − semblera seulement, car son esthétique demeurera à travers bien des métamorphoses. Les individualités l'emporteront et, dans ce temps où le progrès s'accélère déjà, de nouveaux courants lui succéderont. S'arrachant à l'esprit de chapelle, des poètes iront vers le social : René Ghil se tournera vers la collectivité humaine; les Symbolistes belges comme Verhaeren et Maeterlinck, unissant les dictées de l'inconscient et les forces tumultueuses de la nature et des villes tentaculaires, iront vers la mystique d'une communion humaine en accord avec leur sol natal; Stuart Merrill rejoindra le Socialisme; Jehan Rictus donnera des lettres de noblesse au Populisme. La tradition des grands précurseurs se perpétuera : Jean Royère et le trop peu connu Musicisme, André Fontainas et Paul Valéry (qui met une période de silence entre deux siècles) continueront la tradition de Mallarmé; Verlaine influencera des générations lyriques, religieuses, bohèmes et tendres : Charles Guérin, Francis Jammes, Louis Le Cardonnel, Germain Nouveau, les poètes d'une nouvelle école fantaisiste dans la première partie de notre siècle; Rimbaud et Lautréamont (qui échappe aux tendances et aux mouvements) annonceront les grandes voies du Surréalisme.

Un Paul Claudel, bien que le refusant plus tard, s'appuiera tout d'abord sur les données de l'art symboliste pour imposer une vision réaliste catholique se substituant aux mythes wagnériens. André Gide ramènera aux *Nourritures terrestres*. Nous aurons trouvé le Naturisme de Saint-Georges de Bouhélier, l'Humanisme de Fernand Gregh, l'École Romane de Jean Moréas (revenant comme Henri de Régnier à un néo-classicisme)... Mais nous anticipons et devons revenir aux aspects du Symbolisme.

Le Théâtre symboliste.

La force d'un grand mouvement comme le Symbolisme est de s'exprimer par la voix de toutes les muses et de faire la preuve de l'œuvre d'art. Le Symbolisme c'est à la fois une école picturale importante et à notre avis trop effacée par l'Impressionnisme, une musique admirable, un théâtre nouveau. On sentira un renouveau dès le *Théâtre de la Rose-Croix* de Joséphin Péladan qui y fera jouer ses propres pièces, trois ans après la création du *Théâtre-libre* d'André Antoine (1858-1943) surtout voué au naturalisme, au réalisme ou à la vérité humaine. La véritable réaction viendra cependant avec la création du *Théâtre d'Art* d'un tout jeune homme, ardent et chevaleresque, Paul Fort, qui s'élèvera contre un théâtre jugé retardataire et dégradant. Pour réagir contre Antoine qui avait eu l'idée de faire jouer *les Bouchers* dans un décor fait de quartiers de viande fraîche, ce qui pourrait encore étonner aujourd'hui, il fit appel aux meilleurs peintres, de Gauguin à Maurice Denis, de Vuillard à Bonnard, pour styliser les décors et leur donner une valeur symbolique.

Il y eut des heurs et des malheurs, ces derniers surtout par défaut d'argent. Mais peu à peu, dans l'alternance des anciens et des modernes, d'une part La Fontaine, Marlowe ou le Hugo du *Théâtre en liberté,* d'autre part Villiers de L'Isle-Adam, Van Lerberghe, Maeterlinck, Verlaine, en ajoutant des récitals de poètes comme Rimbaud, Laforgue, Mallarmé (ou même *le Cantique des*

Cantiques, symphonie sensorielle où les parfums et les projections de couleurs avaient leur part), ce théâtre suscita un intérêt qui devait s'affirmer lorsque Lugné-Poe et Camille Mauclair transformèrent le *Théâtre d'Art* en *Théâtre de l'Œuvre* et qu'on représenta *Pelléas et Mélisande* en attendant Paul Vérola, Pierre Quillard, André Gide et *le Roi Candaule,* Edmond Rostand et *les Romanesques,* sans oublier ceux qui faisaient recette, Maeterlinck, Ibsen ou Gogol. A ces noms s'ajoutent ceux de Rodenbach, Vielé-Griffin, Saint-Pol Roux, Maurice Beaubourg, Remy de Gourmont, et bien sûr Paul Claudel dès ses premières œuvres.

Aspects de la poésie symboliste.

Auprès de Jules Laforgue et de Tristan Corbière dont l'art s'apparente à un mouvement intérieur, de René Ghil et de Gustave Kahn, théoriciens ayant de vastes ambitions pour la poésie et la servant aussi en poètes, un Paul Verlaine semble s'abandonner avec art à l'univers vague des chansons douces « qui ne pleurent que pour vous plaire » ou à un franciscanisme religieux, un Arthur Rimbaud ouvre la poésie à la voyance, à l'exploration et à la rébellion, tandis que, comme ce dernier, mais par d'autres moyens, un Stéphane Mallarmé ouvre le champ de la poésie moderne et semble délimiter ses conquêtes.

Parmi les nombreuses publications qui ont marqué cette aventure poétique figurent *les Poètes maudits* de Paul Verlaine. Non seulement cette publication marque un événement, mais encore définit-elle une notion qu'on retrouvera de nos jours, celle de « poète maudit ». La publication de 1883 et celle de 1884, dans la revue *Lutèce* de Léo Trézenic, présentait Tristan Corbière, Arthur Rimbaud et Stéphane Mallarmé, noms auxquels s'ajoutent, en 1888, ceux de Marceline Desbordes-Valmore, Villiers de L'Isle-Adam et Paul Verlaine lui-même. Que sont pour Verlaine ces « poètes maudits »? – Avant tout ce qu'il appelle des « poètes absolus », inconnus dans leur temps. Il est à noter que la célébrité des poètes nommés date de son célèbre essai. C'est un éloge, c'est aussi une analyse. Si on peut reprocher à Corbière ses irrégularités, il ajoute intelligemment : « Les impeccables ce sont tels ou tels. Du bois, du bois et encore du bois. Corbière était en chair et os tout bêtement. » Il magnifie Rimbaud que, dit-il simplement, « nous avons eu la joie de connaître » en parlant de « l'immortelle royauté de l'Esprit, de l'Ame et du Cœur humains », de « la Grâce et la Force de la grande Rhétorique ». Pour Mallarmé, il a repris un texte de 1880 : « Préoccupé, certes! de la beauté, il considérait la clarté comme une grâce secondaire et, pourvu que son vers fût nombreux, musical, rare, et, quand il le fallait, languide ou excessif, il se moquait de tout pour plaire aux délicats, dont il était, lui, le plus difficile. » Un an après la première publication, Joris-Karl Huysmans faisait figurer les œuvres de Corbière, Mallarmé, Verlaine parmi les lectures de son célèbre héros décadent Des Esseintes.

A l'opposé du Décadentisme, une publication connut la renommée en apportant une célèbre critique du mouvement. Ce sont *les Déliquescences d'Adoré Floupette,* 1885, pastiches et parodies, satire des poètes décadents, dues à Henri Beauclair (qui parodia aussi Hugo dans *les Horizontales,* 1885) et à Gabriel Vicaire, poète régionaliste et satirique. C'est là un exemple intéressant de critique indirecte par la caricature. Soit dit au passage, en 1884, Paul Bourget a autopsié le désarroi de l'époque suivant la défaite en montrant le maniérisme morbide et le culte de l'artificiel, le peintre Gustave Moreau proposant un exemple pictural face aux poètes, tandis que Barbey d'Aurevilly reconnaissait en Des Esseintes « l'âme malade d'infini » dans une société sans spiritualisme. Selon les temps et les modes, en particulier aux époques pessimistes, cet art sera apprécié à des niveaux divers, et nous assisterons périodiquement à son retour, à sa mise en valeur, et, souvent, à une meilleure compréhension.

Si le Symbolisme, qui a dépassé l'idée décadente, peut être envisagé dans son ensemble par la description des grandes lignes, il reste plus juste de considérer qu'il existe non pas une, mais des poétiques tant il semble que chaque explorateur ait forgé la sienne, non en suivant à la lettre un esprit de groupe, mais en se lançant hardiment à la découverte. Ce que le mouvement a en commun, Marcel Raymond, dans son essai *De Baudelaire au Surréalisme,* l'a défini ainsi : « Littérateurs, artistes, les symbolistes étaient conduits à envisager les questions de forme *pour elles-mêmes.* De là, leur recherche d'une imagerie suggestive, leur recours à l'histoire des mythologies, à la légende et au folklore, leur tendance à concevoir le symbole comme une idée que l'on revêt ensuite " des somptueuses simarres des analogies extérieures " (Moréas), c'est-à-dire comme un rapport à deux termes inclinant vers l'allégorie ou l'emblème. Certes, les images des faunes, des sirènes, des cygnes et des dames du songe sont à ce point chargées de signification humaine et esthétique qu'elles se prêtent à merveille aux jeux de l'imagination; encore faut-il descendre assez profondément en soi pour approcher de la source où sont nés ces rêves, de façon à incarner en eux quelque chose de sa propre vie. De là aussi (autre héritage du Parnasse) le besoin de s'attarder aux " beautés de détail ", d'où est résulté quelquefois ce style " corruscant ", brillant de parures et de pierreries, pesant et raffiné, terriblement démodé aujourd'hui. » Mais cet art, démodé en 1933, semble redevenir de mode aujourd'hui (sous le signe du goût " rétro ") où l'on découvre avec passion préraphaélites et symbolistes de la peinture.

Les symbolistes qui ont oublié la leçon des meilleurs ont couru quelques dangers. Ils ont eu, certes, la religion de la beauté, le culte de l'esthétisme, la passion de l'art, mais leur intelligence, leurs facultés de discernement, leur vaste culture les ont amenés à une création si consciente qu'ils n'ont pas pu toujours rejoindre les mouvements de la vie profonde et de l'inconscient. Non seulement, ils ne possédaient pas encore les armes de la Psychanalyse et du Surréalisme, mais celles qu'ils avaient les conduisaient peu à peu à d'autres utilisations : par exemple, créer, par dilettantisme, de faux mystères, inventer des préciosités laborieuses, des énigmes de laboratoire, tout en s'éloignant du but réel de leur recherche. Cela explique qu'au début du siècle, on en revint à des modèles plus anciens comme les romantiques, et même les poètes renaissants, ou les grands maîtres de l'aventure et de la révolte que sont Baudelaire, Rimbaud et Mallarmé. Car là encore, la preuve se fait par la poésie et par la qualité de la poésie, et l'on s'aperçoit bientôt que les réserves, les accusations de recours aux procédés artificiels tombent dès que nous rejoignons les régions de l'ailleurs.

Nous connaissons mieux le Symbolisme aujourd'hui, avec le recul, qu'en son temps même. Cette école a donné lieu à des études remarquables explorant tous les aspects historiques et esthétiques de son ensemble. De Paul Verlaine à Remy de Gourmont un riche florilège apparaît dans *le Symbolisme* de John Charpentier. Les clans et clubs, les revues, les mystifications de la période pré-symboliste sont rejoints dans leur réalité quotidienne par Noël Richard dans *A l'aube du Symbolisme. Le Message poétique du Symbolisme* est analysé par Guy Michaud, *la Crise des valeurs symbolistes,* par Michel Decaudin, *l'Esthétique du Symbolisme* par Albert Mockel (il est mort en 1945), *la Littérature symboliste* par Albert-Marie Schmidt, pour ne citer que les principales études auxquelles il faut ajouter, bien sûr, l'histoire littéraire et le corpus critique immense consacré aux grands précurseurs.

Nous allons revenir à ces derniers, en commençant par Paul Verlaine. Débutant par un programme d'impassibilité, le niant bientôt, il représente un parfait exemple du passage du Parnasse à la nouvelle école.

2

Paul Verlaine dans sa vie

Pauvre Lélian.

IL est curieux de constater que la plupart des poètes du
XIXᵉ siècle, Hugo, Nerval, Rimbaud, etc., sont fils de militaires
ou bien apparentés, comme Baudelaire par son beau-père, à des
officiers. Paul Verlaine (1844-1896) est né à Metz d'un père capī-
taine, originaire du Luxembourg belge, et d'une mère née en
Artois à Fampoux. Le ménage s'installa à Paris et les études de
Paul commencèrent à l'institution Landry, rue Chaptal, d'où il
suivit les cours du lycée Bonaparte (Condorcet), avant son entrée
à l'École de Droit. Il passe ses vacances en Artois ou dans les
Ardennes. Il lit alors les poètes romantiques. Ses premiers poèmes,
nous le verrons, portent la trace d'influences, surtout celle de Victor Hugo, de Théophile Gautier, de Charles Baudelaire. Celui
qu'on associera si souvent à Villon le chante dans des triolets :

> J'idolâtre François Villon,
> Mais être lui, comment donc faire?
> C'est un roi du sacré vallon.
> J'idolâtre François Villon,
> Mais être lui, comment donc faire?
>
> Je m'assimile volontiers
> Les deux Testaments, moi pas bête,
> Tels quels, en masse, tout entiers!
> Je m'assimile volontiers
> Même le jobin (nargue aux tiers!),
> Mais trafiquer ès-tels moutiers,
> De ribaudes, n'entre en ma tête.
> Je m'assimile volontiers
> Les deux Testaments, moi pas bête!
>
> Pour imiter François Villon,
> Un « lingue » dans son pantalon...

Ses études sont bientôt abandonnées. « Pareil à la feuille morte », indolent, intempérant, épris d'indépendance, il est bien déjà le « pauvre Lélian » de son anagramme. Il se contente de petits emplois, dans les assurances, puis comme commis à l'Hôtel de Ville. Il fréquente ces deux pôles de la vie littéraire, les cafés et les salons, comme celui de la générale-marquise de Ricard, mère de Louis-Xavier de Ricard (qui publie les premiers poèmes de Verlaine dans la *Revue du Progrès*), où l'on rencontre Villiers de L'Isle-Adam, Théodore de Banville, José-Maria de Heredia, François Coppée ou Catulle Mendès. Au *Parnasse contemporain* de ce dernier, il voisine avec Baudelaire et Mallarmé; il collabore au républicain *Hanneton* d'Eugène Vermersch et à *l'Art* de l'infatigable Ricard. François Coppée est son maître ès vers parnassiens, et l'on trouvera du Banville et du Leconte de Lisle dans ses *Poèmes saturniens,* 1866, ou ses *Fêtes galantes,* 1869, avec un souvenir de Théophile Gautier et une influence de ce Baudelaire qu'il a salué dans *l'Art,* sans être approuvé par l'intéressé. La profession de foi parnassienne de Lélian est nette :

> A nous qui ciselons les mots comme des coupes
> Et qui faisons des vers émus très froidement,
> A nous qu'on ne vit point les soirs aller par groupes
> Harmonieux au bord des lacs et nous pâmant;
>
> Ce qu'il nous faut, à nous, c'est, aux lueurs des lampes,
> La science conquise et le sommeil dompté,
> C'est le front dans les mains du vieux Faust des estampes,
> C'est l'obstination et c'est la volonté!
>
> Libre à nos inspirés, cœurs qu'une œillade enflamme,
> D'abandonner leur être aux vents comme un bouleau :
> Pauvres gens! l'art n'est pas d'éparpiller son âme.
> Est-elle en marbre, ou non, la Vénus de Milo?

Dès ses premières publications, le succès arrive : accueil enthousiaste de Victor Hugo qui, à Bruxelles, peut réciter par cœur les vers du jeune poète, articles élogieux et lettres d'Anatole France, de Sainte-Beuve, de Banville, du jeune Mallarmé, en attendant que Rimbaud se manifeste.

La mort d'une cousine mariée, plus âgée que lui, Élisa, qu'il adorait platoniquement, le blesse profondément. Le faible Paul Verlaine oscille, comme il oscillera toute sa vie, entre les tentations du mal et du désordre et son besoin d'ordre, de tranquillité bourgeoise auquel il aspirera sans cesse. Lorsque le compositeur Charles de Sivry l'introduit dans la famille de Mathilde Mauté de Fleurville, il s'éprend de la jeune fille. C'est le temps où il fréquente le salon d'une musicienne et poète, Nina de Villard, l'inspiratrice de

Charles Cros. A Bruxelles, cette ville qui revient dans sa vie de manière parfois fatale, il publie chez l'éditeur de Baudelaire, Poulet-Malassis, sous le pseudonyme de Pablo de Herlagnez des sonnets saphiques, *les Amies,* qu'on retrouvera vingt ans plus tard dans *Parallèlement.* L'éditeur Lemerre publie ces merveilleuses *Fêtes galantes* dont certains poèmes ont paru dans *l'Artiste* d'Arsène Houssaye.

Tandis qu'éclate la guerre de 1870, il épouse, le 11 août, Mathilde qui lui a inspiré les premières pièces de *la Bonne chanson.* Il est alors mobilisé dans la garde nationale. C'est le temps d'un bonheur éphémère, car bientôt intervient la rencontre avec Rimbaud. Le drame est cher aux biographes, comme l'avait été celui de la liaison Sand-Musset, avec le scandale en plus et l'attrait inconscient de l'univers inconnu de l'homosexualité chez ceux qui n'en participent pas. Sans sombrer dans les ragots feuilletonnesques, cette union est importante. La fougue révolutionnaire, l'illumination créatrice de son ami va infléchir quelque peu l'art de Verlaine.

L'Odyssée infernale.

A Charleville, Jean-Arthur Rimbaud a lu les deux recueils de Verlaine avec un enthousiasme qu'il communique à son professeur Georges Izambard. Il envoie un message accompagné de poèmes à son aîné. Verlaine ébloui invite son correspondant à venir à Paris, avec insistance, car on l'attend, car on l'espère, cette « chère grande âme ». Cependant, la brouille s'est installée dans le jeune ménage, les penchants du marié pour la boisson le conduisant à tous les excès, faisant de lui un mari « comme on en trouve aux barrières ». Chez ses beaux-parents, rue Nicolet, lieu de notre propre enfance, il reçoit le 10 septembre 1871, onze mois après son mariage, l'adolescent sauvage et génial. Mathilde est alors enceinte du petit Georges, mais ni la naissance en octobre ni la publication de *la Bonne chanson* ne pourront apporter un ciment à l'union. Verlaine va habiter avec Rimbaud rue Campagne-Première. L'adolescent repart bientôt pour Charleville d'où il reviendra quatre mois plus tard pour briser de nouveau le ménage qui a tenté, après le pardon de Mathilde, de se reconstituer. Les deux poètes reprennent la vie commune, partent pour Arras d'où la police les expulse, rejoignent les Ardennes, puis Bruxelles et Charleroi. Tandis que Rimbaud passant par Paris retourne à Charleville, Verlaine tombe malade et appelle sa mère auprès de lui. Une instance en séparation de corps a été introduite par l'épouse délaissée.

Les deux poètes se retrouvent pour l'infernal voyage à Londres.

Durant un hiver pénible, on vit misérablement de rares leçons de français. Le dénuement, la boisson, la maladie, les scènes empoisonnent la vie du couple singulier. Vexé par son ami, Verlaine l'abandonne à Londres sans ressources. L'étape décisive de la sinistre odyssée aura lieu à Bruxelles où Verlaine a fait venir sa mère et sa femme, puis son ami. La passion de Paul pour Arthur est telle qu'il ne supporte pas son absence. Au cours d'une altercation, en présence de sa mère, il tire sur son ami deux coups de revolver qui le blessent légèrement. Sur une plainte de la victime, l'agresseur est emprisonné, puis condamné à deux ans de détention. C'est le 8 août 1873 et Verlaine ne sortira de la prison de Mons que le 16 janvier 1875. Durant le temps de cette incarcération, Rimbaud a transposé poétiquement l'aventure dans *Une Saison en Enfer*. Il est parti vivre à Londres en compagnie de Germain Nouveau; ils travaillent chez un marchand de boîtes et donnent des leçons de français et de dessin. Verlaine a demandé à Victor Hugo d'intervenir auprès de Mathilde en sa faveur. Les *Romances sans paroles,* 1874, sont parues à Sens dans un complet silence. Le divorce a été prononcé. Le pauvre Lélian est seul.

Poète maudit.

C'est là que se situe une crise religieuse de laquelle doivent sortir des poèmes fort beaux. L'aumônier de la prison lui a donné un catéchisme. Il se convertit, il communie. Il en naît les sonnets de la suite *Jésus m'a dit...* La période de prison a été créatrice. Auprès des vers mystiques, il en est de profanes. On retrouvera tout cela, dans *Sagesse, Jadis et Naguère* et *Parallèlement*. Sorti de prison, Verlaine fait une retraite à la Trappe de Chimay. Il se croit sauvé. En février 1875, après une infructueuse tentative de réconciliation conjugale, Paul rejoint Rimbaud à Stuttgart où le jeune poète perfectionne son allemand. Sur les bords du Neckar, ils se battent comme des chiffonniers et Verlaine est retrouvé gisant sur la route. Il revient à Paris, part pour Londres où il fait la connaissance de Germain Nouveau. Rimbaud est parti pour Milan, puis Marseille où il fait le débardeur, avant de revenir à Charleville. De là, il écrira à Verlaine pour lui demander de l'argent; Verlaine refusera. On prépare le troisième volume du *Parnasse contemporain*. Les vers de Verlaine remis à Émile Blémont sont refusés par Coppée et Anatole France, ce dernier écrivant : « Non : l'auteur est indigne et les vers sont les plus mauvais qu'on ait vus. » Face à Verlaine comme à Mallarmé, celui dont les surréalistes gifleront le cadavre est égal à lui-même. Parmi les poèmes, il y avait le sonnet de

Sagesse : Beauté des femmes... Pour la dernière fois, en décembre, Verlaine écrit à Rimbaud. Il ne lira plus ses lettres. L'aventure de Rimbaud continue; nous la narrerons bien sûr.

Paul Verlaine est successivement professeur à Bournemouth, puis jusqu'en juillet 1879 chez les Jésuites de Rethel. C'est là qu'il s'éprend d'un jeune Ardennais, Lucien Létinois. Il l'emmène en Angleterre. Au retour, il achète une ferme au village de Lucien, mais c'est un échec. *Sagesse* paraît à compte d'auteur sans succès. Le tirage dort dans une cave avant que Léon Vanier ne le rachète. En 1882, Verlaine habite Paris chez sa mère. Il collabore aux revues *Lutèce* et *Paris-Moderne* où paraît son *Art poétique* de 1874. En 1883, la mort de Létinois à la Pitié apporte une nouvelle douleur; il en naît les poèmes élégiaques qui figureront dans *Amour*.

La renommée du poète grandit. Il publie ses *Poètes maudits*. Les drames recommencent. Il tente d'étrangler sa mère et passe trois mois à la prison de Vouziers. Libéré, il continue à boire, tandis que *Jadis et Naguère* sort chez Vanier avec le sonnet décadent *Langueur* et l'hymne en vers de onze syllabes à la gloire de l'époux infernal, *Crimen Amoris*. Vie de misère dans un hôtel borgne, à Broussais où il fera de fréquents séjours. Amours misérables qui font passer à la postérité Eugénie Krantz et Philomène Boudin, inspiratrices de poèmes égrillards. Le poète déchu est en même temps un poète honoré par les jeunes, son rival étant le Jean Moréas du *Pèlerin passionné*. Peu à peu, les poèmes de Lélian perdent en qualité et le talent remplace le génie. On le voit dans *Femmes, Dédicaces,* 1890; *Bonheur, Chansons pour elle,* 1891; *Liturgies intimes,* 1892; *Odes en son honneur, Élégies, Dans les limbes,* 1893; *Épigrammes,* 1894; *Hombres,* 1903 (édité sous le manteau).

Vers 1892, la renommée de Paul Verlaine est à son apogée, elle dépasse les frontières. Pour vivre, il prononce des conférences en Belgique, en Lorraine, en Angleterre. Partout la jeune élite des poètes s'enthousiasme. Si une part de sa production est secondaire, il sait être admirable dans un quart de son œuvre. C'est un merveilleux poète d'anthologie et le *Choix de poèmes* paru chez Charpentier fait beaucoup pour sa gloire. La revue *la Plume* lui fait un triomphe au cours d'un banquet mémorable. Il se présente à l'Académie, mais retire sa candidature. A défaut de l'habit vert qui n'a pas tout à fait la couleur de la verte absinthe et qui lui siérait mal, il est fait Prince des Poètes en remplacement de son vieil adversaire Leconte de Lisle. La solidarité des poètes, comme aujourd'hui avec « le mandat du poète » de Pierre Béarn, joue : Maurice Barrès, Robert de Montesquiou et treize autres lui assurent une petite rente mensuelle.

Les biographes se sont étendus sur les jours lamentables de la fin de sa vie allant de l'heure verte aux heures sanglantes des hôpitaux. Dévoré par l'alcoolisme, la maladie, la misère, le 8 janvier 1896, il meurt sur le carreau de la chambre d'Eugénie Krantz. Son dernier mot : « François... » (Villon ou Coppée?). A l'enterrement dans un corbillard de cinquième classe, ses amis, ses admirateurs l'accompagnent. Autour d'Eugénie, la dernière amie, il y a Catulle Mendès, Lepelletier, Barrès, Mallarmé, Moréas, Kahn, Coppée, les cinq derniers prononçant des discours. Verlaine, Verlaine poète maudit. Rejoignons-le dans son œuvre maintenant.

Paul Verlaine dans ses œuvres

Les Premiers poèmes.

I l n'est pas étonnant que Victor Hugo ait apprécié *la Mort,* ce naïf hommage de 1858, qui lui est dédié :

> Aigle fier et serein, quand du haut de ton aire
> Tu vois sur l'univers planer ce noir vautour,
> Le mépris (n'est-ce pas, plutôt, que la colère)
> Magnanime génie, dans ton cœur, a son tour?
>
> Mais, tout en dédaignant la mort et ses alarmes,
> Hugo, tu t'apitoies sur les tristes vaincus;
> Tu sais, quand il le faut, répandre quelques larmes,
> Quelques larmes d'amour pour ceux qui ne sont plus.

Si le jeune poète imite Cicéron ou Catulle, s'il écrit *le Monstre, Au pas de charge* ou *Aspiration,* on devine ses lectures du maître et de ses amis romantiques. Ses *Fadaises :* « Car je vous aime, ô Madame la Mort! » ou son *Soir d'Octobre,* ses poèmes *les Dieux, Torquato Tasso* ou *Don Quichotte* reflètent les aspects parnassiens qu'on entrevoit au début du mouvement. Il parle de robustesse dans le curieux *Apollon de Pont-Audemer* où perce déjà sa liberté :

> Un solide gaillard! dix-huit ans : larges bras;
> Mains à vous arracher la tête de l'épaule;
> Sur un front bas et dur, cheveux roux, coupés ras.
> Puis, à la danse, il a, ma foi, crâne air, le drôle!
>
> Les enfants poussent drus aux filles qu'il enjôle,
> Dans la puberté fière et fauve, le beau gars
> Va, comme dans sa pourpre un roi qui sait son rôle
> Et parle à voix hautaine, et marche à vastes pas.
>
> Plus tard, soit que le sort l'épargne ou le désigne,
> On le verra, bon vieux, barbe blanche, œil terni,
> S'éteindre doucement, comme un jour qui finit,

> Ou bien, humble héros, martyr de la consigne
> Au fond d'une tranchée obscure ou d'un talus
> Rouler, le crâne ouvert par quelque éclat d'obus.

Dans les scènes en vers de *Qui veut des merveilles?* cette « revue de l'année 1867 » écrite avec François Coppée, un Anglais est surpris par le langage de Gavroche :

> Je n'aimais pas du tout ce bizarre façonne
> D'exprimer vous; parlez un langage plus bonne,
> Et dites-moi d'abord ce que c'étaient que ces
> Créatioures, et comment on les nomme en français.

A quoi Gavroche répond :

> Biches, à votre choix, mylord, crevettes, grues,
> Trumeaux, cocottes ou cocodettes. Les rues
> Savent leur âge et les omnibus ont avec
> Elles plus d'un rapport. — Total : cent sous. — Prix sec.

Verlaine, dans maintes lettres, aura plus d'un rapport avec une langue verte, fille du langage villonesque, et cela de façon désopilante et imagée. Mais dans ses premiers vers, on trouve déjà l'amorce d'un art poétique, comme en témoignent ces *Vers dorés* :

> L'art ne veut point de pleurs et ne transige pas,
> Voilà ma poétique en deux mots : elle est faite
> De beaucoup de mépris pour l'homme et de combats
> Contre l'amour criard et contre l'ennui bête.
>
> Je sais qu'il faut souffrir pour monter à ce faîte
> Et que la côte est rude à regarder d'en bas.
> Je le sais, et je sais aussi que maint poète
> A trop étroits les reins ou les poumons trop gras.
>
> Aussi ceux-là sont grands, en dépit de l'envie,
> Qui, dans l'âpre bataille ayant vaincu la vie
> Et s'étant affranchis du joug des passions,
>
> Tandis que le rêveur végète comme un arbre
> Et que s'agitent, — tas plaintif, — les nations,
> Se recueillent dans un égoïsme de marbre.

« Or ceux-là qui sont nés sous le signe Saturne... »

Publiés à compte d'auteur chez Lemerre, *les Poèmes saturniens*, 1866, auraient été écrits, selon l'indication de Verlaine, à seize ans au lycée. Il y montre sa volonté d'impassibilité, son goût du marbre, et l'on peut faire facilement référence à Gautier et à Leconte de Lisle comme à Hugo et Baudelaire, car leurs influences sont visibles. L'écho parnassien apparaît dès le *Prologue* :

Dans ces temps fabuleux, les limbes de l'histoire,
Où les fils de Raghû, beaux de fard et de gloire,
Vers la Ganga régnaient leur règne étincelant,
Et, par l'intensité de leur vertu troublant
Les Dieux et les Démons et Bhagavat lui-même,
Augustes, s'élevaient jusqu'au Néant suprême...

. . . .

— Aujourd'hui, l'Action et le Rêve ont brisé
Le pacte primitif par les siècles usé,
Et plusieurs ont trouvé funeste ce divorce
De l'Harmonie immense et bleue et de la Force.

. . . .

Le Poète, l'amour du Beau, voilà sa foi,
L'Azur, son étendard, et l'Idéal sa loi!

Cependant, Verlaine a beau se dire l'ennemi des épanchements lyriques, il a beau veiller sur la beauté plastique de ses vers, il ne parvient pas à l'impassibilité, il est trop élégiaque pour cela. Dès la première partie du recueil, *Melancholia,* il annonce sans le savoir le Symbolisme, comme en témoigne *Nevermore :*

Souvenir, souvenir, que me veux-tu? L'automne
Faisait voler la grive à travers l'air atone,
Et le soleil dardait un rayon monotone
Sur le bois jaunissant où la brise détone.

Nous étions seul à seule et marchions en rêvant,
Elle et moi, les cheveux et la pensée au vent.
Soudain, tournant vers moi son regard émouvant :
« Quel fut ton plus beau jour? » fit sa voix d'or vivant,

Sa voix douce et sonore, au frais timbre angélique.
Un sourire discret lui donna la réplique,
Et je baisai sa main blanche, dévotement.

— Ah! les premières fleurs, qu'elles sont parfumées!
Et qu'il bruit avec un murmure charmant
Le premier *oui* qui sort de lèvres bien-aimées!

Ou dans *Mon Rêve familier :*

Je fais souvent ce rêve étrange et pénétrant
D'une femme inconnue, et que j'aime, et qui m'aime,
Et qui n'est, chaque fois, ni tout à fait la même
Ni tout à fait une autre, et m'aime et me comprend.

Car elle me comprend, et mon cœur, transparent
Pour elle seule, hélas! cesse d'être un problème
Pour elle seule, et les moiteurs de mon front blême,
Elle seule les sait rafraîchir, en pleurant.

Est-elle brune, blonde ou rousse? — Je l'ignore.
Son nom? Je me souviens qu'il est doux et sonore
Comme ceux des aimées que la vie exila.

Son regard est pareil au regard des statues,
Et, pour sa voix, lointaine, et calme, et grave, elle a
L'inflexion des voix chères qui se sont tues.

Parmi les poèmes d'une autre partie, *Paysages tristes,* la célèbre *Chanson d'automne* qui annonce la douce musique des *Romances sans paroles* (et tenta tant de mélodistes) étonne dans l'univers parnassien (Banville seul peut s'en approcher) :

> Les sanglots longs
> Des violons
>   De l'automne
> Blessent mon cœur
> D'une langueur
>   Monotone.
>
> Tout suffocant
> Et blême quand
>   Sonne l'heure,
> Je me souviens
> Des jours anciens
>   Et je pleure;
>
> Et je m'en vais
> Au vent mauvais
>   Qui m'emporte
> Deçà, delà,
> Pareil à la
>   Feuille morte.

Peintre dans la série des *Eaux-Fortes* dédiée à François Coppée, il brosse un *Croquis parisien,* un *Cauchemar,* une *Marine,* des *Grotesques,* toujours quelque peu influencés, ou un *Effet de Nuit,* paysage à la tache d'encre, entre Villon et Hugo :

> La nuit. La pluie. Un ciel blafard que déchiquette
> De flèches et de tours à jour la silhouette
> D'une ville gothique éteinte au lointain gris.
> La plaine. Un gibet plein de pendus rabougris
> Secoués par le bec avide des corneilles
> Et dansant dans l'air noir des gigues nonpareilles,
> Tandis que leurs pieds sont la pâture des loups.

Pour Catulle Mendès, il donne les aquarelles des *Paysages tristes* où

> Une aube affaiblie
> Verse par les champs
> La mélancolie
> Des soleils couchants.

Il aime marier « le Souvenir avec le Crépuscule » comme le ferait Baudelaire, laisse augurer ses *Fêtes galantes* dans le décor d'une *Nuit du Walpurgis classique* :

> C'est plutôt le sabbat du second Faust que l'autre,
> Un rythmique sabbat, rythmique, extrêmement
> Rythmique. — Imaginez un jardin de Lenôtre,
>   Correct, ridicule et charmant.
>
> Des ronds-points; au milieu, des jets d'eau; des allées
> Toutes droites; sylvains de marbre; dieux marins
> De bronze; çà et là, des Vénus étalées;
>   Des quinconces, des boulingrins...

C'est le jardin à la Verlaine, le jardin à la française qu'on retrouvera partout chez le poète. Son *Rossignol* (cet oiseau vient souvent chanter dans ses nuits) part comme du Heredia (« comme un vol de gerfauts... »), mais quitte les chemins de l'impersonnalité :

> Comme un vol criard d'oiseaux en émoi,
> Tous mes souvenirs s'abattent sur moi,
> S'abattent parmi le feuillage jaune...

Femme et chatte qui ouvre la série des *Caprices* pourrait être signé Baudelaire :

> Elle jouait avec sa chatte,
> Et c'était merveille de voir
> La main blanche et la blanche patte
> S'ébattre dans l'ombre du soir.
>
> Elle cachait — la scélérate! —
> Sous ces mitaines de fil noir
> Ses meurtriers ongles d'agate,
> Coupants et clairs comme un rasoir.
>
> L'autre aussi faisait la sucrée
> Et rentrait sa griffe acérée,
> Mais le diable n'y perdait rien...
>
> Et dans le boudoir où, sonore
> Tintait son rire aérien,
> Brillaient quatre points de phosphore.

Il en est de même pour *Jésuitisme, la Chanson des ingénues,* une *Grande dame,* un *Monsieur Prudhomme* digne du Baudelaire satirique à la Mathurin Régnier ou de cette *Sérénade :*

> Comme la voix d'un mort qui chanterait
>   Du fond de sa fosse,
> Maîtresse, entends monter vers ton retrait
>   La voix aigre et fausse.

> Ouvre ton âme et ton oreille au son
> De ma mandoline :
> Pour toi j'ai fait, pour toi, cette chanson
> Cruelle et câline.
>
> Je chanterai tes yeux d'or et d'onyx
> Purs de toutes ombres,
> Puis le Léthé de ton sein, puis le Styx
> De tes cheveux sombres.

Ce serait un simple pastiche si les instruments de la musique ne différaient par des sonorités verlainiennes. Il adore les formules teintées de préciosité, *il Bacio* en témoigne :

> Baiser! rose trémière au jardin des caresses!
> Vif accompagnement sur le clavier des dents
> Des doux refrains qu'Amour chante en les cœurs ardents
> Avec sa voix d'archange aux langueurs charmeresses!

A la fin du recueil, veut-il marquer davantage son appartenance parnassienne? Son « portrait en pied » de *César Borgia,* sa *Mort de Philippe II* en tercets en témoignent, mais ce n'est pas le meilleur Verlaine, ou le plus original. L'art poétique contenu dans l'*Épilogue* avec cet « Est-elle en marbre, ou non, la Vénus de Milo? » que suivent ces derniers quatrains du recueil est frappé comme si le poète voulait se persuader lui-même du bien-fondé d'une doctrine :

> Nous donc, sculptons avec le ciseau des Pensées
> Le bloc vierge du Beau, Paros immaculé,
> Et faisons-en surgir sous nos mains empressées
> Quelque pure statue au péplos étoilé,
>
> Afin qu'un jour, frappant de rayons gris et roses
> Le chef-d'œuvre serein, comme un nouveau Memnon,
> L'Aube-Postérité, fille des temps moroses,
> Fasse dans l'air futur retentir notre nom!

Pourquoi, se demande-t-on, répéter cela que Théophile Gautier a mieux dit? Le jeune poète fait ses armes, adresse des clins d'œil aux aînés, et cela ne va pas sans un peu de cette rouerie chère aux ingénus. Le miracle de ce recueil chargé d'influences, c'est qu'il laisse augurer l'art si personnel de Verlaine et contient quelques-unes de ses plus parfaites réussites. On sent déjà le poète d'effusion, le rêveur mi-éveillé, le peintre sensuel et sensitif, le délicat impressionniste, l'ami du clair-obscur. Les affirmations parnassiennes n'y peuvent rien : son premier recueil montre déjà la voie symboliste. Parnassien? Certes, mais dans la voie chantante de Gautier et de Banville.

Verlaine XVIIIᵉ siècle.

Les Fêtes galantes, 1869, prolongent certains poèmes du bon Théo
et la fameuse *Fête chez Thérèse* de Victor Hugo. Voilà que ces frères
Goncourt, si peu favorables à la poésie de leur temps, ont publié
l'Art du XVIIIᵉ siècle. Verlaine oublie Saturne pour les amis qu'il
va visiter au Louvre : Fragonard, Chardin, Watteau, Boucher. On
s'avise que le siècle philosophique avait sa poésie. Chez ces peintres,
Verlaine rencontre un monde insouciant de galanteries fanées,
de sentiments délicats teintés d'un rien de perversité qui ne mes-
sied pas. Ces tableaux qui murmurent, il va leur donner la parole,
En sourdine, comme il intitule un poème, il va leur offrir un « souffle
berceur et doux ». Les paysages visibles sont aussi des paysages
d'âme. Dès *Clair de lune,* c'est l'extase et la rêverie de nouvelles
musiques dans ces anciens décors :

> Votre âme est un paysage choisi
> Que vont charmant masques et bergamasques,
> Jouant du luth, et dansant, et quasi
> Tristes sous leurs déguisements fantasques.
>
> Tout en chantant sur le mode mineur
> L'amour vainqueur et la vie opportune,
> Ils n'ont pas l'air de croire à leur bonheur
> Et leur chanson se mêle au clair de lune,
>
> Au calme clair de lune triste et beau,
> Qui fait rêver les oiseaux dans les arbres
> Et sangloter d'extase les jets d'eau,
> Les grands jets d'eau sveltes parmi les marbres.

Le recueil se terminera aussi sur un paysage, celui célèbre du
Colloque sentimental :

> Dans le vieux parc solitaire et glacé
> Deux formes ont tout à l'heure passé.
>
> Leurs yeux sont morts et leurs lèvres sont molles,
> Et l'on entend à peine leurs paroles.
>
> Dans le vieux parc solitaire et glacé
> Deux spectres ont évoqué le passé.

Verlaine sait composer un recueil : c'est un art que ne possède
pas tous les poètes. Commençant sur le mode mineur, il termine
dans un chuchotement qui donne à l'ensemble son mystère et ses
regrets. Dans le concert des cuivres parnassiens, il parle à voix
basse, quelle nouveauté! Et, derrière le ton badin, sourdent toujours quelques larmes, comme dans *Pantomime :*

Pierrot, qui n'a rien d'un Clitandre,
Vide un flacon sans plus attendre,
Et, pratique, entame un pâté.

Cassandre, au fond de l'avenue,
Verse une larme méconnue
Sur son neveu déshérité.

Ce faquin d'Arlequin combine
L'enlèvement de Colombine
Et pirouette quatre fois.

Colombine rêve, surprise
De sentir un cœur dans la brise
Et d'entendre en son cœur des voix.

Verlaine fait entendre des voix éparses, des morceaux de dialogues surpris; il compose un poème avec des miettes de langage significatives, avec un art que retrouveront nos romanciers contemporains. Ainsi, dans *Sur l'herbe :*

L'abbé divague. — Et toi, marquis,
Tu mets de travers ta perruque.
— Ce vieux vin de Chypre est exquis
Moins, Camargo, que votre nuque.

— Ma flamme... Do, mi, sol, la, si.
L'abbé, ta noirceur se dévoile!
— Que je meure, Mesdames, si
Je ne vous décroche une étoile!

— Je voudrais être petit chien!
— Embrassons nos bergères l'une
Après l'autre. — Messieurs, eh bien?
— Do, mi, sol. — Hé! bonsoir la Lune!

Ou dans *Colombine* dont voici le début :

Léandre le sot,
Pierrot qui d'un saut
De puce
Franchit le buisson,
Cassandre sous son
Capuce.

Arlequin aussi,
Cet aigrefin si
Fantasque,
Aux costumes fous,
Ses yeux luisants sous
Son masque,

> — Do, mi, sol, mi, fa, —
> Tout ce monde va,
> Rit, chante
> Et danse devant
> Une belle enfant
> Méchante...

Chaque poème est un tableau visible et qu'il fait chanter, qu'il
s'intitule *l'Allée, A la promenade, Dans la grotte, Cortège, En bateau,
Cythère, le Faune, En patinant...* Jamais les trois arts, peinture,
musique, poésie, n'ont été aussi bien mariés. Il joue des nuances
les plus exquises. Il utilise tous les mètres et garde sa légèreté
jusque dans l'alexandrin. Voici *les Ingénus* :

> Les hauts talons luttaient avec les longues jupes,
> En sorte que, selon le terrain et le vent,
> Parfois luisaient des bas de jambes, trop souvent
> Interceptés! — et nous aimions ce jeu de dupes.
>
> Parfois aussi le dard d'un insecte jaloux
> Inquiétait le col des belles sous les branches,
> Et c'étaient des éclairs soudains de nuques blanches,
> Et ce régal comblait nos jeunes yeux de fous.
>
> Le soir tombait, un soir équivoque d'automne :
> Les belles, se pendant rêveuses à nos bras,
> Dorent alors des mots si spécieux, tout bas,
> Que notre âme depuis ce temps tremble et s'étonne.

Il aime ces *Fantoches* sensibles aux blessures du cœur :

> Scaramouche et Pulcinella
> Qu'un mauvais dessein rassembla
> Gesticulent, noirs sous la lune.
>
> Cependant l'excellent docteur
> Bolonais cueille avec lenteur
> Des simples parmi l'herbe brune.
>
> Lors sa fille, piquant minois,
> Sous la charmille, en tapinois,
> Se glisse demi-nue, en quête
>
> De son beau pirate espagnol,
> Dont un langoureux rossignol
> Clame la détresse à tue-tête.

Dans ce délicieux théâtre, *Mandoline,* par exemple, donne une
idée de la musique nouvelle que peuvent donner des rimes féminines entrecroisées, unissant des finales de valeurs proches. Avec
Verlaine, la rime s'allège. Nous sommes loin des coups de gong
d'un Heredia :

> Les donneurs de sérénades
> Et les belles écouteuses
> Échangent des propos fades
> Sous les ramures chanteuses.
>
> C'est Turcis et c'est Aminte,
> Et c'est l'éternel Clitandre.
> Et c'est Damis qui pour mainte
> Cruelle fait maint vers tendre.
>
> Leurs courtes vestes de soie,
> Leurs longues robes à queues,
> Leur élégance, leur joie
> Et leurs molles ombres bleues
>
> Tourbillonnent dans l'extase
> D'une lune rose et grise,
> Et la mandoline jase
> Parmi les frissons de brise.

Il n'oublie pas que le xviiie siècle chérit les épîtres. Leur pastiche en vers est un jeu charmant et qui dépayse :

> Éloigné de vos yeux, Madame, par des soins
> Impérieux (j'en prends tous les dieux à témoin),
> Je languis et me meurs, comme c'est ma coutume
> En pareil cas, et vais, le cœur plein d'amertume,
> A travers des soucis où votre ombre me suit,
> Le jour dans mes pensers, dans mes rêves la nuit,
> Et, la nuit et le jour, adorable, Madame!
> Si bien qu'enfin, mon corps faisant place à mon âme,
> Je deviendrai fantôme à mon tour, aussi, moi,
> Et qu'alors, et parmi le lamentable émoi
> Des enlacements vains et des désirs sans nombre,
> Mon ombre se fondra pour jamais en votre ombre.
>
> En attendant, je suis, très chère, ton valet.
>
> Tout se comporte-t-il là-bas comme il te plaît,
> Ta perruche, ton chat, ton chien?...

Passant impertinemment du vous au tu, Verlaine poursuit un vain bavardage où sont présents Marc-Antoine, César et Cléopâtre, avant de conclure :

> Sur ce, très chère, adieu. Car voilà trop causer,
> Et le temps qu'on perd à lire une missive
> N'aura jamais valu la peine qu'on l'écrive.

Ce Verlaine qui sera un jour égrillard en ses vers se contente encore d'une évocation érotique qui se fait jour au dernier vers de ses *Coquillages* :

Chaque coquillage incrusté
Dans la grotte où nous nous aimâmes
A sa particularité.

L'un a la pourpre de nos âmes
Dérobée au sang de nos cœurs
Quand je brûle et que tu t'enflammes;

Cet autre affecte des langueurs
Et tes pâleurs alors que, lasse,
Tu m'en veux de mes yeux moqueurs;

Celui-ci contrefait la grâce
De ton oreille, et celui-là
Ta nuque rose, courte et grasse;

Mais un, entre autres, me troubla.

Dans *les Fêtes galantes,* avant le mot, l'art est celui du Symbolisme. Une société précieuse et sentimentale, des personnages venus de la *Commedia dell'arte* ou des faunes s'ébattant dans la nature, des galants et des frivoles, des soupirs amoureux et des hommages aux belles du temps jadis, tout cela tempéré d'une douce ironie, et voilà que, sur le mode sensuel et délicat, apparaît la recherche d'une félicité perdue. La simplicité savante, la naïveté feinte de l'expression font merveille et ce petit recueil de grâces et de songes a des allures de chef-d'œuvre.

« A ma bien-aimée Mathilde... »

Avant l'autre Paul, Géraldy, Verlaine écrit son *Toi et moi.* Il exprime tout en rose sa tendresse et sa joie. La fiancée est la « petite Fée » qui va éloigner les pensées funestes, les colères et devient le seul paradis possible. Il la magnifie en impressionniste, faisant intervenir toute la nature dont les images aériennes, sensibles, s'opposent à « la fange du trottoir » figurant le passé maudit. Il embellit le plus mince événement de la vie quotidienne; la beauté de Mathilde s'exprime en poèmes frissonnants, attentifs; il dit l'attente impatiente, la douceur du foyer et échappe de justesse à la mièvrerie grâce à ses tendres nuances :

Son bras droit, dans un geste aimable de douceur,
Repose autour du cou de la petite sœur,
Et son bras gauche suit le rythme de la jupe.
A coup sûr une idée agréable l'occupe,
Car ses yeux si francs, car sa bouche qui sourit
Témoignent d'une joie intime avec esprit.
Oh! sa pensée exquise et fine, quelle est-elle?

La lune, hier fatidique, devient promesse :

> La lune blanche
> Luit dans les bois;
> De chaque branche
> Part une voix
> Sous la ramée...
>
> Ô bien-aimée.
>
> L'étang reflète,
> Profond miroir
> La silhouette
> D'un saule noir
> Où le vent pleure...
>
> Rêvons, c'est l'heure.
>
> Un vaste et tendre
> Apaisement
> Semble descendre
> Du firmament
> Que l'astre irise...
>
> C'est l'heure exquise.

Déjà apparaît l'idéal familial, tranquille, bourgeois, cher au siècle, qu'on a rencontré chez Sainte-Beuve et chez Nerval :

> Le foyer, la lueur étroite de la lampe;
> La rêverie avec le doigt contre la tempe
> Et les yeux se perdant parmi les yeux aimés;
> L'heure du thé fumant et des livres fermés;
> La douceur de sentir la fin de la soirée;
> La fatigue charmante et l'attente adorée
> Dè l'ombre nuptiale et de la douce nuit,
> Oh! tout cela, mon rêve attendri le poursuit
> Sans relâche, à travers toutes remises vaines,
> Impatient des mois, furieux des semaines!

S'y ajoutent les bonnes résolutions d'une vie sociale sans heurts où « nous sourirons à tous et n'aurons peur de rien » :

> N'est-ce pas? en dépit des sots et des méchants
> Qui ne manquerons pas d'envier notre joie,
> Nous serons fiers parfois et toujours indulgents.

Et puis, il y aura le grand jour des épousailles :

> Donc, ce sera par un clair jour d'été :
> Le grand soleil, complice de ma joie,
> Fera, parmi le satin et la soie,
> Plus belle encor votre chère beauté;

Le ciel tout bleu, comme une haute tente,
Frissonnera somptueux à longs plis
Sur nos deux fronts heureux qu'auront pâlis
L'émotion du bonheur et l'attente;

Et quand le soir viendra, l'air sera doux
Qui se jouera, caressant, dans vos voiles,
Et les regards paisibles des étoiles
Bienveillamment souriront aux époux.

Effusions sentimentales, fraîches observations, peintures qui se souviennent de l'école parnassienne composent cette *Bonne chanson* qu'une mauvaise effacera, l'heure verte supplantant l'heure exquise.

Affirmation d'un art poétique personnel.

Composées aux heures noires de la prison, les *Romances sans paroles,* 1874, se rattachent à la manière de *la Bonne chanson.* Le poète a écrit son *Art poétique,* mais ce credo des jeunes générations ne paraîtra qu'en 1882 dans *Paris-Moderne* avant de figurer dans *Jadis et Naguère.* Verlaine n'est plus dans l'ombre du Parnasse. Le fougueux Rimbaud lui a sans doute donné la force de l'affirmation, mais il n'ira pas jusqu'au manifeste : simplement, il expose sa manière, il codifie son art. Nous n'attendrons pas pour citer ce poème magistral auquel ses œuvres peuvent se référer :

De la musique avant toute chose,
Et pour cela préfère l'Impair
Plus vague et plus soluble dans l'air,
Sans rien en lui qui pèse ou qui pose.

Il faut que tu n'ailles point
Choisir tes mots sans quelque méprise :
Rien de plus cher que la chanson grise
Où l'Indécis au Précis se joint.

. . . .

Prends l'éloquence et tords-lui son cou!
Tu feras bien, en train d'énergie,
De rendre un peu la Rime assagie.
Si l'on n'y veille, elle ira jusqu'où?

Ô qui dira les torts de la Rime?
Quel enfant sourd ou quel nègre fou
Nous a forgé ce bijou d'un sou
Qui sonne creux et faux sous la lime?

De la musique encore et toujours!
Que ton vers soit la chose envolée
Qu'on sent qui fuit d'une âme en allée
Vers d'autres cieux à d'autres amours.

> Que ton vers soit la bonne aventure
> Éparse au vent crispé du matin
> Qui va fleurant la menthe et le thym...
> Et tout le reste est littérature.

« Prends l'éloquence et tords-lui son cou... » Aujourd'hui encore les poètes se souviennent du conseil. Et « les torts de la Rime » et la différenciation entre poésie et « tout le reste » qui est « littérature », on ne l'oubliera pas. S'il nous semble éloigné dans le temps, le Verlaine des *Romances sans paroles,* il est resté inimitable dans sa simplicité et dans sa vérité. Cette mince plaquette donne une vingtaine de poèmes groupés en trois parties, *Ariettes oubliées, Paysages belges, Aquarelles,* auxquelles s'ajoute un poème plus long, *Birds in the Night* (Verlaine aime les titres anglais). On pourrait définir cet ensemble par sa première strophe :

> C'est l'extase langoureuse,
> C'est la fatigue amoureuse,
> C'est tous les frissons des bois
> Parmi l'étreinte des brises,
> C'est, vers les ramures grises,
> Le chœur des petites voix.

Et, bientôt, on trouve des poèmes familiers devenus des mélodies célèbres, et qui habitent si facilement les mémoires!

> Il pleure dans mon cœur
> Comme il pleut sur la ville.
> Quelle est cette langueur
> Qui pénètre mon cœur?
>
> Ô bruit doux de la pluie
> Par terre et sur les toits!
> Pour un cœur qui s'ennuie,
> Ô le chant de la pluie!
>
> Il pleure sans raison
> Dans ce cœur qui s'écœure.
> Quoi! nulle trahison?
> Ce deuil est sans raison.
>
> C'est bien la pire peine
> De ne savoir pourquoi,
> Sans amour et sans haine,
> Mon cœur a tant de peine.

Il fait chanter les mots, en extrait la puissance poétique et musicale, les accorde à son rythme intérieur :

> Ô triste, triste était mon âme
> A cause, à cause d'une femme.

Je ne me suis pas consolé
Bien que mon cœur s'en soit allé,

Bien que mon cœur, bien que mon âme
Eussent fui loin de cette femme.

Je ne me suis pas consolé
Bien que mon cœur s'en soit allé.

Walcourt, Charleroi, Bruxelles, Malines, Bruxelles encore lui inspirent des croquis. Dans la capitale belge, un manège dont il traduit le mouvement et l'obsédante musique :

Tournez, tournez, bons chevaux de bois,
Tournez cent tours, tournez mille tours,
Tournez souvent et tournez toujours,
Tournez, tournez au son des hautbois.

Et voici, dans le même registre que *les Roses de Saadi* de Marceline Desbordes-Valmore, un de ses poètes maudits, *Green,* un des poèmes les plus frais de la langue française :

Voici des fruits, des fleurs, des feuilles et des branches,
Et puis voici mon cœur, qui ne bat que pour vous,
Ne le déchirez pas avec vos deux mains blanches
Et qu'à vos yeux si beaux l'humble présent soit doux.

J'arrive tout couvert encore de rosée
Que le vent du matin vient glacer à mon front.
Souffrez que ma fatigue, à vos pieds reposée,
Rêve des chers instants qui la délasseront.

Sur votre jeune sein laissez rouler ma tête
Toute sonore encor de vos derniers baisers;
Laissez-là s'apaiser de la bonne tempête,
Et que je dorme un peu puisque vous reposez.

Veut-on la plus aérienne et la plus sensuelle des chansons? On la trouve avec *A poor young Sheperd :*

J'ai peur d'un baiser
Comme d'une abeille.
Je souffre et je veille
Sans me reposer.
J'ai peur d'un baiser.

Pourtant j'aime Kate
Et ses yeux jolis.
Elle est délicate
Aux longs traits pâlis.
Oh! que j'aime Kate!

Il retrouve ces vers coulants qui sont l'apanage de quelques-uns dans une lignée qui va de Charles d'Orléans à Guillaume Apollinaire en passant par Clément Marot, La Fontaine et Musset.

Le « Premier acte de foi public » : Sagesse.

Il n'est pas facile d'être facile, Cocteau après Rameau le remarquera. On peut trouver chez Verlaine, surtout dans les premiers recueils, des poèmes qui s'imposent à l'anthologiste, mais il en est de plus secrets, éloignés de la perfection et significatifs d'un caractère. On aime, dans la lignée de Catulle ou de Properce, les pièces simples et condensées. Plus tard, on aimera qu'il chante sa vie encore, même s'il perd de sa fraîcheur première.

Encore de ces poèmes dans *Sagesse,* 1874. Beaucoup ont été écrits dans la prison de Mons. « Après une nuit douce amère passée à méditer sur la Présence réelle », il se sentit touché par la grâce. Sa conversion est sincère, il ne reniera pas son catholicisme et des poèmes écrits après sa sortie de prison s'ajouteront au recueil. C'est une autre « bonne chanson » qu'il écrit, et d'autres « romances sans paroles » avec, en plus, « une *confession* sollicitée par l'idée du devoir religieux et d'une espérance française ». Il y a donc, dans *Sagesse,* auprès de l'autel, la patrie qui n'est pas sa meilleure inspiration :

> Proscrits des jours, vainqueurs des temps, non point adieu,
>   Vous êtes l'espérance.
> A tantôt, Pères saints, qui nous vaudrez de Dieu
>   Le salut pour la France!

Ces poèmes pompeux sont heureusement minorité. On préfère, bien sûr, le Verlaine aussi musical que son nom :

> Écoutez la chanson bien douce
> Qui ne pleure que pour vous plaire.
> Elle est discrète, elle est légère :
> Un frisson d'eau sur de la mousse!
>
> La voix vous fut connue (et chère?)
> Mais à présent elle est voilée
> Comme une veuve désolée,
> Pourtant comme elle encore fière.
>
> . . . .
>
> Elle dit, la voix reconnue,
> Que la bonté c'est notre vie,
> Que de la haine et de l'envie,
> Rien ne reste, la mort venue.

> Elle parle aussi de la gloire
> D'être simple sans plus attendre,
> Et de noces d'or et du tendre
> Bonheur d'une paix sans victoire.

Il joue encore des rimes féminines pour traduire l'intimité. « Faites le geste qui pardonne! » demandera-t-il aux mains :

> Les chères mains qui furent miennes,
> Toutes petites, toutes belles,
> Après ces méprises mortelles
> Et toutes ces choses païennes,
>
> Après les rades et les grèves,
> Et les pays et les provinces,
> Royales mieux qu'au temps des princes
> Les chères mains m'ouvrent les rêves.

Il veut chanter « la Chanson pure » et la trouve dans la blessure du père :

> Et j'ai revu l'enfant unique : il m'a semblé
> Que s'ouvrait dans mon cœur la dernière blessure,
> Celle dont la douleur plus exquise m'assure
> D'une mort désirable en un jour consolé.

« Hommes durs! » s'écrie-t-il, et naît le contraste avec la femme :

> Beauté des femmes, leur faiblesse, et ces mains pâles
> Qui font souvent le bien et peuvent tout le mal...

Il dit « la vie humble aux travaux ennuyeux et faciles », il n'oublie pas son cher xviiie siècle, il évoque ce poète que nous avons rencontré : « Sagesse d'un Louis Racine, je t'envie! », il veut remonter plus haut pour se rencontrer, pour trouver « haute théologie et solide morale », car le xviiie fut gallican et janséniste. Plus loin, des vers semblent donnés par les dieux :

> L'espoir luit comme un brin de paille dans l'étable.
> Que crains-tu de la guêpe ivre de son vol fou?
> Vois, le soleil toujours poudroie à quelque trou.
> Que ne t'endormais-tu, le coude sur la table?

Sur un thème de Vigny, il chante encore :

> Le son du cor s'afflige vers les bois
> D'une douleur on veut croire orpheline
> Qui vient mourir au bas de la colline
> Parmi la brise errant en courts abois.

Certains poèmes tournés vers Dieu ont des allures panthéistes, comme le dernier du recueil :

C'est la fête du blé, c'est la fête du pain
Aux chers lieux d'autrefois revus après ces choses!
Tout bruit, la nature et l'homme, dans un bain
De lumière si blanc que les ombres sont roses.

Mais l'on revient en arrière pour saluer ce qu'il y a de véritablement nouveau chez lui : la grande poésie chrétienne qu'il renouvelle
avec puissance dès ces litanies :

Ô mon Dieu, vous m'avez blessé d'amour,
Et la blessure est encore vibrante,
Ô mon Dieu, vous m'avez blessé d'amour.

Il retrouve une voix perdue, celle de la poésie religieuse des
siècles passés, avec des accents qui rappellent encore Marceline
Desbordes-Valmore. « Je ne veux plus aimer que ma mère Marie »,
écrit-il avec une simplicité évangélique. Et puis, il y a cet étonnant
dialogue en huit sonnets incantatoires qui sont un des sommets de
notre poésie. Tout au long, il « aspire en tremblant » et l'on
demande au lecteur de tout lire. Nous citons ici le premier sonnet :

Mon Dieu m'a dit : « Mon fils il faut m'aimer. Tu vois
Mon flanc percé, mon cœur qui rayonne et qui saigne,
Et mes pieds offensés que Madeleine baigne
De larmes, et mes bras, douloureux sous le poids

De tes péchés, et mes mains! Et tu vois la croix,
Tu vois les clous, le fiel, l'éponge, et tout t'enseigne
A n'aimer, en ce monde amer où la chair règne,
Que ma Chair et mon Sang, ma parole et ma voix.

Ne t'ai-je pas aimé jusqu'à la mort moi-même,
Ô mon frère en mon Père, ô mon fils en l'Esprit,
Et n'ai-je pas souffert, comme c'était écrit?

N'ai-je pas sangloté ton angoisse suprême
Et n'ai-je pas sué la sueur de tes nuits,
Lamentable ami qui me cherches où je suis? »

Et le dernier de cette suite admirable qui montre non seulement
une beauté déchirante que même les non-croyants peuvent
ressentir, mais aussi une souplesse prosodique, un sens rhétorique sans défauts, des antithèses dignes des poètes renaissants :

— Ah! Seigneur, qu'ai-je? Hélas, me voici tout en larmes
D'une joie extraordinaire! votre voix
Me fait comme du bien et du mal à la fois,
Et le mal et le bien, tout a les mêmes charmes.

Je ris, je pleure, et c'est comme un appel aux armes
D'un clairon pour des champs de bataille où je vois
Des anges bleus et blancs portés sur des pavois,
Et ce clairon m'enlève en de fières alarmes.

J'ai l'extase et j'ai la terreur d'être choisi.
Je suis indigne, mais je sais votre clémence,
Ah, quel effort, mais quelle ardeur! Et me voici

Plein d'une humble prière, encor qu'un trouble immense
Brouille l'espoir que votre voix me révéla,
Et j'aspire en tremblant...
                                    — Pauvre âme, c'est cela!

Poète déchiré dans son siècle, orphelin du monde, il se retrouve dans cet énigmatique *Gaspard Hauser chante* :

Suis-je né trop tôt ou trop tard?
Qu'est-ce que je fais en ce monde?
Ô vous tous, ma peine est profonde :
Priez pour le pauvre Gaspard.

Oui, Paul Verlaine chante sa vie, ses contradictions et ses misères. D'autres recueils vont naître, des dizaines et des dizaines de poèmes qui rythment son existence éprise d'un idéal toujours déçu, d'un ordre dont il est déchu, mais, en 1874, on peut dire qu'il a écrit le meilleur et l'essentiel de son œuvre poétique.

Jadis et Naguère, Amour, Parallèlement.

Les diverses inspirations de Verlaine se retrouvent dans *Jadis et Naguère,* 1884. Il a la nostalgie des *Fêtes galantes,* mais la grâce première est quasi absente, car tout est plus appuyé. On lit, certes, avec plaisir *Pantoum négligé, le Pitre,* la comédie *les Uns et les autres, l'Impénitence finale* ou *le Clown :*

Bobèche, adieu! bonsoir, Paillasse! arrière, Gille!
Place, bouffons vieillis, au parfait plaisantin,
Place! très grave, très discret et très hautain,
Voici venir le maître à tous, le clown agile.

Avec plaisir, mais avec quelque regret. Ses poèmes se parent de fantaisies nouvelles, un peu baroques, un peu « cabaret », comme dans *A la louange de Laure et de Pétrarque :*

Elle, ta marraine, et Lui qui t'a pensé,
Dogme entier toujours debout sous l'exégèse
Même edmondschéresque ou francisquesarceyse...

Fallait-il garder des vers d'album? Oui, s'il est permis de s'amuser de manière peu durable :

Ayant vu cet ange pervers,
« Ousqu'est mon sonnet? », dit Arvers,
Et Chilpéric dit : « Sapristoche! »

Il joue agréablement sur ce qu'on appelle aujourd'hui « le rétro » dans un *Dizain Mille huit cent trente,* il fait un *Sonnet boiteux,* donne un *Squelette* dans un univers proche de celui du Hugo médiéval ou d'Aloysius Bertrand, des *Vers calomniés.* Parfois, des tableaux parisiens apparaissent dans *Kaléidoscope* ou *l'Aube à l'envers :*

> Le Point-du-Jour avec Paris au large,
> Des chants, des tirs, les femmes qu'on « rêvait »,
> La Seine claire et la foule qui fait
> Sur ce poème un vague essai de charge.

Il aime les évocations anciennes, mais en cela Hugo lui est nettement supérieur. Heureusement, on salue un lyrisme plus authentique dans *A Horatio* ou dans *Paysage,* dans *Crimen Amoris, l'Art poétique* plus haut cité, mais qu'il oublie parfois, dans *les Vaincus* ou dans ce très beau poème qu'on trouve dans la partie intitulée *A la manière de plusieurs, Langueur :*

> Je suis l'Empire à la fin de la décadence
> Qui regarde passer les grands Barbares blancs
> En composant des acrostiches indolents
> D'un style d'or où la langueur du soleil danse.

Trop de savoir-faire dans la partie *Jadis* et de la lourdeur dans *Naguère* où de longs poèmes comme *la Grâce, Don Juan pipé, Amoureuse du Diable* sont trop bavards inutilement, même si, çà et là, le bon Verlaine apparaît.

Les poèmes religieux d'*Amour,* 1888, puis 1892, dédiés à son fils Georges sont moins convaincants que ceux de *Sagesse.* L'espérance du salut s'exprime dans une *Prière du matin* assez banale. S'il dédie *un Conte* à J.-K. Huysmans, on s'arrête à la confession qu'il contient :

> Ce fut un brutal, ce fut un ivrogne des rues,
> Ce fut un mari comme on en rencontre aux barrières ;
> Bon que les amours premières fussent disparues,
> Mais cela n'excuse en rien l'excès de ses manières.

Les descriptions de *Bournemouth* ou de *There* rappellent son passé de parnassien. Que la béatitude de la prière apparaisse dans *un Crucifix* (pour Germain Nouveau), qu'il médite *Sur un reliquaire qu'on lui avait dérobé* ou qu'à Léon Bloy, il dédie *le Saint-Graal* (« Le sang de Jésus-Christ ruisselle sur la France »), il reste froid, montrant peu d'inquiétude et de passion. *A Louis II de Bavière* ou *Parsifal* traduisent des sentiments wagnériens plus artistes, mais, comme tant de sonnets de circonstance *(A Léon Valade, A Ernest Delahaye, A Émile Blémont, A Charles de Sivry, A Charles Morice, A Maurice du Plessys, A Propos d'un « Centenaire » de Calderon, A Victor*

Hugo, etc.), qui touchent peu. On préfère encore qu'il décrive « le pays de mon père » dans des *Paysages*.

On s'arrête plus longuement à l'élégie *Lucien Létinois* non parce qu'elle est de qualité, mais parce que, l'auteur parlant en vers, il est fait sans cesse mention de ses éléments biographiques. Il parle de la ferme :

> Notre essai de culture eut une triste fin,
> Mais il fit mon délice un long temps et ma joie...

Il parle de celui dont il avait fait non sans quelque trouble son fils, ce Lucien qu'il enveloppe d'un voile mystique et d'une sensualité grise, non sans quelque morbidité. Voici, pris dans divers poèmes de cet ensemble, des extraits significatifs de la faiblesse du poète :

> Je connus cet enfant, mon amère douceur,
> Dans un pieux collège où j'étais professeur
> Ses dix-sept ans mutins et maigres, sa réelle
> Intelligence, et la pureté vraiment belle
> Que disaient et ses yeux et son geste et sa voix,
> Captivèrent mon cœur et dictèrent mon choix
> De lui, pour fils, puisque, mon vrai fils, mes entrailles,
> On me le cache en manière de représailles
> Pour je ne sais quels torts charnels et surtout pour
> Un fier départ à la recherche de l'amour
> Loin d'une vie aux platitudes résignée!

. . . .

> Ce portrait qui n'est pas ressemblant,
> Qui fait roux tes cheveux noirs plutôt,
> Qui fait rose ton tein brun plutôt,
> Ce pastel, comme il est ressemblant!

. . . .

> Tu mourus dans la salle Serre,
> A l'hospice de la Pitié :
> On avait jugé nécessaire
> De t'y mener mort à moitié.

On trouvera en cherchant bien de temps en temps un essai de musique, une élévation : « Mon fils est mort. J'adore, ô mon Dieu, votre loi. » Malherbe ou Maynard nous disaient mieux tout cela.

Si *Parallèlement,* 1889, nous console, c'est parce que le poète a recours à d'anciens poèmes : on retrouve le ton de sa jeunesse; il en est de la prison de Mons extraits de *Cellulairement,* manuscrit non publié; il en est beaucoup d'inspirés par ses amours, mascu-

lines ou féminines, l'érotisme étant partout, à des degrés divers,
le lien de l'ensemble. Sans doute pour ne pas effaroucher ses lecteurs chrétiens, il annonce avec quelque hypocrisie que l'auteur
n'aura donc plus à faire de ces vers « durs et cruellement païens ».
Il écrira sans doute « de l'impersonnel ». Il a « feint de communiquer avec le diable », il publie « en vers des sensations des plus
sincères, mais bien osées »; il n'y a cependant « nul sadisme », il
fait « l'odieuse confession de bien des torts sexuels ». *Parallèlement :*
le titre s'explique ainsi : parallèle avec les poèmes mystiques de
Sagesse et d'*Amour;* amours parallèles. Ainsi, il chante Sappho et
Lesbos, avec un souvenir visible de Baudelaire dans cette suite intitulée *les Amies :*

> Aimez, aimez! ô chères Esseulées,
> Puisqu'en ces jours de malheur, vous encore,
> Le glorieux Stigmate vous décore.

Une autre suite, *Filles,* avec *A la princesse Roukine, Séguidille, Casta
piana, Auburn, A Mademoiselle..., A Madame...,* est faite de descriptions physiques et d'allusions grivoises plus que finement érotiques.
Heureusement, il chante quand cela vient de Mons :

> Dame souris trotte,
> Noire dans le gris du soir,
> Dame souris trotte,
> Grise dans le noir.

> On sonne la cloche :
> Dormez, les bons prisonniers,
> On sonne la cloche :
> Faut que vous dormiez.

Il se survit lorsqu'il donne *la Dernière fête galante, Poème saturnien,
A la manière de Paul Verlaine :*

> C'est à cause du clair de lune
> Que j'assume ce masque nocturne
> Et de Saturne penchant son urne
> Et de ces lunes l'une après l'une.

> Des romances sans paroles ont,
> D'un accord discord ensemble et frais,
> Agacé ce cœur fadasse exprès,
> Ô le son, le frisson qu'elles ont.

La dextérité remplace souvent le ton naturel des débuts. Dès la
Dédicace, il a montré son goût des jeux de langage chers plus tard
à Maurice Fombeure ou à Raymond Queneau :

Vous souvient-il, cocodette un peu mûre
Qui gobergez vos flemmes de bourgeoise,
Du temps joli quand, gamine un peu sure,
Tu m'écoutais, moi, blanc-bec qui dégoise?

Gardâtes-vous fidèle à la mémoire,
Ô grasse en des jerseys de poult-de-soie,
De t'être plu jadis à mon grimoire,
Cour par écrit, postale petite oye?

Avez-vous oublié, Madame Mère,
Non, n'est-ce pas, même en vos bêtes fêtes,
Mes fautes de goût, mais non de grammaire,
Au rebours de tes chères lettres bêtes.

Il donne des poèmes que nous reconnaissons : *Mains, Nouvelles variations sur le Point du Jour, Pierrot gamin,* car ils auraient pu figurer, sans être les meilleurs, dans ses premiers recueils. Il ne déteste pas la satire anti-conjugale, de *Dédicace à Guitare* et au *Sonnet de l'homme au sable.* Les connaisseurs reconnaîtront son sens de la jonglerie verbale dans *Laeti et errabundi* par exemple :

Les courses furent intrépides
(Comme aujourd'hui le repos pèse!)
Par les steamers et les rapides.
(Que me veut cet at home obèse?)

mais dans ce long poème en quatrains, il sait atteindre à la gravité :

Mort, tout ce triomphe inouï
Retentissait sans frein ni fin
Sur l'air jamais évanoui
Que bat mon cœur qui fut divin!

Quoi, le miraculeux poème
Et la toute-philosophie,
Et ma patrie et ma bohème
Morts? Allons donc! tu vis ma vie!

On sent qu'il prend plaisir au genre cher au moyen âge de Deschamps ou de Villon. Il y a la *Ballade de la mauvaise réputation* avec cet envoi :

Prince, ô très haut marquis de Sade,
Une souris pour votre scion
Fier derrière sa palissade.
Lucullus? Non. Trimalcion.

ou la *Ballade Sappho* qui se termine ainsi :

Prince ou princesse, honnête ou malhonnête,
Qui qu'en grogne et quel que soit son niveau,
Trop su poète ou divin proxénète,
Je suis pareil à la grande Sappho.

Comme *Mains,* le poème *les Morts qu'on fait saigner* est inspiré par
Arthur, l'amant infernal :

Les morts que l'on fait saigner dans leur tombe
    Se vengent toujours.
Ils ont leur manière, et plaignez qui tombe
    Sous leurs grands coups sourds.
Mieux vaut n'avoir jamais connu la vie,
Mieux vaut la mort lente d'autres suivie,
Tant le temps est long, tant les coups sont lourds.

. . . .

    Ô toi, persécuteur, crains le vampire
        Et crains l'étrangleur :
    Leur jour de colère apparaîtra pire
        Que toute douleur.
    Tiens ton âme prête à ce jour ultime
    Qui surprendra l'assassin comme un crime
    Et fondra sur le vol comme un voleur.

Ne boudons pas trop : *Parallèlement* contient encore quelques
beautés, même s'il sent le déjà lu chez Verlaine; on y retiendra aussi
maints exemples de la souplesse prosodique du poète.

Treize livres de poèmes.

On peut dire qu'après ce recueil, Verlaine n'a plus que le talent
et que le génie est loin derrière lui. Les ballades et sonnets de
Dédicaces, 1890, « sont tout intimes et ne visent que quelques amis
et bons camarades de l'auteur ». L'ensemble honore aussi bien
« les chers, les bons, les braves parnassiens », comme dit le vers-
refrain d'une ballade, que les symbolistes. On trouve là des inconnus auprès des poètes du temps : Tellier, Coppée, Huysmans, Mallarmé, Moréas, Tailhade, Villiers de L'Isle-Adam, Bloy, Ponchon,
Cazals, Nouveau, Bouchor, Dierx, etc., et le souvenir de Marceline
Desbordes-Valmore. De ce recueil de vers d'album, de poèmes de
circonstance, retenons un des deux sonnets *A Rimbaud :*

Mortel, ange ET démon, autant dire Rimbaud,
Tu mérites la prime place en ce mien livre,
Bien que tel sot grimaud t'ait traité de ribaud
Imberbe et de monstre en herbe et de potache ivre.

Les spirales d'encens et les accords de luth
Signalent ton entrée au temple de mémoire
Et ton nom radieux chantera dans la gloire,
Parce que tu m'aimas ainsi qu'il le fallut.

Les femmes te verront, grand jeune homme très fort,
Très beau d'une beauté paysanne et rusée,
Très désirable d'une indolence qu'osée!

L'histoire t'a sculpté triomphant de la mort
Et jusqu'aux pires excès jouissant de la vie,
Tes pieds blancs posés sur la tête de l'Envie!

Bonheur, 1891, fait partie des recueils « biens pensants »; il s'y montre de plus en plus prêchi-prêcha et systématique. Dans les *Chansons pour elle,* 1891, inspirées par Philomène Boudin, il reprend sans bonheur des thèmes de *Parallèlement*. Ses *Liturgies intimes,* 1892, sont des variations sur les fêtes de l'Église; Verlaine nous renseigne : « Toute liberté avouable, de la familiarité, parfois du patois, quelques assonances, des rimes répétées ou négatives, en très petit nombre, le tout serti dans une langue voulue claire mais resserrée le plus possible... » Dans *Sanctus* et *Agnus Déi,* il a le mérite d'inventer une nouvelle strophe composée de trois mètres impairs différents : 9, 11 et 13 pieds, préfigurant les conquêtes du vers libre et l'art d'un Paul Claudel ou d'un Francis Jammes. Cela présente un certain intérêt :

L'agneau cherche l'amère bruyère,
C'est le sel et non le sucre qu'il préfère,
Son pas fait le bruit d'une averse sur la poussière.

Quand il veut un but, rien ne l'arrête,
Brusque, il fonce avec de grands coups de sa tête,
Puis il bêle vers sa mère accourue inquiète...

Les *Odes en son honneur,* 1893, se rattachent aux *Chansons pour elle*. Il y refuse la piété devenue « bagatelle » et compose des blasons du corps à la bonne franquette, avec l'ajout parfois d'un peu de sentiment, mais il s'écrie bien vite : « Et maintenant, aux Fesses! » Ce paillard, cet égrillard donne un lointain souvenir des poètes gaillards de la Renaissance, avec des éclairs de spontanéité villonesque.

Les treize *Élégies,* 1893, en alexandrins à rimes plates, sont de la prose en vers donnant une pénible impression de sénilité polissonne. Il recherche « l'apaisement du soir » dans ce recueil : *Dans les limbes,* 1893, mais décidément, Verlaine n'est qu'un lointain reflet de lui-même. Pour ses *Épigrammes,* 1894, il se réfère

à l'ancienne acception du terme : petite pièce courte, pas néces-
sairement satirique comme aux XVIIe et XVIIIe siècle. Le poète est
alors malade à Saint-Louis, « fatigué de la lutte »; il fait ces
poèmes par jeu, se montrant souvent vrai et touchant, boulever-
sant même, à ce point que le critique est tenté d'oublier ses
rigueurs. Il nous dira dans *le Livre posthume* qu'il est « presque
un vieillard, presque hystérique ». Et pourtant, que de vigueur dans
ses *Invectives,* 1896, publiées l'année de sa mort. Persifleur, maniant
l'insulte argotique, il s'en prend aux cuistres, à des journalistes,
des écrivains, des médecins, des magistrats, des prélats, des poli-
ticiens, des femmes, des éditeurs ou à l'artillerie de Metz, ou aux
Cognes et Flics. Il joue au vieux Gavroche :

> On dit que je suis un gaga,
> C'est Moréas qui m'envoi'ça.
>
> Doncques suis un gaga « n'hélas! »
> C'est ce que m'envoi'Moréas.
>
> Moi qui suis un charmant garçon
> J'dis à personn' qu'il est quel...
>
> Et si j'avais l'verbe superbe
> (Et l'assonanc') je dirais...

Citons encore *Chair* que les dames Boudin et Krantz inspirent
mal; les *Biblio-sonnets,* travail de commande sur bibliophiles,
bibliomanes, bibliophobes, etc.; les miettes poétiques des *Poèmes
divers.* En 1896, le grand Verlaine est mort bien avant sa triste
fin. Et l'on voudrait pour oublier ses misères poétiques revenir
à un poème de *Sagesse* gardé pour terminer en l'honorant :

> Le ciel est, par-dessus le toit,
>   Si bleu, si calme!
> Un arbre, par-dessus le toit,
>   Berce sa palme.
>
> La cloche dans le ciel qu'on voit,
>   Doucement tinte.
> Un oiseau sur l'arbre qu'on voit
>   Chante sa plainte.
>
> Mon Dieu, mon Dieu, la vie est là,
>   Simple et tranquille.
> Cette paisible rumeur-là
>   Vient de la ville.
>
> — Qu'as-tu fait, ô toi que voilà
>   Pleurant sans cesse,
> Dis, qu'as-tu fait, toi que voilà,
>   De ta jeunesse?

On est tenté de prêter à Verlaine, poète maudit, une appartenance à ce monde romantique des poètes géniaux, tourmentés
par l'infini, marqués par le guignon et fécondés par la révolte.
Or, si le poète se dit né sous le signe Saturne, il se situe hors de
la lignée symboliste marquée en profondeur par le Romantisme
allemand. Pas plus le génie germanique que la culture méditerranéenne ne sont présents chez lui. Il faut le situer dans une
lignée au sommet de laquelle on trouve Rutebeuf ou Villon, ou
de frais ménestrels. Tout chez lui procède de l'instinct, du sentiment. Faible de caractère, il est bien pareil à la feuille morte.
Il se laisse ballotter par la vie et la chante. Les chercheurs du génie
et de l'orgueil de l'esprit risquent d'être déçus par un art qu'il
faut situer au niveau du quotidien, ce qui pour beaucoup est le
précieux bien.

La vie de Verlaine, ses passions, ses contradictions l'amènent
à une mystique simple, toute d'effusions, qui le rapproche de
Villon. Tout est du cœur et de la sensation, mais, par le miracle
de son art, par ses ressources sentimentales, par sa liberté, il a
donné le ton à une nouvelle sensibilité; il a fait dire à la langue
poétique ce qu'elle n'avait fait qu'entrevoir, la sensibilisant par
l'expression musicale, par un impressionnisme poétique nouveau; il a appris aux poètes, par l'exemple, les pouvoirs du vague,
de l'indécis, du clair-obscur des états d'âme, de la méprise dans
le choix des mots (ce qui marque une date), l'art de suggérer,
d'évoquer plutôt que dire. Non seulement des poètes, mais aussi
des musiciens (Fauré, Debussy...) ont su lui répondre.

Regards sur Paul Verlaine.

Le portrait du Verlaine déchu est celui qui s'impose le plus
souvent. Ses amis comparent sa tête à « une petite tête de mort ».
Jules Renard le dépeint ainsi : « L'effroyable Verlaine : un Socrate
moderne et un Diogène sali; du chien et de l'hyène. » Paul Guth,
portraits ou biographies en main, renchérira : « Il a l'air d'un
barbet qui traîne dans les égouts et dont les poils dégoulinent
d'ordure. » Socrate, Diogène, toujours. L'image du clochard
qui sait le latin. Qu'importe! A la mort de Leconte de Lisle, le
gueux devient Prince des Poètes. Et que d'images, de biographies,
avec le temps fort de l'épisode Rimbaud! Séché, Cazals, Delahaye,
Coulon, Fontainas, Porché, Mouquet vont romancer le poète.
On préfère les études sur l'œuvre comme celles des Béguin, Bor-
necque, Richer, Jean-Pierre Richard.

Dans le passé, un Barbey d'Aurevilly, fidèle à ses goûts roman-

tiques, a pu dire : « Un Baudelaire puritain, combinaison funè-
brement drôlatique, sans le talent net de M. Baudelaire, avec
des reflets de M. Hugo et d'Alfred de Musset ici et là : tel est
M. Paul Verlaine. Pas un zeste de plus. » Mais nous n'étions
qu'en 1866. Vingt ans plus tard, Banville écrira à Verlaine : « Parfois peut-être vous côtoyez de si près le rivage de la poésie que
vous risquez de tomber dans la musique. Il est possible que vous
ayez raison. » Les esprits sérieux s'intéressent à sa misère et à
ses tentatives de rédemption. Pour Maurice Barrès, « ce qui était
en lui essentiel, c'était sa puissance de sentir, l'accent communica-
tif de ses douleurs, ses audaces, très nues, à la française, et ces
beautés tendres et déchirantes... ». Pour André Suarès, « c'était
son destin de vivre dégradé, pour revivre dans le plus bel amour,
qui est la sphère de poésie, et là même, où s'en confessant le plus
loin, elle aspire le plus à la sainteté du pardon et de l'innocence ».
Pour Paul Claudel, « il fut le publicain dans le coin le plus sale
de l'Église et le pécheur en larmes qui avoue. Dans ses meilleurs
poèmes qui, il faut le reconnaître, ne sont pas nombreux, on a
l'impression rare, non pas d'un auteur qui parle, mais d'une
âme que l'auteur ne réussit pas à empêcher de parler ». Ce poète
chrétien, Kléber Haedens le trouvera « bien ennuyeux ». « Avec
Dieu, il fait sa coquette », dit Paul Guth. Nous ne sommes pas
d'accord du tout. Nous pourrions lui reprocher d'être parfois
fade et bondieusard, mais sa sincérité ne peut être mise en doute.
Et puis, il y a chez lui quelques-uns des plus beaux poèmes religieux de notre poésie.

Mais sans doute, ne faut-il pas tronçonner le poète. Laissons
donc parler Remy de Gourmont : « La poésie de P. Verlaine,
forme et pensée, est toute spontanée; c'est fondu à la cire perdue;
elle est ou n'est pas. Rien n'y indique la retouche. La matière ne
change pas, que l'inspiration soit religieuse ou libertine; c'est la
même fluidité pure... » Pour Paul Valéry, « ce naïf est un primitif
organisé, un primitif comme il n'y avait jamais eu de primitif
et qui procède d'un artiste fort habile et fort conscient ». Huysmans indique : « Seul, Verlaine a pu laisser deviner certains au-delà
troublants d'âme, des chuchotements si bas de pensées, des
aveux si murmurés, si interrompus, que l'oreille qui les percevait
demeurait hésitante. » Pour Mallarmé, *Sagesse* était admirable,
mais il aurait aimé que Verlaine refît *les Fêtes galantes*.

Moins séduisant pour l'esprit que ce dernier ou que Rimbaud,
subissant pour cela une éclipse, le tendre Verlaine, comme dit
Kléber Haedens, « sait jouer avec le feu et s'il y a beaucoup de
ruines dans ses œuvres, ce sont les ruines d'un poète ». Mais ce

poète précurseur du Symbolisme, chantant dans sa vie, beaucoup savent le reconnaître et nous aimons écouter la voix fraternelle d'un Jean Cassou : « De telles figures humaines hors toute mesure et toute loi, qui ont été aussi d'admirables poètes, Villon, Verlaine, sont fascinantes. Elles sont faites pour devenir populaires et le demeurent à tout jamais. Peut-être parce qu'elles incarnent à la fois les pires hasards où se puisse perdre la vie d'un homme et en même temps le plus haut pouvoir qu'un homme puisse acquérir d'émouvoir les autres hommes et de les enchanter. Peut-être parce qu'elles sont celles dont les mains des hommes, selon le dire de Mallarmé, peuvent le plus exactement, mais aussi avec le plus d'émerveillement, « tâter la ressemblance avec les maux humains ». Ainsi Verlaine, et toute sa défroque, " notre vagabond — Verlaine ", est-il entré dans la légende. »

Arthur Rimbaud
le voyant

I

L'Homme aux semelles de vent

« Les Sentiers sont âpres. »

P LUS d'un siècle avant la contestation de 1968, un collégien de
Charleville écrivait sur un feuillet : « Que m'importe à moi
que je sois reçu ? A quoi cela sert-il d'être reçu ? A rien, n'est-ce pas ?
Si, pourtant; on dit qu'on n'a une place que lorsqu'on est reçu.
Moi, je ne veux pas de place; je serai rentier. Quand même on en
voudrait une, pourquoi apprendre le latin ? Personne ne parle cette
langue. Quelquefois j'en vois, du latin, sur les journaux; mais,
Dieu merci, je ne serai pas journaliste [...] Ah! saperlipotte de saper-
lipopette! sapristi! moi, je serai rentier... » Cette profession
d'humour ne l'empêche pas d'être un parfait latiniste, connaissant
bien la prosodie, comme en témoignent des pages de poèmes et de
proses dans cette langue « que personne ne parle », et surtout sa
lettre en latin au prince impérial qui lui valut des remerciements
publics du précepteur de ce dernier.

Ce jeune homme, Jean-Nicolas-Arthur Rimbaud (1854-1891)
sera l'astre éclatant et multicolore de la poésie française. Son père,
officier d'origine provençale, épris d'aventures militaires, partit
en Crimée avant sa naissance. Sa mère, orgueilleuse bourgeoise,
soucieuse de respectabilité élève seule ses enfants. On peut imaginer Arthur et ses frères et sœurs, Vitalie, Isabelle, Frédéric,
marchant deux par deux dans les rues grises de Charleville, pour se
rendre à la messe, suivis d'une mère vêtue de noir. Héritier peut-
être de l'humeur vagabonde du père, on conçoit que l'enfant génial
veuille échapper à cette grisaille peu grisante.

Cette ville provinciale, cette mère abusive, son ami et professeur aux idées révolutionnaires, Georges Izambard, ses lectures
des auteurs socialistes, des écrivains du XVIIIe siècle, des occultistes,

sont le terreau de sa révolte. Il étonne sans cesse maîtres et condisciples. Lorsque survient l'été 1870, il a déjà fait deux fugues
fécondes. D'une troisième fugue, entre la capitulation et le début
de l'insurrection, il rapporte l'idée d'un *Projet de constitution com-
muniste* jamais retrouvé et des poèmes fécondés par la révolte. Il a
expédié des poèmes à Banville : *Sensation, Ophélie, Credo in unam.*
Sa *Lettre du voyant* est déjà esquissée. Il sait que « je est un autre »,
qu'il faut « se faire voyant par un long, immense et raisonné dérèglement de tous les sens », phrase qu'on citera parfois en oubliant
le mot « raisonné » qui est essentiel. Conscient, le poète n'a plus
besoin semble-t-il de Dieu : « Mort à Dieu. » Un ami de cabaret,
petit employé, nommé Bretagne, lui offre de le mettre en rapport
avec Verlaine.

Sans revenir sur cette liaison déjà narrée, on peut l'imaginer rue
Nicolet, chez les beaux-parents de Verlaine, farouchement muet,
intraitable, sans bonnes manières. Les poètes l'ont bien accueilli, il
a posé pour le fameux « Coin de table » de Fantin-Latour auprès
de Valade, Ernest d'Hervilly, Bonnier, Pelletan, Blémont, Verlaine,
Ricard, bien vite choqués par ce « voyou » qui se veut « voyant » et
qu'ils ne comprennent pas tout à fait. Seul Verlaine l'aime avec
passion. Et les poèmes naissent, composent l'œuvre en vers jusque
vers 1873. La Belgique, l'Angleterre, Charleville, Vouziers, les
errances, le coup de revolver de Bruxelles, c'est le commencement
de la rédaction du poème magique *Une Saison en Enfer* qui suit
l'ébauche d'un autre poème en prose connu plus tard, *les Illuminations.*

En 1874, il est à Londres avec Germain Nouveau. L'année suivante, précepteur à Stuttgart, il chasse Verlaine venu pour le conver-
tir à sa foi. Puis Rimbaud recommence ses errances, traversant à
pied le Wurtemberg, la Suisse, l'Italie. Malade à Milan, il s'arrête,
repart pour Brindisi où cet enfant du Nord est frappé d'insolation :
le consul de France à Livourne le rapatrie. Et le voilà de nouveau à
Charleville où il étudie l'espagnol, l'arabe, l'italien et le hollandais, après avoir connu le latin, l'anglais, l'allemand... On pense
à la culture multilingue des poètes de la Renaissance. Les errances
vont reprendre : notre beatnik d'il y a cent ans, interprète dans un
cirque, parcourt l'Allemagne, le Danemark, la Suède d'où il se fait
rapatrier, mais auparavant il s'était engagé dans l'armée hollandaise pour toucher trois cents florins, avait débarqué à Batavia,
avait déserté, était revenu à Bordeaux sur un voilier anglais pour
se rendre à pied à Charleville. On le voit débardeur à Marseille,
malade à Civitavecchia au cours d'un voyage à Alexandrie. On
n'en finit pas de conter ses vagabondages : Hambourg où il tente

vainement d'embarquer pour l'Orient, les Vosges, la Suisse, les Alpes, Lugano, Gênes, Chypre où il est chef de chantier, de nouveau Charleville, puis l'Égypte, Aden en 1880.

Une Autre errance.

L'aventure poétique semble terminée, mais tout le xxᵉ siècle en sera marqué. Est-il simplement un poète mort jeune à qui l'homme survit? « Changer la vie », a écrit Rimbaud. Que de gloses pour essayer de comprendre ce changement d'itinéraire! Le mythe Rimbaud naît de la fabulation critique, Étiemble le démontrera jusqu'aux extrêmes limites. Mais le caractère même de son œuvre n'explique-t-il pas la nouvelle vie de négociant aventureux? Un poète contemporain, Bernard Noël, a écrit justement : « *Changer la vie,* disait Rimbaud le poète et il est certain que par « l'alchimie du verbe » il réussit à changer la vie à l'intérieur de lui, mais l'autre vie à l'extérieur continuait sans que la vie nouvelle trouvât à s'y insérer. Les poètes n'étaient d'aucun secours puisqu'ils n'avaient pas compris son visage d'après la foudre, que leur dire? Et à plus forte raison, que dire aux autres? Peut-être d'ailleurs n'y avait-il plus rien à dire hors ces quelques pages où la vie est tout entière ramassée. A quoi bon alors se répéter, être poète? A moins que le silence soit naturel après l'illumination, naturel sans plus? Nerval s'est suicidé, Lautréamont est mort à vingt-quatre ans, Hölderlin, Nietzsche et Artaud ont été visités par la folie : Rimbaud-le-négociant fut peut-être le fou de Rimbaud-le-poète, quand « l'intérieur » eut été consumé. »

Pour les amoureux des biographies achevées, rencontrons rapidement M. Rimbaud, gérant à Harrar de la succursale d'une société française de peaux et de café. Il fait des économies qu'il demande à sa mère de bien placer. Il ne lit que des ouvrages techniques, il se fait explorateur de l'Ogadine si peu connu et fait un rapport pour la Société de Géographie. Peut-être participe-t-il à la fructueuse traite des nègres, mais ce n'est pas prouvé. En tout cas, il est trafiquant d'armes, comme jadis Beaumarchais, et fait des livraisons au roi Ménélik. De 1888 à 1891, il dirige une factorerie à Harrar. En février 1891, atteint d'une tumeur au genou droit, il reste alité; le 9 mai, il est rapatrié à Marseille où on l'ampute de la jambe. Il rejoint sa famille, mais le mal s'aggravant, il revient à Marseille avec sa sœur Isabelle. Mourant, il reçoit un prêtre. Ce dernier aurait dit : « Votre frère a la foi, mon enfant, que nous disiez-vous donc? Il a la foi, et je n'ai même jamais vu de foi de cette qualité. »

Y aurait-il en Rimbaud un Dʳ Jekyll et un Mʳ Hyde? Les Catholiques, après Isabelle Rimbaud, Claudel, Mauriac, nous le verrons, vont l'attirer à eux, tandis que d'autres verront en lui le phénomène, le métaphysicien, l'occultiste, l'enfant, le voyant, le révolutionnaire, le nihiliste, l'homme qui remet à jamais en question la nature et la fonction de la littérature et surtout de la poésie. Connu, mais mal connu en son temps, comme les romantiques de 1830 il a apporté la turbulence et la vie profonde, la révolte et la révolution par le langage, une influence profonde sur tous les mouvements poétiques, et surtout une poésie qui après un siècle reste sans une ride.

Les grandes lignes d'une biographie ne peuvent donner qu'une idée d'un poète. Même : les outrances des biographes ont donné des images se référant à ce qu'on appelle excès qui peuvent détourner d'une vérité humaine, et, par là, tromper sur l'œuvre elle-même − bien qu'elle soit de force à résister. Rimbaud, corps et âme, est le lieu d'une étonnante énergie, d'un caractère sauvage et sans concessions, d'une force prométhéenne (« mais il est, comme dit Antoine Adam, un Prométhée d'avance foudroyé »), d'une tragédie entièrement assumée, d'une intelligence et d'un pouvoir de création dépassant ceux de ses contemporains, d'un regard hors du temps, d'un génie qui n'a nul besoin d'être classifié, d'être la proie de tous les dogmes et de toutes les écoles, et qu'admirent vraiment et profondément ceux pour qui la poésie est re-création constante, révolte et énergie créatrice, ceux qui ont été touchés aussi par l'aile de la souffrance et de l'enthousiasme, de la faiblesse humaine et de l'orgueil d'être homme. L'enfant Rimbaud, voyant et voyou, brutal et délicat, entre réel et surréel, est aussi un père de notre poésie moderne. Étonnant XIXᵉ siècle qui a pu produire Baudelaire, Verlaine, Rimbaud, Lautréamont, Mallarmé sans que Hugo, Nerval, les grands romantiques l'aient épuisé! Les poèmes que nous allons rencontrer se nomment Arthur Rimbaud.

2

Les Poèmes en vers

L ES trois volets de l'œuvre sont les *Poésies* en vers, entre 1869 et 1873, les deux proses : *Une Saison en Enfer,* 1873, les *Illuminations* commencées en 1872. Chacune de ces créations témoigne d'expériences multiples et exprime à des titres divers un poète qui se débarrasse des influences en peu de mois pour exprimer sa voix propre.

Les Poésies d'apprentissage.

Si la première édition d'ensemble des poèmes de Rimbaud fut publiée à son insu, alors qu'il se mourait à Marseille, sous le titre *Reliquaire. Poésies,* 1891, avec une préface de Rodolphe Darzens, de son vivant le poète ne s'était vu publier que dans des revues, *la Revue pour tous, Lutèce, la Plume* ou *la Vogue.* Ses *Poésies complètes,* 1895, chez Vanier, furent préfacées par Paul Verlaine. Il y eut ensuite l'édition de Paterne Berrichon, *Œuvres,* 1898, puis 1912, au Mercure de France, les *Œuvres complètes,* 1922, enfin de nombreuses éditions jusqu'à l'indispensable volume de la Pléiade, contenant la correspondance et le travail critique d'Antoine Adam.

Le lecteur y trouvera toutes les ébauches, les œuvres en vers et en prose latines et françaises écrites sur les bancs de l'école. Vers 1869-1870, le jeune Arthur est prisonnier des influences parnassiennes et hugoliennes, notamment dans *les Étrennes des orphelins,* poème bien pensant dans la lignée des *Pauvres gens* de Hugo ou de *l'Ange et l'enfant* de Reboul, avec des rappels de Baudelaire, Banville ou Coppée mal assimilés. Il n'est encore qu'un apprenti-poète assez doué :

> Maintenant, les petits sommeillent tristement :
> Vous diriez, à les voir, qu'ils pleurent en dormant,

> Tant leurs yeux sont gonflés et leur souffle pénible !
> Les tout petits enfants ont le cœur si sensible !
> — Mais l'ange des berceaux vient essuyer leurs yeux,
> Et dans ce lourd sommeil met un rêve joyeux,
> Un rêve si joyeux, que leur lèvre mi-close,
> Souriante, semblait murmurer quelque chose...

Coppée est dans *Sensation,* Banville dans *Soleil et chair* ou *Ophélie* où l'on trouve déjà l'art des demi-teintes et des murmures mystérieux du Symbolisme. Sur un sujet de vers latins dicté en classe, le collégien a fait un exercice de rhétorique qui évoque *le Saule* de Musset et certaines peintures préraphaélites :

> Sur l'onde calme et noire où dorment les étoiles,
> La blanche Ophélia flotte comme un grand lys,
> Flotte très lentement, couchée en ses longs voiles...
> On entend dans les bois lointains des hallalis.
>
> Voici plus de mille ans que la triste Ophélie
> Passe, fantôme blanc, sur le long fleuve noir ;
> Voici plus de mille ans que sa douce folie
> Murmure sa romance à la brise du soir.
>
> Le vent baise ses seins et déploie en corolle
> Ses grands voiles bercés mollement par les eaux,
> Les saules frissonnants pleurent sur son épaule,
> Sur son grand front rêveur s'inclinent les roseaux.
>
> . . . .
>
> Ô Pâle Ophélia, belle comme la neige,
> Oui, tu mourus, enfant, par un fleuve emporté !
> C'est que les vents tombant des grands monts de Norvège
> T'avaient parlé tout bas de l'âpre liberté...

Mais, dans ces premiers poèmes, la dominante est parnassienne ou hugolienne. Le *Bal des pendus* unit le souvenir de Villon au néogothique de Hugo ou de Gautier. L'anticlérical *Châtiment de Tartufe* fait penser au Baudelaire satirique. *Le Forgeron* ou le poème *Morts de Quatre-vingt-douze...,* c'est encore Hugo, avec un sens de la caricature qu'on retrouve dans *A la Musique,* poème influencé par Glatigny, tout comme *Vénus Anadyomène.* Mêmes résonances dans *Première soirée* ou *les Réparties de Nina* ou *les Effarés* écrits pour Jean Aicard :

> Noirs dans la neige et dans la brume,
> Au grand soupirail qui s'allume,
>   Leurs culs en rond,
>
> A genoux, cinq petits, — misère ! —
> Regardent le boulanger faire
>   Le lourd pain blond...

Le meilleur Rimbaud n'est pas encore présent. Cependant, chaque poème s'efforce de rejoindre une synthèse de la sensation, du sentiment et de la pensée. Le poète trop éloquent cache le visionnaire; les influences l'envahissent trop. Ce dévorateur des œuvres de ses contemporains va, peu à peu, mieux les digérer, il va brûler les étapes pour aller, toujours un peu plus près de lui-même, vers l'expression qui lui est propre. Par un réalisme de plus en plus marqué, par une expérience de plus en plus personnelle, par une originalité de langage croissante, il va devenir le poète que nous aimons. Que la guerre éclate, qu'il parte sur les routes à pied, qu'il sente grandir en lui la révolte, les revendications politiques et sociales, et l'épanouissement est proche.

Sur la route.

Les poèmes vont offrir des alternatives de colère vengeresse et d'épanchement sentimental. *Roman* est plein de jeunesse :

> On n'est pas sérieux quand on a dix-sept ans.
> — Un beau soir, foin des bocks et de la limonade,
> Des cafés tapageurs aux lustres éclatants!
> — On va sous les tilleuls verts de la promenade.

Il sait être intimiste dans *Rêvé pour l'hiver,* poème en couleurs :

> L'hiver, nous irons dans un petit wagon rose
>   Avec des coussins bleus.
> Nous serons bien. Un nid de baisers fous repose
>   Dans chaque coin moelleux.

Ou dans *le Buffet* :

> C'est un large buffet sculpté; le chêne sombre,
> Très vieux, a pris cet air si bon des vieilles gens;
> Le buffet est ouvert, et verse dans son ombre
> Comme un flot de vin vieux, des parfums engageants...

Ce poème qui fait penser à *Spleen* de Baudelaire, il l'a écrit durant ses vagabondages d'octobre 1870, ce qui est le cas de son fameux *Dormeur du val,* croquis de guerre que publie *le Progrès des Ardennes :*

> C'est un trou de verdure où chante une rivière
> Accrochant follement aux herbes des haillons
> D'argent, où le soleil, de la montagne fière,
> Luit; c'est un petit val qui mousse de rayons.

Un soldat jeune, bouche ouverte, tête nue
Et la nuque baignant dans le frais cresson bleu,
Dort; il est étendu dans l'herbe, sous la nue,
Pâle dans son lit vert où la lumière pleut.

Les pieds dans les glaïeuls, il dort. Souriant comme
Sourirait un enfant malade, il fait un somme.
Nature, berce-le chaudement : il a froid.

Les parfums ne font pas frissonner sa narine;
Il dort dans le soleil, la main sur sa poitrine,
Tranquille. Il a deux trous rouges au côté droit.

Il écrit des sonnets de route comme *le Mal, Rages de Césars, la Maline* ou *Au Cabaret-Vert* si bien dépeint :

Depuis huit jours, j'avais déchiré mes bottines
Aux cailloux des chemins. J'entrais à Charleroi.
— *Au Cabaret-Vert :* je demandai des tartines
De beurre et du jambon qui fût à moitié froid.

Bienheureux, j'allongeai les jambes sous la table
Verte : je contemplai les sujets très naïfs
De la tapisserie. — Et ce fut adorable,
Quand la fille aux tétons énormes, aux yeux vifs,

— Celle-là, ce n'est pas un baiser qui l'épeure! —
Rieuse, m'apporta des tartines de beurre,
Du jambon tiède, dans un plat colorié,

Du jambon rose et blanc parfumé d'une gousse
D'ail, — et m'emplit la chope immense, avec sa mousse
Que dorait un rayon de soleil arriéré.

Il ne cesse en fait d'être peintre, de mêler les couleurs, de fixer paysages et émotions. Pour 35 centimes, on trouve à Charleroi une « gravure belge brillamment coloriée » : c'est *l'Éclatante victoire de Sarrebruck* « remportée aux cris de Vive l'Empereur! ». Il en fait la caricature en sonnet :

Au milieu, l'Empereur, dans une apothéose
Bleue et jaune, s'en va, raide, sur son dada
Flamboyant; très heureux, — car il voit tout en rose,
Féroce comme Zeus et doux comme un papa;

En bas, les bons Pioupious qui faisaient la sieste
Près des tambours dorés et des rouges canons,
Se lèvent gentiment. Pitou remet sa veste,
Et, tourné vers le Chef, s'étourdit de grands noms!

A droite, Dumanet, appuyé sur la crosse
De son chassepot, sent frémir sa nuque en brosse,
Et : « Vive l'Empereur!!! » — Son voisin reste coi...

Un schako surgit, comme un soleil noir... – Au centre,
Boquillon rouge et bleu, très naïf, sur son ventre
Se dresse, et, – présentant ses derrières – : « De quoi?... »

Pitou, Dumanet, Boquillon, ce sont les images du pioupiou.
Rimbaud aimera ces dessins populaires. Un croquis de Verlaine et
voilà qu'il le traduit en mots dans *les Douaniers* avec une liberté de
parole peu courante :

Ceux qui disent : Cré Nom, ceux qui disent macache,
Soldats, marins, débris d'Empire, retraités,
Sont nuls, très nuls, devant les Soldats des Traités
Qui tailladent l'azur frontière à grands coups d'hache.

Pipe aux dents, lame en main, profonds, pas embêtés,
Quand l'ombre bave aux bois comme un mufle de vache,
Ils s'en vont, amenant leurs dogues à l'attache,
Exercer nuitamment leurs terribles gaîtés!

Ils signalent aux lois modernes les faunesses.
Ils empoignent les Fausts et les Diavolos.
« Pas de ça, les anciens! Déposez les ballots! »

Quand sa sérénité s'approche des jeunesses,
Le Douanier se tient aux appas contrôlés!
Enfer aux Délinquants que sa paume a frôlés!

Il appelle « Fantaisie » le sonnet *Ma Bohème,* poème de l'errance
vagabonde, dont la tradition va des trouvères du moyen âge aux
modernes hippies qui, peut-être, se reconnaîtront :

Je m'en allais, les poings dans mes poches crevées;
Mon paletot aussi devenait idéal;
J'allais sous le ciel, Muse! et j'étais ton féal;
Oh! là! là! que d'amours splendides j'ai rêvées!

Mon unique culotte avait un large trou.
– Petit-Poucet rêveur, j'égrenais dans ma course
Des rimes. Mon auberge était à la Grande-Ourse.
– Mes étoiles au ciel avaient un doux frou-frou

Et je les écoutais, assis au bord des routes,
Ces bons soirs de septembre où je sentais des gouttes
De rosée à mon front, comme un vin de vigueur;

Où, rimant au milieu des ombres fantastiques,
Comme des lyres, je tirais les élastiques
De mes souliers blessés, un pied près de mon cœur!

Rimbaud et la société.

Enfant de la défaite, il se montre railleur, rageur, méprisant, et il prend la poésie comme une arme. Il multiplie les images atroces, comme dans *les Corbeaux,* « les chers corbeaux délicieux » qui s'abattent sur les champs de morts, comme dans ces *Assis,* monstrueux portrait-charge des bureaucrates :

> Rassis, les poings noyés dans des manchettes sales,
> Ils songent à ceux-là qui les ont fait lever
> Et, de l'aurore au soir, des grappes d'amygdales
> Sous leurs mentons chétifs s'agitent à crever.
>
> Quand l'austère sommeil a baissé leurs visières,
> Ils rêvent sur leur bras de sièges fécondés,
> De vrais petits amours de chaises en lisière
> Par lesquelles de fiers bureaux seront bordés;
>
> Des fleurs d'encre crachant des pollens en virgule
> Les bercent, le long des calices accroupis
> Tels qu'au fil des glaïeuls le vol des libellules
> – Et leur membre s'agace à des barbes d'épis.

Veut-on un exemple d'humour mêlé à de la vraie poésie? Il suffit de lire le dernier tercet d'*Oraison du soir :*

> Doux comme le Seigneur du cèdre et des hysopes,
> Je pisse vers les cieux bruns, très haut et très loin,
> Avec l'assentiment des grands héliotropes.

Cette fleur est pour lui poésie, on le voit encore dans le *Chant de guerre parisien :*

> Thiers et Picard sont des Éros,
> Des enleveurs d'héliotropes,
> Au pétrole ils font des Corots :
> Voici hannetonner leurs tropes...

Verlaine lui inspire-t-il cette *Tête de faune?*

> Dans la feuillée, écrin vert taché d'or,
> Dans la feuillée incertaine et fleurie
> De fleurs splendides où le baiser dort,
> Vif et crevant l'exquise broderie,
>
> Un faune effaré montre ses deux yeux
> Et mord les fleurs rouges de ses dents blanches.
> Brunie et sanglante ainsi qu'un vin vieux,
> Sa lèvre éclate en rires sous les branches.
>
> Et quand il a fui – tel qu'un écureuil –
> Son rire tremble encore à chaque feuille
> Et l'on voit épeuré par un bouvreuil
> Le Baiser d'or du Bois, qui se recueille.

Il a adressé à Demeny sa *Lettre du voyant*. Il s'engage toujours plus avant vers sa quête intérieure. Il écrit des poèmes du dégoût en jouant avec les mots, avec des allusions très vertes qui ne se révèlent pas toujours à la première lecture. Voici le début de *Mes petites amoureuses* :

> Un hydrolat lacrymal lave
> Les cieux vert-chou :
> Sous l'arbre tendronnier qui bave,
> Vos caoutchoucs
>
> Blancs de lunes particulières
> Aux pialats ronds,
> Entrechoquez vos genouillères,
> Mes laiderons.

Lui qui dit « Merde à Dieu! », que dira-t-il à ses serviteurs? Ses poèmes sont marqués d'un violent anticléricalisme. Voilà pour « le frère Milotus » des *Accroupissements* :

> Le bonhomme mijote au feu, bras tordus, lippe
> Au ventre : il sent glisser ses cuisses dans le feu,
> Et ses chausses roussir, et s'éteindre sa pipe;
> Quelque chose comme un oiseau remue un peu
> A son ventre serein comme un monceau de tripe.

Voilà pour *les Pauvres à l'église* :

> Et tous, bavant la foi mendiante et stupide,
> Récitent la complainte infinie à Jésus
> Qui rêve en haut, jauni par le vitrail livide,
> Loin des maigres mauvais et des méchants pansus,
>
> Loin des senteurs de viande et d'étoffes moisies,
> Farce prostrée et sombre aux gestes repoussants;
> – Et l'oraison fleurit d'expressions choisies,
> Et les mysticités prennent des tons pressants,
>
> Quand, les nefs où périt le soleil, plis de soie
> Banals, sourires verts, les Dames des quartiers
> Distingués, – ô Jésus! – les malades du foie
> Font baiser leurs longs doigts jaunes aux bénitiers.

« Il n'aimait pas Dieu; mais les hommes », dit-il dans *les Poètes de sept ans,* poème autobiographique et autoportrait :

> A sept ans, il faisait des romans, sur la vie
> Du grand désert, où luit la Liberté ravie,
> Forêts, soleils, rives, savanes! – Il s'aidait
> De journaux illustrés où, rouge, il regardait
> Des Espagnoles rire et des Italiennes.

L'enfant cherche déjà à « changer la vie » par les seuls moyens, ceux du rêve, dont il dispose. Il ouvrira sa narine « aux superbes nausées » en disant *l'Orgie parisienne ou Paris se repeuple,* avec une violence loin des tableaux parisiens de Verlaine, Coppée ou Baudelaire :

> Syphilitiques, fous, rois, pantins, ventriloques,
> Qu'est-ce que ça peut faire à la putain Paris,
> Vos âmes et vos corps, vos poisons et vos loques?

Poésie de colère et d'insulte, poésie armée d'un couteau, poésie d'un jusqu'au-boutiste qui dépasse en puissance tous les satiriques, de Mathurin Régnier à Baudelaire :

> Le Poëte prendra le sanglot des Infâmes,
> La haine des Forçats, la clameur des Maudits;
> Et ses rayons d'amour flagelleront les Femmes.
> Ses strophes bondiront : Voilà! voilà! bandits!

> — Société, tout est rétabli : — les orgies
> Pleurent leur ancien râle aux anciens lupanars :
> Et les gaz en délire, aux murailles rougies,
> Flambent sinistrement vers les azurs blafards!

Une phrase de Montaigne : « Le poète, assis sur le trépied des Muses, verse de furie tout ce qui lui vient à la bouche, comme la gargouille d'une fontaine », alliée à des souvenirs de la Commune, lui dicte un poème nauséeux et d'un comique grotesque, *le Cœur du pitre :*

> Mon triste cœur bave à la poupe,
> Mon cœur est plein de caporal :
> Ils y lancent des jets de soupe,
> Mon triste cœur bave à la poupe :
> Sous les quolibets de la troupe
> Qui pousse un rire général,
> Mon triste cœur bave à la poupe,
> Mon cœur est plein de caporal.

> Ithyphalliques et pioupiesques
> Leurs insultes l'ont dépravé!
> A la vesprée, ils font des fresques
> Ithyphallliques et pioupiesques.
> Ô flots abracadabrantesques,
> Prenez mon cœur, qu'il soit sauvé :
> Ithyphalliques et pioupiesques
> Leurs insultes l'ont dépravé!

Déjà l'enfant aux cheveux longs moqué qui a « des sursauts stomachiques ». Mais il regarde, il peint, il compare : par exemple *les Mains de Jeanne-Marie,* poème dont il prend la forme dans les *Études de mains* de Théophile Gautier. Il oppose les mains de la femme du peuple, de l'héroïne communarde à celles des « ployeuses d'échines » :

> Ça serrerait vos cous, ô femmes
> Mauvaises, ça broierait vos mains,
> Femmes nobles, vos mains infâmes
> Pleines de blancs et de carmins.

A-t-il été déçu par les femmes ? Non, elles ne sont pas *les Sœurs de charité !*

> Mais, ô Femme, monceau d'entrailles, pitié douce,
> Tu n'es jamais la Sœur de charité, jamais,
> Ni regard noir, ni ventre où dort une ombre rousse,
> Ni doigts légers, ni seins splendidement formés.

> Aveugle irréveillée aux immenses prunelles,
> Tout notre embrassement n'est qu'une question :
> C'est toi qui pends à nous, porteuse de mamelles,
> Nous te berçons, charmante et grave Passion.

> Tes haines, tes torpeurs fixes, tes défaillances,
> Et les brutalités souffertes autrefois,
> Tu nous rends tout, ô Nuit pourtant sans malveillances,
> Comme un excès de sang épanché tous les mois.

La Dérision, la critique.

D'autres poèmes témoignent d'une quête de lucidité, avec un regard acéré vers le côté noir des choses. Dérision dans *le Juste…* et dans *les Premières communions* où on croit rencontrer un Baudelaire exacerbé. Critique sociale dans *Ce qu'on dit au poète à propos de fleurs :* les activités du monde moderne ne reposent que sur l'argent, l'utile, la rentabilité; pour Rimbaud, c'est la beauté, ce sont les fleurs qui comptent; la poésie est utile, dira le bourgeois, si elle s'occupe de l'électricité ou de la culture des pommes de terre. Jouant avec la maestria d'un rhétoricien sur les mots, Rimbaud écrit cette parodie moqueuse dédiée non sans quelque malice à Banville avec pour cibles didactiques, romantiques, poètes de jeux floraux, parnassiens épris d'exotisme. Ce poème ivre des mots qu'il emploie montre une étonnante verve et une non moins étonnante sûreté de ton :

> Ainsi, toujours, vers l'azur noir
> Où tremble la mer des topazes,
> Fonctionneront dans ton soir
> Les Lys, ces clystères d'extases!

> A notre époque de sagous,
> Quand les Plantes sont travailleuses,
> Le Lys boira les bleus dégoûts
> Dans tes Proses religieuses!

> — Le lys de monsieur de Kerdrel,
> Le Sonnet de mil huit cent trente,
> Le Lys qu'on donne au Ménestrel
> Avec l'œillet et l'amarante!

Il enchaînera sur un dialogue burlesque :

> Là!... Comme si les Acajous
> Ne servaient, même en nos Guyanes,
> Qu'aux cascades des sapajous,
> Au lourd délire des lianes!

> — En somme, une Fleur, Romarin
> Ou Lys, vive ou morte, vaut-elle
> Un excrément d'oiseau marin?
> Vaut-elle un seul pleur de chandelle?

Et l'ironie se poursuivra dans une suite de vocables rares, jusqu'à la pirouette finale :

> Surtout, rime une version
> Sur le mal des pommes de terre!
> — Et, pour la composition
> De Poèmes pleins de mystère

> Qu'on doive lire de Tréguier
> A Paramaribo, rachète
> Des Tomes de Monsieur Figuier,
> — Illustrés! — chez Monsieur Hachette!

Il rejoindra la poésie jusque chez *les Chercheuses de poux* dont voici les deux derniers quatrains :

> Il entend leurs cils noirs battant sous les silences
> Parfumés; et leurs doigts électriques et doux
> Font crépiter parmi ses grises indolences
> Sous leurs ongles royaux la mort des petits poux.

> Voilà que monte en lui le vin de la Paresse,
> Soupir d'harmonica qui pourrait délirer;
> L'enfant se sent, selon la lenteur des caresses,
> Sourdre et mourir sans cesse un désir de pleurer.

Rimbaud et l'audition colorée.

Le poème qui a fait couler le plus d'encre et qui est encore à la source de polémiques, de débats, d'explications plus ou moins ingénieuses, pour le grand plaisir d'Étiemble, l'interminable observateur du mythe rimbaldien, est le sonnet des *Voyelles* :

> A noir, E blanc, I rouge, U vert, O bleu : voyelles,
> Je dirai quelque jour vos naissances latentes :
> A, noir corset velu des mouches éclatantes
> Qui bombinent autour des puanteurs cruelles,

Golfes d'ombre; E, candeurs des vapeurs et des tentes,
Lances des glaciers fiers, rois blancs, frissons d'ombelles;
I, pourpres, sang craché, rire des lèvres belles
Dans la colère ou les ivresses pénitentes;

U, cycles, vibrements divins des mers virides,
Paix des pâtis semés d'animaux, paix des rides
Que l'alchimie imprime aux grands fronts studieux;

O, suprême clairon plein des strideurs étranges,
Silences traversés des Mondes et des Anges :
– O l'Oméga, rayon violet de Ses Yeux!

Faut-il penser comme M. Gaubert que ce poème est né du souvenir d'enfance d'un abécédaire colorié? S'agit-il de correspondances comme les entrevit Baudelaire? de synesthésie? d'audition colorée? de traditions occultistes? Ou, comme le veut Pierre Payen, d'une explication logique reposant sur un mot clé : « A = Abeille = noir » ou « I = Ire = rouge »? Ou, comme l'ont voulu L. Sausy, puis Robert Faurisson, ne faut-il pas s'attacher à la forme évocatrice de chaque lettre? Pour ce dernier, *Voyelles* peut se résumer par un schéma érotique :

A renversé : sous l'égide du sexe le point de départ.
E couché : sous l'égide des seins, l'épanouissement progressif.
I couché : sous l'égide des lèvres, le moment d'ivresse.
U renversé : sous l'égide de la chevelure, l'accalmie passagère.
O : sous l'égide des yeux, l'extase finale.

Nous pourrions proposer aussi bien cette vue du poème *oiseau*, ce dernier mot comprenant cinq voyelles, l'ensemble formant un volatile au plumage multicolore. Ou bien... Toutes les interprétations sont possibles, mais nous croyons surtout aux valeurs colorées des sons. Plus loin, nous verrons que René Ghil modifie les équivalences rimbaldiennes et approfondit le système.

On ne saurait oublier les « bizarres abécédaires » du moyen âge rencontrés dans le premier tome de cet ouvrage. La forme des lettres, dans les conclusions de Huon Le Roi de Cambrai, jouait aussi bien que leur fonction comme initiales de mots. Au XVIIIᵉ siècle, rappelons les recherches de Piis sur l'harmonie imitative, de Louis-Bertrand Castel sur l'optique des couleurs ou le clavecin oculaire, avec l'aide du musicien Telemann (de l'ut bleu au si violet, en passant par les nuances des dièses). Rimbaud a sans doute lu un roman de Félicien Champsaur, *Dinah Samuel*, où un personnage à clé veut traduire un paysage en musique avec un système de rapports son-couleur qui fait ut blanc, ré bleu, fa noir, etc. Rimbaud a écrit qu'il avait « inventé la couleur des voyelles ».

On peut penser encore que, proposant ses propres sensations colorées sans en faire des lois fixes, il a expérimenté une nouvelle poétique : celle d'un « verbe poétique accessible, un jour ou l'autre, à tous les sens ». Ses poèmes sont habités par les couleurs. Le dérèglement prôné, conduit à son comble par les nouvelles drogues, n'a-t-il pas permis une nouvelle expérimentation ignorée ? Toutes les conclusions des amateurs d'énigmes se sont voulues définitives. Gageons que nous en rencontrerons d'autres encore dans les années à venir.

Signalons un quatrain solitaire, peut-être fragment de poème, qui étonne encore par sa modernité et sa beauté :

L'étoile a pleuré rose au cœur de tes oreilles,
L'infini roulé blanc de ta nuque à tes reins;
La mer a perlé rousse à tes mammes vermeilles
Et l'Homme saigné noir à ton flanc souverain.

Le Bateau ivre.

Lorsqu'il eut écrit son poème le plus significatif, *le Bateau ivre*, Arthur Rimbaud, peu avant de partir pour Paris où l'appelaient Paul Verlaine et un cercle de poètes admiratifs, confia à son ami de Charleville Ernest Delahaye : « Voici ce que j'ai fait pour leur présenter en arrivant. » Et il ajouta avec tristesse : « Oui, on n'a rien écrit de semblable, je le sais bien... Et cependant, ce monde des lettres, d'artistes! Les Salons! Les élégances... Je ne sais pas me tenir... Je ne sais pas parler... Oh! pour la pensée, je ne crains personne... » Combien de jeunes poètes ont quitté leur province pour rejoindre le noyau central de la France avec cette crainte et cette fierté! Ainsi, il apportait dans ses bagages un des plus grands poèmes de la langue française, celui aussi qui pressentait son destin : l'évasion hors de la plate quotidienneté, la fuite vers l'inconnu du bateau sans pilote et sans gouvernail qui descend le grand fleuve américain pour se perdre dans la mer, loin de la vie et de la réalité. Mais ce poème est en soi odyssée, épopée, aventure. Ne déclarait-il pas à un ami, quelques mois auparavant : « La poésie ne rythmera plus l'action, elle marchera en avant. »

Comme je descendais des Fleuves impassibles,
Je ne me sentis plus guidé par les haleurs :
Des Peaux-Rouges criards les avaient pris pour cibles,
Les ayant cloués nus aux poteaux de couleurs.

J'étais insoucieux de tous les équipages,
Porteur de blés flamands ou de cotons anglais.
Quand avec mes haleurs ont fini ces tapages,
Les Fleuves m'ont laissé descendre où je voulais.

Dans les clapotements furieux des marées,
Moi, l'autre hiver, plus sourd que les cerveaux d'enfants,
Je courus! Et les Péninsules démarrées
N'ont pas subi tohu-bohus plus triomphants.

La tempête a béni mes éveils maritimes.
Plus léger qu'un bouchon j'ai dansé sur les flots
Qu'on appelle rouleurs éternels de victimes,
Dix nuits, sans regretter l'œil niais des falots.

. . . .

« Qu'on appelle rouleurs éternels de victimes » : c'est la référence à *Oceano nox* de Victor Hugo. Le miracle est que ce poème si nouveau, si achevé, est encore plein d'enfance, de réminiscences de chères lectures : *les Travailleurs de la mer, l'Invitation au voyage,* sans doute, et auprès de Hugo et Baudelaire, *la Ballade du vieux marin* de Coleridge, les nouvelles de Poe, *le Vieux solitaire* de Léon Dierx, les romans de Jules Verne, de Fenimore Cooper, de Mayne Reid, certains poèmes de Gautier, les livraisons de revues illustrées (il adore écrire sur l'image) comme *le Magasin pittoresque.* Plein d'enfance et avec encore du terroir comme on le verra : « J'ai heurté, *savez-vous,* d'incroyables Florides... » Ce « savez-vous » des pays proches de la Belgique. Ce cri d'enfant : « Mais, *vrai,* j'ai trop pleuré... » Et tout cela dans le contexte d'une expérience intellectuelle vécue! car le poème est une synthèse allégorique et sensible d'aspirations profondes et de contradictions, avec l'angoisse devant l'inconnu d'une aventure spirituelle. On voudrait tout citer, dire au lecteur d'aller vite au texte complet s'il ne le connaît pas!

Je sais les cieux crevant en éclairs, et les trombes
Et les ressacs et les courants : je sais le soir,
L'Aube exaltée ainsi qu'un peuple de colombes,
Et j'ai vu quelquefois ce que l'homme a cru voir.

J'ai vu le soleil bas, taché d'horreurs mystiques,
Illuminant de longs figements violets,
Pareils à des acteurs de drames très antiques,
Les flots roulant au loin leurs frissons de volets.

J'ai rêvé la nuit verte aux neiges éblouies,
Baiser montant aux yeux des mers avec lenteur,
La circulation des sèves inouïes,
Et l'éveil jaune et bleu des phosphores chanteurs.

. . . .

J'ai heurté, savez-vous, d'incroyables Florides
Mêlant aux fleurs des yeux de panthères à peaux
D'hommes! Des arcs-en-ciel tendus comme des brides
Sous l'horizon des mers, à de glauques troupeaux!

> J'ai vu fermenter les marais énormes, nasses
> Où pourrit dans les joncs tout un Léviathan!
> Des écroulements d'eaux au milieu des bonaces,
> Et les lointains vers les gouffres cataractant!

A défaut des bandes dessinées qui peuvent inspirer nos contemporains (elles n'en sont alors qu'à leurs premiers balbutiements), Arthur Rimbaud puise ses visions dans les magazines coloriés de l'époque, ses accumulations d'images dans les articles et récits de voyages en un temps où l'on connaît encore l'émerveillement de la découverte. La lecture de ces revues du temps permet de mieux comprendre combien une imagination enfantine pouvait être fertilisée par cela à quoi pourrait correspondre la science-fiction aujourd'hui. Les descriptions de l'Amérique des Peaux-Rouges, avant nos westerns, les regards du capitaine Nemo de son *Nautilus* mêlés aux lectures exotiques des parnassiens pouvaient lui fournir les éléments du voyage fantastique, mais il sait en faire des symboles métaphysiques tout en jouant d'un vocabulaire maritime pour beaucoup ésotérique.

> Or moi, bateau perdu sous les cheveux des anses,
> Jeté par l'ouragan dans l'éther sans oiseau,
> Moi dont les Monitors et les voiliers des Hanses
> N'auraient pas repêché la carcasse ivre d'eau;
>
> Libre, fumant, monté de brumes violettes,
> Moi qui trouais le ciel rougeoyant comme un mur
> Qui porte, confiture exquise aux bons poètes,
> Des lichens de soleil et des morves d'azur,
>
> Qui courais, taché de lunules électriques,
> Planche folle, escorté des hippocampes noirs,
> Quand les juillets faisaient crouler à coups de triques
> Les cieux ultramarins aux ardents entonnoirs;
>
> Moi qui tremblais, sentant geindre à cinquante lieues
> Le rut des Béhémots et les Maelstroms épais,
> Fileur éternel des immobilités bleues,
> Je regrette l'Europe aux anciens parapets!
>
> J'ai vu des archipels sidéraux! et des îles
> Dont les cieux délirants sont ouverts au vogueur :
> — Est-ce en ces nuits sans fonds que tu dors et t'exiles,
> Million d'oiseaux d'or, ô future Vigueur?

Comme Verlaine, pareil à la feuille morte ballottée au gré du vent mauvais, Rimbaud est ce bateau jeté au sort des flots dont il s'enivre, où il se perd. « La vraie vie est absente... » Nihilisme, abandon, passivité? Mais aussi orgueil, révolte, délire lucide, sincérité, voyance. Jamais poète ne fut aussi « habité ». Peu de temps avant la composition du *Bateau ivre,* il avait écrit à son ami Demeny : « Ne sachant rien de ce qu'il faut savoir, résolu à ne rien faire de ce qu'il faut faire, je suis condamné dès toujours, pour jamais... » La fin du poème, désespérée, est un cri :

> Mais, vrai, j'ai trop pleuré! Les Aubes sont navrantes.
> Toute lune est atroce et tout soleil amer :
> L'âcre amour m'a gonflé de torpeurs enivrantes.
> Ô que ma quille éclate! Ô que j'aille à la mer!
>
> Si je désire une eau d'Europe, c'est la flache
> Noire et froide où vers le crépuscule embaumé
> Un enfant accroupi plein de tristesses, lâche
> Un bateau frêle comme un papillon de mai.
>
> Je ne puis plus, baigné de vos langueurs, ô lames,
> Enlever leur sillage aux porteurs de cotons,
> Ni traverser l'orgueil des drapeaux et des flammes,
> Ni nager sous les yeux horribles des pontons.

Comme un cosmonaute perdu dans l'immensité sidérale : Rimbaud. Ses contemporains y virent, comme Mendès, « une métaphore étirée » et s'attachèrent surtout aux descriptions éblouissantes, aux évocations d'un monde en marche. Ils ne pouvaient savoir que son influence serait plus profonde vers l'avenir que celle des symbolistes. Jamais poème n'eut autant de puissance évocatrice, ne charria autant d'images et de combinaisons sonores, ne s'arracha autant à la forme dans laquelle il était fixé. Violent et baroque, barbare et somptueux, contrasté avec ses images d'espace fermé et d'évasion, de grandeur et d'abandon, il dit ce qu'il y a de plus déchirant dans la condition humaine.

Les Stupra, l'Album zutique.

Avec les trois sonnets composant *les Stupra,* Rimbaud se place dans une tradition de la poésie érotique qu'il renouvelle. Du moyen âge de Coquillart ou d'Henri Baude à nos jours, en passant par Clément Marot et la plupart des poètes de la Pléiade, par les satiriques groupés autour de Mathurin Régnier comme par Malherbe et ses amis, par La Fontaine ou Piron, par Voltaire, Bertin, Parny jusqu'aux Romantiques, Hugo et Musset, par Gautier et Baudelaire, peu de poètes ont échappé à Éros, et au temps de Rimbaud, Mallarmé, Verlaine, Corbière, Laforgue, Nouveau écrivent des œuvres dignes de l'anthologie, avant que Pierre Louÿs, Jean Lorrain, Alfred Jarry, Apollinaire, puis les Surréalistes les rejoignent dans des poèmes qui se situent hors du temps.

Que sont ces *Stupra?* Rimbaud les appelle sans tricher « obscènes ». Ils se distinguent des poèmes de Verlaine du même genre par plus de rigueur formelle et de saine gaillardise. Longtemps inédits, ce furent Aragon et Breton qui les publièrent dans *Littérature*. Voici le premier :

> Les anciens animaux saillissaient, même en course,
> Avec des glands bardés de sang et d'excrément.
> Nos pères étalaient leur membre fièrement
> Par le pli de la gaine et le grain de la bourse.
>
> Au moyen âge pour la femelle, ange ou pource,
> Il fallait un gaillard de solide grément;
> Même un Kléber, d'après la culotte qui ment
> Peut-être un peu, n'a pas dû manquer de ressource.
>
> D'ailleurs l'homme au plus fier mammifère est égal;
> L'énormité de leur membre à tort nous étonne;
> Mais une heure stérile a sonné : le cheval
>
> Et le bœuf ont bridé leurs ardeurs, et personne
> N'osera plus dresser son orgueil génital
> Dans les bosquets où grouille une enfance bouffonne.

Nous avons déjà cité un pastiche de Coppée par Rimbaud figurant dans l'*Album zutique*. Armand Silvestre, Léon Dierx, Louis Ratisbonne, Belmontet « archétype parnassien » et Verlaine ont eu droit à ce traitement. Voici une *Fête galante :*

> Rêveur, Scapin
> Gratte un lapin
> Sous sa capote.
>
> Colombina
> — Que l'on pina! —
> — Do, mi, — tapote
>
> L'œil du lapin
> Qui tôt, tapin,
> Est en ribote.

Dans cet album, on trouve des sonnets monosyllabiques ou en vers de deux et six pieds, un ensemble modestement intitulé *Conneries.* Que le lecteur pudibond nous excuse : le pastiche est un genre majeur et il faut bien montrer que ce garnement de Rimbaud savait rire et aimait la franche gaieté qui côtoie chez lui un humour plus sombre ou plus grinçant.

Vers nouveaux et chansons.

Lorsqu'au début de 1872, Rimbaud revint à Charleville, après avoir mené cette vie de bohème agitée et déréglée au cours de laquelle furent écrits les poèmes érotiques et les pastiches, il était transformé. Prenant du recul, se détachant de ses ambitions littéraires, il se sent étranger, indifférent, sans espérance, tout en ne refusant pas encore la poésie. Ses poèmes alors sont d'une entière originalité. Il a le sens étonnant de l'ellipse, de l'impalpable, de l'irréel. Il rêve d'un recueil qu'il intitulerait *Études néantes*. Il se sent, comme il dit dans *Honte,* « l'enfant gêneur » qui

> Ne doit cesser un instant
> De ruser et d'être traître.
>
> Comme un chat des Monts Rocheux
> D'empuantir toutes sphères.

La première pièce est de fin 1871. Les rêves des Communards ont été écrasés; ce poème est celui de la colère impuissante, d'une apocalypse révolutionnaire :

> Qu'est-ce pour nous, mon cœur, que les nappes de sang
> Et de braise, et mille meurtres, et les longs cris
> De rage, sanglots de tout enfer renversant
> Tout ordre; et l'Aquilon encor sur les débris;
>
> Et toute vengeance? Rien!... — Mais si, toute encor
> Nous la voulons! Industriels, princes, sénats,
> Périssez! puissance, justice, histoire, à bas!
> Ça nous est dû. Le sang! le sang! la flamme d'or!
>
> Tout à la guerre, à la vengeance, à la terreur,
> Mon esprit! Tournons dans la Morsure : Ah! passez,
> Républiques de ce monde! Des empereurs,
> Des régiments, des colons, des peuples, assez!
>
> Qui remuerait les tourbillons de feu furieux,
> Que nous et ceux que nous nous imaginons frères?
> A nous! Romanesques amis : ça va nous plaire.
> Jamais nous ne travaillerons, ô flots de feux!

Il retrouve la voix d'Agrippa d'Aubigné. Il imagine la grande migration des vaincus et des exploités, avec cette allusion relevée par Robert Goffin : les « Noirs inconnus ». Pense-t-il à gagner le continent noir pour y fonder une autre civilisation?

> Europe, Asie, Amérique, disparaissez.
> Notre marche vengeresse a tout occupé,
> Cités et campagnes! — Nous serons écrasés!
> Les volcans sauteront! Et l'Océan frappé...
>
> Oh! mes amis! — Mon cœur, c'est sûr, ils sont des frères :
> Noirs inconnus, si nous allions! allons! allons!
> Ô malheur! je me sens frémir, la vieille terre,
> Sur moi de plus en plus à vous! la terre fond,
>
> Ce n'est rien! j'y suis! j'y suis toujours.

Mais il connaît toujours la rêverie devant la nature, comme dans *Larme* :

> Loin des oiseaux, des troupeaux, des villageoises,
> Je buvais, accroupi dans quelque bruyère
> Entourée de tendres bois de noisetiers,
> Par un brouillard d'après-midi tiède et vert.

Il rêve devant « cette jeune Oise » ou devant *la Rivière de Cassis* :

> La Rivière de Cassis roule ignorée
>   En des vaux étranges :
> La voix de cent corbeaux l'accompagne, vraie
>   Et bonne voix d'anges :
> Avec les grands mouvements des sapinaies
>   Quand plusieurs vents plongent.

Et cette idée de l'eau et de la soif, encore dans *Comédie de la soif* qui est soif de vie, soif insatisfaite d'un départ :

> Nous sommes tes Grands-Parents;
>   Tiens, prends
> Les liqueurs dans nos armoires;
> Le Thé, le Café, si rares,
> Frémissent dans les bouilloires.
> — Vois les images, les fleurs.
> Nous rentrons du cimetière.
>
> Moi. — Ah! tarir toutes les urnes!

Voici la conclusion de ce poème en cinq parties de valeur iné-gale, mais significatives d'un renouvellement :

> Les pigeons qui tremblent dans la prairie,
> Le gibier, qui court et qui voit la nuit,
> Les bêtes des eaux, la bête asservie,
> Les derniers papillons!... ont soif aussi.
>
> Mais fondre où fond ce nuage sans guide,
> — Oh! favorisé de ce qui est frais!
> Expirer en ces violettes humides
> Dont les aurores chargent ces forêts?

Toujours l'eau porteuse de souvenirs, dirait un Gaston Bachelard. Dans *Bonne pensée du matin,* il dira : « Porte aux travailleurs
l'eau-de-vie... » Les *Fêtes de la patience,* en quatre poèmes, s'ouvrent
sur *Bannières de mai :*

> Aux branches claires des tilleuls
> Meurt un maladif hallali.
> Mais des chansons spirituelles
> Voltigent parmi les groseilles.
> Que notre sang rie en nos veines,
> Voici s'enchevêtrer les vignes.
> Le ciel est joli comme un ange.
> L'azur et l'onde communient.
> Je sors. Si un rayon me blesse
> Je succomberai sur la mousse.

Les dernières syllabes des poèmes apportent une musique subtile en oubliant la rime. Avec Rimbaud et Verlaine, on se dirige vers
le vers libre. Le deuxième poème de cette suite est la *Chanson de la
plus haute tour :*

> Oisive jeunesse
> A tout asservie,
> Par délicatesse
> J'ai perdu ma vie.
> Ah! Que le temps vienne
> Où les cœurs s'éprennent.
>
> Je me suis dit : laisse,
> Et qu'on ne te voie :
> Et sans la promesse
> De plus hautes joies.
> Que rien ne t'arrête,
> Auguste retraite.
>
> J'ai tant fait patience
> Qu'à jamais j'oublie;
> Craintes et souffrances
> Aux cieux sont parties.
> Et la soif malsaine
> Obscurcit mes veines.

La distance avec *le Bateau ivre* est grande. Après l'écrasement de
la Commune, Rimbaud incohérent, oublieux de la rime ou des
rythmes, garde le sens rhétorique et musical. Il jette ses mots sur
des feuillets qu'on recueillera. Certains poèmes restent inachevés,
mais le poète nous parle, se confie. Il traduit le sens d'une décep-
tion profonde; il a perdu sa vie. Le troisième volet, *l'Éternité,* est
celui de l'anéantissement, du désespoir que rien ne peut consoler.
Contient-il des intentions religieuses, un paganisme attirant vers

l'instant présent? Les interprétations de ce court poème ont été bien variées.

> Elle est retrouvée.
> Quoi? — L'Éternité.
> C'est la mer allée
> Avec le soleil.
>
> Ame sentinelle,
> Murmurons l'aveu
> De la nuit si nulle
> Et du jour en feu.
>
> Des humains suffrages,
> Des communs élans
> Là tu te dégages
> Et voles selon.
>
> Puisque de vous seules,
> Braises de satin,
> Le Devoir s'exhale
> Sans qu'on dise : enfin.
>
> Là pas d'espérance,
> Nul orietur.
> Science avec patience,
> Le supplice est sûr.
>
> Elle est retrouvée.
> Quoi? — L'Éternité.
> C'est la mer allée
> Avec le soleil.

Dans le quatrième volet, *Age d'or,* il en appelle à l'enfance pure face au monde et au temps destructeurs. C'est l'avilissement de la vie, mais il s'écrie : « Ô! joli château! Que ta vie est claire! » Le poème *Jeune ménage* peut évoquer l'entrée du rat Rimbaud dans le ménage Verlaine, à moins que ce ne soit Mathilde qui soit le rat dans le ménage homosexuel. *Bruxelles, Est-elle almée?*... ou *Michel et Christine* (titre d'un vaudeville de Scribe si loin du poème : Michel peut symboliser l'Allemagne et Christine la France) ou encore *Mémoire* se prêtent aux interprétations les plus diverses. Il peut s'agir d'ailleurs de successions d'images où le non-sens a sa part comme dans *Fêtes de la faim :*

> Ma faim, Anne, Anne,
> Fuis sur ton âne.
>
> Si j'ai du *goût,* ce n'est guères
> Que pour la terre et les pierres.

Dinn! dinn! dinn! dinn! Mangeons l'air,
Le roc, les Terres, le fer.

Tournez, les faims, paissez, faims,
        Le pré des sons!
Puis l'aimable et vibrant venin
        Des liserons...

Les liserons en forme de cloches, le tintement, les coups sourds
de la faim, les parfums, les sons, les couleurs... Le poème essentiel
de cette série est le plus proche du poète et de l'homme Rimbaud.
Comme le remarque Antoine Adam : « Cette pièce est l'une de
celles qui ont prêté aux plus extraordinaires divagations. » Pour
Rolland de Renéville, Rimbaud accède à la sagesse suprême de
l'Inde, comme l'indique clairement le coq gaulois! Henry Miller
a discerné dans ces vers « la joie de trouver Dieu ». Un autre dira
que ce coq dérive de l'Évangile. Tout cela fait sourire Adam qui se
fie plus volontiers à l'interprétation du poète Robert Goffin. Le
« coq gaulois » se retrouve en Wallonie et dans les Ardennes. C'est
une interprétation gaillarde et il faut voir la sensualité des retrouvailles avec Verlaine. Les châteaux de l'âme, les coulantes saisons,
les châteaux en Espagne, les constructions de rêves, les châteaux
de cartes, les faiblesses... Le lecteur n'a pas besoin d'images reçues.
Qu'il participe au poème!

Ô saisons, ô châteaux,
Quelle âme est sans défauts?

Ô saisons, ô châteaux!

J'ai fait la magique étude
Du Bonheur, que nul n'élude.

Ô vive lui, chaque fois
Que chante son coq gaulois.

Mais! je n'aurai plus d'envie,
Il s'est chargé de ma vie.

Ce Charme! il prit âme et corps,
Et dispersa tous efforts.

Que comprendre à ma parole?
Il fait qu'elle fuie et vole!

Ô saisons, ô châteaux!

[Et, si le malheur m'entraîne,
Sa disgrâce m'est certaine.

Il faut que son dédain, las!
Me livre au plus prompt trépas!

— Ô Saisons, ô Châteaux!]

Et le dernier poème est, comme *Larme, Bonne pensée du matin, Chanson de la plus haute tour, Fain, l'Éternité* (mais ces derniers avec des variantes), contenu dans *Une Saison en Enfer* :

Le loup criait sous les feuilles
En crachant les belles plumes
De son repas de volailles :
Comme lui je me consume.

Les salades, les fruits
N'attendent que la cueillette;
Mais l'araignée de la haie
Ne mange que des violettes.

Que je dorme! que je bouille
Aux autels de Salomon.
Le bouillon court sur la rouille,
Et se mêle au Cédron.

Ne pourrait-on penser à certaines fatrasies médiévales ou à des coq-à-l'âne marotiques?

Lorsque Rimbaud regagne Charleville fin 1872, il semble avoir parcouru toutes les routes, reçu toutes les expériences d'une poésie prise dans la vie, subi une accélération du temps peu commune. Des premiers exercices à l'exploration intérieure et à la voyance, il a vécu ce qu'aurait pu vivre une très longue existence. Il est habité par ses *Illuminations,* il peut préparer sa *Saison en Enfer,* ce testament spirituel. La flamme fulgurante va brûler d'un vif éclat avant le silence et la nuit. Avec ces deux poèmes majeurs, il ira plus loin que tous ses devanciers, il marquera toute la poésie moderne plus sûrement encore que ses plus grands contemporains. Nous allons tenter de montrer ce vertige.

3

Les Grandes proses illuminées

Une Saison en Enfer.

E N 1873, Rimbaud écrit *Une Saison en Enfer* et publie l'œuvre à Bruxelles la même année. L'édition est à compte d'auteur, mais le poète s'en désintéressant dès que, parue, elle ne paie pas. On a cru longtemps qu'il avait détruit les cinq cents exemplaires de l'édition jusqu'à ce qu'un bibliophile belge fît part en 1914 d'une trouvaille remontant à 1901. Singulière aventure d'un livre.

A partir de la saison d'une liaison orageuse, Rimbaud condense son expérience existentielle, poétique et spirituelle, exprime les oppositions internes, les échecs, les tâches : réinventer l'amour, réinventer la poésie, credo de l'avenir. A sa mère qui lui demande la signification du livre, il répond : « J'ai voulu dire ce que ça dit, littéralement et dans tous les sens. » L'ouvrage est à la fois énigmatique et clair. Rimbaud est le siège d'une dualité constante : relatif et absolu, pureté et souillure, instant et éternité, innocence et culpabilité, individu et société, plénitude des sens et extases de l'âme, domination et soumission, barbarie et progrès, révolte et châtiment. Il veut saisir « la vérité dans une âme et dans un corps ». Pour la première fois, la poésie peut répondre là où le cartésianisme reste impuissant. Il faut rompre avec les vieux tabous, seule condition à l'émancipation de l'homme. Le recueil est si riche, si dense, si elliptique, il réunit tant de visions, de pensées, de sentiments, d'images, de vérités nues que le résumer serait tâche illusoire. Dans la complémentarité du verbe poétique, dans le fondu des délires, dans le recul face au temps et à l'espace, la révolte prométhéenne et satanique comme les aspirations spirituelles sont éclairées. C'est une lutte avec le temps qui fuit pour rejoindre l'espace de l'indicible, c'est une répudiation des illusions pour un

combat nouveau. La barbarie et la science, loin des morales péri-
mées, sont les deux pôles d'un mythe régénérateur et conquérant.
« Prose de diamant » peut dire Verlaine de cette œuvre.

Plutôt que de commenter par des approximations et de vagues
équivalences, il faut glaner au fil des neuf parties du poème
(*Jadis...*, *Mauvais sang*, *Nuits de l'enfer*, *Délires* (I. *Vierge folle*. II.
Alchimie du verbe), *l'Impossible*, *l'Éclair*, *Matin*, *Adieu*) les traits de
lumière d'une voix unique. Voici le début de la courte ouverture :

> Jadis, si je me souviens bien, ma vie était un festin où s'ouvraient tous
> les cœurs, où tous les vins coulaient.
> Un soir, j'ai assis la Beauté sur mes genoux. — Et je l'ai trouvée amère.
> — Et je l'ai injuriée.
> Je me suis armé contre la justice.
> Je me suis enfui. Ô sorcières, ô misère, ô haine, c'est à vous que mon
> trésor a été confié!
> Je parvins à faire s'évanouir dans mon esprit toute l'espérance humaine.
> Sur toute joie pour l'étrangler j'ai fait le bond sourd de la bête féroce.
> J'ai appelé les bourreaux pour, en périssant, mordre la crosse de leurs
> fusils. J'ai appelé les fléaux, pour m'étouffer avec le sable, le sang. Le
> malheur a été mon dieu. Je me suis allongé dans la boue. Je me suis séché
> à l'air du crime. Et j'ai joué de bons tours à la folie.
> Et le printemps m'a apporté l'affreux rire de l'idiot. [...]
> Ah! j'en ai trop pris : — Mais, cher Satan, je vous en conjure, une pru-
> nelle moins irritée! et en attendant les quelques petites lâchetés en retard,
> vous qui aimez dans l'écrivain l'absence des facultés descriptives ou ins-
> tructives, je vous détache ces quelques hideux feuillets de mon carnet de
> damné.

Des Gaulois de Michelet, de l'histoire de France, Rimbaud sent
vivre en lui les forces tumultueuses et barbares, les vices hérédi-
taires, le *Mauvais sang* :

> J'ai de mes ancêtres gaulois l'œil bleu blanc, la cervelle étroite, et la
> maladresse dans la lutte. Je trouve mon habillement aussi barbare que le
> leur. Mais je ne beurre pas ma chevelure.
> Les Gaulois étaient les écorcheurs de bêtes, les brûleurs d'herbes les
> plus ineptes de leur temps.
> D'eux, j'ai : l'idolâtrie et l'amour du sacrilège; — oh! tous les vices,
> colère, luxure, — magnifique, la luxure; — surtout mensonge et paresse.
> J'ai horreur de tous les métiers. Maîtres et ouvriers, tous paysans,
> ignobles. La main à plume vaut la main à charrue. — Quel siècle à mains!
> — Je n'aurai jamais ma main. Après, la domesticité mène trop loin. L'hon-
> nêteté de la mendicité me navre. Les criminels dégoûtent comme des
> châtrés : moi, je suis intact, et ça m'est égal.

« Nous allons à *l'Esprit* », écrit-il. Et : « Le sang païen revient. »
Et : « J'attends Dieu avec gourmandise. » Il jette ses interrogations,
les métamorphose en cris : « Vous êtes de faux nègres, vous,
maniaques, féroces, avares. Marchand, tu es nègre; magistrat, tu

es nègre; général, tu es nègre; empereur, vieille démangeaison, tu es nègre : tu as bu d'une liqueur non taxée, de la fabrique de Satan. »

Sanglots du verbe, soubresauts de mots, colères brusques et apaisements. La *Nuit de l'Enfer* s'ouvre sur : « J'ai avalé une fameuse gorgée de poison. » Halluciné, il se jette au monde de la cruauté, de la révolte, des vices. C'est la chute, le chaos, l'incohérence, la damnation. « C'est le feu qui se relève avec son damné. » Les *Délires I* intitulés *Vierge folle* ont en dessous du titre *l'Époux infernal*. La vierge et l'époux : Verlaine et Rimbaud? Plutôt les deux parties d'un conflit interne au poète. Ce Démon dont il fait le portrait, est-il en lui? « Il a peut-être des secrets pour *changer la vie ?* » Alors...

Je l'écoute faisant de l'infamie une gloire, de la cruauté un charme. « Je suis de race lointaine : mes pères étaient Scandinaves : ils se perçaient les côtes, buvaient leur sang. — Je me ferai des entailles partout le corps, je me tatouerai, je veux devenir hideux comme un Mongol : tu verras, je hurlerai dans les rues. Je veux devenir bien fou de rage. Ne me montre jamais de bijoux, je ramperais et me tordrais sur le tapis. Ma richesse, je la voudrais tachée de sang partout. Jamais je ne travaillerai... »

Il en vient à l'*Alchimie du verbe* (les *Délires II*). Ce début est étonnant. Rimbaud invente les goûts d'aujourd'hui :

A moi. L'histoire d'une de mes folies.

Depuis longtemps je me vantais de posséder tous les paysages possibles, et trouvais dérisoires les célébrités de la peinture et de la poésie moderne.

J'aimais les peintures idiotes, dessus de portes, décors, toiles de saltimbanques, enseignes, enluminures populaires; la littérature démodée, latin d'église, livres érotiques sans orthographe, romans de nos aïeules, contes de fées, petits livres de l'enfance, opéras vieux, refrains niais, rythmes naïfs.

Je rêvais croisades, voyages de découvertes dont on n'a pas de relations, républiques sans histoires, guerres de religion étouffées, révolutions de mœurs, déplacements de races et de continents : je croyais à tous les enchantements.

J'inventai la couleur des voyelles! — A noir, E blanc, I rouge, O bleu, U vert. — Je réglai la forme et le mouvement de chaque consonne, et, avec des rythmes instinctifs, je me flattai d'inventer un verbe poétique accessible, un jour ou l'autre, à tous les sens. Je réservais la traduction.

Ce fut d'abord une étude. J'écrivais des silences, des nuits, je notais l'inexprimable. Je fixais des vertiges.

Il dira adieu « dans d'espèces de romances » et ce sont les poèmes en vers plus haut cités. Et cette histoire d'une folie terminée, l'apaisement : « Cela est passé. Je sais aujourd'hui saluer la beauté. »

Moins directement séduisantes, les autres parties du poème

montrent les errances du cheminement intellectuel. Dans *l'Impossible,* ce sont les parcours de la sagesse première au mépris, de l'Orient sa vraie patrie à l'Occident qui le retient. Son rêve d'Éden, cette antique pureté se refusent, et la science « ne va pas assez vite pour nous ». Mais il arrive *l'Éclair :* « Le travail humain! c'est l'explosion qui éclaire mon abîme de temps en temps. » Mais ce travail, comme la science, il est trop lent, trop dur. Tout semble échec : rêves, révoltes, nostalgies, recours aux mysticismes enfantins. Il rêve alors d'un *Matin :*

> Du même désert, à la même nuit, toujours mes yeux las se réveillent à l'étoile d'argent, toujours, sans que s'émeuvent les Rois de la vie, les trois mages, le cœur, l'âme, l'esprit. Quand irons-nous, par delà les grèves et les monts, saluer la naissance du travail nouveau, la sagesse nouvelle, la fuite des tyrans et des démons, la fin de la superstition, adorer – les premiers! – Noël sur la terre!
> Le chant des cieux, la marche des peuples! Esclaves, ne maudissons pas la vie.

Échappe-t-il au désespoir? Du moins le veut-il. A dix-neuf ans, c'est : « L'automne déjà! » Et il redoute l'hiver. Connaît-il d'autres mesures de temps que les nôtres? La jeunesse meurt si vite. « Mais pourquoi regretter un éternel soleil, si nous sommes engagés à la découverte de la clarté divine, – loin des gens qui meurent sur les saisons. » S'est-il nourri de mensonge? A-t-il trouvé la main amie? Une vision :

> – Quelquefois je vois au ciel des plages sans fin couvertes de blanches nations en joie. Un grand vaisseau d'or, au-dessus de moi, agite ses pavillons multicolores sous les brises du matin. J'ai créé toutes les fêtes, tous les triomphes, tous les drames. J'ai essayé d'inventer de nouvelles fleurs, de nouveaux astres, de nouvelles chairs, de nouvelles langues. J'ai cru acquérir des pouvoirs surnaturels. Eh bien! je dois enterrer mon imagination et mes souvenirs! Une belle gloire d'artiste et de conteur emportée!
> Moi! moi qui me suis dit mage ou ange, dispensé de toute morale, je suis rendu au sol, avec un devoir à chercher, et la réalité rugueuse à étreindre! Paysan!
> Suis-je trompé? la charité serait-elle sœur de la mort, pour moi?
> Enfin, je demanderai pardon de m'être nourri de mensonge. Et allons.
> Mais pas une main amie! et où puiser le secours?

Si « l'heure nouvelle est au moins très sévère », il pense la victoire acquise. Il jette une phrase : « Il faut être absolument moderne. » Une aurore se lève : « Point de cantiques : tenir le pas gagné. Dure nuit! » Il termine ainsi :

> Cependant c'est la veille. Recevons tous les influx de vigueur et de tendresse réelle. Et à l'aurore, armés d'une ardente patience, nous entrerons aux splendides villes.

Que parlais-je de main amie? Un bel avantage, c'est que je puis rire des vieilles amours mensongères, et frapper de honte ces couples menteurs, — j'ai vu l'enfer des femmes là-bas; — et il me sera loisible de *posséder la vérité dans une âme et un corps.*

Une Saison en Enfer montre l'acheminement du poète vers la connaissance de soi par l'affranchissement des tutelles, par le combat spirituel solitaire et douloureux. Le langage désagrégé à la manière de la mouvante vie, la recherche des moteurs de l'action l'amènent à la responsabilité de soi, de sa propre création dans l'univers. C'est l'annonce d'une autonomie de la poésie, de sa valeur comme mode de connaissance, comme contact direct avec le monde. Ce poème, savant, jette ses énigmes et désoriente sans cesse. Le miracle est qu'il ne se sépare pas d'un style familier, on le voit dans ses exclamations : « Est-ce bête!... Horreur de ma bêtise!... Drôle de ménage! » ou les images triviales d'un tour populaire : « Je ne me crois pas embarqué pour une noce avec Jésus-Christ pour beau-père... », ou encore dans ses exclamations : « Où va-t-on? Au combat? je suis faible! les autres avancent. Les outils, les armes... Le temps!... Feu! feu sur moi! Là! où je me rends. — Lâches! — Je me tue! Je me jette aux pieds des chevaux!... » Ces délires sont nouveaux et nous éloignent des sagesses parnassiennes et symbolistes.

Il se dépeint avec une fausse simplicité pour mieux nous entraîner dans ses dédales énigmatiques. Et, auprès de phrases jetées comme des insultes, des phrases apaisées qui semblent traduire des silences, des harmonies graves, des trouvailles de grand prosateur : « Au matin j'avais le regard si perdu et la contenance si morte, que ceux que j'ai rencontrés ne m'ont peut-être pas vu... », ou de moraliste nouveau : « Je devins un opéra fabuleux; je vis que tous les êtres ont une fatalité de bonheur; l'action n'est pas la vie, mais une façon de gâcher quelque chose, un énervement. La morale est la faiblesse de la cervelle. »

L'œuvre est composée de fragments, de débris d'œuvres, de poèmes non menés à terme, mais qui sont liés par le drame intime, les dévoiements, les conversions manquées, les recherches de la raison, les chutes, la nuit, les yeux vers l'étoile, la force du sol. Mais cette « saison » est aussi celle d'une lutte pour se détacher de l'idée de Dieu présente jusque dans sa phraséologie, tout au moins par endroits, ce qui permettra à Claudel de le dire « mystique à l'état sauvage », ce qui est en un sens exact ou à Rivière de le faire « merveilleux introducteur du christianisme », pourquoi pas? On ne peut aborder ce poème en état de distraction ou comme on le ferait avec une prose; il demande de l'attention et du temps; il faut aller plus loin que la pensée immédiatement suggérée et l'entendre nous parler « de la pensée accrochant la pensée et tirant ». Dès lors, si Rimbaud s'est heurté à un obstacle, c'est en toute lucidité et l'on pourrait parler d'honneur de l'esprit. Il a voulu, par la poésie, rompre avec une civilisation imprégnée de christianisme, il a dû faire un retour en arrière et tout le poème peut être l'histoire de cette torsion sur lui-même. On ne saurait voir dans cet itinéraire celui de l'incroyant qui retrouve la foi, mais la marche d'un visionnaire déçu qui bute contre la « réalité rugueuse ». Ce faisant, savait-il qu'il renouvelait la notion de poésie?

4

La Grande synthèse rimbaldienne

Les Illuminations.

L ES visions panthéistes des *Illuminations* forcent l'enthousiasme. Ces poèmes en prose, écrits en 1872 et au début de 1873, furent publiés dans les numéros de mai-juin 1886 de *la Vogue,* et, la même année, sous forme d'une plaquette avec une notice de Verlaine, alors que Rimbaud, ignorant tout cela, menait son commerce en Abyssinie. Le titre serait de lui, et viendrait de « painted plates » ou « coloured plates », images coloriées. Certains poèmes (comme *Promontoire, Scènes, Antique, Being Beauteous* ou *les Ponts*) correspondent à cette définition, mais le sens français, cette idée d'un être « illuminé » ou cette idée de fête, convient mieux à la plupart des poèmes. Cette œuvre abonde en surprises et l'on ne cesse d'être étonné de son avance sur son temps. Elle ouvre des voies à la littérature moderne en même temps qu'elle semble les épuiser toutes. Ici apparaît Rimbaud le voyant, mais aussi Rimbaud le fulgurant, et plus de poètes de notre xxe siècle qu'on ne le croit ont reçu son influence.

Les *Petits poèmes en prose* de Baudelaire, comme pour Verlaine ou Charles Cros, lui ont donné une forme admirée. Le premier poème, *Après le déluge,* se réfère sans doute à la période d'ennui qui a succédé à l'écrasement des Communards, mais il peut s'agir aussi d'un déluge intime. Quoi qu'il en soit, c'est un bain d'images :

Aussitôt que l'idée du Déluge se fut rassise,
Un lièvre s'arrêta dans les sainfoins et les clochettes mouvantes et dit sa prière à l'arc-en-ciel à travers la toile de l'araignée.
Oh! les pierres précieuses qui se cachaient, – les fleurs qui regardaient déjà.
Dans la grande rue sale les étals se dressèrent, et l'on tira les barques vers la mer étagée là-haut comme sur les gravures.

Le sang coula, chez Barbe-Bleue, – aux abattoirs, – dans les cirques, où le sceau de Dieu blêmit les fenêtres. Le sang et le lait coulèrent.
Les castors bâtirent. Les « mazagrans » fumèrent dans les estaminets.
Dans la grande maison de vitres encore ruisselante les enfants en deuil regardèrent les merveilleuses images.

Rimbaud, poète fantastique et prophétique, a des accents qu'on retrouvera dans les meilleurs romans de science-fiction. Ses énumérations, comme dans *Enfance,* sont somptueuses :

Dames qui tournoient sur les terrasses voisines de la mer; enfantes et géantes, superbes noires dans la mousse vert-de-gris, bijoux debout sur le sol gras des bosquets et des jardinets dégelés, – jeunes mères et grandes sœurs aux regards pleins de pèlerinages, sultanes, princesses de démarche et de costume tyranniques, petites étrangères et personnes doucement malheureuses.

Il invente des formes simples que d'autres reprendront :

Au bois il y a un oiseau, son chant vous arrête et vous fait rougir.
Il y a une horloge qui ne sonne pas.
Il y a une fondrière avec un nid de bêtes blanches.
Il y a une cathédrale qui descend et un lac qui monte.
Il y a une petite voiture abandonnée dans le taillis, ou qui descend le sentier en courant, enrubannée.
Il y a une troupe de petits comédiens en costumes, aperçus sur la route à travers la lisière du bois.
Il y a enfin, quand l'on a faim et soif, quelqu'un qui vous chasse.

Les Paul Claudel et Francis Jammes d'une part, et, d'autre part les André Breton et les Paul Éluard se souviendront de ce ton nouveau. Sa « ville monstrueuse, nuit sans fin! », les peintres surréalistes la révéleront. Rimbaud invente le cinéma dans le poème, le dessin animé, avec des êtres et des lieux qui se transforment par magie ou bien qui s'unissent comme le Prince et le Génie de son *Conte :*

Un soir il galopait fièrement. Un Génie apparut, d'une beauté ineffable, inavouable même. De sa physionomie et de son maintien ressortait la promesse d'un amour multiple et complexe! d'un bonheur indicible, insupportable même! Le Prince et le Génie s'anéantirent probablement dans la santé essentielle. Comment n'auraient-ils pas pu en mourir? Ensemble donc ils moururent.

Sa *Parade* fait rêver d'un cirque inouï, avec des images nées de ses lectures enfantines : *Voyages du capitaine Cook,* ou de textes de Rabbe comme *l'Enfer d'un maudit.* « Ô le plus violent Paradis de la grimace enragée! » s'écrie-t-il et de donner à voir :

Chinois, Hottentots, bohémiens, niais, hyènes, Molochs, vieilles démences, démons sinistres, ils mêlent les tours populaires, maternels, avec les poses et les tendresses bestiales. Ils interpréteraient des pièces nouvelles et des chansons « bonnes filles ». Maîtres jongleurs, ils transforment le lieu et les personnes et usent de la comédie magnétique. Les yeux flambent, le sang chante, les os s'élargissent, les larmes et des filets rouges ruissellent. Leur raillerie ou leur terreur dure une minute, ou des mois entiers.

J'ai seul la clef de cette parade sauvage.

Un « gracieux fils de Pan! » dans *Antique,* un « Être de Beauté de haute taille » dans *Being Beauteous* lui inspirent la description féerique et la sensation : « Les couleurs propres de la vie se foncent, dansent, et se dégagent autour de la Vision... » Ici et là, on pressent Saint-John Perse et les nouvelles rythmiques de la poésie. Dans *Vies* par exemple :

Ô les énormes avenues du pays saint, les terrasses du temple! Qu'a-t-on fait du Brahmane qui m'expliqua les Proverbes? D'alors, de là-bas, je vois encore même les vieilles! Je me souviens des heures d'argent et de soleil vers les fleuves, la main de la campagne sur mon épaule, et de nos caresses, debout dans les plaines poivrées. – Un envol de pigeons écarlates tonne autour de ma pensée.

Ou dans *Fleurs* qui s'ouvre à la plus fine préciosité, à la plus exquise délicatesse :

D'un gradin d'or, – parmi les cordons de soie, les gazes grises, les velours verts et les disques de cristal qui noircissent comme du bronze au soleil, – je vois la digitale s'ouvrir sur un tapis de filigranes d'argent, d'yeux et de chevelures.

Des pièces d'or jaune semées sur l'agate, des piliers d'acajou supportant un dôme d'émeraudes, des bouquets de satin blanc et de fines verges de rubis entourent la rose d'eau.

Tels qu'un dieu aux énormes yeux bleus et aux formes de neige, la mer et le ciel attirent aux terrasses de marbre la foule des jeunes et fortes roses.

Trouver un titre d'une lettre n'était pas courant. Voici *H* :

Toutes les monstruosités violent les gestes atroces d'Hortense. Sa solitude est la mécanique érotique, sa lassitude, la dynamique amoureuse. Sous la surveillance d'une enfance elle a été, à des époques nombreuses, l'ardente hygiène des races. Sa porte est ouverte à la misère. Là, la moralité des êtres actuels se décorpore en sa passion ou en son action – Ô terrible frisson des amours nocives sur le sol sanglant et par l'hydrogène clarteux! trouvez Hortense.

Il invente des formules éluardiennes : « Ta tête se détourne : le nouvel amour! Ta tête se retourne, – le nouvel amour! » qu'on trouve dans *A une raison.* Souvent on pense aux imaginations de *Locus solus* de Raymond Roussel. Le refrain de *Barbare :* « Le pavillon en viande saignante sur la soie des mers et des fleurs arctiques... » n'est pas loin du « Soleil cou coupé » d'Apollinaire. Partout il donne le ton de la poésie moderne. Souvent, une phrase jaillit, prophétique, qui se détache d'un ensemble : « Voici le temps des Assassins » clôt cette *Matinée d'ivresse* où il a « foi au poison ». Des jeunes filles traversent ces poèmes. L'une d'elles lui inspire *Phrases* :

Quand le monde sera réduit en un seul bois noir pour nos quatre yeux étonnés, – en une plage pour deux enfants fidèles, – en une maison musicale pour notre claire sympathie, – je vous trouverai.

Qu'il n'y ait ici-bas qu'un vieillard seul, calme et beau, entouré d'un « luxe inouï », – et je suis à vos genoux.

Que j'aie réalisé tous vos souvenirs, – que je sois celle qui sait vous garrotter, – je vous étoufferai.

Quand nous sommes très forts, – qui recule? très gais, – qui tombe de ridicule? Quand nous sommes très méchants, – que ferait-on de nous?

Parez-vous, dansez, riez. – Je ne pourrai jamais envoyer l'Amour par la fenêtre.

« Je vous vois, mes filles, mes reines! » écrit-il. Il a des chants d'allégresse :

J'ai tendu des cordes de clocher à clocher; des guirlandes de fenêtre à fenêtre; des chaînes d'or d'étoile à étoile, et je danse.

Dans *Angoisse,* on trouve « *la* vampire ». Une Henrika « en jupe de coton à carreau blanc et brun » traverse la banlieue du poème *Ouvriers.* Un personnage constant des *Illuminations* est la ville, inventée et réelle, toujours transposée. Il y a *Ville* (au singulier) et deux poèmes *Villes* (au pluriel). Il y a *Métropolitain,* paysage halluciné d'une ville encore :

Du détroit d'indigo aux mers d'Ossian, sur le sable rose et orange qu'a lavé le ciel vineux, viennent de monter et de se croiser des boulevards de cristal habités incontinent par de jeunes familles pauvres qui s'alimentent chez les fruitiers. Rien de riche. – La ville!

Du désert de bitume fuient droit en déroute avec les nappes de brumes échelonnées en bandes affreuses au ciel qui se recourbe, se recule et descend, formé de la plus sinistre fumée noire que puisse faire l'Océan en deuil, les casques, les roues, les barques, les croupes. – La bataille!

Lève la tête : ce pont de bois, arqué; les derniers potagers de Samarie; ces masques enluminés sous la lanterne fouettée par la nuit froide; l'ondine niaise à la robe bruyante, au bas de la rivière; ces crânes lumineux dans les plans de pois – et les autres fantasmagories – la campagne. [...]

Fort proche d'*Après le déluge,* une des plus belles pièces, *Aube,* nous délivre des images d'une parfaite beauté, avec cette poursuite d'une apparition, avec une noblesse de ton, une grandeur de langage indéniables :

J'ai embrassé l'aube d'été.

Rien ne bougeait encore au front des palais. L'eau était morte. Les camps d'ombres ne quittaient pas la route du bois. J'ai marché, réveillant les haleines vives et tièdes, et les pierreries regardèrent, et les ailes se levèrent sans bruit.

La première entreprise fut, dans le sentier déjà empli de frais et blêmes éclats, une fleur qui me dit son nom.

Je ris au wasserfall blond qui s'échevela à travers les sapins : à la cime argentée je reconnus la déesse.

Alors je levai un à un les voiles. Dans l'allée, en agitant les bras. Par la plaine, où je l'ai dénoncée au coq. A la grand'ville elle fuyait parmi les clochers et les dômes, et courant comme un mendiant sur les quais de marbre, je la chassais.

En haut de la route, près d'un bois de lauriers, je l'ai entourée avec ses voiles amassés, et j'ai senti un peu son immense corps. L'aube et l'enfant tombèrent au bas du bois.

Au réveil il était midi.

Pour une *Marine,* il adopte la disposition du poème en vers :

> Les chars d'argent et de cuivre —
> Les proues d'acier et d'argent —
> Battent l'écume, —
> Soulèvent les souches des ronces.
> Les courants de la lande,
> Et les ornières immenses du reflux,
> Filent circulairement vers l'est,
> Vers les piliers de la forêt, —
> Vers les fûts de la jetée,
> Dont l'angle est heurté par des tourbillons de lumière.

Dans les années 1970, on lira des poèmes de ce ton et qui passeront pour nouveaux. Mais n'en est-il pas de même pour la plupart ? Dans *les Ponts,* un paysage urbain est par nous reconnaissable, minutieusement décrit comme le ferait un nouveau romancier, prêt pour une peinture concrète ou abstraite :

Des ciels gris de cristal. Un bizarre dessin de ponts, ceux-ci droits, ceux-là bombés, d'autres descendant ou obliquant en angles sur les premiers, et ces figures se renouvelant dans les autres circuits éclairés du canal, mais tous tellement longs et légers que les rives, chargées de dômes, s'abaissent et s'amoindrissent. Quelques-uns de ces ponts sont encore chargés de masures. D'autres soutiennent des mâts, des signaux, de frêles parapets. Des accords mineurs se croisent et filent, des cordes montent des berges. On distingue une veste rouge, peut-être d'autres costumes et des instruments de musique. Sont-ce des airs populaires, des bouts de concerts seigneuriaux, des restants d'hymnes publics ? L'eau est grise et bleue, large comme un bras de mer. — Un rayon blanc, tombant du haut du ciel, anéantit cette comédie.

Les Vagabonds, ce sont Rimbaud et Verlaine, le « pitoyable frère » à qui il doit « d'atroces veillées » et qui hurle « un songe de chagrin idiot »...

J'avais en effet, en toute sincérité d'esprit, pris l'engagement de le rendre à son état primitif de fils du Soleil —, et nous errions, nourris du vin des cavernes et du biscuit de la route, moi pressé de trouver le lieu et la formule.

On assiste à la grande liquidation rimbaldienne des rêves et des idéaux, des élans humanitaires et sociaux dans un *Solde* où tout est à vendre :

A vendre les corps sans prix, hors de toute race, de tout monde, de tout sexe, de toute descendance! Les richesses jaillissant à chaque démarche! Solde de diamants sans contrôle!
A vendre l'anarchie pour les masses; la satisfaction irrépressible pour les amateurs supérieurs; la mort atroce pour les fidèles et les amants!
A vendre les habitations et les migrations, sports, féeries et comforts parfaits, et le bruit, le mouvement et l'avenir qu'ils font!
A vendre les applications du calcul et les sauts d'harmonie inouïs. Les trouvailles et les termes non soupçonnés, possession immédiate...

Dans la suite de *Jeunesse* (I. *Dimanche*. II. *Sonnet*. III. *Vingt ans*), des images encore : un cheval, une femme de drame, des desperados, des petits enfants qui « étouffent des malédictions le long des rivières », une terre aux « versants fertiles en princes et en artistes... »

Mais tu te mettras à ce travail : toutes les possibilités harmoniques et architecturales s'émouvront autour de ton siège. Des êtres parfaits, imprévus, s'offriront à tes expériences. Dans tes environs affluera rêveusement la curiosité d'anciennes foules et de luxes oisifs. Ta mémoire et tes sens ne seront que la nourriture de ton impulsion créatrice. Quant au monde, quand tu sortiras, que sera-t-il devenu? En tout cas, rien des apparences actuelles.

Ce texte, ne pourrait-on l'intituler « lettre à un poète de l'an 2000 »?

Quel réservoir incessant d'images! Lecteur, il faut tout lire. On voudrait tout citer. *Départ* et sa « vision rencontrée à tous les airs ». *Ornières* et son « défilé de féeries ». *Royauté* et ceux qui « furent rois toute une matinée ». *Veillées* et « le repos éclairé ». *Mystique* et « la rumeur tournante et bondissante des conques des mers et des nuits humaines ». *Fête d'hiver* où « la cascade sonne derrière les huttes d'opéra-comique ». *Fairy* où « l'ardeur de l'été fut confiée à des oiseaux muets ». *Guerre* où « les Phénomènes s'émurent ». *Scènes* où « l'ancienne Comédie poursuit ses accords et divise ses Idylles ». *Soir historique* où un touriste naïf est « retiré de nos horreurs économiques ». *Bottom* où le poète fut « un gros ours aux gencives violettes et au poil chenu de chagrin... »

Mouvement prend la forme du poème et les mots alliés « comfort et sport » prennent des significations sociales proches de nous :

Le mouvement de lacet sur la berge des chutes du fleuve,
Le gouffre à l'étambot,
La célérité de la rampe,
L'énorme passade du courant,
Mènent par les lumières inouïes
Et la nouveauté chimique
Les voyageurs entourés des trombes du val
Et du strom.

Ce sont les conquérants du monde
Cherchant la fortune chimique personnelle ;
Le sport et le comfort voyagent avec eux ;
Ils emmènent l'éducation
Des races, des classes et des bêtes, sur ce Vaisseau.
Repos et vertige
A la lumière diluvienne,
Aux terribles soirs d'étude.

Comme jadis Villon qui énumérait ses amis et connaissances, le poème *Dévotion* — qui pourrait être « dédicace » — en une litanie nomme éperdument :

A ma sœur Louise Vanaen de Voringhem : — Sa cornette bleue tournée à la mer du Nord. — Pour les naufragés.
A ma sœur Léonie Aubois d'Ashby. Baou — l'herbe d'été bourdonnante et puante. — Pour la fièvre des mères et des enfants.
A Lulu, — démon — qui a conservé un goût pour les oratoires du temps des Amies et de son éducation incomplète. Pour les hommes ! A madame*** .
A l'adolescent que je fus. A ce saint vieillard, ermitage ou mission.
A l'esprit des pauvres. Et à un très haut clergé.
Aussi bien à tout culte en telle place de culte mémoriale et parmi tels événements qu'il faille se rendre, suivant les aspirations du moment ou bien notre propre vice sérieux...

Ces *Illuminations* se terminent sur l'illuminisme démocratique de *Génie*. Apparaît au cœur de la philosophie politique et sociale du XIXᵉ siècle l'idée qu'on trouve chez Michelet d'un vide créé par la science, du besoin d'un *Génie* qui représente l'unité et surtout le très haut amour — un dieu des temps modernes qui est « l'affection et le présent puisqu'il a fait la maison ouverte à l'hiver écumeux et à la rumeur de l'été ». Entre le « Dieu est mort » de Nietzsche et le « Merde à Dieu » de Rimbaud, il y a la différence d'une présence vivante. Ce poème essentiel parle :

Il ne s'en ira pas, il ne redescendra pas d'un ciel, il n'accomplira pas la rédemption des colères de femmes et des gaîtés des hommes et de tout ce péché : car c'est fait, lui étant, et étant aimé.
Ô ses souffles, ses têtes, ses courses ; la terrible célérité de la perfection des formes et de l'action.
Ô fécondité de l'esprit et immensité de l'univers !

Son corps! Le dégagement rêvé, le brisement de la grâce croisée de violence nouvelle!

Sa vue, sa vue! tous les agenouillages anciens et les peines *relevées* à sa suite.

Son jour! l'abolition de toutes souffrances sonores et mouvantes dans la musique la plus intense.

Son pas! les migrations plus énormes que les anciennes invasions.

Ô lui et nous! l'orgueil plus bienveillant que les charités perdues.

Ô monde! et le chant clair des malheurs nouveaux!

Il nous a connus tous et nous a tous aimés. Sachons, cette nuit d'hiver, de cap en cap, du pôle tumultueux au château, de la foule à la plage, de regards en regards, forces et sentiments las, le héler et le voir, et le renvoyer, et sous les marées et au haut des déserts de neige, suivre ses vues, ses souffles, son corps, son jour.

Les *Illuminations* représentent la synthèse d'une expérience. Sur l'arbre de sa vie, il greffe les sensations de la fiction et les reflets métamorphosés des lectures, des errances solitaires ou partagées. Il éclaire ses confessions à la lumière poétique. Il transpose symboliquement les lieux et les êtres sur lesquels il tente une percée intérieure profonde. Sa syntaxe s'articule sur l'affectivité et la réalité. Chaque phrase va surprendre, laisser l'esprit sans repos, éloigner les routines de la pensée, avec des rapprochements inattendus, des rythmes sans rapports avec ceux des romanciers et des poètes de son temps. Pionnier de l'avenir, il voit plus que tout autre ce qui est en nous ancré, et il se voit explorant des labyrinthes incessants, des univers hors des habituelles données du temps et de l'espace. De ses émotions apparemment désorganisées, il se fait l'orchestrateur. On cherche vainement, et même s'il emploie parfois le vocabulaire le plus direct, les tournures les plus populaires, le lieu commun ou le cliché, les images reçues, les sentiments banals. Il apparaît, ce magicien du verbe, comme à la naissance naive et spontanée d'un langage. Qu'il prenne ses mots comme des armes, qu'il jette la révolte, le cri, le feu, qu'il tronque son lyrisme, n'en apparaissent que mieux la tendresse des aubes, la clarté enfantine, la jeunesse du monde à venir. Mystique, prophétique, imaginatif, voyant, assoiffé de splendeurs nouvelles, affamé d'azurs inouïs, il accède à une telle connaissance de lui-même et de l'univers concret que son vrai lecteur peut comprendre le silence qui, bientôt, va s'étendre et qui est son honneur. Il n'a que faire des survivances vagues et des paroles mortes, il n'a que faire d'une carrière littéraire.

Rimbaud le météore.

« Rimbaud, dit Claude Bonnefoy, est l'aubaine des commentateurs; chacun a son Rimbaud (destructeur, créateur, révolutionnaire, illuminé, païen ou mystique), sans voir justement que le poète fit éclater toute classification. » A partir de telle ou telle prise de possession, « il a été si souvent loué à contretemps, écrit Antoine Adam, ses biographes ont si souvent et de façon si extravagante manié l'hyperbole, que certains, par réaction, en viennent à se demander si notre admiration se justifie ». Et le critique ajoute plus loin : « C'est là une grande injustice. Car ce qui fait le caractère propre de Rimbaud, c'est la volonté de créer que nous observons chez lui, c'est cette impossibilité de s'enfermer dans une formule, dans un ton, dans un style. »

A la lumière de Mallarmé, Rimbaud est éclairé en partie : « Estimez son plus magique effet produit par l'opposition d'un monde antérieur au Parnasse, même au Romantisme, ou très classique, avec le désordre somptueux d'une passion on ne saurait dire rien que très spirituellement exotique. Éclat, lui, d'un météore, allumé sans motif autre que sa présence, issu seul et s'éteignant. Tout, certes, aurait existé depuis, sans ce passant considérable, comme aucune circonstance littéraire vraiment n'y prépara : le cas personnel demeure, avec force. » Remy de Gourmont semble traduire en ces mots l'incompréhension et l'hésitation bourgeoises : « Il est souvent obscur, bizarre et absurde. De sincérité nulle, caractère de femme, de fille, nativement méchant et même féroce, Rimbaud a cette sorte de talent qui intéresse sans plaire, etc. »

Le plus grand débat fut celui des catholiques à la suite d'Isabelle Rimbaud parlant d'un élu vêtu « sur terre, des oripeaux de l'incroyance, afin de mieux prouver aux hommes l'inanité de leurs révoltes contre la puissance éternelle ». Et Claudel affirma : « Arthur Rimbaud fut un mystique *à l'état sauvage,* une source perdue qui ressort d'un sol saturé. Sa vie, *un malentendu,* la tentative en vain par la fuite d'échapper à cette voix qui le sollicite et le relance, et qu'il ne veut pas reconnaître : jusqu'à ce qu'enfin, réduit, la jambe tranchée, sur ce lit d'hôpital à Marseille, il sache! » Sur cette belle exclamation, François Mauriac pourra renchérir : « Il ne fut pas seulement ce mystique à l'état sauvage dont parle Claudel, ni le voyou génial dont se réclament les mauvais garçons d'aujourd'hui. Il fut le crucifié malgré lui qui hait sa croix et que sa croix harcèle; — et il agonise pour qu'elle vienne à bout de lui. » Comme dit Pascal Pia : « Peut-être Claudel tenait-il trop à son confort moral pour se poser certaines questions. Le Rimbaud sorti de l'officine Isabelle-Paterne s'accordait à ses désirs. Cela lui a suffi. »

Rimbaud aurait détesté ces langages et ces glus. Qui sait si l'apparente opposition de Breton ne lui aurait pas plu davantage? Le pape du Surréalisme traduit une colère-amour : « Inutile de discuter encore sur Rimbaud : Rimbaud s'est trompé, Rimbaud a voulu nous tromper. Il est coupable devant nous d'avoir permis, de ne pas avoir rendu tout à fait impossibles certaines interprétations déshonorantes de sa pensée, genre Claudel. » Mais Rimbaud n'en peut mais de tout cela. Et Albert Camus, que dit-il ? – « Rimbaud n'a été le poète de la révolte que dans son œuvre. Sa vie loin de légitimer le mythe qu'elle a suscité, illustre seulement – une lecture objective des lettres du Harrar suffit à le montrer – un consentement au pire nihilisme qui soit... » Mais qu'aurait été Rimbaud, prix Nobel ?

Écoutons des poètes. Tristan Tzara : « Rimbaud est l'enfance qui s'est exprimée par des moyens transgressant sa condition. L'enfance virile, la liberté sans poids et sans mesure, l'enfance voisine de la mort dans son origine et sa fin, le risque à tous les échelons, l'enfance près des choses, la surprise, l'enfance délimitant les choses, juste dans son émerveillement devant elles. Mais aussi l'enfance où fermente le levain de son propre et graduel évanouissement. Et la crainte incrustée de sa fin organique dont on se moque et qu'on veut ignorer. » Yves Bonnefoy : « La grandeur de Rimbaud restera d'avoir refusé le peu de liberté que dans son siècle et son lieu il aurait pu faire sien, pour témoigner de l'aliénation de l'homme, et l'appeler à passer de sa misère morale à l'affrontement tragique de l'absolu. C'est cette décision et sa fermeté qui font que sa poésie est la plus libératrice (et par conséquent une des plus belles) de l'histoire de notre langue. Un tombeau si l'on veut, celui des saluts manqués, des humbles joies écrasées, d'une vie séparée par son exigence même de tout équilibre et de tout bonheur. Mais le Phénix de la liberté, celui qui fait son corps des espérances brûlées, vient battre l'air ici de ses ailes neuves. » Lionel Ray demande : « Et de qui sinon de Rimbaud pourrait-on dire avec René Char, *poète révolutionnaire contemporain de la Commune de Paris ?* »

Parmi tant de voix (le corpus de la critique rimbaldienne est tel qu'il décourage l'énumération) retenons encore celle de Pierre Gascar : « A chaque instant, dans notre vie à nous que l'insatisfaction habite, le monde second s'esquisse et s'annule, se découvre et se trouve dans le même instant démenti. Sans le secours des grands visionnaires parmi lesquels figure Rimbaud, nous ne serions jamais parvenu à arracher quelques images à l'invisible. Rimbaud s'est brûlé à essayer de nous transmettre un peu du feu qu'il volait. Je n'hésite pas à écrire que, d'une certaine façon, il nous a sacrifié sa vie, encore qu'il ait été peu suspect d'altruisme. Il nous a beaucoup donné d'avoir tant refusé. »

Stéphane Mallarmé ou la lumière

I

Les Sources

Les Cheminements du comte de Boulainvilliers.

Sɪ Arthur Rimbaud se livre à tous les vagabondages, à toutes les expériences de la vie, chez Stéphane Mallarmé (1842-1898), il y a répudiation de toute aventure autre que celle intérieure de l'esprit, d'où une existence ordinaire qui se prête peu au romanesque des biographies. Si le poète d'*Une Saison en Enfer* et des *Illuminations* remet en cause la légitimité de la littérature, Mallarmé, tout en privilégiant la poésie, pense que « le monde est fait pour aboutir à un beau livre ». Le Livre...

Prénommé Étienne, il devint Stéphane dès sa petite enfance. Sa famille était d'origine bourguignonne et lorraine. Il naquit à Paris où son père était, comme toute sa lignée, fonctionnaire à l'Enregistrement. La littérature n'était pas chose étrangère à cette famille : un Mallarmé, syndic libraire au temps de Louis XVI, publia le *Vathek* de Beckford, cette œuvre que Stéphane rééditera en 1876 ; on trouve un Mallarmé dans l'*Almanach des Muses* et dans les lointaines et grises banlieues du Romantisme, il y a un bien obscur Mallarmé.

Orphelin de mère à sept ans, Stéphane fit ses premières études dans une institution religieuse d'Auteuil fort aristocratique, ce qui l'amena, pour tenter d'échapper aux brimades de ses condisciples, à se faire appeler « comte de Boulainvilliers », tout comme Isidore Ducasse, de manière plus durable, s'affubla du titre de « comte de Lautréamont ». Replié sur lui-même, sensuel, et même, comme il le dira, priapique, l'enfant eut des crises de mysticisme chrétien qui se fondirent dans une précoce fièvre poétique : il écrivit de nombreux poèmes, pour la plupart détruits, mais des textes retrouvés par Henri Mondor, son biographe et éditeur, témoignent utilement de ses premières sources. Il est un réceptacle d'influences diverses et ces poèmes qui témoignent d'un bon métier du vers sont significatifs. La rencontre de Béranger chez des amis de sa famille lui inspire l'idée d'être le nouveau Béranger. A l'âge de seize ans, heureusement, il lit les poèmes de Victor Hugo, de Sainte-Beuve, et surtout de Théophile Gautier, Baudelaire, Leconte de Lisle, Théodore de Banville qui le marquent à des degrés divers, mais lui donnent à jamais la forme de ses poèmes en vers qui est parnassienne.

A seize ans, il écrit une suave *Cantate pour la première communion* qui le rapproche de Louis Racine :

> Anges à la robe d'azur,
> Enfants des cieux au cœur si pur,
> De vos ailes couvrez ce joyeux sanctuaire
> Chantez, célébrez tous en chœur
> La joie et le bonheur
> Des enfants de la terre!

A dix-sept ans, ses poèmes, *Sa fosse est creusée!...*, *Sa fosse est fermée, la Prière d'une mère, le Ciel, la Terre,* sont des imitations de Lamartine, Hugo ou Laprade, mais, dès *l'Enfant prodigue* ou *Galanterie macabre,* Baudelaire apparaît nettement :

> Dans un de ces faubourgs où vont des caravanes
> De chiffonniers se battre et baiser galamment
> Un vieux linge sentant la peau des courtisanes
> Et lapider les chats dans l'amour s'abîmant,
>
> J'allais comme eux : mon âme errait en un ciel terne
> Pareil à la lueur pleine de vague effroi
> Que sur les murs blêmis ébauche leur lanterne
> Dont le matin rougit la flamme, un jour de froid.
>
> Et je vis un tableau funèbrement grotesque
> Dont le rêve me hante encore, et que voici,
> Une femme, très jeune, une pauvresse, presque
> En gésine, était morte en un bouge noirci...

Parfois, il s'exerce, à la suite de Gautier ou de Banville, à des mesures plus légères, comme dans *A un poète immoral* ou *A une petite laveuse blonde :*

> Ô laveuse aux mignardes poses,
> Qui sur ta lèvre où rit ton cœur
> Ou le sang embaumé des roses,
> Au pied d'enfant, à l'œil moqueur,
>
> Sais-tu, vrai Dieu! que ta grand-mère
> T'aurait dû faire pour la Cour
> Au temps où refleurit Cythère
> Sous un regard de Pompadour?

Pour la curiosité signalons l'apparition homonymique du nom de son plus fervent admirateur :

> Là, pour feindre des pleurs candides
> Secouant, quand passe Mondor,
> Ton bouquet de roses humides
> Sur ton livre aux écussons d'or...

L'obédience parnassienne est nette dans un sonnet *Contre un poète parisien* :

> Souvent la vision du Poète me frappe :
> Ange à cuirasse fauve − il a pour volupté
> L'éclair du glaive, ou, blanc songeur, il a la chape,
> La mitre byzantine et le bâton sculpté.
>
> Dante, au laurier amer, dans un linceul se drape,
> Un linceul fait de nuit et de sérénité :
> Anacréon, tout nu, rit et baise une grappe
> Sans songer que la vigne a des feuilles, l'été.

La plupart des poèmes témoignent d'une naïve juvénilité, mais le métier, hésitant au début, peu à peu s'affirme, comme dans *le Château de l'espérance* où son cœur

> Marche à l'assaut, monte, − ou roule ivre
> Par des marais de sang, − afin
> De planter ce drapeau d'or fin
> Sur ce sombre château de cuivre
>
> Où, larmoyant de nonchaloir,
> L'Espérance rebrousse et lisse
> Sans qu'un astre pâle jaillisse
> La Nuit noire comme un chat noir.

C'est le temps où il assimile l'art formel de Baudelaire et des parnassiens; il oubliera ces poèmes, mais le poète des *Fleurs du Mal*, poète au service de l'Idéal, avec sa morbidité, sera présent parmi ceux qu'il retiendra.

Le Jeune professeur.

Ayant achevé ses études au collège de Sens, selon la tradition familiale Stéphane est placé dans les bureaux de l'Enregistrement comme surnuméraire. Cela, guère enthousiasmant pour lui, ne l'empêche pas de rêver à l'art où il veut entrer comme on entre en religion. Il entretient des amitiés complices avec Emmanuel des Essarts, Henri Cazalis, Eugène Lefébure, Nina de Villard qui le reçoit; il connaît un premier amour avec une gouvernante allemande, Marie Gerhard. Au début de 1862, à vingt ans, il publie où il peut des poèmes, par exemple dans *le Papillon* ou *le Journal des baigneurs* de Dieppe, mais bientôt *l'Artiste* lui ouvre ses pages, pour des poèmes d'abord, puis pour un manifeste quelque peu agressif et qu'on dirait aujourd'hui antipopulaire, *Hérésie artistique : l'Art pour tous.* Il réclame pour la poésie le mystère; il ne comprend pas que Baudelaire soit imprimé de la même façon que le vicomte du Terrail ou M. Legouvé; il n'aime pas l'admiration qui vient de la foule, car le beau est inaccessible au vulgaire; il ne veut pas d'éditions à bon marché pour les poètes; qu'on vulgarise la morale, mais pas l'art, et il termine ainsi : « Ô poètes, vous avez toujours été orgueilleux; soyez plus, devenez dédaigneux. »

Il découvre Edgar Poe et envisage de le traduire. Pour cela, il lui faut améliorer son anglais. Partir pour Londres avec Marie Gerhard devenue sa maîtresse, c'est aussi échapper à l'Enregistrement. Ayant obtenu un certificat d'aptitude pour l'anglais, il épouse Marie et est nommé professeur suppléant au collège impérial de Tournon. Le ménage est pauvre, mal logé, la province peu engageante, les élèves turbulents. Cependant, Mallarmé sait qu'il peut se consacrer à la poésie. Elle ne tarde pas à lui apporter des doutes, et s'il a écrit ses *Fenêtres, l'Azur, Las de l'amer repos, le Pitre châtié,* il ne se sent pas satisfait. Le temps n'est plus des vers d'enfance et d'adolescence si facilement jetés.

Naît l'exigence, et, en 1864, elle se nomme *Hérodiade,* tragédie qu'il ne peut mener à bien, mais qu'il reprendra sous forme de poème; elle se nomme *le Monologue du faune,* ébauche du célèbre poème. Banville et Coquelin, malgré leur bonne volonté, ne peuvent faire jouer une pièce peu séduisante pour le public. Mallarmé connaît les affres de la difficulté d'écrire, chaque poème étant le résultat de nuits douloureuses traversées par le doute. Son effort esthétique, sa recherche l'épuisent, lui laissent entrevoir le néant de l'impuissance. Ses consolations : les vieilles amitiés, les poètes de Paris qui l'accueillent avec chaleur et se nomment Banville, Coppée, Mendès, la participation au *Parnasse contemporain.* Il poursuit sa recherche d'un absolu que dissimule la plate habitude, la routinière quotidienneté, les façons habituelles de penser. Il peut écrire : « Je l'exhibe avec dandysme mon incompétence sur autre chose que l'absolu. » Ses intuitions le rapprochent du philosophe Hegel qu'il connaît peut-être. Pour lui, aucun objet ne peut être compris sans être replacé dans l'ensemble de ses relations avec la totalité. A partir d'un objet familier, par un jeu infini d'images et de métaphores, il tentera la synthèse, écrivant non des œuvres (au féminin pluriel) mais un « œuvre entier » (au masculin singulier). Il dira en 1885 dans son *Autobiographie* adressée à Verlaine :

... Quoi? c'est difficile à dire : un livre, tout bonnement, en maints tomes, un livre qui soit un livre, architectural et prémédité, et non un recueil des inspirations de hasard fussent-elles merveilleuses... J'irai plus loin, je dirai : le Livre, persuadé au fond qu'il n'y en a qu'un, tenté à son insu par quiconque a écrit, même les Génies. L'explication orphique de la Terre, qui est le seul devoir du poète et le jeu littéraire par excellence : car le rythme même du livre, alors impersonnel et vivant, jusque dans sa pagination, se juxtapose aux équations de ce rêve, ou Ode...

Doctrine littéraire? – Non, religion, mystique de l'art, recréation par le Livre de la création elle-même, « démon de l'analogie », invention d'une nouvelle langue, initiation, magie, pouvoir démiurgique, primauté de l'esprit. Une telle tâche écrase et les temps de silence s'expliquent. Pendant deux ans, il est réduit à l'impuissance. On l'a muté à Besançon où il passe « une année effrayante », puis, heureusement, à Avignon où il fréquente son ami Aubanel et les félibres Mistral et Roumanille (comme jadis à Aix Malherbe se mêla au milieu occitan), mais cette compagnie lyrique et toute à sa création ne peut lui apporter que des joies extérieures. A défaut de rejoindre l'idéal, il doit se contenter de poèmes « seulement teintés d'absolu ». Sa santé est mauvaise et il connaît l'impossibilité maladive d'écrire. Pourtant, de rares œuvres naissent comme le *Sonnet allégorique de lui-même* en 1868 ou le conte *Igitur* en 1869.

En 1871, il est enfin nommé à Paris au lycée Fontanes (futur Condorcet). Retrouvant la vie littéraire, il émerge de son retrait, collaborant aux revues : *Second Parnasse contemporain, l'Art libre, la Renaissance artistique et littéraire* où sa traduction de Poe, surtout du fameux *Corbeau,* fait sensation. Il sort, participe aux banquets, rencontre parnassiens et symbolistes, est reçu par Victor Hugo qui l'appelle son « cher poète impressionniste ».

Qui se douterait que cet homme discret, effacé, avec ses bonnes manières, sa douceur, peut apporter une révolution? Certains peuvent l'augurer en lisant *le Démon de l'analogie,* 1874. A cette date, il se fixe rue de Rome et est locataire d'une maison de campagne près de Fontainebleau, à Valvins. Il s'accepte en tant qu'écrivain et fait paraître *la Dernière mode, gazette du monde* dont il assume presque toute la rédaction (comme le fit Dumas avec son journal *le Monte-Cristo*), parlant de théâtre, de gastronomie, de mode, en signant « le chef de bouche de chez Brébant », Marasquin, Miss Satin, etc., et en n'oubliant pas de publier les poèmes de ses amis. Mais ces frivolités ne lui font pas oublier le grand projet; elles peuvent même être des occasions de poésie. Et puis, il y a les travaux alimentaires comme *les Mots anglais* ou ses *Dieux antiques, nouvelle mythologie illustrée.*

Trois circonstances littéraires vont faire connaître ce poète d'avant-garde : en automne 1883, l'étude de Verlaine sur *les Poètes maudits;* en 1884, le roman de Huysmans *A rebours* où le personnage décadent Des Esseintes est subjugué par *Hérodiade;* et, l'année suivante, la *Prose pour Des Esseintes,* un des grands poèmes de Mallarmé. Mallarmé devient célèbre et célébré par toute la jeunesse littéraire. C'est le temps où Moréas orchestre bruyamment la mêlée symboliste, alors que, plus souterrainement, sans éclats et sans manifestes (à part une préface au *Traité du verbe* de René Ghil, 1886), Mallarmé marque le mouvement de son influence la plus profonde et durable.

Le Maître.

Bientôt, le salon de la rue de Rome se remplit : « Vos *Poètes maudits,* cher Verlaine, *A Rebours* d'Huysmans, ont intéressé à mes Mardis longtemps vacants, les jeunes poètes qui nous aiment (mallarmistes à part) et on a cru à quelqu'influence tentée par moi, là où il n'y a eu que des rencontres. Très affiné, j'ai été dix ans d'avance du côté où de jeunes esprits pareils devaient tourner aujourd'hui... »

Chaque mardi, de jeunes écrivains prennent le chemin de la rue de Rome; ils se nomment Pierre Louÿs, Léon-Paul Fargue, André Gide, Paul Valéry, Paul Claudel, Marcel Schwob; ils rencontrent là des aînés déjà connus comme Jules Laforgue, Vielé-Griffin, Stuart Merrill, Gustave Kahn, et aussi Henri de Régnier, Remy de Gourmont, Laurent Tailhade, ce Saint-Pol Roux qu'on dira Magnifique, et de grands étrangers qui passent, Oscar Wilde, Albert Verhaeren, Albert Mockel, Stefan George. Il faut lire la grande biographie du Professeur Henri Mondor pour que ce climat soit restitué.

La plupart des jeunes, ceux qui feront en partie la poésie de la première moitié du XXe siècle, n'oublieront jamais la salle à manger, la table avec le pot à tabac et le papier de riz pour les cigarettes, Mallarmé près du poêle de faïence avec un plaid devenu légendaire sur les épaules. Vrai maître parce qu'il ne jouait pas au maître, sans affirmations brutales, sans le ton de la conférence magistrale, mais entamant des monologues à bâtons rompus sur tout et sur rien, traitant du dernier fait divers comme du dernier fait littéraire, sa parole charmait, entraînait un peu chacun au-delà de lui-même, lui faisait voir et croire en lui. Pour beaucoup, ce fut comme la célébration du culte de la Poésie par « le Type absolu du Poète » (Albert Mockel), l'attente de l'oracle. Ceux qui ont pu entrevoir André Breton dans un café de la place Blanche entouré de jeunes surréalistes peuvent imaginer ces fêtes de la parole vraie.

On aurait pu parler ici de Méry Laurent, cette maîtresse et ce modèle de Manet, vers qui il était attiré. Nous rencontrerons plus loin l'essentiel, ces poèmes que toute la jeunesse fervente se récitait. C'est vers 1890 que sa gloire est à l'apogée, ce qui l'amène aux multiples corvées de l'homme de lettres connu : conférences, banquets, réponses aux enquêtes sur les sujets les plus saugrenus, vie mondaine, et tous ces vers d'album, ces *Vers de circonstance,* billets, madrigaux pour les fêtes, les anniversaires, envois divers, *Loisirs de la Poste* avec les adresses en vers qu'on recueillera plus tard, et où, chose rare, il reste Mallarmé.

Or, derrière ces apparences, il y a un homme tourmenté, aux prises avec les ennuis d'argent, un métier monotone qui se poursuit à Janson-de-Sailly, puis à Rollin, un ménage peu exaltant, des passions rentrées, il y a surtout un homme en mauvaise santé, insomniaque, secrètement aux prises avec les difficultés de la création, celle du Livre idéal, projet fantastique, et jamais mené à un terme impossible. Une fois à la retraite, il tente de reprendre *Hérodiade,* lui ajoutant seulement le *Cantique de saint Jean.* Mais sa production sous forme d'articles est plus importante quantitativement que ses poèmes et il commence à recueillir ses *Vers et prose,* 1893, puis ses *Divagations,* 1897, dont Mondor nous dit un jour : « Lisez-les et vous passerez un hiver heureux! » Et puis, il y a cet événement, ce qu'il appellera, Valéry l'a rappelé, « un acte de démence », mais après lequel la poésie ne sera pour beaucoup plus tout à fait la même : il s'agit de la publication en mai 1897, dans *Cosmopolis,* dans une typographie insolite, de son texte le plus énigmatique, le plus nouveau : *Un Coup de dés jamais n'abolira le hasard.* Des générations, d'Apollinaire aux dadaïstes, des surréalistes aux auteurs les plus présents aujourd'hui, seront hantées par les nouvelles prises d'espace de la page blanche. De quoi s'agissait-il? De l'aboutissement de l'expérience d'une vie par un fragment du Livre? Ou bien des dés jetés de la providence dans un éclair de rage impuissante? En tout cas, comme dit André Gide, du « point extrême où se soit aventuré l'esprit humain ».

On pourrait laisser terminer Mallarmé lui-même en reprenant un paragraphe de sa lettre à Verlaine : « Voilà toute ma vie dénuée d'anecdotes, à l'envers de ce qu'ont depuis longtemps ressassé les grands journaux où j'ai toujours passé pour très étrange : je scrute et ne vois rien d'autre, les ennuis quotidiens, les joies, les deuils d'intérieur exceptés. Quelques apparitions partout où l'on monte un ballet, où l'on joue de l'orgue, mes deux passions d'art presque contradictoires, mais dont le sens éclatera, et c'est tout. J'oubliais mes fugues, aussitôt que pris de trop de fatigue d'esprit, sur le bord de la Seine et de la forêt de Fontainebleau, en un lieu le même depuis des années : là je m'apparais tout différent, épris de la seule navigation fluviale. J'honore la rivière qui laisse s'engouffrer dans son eau des journées entières sans qu'on ait l'impression de les avoir perdues, ni une ombre de remords. Simple promeneur en yoles d'acajou, mais voilier avec furie, très fier de sa flottille. »

Il mourra, après avoir lu un livre sur Wagner et Beethoven, le 9 septembre 1898, alors qu'il travaillait encore à son *Hérodiade*. Il put auparavant rédiger un court texte disant son échec et demandant que le « monceau demi-séculaire » de ses notes soit brûlé. Sa fille Geneviève prévint les amis. Paul Valéry écrivit à Pierre Louÿs : « Je suis bouleversé et démoli, Mallarmé est mort hier matin... Préviens Debussy... » Les amis que l'été n'avait pas dispersés prirent le train pour Fontainebleau : ils se nommaient Heredia, Régnier, Marguerite Moreno. Vinrent aussi Renoir et Vuillard, Rodin, Méry Laurent, Léon Dierx, Catulle Mendès, d'autres...

Celui qui s'identifia avec le Poème, Stéphane Mallarmé, était allé en son temps aux limites les plus extrêmes de la création humaine, forçant le respect et donnant un exemple de tenue et de probité littéraires, de grandeur aussi, aux générations futures, marquant ainsi la poésie du xxᵉ siècle qui allait naître.

L'Œuvre

Le Continuateur.

L A plupart des *Premiers poèmes* et de ceux groupés sous ces titres :
Du Parnasse satirique et *Du Parnasse contemporain,* se rattachent
aux débuts adolescents, mais il y a cependant déjà le ton mallarméen. Pour penser aux « terza rima » de Gautier et aux thèmes de
Baudelaire, il n'est que de citer des passages du poème *le Guignon* :

> Au-dessus du bétail ahuri des humains
> Bondissaient en clartés les sauvages crinières
> Des mendieurs d'azur le pied dans nos chemins.
>
> Un noir vent sur leur marche éployé pour bannières
> La flagellait de froid tel jusque dans la chair,
> Qu'il y creusait aussi d'irritables ornières.
>
> Toujours avec l'espoir de rencontrer la mer,
> Ils voyageaient sans pain, sans bâtons et sans urnes,
> Mordant au citron d'or de l'idéal amer.
>
> La plupart râla dans les défilés nocturnes,
> S'enivrant du bonheur de voir couler son sang,
> Ô Mort le seul baiser aux bouches taciturnes!

Il faut lire l'essai de Léon Cellier, *Mallarmé et la morte qui parle*
pour voir combien le poète est hanté, dès son enfance, par le double
thème de la Mort et de l'Apparition : la mort d'une mère, celle de
sa jeune sœur, celle de la jeune amie de dix-sept ans (qui lui inspire
ses élégies *Sa fosse est creusée!...* et *Sa fosse est fermée*), lui dictent cette
hantise. Maints poèmes en témoignent dont ce *Guignon* des poètes
qui se termine sur une évocation de Gérard de Nerval :

Les poètes bons pour l'aumône ou la vengeance,
Ne connaissant le mal de ces dieux effacés,
Les disent ennuyeux et sans intelligence.

« Ils peuvent fuir ayant de chaque exploit assez,
« Comme un vierge cheval écume de tempête
« Plutôt que de partir en galops cuirassés.

« Nous soûlerons d'encens le vainqueur dans la fête :
« Mais eux, pourquoi n'endosser pas, ces baladins,
« D'écarlate haillon hurlant que l'on s'arrête! »

Quand en face tous leur ont craché les dédains,
Nuls et la barbe à mots bas priant le tonnerre,
Ces héros excédés de malaises badins

Vont ridiculement se pendre au réverbère.

On ne peut séparer Mallarmé du Romantisme qui l'a précédé. N'oublions pas qu'il considère la littérature comme « quelque devoir de tout recréer, avec des *réminiscences* ». Le romantisme des lacs cher à Lamartine, les grands thèmes hugoliens (lire Hugo avec le regard de Mallarmé propose de nouveaux éclairages), les tentations de Gautier pour l'inexprimable (qui pour lui n'existe pas), les grands mythes éternels, les archétypes repris par les romantiques sont présents chez lui.

Les Fenêtres sont bien mallarméennes, tout en étant l'écho de Baudelaire ou de Sainte-Beuve imitant W. Bowles :

Las du triste hôpital, et de l'encens fétide
Qui monte en la blancheur banale des rideaux
Vers le grand crucifix ennuyé du mur vide,
Le moribond sournois y redresse un vieux dos,

Se traîne et va, moins pour chauffer sa pourriture
Que pour voir du soleil sur les pierres, coller
Les poils blancs et les os de la maigre figure
Aux fenêtres qu'un beau rayon clair veut hâler.

. . . .

Je me mire et me vois ange! et je meurs, et j'aime
— Que la vitre soit l'art, soit la mysticité —
A renaître, portant mon rêve en diadème,
Au ciel antérieur où fleurit la Beauté!

Mais, hélas! Ici-bas est maître : sa hantise
Vient m'écœurer parfois jusqu'en cet abri sûr,
Et le vomissement impur de la Bêtise
Me force à me boucher le nez devant l'azur.

Est-il moyen, ô Moi qui connais l'amertume,
D'enfoncer le cristal par le monstre insulté
Et de m'enfuir, avec mes deux ailes sans plume
— Au risque de tomber pendant l'éternité?

Renouveau est aussi un sonnet baudelairien. Le titre est ironique en réaction contre les fadeurs d'un lyrisme qui accorde le printemps à la jeunesse, à la beauté, à la fécondité. Les rimes des deux quatrains sont différentes : Mallarmé a suivi l'exemple des poètes anglais de la Renaissance. A la fin du poème, le motif de l'Azur apparaît avant qu'il lui dédie sa hantise dans une autre œuvre. *Renouveau* s'intitula tout d'abord *Vere Novo* :

Le printemps maladif a chassé tristement
L'hiver, saison de l'art serein, l'hiver lucide,
Et, dans mon être à qui le sang morne préside
L'impuissance s'étire en un long bâillement.

Des crépuscules blancs tiédissent sous mon crâne
Qu'un cercle de fer serre ainsi qu'un vieux tombeau
Et triste, j'erre après un rêve vague et beau,
Par les champs où la sève immense se pavane.

Puis je tombe énervé de parfums d'arbres, las,
Et creusant de ma face une fosse à mon rêve,
Mordant la terre chaude où poussent les lilas,

J'attends en m'abîmant que mon ennui s'élève...
— Cependant l'Azur rit sur la haie et l'éveil
De tant d'oiseaux en fleur gazouillant au soleil.

« Princesse, nommez-nous berger de vos sourires. » Il termine ainsi le sonnet mignard *Placet futile* qui fait penser aussi à Baudelaire, celui qui se jouait à des plaisirs hérités de la Renaissance. Nous sommes dans un univers aimé par Gautier, Banville et Verlaine. Avec eux, il peut rivaliser en grâce :

Princesse! à jalouser le destin d'une Hébé
Qui point sur cette tasse au baiser de vos lèvres,
J'use mes feux mais n'ai rang discret que d'abbé
Et ne figurerai même nu sur le Sèvres.

Mallarméen.

Le lecteur attentif verra le décalage qui fait de ce fervent du poète des *Fleurs du Mal* un poète original qui lentement se détache du modèle premier. Dans *le Pitre châtié*, les tours mallarméens se détachent :

> Hilare or de cymbale à des poings irrité,
> Tout à coup le soleil frappe la nudité
> Qui pure s'exhala de ma fraîcheur de nacre,
>
> Rance nuit de la peau quand sur moi vous passiez,
> Ne sachant pas, ingrat! que c'était tout mon sacre,
> Ce fard noyé dans l'eau perfide des glaciers.

Si bien fait que soit un poème comme *Angoisse* qui s'intitulait *A une putain* avant que Mallarmé songeât à « débaudelairiser » ses œuvres, il ne vaut pas le modèle, on en peut juger :

> Je ne viens pas ce soir vaincre ton corps, ô bête
> En qui vont les péchés d'un peuple, ni creuser
> Dans tes cheveux impurs une triste tempête
> Sous l'incurable ennui que verse mon baiser :
>
> Je demande à ton lit le lourd sommeil sans songes
> Planant sous les rideaux inconnus du remords,
> Et que tu peux goûter après tes noirs mensonges,
> Toi qui sur le néant en sais plus que les morts.

De même *le Sonneur, une Négresse* ou *Aumône,* poème en « terza rima » bien prosaïque ne méritent pas trop que le glaneur de poésie s'y arrête. Heureusement, à côté des nuances faibles de cet ensemble, il y a les parfaites réussites comme *Apparition.* On doit signaler que ce titre est celui d'un poème de Victor Hugo très admirable et d'un poème de Lamartine. Le poème de Mallarmé correspond très exactement à l'art des préraphaélites anglais. On trouve encore, en particulier dans les quatre premiers vers, la correspondance de l'image visuelle et de l'image auditive. On pensera surtout aux peintres Rossetti et Burne-Jones (Mallarmé fut en Angleterre en 1862) et l'on aime cette évocation mystique et ces images ciselées sur un fond vaporeux, et aussi une certaine gaucherie de langage bien voulue et fort savante :

> La lune s'attristait. Des séraphins en pleurs
> Rêvant, l'archet aux doigts, dans le calme des fleurs
> Vaporeuses, tiraient de mourantes violes
> De blancs sanglots glissant sur l'azur des corolles.
> — C'était le jour béni de ton premier baiser.
> Ma songerie aimant à me martyriser
> S'enivrait savamment du parfum de tristesse
> Que même sans regret et sans déboire laisse
> La cueillaison d'un Rêve au cœur qui l'a cueilli.
> J'errais donc, l'œil rivé sur le pavé vieilli
> Quand avec du soleil aux cheveux, dans la rue
> Et dans le soir, tu m'es en riant apparue

Et j'ai cru voir la fée au chapeau de clarté
Qui jadis sur mes beaux sommeils d'enfant gâté
Passait, laissant toujours de ses mains mal fermées
Neiger de blancs bouquets d'étoiles parfumées.

Il n'est point étonnant qu'un jeune musicien nommé Claude Debussy en fît une mélodie. *Apparition* représente bien la triple union de la peinture, de la musique et de la poésie.

Mallarmé possède à merveille l'art de s'alanguir. Il sait, comme dit Rimbaud, « ce qu'on dit au poète à propos de fleurs ». Le poème qui s'intitule *les Fleurs* porte quelques influences et André Fontainas put voir dans « Aux avalanches d'or du vieil azur... » une réminiscence de Hugo dans *le Sacre de la Femme* : « Des avalanches d'or s'inondaient dans l'azur. » Dans ce poème aussi apparaît Hérodiade. On peut dire qu'il porte déjà tout le charme précieux et suranné de ce que sera la poésie fin de siècle :

Des avalanches d'or du vieil azur, au jour
Premier et de la neige éternelle des astres
Jadis tu détachas les grands calices pour
La terre jeune encore et vierge de désastres,

Le glaïeul fauve, avec les cygnes au col fin,
Et ce divin laurier des âmes exilées
Vermeil comme le pur orteil du séraphin
Que rougit la pudeur des aurores foulées,

L'hyacinthe, le myrte à l'adorable éclair
Et, pareille à la chair de la femme, la rose
Cruelle, Hérodiade en fleur du jardin clair,
Celle qu'un sang farouche et radieux arrose!

Et tu fis la blancheur sanglotante des lys
Qui roulant sur des mers de soupirs qu'elle effleure
A travers l'encens bleu des horizons pâlis
Monte rêveusement vers la lune qui pleure!

Hosannah sur le cistre et dans les encensoirs,
Notre Dame, hosannah du jardin de nos limbes!
Et finisse l'écho par les célestes soirs,
Extase des regards, scintillement des nimbes!

Ô Mère qui créas en ton sein juste et fort,
Calices balançant la future fiole,
De grandes fleurs avec la balsamique Mort
Pour le poète las que la vie étiole.

Même chant dans *Las de l'amer repos...* avec ce goût cher déjà à Gautier de la « chinoiserie » portée par un objet, une tasse (à

partir de l'objet, Mallarmé toujours tente de rejoindre par analogie la nature), et ce thème de l'eau ou du lac (souvenir de
Lamartine?) qui revient dans ses poèmes toujours nimbés de
vapeur et d'humidité :

Une ligne d'azur mince et pâle serait
Un lac, parmi le ciel de porcelaine nue,
Un clair croissant perdu par une blanche nue
Trempe sa corne calme en la glace des eaux,
Non loin de trois grands cils d'émeraude, roseaux.

Dans *l'Azur* (mot sans cesse retrouvé), encore ce monde humide
et brumeux, avec à la fin un appel pathétique :

De l'éternel azur la sereine ironie
Accable, belle indolemment comme les fleurs,
Le poète impuissant qui maudit son génie
A travers un désert stérile de Douleurs.

Fuyant, les yeux fermés, je le sens qui regarde
Avec l'intensité d'un remords atterrant,
Mon âme vide. Où fuir? Et quelle nuit hagarde
Jeter, lambeaux, jeter sur ce mépris navrant?

Brouillards, montez! Versez vos cendres monotones
Avec de longs haillons de brume dans les cieux
Qui noiera le marais livide des automnes
Et bâtissez un grand plafond silencieux!

Et toi, sors des étangs léthéens et ramasse
En t'en venant la vase et les pâles roseaux,
Cher Ennui, pour boucher d'une main jamais lasse
Les grands trous bleus que font méchamment les oiseaux.

. . . .

En vain! l'Azur triomphe, et je l'entends qui chante
Dans les cloches. Mon âme, il se fait voix pour plus
Nous faire peur avec sa victoire méchante,
Et du métal vivant sort en bleus angélus!

Il roule par la brume, ancien et traverse
Ta native agonie ainsi qu'un glaive sûr;
Où fuir dans la révolte inutile et perverse?
Je suis hanté. L'Azur! l'Azur! l'Azur! l'Azur!

Une bonne édition critique montre que Mallarmé n'a cessé de
reprendre ses poèmes écrits entre 1862 et 1896 pour les accorder
à ses nouveaux modes d'expression. On le voit sans cesse rechercher le culte du Beau et du Rêve, comme Baudelaire, pour tenter
de fuir l'impossibilité de croire, la mort, le néant. Il éprouve la

nostalgie du temps et de l'espace. Cela le conduit à un exotisme rêvé où on le voit proche de son maître et cependant différent. Tout le monde connaît au moins le premier vers de *Brise marine* :

> La chair est triste, hélas! et j'ai lu tous les livres.
> Fuir! là-bas fuir! Je sens que des oiseaux sont ivres
> D'être parmi l'écume inconnue et les cieux!
> Rien, ni les vieux jardins reflétés par les yeux
> Ne retiendra ce cœur qui dans la mer se trempe
> Ô nuits! ni la clarté déserte de ma lampe
> Sur le vide papier que sa blancheur défend
> Et ni la jeune femme allaitant son enfant...

Ce « vide papier », quel écrivain n'en fera pas citation! Certes cette *Brise marine* paraphrase *Parfum exotique* de Baudelaire tout comme *Soupir* répond au *Chant d'automne*. C'est faire compliment à la fois à Baudelaire et à Mallarmé que de le mentionner en songeant à la poésie comme chaîne fraternelle. On comprend que Claude Debussy et Maurice Ravel aient pu être inspirés par ces vers musicaux :

> Mon âme vers ton front où rêve, ô calme sœur,
> Un automne jonché de taches de rousseur,
> Et vers le ciel errant de ton œil angélique
> Monte, comme dans un jardin mélancolique,
> Fidèle, un blanc jet d'eau soupire vers l'Azur!
> — Vers l'Azur attendri d'Octobre pâle et pur
> Qui mire aux grands bassins sa langueur infinie
> Et laisse, sur l'eau morte où la fauve agonie
> Des feuilles erre au vent et creuse un froid sillon,
> Se traîner le soleil jaune d'un long rayon.

Et ce poème dont Mallarmé envoya une première version au félibre Théodore Aubanel et qu'il épura magnifiquement, *Don du poème,* il traduit cette idée de la poésie qui pour le vrai poète est toujours offrande :

> Je t'apporte l'enfant d'une nuit d'Idumée!
> Noire, à l'aile saignante et pâle, déplumée,
> Par le verre brûlé d'aromates et d'or,
> Par les carreaux glacés, hélas! mornes encor,
> L'aurore se jeta sur la lampe angélique.
> Palmes! et quand elle a montré cette relique
> A ce père essayant un sourire ennemi,
> La solitude bleue et stérile a frémi.
> Ô la berceuse, avec ta fille et l'innocence
> De vos pieds froids, accueille une horrible naissance :
> Et ta voix rappelant viole et clavecin,
> Avec le doigt fané presseras-tu le sein
> Par qui coule en blancheur sibylline la femme
> Pour les lèvres que l'air du vierge azur affame?

Le Symbolisme d'Hérodiade.

La cruelle, l'étrange Hérodiade, comme sa fille Salomé, est une grande inspiratrice du XIXᵉ siècle romantique et symboliste. Satanique pour Silvio Pellico, luxurieuse pour Gustave Flaubert, réceptacle de sa propre sensibilité pour Swinburne, c'est Mallarmé, peu soucieux de la réalité historique, qui la conduit vers une mythologie symboliste plus abstraite. Ce vaste projet avorté ne laisse apparaître que trois parties : *Ouverture ancienne d'Hérodiade, Scène* (la plus importante) et *Cantique de saint Jean.* C'est le poème de l'absence, de l'attente et du pressentiment. Il est défi à l'inexprimable, plongée lucide dans les profondeurs de l'inconscient, mode de recherche et de découverte de soi, expérience métaphysique, méditation dynamique, exorcisme du néant. A partir de ce poème, et de l'œuvre future de Mallarmé, naît une nouvelle notion de la poésie fondée sur la difficulté à vaincre, la sensation à recevoir, ce à quoi bien des esprits cartésiens ne sauront se résoudre.

Jean Royère a fort bien parlé d'*Hérodiade* : « *Hérodiade* est de tout point et absolument le poème de l'absence! C'est le sens hautain de son abstinence cruelle, de sa virginité parée, de son orgueilleux étalage de pudeur... Hérodiade est l'être qui se dérobe : elle se détache sur un fond quasi surnaturel de glaciers. Son image est doublement atténuée par la glace et par le miroir, par ce qui s'oppose à la vie et par ce qui transforme un être humain en sa propre inanité corporelle... » Dès l'*Ouverture* sous-titrée *Incantation,* la langue poétique se plie à une hautaine et incontestablement nouvelle beauté de la langue, comme au temps lointain de Racine :

> Abolie, et son aile affreuse dans les larmes
> Du bassin, aboli, qui mire les alarmes,
> Des ors nus fustigeant l'espace cramoisi,
> Une Aurore a, plumage héraldique, choisi
> Notre tour cinéraire et sacrificatrice,
> Lourde tombe qu'a fuie un bel oiseau, caprice
> Solitaire d'aurore au vain plumage noir...
> Ah! des pays déchus et tristes le manoir!
> Pas de clapotement! L'eau morne se résigne,
> Que ne visite plus la plume ni le cygne
> Inoubliable...

Dans la deuxième partie, *Scène,* la nourrice s'effraie de la solitude glacée de la princesse. Elle veut lui apporter quelque chaleur, quelque caresse, mais Hérodiade la repousse pétrie d'horreur.

Elle n'aime que son miroir « eau froide par l'ennui dans ton cadre gelée... » Voici ce haut dialogue :

> *La Nourrice*
> Tu vis ! ou vois-je ici l'ombre d'une princesse ?
> A mes lèvres tes doigts et leurs vagues et cesse
> De marcher dans un âge ignoré...
>
> *Hérodiade*
>   Reculez.
> Le blond torrent de mes cheveux immaculés
> Quand il baigne mon corps solitaire le glace
> D'horreur, et mes cheveux que la lumière enlace
> Sont immortels. Ô femme, un baiser me tuerait
> Si la beauté n'était la mort...

Les délices et les horreurs de la virginité, la beauté fatale et désespérée, la solitude désertique, la peur, ces sentiments mêlés, peu exprimables, peu communicables, Mallarmé les développe sur plusieurs plans dans la clarté, au moyen d'images insolites et de mots qui semblent neufs, employés pour la première fois, grâce à de subtiles unions qui s'irisent de leurs lumières confondues.

> *Hérodiade*
> Assez ! Tiens devant moi ce miroir.
>   Ô miroir !
> Eau froide par l'ennui dans ton cadre gelée
> Que de fois et pendant des heures, désolée
> Des songes et cherchant mes souvenirs qui sont
> Comme des feuilles sous ta glace au trou profond,
> Je m'apparus en toi comme une ombre lointaine,
> Mais, horreur ! des soirs, dans ta sévère fontaine,
> J'ai de mon rêve épars connu la nudité !

A son insu sans doute, Mallarmé nous aidera à mieux lire Racine et à y redécouvrir d'inexprimables beautés. Il sera le lien qui unit le poète du XVIIe siècle à Paul Claudel, Saint-John Perse, Paul Valéry. Pour Mallarmé, comme pour Baudelaire, une lecture thématique s'impose, avec des mots clés comme azur, lac, glace, miroir, etc. Voici la fin de *Scène :*

> *Hérodiade*
> Adieu.
>   Vous mentez, ô fleur nue
> De mes lèvres.
>   J'attends une chose inconnue
> Ou peut-être, ignorant le mystère et vos cris,
> Jetez-vous les sanglots suprêmes et meurtris
> D'une enfance sentant parmi les rêveries
> Se séparer enfin ses froides pierreries.

Le *Cantique de saint Jean,* composé postérieurement, exprime l'ascension, puis la chute du soleil après l'arrêt oscillant du solstice, et, en même temps, la décollation et le retour au principe éternel. « Soleil cou coupé » pourra écrire Apollinaire. De la halte surnaturelle du soleil incandescent à l'éploiement des ténèbres, tout le poème n'est qu'une longue phrase que ne brise aucune ponctuation. A la fin, de la tête tranchée le pur regard...

> Là-haut où la froidure
> Éternelle n'endure
> Que vous le surpassiez
> Tous ô glaciers
>
> Mais selon un baptême
> Illuminée au même
> Principe qui m'élut
> Penche un salut.

Paul Hindemith tirera un « jeu orchestral », ballet pour deux danseurs, de cette œuvre marquante qui représente, si courte et inachevée qu'elle soit, un des sommets du Symbolisme.

L'Après-midi d'un faune.

Des cent dix vers de son poème le plus célèbre, Mallarmé a dit : « J'y essayais de mettre, à côté de l'alexandrin dans toute sa tenue, une sorte de feu courant pianoté autour, comme qui dirait d'un accompagnement musical fait par le poète lui-même. » On pourrait dire du *Faune,* poème au sujet parnassien et à l'expression symboliste, qu'il unit les trois arts, musique, peinture et poésie, car on pense, bien sûr, au charme étrange de la musique de Debussy, aux luminosités de Manet, en même temps qu'aux secrètes analogies de Mallarmé. Albert Thibaudet a pu dire que dans l'œuvre de Mallarmé, ce poème « est le morceau des connaisseurs; ce morceau forme le point central, parfait, à la fois simple et raffiné, où viennent converger toutes les directions flexibles, toutes les époques de son talent... » Le critique ajoute : « Rien n'est peut-être allé si loin que ce poème dans la voie de la poésie pure. » Publié en 1876, il s'accordait à des goûts panthéistes ouverts au temps du romantisme par Maurice de Guérin et relayés par les parnassiens. Ce poème unit le réalisme de la passion aux rêveries suggérées par les sentiments intimes, les deux thèmes s'entrelaçant avec subtilité et exprimant les deux pôles mallarméens, de la réalité fuyante à l'irréalité poursuivie. Voici le début de ce monologue :

Ces nymphes, je les veux perpétuer.
                              Si clair,
Leur incarnat léger, qu'il voltige dans l'air
Assoupi de sommeils touffus.

                              Aimai-je un rêve?
Mon doute, amas de nuit ancienne, s'achève
En maint rameau subtil, qui, demeuré les vrais
Bois mêmes, prouve, hélas! que bien seul je m'offrais
Pour triomphe la faute idéale de roses.
Réfléchissons...
                    ou si les femmes dont tu gloses
Figurent un souhait de tes sens fabuleux!
Faune, l'illusion s'échappe des yeux bleus
Et froids, comme une source en pleurs, de la plus chaste :
Mais, l'autre tout soupirs, dis-tu qu'elle contraste
Comme brise du jour chaude dans ta toison?

Les images des nymphes, objets des désirs, la nature éparse et puissante, la chaleur de l'été, l'enivrant sommeil et les retrouvailles des nymphes dans l'absence, par le rêve où le couple de vierges s'assemble, « la frayeur secrète de la chair », la recherche du bonheur... tout cela apparaît dans une brume brûlante, dans cette maturité du fruit qu'on retrouvera chez Paul Valéry :

Tant pis! vers le bonheur d'autres m'entraîneront
Par leur tresse nouée aux cornes de mon front :
Tu sais, ma passion, que, pourpre et déjà mûre,
Chaque grenade éclate et d'abeilles murmure;
Et notre sang, épris de qui va le saisir,
Coule pour tout l'essaim éternel du désir.

Mallarmé retrouve l'Antiquité de Théocrite, de Virgile ou d'Anacréon :

A l'heure où ce bois d'or et de cendres se teinte
Une fête s'exalte en la feuillée éteinte :
Etna! c'est parmi toi visité de Vénus
Sur ta lave posant ses talons ingénus,
Quand tonne un somme triste où s'épuise la flamme.
Je tiens la reine!
                    Ô sûr châtiment...
                              Non, mais l'âme
De paroles vacante et ce corps alourdi
Tard succombent au fier silence de midi :
Sans plus il faut dormir en l'oubli du blasphème,
Sur le sable altéré gisant et comme j'aime
Ouvrir ma bouche à l'astre efficace des vins!

Couple, adieu; je vais voir l'ombre que tu devins.

Pendant des lustres, Mallarmé a sans cesse revu, corrigé, amélioré ce poème dont « les vers sont terriblement difficiles à faire ».

C'est le résultat du plus long travail, comme dit Francis Jammes, « la clarté de ce poème est aveuglante... Tout cela est transparent... », et l'on aime lire les variantes aussi, comme on aime le prolongement unique de la musique de Debussy.

Les Musiques du silence.

De plus en plus exigeant avec lui-même, Stéphane Mallarmé conduit au plus loin son travail de prospecteur des possibilités extrêmes du langage, repoussant les frontières du possible. Il va vers l'effacement de tout ce qui peut être directement attendu d'un sujet, distillant et vaporisant jusqu'au prétexte du poème, l'objet souvent, pour une transposition spirituelle intense, au moyen de rayons, de sons traduisant les impressions ténues et y mêlant toutes les possibilités sensibles, sensorielles, sensuelles, auditives, visuelles, tactiles, intellectuelles, permettant des significations infinies et portant la poésie à des sommets et à des pouvoirs inespérés. Il use, comme dit Thibaudet à propos du poème *la Chevelure,* « d'images motrices, splendides de raccourci et de feu ». Lire ce poème, lire *la Sainte* où Cécile, « musicienne du silence », joue sur l'aile d'un chérubin, nous fait connaître la pureté mélodique. Et nous allons, avec la *Prose pour Des Esseintes,* vers l'hermétisme, voire la quintessence byzantine, nouvel avatar de la poésie :

> Hyperbole! de ma mémoire
> Triomphalement ne sais-tu
> Te lever, aujourd'hui grimoire
> Dans un livre de fer vêtu :
>
> Car j'installe, par la science,
> L'hymne des cœurs spirituels
> En l'œuvre de ma patience,
> Atlas, herbiers et rituels.
>
> . . . .
>
> Telles, immenses, que chacune
> Ordinairement se para
> D'un lucide contour, lacune,
> Qui des jardins la sépara.
>
> Gloire du long désir, Idées
> Tout en moi s'exaltait de voir
> La famille des iridées
> Surgir à ce nouveau devoir...

Plusieurs poèmes intitulés *Éventail* sont les instruments de la sensation pure, vague, légère comme la plume ou l'air déplacé. En images vaporeuses, tout l'art de la suggestion consiste à donner, à partir d'un objet, libre cours aux caprices de l'imagination. L'*Éventail de Mademoiselle Mallarmé* s'éclaire si l'on sait que le poète suppose que l'éventail parle à la jeune fille :

Ô rêveuse, pour que je plonge
Au pur délice sans chemin,
Sache, par un subtil mensonge,
Garder mon aile dans ta main.

Une fraîcheur de crépuscule
Te vient à chaque battement
Dont le coup prisonnier recule
L'horizon délicatement.

Vertige! voici que frissonne
L'espace comme un grand baiser
Qui, fou de naître pour personne,
Ne peut jaillir ni s'apaiser.

Sens-tu le paradis farouche
Ainsi qu'un rire enseveli
Se couler du coin de ta bouche
Au fond de l'unanime pli!

Le sceptre des rivages roses
Stagnants sur les soirs d'or, ce l'est,
Ce blanc vol fermé que tu poses
Contre le feu d'un bracelet.

Certaines rimes sont presque des jeux de mots et l'on pense à certaines acrobaties des rhétoriqueurs, Mallarmé se trouvant au bord d'un calembour froid.

On peut préférer son *Toast funèbre,* contribution au *Tombeau de Théophile Gautier* réunissant quatre-vingt-trois poètes, que Mme Émilie Noulet dit « grand et cher poème, torche enflammée que Prométhée a vraiment ravie au feu du ciel », belle formule comme on en trouve chez les admirateurs du maître. Avec les *Tombeaux* en sonnets de Poe, de Baudelaire, de Verlaine, s'exprime une interprétation poétique de l'amitié. Voici le *Tombeau d'Edgar Poe* :

Tel qu'en Lui-même enfin l'éternité le change,
Le Poète suscite avec un glaive nu
Ton siècle épouvanté de n'avoir pas connu
Que la mort triomphait dans cette voix étrange!

Eux, comme un vil sursaut d'hydre oyant jadis l'ange
Donner un sens plus pur aux mots de la tribu
Proclamèrent très haut le sortilège bu
Dans le flot sans honneur de quelque noir mélange.

> Du sol et de la nue hostiles, ô grief!
> Si notre idée avec ne sculpte un bas-relief
> Dont la tombe de Poe éblouissante s'orne,
>
> Calme roc ici-bas chu d'un désastre obscur,
> Que ce granit du moins montre à jamais sa borne
> Aux noirs vols du Blasphème épars dans le futur.

« Tel qu'en Lui-même... » et « un sens plus pur aux mots de la tribu », mille écrivains répéteront cela en refrain comme un credo. On s'aperçoit de la raréfaction de la ponctuation qui offre un surcroît de liberté aux mots et multiplie les possibilités d'interprétation. Pour Baudelaire, il rassemble ce qui peut l'évoquer :

> Le temple enseveli divulgue par la bouche
> Sépulcrale d'égout bavant boue et rubis
> Abominablement quelque idole Anubis
> Tout le museau flambé comme un aboi farouche

Le *Tombeau* de Verlaine se termine par un vers inoubliable :

> Qui cherche, parcourant le solitaire bond
> Tantôt extérieur de notre vagabond —
> Verlaine? Il est caché parmi l'herbe, Verlaine
>
> A ne surprendre que naïvement d'accord
> La lèvre sans y boire ou tarir son haleine
> Un peu profond ruisseau calomnié la mort.

Ses *Hommages* en sonnets ont le même ton, tout comme d'ailleurs maints sonnets d'album. Il aime les sonorités sourdes des rimes (ombre, ouche, oule, moire) qu'il s'adresse à une jeune morte ou à Richard Wagner. Mais son art le plus haut apparaît dans la suite parfaite de quatre poèmes intitulée *Plusieurs sonnets*. Après le premier : « Quand l'ombre menaça de la fatale loi... », on s'arrête au sonnet du cygne, si admirable d'aller plus loin et plus profond que ses prédécesseurs Baudelaire ou Banville, tout en s'en inspirant :

> Le vierge, le vivace et le bel aujourd'hui
> Va-t-il nous déchirer avec un coup d'aile ivre
> Ce lac dur oublié que hante sous le givre
> Le transparent glacier des vols qui n'ont pas fui!
>
> Un cygne d'autrefois se souvient que c'est lui
> Magnifique mais qui sans espoir se délivre
> Pour n'avoir pas chanté la région où vivre
> Quand du stérile hiver a resplendi l'ennui.
>
> Tout son col secouera cette blanche agonie
> Par l'espace infligée à l'oiseau qui le nie,
> Mais non l'horreur du sol où le plumage est pris.

Fantôme qu'à ce lieu son pur éclat assigne,
Il s'immobilise au songe froid de mépris
Que vêt parmi l'exil inutile le Cygne.

Ces poèmes qui demandent un effort pour en recevoir toutes les beautés ont cette qualité d'habiter la mémoire. Lorsqu'on a lu une fois le début du *Sonnet III* de cette suite, on ne l'oublie plus :

Victorieusement fui le suicide beau
Tison de gloire, sang par écume, or, tempête!
Ô rire si là-bas une pourpre s'apprête
A ne tendre royal que mon absent tombeau.

Et non plus le *Sonnet IV,* avec le fameux vers « Aboli bibelot... » et la gageure des rimes en « ix » :

Ses purs ongles très haut dédiant leur onyx,
L'Angoisse, ce minuit, soutient, lampadophore,
Maint rêve vespéral brûlé par le Phénix
Que ne recueille pas de cinéraire amphore

Sur les crédences, au salon vide : nul ptyx,
Aboli bibelot d'inanité sonore,
(Car le Maître est allé puiser les pleurs du Styx
Avec ce seul objet dont le Néant s'honore).

Dans les *Autres poèmes* ou dans les *Chansons bas,* il joue du laconisme et des coupes inattendues. Ainsi, au début de *Petit air :*

Quelconque une solitude
Sans le cygne ni le quai
Mire sa désuétude
Au regard que j'abdiquai

Certaines rimeries sont des jeux qu'on n'admire pas toujours. Le plus sérieusement du monde et sans la clownerie de Théodore de Banville, il écrit, après des rimes calembours pas toujours bien venues :

De trancher ras cette ortie
Folle de la sympathie.

Il nous avertit que « Le sens précis rature / Ta vague littérature ». Chacun prend ses jongleries graves comme il le veut. Et puis l'on s'arrête à la belle formulation :

Surgi de la croupe et du bond
D'une verrerie éphémère
Sans fleurir la veillée amère
Le col ignoré s'interrompt.

Ou bien :

> Une dentelle s'abolit
> Dans le doute du Jeu suprême
> A n'entrouvrir comme un blasphème
> Qu'absence éternelle de lit.

Ou encore :

> A la nue accablante tu
> Basse de basalte et de laves
> A même les échos esclaves
> Par une trompe sans vertu
>
> Quel sépulcral naufrage (tu
> Le sais, écume, mais y baves)
> Suprême une entre les épaves
> Abolit le mât dévêtu
>
> Ou cela que furibond faute
> De quelque perdition haute
> Tout l'abîme vain éployé
>
> Dans le si blanc cheveu qui traîne
> Avarement aura noyé
> Le flanc enfant d'une sirène.

Le dernier poème de cet ensemble est un sonnet : « Mes bouquins refermés... » partant du « nom de Paphos » qui est celui d'une ville fondée selon la tradition par les Amazones et se terminant sur l'évocation d'une guerrière. Après Henri Mondor, nous citons un commentaire de Charles Mauron : « Ceci est le simple exposé d'une rêverie à un moment où tout ramenait Mallarmé à ses obsessions, — la suprématie de l'imaginaire sur le réel, du possible sur ce qui fut, de l'absence sur la présence... La rêverie a lieu au coin du feu et elle est suggérée par le mot Paphos sur lequel le lecteur a refermé le livre et qui lui fait songer à un temple grec au bord de la mer. »

> Mes bouquins refermés sur le nom de Paphos,
> Il m'amuse d'élire avec le seul génie
> Une ruine, par mille écumes bénie
> Sous l'hyacinthe, au loin, de ses jours triomphaux.
>
> Coure le froid avec ses silences de faux,
> Je n'y hululerai pas de vide nénie
> Si ce très blanc ébat au ras du sol dénie
> A tout site l'honneur du paysage faux.
>
> Ma faim qui d'aucuns fruits ici ne se régale
> Trouve en leur docte manque une saveur égale :
> Qu'un éclate de chair humain et parfumant!

> Le pied sur quelque guivre où notre amour tisonne,
> Je pense plus longtemps peut-être éperdument
> A l'autre, au sein brûlé d'une antique amazone.

Et l'on pourrait, pour conclure s'il le fallait, citer Albert Thibaudet dont les lignes s'appliquent à l'essentiel de la poétique mallarméenne : « Le dernier sonnet des *Poésies* condense avec une admirable pureté ce sentiment qui fait que Mallarmé considère un objet, traite un sujet, en se transportant à la limite où il consent d'exister, où ils deviennent absence, nostalgie, où de leur défaillance ils acquièrent une valeur supérieure de songe. » Avec les créations de Mallarmé, la difficulté devient non une fin, mais un moyen d'aller plus loin, plus profond dans la recherche et la nouveauté. Le lecteur doit participer à l'effort de création poétique par son propre effort de réception et de compréhension. « Faire, c'est se faire », pense Mallarmé, et l'on pourrait ajouter qu'à partir de lui, en quelque sorte, ce n'est plus le poète qui fait son poème, mais le poème qui façonne son poète.

Le Pouls de la vie quotidienne.

Regardant une enveloppe, Mallarmé s'avisa qu'il existait « un rapport évident entre le format ordinaire d'une enveloppe et la disposition d'un quatrain », ce qui l'amena à ses *Loisirs de la Poste* qui sont en même temps un hommage à cette administration en amenant le facteur à partager son effort intellectuel. S'agissait-il d'un divertissement? Certes, mais Mallarmé a attaché à ces jeux une portée esthétique, condensant l'adresse pratique et lui ajoutant des riens nés de son exquise politesse et de son attention à autrui. On peut ainsi trouver dans l'ensemble posthume des *Vers de circonstance*, 1920, parmi quelque trois cents pièces (sonnets, quatrains, rondels, distiques, etc.), cent trente et une adresses (réparties entre écrivains, peintres, musiciens, médecins, amis, amies, éditeurs) de ce genre :

> Monsieur le Comte de Villiers
> De l'Isle-Adam; qu'on serait aise
> De voir parmi mes familiers.
> A Paris, Place Clichy, seize.
>
> *
>
> Dans sa douillette d'astrakan
> Sans qu'un vent coulis le jalouse
> Monsieur François Coppée à Caen
> *Rue,* or c'est *des Chanoines* douze.

*

Au charmeur des Muses becque-
té, plus prompt à l'estocade,
L'étincelant Henri Becque
rue, et 17, de l'Arcade.

*

A toutes jambes, Facteur, chez l'
Éditeur de la décadence,
Léon Vanier, quai Saint-Michel
Dix-neuf, gambade, cours et danse.

Heureux temps des adresses non codifiées! Jean Royère a fort bien parlé de ces babioles : « ... Il s'agit souvent de tracer un portrait en quelques touches, toujours d'associer du fortuit à de l'humain. La grâce de Mallarmé s'y multiplie : sa tendresse, sa malice, sa gaieté et sa mélancolie y prononcent de voluptueuses spirales. Mais, en complexité comme en ironie, ces vers égalent les morceaux classés. Menus bibelots, tout au plus bijoux d'étagère, ils exhibent une ingéniosité d'autant plus rare qu'elle a moins de jeu... » Cette appréciation s'applique non seulement aux adresses rimées, mais aussi à ces *Éventails, Offrandes, Photographies, Dons de fruits glacés, Autres dons de nouvel an, Œufs de Pâques, Fêtes et anniversaires, Albums, Dédicaces, Autographes, Envois divers...* où l'on trouve les noms de ses contemporains et où, toujours, son art personnel garde sa fidélité. On ne peut multiplier ici les exemples. Disons qu'il va du poème esthétiquement constitué à la gaudriole de ce genre :

Les Mesdames de Batignolles
Sont ici flemmardes et gnolles,

ou à ce qui ferait un bon slogan publicitaire :

Ami, bois ce jus de pomme
Tu te sentiras un homme.

Tout cela humanise et rend plus proche l'homme Mallarmé. Mais nous allons aborder le Mallarmé poète en prose et celui qui va aux limites les plus extrêmes de la création.

3

Mallarmé, prosateur et joueur

La Rencontre d'Edgar Poe.

SI proche de Baudelaire, comme lui, à sa suite, Mallarmé traduit les poèmes, les romances et vers d'album d'Edgar Poe qu'il admire au point d'apprendre l'anglais pour le traduire. L'exercice de la traduction a toujours enrichi les poètes et il reste toujours quelque chose dans leur voix propre non seulement du poète traduit, mais plus encore de l'expérience même qu'apporte cette technique particulière. Mme Émilie Noulet a traité de cet aspect particulier en comparant les principes de traduction de Baudelaire et de Mallarmé pour un même poème, ce qui l'a amenée à relever, comme le dit Adam, « certaines singularités, inexactitudes ou manques de la version mallarméenne tant pour *le Corbeau* que pour *A Hélène, Annabel Lee, Pour Annie* et *Eulalie* ». Mallarmé écrivit à Aubanel, à propos d'Edgar Poe, « il fut mon initiateur » et sans doute l'hermétisme mallarméen a-t-il des rapports avec certaines phases du travail de traduction des poèmes. Les singularités et les inexactitudes demandent à être étudiées de très près : si le traducteur est traître, ce n'est souvent pas par ses infidélités créatrices, mais bien plutôt par les mensonges du mot à mot. Quoi qu'il en soit, lire ces poèmes, c'est rencontrer Edgar Poe sans quitter Mallarmé et l'on découvre de grandes beautés. On voudrait citer *le Palais hanté, le Ver vainqueur, Ulalume, un Rêve dans un rêve, A quelqu'un au Paradis, Ballade de noces, Lénore, la Dormeuse, les Cloches, Stances, Terre de songe, la Vallée de l'inquiétude,* etc. Ne le pouvant, nous choisissons arbitrairement les dernières strophes du célèbre *Corbeau* :

« Que ce mot soit le signal de notre séparation, oiseau ou malin esprit », hurlai-je, en me dressant. « Recule en la tempête et le rivage plutonien de

Nuit! Ne laisse pas une plume noire ici comme un gage du mensonge qu'a proféré ton âme. Laisse inviolé mon abandon! quitte le buste au-dessus de ma porte! ôte ton bec de mon cœur et jette ta forme loin de ma porte! » Le Corbeau dit : « Jamais plus! »

Et le Corbeau, sans voleter, siège encore – siège encore sur le buste pallide de Pallas, juste au-dessus de la porte de ma chambre, et ses yeux ont toute la semblance des yeux d'un démon qui rêve, et la lumière de la lampe ruisselant sur lui, projette son ombre à terre : et mon âme, de cette ombre qui gît flottante à terre, ne s'élèvera – jamais plus!

Mallarmé en prose.

Le poète a traduit encore le *Ten o'clock* de Whistler, les *Contes indiens, l'Étoile des fées* de Mrs W. C. Elphinstone-Hope. Son œuvre en prose est composée encore de proses de jeunesse et de poèmes en prose, d'articles et d'essais, de lettres, de textes : *Autobiographie, les dieux antiques,* de toasts, de réponses à des enquêtes, des manuels *les Mots anglais* et *Thèmes anglais,* de *Médaillons et portraits en pied,* des articles de *la Dernière Mode,* de préfaces comme celle de *Vathek,* de *Variations sur un sujet,* de ce qu'il a *Crayonné au théâtre,* et bien sûr des *Divagations,* union de textes, d'*Igitur,* – *le Coup de dés* représentant un nouveau genre.

Selon Villiers de l'Isle-Adam, les douze poèmes en prose sont « admirables ». Ils sont nés d'Aloysius Bertrand et de Baudelaire. Ce dernier, lisant *le Phénomène futur,* sans marquer son accord a relevé « la conception ingénieuse d'un jeune écrivain ». Dans ce poème, le « Montreur de choses passées » éveille « une Femme d'autrefois », idéalisée, belle et préservée :

Quand tous auront contemplé la noble créature, vestige de quelque époque déjà maudite, les uns indifférents, car ils n'auront pas eu la force de comprendre, mais d'autres navrés et la paupière humide de larmes résignées se regarderont; tandis que les poètes de ces temps, sentant se rallumer leurs yeux éteints, s'achemineront vers leur lampe, le cerveau ivre un instant d'une gloire confuse, hantés du Rythme et dans l'oubli d'exister à une époque qui survit à la beauté.

La plupart de ces poèmes ont pour fondement le fantastique urbain et quotidien. La *Plainte d'automne* est celle d'un orgue de Barbarie : « Je la savourai lentement et je ne lançai pas un sou par la fenêtre de peur de me déranger et de m'apercevoir que l'instrument ne chantait pas seul. » Aussi, le *Frisson d'hiver* mais d'objets : la pendule, la glace, le bahut, l'almanach, tandis que des « toiles d'araignées grelottent au haut des grandes croisées ». Le spectacle de la rue lui inspire son *Pauvre enfant pâle* et la *Réminiscence* pitoyable d'un orphelin. Une pipe lui fait retrouver Londres, et le théâtre. *Un Spectacle interrompu* est tout en sensations. *La Déclaration foraine* met en

jeu une vivante allégorie et inclut un poème : « La chevelure vol
d'une flamme à l'extrême... » On trouve ici les thèmes des poèmes
en vers et *le Nénuphar blanc* trahit le goût du lac et de « la vierge
absence éparse en cette solitude ». Au bois de Boulogne, il voit
l'Ecclésiastique se roulant dans une herbe païenne avant de rentrer
dans la foule. Un peu partout, des paysages parisiens et la solli-
citation du rêve, du *Démon de l'analogie* comme il intitule ce poème,
méditation autour des « lambeaux maudits d'une phrase absurde »
qui est « la Pénultième est morte » – la Pénultième, selon Gustave
Kahn, durant le temps d'une mode, « le nec plus ultra de l'incompréhensible ». Mallarmé s'enfuira, « personne condamnée à
porter probablement le deuil de l'inexplicable Pénultième », mais
cela après une intense prise de conscience du langage non dénuée
d'humour inventif, avec ce qui laisse penser au fameux *Coup de
dés* :

Je sortis de mon appartement avec la sensation propre d'une aile glissant sur les cordes d'un instrument, traînante et légère, que remplaça une
voix prononçant les mots sur un ton descendant : « La Pénultième est
morte », de façon que
            La Pénultième
finit le vers et
            Est morte
                        se détacha de la suspension fatidique
plus inutilement en le vide de signification...

La faculté analogique et métamorphosante de Mallarmé apparaît
sûrement dans *la Gloire* née d'un voyage en chemin de fer à Fontainebleau :

Cent affiches s'assimilant l'or incompris des jours, trahison de la lettre,
ont fui, comme à tous confins de la ville, mes yeux au ras de l'horizon par
un départ sur le rail traînés avant de se recueillir dans l'abstruse fierté
que donne une approche de forêt en son temps d'apothéose. [...]

Le voyage et les images fuyantes, la torpeur, la remise du billet
à « un uniforme inattentif », le départ du train sont bien là, tan-
gibles, réels, mais les sensations les plus profondes, les plus inexprimables, trouvent leur exaltation et leur rêveuse musique :

Obéi pourtant, oui, à ne voir que l'asphalte s'étaler net de pas, car je
ne peux encore imaginer qu'en ce pompeux octobre exceptionnel du
million d'existences étageant leur vacuité en tant qu'une monotonie
énorme de capitale dont va s'effacer ici la hantise avec le coup de sifflet
sous la brume, aucun furtivement évadé que moi n'ait senti qu'il est, cet
an, d'amers et lumineux sanglots, mainte indécise flottaison d'idée déser-
tant les hasards comme des branches, tel frisson et ce qui fait penser à
un automne sous les cieux.

Les poèmes en prose de Mallarmé, comme ses vers, sollicitent l'entendement du lecteur, et même son effort le plus prodigieux, mais qui suivra mot à mot, qui relira non sans rêver, ces phrases parfois sibyllines, pourra s'apercevoir que la lumière peut être noire et éclairante.

D'Igitur au Coup de dés.

Les recherches esthétiques et stylistiques de Mallarmé, celles qui aboutiront au poème *Un Coup de dés jamais n'abolira le hasard,* participent de sa prose autant que de sa poésie en vers. Le conte de jeunesse mettant en scène un prince d'Elseneur, *Igitur ou la folie d'Elbehnon,* est une préfiguration en moins désespéré du célèbre poème. Mallarmé avertit le lecteur : « Ce Conte s'adresse à l'Intelligence du lecteur qui met les choses en scène, elle-même. » Quatre parties suivent l'*Introduction* et l'*Argument : le Minuit, l'Escalier, le Coup de dés, le Sommeil sur les cendres, après la bougie soufflée.* Cette œuvre abstraite et dense exprime une lutte contre l'idée du néant, la valorisation des défis au destin, en même temps qu'un combat du poète replié sur lui-même pour échapper à l'impuissance en maîtrisant sa création.

Le décor du poème, celui d'un appartement bourgeois de l'époque victorienne, est, lui, des plus concrets, avec « la lampe, la glace, la console, les rideaux, l'horloge, la bibliothèque, les dés » comme les énumère Paul Claudel avant d'ajouter : « Tout le mobilier étoffé et étouffant de°l'ère victorienne [...] où un nouveau rêveur, le cigare aux doigts, vient de succéder à celui du *Corbeau.* Au dehors il n'y a que la nuit sans espérance [...] Il est remarquable que la carrière de ce prince de la moderne Elseneur ne se soit achevée que quand il eut repris et développé le geste suprême d'Igitur, ce coup de dés jeté dans la nuit, et en somme un peu pareil au pari de Pascal, cette magnificence du grand seigneur qui jette sa bourse, cette abdication du mage qui n'attend plus rien de la science et de l'art (en un mot du chiffre), cette connaissance que le contingent n'arrivera jamais à faire de l'absolu et à réaliser autre chose qu'une combinaison précaire et dès lors frivole. »

Le lecteur suit, à partir du « rêve pur d'un minuit », cette descente d'Igitur des escaliers de l'esprit humain pour aller vers l'absolu. Lui qui dit : « J'ai toujours vécu mon âme fixée sur l'horloge » veut se séparer du temps indéfini et être. Le coup de dés, c'est l'acte « où le hasard est en jeu, c'est toujours le hasard qui accomplit sa propre Idée en s'affirmant ou se niant. Devant son excellence la négation et l'affirmation viennent échouer. Il contient l'Absurde – l'implique, mais à l'état latent et l'empêche d'exister : ce qui permet à l'Infini d'être ». Igitur appartient à la « race immémoriale » qui a enlevé à l'Absolu sa pureté. Il pourra, les dés jetés dans la nuit, se coucher « sur les cendres des astres » car :

Le Néant parti, reste le château de la pureté.

Le mode d'écriture de Mallarmé tend, par des répétitions de mots, des recherches de syllabes se répondant d'une phrase à l'autre en musiques sourdes, de mystérieux accords, à créer un chant intérieur sans cesse prolongé. Si cette négation du hasard est folie, du moins reste-t-elle élan et enthousiasme. Mais il faut préciser que l'explication ne peut jamais être complète et que ce poème intellectuel agit surtout au niveau de la sensation, car d'aucuns en garderont ce décor pour romans noirs anglais, tandis que d'autres se prendront aux jeux du temps et aux mirages spaciaux.

C'est le gendre de Mallarmé, le Dr Edmond Bonniot, qui publia cette œuvre en 1925. L'*Igitur* du jeune homme Mallarmé fut écrit entre 1867 et 1870. Une large tranche de temps le sépare donc de la publication dans la revue *Cosmopolis* du *Coup de dés,* puisque ce fut en 1897. Ce dernier, selon le témoignage de Gustave Kahn, devait être suivi de neuf poèmes semblables, l'ensemble constituant le Grand Œuvre rêvé. Ce poème est présenté comme une partition musicale et l'on peut ici se référer à une prose de jeunesse, *l'Art pour tous :* « La musique nous offre un exemple. Ouvrons à la légère Mozart, Beethoven ou Wagner, jetons sur la première page de leur œuvre un œil indifférent, nous sommes pris d'un religieux étonnement à la vue de ces processions macabres de signes sévères, chastes, inconnus. Et nous refermons le missel vierge d'aucune pensée profanatrice. » Et le jeune Mallarmé ajoutait : « J'ai souvent demandé pourquoi ce caractère nécessaire a été refusé à un seul art, au plus grand... »

Avec le *Coup de dés,* il empruntera à Richard Wagner ses procédés de notation pour les transposer en fonction du langage poétique. Il utilisera pour la première fois la page comme un espace faisant partie du jeu poétique; la disposition et le choix des caractères typographiques sur une double page, les blancs qui font office de silences, de ponctuations, auront une signification. Il l'indique bien dans sa préface : « Les " blancs " en effet, assument l'importance, frappent d'abord; la versification en exigea, comme silence alentour, ordinairement, au point qu'un morceau, lyrique ou de peu de pieds, occupe, au milieu, le tiers environ du feuillet : je ne transgresse cette mesure, seulement la disperse. Le papier intervient chaque fois qu'une image, d'elle-même, cesse ou rentre, acceptant la succession d'autres et, comme il ne s'agit pas, ainsi que toujours, de traits sonores réguliers ou vers − plutôt, de subdivisions prismatiques de l'Idée, l'instant de paraître et que dure leur concours, dans quelque mise en scène spirituelle exacte, c'est à des places variables, près ou loin du fil conducteur latent, en raison de la vraisemblance, que s'impose le texte... »

Ce texte est difficilement citable et l'on ne pourrait que le reproduire en entier, ce qui nécessiterait près de vingt pages de notre ouvrage. Du moins tentons-nous de le décrire. Il faut savoir que la phrase du titre, imprimée en gros caractères, est divisée en quatre groupes selon cette coupe : Un coup de dés / jamais / n'abolira / le hasard. Chacun de ces groupes occupe une place particulière dans le poème formant à l'intérieur et comme en parallèle l'élément d'un mouvement ondulatoire qui, pour un Guy Michaud « constituerait la projection en plan d'un mouvement cyclique dont les quatre phases représenteraient les quatre âges traditionnels ». Mais plusieurs lectures sont possibles tant l'organisation est complexe, chaque élément ayant sa fonction autonome en même temps qu'il se relie à un ensemble non linéaire. Comme l'a écrit Poe : « Chaque loi de la nature dépend en tous points de toutes les autres lois. » Les exégètes n'ont pas manqué pour montrer les significations d'ensemble et de chaque partie. L'exemple que nous donnons ici est incomplet puisque les blancs ne peuvent être qu'en partie respectés. Après une page où ne figure que le mot N'ABOLIRA en très gros caractères, on trouvera, cette page tournée, tout en haut en majuscules, mais plus petit, COMME SI et la répartition sur une double page :

Une insinuation	simple
au silence	enroulée avec ironie
	ou le mystère
	précipité
	hurlé
dans quelque proche	tourbillon d'hilarité et d'horreur
voltige	autour du gouffre
	sans le joncher
	ni fuir
	et en berce le vierge indice
	COMME SI

Dès lors, la poésie commence une autre aventure. Elle a déconcerté et elle déconcerte encore, cette manière nouvelle de resserrer une pensée poétique et une science technique. Elle aura une postérité, mais qui sera différente, ne tenant pas du vers figuré de Rabelais ou de Panard, ne correspondant pas aux *Calligrammes* d'Apollinaire ou aux constructions de Pierre Reverdy et d'une partie de la poésie contemporaine qui le suit jusqu'à Bernard Noël, Marcelin Pleynet ou Denis Roche, mais sans aucun doute étant le premier exemple du jeu des blancs et des types de caractères réunis. Cela n'a pas empêché Mallarmé de garder le culte de l'antique vers tout en montrant la possibilité d'inclure le chant personnel dans une symphonie, une lyrique plus vaste. Comme a écrit Paul Valéry : « Il a essayé, pensai-je, *d'élever enfin une page à la puissance du ciel étoilé.* »

A la composition matérielle du poème, Mallarmé mit tous ses soins comme en témoigne encore Albert Thibaudet : « A la typographie, part essentielle du poème, Mallarmé avait mis des soins méticuleux; il avait fait des recherches dans les imprimeries pour les caractères appropriés, les avait trouvés enfin chez Didot. Quand il mourut, il venait de corriger les épreuves d'une belle édition in-folio qui ne parut pas et que remplace tant bien que mal l'édition ancienne. » Cette édition devait être illustrée par Odilon Redon. Mais, description faite du poème, pour revenir à son cœur, citons Jean Royère : « *Un coup de dés jamais n'abolira le hasard,* constatation qui tombe comme la prophétie de la Sibylle. En effet, le poète n'est maître que de son génie et ne commande pas aux circonstances. Mais un " coup de dés " lui est toujours permis et c'est l'unique manière de dénouer la tragédie et d'échapper, – pour ce qui le concerne – au Hasard. »

Quelques opinions sur l'homme et sur l'œuvre.

Pour Mallarmé, la poésie doit être suggestive. Le mot, ou le vers hors du contexte, doivent avoir une valeur musicale propre. On ne saurait oublier la valeur habituelle du mot et son contenu matériel, et cela pas plus que son pouvoir harmonique. L'objet est désigné par images allusives et analogies. La matière du poème est dominée par l'Idée, émotion intellectuelle. Le verbe est lié à la nature. S'il y eut échec dans les projets, aucun échec ne fut plus riche et glorieux. L'explication orphique de la terre était un projet trop vaste, mais comme dit Jean Rousselot : « L'architectonique verbale et visuelle à laquelle il aboutit dans *Igitur,* et surtout dans *Un coup de dés,* ouvre des perspectives considérables à l'expression poétique. » Camille Soula résume le sens de l'œuvre : « Une syntaxe picturale pliée aux lois de l'esthétique musicale. » Et Jacques Derrida n'a pas tort d'affirmer qu'on a eu raison de rapprocher cette tentative de celle des grands rhétoriqueurs. Il ajoute heureusement :

« Mallarmé a sans doute plus de complicités historiques avec eux qu'avec nombre de ses " contemporains ", voire de ses " successeurs ". » Sans cesse, le lecteur ressent cet apparentement lointain. Hors des formes habituelles de penser, Mallarmé a bouleversé les catégories littéraires habituelles. » Il a, dit Derrida, déjoué « les catégories de l'histoire et des classifications littéraires, de la critique littéraire, des philosophies et herméneutiques de tout genre ». Sans doute, ajoutons-nous, est-ce chez lui que, dans le passé, la jeune critique trouve le champ le plus dynamique. Pour Mallarmé, rappelons-le, la poésie est « l'expression par le langage humain ramené à son rythme essentiel du sens mystérieux de l'existence ».

On peut passer sur les caricatures d'une époque où maint symboliste jaloux attaqua, comme dit Leconte de Lisle, « le Sphynx des Batignolles » pour en venir à « une revanche absolue et hautaine » (Kléber Haedens). On ne saurait se rallier à Charles Maurras dont les poèmes portent çà et là une influence mallarméenne, alors qu'il écrit : « Il ne faut pas gémir de ce que M. Mallarmé nous trace des pages obscures; mais il faut déplorer que ces obscurités, une fois pénétrées, ne montrent rien qui vaille notre dérangement. » Et l'on aime que Verlaine dise de son ami : « Préoccupé, certes, de la Beauté, il considérait la clarté comme une grâce secondaire et, pourvu que son vers fût nombreux, musical, rare, et quand il le fallait, languide ou excessif, il se moquait de tout pour plaire aux délicats, dont il était, lui, le plus difficile. »

Trois grands écrivains dont l'œuvre participe de ce XIXᵉ siècle, qui est en partie le leur, ont dit leur reconnaissance envers un poète sans lequel ils n'auraient pas tout à fait été ce qu'ils sont. Paul Claudel : « Le vers pour Mallarmé était le moyen par excellence de faire passer la réalité du domaine du sensible à celui de l'intelligible, du domaine du fait à celui de la définition, du temps à l'éternité, du hasard à la nécessité, en l'enfermant dans une combinaison numérique infrangible. » Paul Valéry : « Mallarmé créait en France la notion d'auteur difficile. Il introduisait dans l'art l'obligation de l'effort intellectuel. Par là, il relevait la condition de lecteur; et avec une admirable intelligence de la véritable gloire, il se choisissait parmi le monde ce petit nombre d'amateurs particuliers qui, l'ayant une fois goûté, ne pourraient plus souffrir de poètes impurs, immédiats et sans défense. Tout leur semblait naïf et lâche après qu'ils l'avaient lu. » André Gide : « Mallarmé sut amener notre vers classique à un degré de perfection sonore, de beauté plastique et intérieure, de puissance incantatrice qu'il n'avait jamais atteint encore, et je pense n'atteindra plus. »

Il n'est pas inintéressant de savoir que l'homme Mallarmé fut des plus exquis et le poète Mallarmé des plus estimables. Pascal Pia a raison d'insister sur la modestie de son état social : « C'est presque un miracle que dans de telles conditions d'existence, il ait produit avant d'avoir trente ans la plupart des poèmes qui, plus tard, ont fondé sa gloire. Réservé, discret, courtois, mais d'une manière qui, sauf pour quelques intimes, maintenait entre ses interlocuteurs et lui une infranchissable distance, il n'a jamais rien fait pour être imprimé ni pour attirer sur soi l'attention qu'il méritait. » Jean-Paul Sartre a insisté sur « cette angoisse métaphysique qu'il a pleinement et si modestement vécue ». Le philosophe ajoute : « Pas un jour ne s'est écoulé sans qu'il fût tenté de se tuer et s'il a vécu, c'est pour sa fille. Mais cette mort en sursis lui donnait une sorte d'ironie charmante et destructive : *son illumination native.* » Souvent, Mallarmé donne des ailes à la critique, on le voit chez Thibaudet : « Mais tandis que les mots débordaient chez Hugo en un fleuve puissant, s'épandaient chez Banville en une lumière facile, ils gouttent chez Mallarmé sous un climat inhumain, forment lentement les stalactites d'une poésie miraculeuse. » Raymond Pouilliard a souligné que : « Cette intuition étonnante s'éclaire mieux lorsqu'elle est comparée aux créations de la musique contemporaine, celles de K. H. Stockhausen ou de Pousseur, qui intègrent, eux aussi, la part de hasard dans la nécessité de l'écriture. Et l'on sait ce que Pierre Boulez doit à Mallarmé. » L'historien de la littérature ajoute ce que nous nous permettons de prendre pour conclusion : « L'œuvre rejoint le drame, la ligne écrite se mue en danse, les mathématiques interviennent dans l'acte des Muses. Ces bribes, en apparence paradoxales, sont concentriques et géniales. Le poète, qui a semé sa route de joyaux isolés, brillants et durs, se doublait d'un tacticien qui, comme Vinci, laisse interrompus les problèmes dont il a entrevu et découvert la solution. » Il est vrai que l'on « voit surgir le moment où Valéry relaiera son maître... ».

Les Poètes symbolistes

I

Deux îles : Jules Laforgue et Tristan Corbière

Une Courte existence.

U N des couples discrètement tragiques du xixᵉ siècle est celui
de Jules Laforgue (1860-1887), mort à vingt-sept ans, et de
sa jeune femme anglaise Leah Lee qui, tuberculeuse comme lui,
ne lui survécut que de quelques mois. Si malheureux que fut ce
destin d'un homme maladif, marqué par l'hérédité (père cardiaque,
mère phtisique), il donne l'exemple d'une vie bien remplie et d'une
démarche poétique et intellectuelle originale.

Il naquit à Montevideo, suivit ses parents à Tarbes où il fut interne
au collège, avant de poursuivre ses études jusqu'à un baccalauréat
manqué au collège Fontanes, futur Condorcet. Il vécut de petits
emplois comme celui de secrétaire de Charles Ephrussi, marchand
de tableaux et directeur de *la Gazette des Beaux-Arts.* Il fréquenta
alors les cercles et clubs de la rive gauche et de Montmartre, se
liant avec les Hydropathes et fréquentant Cros, Rollinat, Goudeau
et Bourget qui lui fit obtenir un poste de lecteur auprès de l'impé-
ratrice douairière Augusta, à Berlin d'où il l'accompagna à Bade,
Coblence, Elseneur (qui lui inspira le conte *Hamlet* des *Moralités
légendaires*). Revenu en France, il retrouva son correspondant
Gustave Kahn qui avait reçu ses premières *Complaintes* dont le
recueil parut en 1885, suivi en 1886 de *l'Imitation de Notre-Dame
de la Lune* et du *Concile féerique.* Ses amis Edouard Dujardin et Félix
Fénéon firent paraître après sa mort *Des fleurs de bonne volonté,* 1890,
avant ses *Poésies complètes,* 1894, rééditées par Pascal Pia au *Livre
de Poche* en 1970 avec un grand succès, tandis que Michel Dansel
publiait un *Choix de poésies* suivi de *Hamlet.*

Avec Jules Laforgue, nous nous trouvons devant un « cas ».
On peut le rapprocher de Tristan Corbière qu'il n'aimait pas, se

défendant d'être influencé par lui, ce que pense Yves-Gérard Le Dantec alors que nous ne voyons plutôt que deux destinées poétiques parallèles : « L'influence de Corbière, intermittente, est indéniable, si émouvante et si profonde que demeure l'originalité du génie laforguien : art, vraiment, qui échappe à toute analyse comparative, fait de douceur, de gouaille, tout cela porté sur une mélodie tenant à la fois de la chanson populaire et du lied le plus raffiné. » Ce poète fut aimé de ses contemporains, pris à un charme subtil fait d'ironie mélancolique, de dandysme tendre ou agressif, à une élégance morale et une exigence intellectuelle. La fréquentation des œuvres de Schopenhauer et d'Hartmann, de Darwin et d'Helmholtz, des historiens des religions, avait formé ce sceptique, ce pessimiste à la recherche d'une spiritualité ou d'un sourire. Timide avec les femmes jusqu'à la misogynie, angoissé, frustré, en proie à la hantise de l'échec, chargé d'inhibitions, métaphysique et cosmique, cet homme trahi par son corps malade se rapproche, par sa lucidité et son intelligence, d'une forme de la sensibilité d'aujourd'hui. Laforgue est double. Il y a en lui un être solitaire qui se plaît à l'observation froide des réalités, railleur et révolté, en même temps qu'un sentimental dont les vers en appellent à la fraternité, à la pitié humaine.

Tourmenté, il éprouve la crainte de ne pas traduire ses états d'âme avec assez d'énergie et d'originalité. Son style put apparaître à ses contemporains bizarre, abscons, trop familier parfois; ils ne pouvaient trouver chez lui de clichés rassurants ou de ce bon vieux lyrisme factice et conventionnel pas trop fatigant; et qu'avait-il à désorganiser l'harmonie habituelle du vers, c'est-à-dire à se diriger vers le vers libre (sous l'influence de sa propre traduction du grand poète américain Walt Whitman), et à dérouter par une nouvelle expressivité? On ne lui refusera pas d'être une des composantes de la poésie du xxᵉ siècle et même un des inspirateurs de sa sensibilité. « Car, écrit Guy Michaud, il a toujours transformé ses cris en grimaces. Il n'a jamais voulu se prendre au sérieux, être dupe de lui-même. La figure d'Hamlet l'a hanté toute son existence, mais son Hamlet est sans épée, il devient un Pierrot grimaçant, réplique modernisée du Bourreau de soi-même. Sensibilité et ironie : sa poésie sera " la parodie de sa sensibilité profonde ". » Le drame intérieur de Laforgue est celui d'un être à la recherche de son unité à travers tous ses doubles, d'un être dont la profonde gentillesse est troublée par le spectacle de la vie, d'un être qui se donne le luxe de ne refuser ni la quotidienneté ni son langage direct. Dans le passé, l'homme d'aujourd'hui, avec Laforgue, peut trouver son reflet.

Sanglots et complaintes.

Fin 1881, Laforgue écrit à Charles Henry : « Mes idées en poésie changent. Après avoir aimé les développements éloquents, puis Coppée, puis la *Justice* de Sully, puis baudelairien : je deviens (comme forme) kahnesque et mallarméen. » Il ajoute plus loin : « Je songe à une poésie qui serait de la psychologie dans une forme de rêve, avec des fleurs, du vent, des senteurs, d'inextricables symphonies avec une phrase (un sujet) mélodique dont le dessin reparaît de temps en temps. » Il écrit alors un ensemble intitulé *le Sanglot de la terre* qu'il envisage ainsi : « Première partie : ce seront les sanglots de la pensée, du cerveau, de la conscience de la terre. Un second volume où je concentrerai toute la misère, toute l'ordure de la planète dans l'innocence des cieux, les bacchanales de l'histoire, les splendeurs de l'Asie, les orgues de Barbarie de Paris, le carnaval des Olympes, la Morgue, le Musée Dupuytren, l'hôpital, l'amour, l'alcool, le spleen, les massacres, les Thébaïdes, la folie, la Salpêtrière. » Lisons ces vers de la *Complainte de l'organiste de Notre-Dame de Nice* :

> Le jour qu'elle quittera ce monde,
> Je vais jouer un *Miserere*
> Si cosmiquement désespéré
> Qu'il faudra bien que Dieu me réponde!
>
> Non, je resterai seul, ici-bas,
> Tout à la chère morte phtisique,
> Berçant mon cœur trop hypertrophique
> Aux éternelles fugues de Bach.
>
> Et tous les ans, à l'anniversaire,
> Pour nous, sans qu'on se doute de rien,
> Je déchaînerai ce *Requiem*
> Que j'ai fait pour la mort de la Terre!

Déjà *la Chanson du petit hypertrophique* prend le ton populaire avec ses apocopes de l'e muet, ses liaisons incongrues, ses « tir-lan-laire » et ses « la-i-tou ». Attendrissement geignard, sans doute, mais aussi moquerie de soi-même où il rit en pleurs et pleure en rires :

> C'est d'un' maladie d'cœur
> Qu'est mort', m'a dit l'docteur,
>   Tir-lan-laire!
>   Ma pauv'mère;

> Et que j'irai là-bas,
> Fair' dodo z'avec elle.
> J'entends mon cœur qui bat,
> C'est maman qui m'appelle.

Au seuil des *Complaintes,* il faut noter les affirmations diverses de Laforgue : « J'écris de petits poèmes de fantaisie, n'ayant qu'un but : faire de l'original à tout prix. » Et aussi bien : « Si l'on se cuirasse de fumisme extérieur, c'est pour éloigner le bourgeois. » Il n'est pas éloigné de se contredire au besoin, nous le verrons à propos de Corbière. Dans ses *Complaintes,* il se sépare de la métrique habituelle par réaction contre les rigueurs académiques du Parnasse. Cependant, les *Préludes autobiographiques,* ce poème philosophique liminaire, ne montrent pas toute la liberté des complaintes qui vont suivre. Il a écrit d'ailleurs « qu'avant d'être dilettante et pierrot », il a « séjourné dans le cosmique ».

> Bon Breton né sous les Tropiques, chaque soir
> J'allais le long d'un quai bien nommé *mon rêvoir,*
> Et buvant les étoiles à même : « ô Mystère!
> « Quel calme chez les astres! ce train-train sur terre!
> « Est-il Quelqu'un, vers qui, à travers l'infini,
> « Clamer l'universel *lamasabaktani?*
> « Voyons; les cercles du Cercle, en effets et causes,
> « Dans leurs incessants vortex de métamorphoses,
> « Sentant pourtant, abstrait, ou, ma foi, quelque part,
> « Battre un cœur! un cœur simple, ou veiller un Regard!
> « Oh! qu'il n'y ait personne et que Tout continue!
> « Alors géhenne à fous, sans raison, sans issue!
> « Et depuis les Toujours, et vers l'Éternité!
> « Comment donc quelque chose a-t-il jamais été?
> « Que Tout se sache seul au moins, pour qu'il se tue!
> « Draguant les chantiers d'étoiles, qu'un Cri se rue,
> « Mort! emballant en ses linceuls aux clapotis
> « Irrévocables ces sols d'impôts abrutis!
> « Que l'Espace ait un bon haut-le-cœur et vomisse
> « Le Temps nul, et ce Vin aux geysers de justice!
> « Lyres des nerfs, filles des harpes d'Idéal
> « Qui vibriez, aux soirs d'exil, sans songer à mal,
> « Redevenez plasma! Ni Témoin, ni spectacle!
> « Chut, ultime vibration de la Débâcle,
> « Et que jamais soit Tout, bien intrinsèquement,
> « Très hermétiquement, primordialement! »

Quelle distance avec le « doux-coulant » de la Pléiade aussi bien qu'avec la musique symboliste! Le poème est long, lourd, rocailleux. Heureusement, les *Complaintes* elles-mêmes, tout en disant autant, sinon davantage, sont plus dépouillées. Les titres parlent : *Complainte,* ce titre se répète de poème en poème; il y a celles *des pia-*

nos qu'on entend dans les quartiers aisés, de l'Orgue de Barbarie, d'un cer-
tain dimanche, du fœtus de poème, de la fin des journées, du printemps, de
l'automne monotone, des nostalgies préhistoriques, des blackboulés, de lord
Pierrot, des cloches, de l'oubli des morts :

> Mesdames et Messieurs,
> Vous dont la mère est morte,
> C'est le bon fossoyeux
> Qui gratte à votre porte.

>   Les morts
>   C'est sous terre;
>   Ça n'en sort
>   Guère.

> Vous fumez dans vos bocks,
> Vous soldez quelque idylle,
> Là-bas chante le coq,
> Pauvres morts hors des villes!

Il fait des *Variations sur le mot « falot, falotte »* :

> Falot, falotte!
> Sous l'aigre averse qui clapote.
> Un chien aboie aux feux-follets,
> Et puis se noie, taïaut, taïaut!
> La Lune, voyant ces ballets,
>   Rit à Pierrot!
> Falot! falot!

Il écrit en ce qu'il appelle « prose blanche » une *Grande*
complainte de la ville de Paris. Tout peut l'inspirer : le pauvre jeune
homme, les grands pins dans une villa abandonnée, certains ennuis,
le pauvre corps humain, et surtout ce Pierrot lunaire auquel il
s'identifie. Oui la vie est monotone, quotidienne, piètre et sans
génie. Pas d'échappées! Un sourire du soleil est suivi de déceptions
et de misères. Laforgue, frivole, ironique et tendre, donne des
visions déprimantes de l'existence; il parle pour tous en même
temps que pour lui et son œuvre est une symphonie de lamenta-
tions et de cris. Il procède des pauvres trouvères du moyen âge, de
Gautier, de Banville, de Verlaine. Il pourra inspirer chansonniers
et poètes, il peut annoncer Max Jacob, Desnos ou Audiberti, après
avoir influencé les poètes italiens de l'école crépusculaire. En bref,
il a son monde à lui, sa métrique à lui, souple et aventureuse, ce
« viveur lunaire ». Il exprime son moi inconscient : au lecteur de le
suivre comme il peut, avec sa propre sensibilité. Il est un Gavroche
poli et cultivé, un Poulbot qui a des lettres, un enfant de chœur
hilare, un Pierrot douloureux, un Hamlet énigmatique, un Charlot
incohérent, et il s'adresse à l'homme intuitif, délicat, intellectuel.

Les Fleurs lunaires.

Encore Pierrot, naïf et bafoué, amoureux et déçu sous la lune dans cette *Imitation de Notre-Dame de la Lune* dont il est le servant. Il reste fidèle à lui-même, mêlant les mots rares du jargon philosophique et scientifique, du parler populaire et quasi argotique, les vocables étrangers, tout cela de rythmes variés et d'accouplements insolites de vers de mètres divers dans une prosodie régulière. On pense à Henri Heine, à Corbière, à Baudelaire parfois. Ces poèmes fantaisistes sont fondés sur un fond de savoir, de connaissance des philosophes et poètes allemands, de Shakespeare. Voici un de ses Pierrots proche de ceux de Banville, de Verlaine, du peintre Willette, mais bien à lui :

> C'est sur un cou qui, raide, émerge
> D'une fraise empesée *idem,*
> Une face imberbe au cold-cream,
> Un air d'hydrocéphale asperge.
>
> Les yeux sont noyés dans l'opium
> De l'indulgence universelle,
> La bouche clownesque ensorcelle
> Comme un singulier géranium.
>
> Bouche qui va du trou sans bonde
> Glacialement désopilé
> Au transcendantal en-allé
> Du souris vain de la Joconde...

Il lui arrive aussi, ô science-fiction! de décrire *Climat, faune et flore de la lune :*

> Oui, c'est l'automne incantatoire et permanent
> Sans thermomètre, embaumant mers et continents,
> Étangs aveugles, lacs ophtalmiques, fontaines
> De Léthé, cendres d'air, déserts de porcelaine,
> Oasis, solfatares, cratères éteints,
> Arctiques sierras, cataractes l'air en zinc,
> Hauts-plateaux crayeux, carrières abandonnées,
> Nécropoles moins vieilles que leurs graminées,
> Et des dolmens par caravanes, — et tout très
> Ravi d'avoir fait son temps, de rêver au frais.

Il divague sous la lune, « l'Éden immédiat des braves empirismes », il s'écrie qu'il a peur de la vie comme d'un mariage. Puis dans ses *Fleurs de bonne volonté* intitule un poème *Mettons le doigt sur la plaie,* ou *le Vrai de la chose,* ou *Rigueurs à nulle autre pareilles :*

> Dans un album,
> Mourait fossile
> Un géranium
> Cueilli aux Iles.

La mélancolie des dimanches l'inspire sans cesse. Autour du *Pater noster,* il brode une *Petite prière sans prétentions* qui commente avant de crier : « Paître, dans notre coin, et forniquer, et rire!... » Les mois, les saisons lui dictent leurs « petites misères », et aussi l'*Ile* ou *Cythère* le font rêver. Pas un poème qui ne contienne sa part d'inattendu burlesque. Dans les *Derniers vers,* il désarticule le vers comme un pantin :

> Blocus sentimental! Messageries du Levant!...
> Oh, tombée de la pluie! Oh! tombée de la nuit,
> Oh, le vent!...
> La Toussaint, la Noël et la Nouvelle Année,
> Oh, dans les bruines, toutes mes cheminées!...
> D'usines...

Encore des *Dimanches* (titre sans cesse répété) avec Shakespeare toujours présent dans ses vers comme dans leurs épigraphes :

> C'est l'automne, l'automne, l'automne,
> Le grand vent et toute sa séquelle
> De représailles! et de musiques!...
> Rideaux tirés, clôture annuelle,
> Chute des feuilles, des Antigones, des Philomèles :
> Mon fossoyeur, *Alas poor Yorick!*
> Les remue à la pelle...

Les souvenirs et les regrets aussi... du paria ami d'un *Solo de lune,* avec agonies et morgues. Dans les *Poèmes posthumes,* les merveilles abondent en des vers disciplinés, comme dans ce *Noël sceptique :*

> Noël! Noël! j'entends les cloches dans la nuit...
> Et j'ai, sur ces feuillets sans foi, posé ma plume :
> Ô souvenirs, chantez! tout mon orgueil s'enfuit,
> Et je me sens repris de ma grande amertume.

Il en est où se retrouve la voix de Baudelaire, comme *Sur l'Hélène de Gustave Moreau* qui commence par une préciosité fanée et se termine à la manière de Georges Fourest : « Lente, elle redescend, craignant de " prendre froid ". » Là des vers de diverses époques se rassemblent, permettant de retrouver les thèmes qui hantent le poète, avec leur scepticisme douloureux. Dans *Apothéose,* il unit avec art le cosmique au quotidien :

En tous sens, à jamais, le Silence fourmille
De grappes d'astres d'or mêlant leurs tournoiements.
On dirait des jardins sablés de diamants,
Mais, chacun, morne et très-solitaire, scintille.

Or, là-bas, dans ce coin inconnu, qui pétille
D'un sillon de rubis mélancoliquement,
Tremble une étincelle au doux clignotement :
Patriarche éclaireur conduisant sa famille.

Sa famille : un essaim de globes lourds fleuris.
Et sur l'un, c'est la terre, un point jaune, Paris,
Où, pendue, une lampe, un pauvre fou qui veille :

Dans l'ordre universel, frêle, unique merveille.
Il en est le miroir d'un jour et le connaît.
Il y rêve longtemps, puis en fait un sonnet.

Laforgue doux-amer.

On peut ouvrir les *Œuvres* de Laforgue au hasard, on trouve toujours matière à étonnement. Certains poèmes en quelques vers vont si loin qu'on est étonné d'une telle valeur expressive :

Un couchant des Cosmogonies !
Ah ! que la Vie est quotidienne...
Et, du plus vrai qu'on s'en souvienne,
Comme on fut piètre et sans génie...

Ces cris ne sont pas littérature, mais vérité :

Encore un livre; ô nostalgies
Loin de ces très goujates gens,
Loin des saluts et des argents,
Loin de nos phraséologies !

Encore un de mes pierrots morts;
Mort d'un chronique orphelinisme;
C'était un cœur plein de dandysme
Lunaire, en un drôle de corps.

Les dieux s'en vont; plus que des hures;
Ah ! ça devient tous les jours pis;
J'ai fait mon temps, je déguerpis
Vers l'Inclusive Sinécure.

Cela pourrait être son épitaphe. Laforgue est le poète de la parole proche, de la langue en liberté. Dès lors, on ne peut s'étonner qu'il ait affranchi le vers un des premiers, sinon le premier, ouvrant une longue querelle vaine que gomme la qualité poétique. Laforgue aurait pu défendre son point de vue par la voix de Gustave Kahn : « Dans un affranchissement du vers, je cherchais une musique plus complexe, et Laforgue s'inquiétait d'un mode de donner la sensation même, la vérité plus stricte, plus lacée, sans chevilles aucune, avec le plus d'acuité possible et le plus d'accent personnel, comme parlé. Quoiqu'il y ait beaucoup de mélodie dans les *Complaintes,* Laforgue, se souciant moins de musique (sauf pour évoquer quelque ancien refrain de la rue), négligeait de parti pris l'unité strophe, ce qui causa que beaucoup de ses poèmes parurent relever, avec des rythmes neufs à foison, et tant de beautés, de l'école qui tendait seulement à sensibiliser le vers, soit celle de Verlaine, de Rimbaud et quelques poètes épris de questions de césure, doués dans la recherche d'un vocabulaire rare et renouvelé... »

Benjamin Crémieux parle de son « indifférence à peu près complète pour les matériaux employés ». T. S. Éliot le juge plus proche de l'école de John Donne que n'importe lequel des poètes modernes anglais. G. Jean-Aubry le voit proche de Shelley et de Keats. Pour Émile Verhaeren, « l'esprit et la blague ne sont chez lui que masques ». Nombre de poètes d'aujourd'hui le jugent, comme dit Georges-Emmanuel Clancier, « proche de nous » et bien des voix se rejoignent pour exprimer sa sensibilité particulière et sa modernité. « Son heure est venue », s'est écrié Pierre Reboul qui ajoute : « Nous vivons comme il a vécu, dans un monde qui se délabre. Nous méprisons, comme il a fait, nos propres structures intellectuelles. Au monde absurde, il opposa une pitié généreuse, un quant-à-soi désespéré et un effort d'artiste. » Mais Laforgue est encore trop peu connu, trop mal aimé.

Le Fils du capitaine Corbière.

Ainsi, Édouard Corbière, l'auteur de grand mérite des *Élégies bretonnes* et surtout du *Négrier,* eut un fils, Tristan Corbière (1845-1875), qui mourut la même année que lui. Il avait hérité de son amour de la mer et de la littérature, de son réalisme, de sa rudesse, de son tempérament. Tristan, au lycée de Saint-Brieuc, tentait d'écrire des romans maritimes. Il voulait faire ses preuves, comme écrivain, comme marin. Il lisait beaucoup : les romantiques, Baudelaire, Murger, les poètes au destin malheureux : Hégésippe Moreau, Escousse, Gilbert, Byron, Lacenaire, l'assassin poète et son lyrisme argotique, le moins connu Gabriel de La Landelle, antiromantique, chargé d'ironie dévastatrice, utilisant dans les chansons de son *Gaillard d'avant* le langage argotique et technique des marins, y glissant des refrains de loups de mer, avant d'inventer avec Nadar le mot « aviation » (s'il fallait nommer le maître de Tristan, ce serait celui-là, et, plus haut, un certain Villon).

Comment est-il ce Tristan? Grand escogriffe, le visage taillé à la serpe, la bouche trop largement fendue, est-il franchement laid? Du moins, le croit-il. Comme ce « drôle de corps » est malade (atteint de rhumatismes à quinze ans, phtisie, début de surdité : il est bien « Tristan le Dépossédé » dont parle Henri Thomas), on l'envoie à Roscoff pour se refaire une santé. Son père lui offre un sloop : on ne le verra plus qu'en suroît, capote et bottes de marin, parmi les pêcheurs. Quand il ne navigue pas, il traîne dans les cabarets avec les filles et les voyous qui l'exploitent. Il rencontre des rapins à la recherche de la belle lumière bretonne, comme Jean-Louis Hamon avec qui il visite l'Italie. Un officier est venu à Roscoff avec sa femme qui répond au joli nom d'Armida-Josefina Cuchiani : elle devient la passion de Tristan qui l'appellera plus prosaïquement Marcelle. Il écrit et ses « amours » sont « jaunes » comme le rire est jaune parfois. Ce vagabond de la mer et de la terre vient à Paris, collabore à *la Vie parisienne,* publie *les Amours jaunes,* 1873, revient mourir à Morlaix, un bouquet de bruyères fleuries sur la poitrine. Un destin de romantique chez cet antiromantique apparent, mais au fond, des lustres après, bousingot dans l'âme.

On connaît la suite : le clairvoyant Verlaine le situant parmi ses « maudits » et le faisant ainsi connaître; les accueils souvent mitigés de symbolistes attachés à l'idée parnassienne d'une poésie artistique. Quel est cet échevelé, ce singulier, cet inclassable? Intéressant pourtant, mais, dit Charles Le Goffic, « je goûte peu sa parodie sacrilège de l'Italie romantique ». Oui, sacrilège avec son franc-parler, son goût de la dérision, sa sincérité nue, ses saillies. Chaque vers est un sarcasme, un condensé d'images crues, de rythmes dissonants. Il est le lointain frère des poètes médiévaux, de Rabelais, de Mathurin Régnier. Et Jules Laforgue que nous aimons tant, dès qu'il s'agit de ce rival, devient hargneux, sans humour. Il veut bien admettre « un grain de cousinage d'humeur avec l'adorable et irréparable fou Corbière », après avoir jeté son paquet de colère : « Métier bête; strophes de tout le monde; oublis, réels oublis, dans les alternances des masculines et des féminines, rimes ni riches ni pauvres, insuffisantes et quelconques, et ne se permettant d'ailleurs rien sauf la paresse, l'inattention... » Et le voilà qui fait une étude comparative pleine d'auto-satisfaction : « Corbière a du chic, et j'ai de l'humour; Corbière papillote et je ronronne; je vis d'une philosophie absolue et non de tics; je suis bon à tous et non insaisissable de fringance; je n'ai pas l'amour jaune; mais blanc et violet gros deuil. Enfin, Corbière ne s'occupe ni de la strophe ni des rimes (sauf comme un tremplin à concetti) et jamais de rythmes, et je m'en suis préoccupé au point d'en apporter de nouvelles et de nouveaux; j'ai voulu faire de la symphonie et de la mélodie, et Corbière joue de l'éternel crincrin vous savez. » Pauvre Laforgue à qui on jette Corbière à la tête! Pauvre Corbière qui n'est plus là pour se défendre! Mais Verlaine est là et il y aura Léon Bloy, Huysmans, Ajalbert, René Martineau, Pierre-Olivier Walzer, tant d'autres!

« L'Art ne me connaît pas. Je ne connais pas l'Art. »

L'œuvre est brève. Elle se distingue de ce qu'on écrit en son temps, de la *Saison en Enfer* et des *Chants de Maldoror,* des œuvres du Symbolisme et du Parnasse. Elle est attirante, séduisante comme de l'art brut, sauvage. On y sent l'homme et les éléments naturels. Elle s'ouvre sur une parodie de La Fontaine, *le Poète et la cigale,* se poursuit par *Çà,* sorte d'anti-art poétique pas toujours bien venu (car le recueil, s'il a son unité de ton, est parfois inégal en qualité avec hauts et bas), avant les poèmes de *Paris* où il se dit « bâtard de Créole et Breton », où il raille :

> Poète — Après?... Il faut *la chose* :
> Le Parnasse en escalier,
> Les Dégoûteux, et la Chlorose,
> Les Bedeaux, les Fous à lier...
>
> L'Incompris couche avec sa pose,
> Sous le zinc d'un mancenillier,
> Le Naïf *« voudrait que la rose,*
> *Dondé! fût encore au rosier! »*
>
> *« La rose au rosier, Dondaine! »*
> — On a le pied fait à sa chaîne.
> *« La rose au rosier... »* — Trop tard! —
>
> *« La rose au rosier... »* — Nature!
> — On est essayeur, pédicure,
> Ou quelqu'autre chose dans l'art!

Avec lui, le burlesque renaît, comme au temps de l'autre Tristan (L'Hermitte). Il fait son *Épitaphe :*

> Il se tua d'ardeur, ou mourut de paresse.
> S'il vit, c'est par oubli; voici ce qu'il se laisse :
>
> — Son seul regret fut de n'être pas sa maîtresse. —

Il ne naquit par aucun bout,
Fut toujours poussé vent-de-bout,
Et fut un arlequin-ragoût,
Mélange adultère de tout.

Du *je-ne-sais-quoi.* — Mais ne sachant où;
De l'or, — mais avec pas le sou;
Des nerfs, — sans nerf. Vigueur sans force;
De l'élan, — avec une entorse;
De l'âme, — et pas de violon;
De l'amour, — mais pire étalon.
— Trop de noms pour avoir un nom. —

Il poursuit sa litanie et l'on pense à La Fontaine faisant son
épitaphe. « Ci-gît, — cœur sans cœur, mal planté, / Trop réussi,
— comme *raté.* » Et la parodie insolite de *l'Éternel féminin* du *Second
Faust* dans *A l'Éternel Madame* avec allusions à Hugo, une *Bohême de
chic,* une alerte *Gente dame,* un *Sonnet avec la manière de s'en servir* qui
se termine ainsi :

— Télégramme sacré — 20 mots. — Viens à mon aide...
(Sonnet — c'est un sonnet —) ô Muse d'Archimède!
La preuve d'un sonnet est par l'addition :

— Je pose 4 et 4 = 8! Alors je procède,
En posant 3 et 3! — Tenons Pégase raide :
« Ô lyre! Ô délire! Ô... » — Sonnet — Attention!

« N'importe quoi! » pourraient dire ses détracteurs. Ce *Sonnet
à sir Bob* (c'est un chien), ces charges caustiques et anti-littéraires
partout, qu'il chante la pluie avec quelques délices ou la rose
curieusement :

Rose-mousseuse, sur toi pousse
Souvent la mousse
De l'Aï... Du BOCK plus souvent
— A 30 C^{ent}.

Et puis, parmi les indignations, des frémissements sensibles, une
goutte d'encre qui tremble au bout de la plume :

Oh le printemps! Je veux écrire!
Donne-moi mon bout de crayon
— Mon bout de crayon, c'est ma lyre —
Et — là — je me sens un rayon.

Il énumère les poètes : « Moreau — j'oubliais — Hégésippe »;
« Escousse encor : mort en extase »; « Un autre incompris : Lacenaire »; « Lord Byron, gentleman-vampire »; « Hugo : l'Homme
apocalyptique ». Il chante son *Insomnie, la Pipe au poète* qui endort
sa bête, *le Crapaud* auquel il s'identifie — le crapaud qui chante, *la*

Femme ou *le Pauvre garçon* avec l'épigraphe « Bête féroce ». Il est bien *le Poète contumace :*

> — Manque de savoir-vivre extrême — il survivait —
> Et — manque de savoir-mourir — il écrivait...

On est surpris par la diversité des inspirations et les titres témoignent : *Elixir d'Armor, Vènerie, Vendetta, Chanson en Si, Portes et fenêtres, Grand Opéra, Pièce à carreaux, Laisser-courre, A ma jument souris, A mon chien Pope, A un Juvénal de lait, Décourageux, Rapsodie du sourd, Litanie du sommeil, Convoi du pauvre...* Il ne cherche pas l'originalité, il est naturellement original. Et les poèmes italiens *Veder Napoli poi mori, Vésuves et Cie, Soneto a Napoli, A l'Etna, le Fils de Lamartine et de Graziella* grincent, frisent le mauvais goût, jettent la hargne du touriste déçu, la gouaille et la dérision :

> Voir *Naples et...* Fort bien, merci, j'en viens.
>   — Patrie
> D'Anglais en vrai, mal peints sur fond bleu-perruquier!
> Dans l'indigo l'artiste en tous genres oublie
> Ce *Ne-m'oubliez-pas* d'outremer : le douanier.

Quant à l'oranger de Lamartine, « le Poète-apothicaire en a fait sa tisane... » Il ne respecte rien ce Tristan :

> — *Raphaël-Lamartine et fils!* — Ô Fornarine —
> Graziella! Vos noms font de petits profits;
> L'écho dit pour deux sous : *Le Fils de Lamartine!*
> *Si Lamartine eût pu jamais avoir un fils!*

> — Et toi, Graziella... Toi, Lesbienne Vierge!
> Nom d'amour, que, sopran' il a tant déchanté!...
> Nom de joie!... et qu'il a pleuré — Jaune cierge —
> Tu n'étais vierge que de sa virginité!

Armor, Amor.

Mais c'est la Bretagne, c'est l'océan qui l'inspirent le mieux. Ce sont les êtres humains qui lui font tracer des portraits à la Daumier, les traditions celtiques dont il exprime tout le sel marin; les natures mortes et les paysages mauvais n'ont jamais été peints avec tant de vérité, que ce soit *Saint Tupetu de tu-pe-tu :*

> Il est, dans la vieille Armorique,
> Un saint — des saints le plus pointu —
> Pointu comme un clocher gothique
> Et comme son nom : Tupetu.

ou que ce soient les fidèles en chemise de *la Rapsode foraine et le Pardon de Sainte-Anne,* un de ses plus admirables poèmes :

> Bénite est l'infertile plage
> Où, comme la mer, tout est nud.
> Sainte est la chapelle sauvage
> De Sainte-Anne-de-la-Palud...
>
> De la Bonne Femme Sainte Anne
> Grand'tante du petit Jésus,
> En bois pourri dans sa soutane
> Riche... plus riche que Crésus!

Il faut suivre cette étonnante procession en cinquante-neuf quatrains. C'est bien « la tentative la plus réussie de la poésie religieuse de Corbière », comme dit A. Sonnenfeld, et la preuve de son « réel mysticisme » (Yves-Gérard Le Dantec) même s'il est, comme l'affirme Verlaine, « Breton sans guère de pratique catholique, mais croyant au diable ». Gabriel de La Landelle avait écrit un *Pardon de Sainte-Anne,* il lui emprunte ses rythmes comme il emprunte à une description de son père, mais quelle force, quelle originalité, quels portraits saisissants :

> Mère taillée à coups de hache,
> Tout cœur de chêne dur et bon;
> Sous l'or de ta robe se cache
> L'âme en pièce d'un franc-Breton!
>
> — Vieille verte à face usée
> Comme la pierre du torrent,
> Par des larmes d'amour creusée,
> Séchée avec des pleurs de sang...
>
> — Toi dont la mamelle tarie
> S'est refait, pour avoir porté
> La virginité de Marie,
> Une mâle virginité!

Il retrouve, avec ses litanies, les grandes voix religieuses éternelles avec des images de missel rude :

> — Bâton des aveugles! Béquille
> Des vieilles! Bras des nouveaux-nés!
> Mère de madame ta fille!
> Parente des abandonnés!
>
> — Arche de Joachim! Aïeule!
> Médaille de cuivre effacé!
> Gui sacré! Trèfle-quatre-feuilles!
> Mont d'Horeb! Souche de Jessé!

Et la voix populaire, inimitable :

> — A l'an prochain! — Voici ton cierge :
> (C'est deux livres qu'il a coûté)
> ... Respects à Madame la Vierge,
> Sans oublier la Trinité.

On lit dans l'émerveillement ces images où passent « les pauvres, frères de Jésus », toute une cour des Miracles fantastique, les gueux des complaintes, un long défilé infernal sur la terre, proche des danses macabres médiévales. Oui, Laforgue a pu concéder « l'intérêt est dans le cinglé, la pointe sèche, le calembour, la fringance, le haché romantique... » Comme il aime sa Bretagne, il aime la mer avec passion, en connaisseur, il la chante de manière possessive, âprement, violemment, amèrement, ironiquement dès que les autres s'en mêlent. Son vers s'infléchit selon les caprices des vagues par gros temps, avec des violences, des arrêts brusques. Après l'avoir lu, il faut bien du silence avant de revenir à des poèmes admirables, mais qu'il rend exsangues tant il est la vie. Qui aurait osé répondre à l'*Oceano nox* de Victor Hugo avec cette virulence :

> Eh bien, tous ces marins, — matelots, capitaines,
> Dans leur grand Océan à jamais engloutis...
> Partis insoucieux pour leurs courses lointaines,
> Sont morts — absolument comme ils étaient partis.
>
> Allons! c'est leur métier; ils sont morts dans leurs bottes :
> Leur *boujaron* au cœur, tout vifs dans leurs capotes...
> — *Morts*... Merci : la *Camarde* a pas le pied marin;
> Qu'elle couche avec vous : c'est votre bonne femme...
> — Eux, allons donc : Entiers! enlevés par la lame,
>   Ou perdus dans un grain...
>
> Un grain... est-ce la mort, ça? La basse voilure
> Battant à travers l'eau! — Ça se dit *encombrer...*
> Un coup de mer plombé, puis la haute mâture
> Fouettant les flots ras — et ça se dit *sombrer*.
>
> . . . .
>
> Qu'ils roulent infinis dans les espaces vierges!...
>   Qu'ils roulent verts et nus,
> Sans clous et sans sapin, sans couvercle, sans cierges...
> — Laissez-les donc rouler, *terriens* parvenus!

Ces marins qui ne sont pas « Vos marins de quinquets à l'Opéra... comique », il les aime hors la tradition livresque, dans leur réalité. Il y a *le Bossu Bitor :*

> Un pauvre petit diable aussi vaillant qu'un autre,
> Quatrième et dernier à bord d'un petit *cotre...*

et tous ces *Gens de mer* comme *le Rénégat,* les « cent vingt *corsairiens,* gens de corde et de sac* » de l'*Aurora, le Novice en partance,* les lascars, le matelot *Bambine, le Capitaine Ledoux,* le matelot mort d'une *Lettre du Mexique, le Mousse, le Douanier, le Naufrageur, le Phare,* tout le folklore immense de la mer qu'on retrouve dans *A mon cotre le Négrier* qu'il unit au titre du roman de son père. On lira aussi maints poèmes retrouvés, on lira ses rares nouvelles comme *Casino des Trépassés.*

Baroque et tragique, raffiné et populaire, rebelle et amoureux, angoissé et aspirant au bonheur, nouveau et se rattachant à une tradition lyrique qui prend ses sources au moyen âge des trouvères, plus sensible et sensuel qu'intellectuel des mots, il reste inimitable tout en ayant par maints aspects une postérité : le cousin Paul Kalig et son *Amour de chic,* certains poèmes de Catulle Mendès qui aime imiter, d'André Salmon, de Toulet, de Pellerin, et, par maints endroits, de T. S. Eliot et d'Ezra Pound, peut-être bien du surréaliste Arthur Cravan. S'il a choqué maints poètes bretons bretonnants d'une nuance plus classique et sans doute jaloux, quel poète de cette terre de poètes qu'est la Bretagne ne lui rend-il pas justice aujourd'hui? Mais on sait que « Bretagne est univers » et Corbière n'est pas seulement Breton, mais universel. Parmi tant de saluts des critiques et des poètes : Alexandre Arnoux, André Breton qui a aimé son humour noir... nous choisissons pour conclure cette appréciation de Jean Rousselot : « Poète prisonnier de sa nature, mais conscient de ses pouvoirs au point qu'il trouve sa liberté, sa nourriture, dans les limites même de sa prison; poète maudit qui se couronne de sa malédiction et renverse, d'un geste royal, l'éteignoir gigantesque qu'est pour lui la Création, Corbière n'a pas fini de nous enseigner et de nous justifier. »

Science et poésie : Ghil, Kahn, Cros

Hors des voies ordinaires : René Ghil.

L'OBSERVATEUR qui parcourt du regard cette constellation d'étoiles de la période symboliste va de surprise en surprise. Quelle forte densité poétique ! Comment une époque a-t-elle pu réunir autant de poètes originaux à ce point qu'il faudrait les dégager de cette appellation générale née du mot symbole à laquelle le plus souvent ils échappent. Ainsi le discret René Ghil (1862-1925) dont la production poétique étonne par sa nouveauté et sa modernité. Citons d'emblée ces vers de *Dire du mieux,* 1890, en précisant que nulle supercherie ne les a fait prendre chez un poète d'aujourd'hui :

> Pour les Fagots du Four, antre
> clair-vespéralement qui se voûte d'ors, où
> cuire l'éternel pain rondi, même lors qu'entre
> le rutilant soleil au signe des Gémeaux :
> de matin, attaquèrent de serpes les haies
> épointant aux gantelets leurs épines, où –
> charpentes et timons de demain les Futaies
> tressaillantes de hache,
>   sonores de loin
> en loin et tors de lutte, les Hommes sonores
> de hans! qui, levant la tête dans l'alentour
> terreux, long éraillé des grolles omnivores
> prophétisaient aux Autres mi-apparus à
> curer les Fossés limitrophes de la neige –
> la neige moite aux semailles, la neige pour
> ce soir...

On pouvait écrire alors le mot extravagance et ajouter : « Ne cherchez pas à juger de ses œuvres à la lumière de la raison, vous n'arriveriez à rien, puisque les mots pour lui n'ont qu'une signification orchestrale... » Et l'on pouvait s'étonner que Mallarmé l'admire, que ses amis l'estiment, que des disciples (Eugène Thibault, Jean Philibert, Pierre Devoluy, P. Marius, Gaston Couturat, Jules Couturat, Jacques Renard, Dequillebecq, etc.) le suivent, avant que le silence ne s'étende, faisant de lui un des mal-connus de son temps.

Belge par son père, Français par sa mère, il naquit à Tourcoing. Dès le lycée Condorcet, il eut pour amis des poètes : Ephraïm Mikhaël, Pierre Quillard, Stuart Merrill, André Fontainas, qui voyaient en lui un esprit curieux non seulement de la littérature, mais aussi de la philosophie, des sciences naturelles (il s'intéressa comme Zola au transformisme). Si plus tard il fut un militant du Symbolisme, avec Laforgue, Gustave Kahn, Robert de Souza, ses amis de lycée, il resta toujours assez ami de l'ombre. Il sera connu par ses livres d'essais : *Légende d'âmes et de sang,* 1885, dont Mallarmé le félicita, *Traité du Verbe,* 1886, où s'amorce une conception scientifique de la poésie et du langage, *De la poésie scientifique,* 1909. se dérangera le système des voyelles de Rimbaud. Ce ne sera plus : « A noir, E blanc, I rouge, U vert, O bleu » mais « A noir, E blanc, I bleu, O rouge, U jaune ».

Dans le deuxième recueil, il a exposé ses théories d'une philosophie évolutive et d'une instrumentation verbale, théories qui furent discutées dans toute la presse européenne, avec attaques et injures, avec enthousiasme aussi dans les avant-gardes. Il a remanié et complété son traité, démontrant que toute la théorie de l'instrumentation verbale dérive des travaux de Helmholtz sur les harmoniques. Le temps n'était pas venu de bien comprendre ceci par exemple : « De même que pour rendre un état d'ingénuité et de simplesse par exemple, le musicien ne voudrait pas évidemment des saxophones et des trompettes, le poète instrumentiste pour ceci évitera les mots chargés de O, A, U éclatants... » Il est fort difficile de résumer ces approches parfois lourdes et qu'on peut juger pédantes. Pour Ghil, l'œuvre poétique n'a de valeur qu'en tant « qu'elle se prolonge en suggestion des lois qui ordonnent et unissent l'Être-total du monde, évoluant selon de mêmes *Rythmes* ». Ce qui implique : que la poésie doit être le fruit particulier des lois générales de l'univers et que cette loi est un rythme. Rien ne peut être refusé à cet art puisqu'il a, par les consonnes et les voyelles, toutes les possibilités de la musique. Dès lors, c'est le contenu phonétique des mots qui importe : par la musique pure comme par le rapport trop oublié entre la valeur sonore et les divers ordres de sentiments, d'idées, de sensations. Le véritable « organisme poétique » doit concevoir « le monde, spontanément et en immanence, à travers les sons qui parlent ». D'où la nécessité d'un classement des consonnes et des voyelles d'après les analogies de leurs évocations. On en vient au développement scientifique commencé avec le sonnet de Rimbaud. Dès lors, mille combinaisons sont possibles et les jeux vocaux sont infinis, la rime marquant simplement l'unité de durée du verbe. Une idée de son système :

Orgue, noir, A ; harpe, blanche, E ; violons, bleus, I ; cuivres, rouges, O ; flûtes, jaunes, U.
Les diphtongues IE et IEU seront pour les Violons angoissés ; OU, IOU, UI et OUI pour les Flûtes aprilines ; AE, OE et IN pour les Harpes rassérénant les Cieux ; OI, IO et ON pour les Cuivres glorieux ; IA, EA, OA, UA, OUA, AN et OUAN pour les Orgues hiératiques.

Autour de ces sons et de ces instruments, se grouperont les consonnes selon les harmonies (âpres, douces ou graciles). Le but du poème instrumentiste est de procurer au lecteur le triple charme de la musique, de la couleur et des idées suggérées par les mots et les groupes de mots. Cependant Ghil oublie que sa méthode est suggestive. Le sens visuel et auditif ne saurait être le même chez divers individus. Ce passage d'une *Chanson de mai* peut donner une idée des applications de sa théorie :

Aux lézards de la muraille morne
chante! mon violon enguirlandé de viorne —
et dénoue, et noue d'un trémulé tumulte
qui se lutte d'amour et de vie, la neuve
danse des papillons haut-palpités! et danse
les points de l'air sautant dans la lumière immense :
mon violon gouttant-goutté d'azur qui pleuve!

Cette tentative de poésie expressive fut prise par certains comme une élucubration douteuse, mais beaucoup s'y intéressèrent comme Émile Verhaeren, Georges Khnopff, Albert Saint-Paul, Charles-Eudes Bonin, Henri de Régnier, Stuart Merrill, Francis Vielé-Griffin, avant de nouveaux disciples : Louis Le Cardonnel, Albert Lantoine, Eugenio de Castro, etc.

Pour Ghil, le Symbolisme dépasse sa propre actualité. Il est manière de penser, forme synthétique de la comparaison par images entre les choses considérées d'après leurs similitudes — le symbole, essence de la poésie en général, en tous lieux et en toutes langues, en Orient surtout. En faire une école, un système est antihistorique et illogique.

Dès 1887, une revue, *Écrits pour l'art,* pendant cinq ans fut l'organe de combat des jeunes amis de Ghil. Cependant, les nouvelles affirmations des rééditions du *Traité du Verbe,* surtout scientifiques, déplurent à plusieurs qui allèrent vers le Symbolisme qui leur permettait de mieux dégager leurs variations personnelles et non d'être prisonniers d'une musique harmonique codifiée trop logiquement. On retiendra la grande ambition d'un homme soucieux de faire face intelligemment à toutes les préoccupations poétiques et philosophiques, de créer une matière nouvelle et des outils nouveaux, même si, comme il l'a dit, « Parfois sa main avait été malhabile et que parfois il avait été trahi par [...] un si vaste plan ». Il en appelait pour l'avenir à « un cerveau plus capace ». Serait-il exaucé aujourd'hui ?

Son œuvre poétique, *Dire du mieux,* se compose des livres suivants : *le Meilleur devenir,* 1889, *le Geste ingénu,* 1889, *la Preuve égoïste,* 1890, *le Vœu de vivre* (trois volumes en 1891, 1892, 1893), *l'Ordre altruiste* (trois volumes en 1894, 1895, 1897), et une deuxième partie, *le Pas humain,* 1898, *le Toit des hommes,* 1902, *les Images du monde,* 1912. C'est donc une œuvre considérable et mal connue, les épithètes d'obscur et de rocailleux la recouvrant. Il faut pour l'apprécier faire cet effort dont a parlé Mallarmé, oublier souvent une idée habituelle de la poésie et l'on obtiendra récompense. Loin des symétries arbitraires pour lui de la versification traditionnelle, il devient le « musicien de la masse des mots-instruments » et tente sans cesse le grand poème cosmique auquel il rêve et qui serait une synthèse « éloquente, sculpturale, picturale et musicale ». Intransigeant, ne cédant sur aucun principe, voulant unir le réalisme de Zola à l'impressionnisme de Mallarmé, il ne pourra que rompre avec ses amis symbolistes. Quelque jour, nous en sommes persuadé, cet oublié connaîtra côté science une réhabilitation déjà amorcée. Le lecteur trouvera sans doute au moins « curieux » cet extrait de *Nuit aux terrasses* et peut-être y reconnaîtra-t-il des voix plus proches de nous (Saint-John Perse, peut-être ?) :

> Ah ! sur les terrasses en prenant nos épaules
> longtemps, parmi la nuit d'étoiles à meurtrir
> notre gloire, passons ! Mes Yeux pleurent les mondes
> qu'ils n'ont point vus, et qu'ils ne verront pas : les ondes
> de leur lumière où mon être mortel ne doit
> s'épanouir, ouvert en la limite seule
> de son expansion ! ouvert, pour qu'en émoi
> le traverse le plus de la Matière-aïeule...
>
> Ah ! sur les terrasses en prenant nos épaules
> longtemps, parmi la nuit d'étoiles à meurtrir
> notre gloire, passons ! Mes Yeux pleurent les Femmes
> qu'ils n'ont point vues, et qu'ils ne verront pas. L'air
> est algide, qui m'environne du désert
> de leurs manquantes présences, — leurs doigts de vie

que mon amour voulut de toute pierrerie
multi-ardente aux soleils ivres, alentir!

Un extrait de *la Loi,* un des poèmes de *l'Ordre altruiste* donne une
idée encore de son art poétique :

Donc − repose! mon Front, en l'amour de ma main...

Je sais : donc −
                    Je suis!

L'Homme, instants en venir dans la grande Fluence
doit sa prière à tout Atome, et son immense
amour à toute Vie! où plonge son moment
ainsi qu'en la Matrice le germe − germant...

. . . .

      Or, le germe sorti de ventre de ventre :

                  (Ô Gemmules portant mémoire!
                  sexe-Encéphale de penser!
cerveau générateur départi rotatoire
et reptant à travers de l'humide, à taxer
l'être que vous serez d'une valeur égale
aux puissances de lois du Monde, dont, d'astrale
splendeur aux Yeux, vous serez l'Ame-réflexe...)
                                    ...or
le germe des ventres où la terre dissoute
passe en torrent remontant à sa source,
                        a fait
ton Front, ô Homme! − comme une sphère où se plaît
la Matière, à songer qu'elle va de son doute
éternel, à savoir les routes de son sort!...

Gustave Kahn et la doctrine du vers libre.

Lorsque René Ghil et Stéphane Mallarmé s'affrontèrent à propos
du vers libre, en 1886, ce dernier ne fut guère suivi par les poètes.
Le climat décadent était propice au développement d'un mode
d'expression original. Ainsi, ce terme de vers libres qui s'appliquait aux assemblages de vers réguliers de diverses mesures, comme
chez La Fontaine, allait devenir avant la fin du siècle le grand cheval
de bataille. Dès lors, la métrique serait libre, ce que nombre de
poètes ne purent accepter. Il fallait un instrument plus souple, plus
fluide, capable de donner des effets d'évanescence, d'instabilité,
d'imprécision, de dessiner toutes les lignes mélodiques possibles,
de rivaliser aussi bien avec la musique qu'avec les poésies étrangères disposant, elles, des ressources de la quantité et de l'accent
tonique. Ainsi, quittant le mode oratoire, le poète pourrait suivre
les mouvements de la vie profonde. La plupart des poètes de

l'époque furent conscient que cette liberté nouvelle ne pouvait aller sans une grande rigueur. Depuis, l'on a souvent vu les poètes couper leurs vers au hasard sans tenir compte de l'harmonie ou de la disharmonie souhaitée : le vers libre, école de rigueur, a cent fois risqué de devenir école de facilité.

Ce mouvement, nous l'avons dit, était amorcé par Rimbaud parlant pour la critiquer de « la forme vieille », par Verlaine s'insurgeant contre la théorie banvillesque de la rime et préconisant des mètres impairs, mais l'un et l'autre gardant cependant l'ancienne rythmique. C'est pour la plupart Jules Laforgue qui l'adopta le premier dans les poèmes de la fin de sa courte vie, ce nouveau petit monstre. Gustave Kahn prétendit sans cesse en avoir été le premier expérimentateur et nul ne songerait à lui reconnaître d'en avoir été au moins le théoricien. On oubliait Marie Krysinska dont nous parlerons plus loin, cette inventrice discrète.

Pour Gustave Kahn (1859-1936), fondateur de la revue *la Vogue,* codirecteur du *Symboliste* et de la *Revue indépendante,* animateur, avec Catulle Mendès, des *Matinées de poètes* célèbres dès 1897 par leur action en faveur de la poésie nouvelle, les formes de l'art doivent évoluer en même temps que l'humanité : « Les formes poétiques se développent et meurent [...] elles évoluent d'une liberté initiale à un dessèchement, puis à une inutile virtuosité. » Or, si l'évolution humaine est lente et continue, l'artiste, pour aller de l'avant, doit procéder par révolution. Révolution donc puisque les études esthétiques sur la nature du vers français, depuis la Pléiade, n'ont guère apporté de nouveau. Selon Gustave Kahn, le vers est « un fragment, le plus court possible, figurant un arrêt de voix et un arrêt de sons. » Il correspond au souffle humain qui est divers selon les émotions, selon l'ampleur du mode de pensée. Chaque poète, chaque poème doit donc créer son rythme particulier. Le danger est, bien entendu, la liberté prosaïque, et l'art doit savoir le parer.

Il ne faut pas en déduire que le vers classique, celui utilisé en toutes époques, soit proscrit; il peut fort bien intervenir dans une suite libre, ne serait-ce que par l'opposition de sa rigueur avec la fluidité d'un ensemble. Car il est vrai qu'à l'époque de Gustave Kahn, les poètes songent surtout au vers libre comme à un moyen rythmique réservé à l'épanchement des sentiments et des sensations intimes. On songe à l'impulsion émotive, à une douceur qui fait éviter « le coup de cymbale à la fin du vers de la rime », ce qui fait amorcer le retour à cette assonance oubliée depuis le temps de *la Chanson de Roland.*

Les poètes symbolistes utilisèrent amplement ce nouveau mode,

sans que ce soit chez tous de manière exclusive. Les uns y trou-
vèrent un assouplissement des schèmes rythmiques, et l'on peut
citer auprès de Kahn, Stuart Merrill, Remy de Gourmont, Jean
Moréas, Henri de Régnier, Francis Vielé-Griffin, entre autres.
D'autres allèrent vers la scansion d'amples versets comme dans les
Psaumes, et l'on pense à Édouard Dujardin, Paul Claudel, Victor
Segalen, Saint-John Perse, Saint-Pol Roux. Les phonéticiens
comme Robert de Souza, les disciples de René Ghil, comme René
Ghil lui-même, tentèrent d'étayer la réforme sur des bases scientifiques. Il put y avoir des réactions néo-classiques ou néo-roman-
tiques, rien ne put détrôner le vers libre qui, lui-même, ne détrôna
jamais le vers classique. Verhaeren et ses amis, les poètes de
l'Abbaye, maints unanimistes, simultanéistes, futuristes, surréalistes
finirent d'accréditer le vers libre concurremment au vers régulier,
mais ce dernier ne perdit pas ses prestiges, on peut en donner
pour exemple sa remise en valeur par Louis Aragon après la
Seconde Guerre mondiale. Il est vrai qu'il ne fut jamais abandonné.
Aujourd'hui, on a vu des revues classiques où « le peigne aux
dents cassées », proscrit tout d'abord, a été peu à peu accueilli. La
poésie n'aurait jamais assez de moules *nouveaux* et de *liberté*.

Romancier, chroniqueur littéraire, critique d'art, essayiste,
Gustave Kahn a donc surtout été retenu comme le théoricien du
vers libre dès sa préface au recueil des *Palais nomades,* 1887, conti-
nuée par *le Vers libre,* 1912. Audacieux réformateur bientôt dépassé,
il a dans ses recueils, dans *Chansons d'amant,* 1891, *Domaine de fée,*
1895, *la Pluie et le beau temps,* 1896, *Limbes de lumière,* 1897, *le Livre
d'images,* 1897, donné indifféremment des vers rimés ou assonancés,
sans rime ou sans assonance, allitérés ou non, pairs ou impairs.
Mort en 1936, sa place est restée marquée au cœur des mouvements
symboliste et décadent. Il a écrit de nombreux lieds. Voici le début
de l'un d'eux :

> Filles de Bagdad qui partez en mer
> sur la nef aux rames blanches,
> les pèlerins tristes pleureront amers
> près des rosiers aux cent roses blanches.

Et le début d'un autre :

> File à ton rouet, file à ton rouet, file et pleure,
> Ou dors au moutier de tes indifférences,
> Ou marche somnambule aux nuits des récurrences,
> Seule à ton rouet, seule file et pleure.

Diverses musiques se rencontrent dans un *Discours à Aricie* au
charme d'une fin de siècle surannée :

Princesse aux pleurs sanglants, ô timide Aricie,
vous dont le tendre cœur est la feuille qui ploie
et tremble sous le poids trop lourd de la rosée,
au bord du bois d'automne où la chasse a passé
pour la dernière fois et qui plus ne verdoie
sa caresse d'ombre au héros enseveli...

Ajoutons que Gustave Kahn écrivit surtout en prose jusqu'à la fin de sa vie. Il consacra notamment à la vie juive et au génie israélite des ouvrages comme les *Contes juifs,* 1926, les poèmes d'*Images bibliques,* 1926, et les contes de *Terre d'Israël,* 1933, qui le situent dans le voisinage d'André Spire et d'Edmond Fleg.

Cros et la lointaine patrie.

Pour un poète, appartenir à l'histoire des sciences et à l'histoire de la poésie n'est pas fait courant, d'autant que, dans le cas de Charles Cros (1842-1888), science et technique autant que poésie lui doivent quelque gratitude. Ce fils d'un instituteur de Narbonne qui donna sa démission pour protester contre le coup d'État du 2 décembre et vint à Paris pour être instituteur libre, fut un autodidacte de la meilleure tradition, ce qui ne l'empêcha pas de passer son baccalauréat à quatorze ans et d'en savoir assez pour enseigner le sanscrit et l'hébreu. En 1867, il présente à l'Exposition universelle un télégraphe automatique de son invention. Passionné de physique et de chimie, ses recherches portent sur l'électricité, la photographie des couleurs, l'acoustique. Lorsque, en 1878, Edison présenta à l'Académie des Sciences son phonographe, on sait aujourd'hui que le génial Charles Cros avait déjà inventé son parléophone. Dès 1880, sa priorité dans ce domaine essentiel avait été reconnue par le Secrétaire perpétuel de cette compagnie de savants à l'occasion d'une réception de Graham Bell. Mais cet anticipateur, ce Léonard de Vinci du XIXᵉ siècle, était aussi bien philologue et expert en toutes sciences d'avenir. Communiquer avec les habitants des autres planètes était pour lui non science-fiction, mais travail scientifique, on en peut juger par les titres de ses mémoires : *Contribution aux procédés de photographie céleste, Des erreurs dans les mesures des détails figurés sur la planète Mars, Étude sur les moyens de communication avec les planètes...*

Pour nous, il est surtout l'auteur de deux recueils importants : *le Coffret de santal,* 1873, et le posthume *Collier de griffes.* Qui est-il ? Un austère savant enfermé dans son laboratoire ? Non : un bohème, un boute-en-train, un passionné de l'heure verte de l'absinthe chère à Verlaine, un grand amoureux. Il a hébergé quelque temps

Rimbaud, il a fréquenté Verlaine, comme toute la bohème littéraire : le groupe des « Vivants » avec Richepin, Ponchon, Bouchor, Nouveau; le café de la Nouvelle-Athènes avec Alexis,
Duranty, Catulle Mendès, Huysmans, son grand ami le peintre
Edouard Manet; les Hydropathes, le Chat Noir, les Zutistes qu'il
anime avec Alphonse Allais. Mais ce buveur, ce poète proche des
poètes-biberons du xviie siècle est apprécié par les poètes les plus
sérieux comme Jules Laforgue, Gustave Kahn, Émile Verhaeren
avant d'être reconnu au xxe siècle par Breton et les surréalistes, par
Maurice Saillet, Jacques Brenner, son fils le poète Guy-Charles
Cros, Hubert Juin et tant d'autres.

Charles Cros, si divers, n'est pas facile à cerner. Pour beaucoup, en son époque, il est un poète de salon, amant en titre de
Nina de Villard, ou bien un poète de cabaret, ou bien un touche-
à-tout qui disperse ses dons, ce qui le prédispose à « des déficiences
qui sont le fait de l'amateur » comme le dit l'introduction du
volume de la Pléiade où Cros et Corbière se rejoignent. Due à
Louis Forestier et Pierre-Olivier Walzer, on lit dans l'introduction : « A l'instar des poètes ses contemporains, il s'essaie courageusement à un grand nombre de rythmes et de strophes originales, dizains, triolets, quintils, heptasyllabes, ennéasyllabes...
Bien avant Verlaine, il a « préféré l'impair ». Mais son oreille
n'est pas sûre et il fait preuve dans bien des cas d'une maladresse
notoire. » Malgré cela, malgré des platitudes, « suit bientôt la
trouvaille régénérante, le mot inattendu et juste qui rétablit le
courant poétique ». Et l'on cite ces vers qui rappellent pour nous
Théophile de Viau :

> Quand reparaît l'aurore éblouissante,
> Voici crier les oiseaux insoumis.

Et de souligner l'épithète audacieuse et d'une netteté frappante :

> Corrects, le zinc et les ardoises
> Des toits coupent le ciel normal...

Paul Verlaine l'a étudié : « Vous y trouverez, sertissant des sentiments tour à tour frais à l'extrême et raffinés presque trop, des
bijoux tour à tour délicats, barbares, bizarres, riches et simples
comme un cœur d'enfant et qui sont des vers, des vers ni classiques, ni romantiques, ni décadents bien qu'avec une pente à
être décadents, s'il fallait absolument mettre un semblant d'étiquette sur de la littérature aussi indépendante et primesautière.
Bien qu'il soit très soucieux du rythme et qu'il ait réussi à merveille de rares, mais précieux essais, on ne peut considérer en

Cros un *virtuose* en versification, mais sa langue très ferme, qui dit haut et loin ce qu'elle veut dire, la sobriété de son verbe et de son discours, le choix toujours rare d'épithètes jamais oiseuses, des rimes excellentes sans l'excès odieux, constituent en lui un versificateur irréprochable qui laisse au thème toute sa grâce ingénue et perverse. »

Pour Hubert Juin, Charles Cros, homme méprisé de ses contemporains, « met la main, avec une sorte de pudeur hautaine, à son propre exil », mais Juin parle avec chaleur de son étrange passion « et ses poèmes d'apparence discordants, qu'on jugerait occultés volontairement mais dont ni l'injustice ni l'oubli n'ont pu venir à bout » nous semblent proches. Dans *le Coffret de santal,* cassette aux merveilles, le moins bon intéresse autant que le bon, et quelle diversité que celle allant de poèmes inspirés par ses belles amoureuses à ce *Hareng saur* si souvent cité qu'il masque le reste. Il est vrai qu'on le trouve fort original :

> Il était un grand mur blanc — nu, nu, nu,
> Contre le mur une échelle — haute, haute, haute,
> Et, par terre, un hareng saur — sec, sec, sec.
>
> Il vient, tenant dans ses mains — sales, sales, sales,
> Un marteau lourd, un grand clou — pointu, pointu, pointu,
> Un peloton de ficelle — gros, gros, gros.
>
> Alors il monte à l'échelle — haute, haute, haute,
> Et plante le clou pointu — toc, toc, toc,
> Tout en haut du grand mur blanc — nu, nu, nu.

Et, après qu'on ait pendu le hareng saur :

> J'ai composé cette histoire, — simple, simple, simple,
> Pour mettre en fureur les gens — graves, graves, graves,
> Et amuser les enfants — petits, petits, petits.

Il écrira aussi bien : « Joujou, pipi, caca, dodo. » Il chantera des *Triolets* fantaisistes prêts pour la musique :

> Sidonie a plus d'un amant,
> C'est une chose bien connue
> Qu'elle avoue, elle, fièrement.
> Sidonie a plus d'un amant
> Parce que, pour elle, être nue
> Fait son plus charmant vêtement.
> C'est une chose bien connue,
> Sidonie a plus d'un amant.

Auprès de telles bluettes, il y a dans son coffret surtout des parfums et des choses tristes ensevelies dans le passé. Il passe de

la passion à la mélancolie, du bonheur au désespoir, de l'enthousiasme à l'ennui. Les motifs, presque toujours insolites, et son
exotisme mineur, sans la dureté parnassienne, apparaissent comme
des jeux marginaux. *Chant éthiopien, Li-taïpé, Chanson de route Arya*
trahissent une haute ambition, et il y a de la grandeur dans *le
Fleuve* :

> Derrière l'horizon sans fin, plus loin, plus loin
> Les montagnes, sur leurs sommets que nul témoin
> N'a vus, condensent l'eau que le vent leur envoie.
> D'où le glacier, sans cesse accru, mais qui se broie
> Par la base et qui fond en rongeant le roc dur.
> Plus bas, non loin des verts sapins, le rire pur
> Des sources court parmi les mousses irisées
> Et sur le sable fin pris aux roches usées.
> Du ravin de là-bas sort un autre courant,
> Et mille encore. Ainsi se grossit le torrent
> Qui descend vers la plaine et commence le Fleuve.

Il a le goût des tableaux, des aquatintes, des paysages rapidement brossés. La variété domine, mais il y a toujours ce frémissement infiniment humain qui lui est personnel. Des images nerva-
liennes, de petites musiques à la Henri Heine. Gustave Kahn peut
trouver ses vers secs; en fait, ils sont sobres, et c'est son originalité.
Des proses aussi, instantanées, serrées comme celles de Rimbaud,
que Juin définit à merveille : « On y trouve le raccourci accumu-
latif. On remarquera que les couleurs font défaut, ce qui semblerait
donner raison à ceux qui séparent absolument Manet et Cros.
Bien. On y trouve cette griffe rapide dont Jules Vallès fut un grand
maître, et qui signifie l'abandon conjoint du cérémonial romantique et classique. La sobriété, le laconisme (celui, peut-être, des
« matinaux » de René Char, lesquels, sur le terrain de la philosophie, pensaient par éclairs) y règnent... » Dans certains monologues salués par les surréalistes, la logique de l'absurde fonc-
tionne avec une précision hallucinante laissant augurer Jarry,
Kafka, Michaux.

Dans *le Collier de griffes*, on remarque tout particulièrement *la
Vision du grand canal royal des Deux Mers*. Ce poème, comme *le
Fleuve,* a de la noblesse. Il y a toujours chez Charles Cros cela qui
l'apparente aux poètes de la Renaissance. On pense aussi à Hugo,
à Baudelaire, à Rimbaud dans ses poèmes majeurs. Ce recueil
posthume, auprès des œuvrettes qui ont pu être applaudies au
Chat Noir, contient ces distiques du grand canal royal :

> Envole-toi chanson, va dire au Roi de France
> Mon rêve lumineux, ma suprême espérance!

Je chante, ô ma Patrie, en des vers doux et lents
La ceinture d'azur attachée à tes flancs,

Le liquide chemin de Bordeaux à Narbonne
Qu'abreuvent tour à tour et l'Aude et la Garonne.

Ces distiques viendront tour à tour en refrain égayer ces beautés :

L'aurore étend ses bras roses autour du ciel.
On sent la rose, on sent le thym, on sent le miel.

La brise chaude, humide avec des odeurs vagues,
Souffle de la mer bleue où moutonnent les vagues.

Et la mer bleue arrive au milieu des coteaux;
Son flot soumis amène ici mille bateaux :

Vaisseaux de l'Orient, surchargés d'aromates,
Chalands pleins de maïs, de citrons, de tomates,

Felouques apportant les ballots de Cachmir,
Tartanes où l'on voit des Levantins dormir.

Les trésors scintillants de l'Inde et de la Chine
Passent, voilés par la vapeur de la machine :

C'est la nacre, l'ivoire, et la soie et le thé,
Le thé nectar suave et chaste volupté...

Ainsi, le grand poème de Toulouse, Bordeaux, Narbonne, s'ouvre à l'univers. Dans ses parties : *Visions, Fantaisies tragiques, Douleurs et colères, Tendresse, la Vision du grand canal, Prose,* tout Charles Cros l'innombrable est présent. Lisons la prose *Effarement :*

Au milieu de la nuit, un rêve. Une gare de chemin de fer. Des employés portant des caractères cabalistiques sur leurs casquettes administratives. Des wagons à claire-voie chargés de dames-jeannes en fer battu. Les brouettes ferrées roulent avec des colis qu'on arrime dans les voitures du train.

Une voix de sous-chef crie : La raison de M. Igitur à destination de la lune! Un manœuvre vient et appose une étiquette sur le colis désigné — une dame-jeanne semblable à celle des wagons à claire-voie. Et, après la pesée à la bascule, on embarque. Le coup de sifflet du départ résonne, aigu, vertigineux et prolongé.

Réveil subit. Le coup de sifflet se termine en miaulement de chat de gouttière. M. Igitur s'élance, crève la vitre et plonge son regard dans le bleu sombre où plane la face narquoise de la lune.

Une « amphitrite rose et blonde » dans *Vanité sous-marine, le Vaisseau-piano* qui « file avec une vitesse éblouissante sur l'océan

de la fantaisie » ou « les crépuscules du soir » de *l'Heure froide,
la Chanson de la plus belle femme* ou *le Caillou mort d'amour* (Histoire
tombée de la lune), qui nous entraînent vers d'étonnants « ailleurs », sont l'honneur du poème en prose.

« Génie » peut dire Verlaine, et « génie » peut répéter Émile
Gautier. Verhaeren se rallie : « Il fait partie de cette classe d'esprits qui ont à leur sommet les Léonard de Vinci et les Pascal,
et, à leurs derniers rangs, les monomanes et les fous. » Et Breton
exprime en une phrase la vocation profonde de Charles Cros :
« L'unité de sa vocation, en tant que poète et en tant que savant,
tient à ce que, pour lui, il s'est toujours agi d'arracher à la nature
une partie de ses secrets. » Hubert Juin donne, quant à lui, la
meilleure critique : « Sa démarche est étrange : il est souvent plus
grand que ce qu'il écrit; mais il arrive, aussi souvent, que son
œuvre le précède. Il a des défauts visibles, des mièvreries, de
faux accents, des afféteries d' " avant-siècle ". » Mais comment nier,
courant au fil des pages, cette chanson qui n'est qu'à lui? Bien
imprudent, et fat, serait celui qui – aujourd'hui –, l'oreille à
l'écoute, affirmerait qu'il s'agit d'un poète mineur. Ce n'est pas
parce qu'il ne la méritait pas qu'il n'a pas sa place; c'est peut-être
parce qu'il était, jusque dans ses errements, trop vrai. »

René Ghil, Gustave Kahn, théoriciens et « scientifique » du vers,
Charles Cros unissant la science et la découverte, l'invention et
la fantaisie, ont eu pour leur art des ambitions conquérantes dignes
de celles de leurs aînés et de leurs contemporains.

3

Germain Nouveau

Le Vagabond pèlerin Humilis.

PARCE que son chemin avait croisé ceux de Verlaine et de Rimbaud, Germain Nouveau (1851-1920) fut tout d'abord effacé par de telles présences, en même temps que par son peu de goût pour la renommée, jusqu'à ce que de nombreux poètes, les surréalistes surtout, ne le remettent en valeur. En France professeur de dessin, à l'étranger professeur de français, il fut la pierre qui roule (Paris, Londres, Belgique, Rome, Beyrouth, Alger...) et n'amasse pas mousse, voyages et vagabondages ponctués par des accès de delirium tremens suivis de dépression mélancolique le conduisant au mysticisme. En 1897, il renonça à professer pour prendre le bâton du vagabond Humilis, pétri d'ascèse chrétienne et faisant les grands pèlerinages en vivant de mendicité, et tout cela en s'opposant à la publication de ses poèmes. Curieux destin qui l'apparente à ses amis Verlaine et Rimbaud par bien des endroits.

Des premières années, où il signait Néouvielle ses poèmes, aux poèmes de trimard signés Laguerrière, sans cesse fidèle à lui-même, il a toujours écrit. Verlaine disait déjà : « Nouveau est charmant, n'est-ce pas, mais quel " janséniste "! » et cet aspect du caractère de Nouveau est défini par André Breton : « A cette discipline à laquelle nous sommes soumis et que Rimbaud toute sa vie a désespérément secouée, Nouveau propose de remédier par l'observation volontaire d'une discipline plus dure. L'esprit se retrempe peu à peu dans cet ascétisme et il n'en faut pas davantage pour que la vie reprenne un tour enchanteur. » Louis Aragon écrit : « Non un épigone de Rimbaud : son égal. » Cette affirmation peut être comprise quand nous lisons quelques fulgurations trop rares, mais auprès de chants incomparables, on trouve chez Nouveau des platitudes.

Mais on le salue bien bas : ce hors-le-monde, ce hors-les-lois, cet instable, ce mystique, ce renonçant est un poète maudit, un pur, à ce point qu'on n'a pas le désir de le situer poétiquement plus haut qu'il n'est et de ce qu'il est : un poète peu commun. Plaçons-le dans notre pensée auprès de Rimbaud et de Verlaine. Qui sait s'il ne leur a pas apporté quelque inspiration au cours de leurs bonnes relations? Et puis, ses amis se nommaient encore Charles Cros, Stéphane Mallarmé, Villiers de l'Isle-Adam; comme dit Jacques Brenner : « Imagine-t-on poète mieux entouré? » Ce critique qui, avec Jules Mouquet, l'a édité voit d'abord en lui un chanteur : « Germain Nouveau n'a jamais attendu de la poésie la clef du monde. Dans ses vers, il s'épanche. Il apparaît dans la même perspective que Musset, Verlaine et Apollinaire... » Il voit l'influence de Verlaine dans certains poèmes religieux ou dans *Toto* où l'on fait fête, comme chez Thérèse avec Hugo. Curieux poème :

> A la fête qu'après-demain je donnerai
> Il y aura beaucoup de monde. Toi, curé,
> J'exige que l'on vienne et le diable ait ton âme!
> S'il y aura des gens de l'Olympe? Oui, madame,
> Quant à vous, je ne vous invite pas, Zari.
> On entrera, dès que le maître aura souri,
> A l'heure par exemple où se couchent les villes.

Plus subtile, celle de Rimbaud dans des poèmes comme *Ciels, Autour de la jeune église, Mendiants* :

> Le fleuve au loin, le ciel en deuil, l'eau de tes lèvres,
> Immense trilogie amère aux cœurs noyés.
> Le goût m'est revenu de nos plus forts genièvres,
> Lorsque ta joue a lui, près des yeux dévoyés!

Mais on peut aussi bien déceler dans les premiers poèmes ces influences un peu partout conjuguées avec d'autres : Baudelaire est souvent présent. Mais c'est avec Verlaine qu'il a le plus d'affinités :

> Gilles, fils de Watteau, grand frère des Lys blancs,
> Debout dans le soleil et tombé de la Lune,
> Es-tu sombre, es-tu gai, dans tes habits ballants?
> L'âne brait-il? ou si le Docteur t'importune?

On le voit encore ici :

> Une soirée en noir et blanc sous les plafonds
> D'or usé des salons de faux marquis de Presles :
> Dans les fleurs, sur des poufs, et des sophas, de frêles
> Divinités du jour. Quelques vieillards profonds.

> Le Lustre du milieu, bourdonnant. Dans les fonds
> Rieurs, l'orchestre sourd tentant les chanterelles,
> D'après mamans roulant des yeux de tourterelles,
> Près d'Alcindors rêveurs qui supputent les fonds...

Dans d'autres poèmes comme *Rêve claustral, Janvier, les Hôtesses, Saintes femmes,* il met plus d'ardeur dans l'expression des sentiments et des passions, plus de tourments surpris dans la couleur et la richesse verbale. Ses *Dixains réalistes* sont des parodies du genre de l'*Album zutique* préparées chez Nina de Villard pour un livre collectif, *le Montparnasse contemporain,* protestation contre les erreurs du troisième *Parnasse contemporain* d'où furent également éliminés Mallarmé, Verlaine, Cros et, ce qui était moins grave, la maîtresse de ce dernier, Nina: La parodie de la bonne tête de Turc Coppée est fort joyeuse :

> Elle était à genoux et montrait son derrière
> Dans le recueillement profond de la prière.
> Pour le mieux contempler j'approchai de son banc :
> Sous la jupe levée il me sembla si blanc
> Que dans le temple vide où nulle ombre importune
> N'apparaissait au loin par le bleu clair de lune,
> Sans troubler sa ferveur je me fis son amant.
> Elle priait toujours. Je perçus vaguement
> Qu'elle bénissait Dieu dans le doux crépuscule.
> Et je n'ai pas trouvé cela si ridicule.

Autre ton heureusement dans la suite *la Doctrine de l'Amour,* amples poèmes à la gloire du Christ et de la Vierge (sous le nom d'Humilis). C'est une fête étrange, mystique et visionnaire, où, dans un délire, Dieu, le Verbe, la Nature ne forment qu'un. « Partout où l'Homme écrit Nature, lisez Dieu », dit-il, car pour lui, le paradis possible est sur la terre, dans un monde futur purifié. C'est, comme dit Marcel Arland, « une enluminure ajoutée aux innombrables splendeurs de la cathédrale catholique ». Là, on devrait, on voudrait tout citer : *Invocation, Cantique à la reine, Immensité :*

> Voyez le ciel, la terre et toute la nature;
> C'est le livre de Dieu, c'est sa grande écriture;
> L'homme le lit sans cesse et ne l'achève point.
> Splendeur de la virgule, immensité du point!
> Comètes et soleils, lettres de feu sans nombre!
> Le jour est moins charmant que les yeux de la nuit.
> C'est un astre en rumeur que tout astre qui luit,
> Musique d'or des cieux faite avec leur silence;
> Et tout astre immobile est l'astre qui s'élance.
> Ah! que Dieu, qui vous fit, magnifiques rayons,
> Cils lointains qui battez lorsque nous sommeillons,
> Longtemps, jusqu'à nos yeux brûlant votre énergie,
> Prolonge votre flamme et sa frêle magie!

Et encore *Dieu, l'Homme, Aux femmes* :

Et vous, l'ancienne esclave à la caresse amère,
Vous le bétail des temps antiques et charnels,
Vous, femmes, dont Jésus fit la Vierge et la Mère,
D'après Celle qui porte en ses yeux maternels
Le reflet le plus grand des rayons éternels,

Aimez ces grands enfants pendus à votre robe,
Les hommes, dont la lèvre est ivre encore du lait
De vos mamelles d'or qu'un linge blanc dérobe;
Aimez l'homme, il est bon; aimez-le, s'il est laid.
S'il est déshérité, c'est ainsi qu'il vous plaît.

Et *les Mains, le Corps et l'âme, Volupté, Hymne, les Musées* où « le baiser du soleil vient dorer les déesses », *Mors et Vita, Fraternité, Charité, Pauvreté, Humilité, Chasteté, Idylle, Dans les temps que je vois...* Tout est admirable. Voici le début des *Cathédrales* :

Mais gloire aux cathédrales!
Pleines d'ombre et de feux, de silence et de râles,
Avec leur forêt d'énormes piliers
Et le peuple de saints, moines et chevaliers,
Ce sont des cités au-dessus des villes,
Que gardent seulement les sons irréguliers
De l'aumône, au fond des sébiles,
Sous leurs porches hospitaliers.

Et celui des *Mains,* ce thème cher au XIXe siècle :

Aimez vos mains afin qu'un jour vos mains soient belles,
Il n'est pas de parfum trop précieux pour elles,
Soignez-les. Taillez bien les ongles douloureux,
Il n'est pas d'instruments trop délicats pour eux.

C'est Dieu qui fit les mains fécondes en merveilles;
Elles ont pris leur neige au lys des Séraphins,
Au jardin de la chair ce sont deux fleurs pareilles,
Et le sang de la rose est sous leurs ongles fins.

Le Troubadour Nouveau.

Comme ses *Sonnets du Liban,* les *Valentines* inspirées par une jeune fille phtisique, Valentine Renault, sont pleines de charme. Il n'y a plus l'ampleur de *la Doctrine de l'Amour,* mais des octosyllabes le plus souvent, qui unissent des romances verlainiennes avec ironie, gentillesse, esprit, fantaisie, à des chants passionnés. Dans ces poèmes légers, les références littéraires abondent et ajoutent les plaisirs de l'homme cultivé à la facilité fragile et charmante. On dirait que n'importe quel rien l'inspire : le peigne ou les cartes, la robe ou le livre, les baisers surtout comme au temps de Jean

Second, car là « Tout fait l'amour », et il ne cesse d'y songer. Il refait à sa manière la *Guirlande de Julie,* et madrigalise sur des riens sans se gêner lorsqu'il s'agit d'employer le mot vert et le gros mot. Inégal et sans prétention, ce recueil bavarde un peu trop. Voici comment il termine un *Dernier madrigal* qui semble moquer *le Saule* de Musset : « Mes chers amis, qu'on me promette / De laisser le bois... au lapin » :

> Pas de suaire en toile bise...
> Tiens! c'est presque un vers de Gautier;
> Pas de linceul, pas de chemise,
> Puisqu'il faut que je vous le dise,
> Nu, tout nu, mais nu, tout entier.
>
> Comme sans fourreau la rapière,
> Comme sans gant du tout la main,
> Nu comme un ver sous ma paupière,
> Et qu'on ne grave sur la pierre,
> Qu'un nom, un mot, un seul, Germain.
>
> Fou de corps, fou d'esprit, fou d'âme,
> De cœur, si l'on veut, de cerveau,
> J'ai fait mon testament, Madame;
> Qu'il reste entre vos mains de femme,
> Dûment signé : Germain Nouveau.

On comprend qu'il écrive : « Les vers des tourlourous sont toujours amusants. » Mais auprès des fantaisies, on aimera dans les *Valentines* une sorte de dévotion au corps humain qu'il ne cesse de chanter comme les blasonneurs du temps passé.

Aux temps vagabonds et malheureux, entre 1885 et 1918, il écrit des poèmes sur son calepin de mendiant. C'est un *Cas de divorce* entre Adam et Ève, sorte de fable familière et bon enfant. Ce sont un sonnet *A Madame Veuve Verlaine* « veuve de militaire et mère de poète », des poèmes pour la Vierge Marie : *Memo rare, Je te salue, étoile,* la paraphrase rimée *Ave Maris Stella,* des poèmes bouleversants écrits à Bicêtre comme *Aux saints* et *la Rotrouenge des fous de Bicêtre :*

> Vous qui filez nos jours, ô Parques filandières,
> Vous les savez filer de diverses matières;
> Et des fous de Bicêtre où le flux a son cours
> C'est de lin et de... hum! que vous filez les jours.

On trouve le curieux sonnet *A J.-A. R...,* Rimbaud bien sûr :

> Et moi, je vois aussi toute chose autrement,
> Et je dis comme vous que nous sommes poate.
> De notre père Hugo nous avons la cravate,
> Nous rimons du Phébus dans le haut allemand.

Tous vos jolis brillants ne valent pas leur boîte,
Ni votre imagerie un peintre d'ornement.
Quel « absurde » écolier! le « ridicule » amant!
Tiens! « dégoûtant » chanteur de la note inexacte.

La route de la misère fait de lui une sorte de trouvère ou de troubadour, et il aime employer des tournures anciennes : *la Chanson du troubadour,* la rotrouenge que nous avons citée, une ballade où « Lamartune » rime avec « une », les poèmes à la Vierge, et ce sonnet sans titre qui dit sa détresse :

Sans amis, sans parents, sans emploi, sans fortune,
Je n'ai que la prison pour y passer la nuit.
Je n'ai rien à manger que du gâteau mal cuit,
Et rien pour me vêtir que déjeuners de lune.

Personne je ne suis, personne ne me suit,
Que la grosse tsé-tsé, ma foi! fort importune;
Et si je veux chanter sur les bords de la Tune
Un ami vient me dire : Il ne faut pas de bruit!

Nous regardons vos mains qui sont pures et nettes,
Car on sait, troun de l'air! que vous êtes honnêtes,
De peur que quelque don ne me vienne guérir.

Mais je ne suis icy pour y faire d'envie,
Mais bien pour y mourir, disons pour y pourrir;
Et la mort que j'attends n'ôte rien que la vie.

Ce « troun de l'air » dans un poème franciscain du dénuement! Au terme du douloureux voyage, Nouveau ira mourir, le jour de Pâques 1920, à Pourrières, le village du Var où il est né. Évadé de la vie sociale comme Rimbaud, revenu à la foi comme Verlaine, ce saint mendiant, ce saint Benoît Labre son modèle, après les pèlerinages de Compostelle, de Rome, du Liban, a mendié sous les porches des églises de sa Provence natale. Ses poèmes, pour la plupart reniés par lui, ne cessent de nous dire délicatesse et sensualité ardente, brutale même, puissance verbale et ingénuité, mysticisme pur et fantaisie, originalité toujours.

4

Trois maîtres du symbolisme :
Régnier, Samain, Moréas

Henri de Régnier.

APRÈS avoir écrit des poèmes dont l'harmonie descriptive, vague et douce, rappelle Lamartine, Henri de Régnier (1864-1936) parcourut des chemins divers : le Parnasse dont il gardera le culte de la beauté, le Symbolisme dont il est un maître, un retour au Classicisme dont il garde, malgré son goût pour le vers libre, la forme. Il va d'une admiration pour Hugo, à celle de Banville ou Léon Dierx, Leconte de Lisle ou Heredia (dont il épousera une fille, qui sera le poète Gérard d'Houville), puis à celle de Verlaine et de Mallarmé, avec, tout au long de son œuvre rigoureuse et probe, des retours à chacun d'eux. Est-ce à dire qu'il manque de personnalité? Non, car il a un sens des nuances, une manière de cerner l'imperceptible, le fugitif, des tours de plume qui n'appartiennent qu'à lui. Il sait imposer ses visions mélancoliques et pures avec une transparence bien personnelle. Plus que tout autre, il maîtrise ces évanescences chères à l'époque. Dès ses premiers recueils : *Lendemains,* 1885, *Apaisement,* 1886, *Sites,* 1887, il s'impose comme en témoigne ce sonnet de *Sites :*

> Et nous vîmes des morts d'étoiles et les phases
> Des astres éperdus au ciel bleu des minuits,
> Et l'éternel désir qui nous avait induits
> A l'amour nous mentir ses promesses d'extases.
>
> La cendre chaude encor recèle les topazes
> Qui constellaient les murs de nos palais détruits;
> Les terrasses de fleurs où veillèrent nos nuits
> Ont croulé pierre à pierre au fleuve et vers ses vases
>
> Où roule la torpeur d'un lent flot oublieux
> Du mirage aboli des astres et des yeux...
> Et nul ne saura plus le nom de ces ruines

Lorsque s'envolera d'un séculaire essor
Le vigilant témoin muet des origines,
L'Ibis rose qui rêve entre les roseaux d'or.

Il se dégage plus encore des influences dans ses *Poèmes anciens et romanesques,* 1890, et dans *Tel qu'un songe,* 1892, avant ses *Jeux rustiques et divins,* 1897, où son symbolisme devient emblématique et décoratif avec quelque préciosité. Dans les parties, qui ont pour titres *les Roseaux de la flûte* et *la Corbeille des heures,* il évoque les mythes classiques, et, sur un fond de Heredia, se rapproche de Verlaine et de Samain. Les titres des poèmes *(Le Faune au miroir, Heures d'automne, Odelette)* disent déjà qu'il cherche la délicatesse, avec·un rappel constant de ce XVIIIe siècle qui l'inspire bien. Il ne manque pas d'ambition, et si, auprès du vers classique, il utilise le vers polymorphe, c'est avec un rare sens musical :

Un petit roseau m'a suffi
Pour faire frémir l'herbe haute
Et tout le pré
Et les doux saules
Et le ruisseau qui chante aussi;
Un petit roseau m'a suffi
A faire chanter la forêt.

Auprès de la beauté grandiose, les beautés simples ont leur place comme dans *le Visiteur :*

La maison calme avec la clef à la serrure,
La table où les fruits doux et la coupe d'eau pure
Se miraient, côte à côte, en l'ébène profond ;
Les deux chemins qui vont tous deux vers l'horizon
Des collines derrière qui l'on sait la Mer,
Et tout ce qui m'a fait le rire simple et clair
De ceux qui n'ont jamais désiré d'autres choses
Qu'une fontaine bleue entre de hautes roses...

Toute sa vie il fera alterner ses recueils avec des romans, des contes, des chroniques, des aphorismes. Il a dans la phrase en prose des volutes symétriques qu'on retrouve chez Marcel Proust, et *les Vacances d'un jeune homme sage,* 1903, ou *l'Altana ou la Vie vénitienne,* 1924, entre autres, échappent au vieillissement par leur qualité artistique.

Les Médailles d'argile, 1900, sont dédiées à la mémoire d'André Chénier. Ce recueil montre une aspiration au pur alexandrinisme; il est composé de « Médailles votives, amoureuses, héroïques, marines ». Que Régnier soit sentimental, voluptueux ou mélancolique, il ne se sépare pas de l'élégante forme. Il chante *la Danse, l'Infidèle,* et, aussi bien, *Timandre* le sculpteur grec, *le Bûcher d'Hercule* ou, dans *l'Arc, Psyché,* sans oublier de belles odes et églogues marines. Le reproche qu'on pourrait faire à Régnier serait de manquer parfois de puissance, mais le joli rejoint volontiers les régions du beau comme dans *la Fileuse* où s'accorde la beauté antique et le sentiment moderne :

> Fileuse! L'ombre est tiède et bleuâtre. Une abeille
> Bourdonne sourdement dans le jour qui s'endort,
> Et ton rouet se mêle à cette rumeur d'or
> Ailé qui peu à peu s'engourdit et sommeille.
>
> Il est tard. C'est le soir. Le raisin à la treille
> Pend et sa grappe est mûre à l'essaim qui la mord,
> Mais, pour la vendanger demain, il faut encor,
> Avant que vienne l'aube et que le coq s'éveille,
>
> Que j'aie en cette argile obéissante et douce
> Arrondi de la paume et façonné du pouce
> Cette amphore qui s'enfle entre mes mains obscures,
>
> Tandis que mon labeur écoute autour de lui
> Ton rouet imiter de son rauque murmure
> Quelque guêpe invisible éparse dans la nuit.

La Cité des eaux, 1902, est un titre emprunté à Michelet. Pour chanter les souvenirs et les splendeurs de Versailles, Régnier devient un ciseleur de vers descriptif et ému. Les architectures précieuses, les fontaines et les statues, les présences évanouies, les grâces retrouvées des nymphes et des satyres disent la nostalgie d'un monde effacé par la cruelle histoire. Régnier tente de retrouver le parfum évaporé de ce qui passe et il le fait avec un charme et un art indéniables. Cette ornementation au fond parnassienne serait mièvre et usée si une nouvelle école, à la fin du siècle, et dont nous parlerons, l'école naturiste (celle de Saint-Georges de Bouhélier à laquelle se rallièrent André Gide, Francis Jammes), ne lui apportait cette idée d'« épousailles du Poète avec la Vie, la Nature », chère à Bouhélier. Henri de Régnier qui, dans un roman intitulé *le Bon plaisir,* faisait revivre Louis XIV et sa cour, en offre en quelque sorte l'illustration poétique, commentant par exemple dans *le Socle* un dessin de Helleu :

> L'Amour qui souriait en son bronze d'or clair
> Au centre du bassin qu'enfeuille, soir à soir,
> L'automne, a chancelé en se penchant pour voir
> En l'onde son reflet lui rire, inverse et vert.
>
> Le prestige mystérieux s'est entr'ouvert;
> Sa chute, par sa ride, a brisé le miroir,
> Et dans la transparence en paix du cristal noir
> On l'aperçoit qui dort sous l'eau qui l'a couvert.

Le lieu est triste; l'if est dur; le cyprès nu.
L'allée au loin s'enfonce où nul n'est revenu,
Dont le pas à jamais vibre au fond de l'écho;

Et, de l'Amour tombé du socle qu'il dénude,
Il reste un bloc égal qui semble le tombeau
Du songe, du silence et de la solitude.

A des sonnets apaisés sur Versailles succèdent dans le même recueil les dieux, les héros et les nymphes déjà rencontrés dans ses précédentes œuvres. Là, Régnier s'anime davantage. Ainsi lorsque *Marsyas parle :*

Tant pis! Si j'ai vaincu le Dieu. Il l'a voulu!
Salut, terre où longtemps Marsyas a vécu,
Et vous, bois paternels, et vous, ô jeunes eaux,
Près de qui je cueillais la tige du roseau
Où mon haleine tremble, pleure, s'enfle ou court,
Forte ou paisible, aiguë ou rauque, tour à tour,
Tel un sanglot de source ou le bruit du feuillage!
Vous ne reverrez plus se pencher mon visage
Sur votre onde limpide ou se lever les yeux
Vers la cime au ciel pur de l'arbre harmonieux :
Car le Dieu redoutable a puni le Satyre.

Mais Régnier est plus proche du dieu que de l'écorché qu'il chante. Dans *la Sandale ailée,* 1906, dans *le Miroir des heures,* 1910, on retrouve ses mythes antiques renouvelés par le Classicisme et métamorphosés par le Parnasse et le Symbolisme. Watteau, l'Arcadie ou Venise lui inspirent ses fêtes élégiaques et tendres, avec parfois une détresse secrète qui point dans des poèmes sereins d'une sérénité conquise. Il offre au fond une nouvelle lecture sensible du passé. Émile Verhaeren le définit bien : « Naturellement, sans aucun effort, ses idées s'incarnent en symboles, et c'est merveille à lui de nous les produire toujours quelque peu dans le vague et dans l'indéfini pour qu'en soient augmentées la simplification et la poésie. »

Il y a chez lui des échos de Ronsard, de Racine, de Chénier sur un fond musical pris au *Faune* de Mallarmé. S'il donne des sentences gnomiques, il calque sur Jean Moréas qui reconnaît : « Il croit qu'il imite mes *Stances,* mais ce n'est pas ça du tout. » Chaque vers chez Régnier est à ce point ouvragé, bien serti, qu'il en devient objet d'art en soi; rien n'est laissé au hasard; mais cette constante qualité ne permet guère le relief et la monotonie finit par être berceuse. Ayant trente-six ans en 1900, il devait encore longtemps produire : *Vestigia flammae,* 1920; *Flamma tenax,* 1928. La venue de nouvelles écoles ne transforma pas son esthétique fin de siècle. On a oublié aujourd'hui que, parallèlement à la montée du Surréalisme, il garda et garde encore des fervents. Mais à la fin, son paganisme pouvait paraître conventionnel, son lyrisme trop semblable à lui-même. Henri Clouard : « La vie stylisée par les œuvres se confond toujours chez ce poète composite avec la vie réelle; sa personnalité se fait jour à travers toutes les réminiscences. C'est un grand profiteur. Il s'est tissé fibre à fibre un étrange Moi de reflet et de résonance, et il embaume et magnifie le passé dans un art si commodément harmonieux que sa poésie semble politesse à l'égard de toutes les poésies. » En 1931, André Fontainas déplorait que dans « un misérable siècle », Henri de Régnier ne soit pas « un des poètes français universellement lus et glorifiés parmi les plus grands ». Or les temps avaient changé, une nouvelle sensibilité était née, un autre sens de la beauté qui effaçaient ces images si belles, mais trop tranquilles, ne correspondant pas à de nouvelles soifs, à de nouvelles aspirations. Régnier est bien un poète de l'époque symboliste et post-symboliste survivant dans notre siècle et en marquant le couronnement académique, ce qui n'empêche pas qu'on puisse prendre un plaisir apaisé en le lisant.

Albert Samain.

Une modeste origine, des études interrompues, de modestes emplois de bureau, une santé fragile ont marqué la vie d'Albert Samain (1858-1900) qui devait être lu bien après sa mort « dans les sous-préfectures et surtout par les dames », disent ses détracteurs. Il fut en 1890 un des fondateurs du *Mercure de France* avec Alfred Vallette, Ernest Raynaud, Jules Renard, Édouard Dubus et Louis Dumur. Un généreux article de François Coppée dans *le Journal* salua son premier recueil *Au Jardin de l'Infante,* 1893. En ces temps heureux, il suffisait d'un article critique pour assurer une gloire. Celle de Samain fut immédiate. On découvrait un esprit fin, curieux, celui d'un dilettante se plaisant à transcrire des sensations ténues, fugitives, des sentiments vagues et indéfinissables. « Albert Samain, dit Coppée, est un poète d'automne et de crépuscule, un poète de douces et morbides langueurs, de noble tristesse. On respire, tout au long de son œuvre, l'odeur faible et mélancolique, le parfum d'adieu des chrysanthèmes à la Saint-Martin. » En fait, Samain est le poète de l'instant fugitif et l'homme qui s'analyse sans cesse et rappelle en cela Baudelaire ou Verlaine :

> Il est d'étranges soirs, où les fleurs ont une âme,
> Où dans l'air énervé flotte du repentir,
> Où sur la vague lente et lourde d'un soupir

> Le cœur le plus secret aux lèvres vient mourir.
> Il est d'étranges soirs où les fleurs ont une âme,
> En ces soirs-là, je vais tendre comme une femme.

Comme dit Yves-Gérard Le Dantec, « la caressante allure de son rythme, la distinction de son style, l'émotion un peu superficielle mais sincère de ses thèmes, sont indiscutables ». Laissons-nous charmer par le début de cette *Élégie* :

> Quand la nuit verse sa tristesse au firmament,
> Et que, pâle au balcon, de ton calme visage
> Le signe essentiel hors du temps se dégage,
> Ce qui t'adore en moi s'émeut profondément.
>
> C'est l'heure de pensée où s'allument les lampes.
> La ville, où peu à peu toute rumeur s'éteint,
> Déserte, se recule en un vague lointain
> Et prend cette douceur des anciennes estampes.
>
> Graves, nous nous taisons. Un mot tombe parfois,
> Fragile pont où l'âme à l'âme communique.
> Le ciel se décolore, et c'est un charme unique,
> Cette fuite du temps, il semble, entre nos doigts.

Parmi ces poètes inspirés par les premiers symbolistes, les thèmes se ressemblent, les poèmes aussi, mais il y a chez Samain un petit rien qui fait son originalité réelle. Il aime laisser glisser le vers jusqu'à la rime qui chante et prolonge :

> Le calme des jardins profonds s'idéalise.
> L'âme du soir s'annonce à la tour de l'église.
> Écoute, l'heure est bleue et le ciel s'angélise.

Il est le poète des langueurs, des pâleurs, des adorations, de ce mot vague de l'âme qui met du vague à l'âme. Dans *Soir,* il fait penser à une apparition mallarméenne :

> Le Séraphin des soirs passe le long des fleurs...
> La Dame-aux-Songes chante à l'orgue de l'église;
> Et le ciel, où la fin du jour se subtilise,
> Prolonge une agonie exquise de couleur.

Et c'est très savant : relisons le premier vers de ce quatrain tout en mots à finales masculines, tandis que le deuxième offre sa musique féminine sans cesse : dame, songes, chante, orgue, église. Samain aime les chants feutrés, les quatrains qu'on dit à voix basse, les thèmes chers à Ruskin et aux préraphaélites anglais. Sa jeune infante, solitaire et mystérieuse, parmi les splendeurs de son palais suranné ou les fontaines murmurantes de ses parcs, est liliale à souhait. L'exotisme est-il facile, artificiel? Oui, mais cet impressionnisme léger, délicat, décadent est plein de sentiments tendres et douloureux à la fois. On s'émeut, on rêve, on s'alanguit devant ses émois mélancoliques pour les dimanches tristes de l'automne. Il a ses somptuosités :

> Mon âme est une infante en robe de parade,
> Dont l'exil se reflète, éternel et royal,
> Aux grands miroirs déserts d'un vieil Escurial,
> Ainsi qu'une galère oubliée en la rade.
>
> Aux pieds de son fauteuil, allongés noblement,
> Deux lévriers d'Écosse aux yeux mélancoliques
> Chassent, quand il lui plaît, les bêtes symboliques
> Dans la forêt du Rêve et de l'Enchantement.

Comme Régnier, il se met à l'école de la Grèce dans *Aux flancs du vase,* 1898. Helléniste amateur, un distique de Nikias lui inspire son titre. A ses langueurs premières succède un ton plus virilement parnassien. Les dessins qu'on trouve aux flancs des vases grecs sont traduits en alexandrins sensuels et harmonieux. Son paganisme léger se plaît à mettre en scène jeunes faunes et amants heureux, portraits d'adolescents et paysages lumineux, héros simples de la vie quotidienne. Ses petits tableaux aux contours atténués sont soit des thèmes antiques traités de façon moderne, soit des thèmes modernes traités à l'antique. On a l'impression que Samain s'ouvre lentement à la réalité, démarche que la mort interrompra. Voici le début du poème *le Repas préparé* :

> Ma fille, lève-toi; dépose là ta laine.
> Le maître va rentrer; sur la table de chêne,
> Que recouvre la nappe aux plis étincelants,
> Mets la faïence claire et les verres brillants.
> Dans la coupe arrondie à l'anse au col de cygne
> Pose les fruits choisis sur des feuilles de vigne :
> Les pêches qu'un velours fragile couvre encor,
> Et les lourds raisins bleus mêlés aux raisins d'or.
> Que le pain bien coupé remplisse les corbeilles;
> Et puis ferme la porte, et chasse les abeilles.
> Dehors, le soleil brûle et la muraille cuit;
> Rapprochons les volets; faisons presque la nuit,
> Afin qu'ainsi la salle, aux ténèbres plongée,
> S'embaume toute aux fruits dont la table est chargée.
> Maintenant va chercher l'eau fraîche dans la cour
> Et veille que surtout la cruche, à ton retour,
> Garde longtemps, glacée et lentement fondue,
> Une vapeur légère à ses flancs suspendue.

On croirait un repas prêt pour le Nathanaël d'André Gide. Sans cesse les poètes de l'époque, même en chantant les biens de ce monde les plus matériels, les idéalisent. On le verra avec Paul

Valéry encore. S'y ajoute souvent une intimité à la François Coppée ou à la Sainte-Beuve.

Peu avant sa mort, Samain compose *Polyphème,* poème dramatique fondé sur les déceptions de l'amour et la hantise de la force chez un homme faible où l'on reconnaît le poète lui-même. Nous sommes avec un Chénier adapté au goût des symbolistes. Son recueil *le Chariot d'or,* 1901, posthume, apportera les plus heureuses surprises. Dans ses trois parties : *les Roses dans la coupe, Élégies, Intérieur,* auxquelles s'ajoutera *Symphonie héroïque,* mêmes beautés, mêmes harmonies, mais, en plus un élan vers une vérité qui peut se passer d'artifices littéraires. On trouve encore des visions du printemps et de l'automne, des effets de nuit, et l'amour pour une créature jaillie du rêve, inspiratrice et purificatrice de sa contemplation. Samain se souvient de sa naissance lilloise et dans un sonnet prolongé à tercet triple, il se rapproche d'Émile Verhaeren dont il subit quelque influence :

> Mon enfance captive a vécu dans les pierres,
> Dans la ville où sans fin, vomissant le charbon,
> L'usine en feu dévore un peuple moribond :
> Et pour voir des jardins je fermais les paupières...
>
> J'ai grandi ; j'ai rêvé d'orient, de lumières,
> De rivages de fleurs où l'air tiède sent bon,
> De cités aux noms d'or, et, seigneur vagabond,
> De pavés florentins où traîner des rapières.
>
> Puis je pris en dégoût le carton du décor,
> Et maintenant, j'entends en moi l'âme du Nord
> Qui chante, et chaque jour j'aime d'un cœur plus fort
>
> Ton air de sainte femme, ô ma terre de Flandre,
> Ton peuple grave et droit, ennemi de l'esclandre,
> Ta douceur de misère où le cœur se sent prendre,
>
> Tes marais, tes prés verts où rouissent les lins,
> Tes bateaux, ton ciel gris où tournent les moulins,
> Et cette veuve en noir avec ses orphelins...

C'est là toute sa biographie, avec ses rêves, ses nostalgies et ses espoirs des terres de l'azur, mais échappe-t-on à son sol natal? Albert Samain a encore donné des *Contes,* 1902, posthumes, et sa correspondance, ses notes intimes disent son sens des valeurs esthétiques et sa conception du rôle du poète. S'il n'invente guère, s'il se sert d'une prosodie éprouvée, cet élégiaque sincère, à l'âme féminine, sait transmettre ses émotions avec charme et mollesse. Ses paysages sont parés d'une aura vaporeuse. On sent qu'on pourrait lui reprocher mille choses, comme d'être souvent conventionnel, sans ardeur, trop flottant, mais son tempérament de malade qui mourra phtisique a des élans vers une somptuosité digne de Gustave Moreau avec des teintes d'Odilon Redon, et, finalement, on se laisse prendre à tout ce qu'il a d'exquis et de vrai, même s'il n'est qu'un reflet lointain de ses grands maîtres parnassiens et symbolistes.

Jean Moréas, le pèlerin passionné.

Au début du siècle, le navarque Tombazis terrorisait l'armada ottomane et Papadiamantopoulos venait mourir à Missolonghi. Ce sont les aïeuls de Jean Papadiamantopoulos, dit Jean Moréas (1850-1910), Grec né à Patras, confié à une gouvernante française, faisant ses humanités à Athènes, son droit à Paris, fréquentant l'avant-garde poétique, parcourant l'Europe pour choisir Paris où il devait se consacrer entièrement à la poésie. Son premier recueil *les Syrtes,* 1884, montre un poète qui se cherche et n'est pas libéré d'influences immédiates : Baudelaire et Verlaine sont présents. Mais déjà le virtuose du rythme et de la rime perce dans des poèmes précieux aux délicatesses trop appuyées. Il use et abuse d'artifices archaïques, joue sur les mètres impairs comme Verlaine le lui a appris, et se veut satanique car il a lu des fleurs maladives. On distingue dans ce recueil un échantillon des diverses voies qui le tentent, notamment quelques alexandrins qui sont un avant-goût des *Stances.* Il n'oublie pas ses origines grecques, il est plein de son voyage en Allemagne et de la verdeur du Quartier latin, avec quelque chose d'embarrassé dans ces poèmes pas encore bien mûrs. Il a les tics de l'époque, il s'alanguit comme le fera si bien Mme de Noailles :

> Que l'on jette ces lys, ces roses éclatantes,
> Que l'on fasse cesser les flûtes et les chants
> Qui viennent raviver les luxures flottantes
> A l'horizon vermeil de mes désirs couchants.
>
> Oh! ne me soufflez plus le musc de votre haleine,
> Oh! ne me fixez pas de vos yeux fulgurants,
> Car je me sens brûler, ainsi qu'une phalène,
> A l'azur étoilé de ces lambeaux errants.

Voici une musique en vers de neuf pieds :

> Parmi les marronniers, parmi les
> Lilas blancs, les lilas violets,
> La villa de houblon s'enguirlande,
> De houblon et de lierre rampant
> La glycine, des vases bleus, pend;
> Des glaïeuls, des tilleuls de Hollande.

Lassitudes, désillusions, désir de l'oubli, il a parfois les allures d'un Lamartine qui aurait lu Baudelaire et les alcyons de Chénier sont présents :

> Ô mer immense, mer aux rumeurs monotones,
> Tu berças doucement mes rêves printaniers;
> Ô mer immense, mer perfide aux mariniers,
> Sois clémente aux douleurs sages de mes automnes.
>
> . . . .
>
> Loin des villes, je veux sur mes falaises mornes
> Secouer la torpeur de mes obsessions,
> — Et mes pensers, pareils aux calmes alcyons,
> Monteront à travers l'immensité sans borne.

A ces clichés, on préfère les poèmes des *Cantilènes,* 1886, plus achevés. Dans ces « Airs et secrets », il se régénère aux légendes médiévales, aux lieds allemands, avec parfois un ton proche de celui de Laforgue dans ses *Complaintes.* Son symbolisme ingénu, sa simplicité raffinée d'érudit (on l'appela « le libraire héroïque ») se font jour dans des poèmes qui sentent la bonne fabrication. Il adapte à son chant personnel des thèmes existants pris ailleurs, chez Shakespeare par exemple :

> Sous vos longues chevelures, petites fées,
> Vous chantâtes sur mon sommeil bien doucement,
> Sous vos longues chevelures, petites fées,
> Dans la forêt du charme et de l'enchantement,
>
> Dans la forêt du charme et des merveilleux rites,
> Gnomes compatissants, pendant que je dormais,
> De votre main, honnêtes gnomes, vous m'offrites
> Un sceptre d'or, hélas! pendant que je dormais.

Il chante familièrement *le Rhin* qu'il déromantise, avant que Guillaume Apollinaire fasse mieux que lui. Quatre rimes féminines suivies de deux masculines donnent un ton particulier :

> Aux galets le flot se brise
> Sous la lune blanche et grise
> Ô la triste cantilène
> Que la brise dans la plaine!
> — Elfes couronnés de jonc,
> Viendrez-vous danser en rond?
>
> Hou! hou! le héron ricane
> Pour faire peur à la cane.
> Trap! Trap! le sorcier galope
> Sur le bouc et la varlope.
> — Elfes couronnés de jonc,
> Viendrez-vous danser en rond?

L'archaïsme, les mots recherchés, la syntaxe capricieuse lui permettent d'imiter un moyen âge de pacotille avec recours savant au *Roman de la Rose* ou à François Villon :

> J'ai destrier qui, sans qu'on le harcèle,
> Bondit crins hauts et le naseau fumant;
> Le frein de gemmes et d'argent ruisselle,
> De pourpre est le caparaçonnement.
> Las! sans armet, ma tête dolemment
> Penche, et mon bras de fer est sans vaillance.
> Amour occit mon cœur de male lance.
>
> Anne, Briaude et Doulce la pucelle
> Aux cheveux blonds, plus blonds que le froment,
> Et la Dame de Roquefeuilh, et celle
> Pour qui mourut le roi de Dagomant,
> M'offrent joyeux réconfort; mais comment
> Auraient-elles à mes yeux précellence?
> Amour occit mon cœur de male lance.

Son ambition sera bientôt de faire communier le moyen âge et la Renaissance avec l'âme moderne. Par les anciens, la langue doit retrouver sa vigueur perdue, sa verdeur, son relief, son originalité. Il ressuscite donc des archaïsmes, multiplie les inversions et use de mots composés : fureur-née, bel-accueil, beau-parler, etc. On pourrait ajouter « faux-semblant » pour définir cette recherche louable, mais avortée, qui se résout en pastiches et en curiosités érudites parfois ridicules. En même temps, il s'associera aux recherches qui tendent à libérer le vers.

Batailleur de charme, il fut l'un des premiers à s'insurger contre la tyrannie du Parnasse. Son manifeste parut dans *le Figaro* du 18 septembre 1886. De ce texte assez confus où il défend surtout son art personnel, on retient ces phrases sur l'art, le style, la langue, le rythme, la rime :

Ennemie de l'enseignement, la déclamation, la fausse sensibilité, la description objective, la poésie symboliste cherche à vêtir l'idée d'une forme sensible qui néanmoins ne serait pas son but à elle-même, mais, tout en servant à exprimer l'Idée, demeurerait sujet. L'idée à son tour ne doit point se laisser voir privée des analogies extérieures : car le caractère essentiel de l'art symbolique consiste à ne jamais aller jusqu'à la conception de l'idée en soi. [...] Pour la traduction exacte de sa synthèse, il faut au symbolisme un style archétype et complexe : d'impollués vocables, la période qui s'arc-boute alternant avec la période aux défaillances ondulées, les pléonasmes significatifs, les mystérieuses ellipses, l'anacoluthe en suspens, tout trope hardi et multiforme; enfin la bonne langue instaurée et modernisée, la bonne et luxuriante et fringante langue française d'avant les Vaugelas et les Boileau, la langue de François Rabelais et de Philippe de Commines, de Villon, de Rutebeuf et de tant d'autres écrivains libres et dardant le terme exact du langage, tels des toxotes de Thrace leurs flèches sinueuses. [...] L'ancienne métrique avivée, un désordre savamment ordonné, la rime illucescente et martelée comme un bouclier d'or et d'airain, auprès de la rime aux fluidités abscondes; l'alexandrin à arrêts multiples et mobiles, l'emploi de certains nombres impairs...

Épris de la poésie française dans son histoire, Jean Moréas, tout au long de sa vie, n'en sera pas à une métamorphose près. Cinq ans après ses *Cantilènes,* sans tout à fait renier ses idées premières, il va faire son école bien à lui, son *Pèlerin passionné* donnant le coup d'envoi à l'École Romane qu'il a peut-être lancée sans trop y réfléchir.

Jean Moréas et l'École Romane.

Jean Moréas en vient donc à sa communion médiévale et renais-sante avec l'esprit moderne dans sa préface du *Pèlerin passionné,* 1891. Là, il prend ses distances avec le Symbolisme dont il ne rete-nait au fond que les thèmes et les accessoires pour préconiser un retour aux sources nationales romanes. Pour ce Grec, le français était avant tout langue de culture et il n'ignorait rien de son passé prestigieux. Ce qui apparaissait naturellement dans ses premières œuvres est maintenant affirmé. Au fond, ce « Ronsard du Symbo-lisme », comme dit Anatole France, veut rééditer l'entreprise des élèves du collège de Coqueret. Quand des adeptes le rejoindront qui se nomment Raymond de La Tailhède, Maurice Du Plessys, Charles Maurras, Ernest Raynaud, Hugues Rebell et d'autres, ils n'auront au début souci que de pindariser en chœur. Mais aux rus-tiques pipeaux et aux « mimalloniques thymbons » un peu ana-chroniques et même absurdes du début succédera la récupération du mouvement par un maître en idéologie, Charles Maurras. Ce dernier s'insurgera en nationaliste intégral contre l'individualisme anarchique, l'irrationalisme, le germanisme, l'hégélianisme, en bref contre les séquelles du romantisme. Le disciple Maurras aura donc une influence sur le maître Moréas, lui apportant peu à peu le goût d'une ligne mélodique épurée. Ainsi le *Pèlerin passionné,* dans une nouvelle édition, sera purifié et trouvera dans les seuls mythes de la Grèce qui l'emportent sur ceux du Nord et de l'Orient son unité. C'est un retour à l'équilibre et à l'harmonie contre les excès du symbolisme et du décadisme. Mais on se demande si l'auteur, qui remplacera bientôt Ronsard par Malherbe, n'a pas pris un nouveau masque qu'il jugeait plus seyant. Voici une *Églogue à Francine :*

> Ô Francine sade, cueille,
> De tes doigts si bien appris,

La rose, moite en sa feuille,
Le lys qui n'a pas de prix.
Des chants et des verts pourpris
La fleurante nouveauté,
Las! demain aura été.

. . . .

Or ainsi, belle Francine,
Faisant nargue à vos foleurs,
Senestre je vaticine
Toutes sortes de malheurs,
En me couronnant de fleurs,
Sifflant de pastoureaux airs
Dans mes chalumeaux déserts.

S'il rappelle Ronsard, Moréas, par sa langue fluide, par ses rythmes, par l'atmosphère poétique reste proche des symbolistes. Ses minutieuses descriptions ont gardé quelque chose du Parnasse contre lequel il a lutté. Délicieux dans ses *Allégories pastorales* ou ses *Sylves,* il se montre partout adorateur de la nature avec des nymphes et des divinités champêtres, des faunes, des personnages venus de la mythologie qu'il sait animer. Ce ton, on le retrouve dans *Enone au clair visage,* dans *Eriphyle et Sylves nouvelles,* 1898. Dans sa maturité, Moréas subit son ultime métamorphose. Un nouveau masque? Non, il semble qu'il arrache tous les autres pour se révéler enfin. Ici, plus d'audaces prosodiques, plus de prouesses rythmiques, pourrait-on dire au seuil de ses *Stances* qui compteront sept livres, deux en 1899, quatre en 1901, un en 1920, posthume. Il peut bien dire : « C'est dans Racine que nous devons chercher et les règles du vers, et le reste. » Il se plie aux règles avec scrupule. Ses contemporains vont le trouver divin. Paul Souchon écrit en 1900 : « Chaque *Stance* est comme un pleur cristallisé. Quel assemblage de pierres rares! Nous n'avions jusqu'ici en France aucun exemple de cette poésie. C'est le souffle de Sappho et des élégiaques grecs et latins, Alcée, Alcman, Simonide, Catulle et Tibulle... »

Sans doute à la charnière du siècle, le poète sentant venir sa fin a-t-il médité tristement sur le monde avec cette délicate mélancolie de l'automne et de la résignation élégiaque. Il se garde d'être trop raffiné, trop recherché. C'est un retour à l'antique simplicité. Qu'un peu de didactisme facile se glisse dans ces harmonies élégiaques où la nature est état d'âme gêne-t-il? Certes, cette poésie est datée et il faut faire un retour en arrière et oublier bien des acquis pour la goûter, mais le phénomène est curieux : unir Ronsard et Malherbe après le Symbolisme paraît être une gageure et il faut reconnaître que Moréas à travers ses transformations n'a pas quitté une ligne essentielle. Nous sommes en plein classicisme, le poète ne plastronne plus comme il le faisait parmi ses disciples au café Vachette. Il a trouvé sa vérité avant la mort dont il dira qu'elle est une sottise. Et l'on retiendra aussi ce mot de la fin recueilli par Maurice Barrès : « Classiques, romantiques : tout cela, c'est des bêtises! » Voici deux groupes de *Stances* qui reflètent bien sa manière tendre et désabusée :

> Les roses que j'aimais s'effeuillent chaque jour,
> Toute saison n'est pas aux blondes pousses neuves;
> Le zéphir a soufflé trop longtemps : c'est le tour
> Du cruel Aquilon qui condense les fleuves.

> Vous faut-il, Allégresse, enfler ainsi la voix
> Et ne savez-vous point que c'est grande folie,
> Quand vous venez sans cause agacer sous mes doigts
> Une corde vouée à la Mélancolie?

*
* *

> Ne dites pas : La vie est un joyeux festin;
> Ou c'est d'un esprit sot ou c'est d'une âme basse.
> Surtout ne dites point : Elle est malheur sans fin;
> C'est d'un mauvais courage et qui trop tôt se lasse.

> Riez comme au printemps s'agitent les rameaux,
> Pleurez comme la bise ou le flot sur la grève,
> Goûtez tous les plaisirs et souffrez tous les maux
> Et dites : C'est beaucoup, et c'est l'ombre d'un rêve.

On se déprendra peu à peu de ce genre de poésie. Si l'avenir de Moréas n'est pas comparable à celui de Mallarmé ou Rimbaud, il a pourtant préparé des voies, celles de l'école fantaisiste, celles de Valéry, de Royère, des débats sur la poésie pure. Il a mis l'accent sur la valeur propre du langage. Mallarmé a pu lui écrire : « Vous êtes un des seuls aujourd'hui qui idéalisez chaque vers dans sa perfection propre. Tous comme je l'aime, sont arrêtés, même les plus fugaces; le rythme jamais enfreint... » Toujours bon critique, Verhaeren : « Moréas, en un certain sens, est un anachronisme. Il date d'avant notre temps par l'illusion qu'il se fait et le rêve qu'il se construit aux heures propices. Mais il est bien d'aujourd'hui si l'on étudie en lui le raffiné du mot chanteur, du rythme restauré et savant... »

On pourrait dire qu'avec les *Stances,* c'est le Symbolisme qui atteint son hiver, avec ses pensées suggérées, ses émotions communiquées par osmose, ses harmonies aériennes où l'image et l'idée se fondent et s'épurent. Certes, la pensée sentencieuse que nous rencontrons nous paraît lointaine, très lointaine et presque contraire à la poésie selon l'idée que nous en avons aujourd'hui. Comme Régnier, comme Samain, Moréas peut enchanter la bourgeoisie plutôt que l'avant-garde. A citer encore ces œuvres : *Iphigénie,* 1903, cette tragédie qui triompha avant Paris à Orange, deux autres tragédies en fragments : *Ajax, Philoctète,* et, parmi ses proses, ses *Réflexions sur quelques poètes,* 1912, posthumes, qui témoignent d'une attention soutenue à la poésie et d'une parfaite probité intellectuelle.

5

Poètes symbolistes, poètes romans

Deux Américains.

Au temps du Symbolisme se forme déjà une sorte d'école de
Paris. Comme le Grec Jean Moréas, les Américains Stuart
Merrill et Francis Vielé-Griffin (d'ascendance française), fixés à
Paris, ont participé activement au mouvement poétique de la fin
du siècle. Fils d'un diplomate, Stuart Merrill (1863-1915), né dans
l'île de Long Island (New York), passa son enfance à Paris, avant de
faire son droit dans son pays et de revenir se fixer définitivement en
France en 1890. Dès le lycée, il eut pour amis les poètes Pierre
Quillard, René Ghil, Rodolphe Darzens, Georges Vanor, publiant
avec eux l'éphémère revuette *le Fou*. Humaniste et militant socialiste, Stuart Merrill fonda des groupes à New York. Frère d'armes
des symbolistes, il aida outre-Atlantique à la connaissance du mouvement, par des articles et par ses *Pastels in Prose*, 1890, réunissant
auprès d'Aloysius Bertrand, Baudelaire, Mallarmé, Villiers de l'Isle-
Adam, ses amis Henri de Régnier, Judith Gautier, Ephraïm
Mikhaël, Pierre Quillard, etc.

On peut se demander comment se concilient son socialisme et
son goût d'une poésie mélodique, raffinée, difficile. Ami du peuple,
il le révérait assez pour le croire digne d'autre chose que la facilité.
Pour lui, « la société moderne est un poème mal fait qu'il s'agit de
corriger » et, comme il le dit dans son *Credo*, « le Poète doit être
celui qui rappelle aux hommes l'Idée éternelle de la Beauté dissi-
mulée sous les formes transitoires de la Vie imparfaite ». Ses
poèmes ne sont pas dégagés d'influences. Après une courte période
parnassienne, il est devenu, comme dit Remy de Gourmont, ce symboliste « en qui l'on découvre le contraste et la lutte d'un tempérament fougueux et d'un cœur très doux, et selon que l'emporte l'une

de ces deux natures, on entend la violence des cuivres ou le murmure des violes ». On le voit tantôt faire revivre en figures somptueuses des légendes abolies, et tantôt exprimer gravement ses pensées philosophiques et sociales. Il a surtout été frappé par la beauté, celle de la musique de Wagner à Bayreuth, celle des peintres primitifs allemands et italiens, celle des préraphaélites. Ses recueils sont : *les Gammes,* 1887, *les Fastes,* 1891, *Petits poèmes d'automne,* 1895, *Poèmes,* 1887-1897, *les Quatre saisons,* 1900. Ce début d'un *Nocturne* dédié à J.-K. Huysmans montre son sens mélodique :

> La blême lune allume en la mare qui luit,
> Miroir des gloires d'or, un émoi d'incendie.
> Tout dort. Seul, à mi-mort, un rossignol de nuit
> Module en mal d'amour sa molle mélodie.

Le lecteur qui s'arrêtera à ce dernier vers remarquera comme l'union des consonnes M et L donne un effet coulant. D'autres consonnes lui permettent ces savantes musicalités :

> Plus ne vibrent les vents en le mystère vert
> Des ramures. La lune a tu leurs voix nocturnes :
> Mais à travers le deuil du feuillage entr'ouvert
> Pleuvent les bleus baisers des astres taciturnes.
>
> La vieille volupté de rêver à la mort
> A l'entour de la mare endort l'âme des choses.
> A peine la forêt parfois fait-elle effort
> Sous le frisson furtif de ses métamorphoses.

Dans la descendance mallarméenne, il est un des poètes les plus purs, arrivant parfaitement à traduire ses sensations les plus ténues. Il a le goût des raretés précieuses, comme dans le sonnet *Celle qui prie :*

> Ses doigts gemmés de rubacelle
> Et lourds du geste des effrois
> Ont sacré d'un signe de croix
> Le samit de sa tunicelle.
>
> Sous ses torsades où ruisselle
> La rançon d'amour de maints rois;
> Sa prunelle vers les orfrois
> Darde une vivide étincelle.
>
> Et c'est par l'oratoire d'or
> Les alléluias en essor
> De l'orgue et du violoncelle :
>
> Et, sur le missel à fermail
> Qu'empourpre le soir d'un vitrail,
> Ses doigts gemmés de rubacelle.

On trouvera dans ces recueils des poèmes d'automne plus verlainiens, des rappels de légendes comme : « Je suis ce roi des
anciens temps / Dont la cité dort sous la mer. » Il ne faut pas oublier
que Stuart Merrill est un familier de la langue anglaise, d'où ce
recours peu commun aux allitérations dont il est le maître. Dans
les Quatre saisons, il va, comme Moréas à la fin de sa vie, vers un
lyrisme plus ample et grave, ce qui lui fait oublier en partie ses
ingéniosités verbales. Il communie avec la nature et avec le travail
humain le plus humble, celui des femmes à la lessive par exemple.
Il dit, du printemps à l'hiver, que son âme est pleine d'oiseaux ou
bien il célèbre *la Bonne pluie* ou les trois femmes rousses d'une
Mystérieuse chanson ou « la neige, comme le regret qu'on a pour une
morte ». Sa *Visitation de l'amour* en vers de mètres longs dit un
éblouissement humain. Il élargit sans cesse son chant en vers de
onze ou treize pieds :

> Ce sont peut-être, rôdant de male sorte,
> Pieds nus dans leurs sabots, couteau clair au poing,
> Les vagabonds au chapeau rabattu sur les yeux
> Qui attendent le voyageur hésitant au coin
> De la forêt où des croix marquent les mauvais lieux.
> Ils viennent quémander, quand le soleil est loin,
> La miche de pain rassis et le pichet de vin sur
> A la femme furtive et au vieillard lourd
> Qui écoutent, sans oser crier au secours,
> Leur haleine qui souffle au trou de la serrure.
>
> Si ce sont eux, je rallumerai la flamme du foyer
> Pour que s'y chauffent les pauvres que personne n'a choyés,
> Et la porte ouverte à leur soif et à leur faim,
> Je leur verserai le vin et je leur briserai le pain
> Jusqu'à ce que les huches soient vides et les verres pleins.
> Puis je leur dirai : « Allez et laissez à sa paix
> Celui qui a eu pitié de vous et qui pleure
> Sur le destin des vôtres qu'un Dieu fou a frappés ;
> Et si vous m'aimez un peu pour ce peu de bonheur,
> Laissez sur mon seuil au printemps quelques fleurs. »

Ainsi, du poème le plus précieux à la voix de l'humanisme socialiste se déroule une œuvre des plus intéressantes, fertile en surprises. Mal connu, Stuart Merrill apporte à qui le lit bien d'étranges
et heureuses découvertes. Il mérite mieux que la place étroite
d'étranger doué qu'on lui fait généralement à l'ombre de poètes
qui ne sont pas plus grands que lui.
Son compatriote, Francis Vielé-Griffin (1864-1937) est né à Nor-
folk en Virginie alors que son père, le général Egbert-Louis Vielé
commandait dans cette ville les forces de l'Union. Sa famille était

originaire de Lyon. Dès l'âge de huit ans, l'enfant fut amené en France où il se partagea entre Paris et la Touraine. Vers sa vingtième année, il fréquenta assidûment les Mardis de Mallarmé dont il ressentit l'heureuse influence. En 1890, il fit paraître, avec Bernard Lazare, Paul Adam et Henri de Régnier, *les Entretiens politiques et littéraires,* revue symboliste où il prit parti, sans dogmatisme, pour le vers libre. Pour lui, le poète doit créer son mode d'expression selon son rythme intérieur. Il le dit ainsi :

Le vers est libre ; — ce qui ne veut nullement dire que le « vieil » alexandrin à « césure » unique ou multiple, avec ou sans « rejet » ou « enjambement », soit aboli ou instauré ; mais — plus largement — que nulle forme fixe n'est plus considérée comme le moule nécessaire à l'expression de toute pensée poétique ; que, désormais comme toujours, mais consciemment libre cette fois, le Poète obéira au rythme personnel auquel il doit d'être, sans qu'aucun « Législateur du Parnasse » ait à intervenir ; et que le talent devra resplendir ailleurs que dans les traditionnelles et illusoires « difficultés vaincues » de la poésie rhétoricienne. — L'Art ne s'apprend pas seulement, il se recrée sans cesse ; il ne vit pas que de tradition, mais d'évolution.

Francis Vielé-Griffin, dans le mouvement symboliste, représente l'idéalisme, l'optimisme, la foi en le progrès humain. Il est un célébrateur de la beauté où qu'elle se trouve : dans la nature, dans les légendes, dans les chansons, dans les actions humaines. Il prend la vie comme une « chevauchée », en quête d'idéal, d'aspirations, de rêves, d'ardeurs fraternelles que rien n'assouvit. Les brumes de la mélancolie voilent souvent son idée. Comme Stuart Merrill, il aime les humbles. Il reste toujours simple, franc, optimiste, sans aucun goût pour l'étrange et le morbide. C'est un poète de bonne santé naturelle. Chez lui, les joies sont fortes et les douleurs saines. Il observe ses visions intérieures pour les sublimer. Il partage avec Mallarmé, et aussi Wagner et Shelley, cette conviction que la réalité est une création de l'âme recréée par l'art. Pour lui, tout se résout dans le sentiment où s'unissent le mystère et la vérité. Son art est expression ; le mot « symbole » retrouve son sens premier : « un signe de reconnaissance dans la coutume de l'hospitalité ». En épigraphe à son œuvre, il aurait pu écrire : « N'entre pas sans désir. » Il donne des images neuves, mais souvent ses allégories touchent au lieu commun dans une œuvre prolixe, de *Cueille-d'avril,* 1886, au *Livre des reines,* 1929, en passant par tant de livres : *les Cygnes,* 1885-1886, 1887, puis 1890-1891 ; *la Chevauchée d'Yeldis,* 1893 ; *Poèmes et poésies,* 1895 ; *la Clarté de la vie,* 1897 ; *Lumière de la Grèce,* 1912 ; *la Voix d'Ionie,* 1914 ; sans oublier son poème dramatique *Swanhilde,* 1893 ; *Phocas le jardinier,* 1898, et d'autres tentatives de théâtre symboliste. Il a traduit ou transposé Swinburne et Whitman.

Un exemple de sa musique est donné par cette *Chanson de Cueille d'avril* :

> J'ai pris de la pluie dans mes mains tendues
> — De la pluie chaude comme des larmes —
> Je l'ai bue comme un philtre, défendu
> A cause d'un charme;
> Afin que mon âme en ton âme dorme.

Ou encore par cet extrait du poème *Mon rêve de ce soir* :

> Mon rêve de ce soir est d'un cristal
> Où tu versais le vin de ton rire
> Diaphane comme une source qui bouillonne
> Et qu'on boit à pleines lèvres de désir;
> Mon désir de ce soir est d'un heurt de métal
> Clair et vibrant à l'unisson de mon désir
> Vainqueur et joyeux — comme une armure sonore —
> Mâle et rieur et clair — que l'on s'y mire.

Cette œuvre qui tente d'insuffler le souffle de la vie parmi les évanescences symbolistes n'y parvient guère. Il y a de beaux passages, mais souvent le vers libre s'effiloche. Épris du jardin de Touraine et de la Grèce, aimant Pindare et Sappho, tentant les légendes philosophiques et héroïques — *Phocas le jardinier* ou *Wieland le forgeron* — il lui manque cette force qu'a un Verhaeren. Il a de la fraîcheur, il veut le bonheur, il a des élans musicaux qui touchent, de l'ingénuité, du raffinement, du charme, mais tout cela n'enthousiasme guère parce que trop sage, trop tranquille, platonique et prosaïque. Il sera un poète marquant de sa génération certes, mais sans postérité.

Les Souffrances du jeune Ephraïm.

Mort à vingt-quatre ans, le Toulousain Ephraïm Mikhaël (1866-1890) publie à vingt ans *l'Automne de Mikhaël,* 1886, quatorze poèmes « d'une tristesse virulente et incurable » où « se répète presque toujours la plainte de l'orgueil et de l'ennui ». Ses amis, Pierre Quillard, Marcel Colliard et Bernard Lazare (avec qui il écrivit *la Fiancée de Corinthe,* légende dramatique en trois actes, 1888) recueilleront vingt-six autres poèmes et des pièces en prose qu'ils publieront l'année de sa mort. S'ajoutent *le Cor fleuri,* féerie en un acte en vers et *Briséis,* drame lyrique en collaboration avec Catulle Mendès. Ce dernier dira : « De plus prestigieux artistes que lui, il n'en fut jamais! » et ajoutera avec quelque emphase : « Chacun de ses poèmes est comme un bûcher de trésors flambants où rêve un Sardanapale environné de nudités parées de gazes et de perles, mais un Sardanapale qui aurait lu *l'Ecclésiaste.* D'autres fois, il fait penser à un royal affligé qui aurait versé, pleur à pleur, tout le sang de ses veines, dans un lacrymatoire d'or incrusté de rubis et de chrysoprases. » Il mérite plus de simplicité, ce jeune mort qui fut un poète précoce plein d'originalité. Il n'a écrit que de bons poèmes : *Tristesse de septembre, Effet de soir, Crépuscule pluvieux* ou ces *Impiétés* dont voici le début :

> Dans la haute nef qui frissonne toute
> Au bruit triomphal de l'hymne chanté,
> Un étrange évêque, au cœur plein de doute,
> Officie avec somptuosité.
>
> Il chante — que Dieu soit ou non, qu'importe?
> Qu'importe le ciel sévère ou clément? —
> Impassible, il chante, et de sa main forte
> Lève l'ostensoir solennellement.
>
> Mais — tandis qu'au loin sa narine avide
> Quête les parfums du saint encensoir —
> Il songe, en son âme infidèle et vide,
> Qu'il est beau, tenant ainsi l'ostensoir;
>
> Que, sur son manteau de pourpre, rutile
> Une gloire large et de divers ors,
> Comme un soleil que le soir mutile
> Luit sur le charnier des morts.

Il fait penser parfois au jeune **Rimbaud** et souvent ses paysages tristes à mourir sont baudelairiens :

> Cette nuit, au-dessus des quais silencieux,
> Plane un calme lugubre et glacial d'automne.
> Nul vent. Les becs de gaz en file monotone
> Luisent au fond de leur halo, comme des yeux.
>
> Et dans l'air ouaté de brume, nos voix sourdes
> Ont le son des échos qui se meurent, tandis
> Que nous allons rêveusement, tout engourdis
> Dans l'horreur du soir froid plein de tristesses lourdes.

Il reste chez lui, dans la forme, quelque chose du Parnasse en ce qu'il eut de noble et d'harmonieux. Au fil des poèmes, tous les mots qui disent regrets et nostalgies, brumes et brouillards, ennui et monotonie se retrouvent. Il est vraiment à l'opposé de Vielé-Griffin, ce pessimiste à qui son destin donna raison puisque son apparent printemps de la vie était un automne avec sa *Tristesse de septembre :*

> Quand le vent automnal sonne le deuil des chênes,
> Je sens en moi, non le regret du clair été,
> Mais l'ineffable horreur des floraisons prochaines.

C'est par l'avril futur que je suis attristé ;
Et je plains les forêts puissantes, condamnées
A verdir tous les ans pendant l'éternité.

Car, depuis des milliers innombrables d'années,
Ce sont des blés pareils et de pareilles fleurs,
Invariablement écloses et fanées ;

Ce sont les mêmes vents susurrants ou hurleurs,
La même odeur parmi les herbes reverdies,
Et les mêmes baisers et les mêmes douleurs.

« Ô les soleils nouveaux ! la saison inconnue ! » s'écrie-t-il à la fin du poème déchirant. On connaît moins ses poèmes en prose moins originaux peut-être que ses vers, mais de qualité. Certaines *Fleurs vénéneuses,* par exemple, se rapprochent des poèmes en prose de l'auteur des *Fleurs du Mal* :

Les fleurs vénéneuses, dans la forêt, surgissent de toutes les branches. Elles sont farouches et tumultueuses ; elles ressemblent à des bêtes, elles ressemblent à des mains qui sont mortes, et aussi à de vieilles plaies et à des bouches infâmes. Elles allongent leurs tiges comme des cous de hideux oiseaux ; elles se penchent affreusement l'une vers l'autre, au-dessus des sentes étroites, et elles font gicler de leurs calices des pluies haineuses de venin.
Mais le cavalier, ayant clos selon les préceptes les grilles d'or de son casque, chevaucha paisiblement sous les ramures de poison.
Vers le soir, des molosses sortirent des halliers. Ils bondissaient, écumaient, hurlaient ; et quelques-uns déjà, la gueule sanglante, sautaient au poitrail nu du destrier. Le cavalier prit un fouet, un fouet d'ivoire aux cordes de lin. Il frappa les molosses brusquement apaisés. A travers les brumes crépusculaires, tous les chiens s'enfuirent silencieusement.
Des fossés larges comme des fleuves coupaient la route. Le cheval les franchit d'un saut paisible, et, parce qu'il avait une émeraude sertie au centre du chanfrein, il évita aussi les pièges de fer cachés sous les feuilles mortes et les ramilles...

Ephraïm Mikhaël est le jeune maître d'un œuvre mince où tout est perfection. Ce pessimiste, ce poète noir, est loin d'être un élégiaque, en ce sens qu'il n'émet pas de plaintes faciles. Il est une des heureuses découvertes de ce temps symboliste où il apporte une rigueur de pensée parnassienne. Dégoût de vivre, certes, mais exprimé avec virilité et virulence, avec un pathétisme vrai et une sincérité incontestable. Rien à voir avec les chants des jeunes romantiques dont la tristesse, même si elle est réelle, ne va pas sans conventions littéraires. Ce poète fait naître une émotion profonde sans jamais recourir aux facilités d'une poésie maladive.

L'Éros funèbre de Charles Guérin.

De Charles Guérin (1873-1907), son ami Francis Jammes devait
dire : « Je jette un regard en arrière, et embrassant la vie de Charles
Guérin, je me dis qu'il n'y eut jamais un poète aussi douloureux
que lui. » Chez ce ferme élégiaque, ce poète de la volupté, de l'angoisse et de la mort, de l'inquiétude religieuse et du pressentiment
funeste, la forme est classique, dans ses poèmes symbolistes comme
dans ceux qui se réclament de la tradition. Ses recueils sont de
qualité, de *Fleurs de neige,* 1893, publiées sous le pseudonyme ana-
grammatique de Heirclas Rugen, à *l'Homme intérieur,* 1906, en passant par *l'Art parjure,* 1894, *Joies grises,* 1894, *le Sang des crépuscules,*
1895, *Sonnets et un poème,* 1897, *le Cœur solitaire,* 1898, *l'Éros funèbre,*
1900, *le Semeur de cendres,* 1901, titres parlants. Classique, il l'est
au point que dans *l'Éros funèbre,* il fait penser à Bossuet :

> Nuit d'ombre, nuit tragique, ô nuit désespérée!

Classique comme dans ce poème du *Semeur de cendres :*

> C'est vous, voluptueux Chénier, vous grand Virgile,
> Que j'ouvre aux jours dorés de l'automne, en rêvant,
> Le soir, dans un jardin solitaire et tranquille
> Où tombent des fruits lourds détachés par le vent.
> Je vous lis d'un esprit inquiet, et j'envie
> Vos amantes, Chénier! Virgile, vos héros!
> Moi que rien de fécond ne tente dans la vie,
> La lutte, ni l'amour, ni les simples travaux,
> Et qui trouve, ironique entre les philosophes,
> A douter de moi-même une âpre volupté.

Des parnassiens, il a le paganisme sensuel et des symbolistes,
le sens de la parole mélodieuse. Il sait être subtil, caressant, languide, inquiet, sans certitudes jamais. Son œuvre frémit d'une vie
méditative profonde et dit ses luttes contre lui-même, ses inquiétudes, avec le sentiment douloureux d'un être qui sent venir sa fin.
Ce poème à Francis Jammes qui a plus de sérénité que lui ressuscite
l'épître élégiaque et familière :

> Ô Jammes, ta maison ressemble à ton visage.
> Une barbe de lierre y grimpe, un pin l'ombrage,
> Éternellement jeune et dru comme ton cœur
> Malgré le vent et les hivers et la douleur.
> Le mur bas de ta cour est doré par la mousse,
> La maison n'a qu'un humble étage, l'herbe pousse
> Dans le jardin autour du puits et du laurier,
> Quand j'entendis, comme un oiseau mourant, crier

Ta grille, un tiède émoi me fit défaillir l'âme,
Je m'en venais vers toi depuis longtemps, ô Jammes
Et je t'ai trouvé tel que je t'avais rêvé.

Ce poème fraternel, il faut le lire, car il dit « la volupté de vivre et la détresse du cœur dans le bonheur des choses, le tourment de se souvenir, l'effroi d'espérer, le suprême recours à l'amitié » comme le définit Henri Clouard. Après le temps de jeunesse où il se disait « décadent », Guérin mûrit. Favorisé par la fortune, oisif, sa méditation de lettré le conduit vers le doute. Phtisique, il s'éprend de tout ce qui est fugitif. Il va vers la simplicité que dictent les sentiments familiers, il cherche les mots les plus près des hommes, côtoie le prosaïsme, et, ce faisant, trouve cette inspiration coulante qui fait la fortune de Francis Jammes. Dans un de ses meilleurs recueils, *le Semeur de cendres,* il donne une philosophie apaisée et ouverte à la grandeur. Ce poème donne le ton :

Tout être a son reflet ou son écho. Le soir,
La source offre à l'étoile un fidèle miroir;
Le pauvre trouve un cœur qui l'accueille, la flûte
Un mur où son air triste et pur se répercute;
L'oiseau qui chante appelle et fait chanter l'oiseau,
Et le roseau gémit froissé par le roseau :
Rencontrerai-je un jour une âme qui réponde
Au cri multiplié de ma douleur profonde?

Charles Guérin n'aimait pas le vers libre, affirmant que l'alexandrin suffisait à tout. Admirateur de Rodenbach et de Wagner, il fit des pèlerinages à Bruges et à Bayreuth. Grand voyageur, il paraît toujours en fuite et toujours en quête d'un au-delà de sa propre existence. Il exprime dans ses délicates peintures un besoin métaphysique de la nature, en même temps que sa nostalgie et ses regrets. Son œuvre manifeste une grande unité, et, sans recherche d'une nouvelle métrique ou de nouveaux rythmes, par une bonne technique, un bon emploi des mots et de la langue, crée un moment particulier de la poésie d'un charme profond et d'une belle puissance évocatrice.

Vicaire, Beauclair et leur ami Floupette.

On ne peut séparer Gabriel Vicaire (1848-1900) de son cadet Henri Beauclair (1860-1919) depuis leur invention du poète fantôme Adoré Floupette dont *les Déliquescences,* 1885, ont raillé les suiveurs sans génie de Baudelaire, Verlaine et Mallarmé. C'est Paul Arène, le préfacier du *Parnassiculet contemporain,* qui suggéra ces pastiches du style impressionniste de Verlaine ou de l'hermétisme de Mallarmé. Était-ce de mauvais goût? Nous pensons plutôt qu'il s'agissait de critique indirecte et que ces pastiches ouvrant une bataille contribuèrent, à l'insu de leurs auteurs, à affermir ce « Symbolisme » dont Moréas inventa le nom l'année même de la naissance de Floupette. Mais ce poète mythique ne pouvait-il être pris au sérieux lorsqu'il écrivait par exemple *Suavitas* ?

> L'Adorable Espoir de la Renoncule
> A nimbé mon cœur d'une Hermine d'or.
> Pour le Rossignol qui sommeille encor,
> La candeur du Lys est un crépuscule.
>
> Feuilles d'ambre gris et jaune! chemins
> Qu'enlace une valse à peine entendue,
> Horizons teintés de cire fondue,
> N'odorez-vous pas la tiédeur des mains?
>
> Ô Pleurs de la Nuit! Étoiles moroses!
> Votre aile mystique effleure nos fronts,
> La vie agonise, et nous expirons
> Dans la mort suave et pâle des Roses!

Ces *Déliquescences* malicieuses et sans méchanceté sont à peine iconoclastes. On peut les prendre comme une satire par des poètes provinciaux de ce qui se faisait à Paris. Lorsqu'ils ne forcent pas le trait, on s'aperçoit que leurs poèmes sont dignes de ceux qu'ils imitent. Vicaire et Beauclair auraient pu prendre place parmi les bons poètes symbolistes. Or, ils firent tout autre chose.

Gabriel Vicaire, de Belfort, fut un poète folklorique plein de finesse bonhomme, avec un fond gaulois hérité de Villon, Marot ou Mathurin Régnier, chantant « Margot, Margoton » dans ses *Émaux bressans,* 1884, et assurant la permanence du terroir dans de nombreux recueils comme *A la bonne franquette,* 1892, *Au bois joli,* 1893, ou *le Clos des fées,* 1897. Son compère, le Normand Henri Beauclair, ami de Léon Valade et d'Albert Mérat, mit de la saine gaieté dans *l'Éternelle chanson,* 1884, ou *les Horizontales,* 1885, parodie des *Orientales* de Victor Hugo, mais aussi de la profondeur dans *Pentecôte,* 1886, poème champêtre et maritime où il donne, comme il dit, « sous une forme simple, un peu d'humanité », mais, avouons que la ville natale ou les ancêtres sont chantés avec une ferveur qui ne fait pas naître beaucoup d'originalité.

On sait qu'Adoré Floupette souleva les mouvements les plus divers : admiratifs, moqueurs ou indignés, mais, comme en littérature il n'y a que le silence qui tue, *les Déliquescences* firent aux maîtres du Symbolisme naissant une publicité inattendue qui attira sur eux l'attention publique.

Autour de Wagner : Wyzewa, Dujardin, Schuré.

On sait l'importance qu'eut *la Revue Wagnérienne* que fonda en
1885 Édouard Dujardin et à laquelle collaborèrent Mallarmé,
Villiers de l'Isle-Adam, Édouard Schuré, Catulle Mendès, Teodor
de Wyzewa, Élémir Bourges, Édouard Rod, Charles Morice, avant
d'être relayée par la *Revue indépendante* de 1886 (Dujardin, Félix
Fénéon, Wyzewa) lieu de rencontre des symbolistes autour d'un
programme issu de Wagner et de son « art complet », qui consis-
tait à réaliser « l'union de tous les arts dans un effort commun de
recréer la vie ». Il y eut là une conjonction non seulement de poètes
et d'écrivains de premier ordre, mais, en même temps, de grands
esprits ouverts à de multiples disciplines.

Ainsi, l'auteur des *Grands Initiés,* 1889, le Strasbourgeois Édouard
Schuré (1841-1929), historien de la musique, orientaliste, philosophe autant que poète, est un de ceux qui ont le plus contribué à
répandre le culte de Wagner chez ses contemporains symbolistes.
Nombreux sont les travaux savants de cet homme qui cherchait
chez les Celtes la source du génie français et qui écrivit maints
livres sur les religions orientales. Si d'aucuns peuvent juger sa
pensée nébuleuse, il ne se sépara jamais du respect de la plus
humble humanité. Passant du génie wagnérien qu'il exalte à une
théosophie mystique d'origine hindoue, c'est toujours avec la
même foi en l'homme.

Comme on voudrait que ses vers fussent dignes de sa prose! On
le sent gêné par cette technique, manquant de concision, sa pensée
ne s'accordant guère aux rythmes. Il se sauve par son amour des
légendes et des chants populaires au confluent des génies allemand
et latin. Ainsi, dans *les Chants de la montagne,* 1876, *la Légende de
l'Alsace,* 1884, il exalte de manière classique son terroir sans se
départir de la plus parfaite simplicité, de même que dans *la Vie
mystique,* 1894, où il tente de synthétiser ses concepts philosophiques. Mais c'est lorsqu'il imite Uhland ou Wilhelm Müller
qu'il manifeste d'un art de poète véritable.

Teodor de Wyzewa (1862-1917), d'origine polonaise, parlant six
langues, fit connaître en France Tolstoï et les sœurs Brontë. Brisant
les frontières, il a su montrer aux lecteurs de *la Revue Wagnérienne*
et de la *Revue indépendante,* dans la lignée de Baudelaire, la capacité
émotionnelle et sensitive des musiques verbales dans le vers et la
prose, préparant le vers-librisme justifié par la musique de Wagner.
Ce prosateur avança encore l'idée d'un roman où un unique personnage refléterait le monde en images, idées et émotion. De cela

pouvait naître le monologue intérieur d'Édouard Dujardin dans *les Lauriers sont coupés,* 1887, où, comme le rappelle Pierre de Boisdeffre, Remy de Gourmont verra en 1896 une « transposition anticipée du cinématographe », et auquel James Joyce empruntera son mode de narration avant les écrivains du Nouveau Roman, ce qui fera dire à Matthieu Galey en 1963 que ce dernier mouvement a « non pas dix, mais soixante-dix ans ».

Cet Édouard Dujardin (1861-1949) aurait pu, à peu d'années près, rencontrer ses disciples inconnus. C'est du poète que nous parlerons ici. Symboliste, il a prôné le vers libre, tout comme Wyzewa, et a même prétendu en être l'inventeur. Or, sans doute parce que Dujardin, dandy fortuné avant de s'intéresser à l'histoire des idées et des religions, assidu des Mardis de Mallarmé et faisant connaître Wagner au maître, est pris par tant de sollicitations, il ne publie guère de poèmes. Après *les Hantises,* 1886, il faudra attendre 1906 pour *le Délassement du guerrier.* Là aucune nouveauté comparable à ses *Lauriers* passés absurdement inaperçus en attendant que Valery Larbaud les salue, mais des curiosités sans avenir cependant, des hommages à Wagner, à Shakespeare, à Mallarmé sous forme de sonnets où se mêlent des mètres inattendus, des sonnets comme on n'en fit jamais :

> Dans la barque, au ras des eaux, qui s'assoupit,
> La voile large tendue parmi l'espace et blanche,
> Tandis que le jour décroît, que le soir penche,
> Le bon rocher vogue sur le fleuve infini.

> A pleine voile, aussi, le soir, l'idée luit,
> Au-dessus de la vie et du tourbillon de l'avalanche,
> Blanche en un encadrement de sombres branches,
> Là-bas à l'horizon vague de l'esprit.

> Maître,
> Sur la rive d'où je vois votre voile apparaître
> Et dans mon âme que réconforte la clarté,

> Je regarde et j'adore
> Le rayonnement argenté
> Qui dans le crépuscule semble une aurore.

Il en est de même dans ce début d'*Hommage à Shakespeare :*

> Ô Vérone! le voyageur
> Au cours délicieux de l'Italie
> Entre Venise (songe pâle) et Florence (vermeille rêverie)
> A tes portes plus humbles s'arrête avec bonheur...

Le recueil de ses poèmes de 1917-1920, *Mari Magno,* Dujardin l'appelle « d'âpres gerbes ». Il est dominé par la guerre de 1914 par « Lassitude. Découragement aussi. Et aussi le sentiment grandissant qu'en face du spectacle que se donnent aujourd'hui les hommes, il faudrait moins l'indignation que le rire. Moins Jérémie qu'Aristophane... » Poèmes? Plutôt proses qui prennent la forme du poème, proses polémiques, désabusées. Tableaux où l'on ne se soucie pas de faire beau ou artistique. Méditations sévères comme dans un journal intime, méditations religieuses :

Jeunes poètes, amis connus et inconnus, qu'ici voici venus pour m'écouter,
Cœur frais encore de leur avril,
De quoi vouliez-vous qu'il vous parle,
Le poète en cheveux blancs?
Eh bien, je parlerai des dieux;
Je parlerai d'un dieu dont je sais la légende entre beaucoup de dieux;
C'est le seigneur Iahveh, dieu d'Israël.

Voici un court extrait d'un de ses drames, *le Mystère du Dieu mort et ressuscité :*

Et peu à peu il reconnaît, depuis les temps les plus anciens, autour des hommes assemblés, les dieux qui grouillent,
Et il entend, depuis l'histoire humaine, autour des oreilles des hommes, les dieux qui donnent de la voix,
Et effaré d'abord, puis curieux, puis souriant ou presque, mais très grave en son âme,
Il écoute à travers les âges de la terre, les dieux qui parlent aux cœurs des hommes,
Et qui chacun du doigt montrent aux cœurs des hommes de la terre, pour qu'ils vivent, leur ciel.

Édouard Dujardin, fondateur de revues, au premier plan du Symbolisme, précurseur du Nouveau Roman, avait étudié la composition musicale aux côtés de Paul Dukas et de Claude Debussy. En 1904, il avait fondé avec Remy de Gourmont *la Revue des Idées,* lieu d'union entre science et humanisme. Il professa à l'École des Hautes Études l'histoire des religions et travailla jusqu'à la fin de sa vie, presque nonagénaire, à ses études sur le Christianisme. Il n'oublia jamais sa rencontre à Munich avec Houston Stewart Chamberlain au temps du combat wagnérien. Il voulut croire, et même pendant la Seconde Guerre mondiale, à une réconciliation franco-allemande pour laquelle il lutta dans les *Cahiers idéalistes.* On a retenu l'inventeur du monologue intérieur; le poète n'est pas de haute qualité, mais du moins sent-on chez lui le désir constant de s'écarter des idées poétiques reçues.

Il y eut en ce temps du siècle finissant des familles d'esprits. C'était le moment où on lisait le Sâr Péladan, Allan Kardec, Eliphas Levi, Papus comme Schuré, Wyzewa, Dujardin, ou Stanislas de

Guaita (1861-1897), l'ami d'enfance et l'initiateur de Barrès à la nouvelle poésie, au « mystère en pleine lumière », poète de trois recueils, *les Oiseaux de passage*, 1881, *les Muses mères*, 1883, *Rosa mystica*, 1885, et qui tentera, avec Papus et Péladan, de faire renaître l'ordre de la Rose-Croix.

Parmi les érudits, les musicographes, on trouve Adolphe Boschot (1871-1955) le mozartien qui cherche dans ses vers « une facture de musique de chambre » dans *Matin d'automne*, 1894, *Rêves blancs*, 1895, et surtout ses *Poèmes dialogués*, 1900, où passe le souvenir de la poésie philosophique de Vigny, et qu'aimeront Lanson et Faguet. Il est l'auteur d'un essai sur *la Crise poétique* repris par Sully Prudhomme dans son *Testament poétique* et d'une lettre à l'Académie française sur *la Réforme de la prosodie*, réforme bien timide et déjà dépassée, qui, cependant, en 1901 fit couler beaucoup d'encre. Dans ses poèmes au fond romantiques lorsqu'il philosophe, il aime montrer une nature apaisée et propice à la méditation profonde et quelque peu banale, mais parfois le symbolisme lui dicte, comme dit Lanson, « une imprécision claire, un poudroiement lumineux qui enveloppe toutes les formes et les idéalise ». Aux grands poèmes proches de Sully Prudhomme ou de Vigny, on peut préférer cette courte *Libellule* :

> Dans un rayon, l'aérienne libellule
> S'agite sans bouger sur le ruisseau dormant.
> Penche-toi : tu verras que de bleus diamants
> Brûlent dans l'éventail de ses ailes de tulle...

ou encore des poèmes-promenades où le poète dit « la lutte entre la poésie et la réalité, entre les mirages où souvent l'âme se plaît à rêver qu'elle vit et le monde des hommes où elle passe sa vie journalière ».

Petit-fils du musicien du *Pré aux clercs*, André-Ferdinand Hérold (1865-1949) a cultivé les langues orientales et la littérature. Il traduisit des tragiques grecs et des textes hindous anciens, fit des romans mystiques et, après un drame en vers, *l'Exil de Harini*, 1888, une grande quantité de poèmes dramatiques, *Floriane et Persigant*, 1894, *le Victorieux*, 1895, avec Jean Lorrain, *Prométhée*, 1900, *les Hérétiques*, 1905, *le Jeune Dieu*, 1911, *Cléopâtre*, 1921, etc. Ses poèmes sont d'un érudit partagé entre l'antiquité grecque et le moyen âge : *les Paeans et les Thrènes*, 1890, *Intermède pastoral*, sonnets, 1896, *Au hasard des chemins*, 1900, *la Route fleurie*, 1911. Tout cela est oublié, mais parfois, en ouvrant un de ces recueils, on peut s'éprendre de ses poésies toujours objectives que Remy de Gourmont a ainsi définies : « Il ne se raconte guère lui-même; il lui faut des thèmes étrangers à sa vie, et il en choisit même qui semblent étrangers à ses croyances; ses reines n'en sont pas moins belles, ni ses saintes moins pures. » Reines, saintes, satyresses, naïades et dryades apparaissent avec douceur et sentiment :

> Et l'austère ferveur des cantiques pieux
> Monte, morne soupir, vers le ciel immobile,
> Cimetière éternel où reposent les Dieux.

Les Préciosités décadentes : Montesquiou et Tailhade.

On aime que le comte Robert de Montesquiou-Fezensac (1855-1921) ait assumé d'aller jusqu'au bout de la préciosité du décadisme. Il fallait à la poésie symboliste ce poète qui la relie aux délices du salon bleu d'Artémise. Montesquiou est, on le sait, une des composantes du Des Esseintes de Huysmans, du paon de *Chantecler* de Rostand et le modèle du baron de Charlus de Proust. Amateur d'art, antiquaire, propriétaire de la fameuse tortue à la carapace sertie de pierreries, entouré de parfums rares et de fleurs exotiques, ce grand seigneur descendant d'une famille de ministres d'État et d'hommes de guerre (on trouve Montluc et le d'Artagnan popularisé par Alexandre Dumas), de poètes aussi, cet homme cultivé, ce poète de la quintessence mérite mieux que l'idée caricaturale qu'il suscite parfois. Il faut lire non seulement ses curieux poèmes, mais aussi *les Pas effacés,* 1923, ce livre posthume qui contribue à établir l'histoire du mouvement décadent et celle d'une société mondaine finissante qu'on retrouve chez son admirateur Marcel Proust.

Il est, dit justement Remy de Gourmont, « un poète précieux dont l'originalité est tatouée excessivement ». Au fond, toute sa poétique est contenue dans ces quatre vers :

> Je voudrais que mon vers fût un bibelot d'art
> Spécial, curieux, particulier, étrange;
> Avec, sur son pourtour quelquefois un pétard
> De couleur, bigarré, bizarre et qui dérange.

Gardons-nous cependant de croire qu'il répond toujours à ce désir : il arrive qu'il abandonne sa manière pour tisser de la poésie finement mélancolique qui peut donner à rêver sans délicatesses excessives; il arrive aussi que ses poèmes côtoient le prosaïsme. Mais on s'intéresse davantage à sa recherche, à son étrangeté raffinée, aux sensations rares enfermées dans ces recueils aux titres recherchés. Le premier, *les Chauves-souris,* 1892, poèmes en « clairs-obscurs », est l'écho d'un monde crépusculaire, entre réel et irréel, où l'on passe par des lieux fabuleux ouverts aux mystères et aux suavités. On trouve « la chauve-souris des chauves-souris » et c'est Louis II de Bavière, le roi romantique. Cela donne le ton de ces poèmes représentatifs d'un monde révolu soumis au dandysme et aux élégances dont Montesquiou est l'arbitre. Là, il fait appel à l'ingéniosité plus qu'à l'inspiration profonde et sait qu'il joue sur des artifices, car il n'y a pas plus intelligent et conscient que lui. Ces poèmes des *Chauves-souris,* il les disait « irradiation mi-partie et ténèbres ». Voici un extrait d'un *Hymne à la nuit* qui montre son art en même temps qu'il dit ses limites :

> Le silence des nuits panse l'âme blessée!
> Des philtres sont penchés des calices émus;
> Et vers les abandons de l'amour délaissée
> D'invisibles baisers lentement se sont mus.
>
> Pleurez dans ce repli de la nuit invitante,
> Vous que la pudeur fière a voués au cil sec,
> Vous que nul bras ami ne soutient et ne tente
> Pour l'aveu des secrets... – pleurez! pleurez avec
>
> Avec l'étoile d'or que sa douceur argente,
> Mais qui veut bien, là-bas, laisser ce coin obscur,
> Afin que l'œil tari d'y sangloter s'enchante
> Dans un pan de manteau qui le cache à l'azur.

Les trouvailles l'entraînent souvent jusqu'au faux goût. Les hyperboles qu'on trouve dans la *Correspondance* de Marcel Proust qui écrivait souvent à son parrain dans le monde paraissent bien curieuses aujourd'hui. Le même ton poétique se retrouve dans *le Chef des odeurs suaves,* 1894, *le Parcours du rêve au souvenir,* 1895, *les Hortensias bleus,* 1896, où certains poèmes comme *Mortuis ignotis* ou *Reliquiae* veulent se rapprocher de Baudelaire ou penser comme Vigny avec une afféterie ajoutée, où d'autres, comme *Hic Locus,* jouent sur la prosodie savante quand ce n'est sur la déliquescence verbale. Ou bien il nomme les fleurs en choisissant bien. Il a mis en épigraphe ce texte de Gautier : « Ces hortensias bleus nous ont beaucoup frappé, car le bleu est la chimère des horticulteurs... » Voici un extrait du poème *Enfleurage* :

> Au myosotis bleu qui mire dans les sources
> Ses constellations de fleurettes d'azur,
> Il emprunte la voix cristalline des courses
> Que font sur les cailloux les ondes au cœur pur.
>
> Aux pruniers il a pris leur âme japonaise,
> Aux hortensias bleus leur pâle étrangeté;
> Aux tulipes leur pourpre, aux tournesols leur braise;
> Aux iris leur tristesse; aux roses leur gaîté.

Et chaque soir, la fleur qui féconda la page,
Sentant mourir sa part d'éphémère beauté,
Se réjouit de voir, en nouvel équipage,
Refleurir en mes chants ce qui leur fut ôté...

Citons encore *les Paons*, 1897, et arrêtons-nous un instant à
« quatre-vingt-treize sonnets sur Versailles », *les Perles rouges*,
1899, où il fait revivre des personnages en historien-poète qui
sublimise, comme ici *Marie-Antoinette* :

Antoinette est un lis que l'on fauche debout.
Perles dont les rubis interrompent la ligne,
La blancheur est son lot, la rougeur la désigne,
Une rose de France orne son marabout.

Et voilà ce que donne le sonnet *Louis XVII,* parnassien, imagé
et ingénu à la fois :

Le plus pur des Bourbons est un orphelin blême.
Tendre Dauphin broyé, l'Enfant Louis Dix-Sept
Humanise en ses traits l'Enfant de Nazareth,
Fils de dieux et de rois qu'adopte Dieu lui-même!

Des épines, au front, lui font un diadème;
Le miracle embaumé de sainte Élisabeth
En ses bras torturés a rejailli plus net;
Les lis de son manteau lui servent seuls de chrême.

Il porte un sceptre en fleurs, d'un air de Séraphin;
Son décès discuté le fait vivre sans fin;
Son sort, qui semblait dur, un mystère l'élide.

Son trépas à jamais demeure partiel.
C'est comme un papillon qui fuit sa chrysalide,
Et dont le doux vol bleu se fond avec le Ciel.

Les Prières de tous, 1902, sont de courts poèmes où défilent,
comme jadis dans les danses macabres, des personnages : *Prière
du médecin* ou *du poète, du serviteur... de l'oiseau* aussi, avec toujours une idée ingénieuse ou gracieuse. Plus familier que précieux,
sa voix mûrissante devient grave. Voici comment se termine la
Prière du serviteur devenu servant :

Je n'aurai de repos, Seigneur, que sous la pierre :
Pour la première fois l'appel me sera doux
Lorsque je l'entendrai dans le fond de ma bière,
Et que je dirai : « Maître! » et que ce sera Vous!

De même les élégies écrites pendant la guerre, *les Offrandes
blessées, Sabliers et lacrymatoires* sont sincères et nous nous éloignons
de l'image d'un Montesquiou venu identifier le cadavre de sa

femme après l'incendie du Bazar de la Charité et soulevant les suaires du bout de sa canne. Citons encore *les Roseaux pensants,* 1897, *le Pays des aromates,* 1900, *Professionnelles beautés,* 1905, un livre sur Marceline Desbordes-Valmore : *Félicité,* 1894, des essais : *le Domaine du choix.* En lui s'incarne l'esthétisme fin de siècle et celui de l'époque dite belle. On peut s'étonner qu'une place soit donnée ici – un peu trop longue – à ce poète de second ordre, mais, dans l'histoire de la poésie, il a aussi une importance sociologique. Comme dit Clouard, ses titres « suffisent à dénoncer l'orgueil dont se panache un peu d'âme perdu dans la recherche follement ambitieuse des mètres, des rythmes et du vocabulaire, à travers un flot d'insignifiance tourmentée qui charrie combien de néologismes, de boiteuses impropriétés et de calembours qui ne s'imposaient point! » Et le critique ajoute : « D'incontestables images neuves défilent avec eux », ce qui est juste.

Dans la mêlée symboliste, le Parnasse vieillissant reste présent. Après l'aristocrate Montesquiou, l'anarchiste Laurent Tailhade (1854-1919) qui partage son goût des somptuosités verbales le montre encore. Plus que par ses poèmes, il fut connu par ses prises de position, par sa satire du bourgeois *Au pays du mufle,* 1891, et plus encore par l'admiration que suscita chez lui l'attentat anarchiste de Vaillant et ce retour ironique du sort qui fit qu'un attentat anarchiste l'éborgnât avant qu'un duel avec Barrès l'estropiât à la main droite. En 1900, ne composa-t-il pas pour le soixante-dix-huitième anniversaire d'Henrik Ibsen une *Ballade Solness* où l'on peut lire :

> Anarchie! ô porteuse de flambeaux,
> Chasse la nuit, écrase la vermine,
> Et dresse au ciel, fût-ce avec nos tombeaux,
> La haute tour qui jusqu'au ciel domine.

Après avoir été à Tarbes un poète des jeux floraux, il publie, avec une élogieuse préface de Banville, *le Jardin des rêves,* 1880, puis ce furent *Un Dizain de sonnets,* 1881, *Vitraux,* 1892, *A travers les groins,* 1899, qu'il unira à d'autres œuvres pour former ses *Poèmes aristophanesques,* 1904, violentes satires en vers, *Poèmes élégiaques,* 1907, *Louanges à Sophie Cottin,* 1911, *Plâtres et marbres,* 1913, sans oublier des actes en vers et de nombreuses proses comme l'essai de morphinomanie *la Noire idole,* 1909. Voici comment il chante *les Fleurs d'Ophélie :*

> Fleurs sur fleurs! fleurs d'été, fleurs de printemps, fleurs blêmes
> De novembre épanchant la rancœur des adieux
> Et, dans les joncs tressés, les fauves chrysanthèmes;

Les lotus réservés pour la table des dieux ;
Les lis hautains, parmi les touffes d'amarante,
Dressant avec orgueil leurs thyrses radieux ;

Les roses de Noël aux pâleurs transparentes ;
Et puis, toutes les fleurs éprises des tombeaux,
Violettes des morts, fougères odorantes ;

Asphodèles, soleils héraldiques et beaux,
Mandragores criant d'une voix surhumaine
Au pied des gibets noirs que hantent les corbeaux.

Fleurs sur fleurs ! Effeuillez des fleurs ! que l'on promène
Des encensoirs fleuris sur la terre où, là-bas,
Dort Ophélie avec Rowena de Trémaine.

Il chante aussi bien « Aphrodite, déesse immortelle aux beaux rires » ou prête sa voix au *Chant de Glaucos*. Ailleurs, cet anarchiste lyrique et volontiers mondain qui magnifie à la fois le raffinement excessif et le paroxysme splendide, devient un satirique vigoureux qui ne quitte pas le dilettantisme cependant, en inventant des mots comme *flatule, spelunque, senescente,* ou des termes argotiques dignes des coquillards : *se convomir* ou *les annezingues,* jette des rimes pédantes et bouffonnes et invective pour le plaisir des mots non sans quelque cuistrerie de latiniste — de qualité d'ailleurs (il traduit Pétrone et Plaute) même s'il veut trop le prouver. Tandis que dans ses poèmes élégiaques il se rapproche de Verlaine et de Samain, il unit un peu partout ailleurs les qualités et les défauts de l'école parnassienne. Il sait aussi être un poète de *Vitrail* qui manie la couleur :

Un soir de flamme et d'or hante la basilique,
Ravivant les émaux ternis et les couleurs
Ancestrales de l'édifice catholique.

Et soudain — cuivre, azur, pourpre chère aux douleurs —
Le vitrail que nul art terrestre ne profane
Jette sur le parvis d'incandescentes fleurs.

Car l'ensoleillement du coucher diaphane,
Dans l'ogive où s'exalte un merveilleux concept,
Intègre des lueurs d'ambre et de cymophane.

Les douze Apôtres, les cinq Prophètes, les sept
Sages, appuyés sur les Vertus cardinales,
Se profilaient en la rosace du transept.

Améthystes ! Béryls ! Sardoines ! Virginales
Émeraudes au front chenu des Confesseurs,
Montrant le Livre où sont inscrites leurs annales...

Jusqu'à « la sacrilège Nuit par qui meurent les Roses » le poème déroule ses énumérations éblouies. Pour un nihiliste, cela n'est pas mal. Pierre Moreau put poser cette question : « Le meilleur de son œuvre est-il d'un Juvénal ou d'un Aristophane fin-de-siècle ou style 1900 ? » pour y répondre ainsi : « Pour faire résonner cette corde d'airain (de la poésie satirique), il aurait fallu à ce lointain héritier du Parnasse, épris de jeux verbaux et rythmiques [...] un autre sang que celui des générations épuisées par une défaite, et où la force se confondait souvent avec la violence et le courage avec le paroxysme. » Ce parnassien-décadent est de la même lignée au fond que Montesquiou. Ils sont proches et le célèbre comte a montré lui aussi çà et là qu'il avait le sens de l'invective satirique. Pour l'un comme pour l'autre, si l'on oubliait la légende, on pourrait trouver la matière de « choix de poèmes » qui étonneraient sans aucun doute.

Quelques poètes encore dans les parages.

Avant d'en venir aux poètes de l'École romane amis de Moréas, aux grands poètes symbolistes de Belgique, et de visiter quelques régions de la poésie, avant d'en venir à d'importants poètes dont l'œuvre participe des deux siècles, visitons encore quelques poètes mineurs qui eurent leur lot de superlatifs dans une époque où parler d'un poète était souvent faire des variations vaguement impressionnistes. Comme beaucoup, Auguste Angellier (1848-1911) baigne dans *la Lumière antique,* titre d'un recueil de 1907 venu après les cent soixante-dix-huit sonnets *A l'Amie perdue,* 1896, et *le Chemin des saisons,* 1903. Que dire ? Ces poèmes sont bien faits, ils traduisent une personnalité délicate et un réel amour de la nature élégiaque, mais on en vient à préférer les fautes somptueuses d'un Tailhade à ces vers trop sages et trop soumis à « la tranquille habitude aux mains silencieuses » qui verse « ses huiles oublieuses » qui est son pain quotidien. S'il nous affirme que « les caresses des yeux sont les plus adorables » on l'écoute gentiment, et, curieusement, on préfère découvrir dans *le Chemin des saisons* tel *Faisan doré* descriptif comme au temps de Delille et qui devient phénix sous sa plume :

> Et, sur ces yeux muants de claires pierreries
> S'unissant, se brisant en des joailleries
> Que sertissent le bronze, et l'acier, et l'argent,
> Court encore un frisson d'or mobile et changeant,
> Qui naît, s'étale, fuit, se rétrécit, tressaille,
> Éclate, glisse, meurt, coule, ondule, s'écaille,

S'écarte en lacis d'or, en plaques d'or s'éploie,
Palpite, s'alanguit, se disperse, poudroie,
Et d'un insaisissable et féerique réseau
Enveloppe le corps enflammé de l'oiseau.

Jamais on ne fit si grande consommation de pierres et de métaux précieux que dans cette époque rococo qui tente de rejoindre les splendeurs baroques de jadis. A cela l'union du Parnasse et du Symbolisme se prêtait très bien.

Érudit, traducteur de Porphyre, d'Hérondas et de Sophocle, Pierre Quillard (1864-1912) a réuni son œuvre sous le titre *la Lyre héroïque et dolente,* 1896, où l'on trouve le reflet de ses fréquentations helléniques et latines. Ses élégies héroïques, dit Henri de Régnier, « sentent la rose et le cyprès; il y règne une odeur de Bois sacré ». En fait, des poèmes intitulés *Schaoul* ou *Judex* viennent du Parnasse en épousant les mots rares du Symbolisme : on voit rimer des mots simples comme « limite » ou « bêtes » avec « Bethléémite » ou « porphyragenètes » dans un système pédant. Sonore, harmonieux, hautain, païen : ces épithètes lui conviennent comme à beaucoup d'autres. Ses drames, comme *la Fille aux mains coupées,* 1886, sont franchement symbolistes.

Parfois il mêle aux vers la prose :

Il a plongé dans les coffrets de bronze ses mains fiévreuses et prodigues, et l'armure d'or et les brocarts et les gemmes et le glaive ont échappé aux chaînes noires des ténèbres.

Sur les seins et sur les épaules de l'Errante, tous les trésors enfouis dans le sépulcre du silence depuis des siècles, des ans et des jours, resplendissent avec l'aurore.

Au seuil matinal de la porte, elle se dresse en sa robe de pourpre qui recèle sous le sang figé de la soie, avec la cotte de mailles, l'irréprochable acier du glaive.

Pensive, elle s'est retournée vers l'Homme qui fait un geste d'adieu, et, comme hésitante et retenue par la puissance d'une main invisible, elle tarde à franchir le seuil.

Charles Morice (1861-1919), disciple de Mallarmé, dont il épousa le sens de la forme, est un théoricien du Symbolisme. Verlaine l'aime beaucoup et lui dédie un sonnet se terminant par « Cher aux Lettres, cher aux femmes, Charles Morice. » Il apparaît comme un symboliste émancipé, lançant même un mouvement trop flottant pour être viable, celui des « Esthètes nouveaux » qui ont ce double trait commun : « un sentiment très vif de la beauté et un furieux besoin de vérité ». Pendant un temps, il sembla prendre la direction du symbolisme. On lui reconnut d'avoir salué Verlaine un des tout premiers. Se voulant rassembleur de courants épars, il se montra habile et intelligent, plus que créateur original. Après sa mort, on a publié les poèmes en prose de *Quincailles,* 1919, et ceux en vers de *Rideau de pourpre,* 1921, mais son recueil principal est *Noa Noa,* 1901, où il chante l'île chère à Gauguin en cherchant la splendeur comme en témoigne cet extrait du poème *Parahi Té Maraë* (Là réside le Temple) :

> Alors Otahiti riait dans la lumière,
> Qu'illustraient de son sang les sacrificateurs,
> Quand, de toute l'ardeur du ciel, sur les hauteurs
> Sublimes, Taora, que sa gloire contemple,
> Entretenait la flamme homicide du Temple
> Où venaient les héros allumer leur vertu.

L'art de Pierre de Bouchaud (1866-1925) est le même bien que ses thèmes soient plus classiques : la Rome antique, l'Italie, les Primitifs, l'amour, la nature, la vie. Il veut bien tenter des innovations, mais avec « méthode, tact et goût, afin de garder à la pensée sa pleine valeur et sa juste expression, ce respect du bien-dire ». Les réformes qu'il préconise sont timides : déplacement de la césure dans l'alexandrin, rime pour l'oreille et non pour les yeux, inobservance de l'alternance des rimes, emploi de l'hiatus quand il est harmonieux. Ses recueils sont *Rythmes et nombres,* 1895, *les Heures de la Muse,* 1902, *les Lauriers de l'Olympe,* 1907, *le Luth doré,* 1911, *la France éternelle,* 1918. Il a fait des ïambes comme son modèle Chénier. Comme nombre de ses contemporains il a fait chanter *la Syrinx :*

> Le son de la Syrinx est doux au soir tranquille.
> Faune! pour t'écouter la Nymphe des roseaux
> A quitté sa retraite, et l'on voit sur les eaux
> Comme un cygne glisser sa forme juvénile.

Le Parnasse et son goût de l'exotisme se retrouve chez Robert Arnaud (1873-1950), né en Algérie, dont les tableaux nourrissent une poésie coloniale : *Autour des feux dans la brousse,* 1899. C'est un baroudeur qui jette avec force des violences insoutenables et se complaît à écrire des vers qui semblent malheureusement prémonitoires dans leur férocité :

> Cela délecte l'âme, une belle torture
> Qui hurle sous les doigts savants du tourmenteur;
> La terre gémissait, grinçait sous la morsure
> D'une brute invisible aux longs gestes charmeurs.

et il ajoutera : « Nous nous sentions heureux parce qu'on y mourait. » Il en sera de même lorsqu'il tentera le vers libre dans *Crépuscules aux cabarets,* 1902, où il se répand en vers musclés, car pour lui « l'homme d'action, chercheur instinctif d'êtres et de choses imprévues, sera toujours un poète ».

L'intimisme domine chez André Rivoire (1872-1930) dont Sully Prudhomme préface *les Vierges,* 1895, avant *le Songe de l'amour,* 1900, *le Chemin de l'oubli,* 1904, sans oublier son théâtre psychologique. Dans ses évanescences tendres, dans ses demi-teintes, dans son nonchaloir, on retrouve un écho de Samain, avec des touches à la François Coppée. Il aime le vague, l'indécis, les teintes crépusculaires ou automnales, tout comme un Maurice Vaucaire (1864-1918), poète de l'*Arc-en-ciel,* 1885, et des *Petits chagrins,* 1894, où il rime sur des riens.

Et ce poète qui reçut les éloges de Gustave Kahn, de Stéphane Mallarmé qui trouvait « des accords d'âme et de forme, dans tant de sérénité », Edmond Pilon (1874-1945), qui s'en souvient? Qui a lu *le Poème de mes soirs,* 1896, ou *la Maison d'exil,* 1890? Parce qu'il écrivit beaucoup sur la poésie et les poètes, en particulier avec Catulle Mendès, on oublia qu'il était un poète symboliste du second rayon certes, mais pas ennuyeux du tout, glissant dans ses vers classiques ou très peu libérés ce petit rien de féerique et de sentimental qu'on trouve dans les vieilles chansons.

Comme Morice et Bouchaud, Robert de Souza (né en 1865) fut un esthéticien, mais plus savant puisqu'il collabora aux recherches du Laboratoire de Phonétique expérimentale de l'abbé Rousselot. Sa glose *Un Débat sur la poésie* accompagne l'essai sur *la Poésie pure,* 1925, de l'abbé Brémond. Auparavant, il avait publié de nombreux essais dont *le Rythme poétique,* 1892, et *Du Rythme en français,* 1912. Il est l'un de ceux qui ont désiré substituer au vers libre instinctif de Rimbaud, Laforgue ou H. de Régnier, un vers techniquement calculé. La prosodie syllabique allait-elle être remplacée par une technique fondée sur les accents, les tons, les valeurs sensibles, la phonétique venant au secours de la poétique? Ses travaux se rapprochent de ceux de Georges Lote : *l'Alexandrin français, d'après la Phonétique expérimentale,* 1914, du Père Jousse sur la psychologie linguistique ou d'André Spire sur *la Technique du vers français,* 1912. Sous le titre *Modulations,* 1923, Souza réunira ses recueils *Fumerolles,* 1894, *Sources vers le fleuve,* 1897, *Modulations sur la Mer et la Nuit,* 1899, *les Graines d'un jour,* 1901, *l'Hymne à la mer,* 1908, *Terpsichore,* 1920, *Mémoires,* 1921. Si harmonieux et si transparents que soient ses poèmes clairs-obscurs, on distingue mal la différence entre le vers libre élaboré et le vers libre instinctif de ses prédécesseurs, mais sans doute l'inspiration lui dicta-t-elle quelques compromis. Voici le début de *la Meule,* poème extrait des *Sources vers le fleuve* :

> Depuis l'aube où, travailleuses,
> S'unirent en d'incessants couples d'abeilles
> Vos mains aux miennes,

S'est dressée,
Haute, la penchante ruche silencieuse :
Notre âme est mûre, érigée.

Gerbes par gerbes que les doigts liants amoncellent
Des quatre points de la plaine de vie,
Elle porte toute la moisson vers le ciel
En une tour ronde comme le monde
Et toute d'or comme le soleil.

Sur le second rayon.

Des philosophes choisirent le moule du poème pour donner une autre dimension à leurs exposés. Rien de bien intéressant de ce côté-là, que ce soit avec Jean-Marie Guyau (1854-1888) dont les *Vers d'un philosophe,* 1881, assez plats, n'ajoutent rien à une pensée qui se veut novatrice, avec Jules-Gabriel Delarue (1821-1902) qui signe Strada, auteur d'une *Méthode générale,* 1868, philosophe du fait, qui rime sur ses idées dans maints recueils et remplace la problématique par un lyrisme vague, avec Amédée Bonnet (né en 1854) dont *l'Ame d'un philosophe,* 1889, est d'un métaphysicien alambiqué qui se croit tenu de faire précéder ses poèmes d'un argumentaire philosophique sans les élever pour autant. Ce ton tourne au bavardage chez Charles-Édouard Grouchy de Vorney (né en 1850) dans *la Vornarina, Walter et Simon* ou *Vision,* 1877. François Cardin, dit Léon Hély (né en 1864), auteur de *Mentis* que préface Anatole France, est savant, philosophe; il reçoit la visite d'une Muse comme le Musset des *Nuits,* elle se nomme Luxa, elle est la vérité, elle porte un glaive; avec le poète elle fouille parmi les vieilles croyances, explore le monde par la méthode historique et positiviste... et nous avons une nouvelle preuve que le poème philosophique ne saurait être une vague philosophie mise en vers. Épris d'ésotérisme, Louis Le Leu (né en 1865) pour écrire un *Salut au Symbole* témoigne d'un art plus proche de celui de Hugo que de celui des symbolistes. Comme les adeptes de la vraie science, il aime orner ses mots de majuscules :

Sachez que le Symbole est un dieu tutélaire,
que le Signe aimanté par l'infrangible foi
est un sacrement pur qui garde le tonnerre
à côté du baiser que protège sa Loi.

Et lorsque vous passez près des lieux où le Signe,
sur le front des Croyants, étoile son flambeau,
saluez, si le cœur en vous est encor digne
du Principe Vivant que nourrit le tombeau.

L'organisateur de la souscription publique pour *le Penseur* de Rodin, Gabriel Mourey (né en 1865), traducteur de Poe et de Swinburne, des *Voix éparses,* 1883, au *Miroir,* 1908, écrit en vers libres classiques comme chez La Fontaine. Son inspiration est courte, mais le naturel de ses rythmes, sa simplicité et sa ferveur, le rendent lisible.

Il y a un côté Mathurin Régnier mêlé de Barbey d'Aurevilly chez le fougueux Émile Chevé (1829-1897) dans *Virilités,* 1881, *les Océans,* 1883, *Chaos,* 1887, et ses posthumes *Gouffres,* 1890, et *Déchirements,* 1903. C'est un champion de l'Idéal qui, dans des alexandrins lyriques, éloquents, romantiques, cravache Pégase et s'en prend aux versificateurs et aux Bridoisons. Chaque poème est un discours enflammé, ardent, avec s'il le faut des crudités de langage. C'est trop bavard, trop verbeux pour atteindre à la haute poésie satirique, mais ses anathèmes contre les pédants venimeux, les pions aux airs vainqueurs, les nécrophores de l'art, les myopes disséqueurs, ont de l'allure, du panache et son ardeur est sympathique.

Alfred Busquet (1819-1883), féru de poésie ancienne, ami de tous les grands poètes du XIXᵉ siècle, est le poète posthume de *Poésies,* 1884, où il excelle dans les romances et les barcarolles. Parce qu'il est musicologue, Paul Collin (né en 1843) unit deux arts comme ses titres en témoignent : *Musique de chambre,* 1868, *Poèmes musicaux,* 1885, etc. Des compositeurs comme Massenet, César Franck, Gabriel Pierné le mettent en musique. Ses vers sont bien quelconques, mais, après tout, les plus grands musiciens se sont souvent contentés de pâles livrets. Le mérite de Collin est surtout d'avoir fait connaître en France les grands compositeurs étrangers de son temps.

Hanté par les chats, Paul Nagorski dit Paul Nagour (né en 1861), un des premiers ennemis de la vivisection, a créé une revue féline sous le signe de « l'historiogriffe » de naguère justement intitulée *le Moncrif.* Dans *Images et silhouettes,* 1901, il chante donc les chats et les décrit, ce qui fait qu'on lui pardonne de ne pas nous étonner dans ses *Rayons du matin,* 1893, ou *la Gloire d'Isis,* 1900. Sutter-Laumann (1852-1892) va *Par les routes,* 1886, mais ce titre qui évoque le poète américain Jack Kerouac ne lui inspire que pâles images et rimes de convention.

Comme on aimerait qu'un poète, bataillonnaire d'Afrique, hôte des tavernes et des hôpitaux, fervent de l'heure verte comme Verlaine, Henri Bourette (1840-1884) auteur de posthumes *Poésies de Valentin,* 1885, fût plus grand! Ce poète maudit, fort délicat, offre des poèmes descriptifs aux images mièvres, des chants trop polis.

Agénor Bardoux (1819-1897), sous le pseudonyme d'Agénor Brady, publie *Loin du monde,* 1857, harmonieux recueil où des poèmes sont dédiés à son ami Gustave Flaubert ou à la cantatrice Henriette Sontag. Il est aussi un ami de Louis Bouilhet. Biographe, historien, légiste, il fut le père de Jacques Bardoux (1874-1959) et l'arrière-grand-père maternel de Valéry Giscard d'Estaing. Agénor Bardoux fut un ami des naturalistes.

Parce que, comme le Romantisme ou le Surréalisme, le Symbolisme, par-delà le mouvement qui porte son nom, est une manière d'envisager le monde, il est assuré de survivre. Nous verrons à la fin de ce volume, combien les grandes œuvres des nouveaux poètes en sont imprégnées quand bien même ils semblent suivre de nouvelles directions. Auprès des poètes majeurs, une foule de créateurs, virtuoses menus, vers-libristes ou tenants de la forme parnassienne, va sans cesse se manifester. Ce sont les enfants perdus du symbolisme, des suiveurs capables d'éblouir par éclairs. Pourquoi les nommer? demandera-t-on, quand d'autres plus originaux les effacent. Nous répondons : pour la documentation en même temps que pour le souvenir. Voici une sélection :

Louis Antheaume; Léo d'Arki; René Avril (né en 1875), *Processions dans l'âme,* 1900; Albert Aurier (1865-1892) dont Rémy de Gourmont a préfacé les *Œuvres posthumes,* 1893; Victor Barrucand, *Rythmes et rimes à mettre en musique,* 1886; Jacques Belet, *Fleurs de poésie,* 1899; Justin Bellanger (1833-1917), *Damnations;* l'académicien français André Bellessort (1861-1942), *Mythes et poèmes,* 1894, *la Chanson du sud,* 1896; Victor Billaud, *le Livre des baisers;* Jules Bois (1870-1943) et son théâtre en vers; Albert Boissière (né en 1866), *l'Illusoire aventure,* 1897; Alcanter de Brahm, l'inventeur d'un signe de ponctuation : le point d'ironie, *Eros chante,* 1895; Robert Campion (né en 1865), *les Étoiles, Rimes paysannes,* 1902; Émile Cottinet, *les Étapes et les haltes,* 1900; Rodolphe Darzens (1865-1938), *la Nuit,* 1885; Léopold Dauphin (1847-1925), *Raisins bleus et gris,* préfacé par Stéphane Mallarmé; Henri Degron (1871-1906) qu'apprécie Stuart Merrill; Charles Droulers (né en 1872), *le Désert,* 1899; Édouard Dubus, *Quand les violons sont partis,* 1892; Édouard Ducoté (né en 1870); Maurice de Faramond, *Quintessences,* 1886; Paul Guigou (1865-1896), *Interrupta;* Eugène Hollande (né en 1866), *Beauté,* 1892, *la Cité future,* 1903; Fernand Icres, *les Fauves,* 1880; Albert Jounet, *Lys noirs,* 1888; Robert de La Villehervé (1849-1919), *la Chanson des roses,* 1882; Paul Leclerc; Julien Leclercq; Georges Lorin, *Paris rose,* 1884; Jacques Madeleine (né en 1859), *Richesse de la muse,* 1882, *l'Idylle éternelle,* 1884; Louis Marsolleau (né en 1864), *Baisers perdus,* 1886, où l'on trouve une *Ophélie* proche de celle de Rimbaud; Tancrède Martel, *les Folles ballades,* 1879, *Poèmes à tous crins,* 1887; Émile Négrin; Martin Paoli (né en 1872), *Corse,* romantique dans *Asphodèles,* 1892; Émile Peyrefort; J. Poisle-Desgranges, *les Péchés capitaux,* 1875; Yvanohë Rambosson, *le Verger doré,* 1895, *la Forêt magique,* 1898; Edmond Rocher, *la Chanson des yeux verts,* 1896, *les Edens,* 1898; Amédée Rouquès (né en 1873), *l'Aube juvénile,* 1897, *Pour Elle,* 1900, *Renaissance,* 1903; Charles de Saint-Cyr (né en 1875), *Glanes d'un fol,* 1893, *les Frissons,* 1897; Fernand Sarnette (né en 1868), *les Sept paroles,* 1894, *En passant,* 1898; Henri Strentz (né en 1873), *Premières odes,* 1895, *le Regard d'ambre,* 1906; Charles Viguier, *Poèmes.*

Voudrions-nous tenter d'être exhaustif, ce qui est impossible, que nous irions glaner dans les revues les *minores,* les sans renom, ceux qui suivent les écoles existantes. Entre 1870 et 1890, dans des revues comme *la Renaissance, la Vie littéraire, la Jeune France,* etc., des noms reviennent aux sommaires :

Camille Allary, Albert Allenet, Henri Barban, Bernard Bazire, Louis Brunet, Charles Canivet, Anatole Cerfberr, Hégésippe Cler, Louis Collin, Désiré Corbier, Paul Courty, Auguste Creissels, Antoine Cros, Jean-Baptiste Davagnier, Armand Dayot, Arsène Dessaux, Maurice Diard, Auguste Dietrich, Émile Domergue, Tola Dorian, Henri Dorvet, Jean Floux, Adolphe Froger, Victor Garien, Alfred Gassier, Ogier d'Ivry, Ernest Jaubert, Octave Lacroix, Raoul Lafagette, Charles Lamour, Ernest Langlois, Mario de La Tour de Saint-Ygest, Georges Lemaitre, Hector L'Estraz, Henri Le Verdier, Maxime Lorin, Julien Lugol, Camille Macaigne, Jules Mahy, Francis Melvil, Alphonse Ménétrez, Paul Musurus, Georges Nardin, René d'Olby, Georges Osbuck, Louis Pally, Georges Payelle, Adolphe Pelleport, Ernest Petit, Germain Picard, Charles Pitou, Jean Psichari, Jacques Richard, Léon Rubio, Albert Ruffin, Raoul Russel, Antoine Sabatier, Henri Souhan, Jean Sylvain, Émile Stuartz, Henri Taudin, Paul de Tournefort, Paul Tristan, Jules Troubat, Pierre Verrières, Gustave Vinot.

Entre 1890 et 1900, dans des revues comme *la Conque, l'Idée libre, le Banquet, la Syrinx, le Saint-Graal, la Renaissance idéaliste* ou *la Trêve-Dieu,* les écoles parnassienne, symboliste, romane se mêlent souvent. Nous avons relevé d'autres noms peu connus :

Michel Arnauld, Jean Ardisson, Georges Audigier, Daniel Baud-Bovy, Marcel Béliard, Octave Béliard, Henry Bérenger, Jean Berge, Paul Berger, Émile Besnus, Georges Bonnamour, Hector Bonnenfant, Hippolyte Buffenoir, Henri Chalgrain, Lucien Charles, Jules Christophe, Émile Dalga, Fernand Danel, Joseph Declareuil, Hippolyte Durand, Louis Ernault, Benjamin Guinaudeau, Edmond Fazy, Henri Fauvel, Stanislas Ferras, Jehan Gaël, Paul-Louis Garnier, Gabriel Guerriéra, Jules Heyne, Émile Hinzelin, Albert Jhouney, Édouard Julia, Gustave Langlet, Louis de La Salle, Gabriel de Lautrec, Léon Leclère, Émile Legois, Camille Maryx, Jean-Marie Mestrallet, Henri Michel, Jean Mongin, Claude Moreau, Francis Norgelet, Henry Paillette, Georges Pierti, Georges Pioch, Pierre-Paul Plan, Eugène Plouchard, Marcel Reja, Auguste Robert, Louis Roland, Louis de Saint-Jacques, Rémy Salvator, Laurent Savigny, Robert Scheffer, René Seyssaud, Georges Suzanne, Bertrand Trambouze, Paul Tremsal, Charles Vellay, Émile Watyn, Auguste Ymbert.

On le voit : la profusion poétique n'est pas née au xx⁰ siècle...

L'École Romane de Moréas et Maurras.

De Jules Tellier mort en 1889 à Charles Maurras mort soixante-trois ans plus tard en 1952, l'écart est grand, et le lecteur comprendra une fois de plus combien il est difficile de suivre une chronologie. Or, ces deux poètes font partie de cette école romane née au cœur du Symbolisme au moment du *Pèlerin passionné* de Moréas, en 1891. On peut parler d'une nouvelle Pléiade qui groupe, autour de Moréas, Maurice du Plessys (1866-1924), Raymond de La Tailhède (1867-1938), Ernest Raynaud (1864-1936), Hugues Rebell (1867-1905), Charles Maurras (1868-1952), Lionel des Rieux (1870-1917), et comme au temps de Ronsard, d'une Pléiade élargie où des noms s'ajoutent, Achille Delaroche, Albert Saint-Paul, et de plus connus, Emmanuel Signoret (1872-1900), Jules Tellier (1863-1889), Joachim Gasquet (1873-1921), Marcel Coulon, qui tracent la voie d'un nouveau Classicisme.

Si louables que soient les intentions de ces poètes, comment pouvait-on ressusciter le moyen âge ou la Renaissance hors de leur contexte de vie? Maurice du Plessys, dans un numéro de *la Plume,* consacré au *Symbolisme de Jean Moréas,* intitula *Étrennes du*

Symbolisme (c'était le 1er janvier 1891) un article où il montrait l'opposition entre la sacro-sainte tradition gréco-latine et les esthétiques barbares du Romantisme. Pour la Chandeleur, il revint sur cette idée et, dans un banquet pour Moréas, prononça le texte d'une *Dédicace à Apollodore* dédiée « au restaurateur du verbe roman ». L'épithète allait être adoptée. Bientôt, Jules Huret fit une célèbre enquête à laquelle Moréas répondit en condamnant superbement « l'accident romantique », en repoussant du pied « le symbolisme de la première heure » pour prôner cet « esprit roman » qui pouvait flatter ces conservateurs qu'on appellerait aujourd'hui réactionnaires.

Il y avait là un important groupe de combat dirigeant son tir non seulement sur le Romantisme et le Symbolisme, mais aussi sur l'individualisme, le pittoresque, l'impressionnisme, l'obscurité, mais cette tentative devait être de courte durée, des divergences ne tardant pas à surgir au sein même du mouvement. Ce néo-classicisme cependant était dans l'air et on peut en trouver les traces dans maintes œuvres de l'époque, l'esprit du Parnasse s'y mêlant, et jusque dans la première partie du siècle suivant. Le maître, Jean Moréas, n'attendit pas deux ans pour se désintéresser du mouvement. Quant à Charles Maurras qui appartient à l'histoire politique, entre 1891 et 1896, dans ses articles de *la Plume, l'Ermitage, la Revue encyclopédique,* il s'efforça de tirer vers le Classicisme la notion de romanité et de lier le mouvement aux travaux des félibres ses compatriotes qui étaient ouverts à ses idées de droite. En fait, s'il y eut finalement échec, l'École Romane marqua un temps de l'histoire de la poésie française, le groupe étant mieux structuré que ceux de ses voisins, comme l'Humanisme de Fernand Gregh fin 1902 ou le Naturisme de Saint-Georges de Bouhélier dès 1897 qu'encouragea Maurice Barrès en opposition à l'idéalisme mallarméen.

Si Charles Maurras eut un rôle important au XIXe siècle, nous le retrouverons dans le nôtre, car *la Musique intérieure* est de 1925. Maurice Du Plessys est lui aussi à cheval sur le siècle, mais en 1900, il a déjà publié *Dédicace à Apollodore,* 1891, *le Premier livre pastoral,* 1892, *Études lyriques,* 1896, où l'on trouve de bien curieux archaïsmes, ce poète savant voulant écrire en vieux langage français. Plus tard, dans l'esprit de Malherbe, il écrira sa *Pallas occidentale,* 1909, et dans celui d'un Jean-Baptiste Rousseau qu'il découvre comme Paul Valéry, des *Odes olympiques,* 1921, avant *les Tristes,* 1923, et *le Feu sacré,* 1926, posthume. Thérive le dit « grand élégiaque et grand didactique », car il unit à la sensibilité une raison qui le plus souvent l'emporte. En fait, il est descriptif plus que didactique et aime se confronter, en Pindare de l'École Romane, avec les thèmes anciens. Parmi son ensemble composite, se détachent parfois des mouvements personnels plus élevés, mais son tempérament d'artiste toujours prend le dessus, le paralysant en quelque sorte. Au paganisme de Maurras, il unit des chants où apparaît paradoxalement un sentiment chrétien. Au début du XXᵉ siècle, il sera un classique :

> Minerve, toi qui fais et défais les sages,
> Je te rends par ces vers tous ceux que je te dois :
> Consens que, sans prétendre à l'empire des âges,
> Le temps de m'acquitter, vers toi monte ma voix.

Citons cette *Prière* :

> Esprit du Père, à moi l'onde qui désaltère
> Le pèlerin sous les doux palmiers arrêté :
> C'est depuis si longtemps que, rebut de la terre,
> Je suis comme la pierre en son iniquité!
> Traînant comme Saül ma pourpre solitaire,
> J'y cache les débris de mon cœur éclaté...
>
> Esprit, verse ton huile en ma lampe de terre.

Ce grand seigneur fastueux mourut dans une extrême misère et connut l'asile et les secours de ses amis poètes, à la tête desquels Maurice Rostand. On en retient quelques somptuosités verbales en un temps où la poésie a pris une tout autre direction.

Charles Maurras a salué comme le plus spécifiquement roman le recueil de Raymond de La Tailhède, *De la Métamorphose des fontaines,* suivi des *Odes,* des *Sonnets* et des *Hymnes,* 1895. C'est le retour encore au culte du passé littéraire français et Moréas pourra prendre un tour renaissant pour le dire « Gentil esprit, l'honneur des Muses bien parées ». Salué par Verlaine comme par Anatole France, La Tailhède se veut magnifique et tente vainement de limiter des débordements lyriques qui le rapprochent des romantiques qu'il a combattus, mais qu'à la fin de sa vie il défendra. Ses *Poésies,* 1926, réunissent *Triomphes,* 1905, *Toi qui rêves toujours,* 1906, *Chœur des Océanides,* 1911, etc. A première vue, sa poésie ne se distingue pas de celle de ses amis et il faut beaucoup d'attention pour distinguer ce qui appartient en propre à chacun d'eux. Maniant le « luth cynthien », ce néo-renaissant apparaît le plus lui-même lorsqu'il oublie les Grecs et les Romains pour chanter par exemple le simple héroïsme dans une *Ode à la Victoire,* et, plus encore, pour saluer avec sensualité son autre moi, l'ami de jeunesse Jules Tellier mort à vingt-six ans :

Et voilà que tes yeux profonds se sont fermés;
Mais ton âme, où vivaient les sages d'Hellénie,
Garde toujours, dans une éternelle harmonie,
Les poètes pareils à des dieux bien-aimés.

Vision immobile et pourtant si rapide
De cette chambre au bord du fleuve... Ô souvenir
Du soleil éclatant dans le matin limpide!
Je sens la peur de ces heures qui vont venir...

Nous sommes entourés pendant les nuits tremblantes
De silences aigus et de blancheurs d'effrois,
Toi, les yeux agrandis et les prunelles lentes,
Moi, tressaillant au rêve éloigné de ta voix.

C'est La Tailhède qui publiera les œuvres complètes de son jeune
ami mort prématurément. Il l'avait rencontré à Moissac et seule
la mort les sépara. Jules Tellier eut le temps de connaître le succès
grâce à Maurice Barrès et Charles Le Goffic. Précepteur des enfants
de la comtesse de Martel (Gyp en littérature), les héritiers de Victor Hugo confièrent à ce jeune professeur de rhétorique le soin de
classer les manuscrits du poète. De son vivant, il publia *les Brumes,*
1883. Les *Reliques de Jules Tellier,* préfacées par Paul Guigou, sont
de 1890. Tellier se distingue de la plupart des poètes romans par
plus de sobriété et plus de mesure, avec le sens des cadences musicales. Au moment du *Pèlerin passionné,* il n'était déjà plus, mais on
ne peut le séparer de La Tailhède et du mouvement. Voici ce qu'il
écrit sur *Un Vers de l'Iliade* :

« Meurs, ami. Tu gémis et tu pleures : Pourquoi?
Patrocle est mort aussi qui valait mieux que toi. »
Vers profond qui me rend à moi quand je m'oublie!
Pour apaiser mon cœur, s'il a cette folie
D'avoir peur un instant du nirvâna divin,
Si je ne comprends plus assez que tout est vain,
Et si la mort parfois me trouble et m'est amère,
Il suffit de ces mots si doux du grand Homère.

Son œuvre est obsédée par la mort. Tout en restant classique à
la manière de Malherbe, il la chante très parfaitement dans une
Prière dont voici le début :

Fantôme qui nous dois dans la tombe enfermer,
Mort dont le nom répugne et dont l'image effraie,
Mais qu'à force de crainte on finit par aimer,
Puisque la vie est vaine et que toi seule es vraie;

Ô Mort, qui fais qu'on vit sans but et qu'on est las,
Et qu'on rejette au loin la coupe non goûtée,
Mort qu'on maudit d'abord et dont on ne veut pas,
Mais qu'on appelle enfin quand on t'a méditée;

Ô la peur et l'espoir des âmes, bonne Mort,
Dont le souci nous trouble un temps, et puis nous aide,
Mystérieux écueil où se blottit un port,
Et poison merveilleux où se cache un remède...

Il s'apparente bien à ces poètes de la fin du XVIᵉ siècle, Sponde ou Chassignet. On peut penser que s'il avait vécu plus longtemps, il aurait pu figurer parmi les plus grands. Il n'est que de lire dans ses *Reliques* maints poèmes en prose qui peuvent le classer parmi les maîtres du genre : *Discours à la bien-aimée, Nocturne, Rerum pulcherrima Roma, Lever de lune en mer,* ou cet *Hespérus* en trois mouvements où il veut situer son âme hors des ténèbres, puis hors de la lumière :

Hors de la lumière et des ténèbres, mon âme, — et que la vie soit pour moi comme une fenêtre du soir ouverte à l'Occident sur nulle autre chose qu'une plaine et qu'un ciel, comme une fenêtre à demi noyée dans le flot montant du soir, entre la grande plaine brune à ce point solitaire et douce qu'elle enseigne la vanité de tout ce qui n'est pas la solitude et la douceur, et le grand ciel triste et vague dont les champs pâles sont répandus tout autour de la mélancolique ascension de l'étoile Hespérus...

Auprès de cette surprise heureuse, le roman Ernest Raynaud (1864-1936) pâlit quelque peu. Il est de ceux qui, honnêtes versificateurs, se mêlent à toutes les écoles au fur et à mesure de leur apparition. Après *le Signe,* 1887, publié par *le Décadent* d'Anatole Baju, on trouvera du symbolisme dans *Chairs profanes,* 1889, avant qu'il soit poète roman dans *le Bocage,* 1895, puis composite et traditionnel dans *la Tour d'ivoire,* 1899, avant que de nombreux recueils attardés paraissent dont *la Couronne des jours,* 1905, *les Deux Allemagnes,* 1914, *A l'Ombre de mes dieux,* 1924, et des éditions critiques honnêtes, des essais meilleurs que ses poèmes où il se montre témoin intelligent et scrupuleux de *la Mêlée symboliste,* 1918-1922, par exemple, où il étudie Moréas, Baudelaire ou Charles Cros. De son métier commissaire de police, il écrivit sur *la Police des mœurs,* 1934; ce partisan de l' « ordre » partout, bourgeois cultivé et chroniqueur avisé, participa sans cesse à tous les mouvements de la poésie à condition qu'ils obéissent « au génie de la langue où l'on écrit ». Ne dit-il pas qu'il faut pour s' « épargner le poids du repentir » ne rien énoncer « qui puisse engager l'Avenir » ? Ses poèmes sont parfaits du point de vue de la versification; il s'y glisse même parfois une poésie réelle, mais attendue, car elle fait penser à un tel ou tel de ses contemporains.

Mort durant la Première Guerre mondiale, Lionel des Rieux est l'auteur de *Chantepleure,* 1892, *Les Prestiges de l'onde,* 1895, *les Colombes d'Aphrodite,* 1898, *la Belle saison,* 1897. Il est dans la tradition néo-grecque, mais prend soin d'imiter ses modèles en ce qu'ils ont de plus vaporeux.

Si les goûts d'un Hugues Rebell le font se rallier à l'École Romane, le vers classique se plie mal à ses propos. Ses *Chants de la pluie et du soleil,* 1894, sont en vers libres et il préfère une prose lyrique variée. D'ailleurs, il viendra au genre romanesque, comme son ami René Boyslesve, et sera comme Maurras, face à l'idée du surhomme, pour une recherche de « l'homme complet ». C'est lui qui donnera un écho à Walt Whitman tout en préludant au nietzschéisme. Il considéra toujours son recueil cité ici comme son chef-d'œuvre dionysiaque et païen. Pourtant, parmi une dizaine de romans, ce sont les très sensuelles *Nuits chaudes du Cap français,* 1902, qui lui assureront quelque postérité.

Joachim Gasquet restera fidèle au néo-classicisme maurrassien dans des œuvres soumises à des influences diverses et parfois même apparemment contradictoires, mais en chantant toujours la nature. Ses œuvres sont *l'Enfant,* 1900, *l'Arbre et les vents,* 1901, *les Chants séculaires,* 1903, *les Hymnes,* 1918. On le verra fonder vers 1920 sa Pléiade à lui (vieille tentation) avec la comtesse de Noailles, Paul Valéry, des néo-classiques et des tenants de l'école fantaisiste comme Pierre Camo, Charles Derennes, Tristan Derême, Xavier de Magallon, à tendance méridionale et qui aurait pu se réclamer d'un poète mort vingt ans auparavant, Emmanuel Signoret.

On sait quelle place André Gide fera à Signoret dans son anthologie : autant de pages que pour Apollinaire! tout en reconnaissant : « Je sais fort bien qu'il n'est que splendide et que par sa splendeur même il échappe à l'humanité. Si je le cite avec quelque surabondance, c'est en protestation contre d'injustes silences... » C'est là le droit de l'anthologiste et le nôtre de dire qu'il a un peu exagéré l'importance de ce poète qui a sa valeur, mais ne méritait ni un excès d'honneur ni une indignité. Cela posé, il se lit avec plaisir, ce poète qui se souvient du Parnasse de Heredia et va vers l'École Romane de Moréas avec des somptuosités comme on en trouve chez Laurent Tailhade. Il ne manque ni de fougue ni de puissance ni de splendeur, ce néo-grec, c'est vrai. S'il avait vécu plus longtemps peut-être aurait-il affiné sa pompe verbale, son panthéisme sonore, son ivresse dionysiaque, et les aurait-il dirigés vers une mystérieuse douceur qui se fait jour parfois auprès de la poudre aux yeux. Mais il est du Midi, il a « faim des dieux », il se veut enthousiaste, orphique en un temps où trop de poète sont platoniques et plats, et on le reçoit avec sympathie, on le comprend au point de lui pardonner ses emphases solaires.

Il dirigea seul une revue, *le Saint-Graal,* fondée en 1890. Il a publié de nombreux livres qu'André Gide a réunis sous le titre de *Poésies complètes d'Emmanuel Signoret*, 1908. Citons : *le Livre de l'amitié*, vers et proses, 1891, *Ode à Paul Verlaine*, 1892, *Daphné*, 1894, *Vers dorés*, 1896, *la Souffrance des eaux*, 1899, *Vers et prose*, 1899, *le Tombeau de Stéphane Mallarmé*, 1899, *le Premier livre des élégies*, 1900. Voici *Épousailles* extrait des *Vers dorés* :

Monseigneur le Printemps en robe épiscopale
D'un violet vivant comme les fleurs d'iris,
Ouvrant à deux battants les hauts portails fleuris
Au son des clairons d'aube, entre en sa cathédrale.

Une tulipe fait sa crosse; en frais camail
Monseigneur le Printemps sous le dôme bleu marche;
Au loin plongent les nefs, et sous leur dernière arche
Le soleil arrondit son aveuglant vitrail!

Les orangers tout blancs, fiévreux et nuptiaux,
Ont des frémissements d'orgue; en la campanule,
Frêle encensoir, l'encens doré du pollen brûle...
Sur les nids psalmodie un chœur sacré d'oiseaux.

Blonde, tu me souris vaguement, tu tressailles!
Nos cœurs royaux l'un pour l'autre ont battu longtemps.
A genoux! Pour bénir nos blanches épousailles
Entre en son temple ému Monseigneur le Printemps!

Et voici le début d'une *Élégie de Mai* :

Destins, destins, corps bruts par l'esprit achevés!
La lune est sur les monts, les astres sont levés!
Sur la rose assoupie un beau Zéphir nu vole;
Dans l'éclat velouté de cette lune molle
Les œufs des rossignols brillent! Soleil pieux
Bientôt tu mûriras ces fruits mélodieux;
Le chantre aux tendres yeux brisera ses demeures;
Il dira le secret rayonnement des heures,
L'eau des vallons glacés, le saphyr des bluets...

On imagine bien ce solaire disant de sa propre poésie : « Ne jugeons point la lumière : acclamons-la... » Il y a sans cesse de la superbe et de l'orgueil dans ses vers hauts en couleur. On comprend ce jugement de Gide : « Il garde, au cours de ses vers, l'attitude d'un Diadumène, ou mieux encore celle du Jeune Homme de Gustave Moreau, dont la fausse mort n'interrompt pas le geste de ceindre de laurier sa tête. » Signoret le Somptueux...

Territoires de la poésie

I

Le Miracle poétique belge

Fermentation et épanouissement.

A VANT le grand Symbolisme belge d'expression française, la poésie fleurissait déjà en Belgique, nous l'avons vu avec André Van Hasselt et quelques autres qui tentaient vainement de se dégager des courants littéraires du pays voisin. On pourrait encore citer, dans une période intermédiaire entre le Romantisme et le Symbolisme, Anne-Marie-Angélique Defontaine-Coppée pour ses *Fleurs du Hainaut*, 1859, poète du foyer, elle répertorie *les Femmes illustres de Belgique*, 1865; la comtesse V. de Stainlein-Saalenstein (1826-1908) qui partage avec elle les mêmes bons sentiments, ou encore Eugène Dubois (1827-1870) qui, avant de se suicider, rime avec exaltation et abondance dans *Penser et oublier*, 1855, sans vraiment trouver sa voie originale.

Dès 1830, la poésie se cherche dans une dizaine de revues comme *le Littérateur belge, la Revue belge, la Revue de Bruxelles, la Revue nationale, la Revue nouvelle, la Revue trimestrielle, la Belgique littéraire, la Revue de Belgique,* etc., dont les publications se répandent jusque vers 1870. Sans cesse, en Belgique des revues défendront la poésie jusqu'à notre contemporain *le Journal des Poètes* à vocation internationale. Après 1870, cette floraison de publications littéraires va se multiplier.

Une nouvelle génération de poètes nés pour la plupart entre 1855 et 1864 va renverser les valeurs et donner à la Belgique une place primordiale dans l'histoire des lettres et de la poésie d'expression française. Jamais il n'y aura autant d'ardeur poétique, d'énergie créatrice, d'initiatives de toutes sortes, non plus dans une dépendance de la France, mais dans une alliance fraternelle indissoluble avec la jeune poésie française. A la *Pauvre Belgique* de Baudelaire répond avec force la riche Belgique des poètes. Entre 1874 et 1887, on compte vingt-cinq revues ou journaux littéraires parmi lesquels nous citons *l'Art libre, l'Art universel, l'Artiste, l'Actualité,* ainsi que de nombreuses publications estudiantines comme *l'Étudiant de Bruxelles, l'Émulation,* de Louvain, ou *le Type* qu'anime Max Waller. Se détache *la Jeune revue littéraire* de 1881 qu'anime Bauwens, assez composite, et remplacée bientôt par *la Jeune Belgique* dont le titre est inspiré par *la Jeune France* de Paris. En même temps qu'une revue, « Jeune Belgique » sera un mouvement littéraire.

Là on trouve Camille Lemonnier (1844-1913), ce romancier qui n'a cessé de lancer des revues et publiera soixante-dix volumes de critique d'art, d'impressions de guerre, de contes et de romans réalistes comme *Un Mâle,* 1881, ou plus poétiques comme *l'Île vierge,* 1897 ou *Au cœur frais de la forêt,* 1900. Auprès de lui, il y a des poètes qui se nomment Georges Eekhoud, Iwan Gilkin, Albert Giraud, et encore Max Waller, Georges Rodenbach, Émile Verhaeren, Maurice Maeterlinck, André Fontainas, Émile Van Arenbergh, et encore le romancier Henri Nizet, J. Destrées, Hanum, Bauwens. Au début, *la Jeune Belgique* est d'un naturalisme modéré, servant l'art pour l'art, puis sous l'impulsion d'Albert Giraud, elle va vers plus d'audace et de nouveauté : elle a une concurrente, c'est *l'Art moderne* de l'écrivain socialiste Edmond Picard (1836-1924). On marquera vers 1885 une sympathie pour le Symbolisme. Mais en 1886, Albert Mockel a fondé la symboliste *Wallonie* que dirigera René Ghil, et paraissent des revues de même tendance comme *le Coq rouge* à Bruxelles et *le Réveil* à Gand. Des échanges incessants se font avec la France et c'est souvent la brume lumineuse du Nord qui descend vers notre pays. Les poètes wallons et flamands sont les maîtres du Symbolisme le plus intransigeant.

Lorsque, au moment des troubles sociaux de 1885-1886, une scission se fait, Verhaeren, Rodenbach, Lemonnier quittant *la Jeune Belgique,* c'est l'ardent Max Waller qui devient le chef de file du mouvement que rejoignent Grégoire Le Roy, Charles Van Lerberghe, Fernand Séverin, Maurice des Ombiaux (1868-1943), romancier d'une Wallonie réaliste et plantureuse, Eugène Demolder (1862-1919), critique d'art, romancier inspiré par la peinture (celle du XVIIIe siècle ou de James Ensor). En 1887 paraît à Paris *le Parnasse de la jeune Belgique* qui groupe dix-huit auteurs et se montre hostile au décadisme français. Participent de ce combat dynamique dont la grande triomphatrice est la Poésie, cette dame dont la beauté s'anime dès que ses servants ne sont plus en sommeil, une quarantaine de publications, parfois éphémères (la moyenne de durée de vie est difficile à établir, mais la plupart vivent entre un an et trois ans, tandis que d'autres vivront très longtemps ou ressusciteront de leurs cendres) qui s'étalent entre 1882 et 1910.

Mouvement donc, autour du pivot que représente *la Jeune Belgique,* diversité, création incessante caractérisent cette période de la poésie belge. En même temps, cette nation extrait de ses profondeurs, par la grâce de quelques-uns, ses caractères les plus réels, le Symbolisme dégageant cette mysticité sensuelle, ce sens de l'enluminure, cette symbolique éternelle, ce mystère grave, ces contrastes violents entre réalisme et rêve qui naissent d'un climat, d'un sol, d'une manière de vivre et d'envisager l'univers très particulière. C'est là un aspect général, synthétique, vrai et faux, et, pour mieux voir, mieux lire, mieux connaître, il faut en venir aux individualités poétiques exceptionnelles que nous allons tenter de faire découvrir.

Émile Verhaeren.

Au Symbolisme, l'art d'Émile Verhaeren (1855-1916) ne doit que ce qui a trait à l'instrumentation verbale. Il a surtout entendu « l'appel de la vie » et a su apporter à la poésie un contenu concret, celui d'une réalité sociologique, d'une communion avec les aspirations du prolétariat en pleine révolution industrielle, son socialisme étant idéaliste comme celui d'un Victor Hugo tourné vers l'émancipation des hommes par la volonté créatrice. Son enfance, ses Flandres l'ont modelé fortement et d'une manière différente que ses compatriotes Maurice Maeterlinck ou Max Elskamp. Vielé-Griffin l'a fort bien dit : « Son enfance s'écoula en pleine campagne flamande (il est né à Saint-Amand, près d'Anvers), aux bords de l'Escaut, avec ses voiles, ses navires, ses digues énormes. Saint-Amand est un pays de moulins, de vanniers, de cordiers, de passeurs d'eau; pays de brumes, de gel, de prairies inondées, pays spongieux où parfois les grandes marées montent jusqu'aux villages. Notre poète y reçut les impressions fortes et primaires que traduiront avec tant d'intensité ses poèmes. »

Ses itinéraires estudiantins le conduisent du collège Sainte-Barbe à Louvain où il se lie avec Georges Rodenbach, et où, déjà poète, dans l'amour de Chateaubriand et des romantiques, il étonne ses camarades en se voulant un romantique rouge, à la célèbre université de Louvain où il fonde un journal, *la Semaine,* avec son ami Van Dyck, futur grand chanteur wagnérien, et pour collaborateurs Iwan Gilkin et Albert Giraud entre autres. Bientôt, l'autorité académique supprime cette feuille violente, en même temps d'ailleurs que le journal adverse, *le Type,* de Max Waller. En 1881, Verhaeren est stagiaire au barreau de Bruxelles. Il ne tarde pas à délaisser son avenir possible pour s'occuper de littérature, participant à *la Jeune Belgique* et à *l'Art moderne* qui sont encore marqués par le Naturalisme et le Parnasse.

D'ailleurs les premiers recueils de Verhaeren sont marqués par le Parnasse, on le voit dans *les Flamandes, 1884*, et par le Naturalisme dont il épouse les caractères. C'est le temps où il y a lutte entre un idéalisme poétique et le réalisme. *Les Flamandes* sont un hymne à la Flandre robuste, aux joues rouges, dans la tradition de Bruegel l'Ancien et de Rubens, avec leur réalisme charnel et leur santé éclatante. Cette rudesse, cette crudité s'expriment dans des tableaux rustiques qui ont leur charme, mais s'apparentent encore à la poésie traditionnelle. Le couvent des Bernardins qu'il visita dans son enfance lui inspire *les Moines, 1886*, qui évoque, sans quitter le réalisme, la Flandre des mystiques et des primitifs. Il ne s'agit pas d'une recherche religieuse, mais d'une quête de tableaux nouveaux, ceux d'un monde à part face à la mesquinerie du monde. L'allure gothique de la vie monastique avec sa dureté lui offre un aspect nouveau de la diversité de sa patrie. Il chante donc en vers rigoureux les religieux qui portent secours « à ceux qui crèvent seuls, mornes, sales, pouilleux... » et que nul ne sait aimer :

> Car les voici priant : tous ceux dont la journée
> S'est consumée au dur hersage, en pleins terreaux,
> Ceux dont l'esprit, sur les textes préceptoraux,
> S'épand, comme un reflet de lumière inclinée,
>
> Ceux dont la solitude âpre et pâle a rendu
> L'âme voyante et dont la peau blême et collante
> Jette vers Dieu la voix de sa maigreur sanglante,
> Ceux dont les tourments noirs ont fait le corps tordu.

La revue *l'Art moderne* lui offre la possibilité de mener campagne en faveur des peintres qu'il aime et qui influencent ses tableaux poétiques : ce sont les James Ensor, Théo Van Rysselberghe, Félicien Rops, Constantin Meunier, Joseph Heymans, Charles de Groux, Guillaume Vogels, etc., tout comme Monet et Renoir, Signac et Seurat. Cependant, après *les Moines,* Verhaeren traverse une crise grave qui n'est pas un simple accès de spleen passager, mais une mise en question de lui-même. Proche de la folie et du suicide, il est hanté par des visions d'épouvante; désespéré, sans foi, souffrant, le clinicien dirait : neurasthénique, il en appelle à la poésie qui sera au fond sa thérapie, et voilà une trilogie morbide : *les Soirs, 1887, les Débâcles, 1888, les Flambeaux noirs, 1890*. Dans le premier, il se voue à sa propre douleur, cherche un au-delà qui se refuse, et ce sont des paysages désespérés comme *le Moulin :*

Le moulin tourne au fond du soir, très lentement,
Sur un ciel de tristesse et de mélancolie;
Il tourne, et tourne, et sa voile, couleur de lie,
Est triste, et faible, et lourde, et lasse, infiniment.

Depuis l'aube, ses bras, comme des bras de plainte,
Se sont tendus et sont tombés; et les voici
Qui retombent encor, là-bas, dans l'air noirci
Et le silence entier de la nature éteinte.

Un jour souffrant d'hiver parmi les foins s'endort,
Les nuages sont las de leurs voyages sombres,
Et le long des taillis, qui ramassent leurs ombres,
Les ornières s'en vont vers un horizon mort.

Il ne s'agit pas d'une pose décadente, mais d'une blessure profonde, d'une exaltation dans la douleur de la douleur pour elle-même. Il se sent détruit physiquement (angoisses cardiaques et troubles de la vue) comme l'ont été un Nietzsche ou un Van Gogh, mais sa rage, ses tourments s'inscrivent encore dans une prosodie où ils se moulent. Cette tragédie intérieure fait de lui un visionnaire qui voit les choses dans le prisme de son mal et découvre une vision du monde plus intérieure que son spectacle simple. Dans un autre recueil, *les Apparus dans mes chemins,* 1891, on sent comme une convalescence. Ces « apparus » sont les fantômes d'un passé tumultueux, personnages symboliques qui se nomment *Celui de l'horizon, Celui de la fatigue, Celui du rien* ou *Celui du savoir.* En tableaux noirs, pessimistes, cruels, il dit encore la faillite, la vanité, la décomposition, mais une rencontre féminine apporte sa lueur d'espérance. Comme dit Vielé-Griffin : « Il s'y lève des aubes de consolation : c'est le souvenir d'une morte et la présence calmante d'une femme rencontrée qui semble n'être quelques fois que la morte ressuscitée; si bien que dans les vers du poète deux figures se mêlent, déterminant ce changement du *noir* au *blanc.* » A défaut de retrouver sa naïve foi chrétienne, Verhaeren retrouve une sorte d'extase angélique et guérisseuse. Il fait penser alors au Verlaine de *la Bonne chanson;* il est un fiancé ébloui qui se mariera en 1892 avec son inspiratrice. Le poète paroxystique va trouver bientôt ses thèmes fécondants et devenir un poète moderne parce que poète d'une nouvelle société, comme nul autre n'a su l'être.

Émile Verhaeren, poète de l'avenir.

En 1892, avec Eekhoud et Vandervelde, Verhaeren fonde une section d'art à la Maison du Peuple. On y fait connaître Wagner, Hugo, Ibsen, des chansons populaires, on trouve un public ouvert à toutes les manifestations de l'art et de la vraie culture. Chez le poète, c'est la redécouverte d'un idéal, une foi en l'homme, une vision tumultueuse et exaltante du monde, une reconnaissance du continent intérieur, un souffle panthéiste s'exerçant dans le présent de l'univers en devenir, une prise de conscience du sol et de la race des hommes. Le poète est modelé par l'histoire qui se fait, comme cet Américain nommé Walt Whitman de qui il se sent si proche. Par tous ses sens qu'aiguise la maladie, par toute sa vaste intelligence, le poète ressent le tragique d'une épopée sociale qui se déroule sous ses yeux et à laquelle il se sent incorporé. Il est le poète présent dans la société nouvelle. Et voici ces livres aux titres frappants qu'illustre le plus souvent Théo Van Rysselberghe : *les Campagnes hallucinées,* 1893, *Almanach,* 1895, *les Villages illusoires,* 1895, *les Villes tentaculaires,* 1895.

Les Campagnes hallucinées sont le livre annonciateur des grandes œuvres, et aussi *les Villages illusoires* qui nous montrent *le Passeur d'eau* ou *les Cordiers* dans une langue classique encore, mais où des mètres mêlés donnent une vérité rythmique que ne lui permettait pas l'emploi exclusif de l'alexandrin. Et voici une amplification et une unification de ces thèmes dans *les Villes tentaculaires.* Dès le premier poème, *la Plaine,* Verhaeren évoque le déclin des campagnes, du travail des champs, de la vie laborieuse et paisible, que remplace le monde mécanisé avec ses énormes engrenages, ses villes où se dissout le passé tandis que des aspirations nouvelles surgissent à la charnière de deux univers. Dans ce tourbillonnement où se mêlent la souffrance et l'espoir, on voit *les Cathédrales,* témoins d'une dévotion qui s'estompe, *le Port* d'où partent les quêtes angoissées d'un ailleurs, *les Usines* aux cadences et aux gestes absurdement répétés, *la Bourse* ou *l'Étal,* les tableaux de *la Révolte.* Il dédie des pages aux statues symboliques du moine, du soldat ou du bourgeois. L'époque cherche à percer les mystères par *la Recherche,* par ces *Idées* qui mènent le monde :

> Sur les villes d'où la fièvre flamboie
> Règnent sans qu'on les voie
> Mais évidentes, les Idées.
>
> On les rêve, parmi des brumes, accoudées
> En des lointains, là-haut, près des soleils.
>
> Aubes rouges, midis fumeux, couchants vermeils,
> Dans le tumulte exacerbé des heures
> Elles demeurent;
> Et leur âme par-delà du temps et de l'espace
> S'éternise, devant les flux et les reflux qui passent.

Ces « idées » il leur élève un hymne ; elles sont la Force, « la Justice et la Pitié, jumelles » et « parfois, dans le mirage où quelque
âme s'isole » il arrive que « la Beauté passe et dit les futures
paroles ». Le contact avec la nature suscitait une forme d'esprit
qui venait de Dieu ; la ville annonce le règne de la pensée tout
humaine ; mais pourra-t-on créer un Paradis sans Dieu où pourront méditer les sages nouveaux ? Dans la clarté, avec de rares
images symbolistes, mais avec une symbolique réaliste constante,
mêlant la nostalgie mélancolique et l'espérance entière, Verhaeren
fait partager au lecteur des convictions fortement frappées.

Dans *les Heures claires,* que compléteront *les Heures d'après-midi,*
1905, *les Heures du soir,* 1911, Stefan Zweig a vu « la part la plus
durable, parce que la plus personnelle, de la poésie de Verhaeren ».
Il s'agit de l'amour de sa compagne, cette Marthe Massin qui a rendu
au poète le goût de vivre et sans laquelle il aurait sombré dans la
nuit. Il divinise la femme qui devient l'objet d'une communion avec
la nature entière. Ce n'est pas une exaltation passagère comme chez
Verlaine avec Mathilde, mais un sentiment durable qui s'exprime
par le cœur et non par l'intelligence, sans données didactiques, avec
la spontanéité d'un homme qui a connu un amour entier avec la
seconde moitié de lui-même. D'aucuns préféreront ces poèmes apaisés aux grands poèmes de la civilisation qui paraissent alors un peu
enflés et lourds. Faisant un saut dans le temps, on pourra placer
auprès des ces « heures » lumineuses *les Blés mouvants,* 1912, qui
sont, comme dit Albert Mockel, « les Géorgiques » du poète. Là,
il s'apaise en des pages souriantes dans le climat idyllique des
paysages de la région de Mons, et se rapproche de Théocrite ou de
Ronsard, avec cet art mélodique qui le rapproche de Charles Van
Lerberghe. Ce recueil est à rapprocher de ses *Petites légendes,* 1900,
ou de *Toute la Flandre,* cette union de cinq recueils qui forment
la fresque du pays natal : *les Tendresses premières,* 1904, *la Guirlande
des dunes,* 1907, *les Héros,* 1908, *les Villes à pignons,* 1909, *les Plaines,*
1911, car à sa manière non convenue, Verhaeren prend figure d'un
poète national. Là tout n'est pas d'égale qualité, ce qui est
compensé par le souci de la vérité dans une ferveur constante où
dominent un calme et un équilibre loin de la recherche de pittoresque et de couleur des premières œuvres.

Il y a une grande distance entre ce ton apaisé des *Heures claires :*

> Chaque heure où je songe à ta bonté
> Si simplement profonde
> Je me confonds en prières vers toi.
>
> Je suis venu si tard
> Vers la douceur de ton regard,

> Et de si loin vers tes deux mains tendues,
> Tranquillement, par à travers les étendues!
>
> . . . .
>
> Je méritais si peu la merveilleuse joie
> De voir tes pieds illuminer ma voie,
> Que j'en reste tremblant encore et presque en pleurs
> Et humble, à tout jamais, en face du bonheur.

et la saisie du monde en mutation dans *les Usines* :

> Ici, sous de grands toits où scintille le verre,
> La vapeur se condense en force prisonnière;
> Des mâchoires d'acier mordent et fument;
> De grands marteaux monumentaux
> Broient des blocs d'or sur les enclumes,
> Et, dans un coin, s'illuminent les fontes
> En brasiers tors et effrénés qu'on dompte.
>
> Là-bas, les doigts méticuleux des métiers prestes,
> A bruits menus, à petits gestes,
> Tissent des draps, avec des fils qui vibrent
> Légers et fins comme des fibres.
> Des bandes de cuir transversales
> Courent de l'un à l'autre bout des salles
> Et les volants larges et violents
> Tournent, pareils aux ailes dans le vent
> Des moulins fous, sous les rafales.
> Un jour de cour avare et ras
> Frôle, par à travers les carreaux gras
> Chaque travail.
> Automatiques et minutieux,
> Des ouvriers silencieux
> Règlent le mouvement
> D'universel tictacquement
> Qui fermente de fièvre et de folie
> Et déchiquette, avec ses dents d'entêtement,
> La parole humaine abolie.

C'est l'honneur de Verhaeren de quitter l'esthétisme pour rejoindre la réalité quotidienne des hommes du travail. Après *les Villes tentaculaires, les Heures claires,* ces deux faces d'un même être, il y eut *les Aubes,* 1898, ce drame lyrique en quatre actes où la fraternité des peuples s'exprima avec une force claironnante (citons encore son théâtre : *le Cloître,* 1900, en prose et vers, *Philippe II,* 1901), puis *les Forces tumultueuses,* 1902, ce cri d'amour pour un monde nouveau où l'homme s'identifiant aux choses en devient le dieu panthéiste dominant tout par une énergie démesurée face au frénétisme dévorant. Dans cette vie nouvelle, l'idée salvatrice est celle de l'amour quel qu'il soit, d'où qu'il vienne, païen ou

mystique, et qui tend au don total de l'être. Il aime les grandes
figures, comme saint Bernard ou Luther, les conquérants comme
le tribun ou le banquier, les foules porteuses d'avenir ou les
amoureux soucieux de « vivre, vivre et vivre encore ». Le poète,
le savant sont les nouveaux saints porteurs d'une religion de
conquête. Il y a le ton d'un prophète socialiste dans ces poèmes
dont la facture, si elle est datée et parfois inégale, emporte l'adhésion. Car Verhaeren n'est pas un poète facile pour les anthologies.
Il faut lire ses livres dans leur entier, de manière à être conquis
par une fougue sans cesse renouvelée. En pleine possession de
son art, Verhaeren impose sa vision intérieure par un don unique
d'évocation communicative qui sait suggérer, par-delà les apparences, les mystères de la vie :

> Dès le matin, par mes grand'routes coutumières
> Qui traversent champs et vergers,
> Je suis parti clair et léger,
> Le corps enveloppé de vent et de lumière.
>
> Je vais, je ne sais où. Je vais, je suis heureux;
> C'est fête et joie en ma poitrine;
> Que m'importent droits et doctrines,
> Le caillou sonne et luit sous mes talons poudreux;
>
> Je marche avec l'orgueil d'aimer l'air et la terre,
> D'être immense et d'être fou
> Et de mêler le monde et tout
> A cet enivrement de vie élémentaire.

Dans *la Multiple splendeur*, 1906, il se laisse encore traverser par
« les rythmes fougueux de la nature entière ». Ses hymnes exor-
cisent les puissances de mort, il peut « s'enivrer de l'humaine
bataille », il s'épanouit dans l'apothéose du monde. Et dans ce
mouvement unanime, toujours la nature, toujours l'énergie de fer
et d'acier des travailleurs, toujours les cités qui se dressent et
s'ancrent dans la terre natale. C'est un furieux de progrès matériel
et social et il sombrerait dans une vaine déclamation humanitaire
si la pureté de son angoisse réfléchie ne l'en protégeait. Les manu-
factures, les charbonnages, les aciéries apportent une matière
lourde qui s'accorde à son paroxysme. Comme dit Albert Mockel :
« C'est un cri dans la fumée, de la peur en sursaut, un sifflet dans
les ténèbres; c'est le soudain appel d'héroïsme qui sonne la diane
au soldat endormi et, d'un choc arraché à ses rêves, l'emporte avec
des hurlements dans le tonnerre de la bataille. Ce n'est point
l'harmonieuse beauté. Assurément; mais ce peut être le Sublime. »
Et Verhaeren dit : « Le poète est par sa nature même un exalté.
Forcément, dès qu'il écrit, ses passions et ses idées revêtent une

vie abondante, chaude, suprême; elles se haussent jusqu'à la grandeur; elles s'harmonisent en leur propre puissance et atteignent ainsi la beauté. Le but immédiat du poète est donc de s'exprimer, le but médiat d'atteindre le beau. » Lisons cet extrait des *Forces tumultueuses,* pris au poème *Sur la mer :*

> Larges voiles au vent, ainsi que des louanges,
> La proue ardente et fière et les haubans vermeils,
> Le haut navire apparaissait, comme un archange
> Vibrant d'ailes qui marcherait, dans le soleil.
>
> La neige et l'or étincelaient sur sa carène;
> Il étonnait le jour naissant, quand il glissait,
> Sur le calme de l'eau prismatique et sereine;
> Les mirages, suivant son vol, se déplaçaient.
>
> On ne savait de quelle éclatante Norvège
> Le navire, jadis, avait pris son élan,
> Ni depuis quand, pareil aux archanges de neige,
> Il étonnait les flots de son miracle blanc.
>
> Mais les marins des mers de cristal et d'étoiles
> Contaient son aventure avec de tels serments,
> Que nul n'osait nier qu'on avait vu ses voiles,
> Depuis toujours, joindre la mer aux firmaments.
>
> Sa fuite au loin ou sa présence vagabonde
> Hallucinaient les caps et les îles du Nord,
> Et le futur des temps et le passé du monde
> Passaient, devant les yeux, quand on narrait son sort.

Cet autre « Bateau ivre » se termine ainsi :

> Et c'est les mains du vent et les bras des marées
> Qui d'eux-mêmes poussent en nos havres de paix
> Le colossal navire aux voiles effarées
> Qui nous hanta toujours, mais n'aborda jamais.

Verhaeren est, ne l'oublions pas, le poète du fourmillement humain; de la mine il n'oublie pas les scories, et s'il n'y a pas chez lui une perfection constante, cela finit par paraître naturel; Henri Clouard écrit : « Tout de même la ferraille demeure; elle tient de la place et fait du bruit. » Cette ferraille, ces sons discordants paraissent indispensables. En vérité, le lecteur a le choix entre le tumulte et l'apaisement qui cohabitent chez ce grand poète. Appelant son compatriote « le poète du paroxysme », Mockel dit ses deux manières : « L'une, la classique, établit devant nous une harmonie de plastique pour ainsi dire palpable; la seconde, qui est celle du moyen âge, appartient à une littérature plus simple, aux songes des pays germaniques; elle a des naïvetés, un sourire de bonne foi, des yeux qui s'émerveillent, et elle dit sans y penser des paroles qui vont au fond de nous; elle suscite en nous une harmonie invisible faite de nos sentiments. Émile Verhaeren assemble à la fois un peu de ces deux manières, en même temps qu'il s'en écarte avec rudesse, cassant et déchirant d'un seul coup l'harmonie marmoréenne des images et le tissu plus transparent des songeries, pour les unir en un éclair : le paroxysme. Le poète du paroxysme ne s'arrête presque jamais à combiner des plans par étages savamment gradués, à modeler les courbes d'un groupe sculptural. Pourtant, c'est par ses plans heurtés, les saillies de couleur, les images, qu'il captive surtout. »

Aux poèmes apaisés, ceux des heures et ceux des Flandres, succédera le poème *les Ailes rouges de la guerre* célébrant le courage de la nation belge durant la guerre dont il ne verra pas le dénouement puisqu'il mourra écrasé par un train en gare de Rouen le 27 novembre 1916, comme si, par un coup du destin, une ironie du sort, il devait finir par ce qu'il a chanté. On publiera en 1924 *Quelques chansons de village*. Dans les dernières années de sa vie, Verhaeren avait parcouru l'Allemagne, la Suisse, la Russie pour donner des conférences. Au moment de la guerre, il n'avait pas répondu affirmativement à Romain Rolland qui l'engageait à se tenir comme lui « au-dessus de la mêlée ». On ne l'imaginait pas se détachant du destin de son sol. Homme de carrure, parfois raffiné et parfois à l'état brut, Verhaeren est le poète de l'énergie, de la vitalité, du dynamisme, et cela fait oublier des morceaux grandiloquents ou des passages monotones. L'Unanimisme, et même les courants futuristes et modernistes, pourront se réclamer de lui. Pour nous, ce poète en marge du Symbolisme s'est laissé aller à sa nature, celle d'un romantique social, et sous l'influence de Hugo, Whitman et aussi Robert Browning, a eu l'honneur d'exprimer, ce qui est trop rare dans la poésie française, les masses laborieuses et le monde manufacturier et industriel, en même temps que sa terre natale.

Georges Rodenbach.

Cadet de deux mois de son ami Verhaeren, Georges Rodenbach (1855-1898) fait les mêmes études que lui chez les Jésuites de Gand, avant de poursuivre des études de droit (il plaidera avec succès au barreau de Bruxelles). Sa première enfance s'est écoulée à Bruges, à *Bruges la Morte* pour reprendre le titre de son célèbre roman paru en 1892 dans *le Figaro*. Là, une intrigue banale se noyait heureusement dans l'évocation poétique de sa ville : n'était-il pas né dans un vieil hôtel familial, près des canaux songeurs et des étangs aux cygnes blancs comme des communiantes, dans un univers mélancolique de béguinages, de maisons à pignons dentelés, de carillons joyeux ou tristes. Il fut Parisien de 1876 à 1885, fréquentant les *Hydropathes* d'Émile Goudeau, publiant chez Lemerre des poèmes assez banals qu'il reniera par la suite : *le Foyer et les champs,* 1877, *les Tristesses,* 1881, *la Jeunesse blanche,* 1886, et des recueils à Bruxelles : *Ode à la Belgique,* 1880, *l'Hiver mondain,* 1884, par exemple. Si dans les premiers on sent un disciple de François Coppée qui aurait gommé de l'influence de Baudelaire toute perversité, arraché toute fleur maladive, on peut distinguer dans *la Jeunesse blanche* ce ton en sourdine, cette langueur monotone marquée par des riens raffinés, précieux, en demi-teintes qui feront son originalité. Car Rodenbach, dans ses meilleures œuvres restera un poète alangui, un peu mièvre, maladif et pénétrant, tout de tristesse indéfinissable, de morosité méditative, aux trouvailles ingénieuses, dont on reconnaît le sens de l'harmonie silencieuse, des sensations mystérieuses et fanées. Dans ce recueil de forme classique, nous prenons le poème *Vieux quais* dont le début dit déjà son art :

> Il est une heure exquise à l'approche des soirs,
> Quand le ciel est empli de processions roses
> Qui s'en vont effeuillant des âmes et des roses
> Et balançant dans l'air des parfums d'encensoirs.

> Alors tout s'avivant sous des lueurs décrues
> Du couchant dont s'éteint peu à peu la rougeur,
> Un charme se révèle aux yeux las du songeur :
> Le charme des vieux murs au fond des vieilles rues.

> Façades en relief, vitraux coloriés,
> Bandes d'Amours captifs dans le seuil des cartouches,
> Femmes dont la poussière a défleuri les bouches,
> Fleurs de pierre égayant les murs historiés.

> Le gothique noirci des pignons se décalque
> En escaliers de crêpe au fil dormant de l'eau
> Et la lune se lève au milieu d'un halo
> Comme une lampe d'or sur un grand catafalque.

Ami d'Edmond de Goncourt et de Stéphane Mallarmé, deux pôles de la littérature, il est évidemment plus proche du dernier qui le jugera ainsi : « M. Rodenbach est un des plus absolus et des plus précieux artistes que je sache. Son art est un art à la fois subtil et précis. Je le compare aux dentelles et aux orfèvreries des Flandres... » Rodenbach gagnera en qualité dans *le Règne du silence,*

1891, où il est symboliste par ses thèmes tout en gardant une forme traditionnelle. Intimiste lorsqu'il chante *la Vie des chambres*, il dit les souvenirs qui résident dans les meubles et les objets :

> Les persiennes sont des paupières se fermant
> Sur les yeux des carreaux pâles, où tout se brouille.

Les cinq autres parties du recueil s'intitulent : *le Cœur de l'eau, Paysages de ville, Cloches du dimanche, Au Fil de l'âme, Du silence.* Il nous dit les *Dimanches flamands :*

> Dimanche, ah! quel silence! Et l'âme qui se fripe
> A tout ce petit vent acidulé du nord!
> Silence du dimanche autour du séminaire
> Et silence surtout place de l'Évêché
> Où divaguait parfois le bruit endimanché
> D'une cloche très vieille et valétudinaire.

Il chante encore le cœur de l'eau « qui se conserve intact comme un cœur de poète » avec ses reflets sensibles, les canaux morts et surtout ses sensations, ses désirs de fuite, en multipliant les variantes d'une pensée parfois insuffisante, ce qui le conduit à le dissimuler derrière certaines affectations. Mais le plus souvent le silence inspire heureusement sa méditation. Il est bien un poète *En Province,* comme il intitule ce poème :

> En province, dans la langueur matutinale,
> Tinte le carillon, tinte dans la douceur
> De l'aube qui regarde avec des yeux de sœur,
> Tinte le carillon, — et sa musique pâle
> S'effeuille fleur à fleur sur les toits d'alentour,
> Et sur les escaliers des pignons noirs s'effeuille
> Comme un bouquet de sons mouillés que le vent cueille,
> Musique du matin qui tombe de la tour,
> Qui tombe de très loin en guirlandes fanées,
> Qui tombe de Naguère en invisibles lis,
> En pétales si lents, si froids et si pâlis,
> Qu'ils semblent s'effeuiller du front mort des années!

Parmi ses œuvres, citons ses romans *la Vocation*, 1895, *le Carillonneur*, 1897, dont Jean Richepin tirera un livret d'opéra, *l'Arbre*, 1898, qui, comme ses poèmes, disent sa nostalgie de la Flandre maternelle, citons *le Voile,* un acte en vers, 1894, *le Rouet des brumes*, contes, posthumes, 1901. D'autres recueils de poèmes : *Musées de béguines*, 1894, *le Miroir du ciel natal*, 1898, et surtout *les Vies encloses* de 1896, ces recueillements de l'âme souffrante vouée au spectacle extérieur et intérieur, poèmes transparents et purs :

> Les glaces sont les mélancoliques gardiennes
> Des visages et des choses qui s'y sont vus;

Mirage obéissant sans jamais un refus!
Mais le soir leur revient en crises quotidiennes;
C'est une maladie en elles que le soir;
Comment se prolonger un peu, comment surseoir
Au mal de perdre en soi les couleurs et les lignes?
C'est le mal d'un canal où s'effacent des cygnes
Que l'ombre identifie avec celle de l'eau.
Mal grandissant de l'ombre élargie en halo
Qui lentement dénude, annihile les glaces.
Elles luttent pourtant; elles voudraient surseoir
Et leur fluide éclat nie un moment le soir...

Dans *le Miroir du ciel natal,* pour la première fois, il adopte le vers libre pour donner un autre tintement à ses chères *Cloches :*

D'autres cloches sont les béguines,
Qui sortent l'une après l'autre, de leur clocher,
Tel que d'un couvent, à matines,
Et se hâtent en un cheminement frileux
Comme s'il allait neiger,
Cloches cherchant les coins de ciel qui restent bleus.

Notre préférence va aux *Vies encloses* parce que là, le poète est inspiré par cette idée que, dans les profondeurs de l'inconscient se trouve une réalité plus riche que les actions, les paroles, les sentiments qui affleurent à la surface :

Toute une vie en nous, non visible, circule
Et s'enchevêtre en longs remous intermittents;
Notre âme en est variable comme le temps;
Tantôt il y fait jour et tantôt crépuscule,
Selon de brefs et de furtifs dérangements
Tels que ceux du feuillage et des étangs dormants.
Pourquoi ces accès d'ombre et ces accès d'aurore
Dans ces zones de soi que soi-même on ignore?
Qu'est-ce qui s'accomplit, qu'est-ce qui se détruit?
Mais, qu'il fasse aube ou soir dans notre âme immobile,
La même vie occulte en elle se poursuit,
Comme la mer menant son œuvre sous une île!

C'est bien là que Rodenbach trouve son dépassement. C'est lui qui fera connaître Charles Guérin dont il préfacera *les Joies grises* et qui le considérera longtemps comme son maître. Rodenbach mourra peu après Mallarmé et Guérin pleurera ses deux amis. Célébrateur d'une province flamande dont il a retenu la vie secrète, faisant de ses canaux les miroirs du monde, psychologue de l'inconscient, Rodenbach, quand il n'est pas trop menu ou mièvre, se montre le poète d'une réalité intérieure dans un domaine où d'autres creuseront plus profond, mais qu'il inaugure par un Symbolisme authentique et non séparé du contact avec la vie.

Charles Van Lerberghe.

Très tôt orphelin Charles Van Lerberghe (1861-1907) eut pour tuteur l'oncle de Maeterlinck et fréquenta avec ce dernier, et avec Grégoire Le Roy, le collège Sainte-Barbe de Gand qui prend figure de pépinière de poètes. En 1886, le jeune Charles Van Lerberghe collabore avec des poèmes à la revue de Banville *la Pléiade* où il rejoint Maeterlinck et Grégoire Le Roy comme Éphraïm Mikhaël et Saint-Pol-Roux. Puis un drame en prose, *les Flaireurs,* 1889, semble présager *l'Intruse,* 1892, de Maeterlinck dont il semble être l'annonciateur. Plus tard, un poème dramatique, *Pan,* 1906, où s'opposent Christianisme et Paganisme, laisse augurer la truculence de Crommelynck. Il traduira *le Cantique des Cantiques* et les *Contes de Schéhérazade* qui semblent faits pour lui. Auparavant, il aura publié ses deux recueils : *Entrevisions,* 1898, et *la Chanson d'Ève,* 1904.

De tous les poètes du Symbolisme belge, il est le plus délicat et l'on peut vraiment parler de dentelle flamande. Simple et imagé, cet aquarelliste se plaît dans les évocations floues qui s'accompagnent d'un doux mysticisme. Il aime les sortilèges de la féerie comme dans cette *Barque d'or :*

> Dans une barque d'Orient
> S'en revenaient trois jeunes filles;
> Trois jeunes filles d'Orient
> S'en revenaient en barque d'or.
>
> Une qui était noire
> Et qui tenait le gouvernail,
> Sur ses lèvres, aux roses essences,
> Nous rapportait d'étranges histoires
> Dans le silence.
>
> Une qui était brune
> Et qui tenait la voile en main,
> Et dont les pieds étaient ailés,
> Nous rapportait des gestes d'ange,
> En son immobilité.
>
> Mais une qui était blonde,
> Qui dormait à l'avant,
> Dont les cheveux tombaient dans l'onde
> Comme du soleil levant,
> Nous rapportait sous ses paupières,
> La lumière.

Il aime l'ineffable, l'imprécision, le bleu du rêve, l'extase légère. « Tout chante, dit Albert Mockel, tout rayonne dans ses vers qui

sont des hymnes merveilleux à la translucide beauté. » Poésie de
visions, de couleurs fuyantes, de mirages, qu'on pourrait définir
par les vers du poète :

> Pas même une chanson, mais une voix sans parole,
> Qui ne parle de rien, ne sait rien, mais qui console...
> Une ondulation des blés profonds et des eaux :
> Le silence n'en est pas troublé, ni le repos;
> A peine la perçoit-on, tant elle est peu de chose;
> Elle ne pourrait pas faire trembler une rose,
> Ni éveiller un oiseau. Pourtant, en cette voix
> Vit tout un monde invisible, enchanté, d'autrefois...

Dans *la Chanson d'Ève,* il met une sorte d'allégresse légère avec un
écho de poésie franciscaine. Il est bien ici dans le souvenir de
« notre sœur l'Eau, bien serviable, humble, précieuse et chaste » :

> Ma sœur la Pluie,
> La belle et tiède pluie d'été,
> Doucement vole, doucement fuit,
> A travers les airs mouillés.
>
> Tout son collier de blanches perles
> Dans le ciel bleu s'est délié.
> Chantez les merles,
> Dansez les pies!
> Parmi les branches qu'elle plie,
> Dansez les fleurs, chantez les nids;
> Tout ce qui vient du ciel est béni.

Un mystère plus brumeux enveloppe certains poèmes, avec un
rien d'effroi, un sensible malaise causé par les impressions du
monde sensible se font jour et l'on pense à la fois à Rodenbach, et
aux poètes anglais Shelley et Keats :

> Quand vient le soir,
> Des cygnes noirs,
> Ou des fées sombres,
> Sortent des fleurs, des choses, de nous :
> Ce sont nos ombres.
>
> Elles avancent : le jour recule.
> Elles vont dans le crépuscule,
> D'un mouvement glissant et lent.
> Elles s'assemblent, elles s'appellent,
> Se cherchant sans bruit,
> Et toutes ensemble,
> De leurs petites ailes,
> Font la grande nuit.

Ainsi, après des chansons douces et imprécises, irréelles et
magiques, Charles Van Lerberghe, chantant Ève, a rejoint le haut

Symbolisme par l'évocation biblique du monde sensible et a atteint la poésie des mythes. Il est bien, comme dit Jean Rousselot, « le plus impressionniste des Symbolistes et l'un des plus hantés par le mystère ». Son murmure confidentiel, sa sensibilité de poète proche du lied s'accompagnent d'une originalité qui ne doit rien à personne. Il connut bien un Stefan George et ses *Entrevisions* firent les délices d'un Rainer Maria Rilke avec qui il a quelques analogies. Paul Valéry aussi le lut et avoua que son *Serpent* venait en partie de sa lecture; il est vrai qu'avec *la Chanson d'Ève* nous ne sommes pas si loin de *Charmes*. Ces affinités ont pu faire dire à Yves-Gérard Le Dantec qu'un poème du premier recueil de Charles Van Lerberghe, *Solyane,* fait le lien entre *l'Après-Midi d'un faune* de Mallarmé et le *Narcisse* de Valéry. Ce musicien et ce peintre aux nuances de pastel est un des grands symbolistes de son temps et supporte la comparaison avec les plus accomplis.

Maurice Maeterlinck.

Dans *le Figaro* du 24 août 1890, sous la plume d'Octave Mirbeau, on put lire : « Je ne sais rien de M. Maurice Maeterlinck. Je ne sais d'où il est et comment il est. S'il est vieux ou jeune, riche ou pauvre, je ne le sais. Je sais seulement qu'aucun homme n'est plus inconnu que lui, et je sais aussi qu'il a fait un chef-d'œuvre, un admirable et pur et éternel chef-d'œuvre, un chef-d'œuvre qui suffit à immortaliser un nom et à faire bénir ce nom par tous les affamés du beau et du grand... » Aujourd'hui, aucun critique ne s'engage à ce point et c'est bien dommage. Il s'agissait d'un drame, *la Princesse Maleine,* 1889, qui suivait un recueil, *Serres chaudes,* 1889, et l'on pouvait augurer que son jeune auteur serait un maître du théâtre symboliste.

Faire ses études à Sainte-Barbe de Gand, préparer son droit à l'Université... les biographies de ces poètes belges se répètent. Comme ses amis, Maeterlinck (1862-1949) débute dans *la Pléiade,* avec un conte, *le Massacre des Innocents* et quelques poèmes de son premier recueil. Ce poète intuitif est réellement nouveau tout en restant en plein Symbolisme. Il glane de petits états d'âme, de petites joies, les observe avec minutie, semble étudier leurs nuances les plus subtiles au microscope, et restitue faits menus, impressions ténues dans une nouvelle coloration. « L'impression que donnent ses poèmes, dit Rodenbach, est celle d'un paysage lunaire contemplé derrière les vitres bleu-pâle d'une véranda. » Mais cette poésie n'est pas d'un laborantin; il s'en dégage une tristesse lourde et humide comme dans une serre; nous sommes loin des bruits de la vie chers à Verhaeren, loin de toute action, dans des régions intimes, avec des fruits peut-être mal mûris ou mûris artificiellement, ceux d'une *Ame de serre* :

> Je vois des songes dans mes yeux;
> Et mon âme enclose sous verre
> Éclairant sa mobile serre
> Affleure les vitrages bleus.
>
> Ô les serres de l'âme tiède!
> Les lys contre les verres clos,
> Les roseaux éclos sous les eaux,
> Et tous mes désirs sans remèdes.

Maeterlinck sait prendre possession d'un sujet et, par le choix des images et leur pouvoir suggestif, communiquer au lecteur des états intérieurs chargés de tristesse morbide, de pessimisme aérien, de recherche d'un mystère imprécis. Nous pénétrons véritablement dans une serre chaude où le spectacle de la beauté s'accompagne de quelque étouffement, d'une torpeur, d'une langueur, d'une angoisse de cauchemar. Qu'il exprime des *Désirs d'hiver* ou une *Ame de nuit,* il a toujours un « ennui bleu dans le cœur » comme dans cette *Serre d'ennui* :

> Cet ennui bleu comme la serre,
> Où l'on voit closes à travers
> Les vitrages profonds et verts,
> Couvertes de lune et de verre,
>
> Les grandes végétations
> Dont l'oubli nocturne s'allonge,
> Immobilement comme un songe,
> Sur les roses des passions,
>
> Où de l'eau très lente s'élève,
> En mêlant la lune et le ciel
> Et un sanglot glauque éternel,
> Monotonement comme un rêve.

Même climat partout, et des appels :

> Mon Dieu! Mon Dieu! quand aurons-nous la pluie.
> Et la neige et le vent dans la serre!

Et le pessimisme des *Heures ternes* :

> En qui faut-il fuir aujourd'hui!
> Il n'y a plus d'étoile aucune;
> Mais de la glace sur l'ennui
> Et des linges bleus sous la lune.

Ce jeune homme est très vieux, ou le croit. Il flotte au-dessus des eaux de la vie. Il est soumis aux images étranges, aux visions fugaces et douloureuses, aux troublantes concordances, il marche dans la nuit avec le poids d'une tristesse qui semble incurable. C'est, auprès de la mélancolie romantique, l'apparition de la vaporeuse mélancolie symboliste. Et il se trouve que cette œuvre, malgré son caractère parfois artificiel, touche encore, car, aujourd'hui, dans un autre contexte social, on peut retrouver ces angoisses de l'esprit emprisonné par le monde matériel.

Son autre recueil, publié après un théâtre dont nous parlerons, ces *Douze chansons,* 1897, qu'il portera à *Quinze chansons,* 1900, marque un net approfondissement de son art et un subtil progrès poétique. Moins abandonné, plus symbolique encore, il se retrempe dans la chanson populaire ancienne qui le régénère, avec ses tours fermées dans des châteaux légendaires où se glissent des vierges blondes, où l'on parle de clés perdues dans la mer, de recherches impossibles, féeries où règne l'effroi, et cela par les procédés d'un art très simple :

> Ils ont tué trois petites filles
> Pour voir ce qu'il y a dans leur cœur.
>
> Le premier était plein de bonheur ;
> Et partout où coula son sang,
> Trois serpents sifflèrent trois ans.
>
> Le deuxième était plein de douceur,
> Et partout où coula son sang,
> Trois agneaux broutèrent trois ans.
>
> Le troisième était plein de malheur,
> Et partout où coula son sang,
> Trois archanges veillèrent trois ans.

Il connaît l'incantation des complaintes :

> J'ai cherché trente ans, mes sœurs :
> Où s'est-il caché ?
> J'ai marché trente ans, mes sœurs,
> Sans m'en rapprocher...
>
> J'ai marché trente ans, mes sœurs,
> Et mes pieds sont las ;
> Il était partout, mes sœurs,
> Et n'existe pas...

Ce sont de petites légendes, des contes de fées rapides et imagés et l'on comprend que des musiciens, comme Ernest Chausson pour les *Serres chaudes,* comme Gabriel Fabre et Eugène Manuel pour ces *Chansons,* — en attendant Gabriel Fauré et Claude Debussy pour *Pelléas et Mélisande* –, aient mis ces poèmes en musique. La chanson, la mélodie sont déjà dans ces vers :

On est venu dire
(Mon enfant, j'ai peur),
On est venu dire
Qu'il allait partir...

Ma lampe allumée
(Mon enfant, j'ai peur),
Ma lampe allumée,
Me suis approchée...

et l'effrayée ouvrira trois portes, car le chiffre trois revient sans cesse : trois filles, trois serpents, trois agneaux, trois archanges, ou *Trois aveugles :*

Les trois sœurs aveugles
(Espérons encore),
Les trois sœurs aveugles
Ont leurs lampes d'or.

Montent à la tour
(Elles, vous et nous),
Montent à la tour,
Attendent sept jours...

Sept aussi, comme *les Sept filles d'Orlamonde,* avec ses sonorités qui charmeront Guillaume Apollinaire et l'influenceront secrètement :

Les sept filles d'Orlamonde,
Quand la fée fut morte,
Les sept filles d'Orlamonde
Cherchèrent les portes.

Ont allumé leurs sept lampes,
Ont ouvert les tours
Ont ouvert quatre cents salles
Sans trouver le jour...

Arrivent aux grottes sonores,
Descendent alors ;
Et sur une porte close,
Trouvent une clef d'or.

Voient l'Océan par les fentes,
Ont peur de mourir,
Et frappent à la porte close,
Sans oser l'ouvrir...

Comme l'a écrit Edmond Pilon à propos des *Serres chaudes,* « la plupart de ces poèmes seraient plutôt des canevas d'œuvres plus étendues, plus tard réalisées en drames ». La grande réputation de Maeterlinck qui commence, en 1889, avec ce drame, *la Princesse*

Maleine, que suivra *l'Intruse,* 1890. Ce sont les pièces des terreurs nocturnes. Ici, une jeune femme enfermée dans une chambre d'un château hostile sera assassinée cruellement tandis que la grêle frappera aux vitres, faisant dire à un vieux roi : « On frappe aux fenêtres, oui, oui, avec des doigts, oh, des millions de doigts. » Là, l'intruse, c'est la Mort avec son bruit de faux et un aveugle qui interprète le moindre bruit selon ses pressentiments et impose au spectateur la présence funeste matérialisée et avançant ses mains meurtrières. Il reprendra cette trouvaille dans *les Aveugles,* 1890, qui errent, égarés dans la forêt, s'ignorant tout en vivant ensemble.

En pleine époque réaliste, Maeterlinck introduit au théâtre les brumes magiques du Symbolisme avec sa puissance de suggestion, non sans artifices, mais avec une fausse naïveté habile, une apparente simplicité. Il est le dramaturge des mystères intérieurs et du destin. On trouve, comme dans Shakespeare, des êtres en proie aux forces obscures, perdus entre leur rêve et la réalité, face à leurs terreurs et à leurs angoisses, entre l'ombre et de petites lueurs d'espoir, et cela, chez Maeterlinck, dans un univers vaguement moyenâgeux, en dehors d'une précision historique. Il y a là une entreprise d'envoûtement sans précédent à partir d'une littérature contestable, mais qui donne de l'excellent théâtre, à condition toutefois de passer sur des faiblesses, des procédés trop répétés, un côté Grand Guignol dans les scènes outrées, et des bric-à-brac médiévaux, des phrases balbutiantes, des personnages inconsistants. Mais : il règne sans cesse une fantaisie poétique, une imagination, une pitié née d'un vrai pessimisme, un charme qui font oublier faiblesses et artifices.

De ce théâtre nombreux voué au mystère et à l'inconnu, se détachent *Pelléas et Mélisande,* 1892, qu'a rendu illustre la musique de Claude Debussy, et *l'Oiseau bleu,* 1909, cette féerie d'un moraliste à la recherche du bonheur qui ravira les anglo-saxons. Nous citerons encore *les Sept princesses,* 1891, *Annabella,* 1895, *Aglavaine et Sélysette,* 1896, *Monna Vanna,* 1902, *Joyzelle,* 1903, *le Bourgmestre de Stilmonde,* 1919, et aussi trois petits drames pour marionnettes, et encore *Intérieur,* 1894, cette rêverie, ou *Ariane et Barbe-Bleue,* 1901, cette féerie. C'est dans *Pelléas* que s'affirme le mieux son propos poétique : il envoûte par le charme qu'il tire d'un langage des âmes s'exprimant en nuances, en rappels et en évocations dans une clarté mystérieuse et pure. Comme dit Henri Clouard, « c'est déjà de la musique, c'est déjà la musique de Debussy ». Le même critique dit aussi : « Ce qu'une telle œuvre contient de meilleur, elle le doit à la poésie. Ses admirateurs ont le droit de penser, après tout, qu'à la suite de Musset, en prévision de Claudel ou de

Giraudoux, *Pelléas et Mélisande* fut un bienfait accordé au théâtre par la fantaisie poétique. »

Un vague mysticisme se répand dans les ouvrages philosophiques de Maeterlinck comme *le Trésor des humbles,* 1896, ou *la Sagesse et la Destinée,* 1898. Ce minutieux observateur, à la suite de vrais scientifiques, a publié des ouvrages d'histoire naturelle qui ont connu un immense succès, sans doute hors de proportion avec leur valeur réelle, mais dont la lecture est toujours attrayante : *la Vie des abeilles,* 1901, *l'Intelligence des fleurs,* 1907, *la Vie des termites,* 1926, *la Vie des fourmis,* 1930, histoire naturelle romancée dont un savant belge, Maurice Lecat, montrera les erreurs dans *le Maeterlinckianisme,* 1937. Citons encore ce mélange de vulgarisation scientifique, de morale et de métaphysique que sont *la Vie de l'espace,* 1928, *la Grande féerie,* 1929, une étude sur *la Grande loi,* celle de la gravitation, avec parfois une certaine intuition qu'on dit poétique.

En 1911, dix ans après Sully Prudhomme, lui aussi occasionnellement philosophe, Maurice Maeterlinck honora la Belgique de son prix Nobel. Dans cette œuvre vaste où le théâtre a la plus grande part, nous retenons ces *Serres chaudes* et ces *Chansons* qui, sous l'apparence naïve d'images d'Épinal, sont le fin du fin de l'intelligence, du raffinement et de la sensibilité.

André Fontainas.

Il est, André Fontainas (1865-1948), le plus Parisien des poètes belges, et nous aurions pu le placer auprès du Grec Moréas ou des deux Américains du Symbolisme, Stuart Merrill et Vielé-Griffin. Comme Maeterlinck mort une année après lui, sa vie a couvert une partie du XIXᵉ siècle et la première moitié de notre siècle, ce qui nous embarrasserait si nous ne tenions cette histoire, par-delà les tomaisons, comme continue. Fontainas se situe dans un courant d'évolution qui va du symbolisme à un néo-classicisme délicat comme en témoigne le *Choix de poèmes,* 1950, établi par sa femme au *Mercure de France.* Il se fixa à Paris en 1888 (il se fera naturaliser Français) et publia bientôt des recueils fortement marqués par Mallarmé : *le Sang des fleurs,* 1889, *les Vergers illusoires,* 1892, *Estuaires d'ombres,* 1896. Déjà, on peut le dire, avec Rachilde, « poète convaincu, ne cherchant pas à plaire à la foule, mais désireux d'enfermer le plus de pensées dans le moins de phrases ». Et penser avec Remy de Gourmont : « Travaillés avec méthode, les vers de M. Fontainas apparaissent comme des bronzes bien ciselés... » Après *Crépuscules,* 1897, qui réunit ses premiers recueils auxquels s'ajoutent *Idylles, Élégies, l'Eau du fleuve,* après un roman, *l'Orne-*

ment de la solitude, 1899, Fontainas traduit *De l'Assassinat considéré comme un des beaux-arts* de Thomas de Quincey en 1901, comme il traduira Milton, Keats et Meredith. Ajoutons que, comme la plupart de ses contemporains belges, Fontainas fut un critique d'art consacrant des études à Franz Hals, Daumier, Constable, Félicien Rops, Courbet, Bonnard, Bourdelle, et des histoires de la peinture et des beaux-arts, qu'il fut un critique littéraire : *Dans la lignée de Baudelaire,* 1930, *Tableau de la poésie française d'aujourd'hui,* 1931, tableau ouvert aux survivances traditionnelles, mais qui ne manque pas de saluer un Paul Éluard.

Dans ses premiers recueils, on peut trouver des poèmes classiquement élaborés comme un sonnet dont voici le début :

> Rade aux frissons futurs des océans d'aurores,
> Sera-ce en le reflet d'un lointain vespéral
> Que des vaisseaux cimés de leur azur astral,
> Atterriront aux quais de tes jardins sonores?
>
> Ville, ô Toi, de triomphe et de fleurs, qui décores
> De joie, avec ta foule en fête, un littoral
> Où des prêtres sans pompe et sans deuil augural
> Se détournent de boire en d'impures amphores...

On peut trouver des vers libres :

> Ors soudains de palmes insoupçonnées
> Trois étincelles glissent
> Jusqu'aux lames qu'elles révèlent,
> Et c'est au fleuve dont frêle se renouvelle
> La vie avec ses labeurs et sa joie
> Toute la joie
> D'un réveil au soleil palpitant et vermeil.

Après *le Jardin des îles claires,* 1901, et *la Nef désemparée,* 1908, on peut le rapprocher de Régnier comme on le rapprochera de Valéry avec ses *Récifs au soleil,* 1922. Il reste ce poète « ample, sonore, éclatant, mystérieux » dont parle Charles Guérin, on le voit encore dans *Vers l'azur,* 1931, ou *Stèle à demi dans l'ombre,* 1947. Sans cesse on pourrait le dire parnassien-symboliste et si l'émotion laisse toujours place au souci formel, il s'affirme comme un incessant artiste du vers. Un poème, *Byblis,* parmi tant d'autres l'atteste :

> Caresse, exalte, dompte, à ton gré. Que ton geste
> Rieur et fier soit un triomphe dont s'atteste
> Pour tel qui t'aime, joie embrasant le ciel bleu,
> Le fauve et doux éclat de tant de pourpre en feu
> Où, fiévreuse et pâmée aux brûlures du fleuve,
> Mon éternelle soif en tes baisers s'abreuve.
> Ruisselle, flamme, orgueil des yeux sous ce front dur.

Peut-être y jaillira dans le plus calme azur
Quelque propice dieu qui voudra, moins hautaine,
Te changer, ô Byblis, en chanteuse fontaine,
Et mes lèvres enfin frissonnant aux roseaux
S'épuiseront d'amour et fondront sous tes eaux.

Toute sa vie, Fontainas resta fidèle au Symbolisme mallarméen, ses inflexions flamandes du début s'estompant peu à peu et sa recherche se dirigeant vers des lignes plus nettes et des traits plus arrêtés dans une quête incessante de la beauté allusive.

Albert Mockel.

A propos d'Albert Mockel (1866-1945) qui suit à peu près le même itinéraire que lui, Fontainas écrit : « La poésie d'Albert Mockel, éprise du chatoiement des lumières et des jeux de l'eau, ondoie en des arabesques de vers parfois un peu maniérés, mais toujours très modulés. » Il dit aussi que ses poèmes « participent de l'ineffable et se développent dans une atmosphère de musique lumineuse, immatérielle et continue », ce qui peut aussi bien définir la plupart de ces poètes symbolistes. Le fondateur de *la Wallonie* se distingue par la luminosité de ses orchestrations et sa recherche d'une sérénité aurorale. Dès sa *Chantefable un peu naïve,* 1891, il est diaphane, harmonieux et fluide, avec un air de naïveté comme dans *la Petite elle :*

Celle qui chantait, vers moi s'est levée
lorsque j'ai salué son sourire d'aurore.

« Viens, dit-elle, ma robe aux calices s'irrore
Et des pleurs ont stellé ma candeur rêvée.

« Ah! ne regarde plus au loin; je suis à toi
et je suis belle ainsi, très belle toute parée...
Vois, je suis tienne! oh! viens, sois le maître.

« Non, ne regarde pas au loin : regarde-moi!
Ton ciel n'a pas mes yeux, qu'il jalouse peut-être;
mille joailleries illuminent ma chair...
Viens! je t'aime! viens te perdre en mes yeux clairs,
– mais, oh! ne regarde pas si loin dans mes yeux! »

Et l'enfant, la subtile enfant de mon désir,
captive au blanc réseau d'un penser virginal,
sentit en son regard mes yeux s'évanouir...
Mais elle, déliant sa grâce floréale,
levait ses douces mains pour me voiler les cieux.

Il est, lui aussi, hanté par Mallarmé, on le voit dans ses *Propos de littérature,* 1895, et dans *Stéphane Mallarmé, un héros,* 1899, en même temps que les recherches instrumentales de René Ghil le passionnent. Partisan du vers libre, ses vers ne commencent pas forcément par une majuscule. Face à un Verhaeren, ce Liégeois exprime la rêveuse fantaisie wallone, ce qui ne l'empêchera nullement d'admirer son compatriote comme le prouve un *Émile Verhaeren, poète de l'énergie,* 1933. Signalons aussi son *Charles Van Lerberghe,* poète de qui il est plus proche. D'autres recueils sont *l'Essor du rêve,* 1887, et surtout *Clartés,* 1902 :

> De loin, de loin, on ne sait d'où,
> un homme arriva, qui portait une lyre,
> et ses yeux étaient clairs comme ceux d'un fou,
> et il chantait, et il chantait,
> aux cordes brèves de la lyre,
> l'amour des femmes, le vain languir,
> sur sa lyre.

Là on trouve un certain angélisme, une attention à saisir les nuances des heures selon les ciels, comme dans ce fragment d'*Aube,* poème qui clôt une *Guirlande de Mai* où le mois clair apparaît mystique, juvénile, amoureux ou fraternel :

> Joie! la terre est marquée du signe d'espérance.
> Le vent qui passe est plein d'un murmure d'abeilles.
> Regarde : le sillon va traverser la plaine,
> il marche, il marche, il marche encore...
> et par les champs éblouis d'aurore,
> sous le dôme des cieux consumés de merveilles,
> sa ligne tout à coup, en un long geste d'or,
> au bord de l'horizon a touché le Soleil.

Il est à la fois ingénu et compliqué, ce poète qui trouvera son expression après vingt ans de silence dans *la Flamme immortelle,* 1924. L'amour en est le thème, le couple étant symbolisé par des êtres qu'il appelle *Lui* et *Elle.* Dès sa préface, il avertit qu'il veut rejoindre les autres arts, danse, sculpture, musique, en mettant à vif les sentiments sans artifice. Il procède souvent par dialogues et veut créer une sorte de poème dramatique où se fond le lyrisme du cœur et du noble amour. Un des premiers à employer le vers libre, Mockel en fait un heureux usage, dans la mesure où il sait varier ses rythmes et garder sa rigueur. Poète descriptif et suggestif, son idéal artistique savant le conduit parfois à des préciosités excessives, et pourtant il recherche une simplicité qui est celle des primitifs. De ces oppositions, de ses paradoxes, il tire une sorte de chatoiement complexe qui fait un charme constant et jamais démenti.

Max Elskamp.

Une « imagerie de la Flandre heureuse », selon Remy de Gourmont, apparaît chez l'Anversois Max Elskamp (1862-1931) que Victor Remouchamps a comparé à « un enfant de chœur génial ». Né dans le décor du fleuve d'Anvers, il habita une maison enclavée dans une église de la rue Saint-Paul, décor médiéval qui lui convient. C'est là qu'il sera un bon graveur sur bois pour illustrer ses poèmes de mystique aérien. Dès ses recueils *Dominical*, 1891, *Salutations, dont d'angéliques*, 1893, il mérite cette appréciation de Vielé-Griffin : « M. Max Elskamp, par ses *Salutations*, nous rappelle le vivant *Souvenir* de Jules Laforgue et encore cette *Sagesse* de Verlaine... » Il a tout le lyrisme sentimental de la chanson populaire et semble être symboliste par imprégnation plus que de volonté délibérée. Il fait ses vers comme un artisan pour dire *la Louange de la vie*, 1898, ou délivrer des *Enluminures*, 1898. Écoutons-le :

> Or, revoici mon cœur à la peine
> et de nouveau par route et chemin,
> pour faire d'âmes corbeilles pleines
>   à Christ de retour chez les miens,
>   et dont ici c'est l'entretien;
> or, revoici mon cœur à la peine,
>
>   et pieds allant, haute la main
>   au long du bâton pèlerin;
>
> car des voix ont clamé dans la rue
> que des enfants ont vu l'Esprit-Saint
> et les belles flammes, chues de nues,
>   entrer chez moi par le jardin;
>   car des voix ont dit dans ma rue :
> les belles flammes sont descendues,
>
>   et va du pied, descends la main,
>   au long du bâton pèlerin.

Ses chansons liturgiques et allégoriques ont la naïveté des coutumes folkloriques, des processions et des kermesses du bon peuple des tableaux primitifs flamands. Il y a en lui une vraie candeur, un ton malicieux, des riens sensibles qui font qu'on rapprochera de lui Francis Jammes qui devient en quelque sorte son cousin méridional, mais cet enlumineur est bien de son sol qu'il sait faire aimer. Par ses litanies blanches d'anges et de nuages, ses rétables lumineux et ses clochettes musicales, son amour quasi franciscain des choses et des êtres, il fait vivre, comme dit Souza, « la candeur des gens du Nord, leur foi têtue ». Oui, « ce sont pieuses gens qui laissent leurs paroles suivre la pente des litanies. Ce sont primitifs qui martèlent leurs dires en sentences, et la naïveté de leurs yeux marque les choses de cernures égales ».

Quand l'occupation allemande conduisit le poète à l'exode, il ressentit une blessure qui s'exprima en trois recueils dont *les Chansons désabusées,* 1924, mais il reviendra vite à sa première manière dans *la Chanson de la rue Saint-Paul,* 1928. Voici un extrait de *Six chansons de pauvre homme pour célébrer la Semaine de Flandre :*

> A présent c'est encor Dimanche,
> et le soleil, et le matin,
> et les oiseaux dans les jardins,
> à présent c'est encor Dimanche,
>
> et les enfants en robes blanches,
> et les villes dans les lointains,
> et sous les arbres des chemins,
> Flandre et la mer entre les branches.
>
> Or, c'est le jour de tous les anges :
> Michel avec ses hirondelles
> et Gabriel tout à ses ailes,
> or, c'est le jour de tous les anges;
>
> puis, sur terre, les gens heureux,
> les gens de mon pays, tous ceux
> allés par un, allés par deux,
> rire à la vie aux lointains bleus...

Max Elskamp, c'est une très belle région de la poésie, celle où, après Francis Jammes, il arrivera qu'on rencontre un autre Max, un autre croyant nommé Max Jacob.

Iwan Gilkin.

Comme Verhaeren, le Bruxellois Iwan Gilkin (1858-1924) quitta le barreau pour la littérature. Durant la première partie de sa vie, il fut en proie au pessimisme le plus noir. Après des *Stances dorées,* 1893, il publia *la Nuit,* 1897, dont le premier titre était *la Fin d'un monde :* ce monde était celui de la civilisation latine vouée à la décadence et à la mort. En cette fin de siècle, Gilkin voyait le Mal « fascinant les âmes, les enlaçant dans ses replis comme un reptile aux écailles chatoyantes, les broyant et les brûlant comme un serpent de feu ». C'est une route d'enfer qui nous est proposée, dans une lignée démoniaque qui le rapproche de Baudelaire et parfois de Rollinat. Amer, il analyse les sentiments hors du commun avec un œil aigu, prompt à découvrir les vices, les tares, les dépravations, non pour les dénoncer, mais pour en dire avec une sorte de rage les hantises morbides. « Dans ma *Nuit,* écrit-il, j'ai exprimé quelques-uns des sentiments qu'exhale une civilisation arrivée à son apogée, où se multiplient déjà les germes d'une décadence prochaine... » Il a donc, comme Baudelaire, pris le parti de « magnifier douloureusement la chute de ce qui tombe, la dissolution de ce qui périt, en maudissant la vanité des choses et notre propre impuissance. »

Pour cela, il a choisi, comme Baudelaire, comme Mallarmé, la forme du poème classique, parnassien, sans oublier le *Symbole* qui donne son titre à un poème :

> Voici qu'à l'horizon coule un fleuve de sang.
> De sa pourpre splendide et lugubre il inonde,
> Sous les cieux consternés, l'orbe muet du monde,
> Où l'horreur d'un grand meurtre invisible descend.
>
> Ainsi qu'au lendemain des épiques désastres
> Pour les princes vaincus on drape l'échafaud,
> La nuit, sur le zénith, debout comme un héraut,
> Étend l'obscurité de son deuil larmé d'astres.
>
> Exsangue et phosphorescente, ô tête dont la chair
> A gardé la pâleur et le froid de l'épée, –
> Lumineusement roule une lune coupée
> Dans le silence noir et la terreur de l'air.
>
> Rien ne s'anéantit. Tout ce qui fut persiste.
> Les crimes d'ici-bas renaissent dans les cieux.
> Ce soir, dans le palais aérien des dieux,
> Hérodiade a fait décoller Jean-Baptiste.

Ces poèmes terribles recèlent des beautés étranges, des correspondances comme cette « lune cou coupé ». Son *Amour d'hôpital* n'est pas sans faire penser au poète allemand Gottfried Benn :

> Sur ton sein, les stylets, les pinces, les ciseaux,
> La spatule, la scie équivoque et les sondes,
> Bijoux terrifiants et breloques immondes,
> Comme un bouquet d'acier étoilent leurs faisceaux.
>
> Tes doigts fins, à tremper dans les pus et les plaies,
> En ont pris le tranchant affilé des scalpels;
> Et l'odeur de ton corps suave a des rappels
> De putréfactions rances, dont tu t'égaies.
>
> Car ton âme de monstre est folle des gaîtés
> Cocasses de la couche où le mourant se cabre
> Dans les convulsions de la danse macabre,
> Et la Mort a pour toi d'hilarantes beautés.

Qui nous expliquera ta funèbre hystérie,
Pauvre femme, produit de ce siècle empesté?
On dit que ton baiser trouble la volonté
Et communique aux os une lente carie.

Mais de ton mâle cœur monte un puissant amour.
Comme un vin orgueilleux, plein de rouges prestiges,
Sa riche odeur de sang évoque les vertiges
Et ronge les cerveaux mieux qu'un bec de vautour.

Et c'est pourquoi, vaincu par la coquetterie
De ta forme divine et de tes noirs instincts,
En toi j'adore, enfant des sinistres Destins,
L'Horreur fascinatrice et la Bizarrerie.

Sans doute choqua-t-il les délicats qui le placèrent sur un second rayon, ce fils de Baudelaire dont on voudrait citer *la Capitale, la Chanson des forges, le Sculpteur, le Mensonge, le Mauvais jardinier, le Pénitent,* et tant de poèmes effrayants et funestes pleins de noires beautés, mais comme dit *le Pénitent :*

Semblable en mes clameurs aux prophètes bibliques,
Je vais, les yeux hagards, par les places publiques,
Confessant des péchés que je n'ai point commis.

Et le chœur vertueux des pharisiens brame :
Soyez béni, mon Dieu, qui n'avez point permis
Que je fusse pareil à ce poète infâme!

Il a lu Baudelaire, certes, mais il le prolonge bien, comme en témoigne cette *Hallucination :*

Quelqu'un a dévissé le sommet de ma tête;
Mon cerveau rouge luit comme une horrible bête.

Sac vineux d'une pieuvre énorme, il s'arrondit,
Il palpite, il s'agite et tout à coup bondit.

Traînant de longs filets de nerfs tentaculaires,
Il nage, peuplant l'air de suçoirs circulaires,

Il nage éperdument, menaçant, triomphant,
Dans les lieux fréquentés par la femme et l'enfant.

Ses lourds et sombres yeux, tout de braise et de soie
Brillent hideusement lorsque passe une proie.

Malheur aux jeunes fronts fiers, rêveurs et pensifs :
La bête les enlace en ses nœuds convulsifs.

Elle a faim de la pulpe où saignent les idées,
Et son bec dur se plaît aux têtes bien vidées.

Elle dévore tout : rêves, craintes, désirs,
La neige des vertus et le feu des plaisirs.

Et, le repas fini, la monstrueuse bête
Rentre, pour digérer et dormir, dans ma tête.

Comme il achevait son ouvrage, une transformation se fit en lui et il songea à faire de *la Nuit* la première partie d'une trilogie couvrant, comme *la Divine Comédie,* l'Enfer, le Purgatoire, le Paradis. Il l'avoua « en tremblant » et l'œuvre qui suivit, *le Cerisier fleuri,* 1899, marque un changement : si les poèmes sont beaux, on ne ressent plus le grand frisson baudelairien chez ce poète stoïque. Il craignit sans doute d'être allé trop loin, on le voit encore dans son *Prométhée,* 1900, ce poème dramatique un peu prosaïque qui chante l'ascension de l'humanité vers un idéal de paix et d'amour rapidement entrevu avec des accents hugoliens :

Je suis le monde avec ses milliards de mondes
Et le grain de poussière errant au vent du nord;
Je suis la vie ardente et l'immobile mort;
Je suis le fruit tombé, l'aile qui se déploie,
La mâchoire qui broie et la fuyante proie,
La brise où l'âme exquise des doux lis s'exhale
Et le sourd grondement des vagues colossales;
Je suis l'ordre et je suis la révolte; je suis
Le ver luisant et le sombre abîme des nuits.
Je suis l'amour, je suis la haine; en moi je sème
Et je détruis; en moi tout vient et tout s'en va;
Je suis tout ce qui est, qui fut et qui sera,
Et seul par-dessus Tout, je suis l'Unité même.

Mais le pessimisme de Gilkin reparut dans les prédictions économiques et politiques de *Jonas,* 1900, où l'auteur a deviné maints conflits futurs, et même la formation en Extrême-Orient d'un empire destiné à dominer le monde. Ajoutons un drame de psychologie politique, *Savonarole,* drame sur une révolte d'étudiants russes, mais son grand recueil est bien *la Nuit,* une des œuvres les plus originales, les plus expressives et les plus puissantes de la fin du siècle, injustement méconnue.

Le Foisonnement de la poésie en Belgique.

Auprès des grands poètes du Symbolisme, on en trouve d'autres, restés fidèles à l'esthétique parnassienne, comme Valère Gille (1867-1950) qui, dans *la Jeune Belgique,* mena avec Gilkin et Albert Giraud une campagne pour le triomphe de la tradition française en Belgique. Il a publié *le Château des merveilles,* 1893, *la Cithare, le Collier d'opales,* 1899, *les Tombeaux,* 1900, *le Coffret d'ébène,* 1901, *la Corbeille d'octobre,* 1902, etc. Ses poèmes sont souvent dans la tradition de Chénier ainsi que le montre sa *Cithare,* évocation de la Grèce antique, ou de Leconte de Lisle qui apparaît çà et là, notamment quand il chante *les Thermopyles* ou *le Satyre*. Ses sonnets à Musset, Baudelaire et d'autres sont de la critique en vers impressionnistes d'un lecteur de Mallarmé. Bon artisan, s'il offre un travail parfait et qui mérite le diplôme, son originalité reste difficile à discerner.

On pourrait dire qu'il en est de même pour son ami Albert Giraud (1860-1929), marqué comme Gilkin par Baudelaire surtout dans son deuxième recueil *Hors du siècle*, 1887, avec quelques rappels trop visibles de Heredia s'il intitule un poème *les Conquérants*, mais aussi avec une fougue sincère lorsqu'il clame son désir de s'arracher au siècle corrompu pour se retremper dans un passé fort et actif. Ce n'est pas là sa meilleure veine : on préfère ses recueils plus légers, ceux où il met en scène ses Pierrots, comme dans *Pierrot lunaire*, 1884, *Pierrot Narcisse*, 1894, ou lorsqu'il se rapproche du ciseleur Théophile Gautier dans ses *Dernières fêtes*, 1890. Citons ses derniers recueils : *la Guirlande des dieux*, 1898, et *les Lauriers*, 1920, où il chanta, ce qui fut le cas pour beaucoup de poètes de sa génération, les souffrances des Belges durant la guerre de 1914.

Émile Van Arenbergh (1854-1934), un des premiers poètes de *la Jeune Belgique*, peintre autant que poète, est un artiste parnassien qui aime les riches couleurs, les vocables éclatants, dans ses *Carillons*, 1904. Le sonnet lui convient à merveille et il lui confie des sujets hautains : *l'Annonciateur, Soirs religieux, De Profundis, Sonnet mystique, le Vésuve, le Pétrel,* en faisant vibrer la corde dramatique non sans rhétorique, mais s'il quitte ce garde-fou des quatorze vers, comme dans le poème *l'Océan,* il rejoint l'éloquence romantique. Il a des qualités de versificateur, une certaine ambition, mais manque singulièrement d'originalité.

Un Grégoire Le Roy (1862-1941), parce qu'il a une inspiration plus intimiste, plus sociale, et parce que le décadisme l'a marqué de ses obsessions mélancoliques, est plus intéressant, que ce soit dans *la Chanson d'un soir*, 1886, *Mon cœur pleure d'autrefois*, 1889, *la Chanson du pauvre*, 1907, *la Couronne des soirs*, 1911, *le Rouet et la besace*, 1912, *les Chemins dans l'ombre*, 1920. Ne pas le confondre avec son homonyme français Eugène Le Roy (1836-1907), le romancier de *Jacquou le Croquant*. Né à Gand, Grégoire, ami de Maeterlinck et de Van Lerberghe, est le maître d'une poésie fragile et toute de grâce où passe parfois un frisson de détresse :

> Sur les fenêtres de mon cœur
> Deux pâles mains se sont collées,
> Mains de douleur et de malheur,
> Mains de la mort, mains effilées.

Il dit *la Mort qui passe* :

> Par ce minuit d'hiver et de deuil,
> La Mort s'en va par le village,
> Secouant ses sabots au seuil de nos maisons,
> Et c'est Noël sur son passage.
>
> La neige tombe, comme les années,
> Lente, silencieuse et patiente,
> Et la Mort va, par le village,
> Sans savoir où,
> Marquant, au gré de son passage,
> D'un geste fatidique et fou,
> L'une ou l'autre de nos maisons.
> Et c'est la mort qui passe,
> Ivre, dans la nuit.

En vers classiques ou en vers libres, il chante ainsi « les tristesses confuses » et la précarité humaine, il écoute les pauvres, ceux qui frappent à la porte de *l'Auberge* :

> Vous qui dormez, ouvrez, de grâce!
> Nous sommes ceux qui passent
> Et qui jamais ne reviendrons.
> Nous sommes ceux de la besace
> Et du bâton!

Toute son œuvre hésite entre ces « temps anciens » qui sont les « temps morts » dont « nous respirons l'atmosphère empestée », mais, comme il l'écrit encore : « Les sages — après l'avoir longuement contemplé — se détournent du passé et regardent du côté des lumières. »

En 1894, Albert Giraud écrivait : « Fernand Séverin, le meilleur poète de la Wallonie, est au sens noble du mot un élégiaque. Ses poèmes font penser aux champs Élysées du chevalier Gluck. De beaux vers, doux et tristes, y passent enlacés comme des ombres heureuses. » Il est vrai que Fernand Séverin (1867-1931), auteur des livres *le Lys*, 1888, *le Don d'enfance*, 1891, *Un Chant dans l'ombre*, 1895, *la Solitude heureuse*, 1904, *Théodore Weustenraad, poète belge*, 1914, *la Source au fond des bois*, 1924, aime la musique de chambre en poésie. Il ne brise pas le moule classique, mais a le sens des correspondances symbolistes les plus vaporeuses :

> Un soupir est dans l'air!... Tout le ciel en frémit!...
> Au gré de la lueur plus vive ou plus tremblante,
> Le bruit mélodieux s'élève ou s'assoupit,
> Si vague, qu'on dirait de la clarté qui chante.

A ces musiques légères se mêle un ton de moraliste :

Heureux qui, déjouant l'énigme du destin,
Du songe ou de la vie a préféré le songe;
Même la pureté de ce ciel enfantin,
Au prix de ses pensers, n'est qu'un divin mensonge.

Ces deux tendances s'amalgament chez lui assez bien, peut-être parce que sa morale est avant tout une recherche du bonheur à travers la mélancolie que lui apporte la nature dont il ne cesse de s'inspirer. C'est au fond un poète virgilien, un tendre, un contemplatif face à face avec les illusions d'un paradis qu'il invente. Il essaie d'attraper dans son filet à papillons des émotions fugitives, des sentiments discrets, et il souffre quand la chasse soudain lui paraît vaine.

Les poèmes de Victor Remouchamps (1862-1907), Liégeois, procèdent d'un didactisme plus lourd et sa hantise de l'au-delà s'exprime de manière prosaïque. Édouard Remouchamps (1836-1900) a écrit lui dans le dialecte wallon la comédie *Gautier le perruquier,* 1885, avec bonheur et il est à l'origine d'un renouveau de ce dialecte.

L'Anversois Georges Eekhoud (1854-1927) est un poète robuste qui peint les Polders et la Campine, les prairies, les bruyères, les solides gars des Flandres avec des vers massifs dans des livres intitulés *Myrtes et cyprès,* 1877, *Zigzags poétiques,* 1878, *Raymonne,* 1878, *les Pittoresques,* 1879, mais ce poète parnassien sera plus à l'aise dans ses souvenirs, ses récits, ses romans réalistes proches des paysans, des ouvriers, des êtres en marge qu'il comprend bien et qu'il sait peindre. La poésie ne lui suffisait pas pour exprimer son réalisme social et se faire le chantre des aspirations des humbles. C'est là qu'il triomphe.

Néo-classiques sont Isi Collin (1878-1931), auteur de *l'Étang,* 1900, de *la Vallée heureuse,* 1903, où vibre une note élégiaque et anacréontique, et Louis Boumal (1890-1918) qui écrira au début du xxᵉ siècle *Poèmes en deuil,* 1910, avant un posthume *Jardin sans soleil* inspiré par ses impressions de combattant sur le front de l'Yser.

Le fondateur de la batailleuse feuille *le Type* et de *la Jeune Belgique,* Max Waller (1860-1889), a écrit « des vers qui font semblant de rire, et sanglotent, très doucement ». Son recueil *la Flûte à Siebel,* 1891, est significatif d'une sensibilité à fleur de peau qui allie à l'ironie la tristesse imprécise, à la joyeuseté la rêverie. Qu'il s'adresse à Musset dans *A toi, Alfred* ou donne *Vieux éventails* ou *Éventails exotiques,* il reste délicat, avec un rien de réalisme du genre « je ne m'en laisse pas conter » et une manière de ne pas se prendre au sérieux tout en rêvant comme un fantaisiste.

Autre méditatif, mais plus fervent, Georges Marlow (né en 1872) est ainsi situé par Edmond Pilon : « M. Georges Marlow est un poète de vieilles cloches et de nuances éteintes; il est l'halluciné veilleur de lampes et le doux faiseur de guirlandes. Il aime la tiédeur des dentelles, et le charme conventuel des monastères l'attire. Ce n'est pas un rude et un sonore, comme le Verhaeren des *Moines,* mais un méditatif délicat et sensible, comme le sont un peu Max Elskamp et Henri Barbusse. » Il est surtout un poète de l'amour et du souvenir qui s'épanche avec des mots simples dans des vers fluides et de peu de portée. Ne dit-il pas : « La poésie? Un peu de fumée qui s'élève de l'âme embrasée et qui parfois, entremêlée de rayons d'étoile, se concrète en auréole autour de l'âme qui s'éteint. »

On pourrait rapprocher de Marlow deux poètes morts jeunes : Charles de Sprimont (1880-1903) avec *la Rose et l'épée,* et Pierre Gens (1885-1902) avec *Clarté d'âme,* l'un et l'autre épris d'harmonie, marqués par les brumes du pays natal et cherchant le soleil et la pureté, sans que leur personnalité ait eu le temps de se dégager des grands modèles symbolistes belges.

En fait une dizaine de grands poètes émergent et portent en eux cette poésie que d'autres cherchent à atteindre. Mais il ne faut pas négliger pour autant des poètes mineurs qui peuvent surprendre par des aspects, fussent-ils menus, de leur art. Le plus souvent on rencontre de doux rêveurs, des poètes de l'intimité dont l'eau est à peine troublée par quelque angoisse secrète. Pour Georges Rency (1875-1951), de Namur, les poètes « forment l'indispensable contrepoids qui empêche l'humanité, alourdie par le mercantilisme, de sombrer dans une Barbarie nouvelle ». Avant des romans et des contes, il a publié *Vie,* 1897, *les Heures harmonieuses,* 1897, et de lui on pourrait dire, en citant ses vers :

> Ses molles ondes musicales,
> Comme des flots lents et berceurs,
> Viennent caresser nos fronts pâles
> Avec d'ineffables douceurs.

Parmi les poètes de cette fin de siècle, certains appartenant aussi à la poésie du xxe siècle, nous citerons encore Hector Hoornaert (né en 1851), auteur de *Ballades russes,* 1892, et de sonnets *D'Après les maîtres espagnols,* 1899; Adolphe Hardy (né en 1868), poète de *Voix de l'aube et du crépuscule* et de *la Route enchantée;* Prosper Roidot (né en 1878), d'ascendance française, poète ingénu et candide d'*Aubes et crépuscules, le Hameau vert,* 1900, *les Poèmes paci-*

fiques, 1905, qui reste un parnassien même s'il oublie la majuscule
en tête du vers; Christian Beck (1879-1916), poète dans une prose
naturaliste et symboliste à la fois; L. Souguenet et son *Chemin du
soleil;* Georges Ramaekers (né en 1875) et son mysticisme harmonieux dans *la Nuit rédemptrice, l'Hymnaire du printemps, les Fêtes du
blé, le Chant des trois règnes,* 1906, *les Saisons mystiques,* 1908; Paul
Mussche et ses *Jardins clos,* 1904, Léon Sahel et ses *Croquis espagnols;*
Thomas Braun (1876-1961) qui, dès *le Livre des bénédictions,* 1898,
et *Fumées d'Ardenne,* 1912, se montre poète mystique en même
temps que naturiste comme son ami Francis Jammes.

Paul Gérardy (1870-1933) qu'il ne faut pas confondre avec son
quasi-homonyme Paul Géraldy (né en 1885), l'auteur du best-seller
absolu de la poésie, *Toi et Moi,* 1913, et d'autres poèmes intimistes au début du xxᵉ siècle, le Liégeois Paul Gérardy donc
offre des poèmes teintés de germanisme qu'on trouve dans ses
Chansons naïves, 1892, et surtout dans *les Roseaux,* 1898, où se manifeste l'influence de Verlaine :

> Le lied que mon âme chantonne,
> Mon lied peureux qui pleure un peu,
> Est germanique et triste un peu,
> Le lied que mon âme chantonne.

« Les vers de M. Gérardy, écrit Camille Mauclair, délicieusement
ingénus, pleins de musique, nimbent des sentiments simples d'une
langue naïve, d'une authentique naïveté. » Ce poète est « imprégné
de la mélancolie demi-souriante des ciels mouillés du pays wallon ». Ce rêveur aime évoquer dans *Elle* une femme idéale, dire
une *Royauté très simple,* celle d'un paysage délicat aux limites de la
féerie ou faire apparaître *le Chasseur noir,* suivi des créatures de
l'ombre, avec sensibilité.

A dix-neuf ans, Marie Nizet (1859-1922) a pu étonner par un
recueil, *Romania,* 1878, où elle chantait la Roumanie avec une
sûreté de ton et une harmonie très rares. Elle se taira jusqu'à
son posthume *Pour Axel de Missie,* 1923, où s'exprime un amour
mystique, non sans une vive sensualité :

> Et je t'aime, ô mon âme avide, toi qui pars
> — Nouvelle Isis — tentant la recherche éperdue
> Des atomes dissous, des effluves épars
> De son être où toi-même as soif d'être perdue.
>
> Je suis le temple vide où tout culte a cessé
> Sur l'inutile autel déserté par l'idole;
> Je suis le feu qui danse à l'âtre délaissé,
> Le brasier qui n'échauffe rien, la torche folle...

Et ce besoin d'aimer qui n'a plus son emploi
Dans la mort, à présent, retombe sur moi-même.
Et puisque, ô mon amour, vous êtes tout en moi
Résorbé, c'est bien vous que j'aime si je m'aime.

Mais nous anticipons sur le xxᵉ siècle. Revenons donc à tous ceux-ci que nous citons pour donner une idée de l'abondance de poètes en Belgique : Marcel Angenot, Franz Ansel, Paul Barbier, Charles Bernard, Maria Biermé, Edgar Baes, Edgar Bonehill, Albert Bonjean, Paulin Brogneaux, Franz Foulon, George Garnir, Théo Hannon, Georges Khnopff, Victor Kinon, François Léonard, Henry Maubel, Octave Maus, Léon Montenaecken, Herman Pergameni, Fernand Roussel, Paul Spaak, Lucien Solvay, Hélène Swarts, Marie Van Eleghem, Auguste Vierset, et des dizaines de poètes publiant dans des dizaines de revues vivantes. On trouve alors bien des poètes qui s'illustreront au xxᵉ siècle comme Jean Dominique (1873-1952) dont *Un Goût de sel et d'amertume* est de 1899, *l'Ombre des roses* de 1901, car il faut souligner que le phénomène de la grande poésie symboliste belge n'est pas un phénomène passager, mais bien une naissance de la poésie francophone belge qui ne cessera pas d'affirmer sa puissance incomparable et durable à travers toutes les métamorphoses de la poésie dans une union fraternelle avec non seulement la poésie française de l'hexagone, mais avec toutes les poésies du monde.

2

Poètes français hors de France

En Suisse romande.

E N 1966, dans un « portrait littéraire et moral » de *la Suisse romande,* Alfred Berchtold écrivait : « A la fin du XIXe siècle, les Belges figurent à l'avant-garde de la poésie française. La plupart des Suisses romands sont perdus dans l'arrière-garde. » Le même auteur reconnaît aussi : « Quelques voix graves, émues, honnêtes, révèlent de belles âmes, mais souvent encore des artistes médiocres. Cependant les leçons du Parnasse et du Symbolisme pénètrent lentement dans le pays. » Ces lignes moroses sont justes : les progrès sont lents, les poèmes insatisfaisants, encore que parmi les mauvaises herbes se cachent quelques fleurettes. Cependant, la poésie est présente dans sa tranquillité et, malgré l'absence de conquêtes sans lesquelles toute poésie est appelée à mourir, une permanence est assurée, des ambitions sont présentes même si elles échouent, et la voix populaire dans les cantons se fait entendre, répondant aux vœux de ceux qui cherchent la simple expression quotidienne.

Nous avons nommé Henri-Frédéric Amiel (1821-1881) qui doit sa célébrité au *Journal intime,* 1883-1884. Il est l'auteur de quatre livres de vers : *les Grains de mil,* 1854, *la Part du rêve,* 1853, *il Penseroso,* 1858, *Jour à jour,* 1880, et de traductions de poètes étrangers dans *les Étrangères,* 1876. Quelle différence avec sa prose que soutient la psychologie! Ce sont d'agréables petits poèmes, légers comme ses grains de mil, léchés, trop léchés pour que la rhétorique n'étouffe pas la sincérité. Il aime le petit ; la goutte de rosée ou le grillon de mai l'inspirent, et s'il se mêle de penser en vers plus longs, il verse dans une pompe moralisatrice assez banale. Comme quoi en poésie il ne suffit pas d'être un esprit de qualité. Pourtant, dans le genre menu, il met du charme, un peu comme Théophile Gautier dans ses *Emaux et Camées* :

« Petite perle cristalline,
Tremblante fille du matin,
Au bout de la feuille de thym
Que fais-tu sur la colline?

Avant la fleur, avant l'oiseau,
Avant le réveil de l'aurore,
Quand le vallon sommeille encore
Que fais-tu là sur le coteau? »

Petit-fils d'un des fondateurs du *Caveau genevois,* d'une famille
d'horlogers, Édouard Tavan (1842-1919), professeur, fut une sorte
de parnassien qui aurait lu, comme dit Philippe Monnier, Verlaine,
Samain et son compatriote Duchosal. Né avant ce dernier il publia
sur le tard : *Fleurs de rêve,* 1889, *les Automnales,* 1902, *la Coupe d'onyx,*
1903, *Myrtes d'antan,* 1918. C'est dans l'avant-dernière œuvre qu'il
est le meilleur, avec une cinquantaine de sonnets chantant l'eau
sous tous ses aspects, et surtout employant comme le fit Van Hasselt, et avant lui Baïf et Turgot, le vers rythmique. Bien que se
défiant du « désarroi sans nom des écoles perverses », il aime l'impair de sept, neuf ou onze pieds. Il emprunte volontiers à l'Antiquité ses sujets. Il cisèle ses phrases, choisit ses rimes et donne des
poèmes de bon amateur unissant, comme dit si bien Berchtold,
« la pudeur parnassienne à la pudeur genevoise ». Il est bien aussi
« le Malherbe d'une province littéraire qui n'avait connu avant lui
aucun Ronsard », car Tavan a été le maître de poètes suisses nommés Louis Duchosal, Henry Spiess, Émilia Cuchet-Albaret, René-
Louis Piachaud, Charles d'Éternod, Louis Dumur. Il a utilisé en virtuose toutes sortes de rimes : en écho, tressées, brisées, androgynes,
il a multiplié les mètres comme s'il devait parcourir à lui seul les
longs chemins de la poésie. Il apparaît souvent ébloui par la création et rêve de lui élever un temple classique, mais il n'est pas à
l'abri des angoisses :

Ce dôme constellé qui sur nos fronts s'étale
Avec ses profondeurs de silence et d'effroi,
Est-ce une œuvre d'amour? est-ce l'œuvre fatale
D'une incompréhensible et redoutable loi?

Ajoutons que ce poète laborieux n'a voulu connaître de langue
que celle de la poésie, qu'il a su se défier du côté oratoire des
romantiques et qu'il a chéri :

Ces mots qui ne sont rien que des mots, et pourtant,
Qui sont tout; car ils ont une vie, une âme...

Professeur de littérature à Lausanne, son confrère Henry Warnery (1859-1902), de ses premières *Poésies,* 1887, qui sont d'un par-

nassien dont l'art ne dessèche pas la fraîcheur, à ses poésies inédites, *Au vent de la vie,* 1904, posthumes, en passant par sa grande
œuvre *Sur l'Alpe,* 1895, et *le Chemin d'espérance,* 1899, apparaît
comme un idéaliste cherchant à élever son âme vers les cimes,
recherchant la solitude, le silence. « Si haut qu'il soit, toujours
l'Impossible nous tente » écrit-il et il y a en lui un Sully Prudhomme
(il se dit son disciple) qui aborde les sujets descriptifs, patriotiques,
philosophiques et religieux. Pour Henri Sensine, son poème *les
Origines* est l'œuvre la plus forte qui ait été composée en Suisse
romande. Religieux, il a parfois des accents pascaliens; philosophe,
il atteint au cosmique :

> Dans la splendeur des cieux un astre vient de naître,
> Sur ses langes d'azur j'ai cru le reconnaître;
> Vers lui mon espérance a dirigé son vol.
> La Terre! Ah! je la vois! La Terre! c'est bien elle!
> A son souffle embrasé je sens frémir mon aile,
> Et j'entends, sous mes pieds, mugir son vaste sol.
>
> Une sueur de feu pend à sa croupe nue;
> Les éclairs sur son front crépitent dans la nue;
> Ses flancs partout béants fument de toutes parts.
> Un ciel obscur et lourd sur son écorce pèse,
> Et, brisant les parois de l'énorme fournaise,
> Les éléments de tout dans les airs sont épars.
>
> Oh! qui dira l'horreur des premiers jours du monde;
> La matière hurlant dans sa gaine inféconde,
> Et soudain ruisselant sur le globe éventré?
> Qui dira le courroux des tempêtes natives,
> Et, sortant lentement des ondes primitives,
> Les Alpes jusqu'au ciel portant leur front sacré?

Son souffle lyrique est indéniable, même si, au cours d'un long
poème, il s'épuise parfois, mais l'ambition est grande et il y a des
moments considérables surtout lorsque ses interrogations angoissées se tournent vers les « sourds commencements de la vie et de
l'être » quand « un monde tout entier d'un atome va naître ».

Warnery était phtisique. Louis Duchosal (1862-1901) est marqué
toute sa vie par une ataxie locomotrice qui paralyse le corps sans
affecter les facultés intellectuelles. Son long martyre est comparable à celui de Joë Bousquet. On comprend qu'il écrive :

> Mon Dieu, mon Dieu, vous m'avez oublié;
> La croix est lourde et ma tête a plié,
> Et je ne suis qu'au milieu de ma route.

Luttant courageusement contre un sort funeste, la poésie fut sa
demeure. Lui qui écrivait « je suis l'enfant promis aux fêtes de l'es-

prit » donna des poèmes qu'on ne lit pas d'un œil indifférent, car ils ont toujours un accent de vérité et des évocations qui touchent non seulement par les sentiments qu'ils expriment, mais par leur art fait de nuances et de vibrations ténues et délicates. Il fut un bon critique littéraire, un auteur de contes et de pièces gaies, surtout le poète de ces recueils : *le Livre de Thulé*, 1891, *le Rameau d'or*, 1894, *la Forêt enchantée*, 1893, et de livres posthumes, *Derniers vers,* 1905, et *Posthuma*, 1910, réunis par Philippe Monnier et par Jean Violette. Il y a parfois du Verlaine chez ce poète du rêve, de la fantaisie, des émotions subtiles :

> Roule, roule mon front las et décoloré
> Entre les seins bénis qui m'ont versé la vie,
> Et, pour me délivrer du mal et de l'envie,
> Mets-y les frais baisers dont je suis altéré.

Voici le début du *Poème du roi de Thulé* :

> La reine aux doigts frais
> N'ira plus à la harpe aimée,
> Et dans un linceul de regrets,
> J'ai mis la dépouille embaumée
> De ce poème écrit avec de la fumée.
>
> A la branche du frêle espoir
> Se retient ma chimère atteinte...
> Un bruit monte du tombeau noir...
> Est-ce vous ma Reine ou ma Sainte,
> Dont j'ai clos pour jamais les beaux yeux d'hyacinthe ?

Il poétise *la Mort de don Quichotte* ou s'assimile à *Saint Sébastien* :

> Je suis l'enfant parti pour ramasser des fleurs,
> Qui s'est égaré dans la forêt des douleurs.
>
> Ma blouse d'écolier était pleine de roses,
> Et je ne pensais pas à regarder les choses.
>
> Mais, lorsque j'ai levé les yeux, j'ai vu la nuit,
> Comme un immense oiseau, qui descendait sans bruit.
>
> . . . .
>
> Comme sous les gibets, de pâles mandragores
> A mes pieds où le sang suintait de tous les pores.
>
> Et la peur m'emplissait d'un lancinant frisson ;
> J'ai murmuré pour m'en distraire une chanson.
>
> Une belle chanson, par laquelle ma mère
> Endormait son enfant, promis à la chimère,

Où l'on montre une Reine au cœur pur, aux yeux d'or
Qui vient baiser au front un poète qui dort.

Il chantera les mauvais jours et parle de la vie comme un long suicide dans *Posthuma :*

Je ne commettrai pas le crime poétique
De m'endormir parmi les parfums et les fleurs;
Les fleurs dont j'ai saisi le langage mystique
Ont trop fait couler de mes pleurs.

Ma mort sera plus lente et sera non moins sûre;
Il est d'autres moyens que la vague ou l'acier :
Le fleuve rend sa proie, on panse une blessure,
Ton parfum n'est pas meurtrier.

Trois poètes, Tavan, Warnery, Duchosal, non point d'avant-garde, non point parfaits, mais attachants, le premier prisonnier de sa dévotion formelle et s'en détachant parfois heureusement, le deuxième tentant d'édifier un poème grand comme les Alpes, le troisième, poète malheureux, cherchant l'émerveillement et la fête.

D'autres poètes romands.

Né à Florence d'un père Français et d'une mère Genevoise, Marc Monnier (1829-1885), historien de la littérature, critique, journaliste, traducteur, nouvelliste, dramaturge, est pour Virgile Rossel « un latin moderne, – un Horace qui aurait connu le Christianisme, étudié Kant et traversé la période romantique, sans d'ailleurs s'attacher bien fort ni s'arrêter longtemps nulle part ». En fait, c'est un brillant improvisateur, cet auteur d'un livre intitulé simplement *Poésies,* vingt-cinq ans après *les Lucioles,* 1853. Il se montre familier et élégiaque avec beaucoup de gentillesse dans des poèmes bien faits sans plus, peu serrés et prosaïques. Il est l'auteur d'un *Théâtre des marionnettes,* 1871, en octosyllabes irrévérencieux et moqueurs dont la satire ne pouvait plaire à la censure de Napoléon III. Il a beaucoup fait pour présenter ses compatriotes écrivains. Dans sa jeunesse, il avait pris une part active au mouvement libéral italien. Ses recherches sur les origines de Figaro sont intéressantes, moins ses romans; on préfère ses *Nouvelles napolitaines.* Son fils, Philippe Monnier (1864-1911), est auteur d'essais et de récits genevois. Ses *Rimes d'écolier,* 1891, montrent de la facilité et une aimable candeur.

Autre Genevois, Alexandre Egli (1852-1919), poète délicat et simple de *l'Obole,* 1892, dans ses poèmes disséminés parmi les anthologies et revues, chante *les Vieux sapins* ou *les Vieux amants* dans des *Poésies genevoises,* 1874, sans autre prétention que d'évoquer le foyer, l'amitié ou la nature. Son compatriote genevois Jules

Cougnard (1865-1937) est plus enjoué, plus primesautier, notamment quand il satirise les gens sérieux et rigides, toujours sans méchanceté. On peut reconnaître là le petit-neveu d'un animateur du *Caveau genevois,* mais ailleurs il sait être tendre et émouvant, grave même quand il évoque *le Dernier char de la moisson* ou les tableaux de la vie quotidienne. On a retenu ses cantates et ses ballades montrant la joyeuseté suisse s'opposant au puritanisme, chantant les vins suisses. Ses recueils : *le Carillon tinte,* 1895, *Cassons les anailles,* 1909, *le Cadran solaire,* 1920, recèlent des poèmes agréables par leur fraîcheur, mais bien en retard sur leur temps, ce qu'on pourrait dire aussi du musicien-poète Émile Jaques-Dalcroze (1865-1950) qui cherche son inspiration dans le sol romand, célébrant le génie du lieu dans ses *Chansons romandes,* 1893, et dans *Des Chansons,* 1894, chansons dignes du *Chat Noir* où un Francisque Sarcey l'admire. D'ailleurs, l'une d'elles, « Mon cœur est petit, tout petit, petit... », est célèbre. « Vivons en chantant » dit-il et cela dès l'école : ses *Enfantines* seront chantées par les enfants suisses. Avec René Morax (1873-1963), Joseph Bovet (1879-1951), Gustave Doret, il est de ceux qui apprennent à leurs compatriotes l'art de chanter dans leur arbre généalogique.

« Je suis né paysan, et je le resterai » écrit Eugène Rambert (1830-1886) et il reste bien « vigneron et paysan dans l'âme », ce poète qui, s'il manque parfois d'élégance et de souplesse, s'accorde au terroir et ne cesse d'élever un hymne à la Suisse. Unissant la Suisse alémanique et la Suisse française, il célèbre cet helvétisme qu'il a rencontré chez les Zurichois. Il est de Montreux, ce Vaudois romantique descendant de vignerons qui écrit des alexandrins trop ternes pour durer dans ses *Poésies,* 1874, en attendant ses posthumes *Dernières poésies,* 1882, *Fleurs de deuil,* 1895, *les Gruyériennes,* 1913. On préfère à la prose en vers de ses longs poèmes, tel ou tel chant « sonore et tendre » qui charme davantage.

Le Neuchâtelois Philippe Godet (1850-1922) dit lui aussi : « Mon pays, mon pays est toujours le plus beau! », mais ses poèmes n'arrivent pas à la hauteur de son amour, et pourtant cet auteur d'une *Histoire littéraire de la Suisse française,* 1906, a l'esprit délié et intelligent, mais il est prisonnier de ce confort bourgeois, même s'il en rit et avoue : « Décidément, je suis bourgeois. » Heureusement, dans ses recueils *Premières poésies,* 1873, *Récidives,* 1878, *Évasions,* 1881, *le Cœur et les yeux,* 1882, *les Réalités,* 1887, il s'évade parfois du chant trop attendu pour des éclairs de vivacité. On croirait parfois que l'amour de leur sol paralyse les élans de ces poètes fervents et timides. Il écrit : « Je ne sais rien, rien, rien, – si ce n'est que depuis l'âge de quatorze ans, j'ai eu l'irrésistible besoin d'exprimer certaines impressions sous une forme rimée et rythmée, et que j'ai trouvé beaucoup de charme à cette occupation... »

Les poèmes descriptifs d'Alice de Chambrier (1861-1882) ont une ouverture sur un horizon plus vaste. Elle aime les sujets philosophiques dans son recueil posthume *Au-delà,* 1883. Cette jeune fille morte à sa majorité aurait sans doute donné beaucoup si elle avait vécu. Elle avait pour unique lecture *la Légende des siècles,* et si l'on sent parfois, dans des poèmes comme *les Sphinx,* une ambition hugolienne, elle tire le plus souvent de son propre fonds humain. Comme dit Berchtold, « elle envisage la mort dans des dimensions planétaires » :

> Et sais-tu que toi-même aussi, nocturne reine,
> Tu cesseras un jour de briller dans les cieux ?
> Tu mourras comme doit mourir la race humaine,
> Et l'ombre habitera les airs silencieux.

Dans *la Pendule arrêtée,* elle chante « l'heure évanouie qui ne doit jamais revenir », elle est hantée par l'éternité. Des beautés règnent dans des poèmes comme *l'Inaccessible, la Maison abandonnée* ou *le Soir au village.* Victor Hugo l'admira, ses vers furent dits à Paris par Mlle Agar la célèbre comédienne. C'est bien une Desbordes-Valmore helvétique avec des accents qui rappellent Mme Ackermann ; Stoïque et chrétienne, elle sait que son « âme est sur le seuil de l'immortalité » et que « Quand on n'a pas su vaincre, il faut savoir mourir. » On éprouve bien « le frisson du grand » comme dit Rossel, et Rambert a bien raison d'écrire : « Pas trace du dessin vaporeux, de l'idéalisme sentimental qui abondent le plus souvent dans les compositions de jeunes filles. La ligne est franche, le contour net, le mot frappé. » On lui donne, hors des écoles, une place particulière dans la poésie.

Parmi les femmes poètes, on trouve Cécile d'Ottenfels (1839-1911) et son *Bouquet de pensées* fragile et délicat, Isabelle Kayser (1866-1925), tout aussi romantique, mais d'une inspiration plus large, d'une imagination plus riche dans *Ici-bas,* 1884, *Sous les étoiles,* 1890, *Patrie,* 1894, *Des Ailes,* 1897. Elle est dans la lignée de Lamartine et de Sully Prudhomme et excelle dans des lieds d'autrefois ou quand elle chante *les Morts :*

> Les Morts aimés sont les hôtes aux mains discrètes
> Qui demandent leur pain quotidien, sans bruit,
> Ils ne viennent jamais nous troubler dans nos fêtes,
> Mais veulent partager l'angoisse de nos nuits.

Neuchâtelois, Adolphe Ribaux (1864-1915), écrivain prolifique, peintre de l'existence campagnarde dans *Nos paysans,* dramaturge, dans ses livres de vers : *Feuilles de lierre,* 1882, *Vers l'Idéal,* 1884, *Rosaire d'amour,* 1887, *Comme le grillon,* 1898, et encore dans *Conte d'amour* ou *la Source éternelle,* dit la beauté d'un lac ou la chanson des petits chemins avec une gentille banalité.

Ernest Bussy (1864-1886), de Lausanne, dans *A mi-voix,* 1885, sentit venir sa mort prochaine (il était tuberculeux). On trouve des poèmes printaniers comme *la Chanson du merle* et des chants tragiques ou sereins comme *Anniversaire* ou *Écrit dans une heure d'angoisse* :

> Le mal qui m'a saisi resserre son étreinte.
> La nuit vient. Je me sens seul et triste à mourir.
> Personne auprès de moi pour adoucir ma crainte,
> Pour essuyer mon front et m'aider à mourir.

Né à Genève d'un père Italien et d'une mère Vaudoise, Jules Carrara (né en 1859) est un attardé romantique dans ses *Poèmes de mai,* 1882, et plus encore dans *la Lyre,* 1887, où il rend un hommage bien discoureur aux génies de l'humanité : Homère, Eschyle, Virgile, Dante, Shakespeare ou Hugo au Centenaire de qui il élèvera une *Ode,* 1902, pour le remercier sans doute de ce qu'il lui doit.

Pour Charles Fuster (né en 1866) qui quitta sa ville d'Yverdon pour vivre à Paris, la poésie est la noblesse de la vie et la souffrance est rédemptrice. Son idéalisme banal se répand dans une infinité de recueils, une vingtaine au moins depuis *l'Ame pensive,* 1884. Les Suisses l'oublient dans leurs histoires littéraires ou le mentionnent très vite, sans doute parce qu'il s'est voulu Français, mais ses poèmes spiritualistes où règne le cliché font que nul ne peut regretter son absence. Un Mathias Morhardt (né en 1863) se voulait Français en politique et Genevois en homme de théâtre. Ce franco-suisse a tenté une épopée de cinq mille vers, *Hénor,* sorte de quête de l'absolu romantique, et des recueils plus proches du symbolisme comme *le Livre de Marguerite,* 1895, ou *A la gloire d'aimer,* 1903.

On a bien oublié aussi William Pétavel (né en 1830), de Neuchâtel, pasteur de l'église suisse de Londres qui chanta les Alpes neigeuses et « Chillon aux tours gothiques » comme l'avait fait son père Abran-François Pétavel (1791-1870), poète de *la Fille de Sion.* Et les Suisses eux-mêmes ne mentionnent plus Charles Chatelanat (né en 1833), auteur d'*Emmanuel,* qui a chanté dans ses strophes romantiques « Lausanne! ô bleu Léman, patrie hospitalière ». Et pas un mot d'un autre pasteur vaudois, Gustave de Félice (1808-1871) qui a chanté religieusement un populaire *Colporteur vaudois* ou de Xavier Koehler (né en 1821) dont *les Alperoses,* 1857, magnifient les monts, les fleurs ou la bergère suisse.

Pasteur à la Chaux-de-Fonds, Gustave Borel-Girard (né en 1845) dans *Brins de mousse, Roses de Noël* ou *Chants d'Avril,* est sensible aux voix de la nature qu'il traduit avec candeur. Il est né à Neuchâtel comme l'officier Jean de Pury (né en 1857) dont les *Poèmes de jeunesse* traduisent d'aimables émerveillements.

A défaut de qualité, il y a la quantité. Ces hommes qui, dans les frontières de leur beau pays ou en France, ont maintenu la tradition poétique suisse, pourquoi ne pas les citer? Il y a un Louis Dumur (1863-1933), un des fondateurs du *Mercure de France,* avant tout romancier, dramaturge et critique, mais qui fut poète dans *la Neva,* 1890, inspirée par un préceptorat en Russie, et dans *Lassitudes,* 1891, où il utilise le vers baïfin cher à son maître Tavan. Henri Jacottet (1856-1904), en attendant notre contemporain Philippe Jaccottet, jette ses interrogations angoissées sur les énigmes de la vie dans de graves *Pensées d'automne.* Il s'avoue « chrétien sans foi, stoïque, amer et malheureux ». N'oublions pas que l'historien de la littérature, le romancier Virgile Rossel (1858-1933) fut l'auteur de *Poésies,* 1879, *Chants perdus,* 1881, *Nature,* 1885, *la Seconde jeunesse,* 1889, *Vivoline,* 1889, et de poèmes dramatiques, *Davel,* 1898, et *Flambeau,* 1920, même s'il reste peu original. Louis de Courten (1880-1903) avant sa fin tragique dans le lac de Zurich en compagnie de sa fiancée avait eu le temps d'écrire la matière de *la Terre valaisanne* publiée après sa mort. Il manifestait dans ses sonnets d'un art symboliste :

> La blondeur obsédante et fauve de l'été
> Élimant le satin défraîchi des corolles,
> Enamoure d'un long baiser l'urne des trolles
> Et des lys martagons de pourpre mouchetés.

Une mention spéciale doit être faite des poètes amateurs d'une contrée, la Gruyère, jadis petit État autonome. Certains comme Jean-François-Marcellin Bussard (1800-1853), Joseph-Ignace Baron (1816-1873), Nicolas Glasson (1817-1864), Louis Bornet (1818-1880), Auguste Majeux (1828-1885), Pierre-Joseph Sciobéret (1830-1876), Joseph Sterroz (1834-1902) ont fait des études tandis qu'un Célestin Castella (1828-1892) est resté un paysan authentique, mais ils ont tous en commun d'avoir collé à leur sol. Eugène de Boccard en dit : « Versificateurs maladroits, manquant de métier, de sens artistique, ils sont bien souvent conventionnels » et font encore, comme l'a dit Gonzalgue de Reynold, entre 1840 et 1870, du Delille ou du Viennet, « mais ils sont restés sensibles aux émotions des âmes agrestes et primitives, et la naïveté charmante ainsi que l'enthousiasme avec lesquels ils chantent les beautés de leur pays, l'amour de leur village et de leur patrie et les humbles travaux auxquels ils participèrent, éveillent de la sympathie chez le lecteur. L'esprit caustique de la Gruyère leur a parfois permis de réussir assez bien dans la fable ». Un Auguste Majeux joue de l'archaïsme :

> Moult belle estoyt ycelle en cestuy hault chastel,
> Bleus flammoyoient ses ieux comme estoiles du ciel...

D'autres chantent la nature comme Lamartine, d'autres encore élèvent des hymnes patriotiques, certains sont réalistes comme de rudes montagnards ou bien chantonnent la contrée paisiblement, comme le paysan Castella :

> Sur les flancs du Moléson,
> Ah! voyez ce frais gazon!
> Entendez les chansonnettes
> Du pinson, des alouettes;
> Chantons, que l'on soit prêt!
> Partons pour le chalet.

Dans tous les cantons suisses, la poésie populaire s'est ainsi exprimée. Depuis le médiéval Othon de Grandson, depuis les poètes de la Réforme, depuis le doyen Bridel, depuis les poètes-chansonniers du *Caveau,* drolatiques ou caustiques, chantant Bacchus ou l'amour comme il se doit, depuis les poètes des temps romantiques, une permanence a été assurée. Veut-on encore des noms? Eh bien, citons pour la documentation ou pour le souvenir Léo Bachelin, A. Blondel, Charles Bonifas, Charles Burnier, E. Ducommun, A. Ecoffey, L. Favrat, V. Glasson, Louis Tognetti, etc. La plupart de ces poètes ont comme tort d'être venu trop tard dans un siècle ouvert à la jeunesse et au renouvellement constant de la poésie, mais si nous nous situions hors de cette idée progressive de l'art, nous trouverions quelques bonnes réussites, et surtout un amour immense du sol natal que les poètes de la Suisse romande ne cessent d'exalter avec un constant émerveillement.

Les Premiers poètes du Québec.

En attendant l'essor des poètes du Québec, ceux de notre temps, et la découverte d'une identité nationale propre et non plus dépendante de l'oublieuse métropole, ceux nés après le siècle comme Alfred Desrochers, Hector de Saint-Denys Garneau, Alain Grandbois, Rita Lasnier, Anne Hébert, quelques dizaines d'autres, et que nous n'aurons garde d'oublier dans un prochain volume, en attendant ces maîtres des hautes luttes, nous trouverons ici, parmi des versificateurs, un très grand poète, Émile Nelligan (1879-1941), qui écrivit ses poèmes entre 1896 et 1899 avant le silence de la névrose. En attendant de le rencontrer, nous ferons un petit tableau de la situation poétique du Québec jusqu'à la naissance de l'École de Montréal.

On cite comme premier Canadien poète Michel Bibaud (1782-1857), né à la Côte-des-Neiges, près de Montréal, directeur de la revue *la Bibliothèque canadienne* de 1825 à 1830, et auteur de ce recueil : *Épîtres, satires, chansons, épigrammes et autres pièces de vers,* 1830, poèmes qui se rattachent encore au xviiie siècle. Après cette sorte de protohistoire, le premier poète qui sera mentionné est Octave Crémazie (1827-1879) que ses contemporains considéreront, à défaut de quelqu'un d'autre, comme un maître. Disons tout de suite qu'il n'y a pas de grandes découvertes à faire durant cette période : on ne rencontre que des sous-romantiques voués à la grandiloquence, célébrateurs hugoliens ou lamartiniens, avec parfois des teintes de Musset ou de Vigny, jouant sur la mélancolie ou le pompiérisme, avec tout ce qu'il faut de mots sonores, d'épithètes attendues, d'apostrophes oratoires. Les uns développent les grands thèmes nationaux, les autres les sujets du terroir, et il y a quelque chose de dramatique chez ces lointains suiveurs de la France qui ne parviennent pas à se dégager d'une gangue d'influences lointaines. Alors, le Canada apparaît comme une lointaine province de l'art français et ces poètes ne peuvent susciter du côté de l'ancienne patrie que le regard d'un paternalisme toujours prompt à fleurir, mais heureusement aujourd'hui bien impossible, bien enterré. S'il fallait trouver des circonstances atténuantes pour ces manques de la poésie, nous parlerions simplement de circonstances historiques défavorables, les créateurs n'imaginant pas qu'il fût possible de se dégager de la tradition littéraire française.

Curieuse destinée que celle d'un esprit distingué, Octave Crémazie, libraire ambitieux et mauvais commerçant, qui, après une banqueroute, pour échapper à la justice, devra s'exiler, à Paris tout d'abord comme en témoigne son *Journal du Siège de Paris,* puis au Havre où il mourra dans la misère, la solitude, la nostalgie. Car cet homme dont les *Œuvres complètes* seront publiées en 1882 aima son pays. Son patriotisme s'affirme dans des chants patriotiques proches de ceux de Béranger comme *le Chant du vieux soldat* ou *le Drapeau de Carillon* qui montrent des patriotes amers et mélancoliques. Bon prosateur, mais versificateur malhabile, il imite Victor Hugo pour essayer de donner corps aux aspirations de sa génération. Il dit : « Je ne chante que pour moi, la poésie est plus qu'une distraction, c'est un refuge. » En effet, « il chante pour ranimer son courage et non pour faire admirer sa voix » comme le trappeur qui parcourt les forêts du nouveau monde. Il y a en lui un lunaire, un mélancolique, obsédé, halluciné par la mort qui lui inspire, si gauches qu'ils soient, des poèmes comme *les Morts* ou *la Promenade des trois morts* où il donne le meilleur de lui-même :

> Silencieux ils vont; seuls quelques vieux squelettes
> Gémissent en sentant de leurs chairs violettes
> Les restes s'attacher aux branches des buissons.
> Quand ils passent, la fleur se fane sur sa tige,
> Le chien fuit en hurlant comme pris de vertige,
> Le passant effaré sent d'étranges frissons.

Ce barde national et populaire cache dans son secret la hantise de ses visions macabres, et c'est par cela qu'il revêt quelque intérêt.

Deux notes de cette poésie, la religieuse et la patriotique, se retrouvent chez Louis Fréchette (1839-1908) qui fut le plus connu à l'étranger : il aura un prix Montyon de l'Académie française. Ne l'imaginons cependant pas comme un médiocre poète lauréat; il possède dans sa personne le tempérament fougueux de ses compatriotes prompts à la riposte et l'épée en main pour les escarmouches littéraires. Des épithètes le concernant sont jetées par les témoins de sa vie : irascible, batailleur, turbulent, violent, emporté, mordant; ajoutons qu'il avait de la bravoure et du panache. Mais ses poèmes? Lyrique, épique, satirique, il s'exerce dans tous les genres qui sont les composantes d'un poète de grande envergure à l'époque. Il se veut Victor Hugo, c'est frappant dans *la Voix d'un exilé,* 1867, publié à Chicago où il s'était expatrié, et qui imite le ton des *Châtiments,* dans *la Légende d'un peuple,* 1888, qui est sa *Légende des siècles.* Il a multiplié les recueils, mêlant souvent les poèmes de l'un à ceux de l'autre. Citons *Mes loisirs,* 1863, *Pêle-mêle,* 1877, *les Fleurs boréales,* 1880, *les Oiseaux de neige,* 1880, *Poésies canadiennes,* 1887, *Feuilles volantes,* 1890, *Épaves poétiques* (contenant son drame romantique *Veronica*), 1908. On peut le dire, au XIXᵉ siècle, poète de tout un peuple; il chante son pays, ses luttes, son passé sur un ton pieusement passionné, il en décrit les beautés grandioses, les mœurs de son peuple, marins ou laboureurs, gens humbles et courageux. Les circonstances l'inspirent et il fait en quelque sorte un catéchisme national.

Malheureusement, son lyrisme, peu intériorisé, sonne le creux et il faut bien chercher pour trouver autre chose que des alexandrins courants avec au bout de la ligne des épithètes qui riment et des rimes plus que centenaires. Il n'y a pas un cliché qu'il n'utilise et il suffit de citer le début d'un poème sur *la Forêt* pour donner une idée générale de son travail :

Chênes au front pensif, grands pins mystérieux,
Vieux troncs penchés au bord des torrents furieux,
Dans votre rêverie éternelle et hautaine...

Dans la satire, il pense que l'accumulation suffit. Il tente donc de frapper fort, et l'on ne négligerait pas ses apostrophes si elles s'inscrivaient sur un fond où la colère est efficace dès qu'il s'agit de s'en prendre aux maux sociaux :

Pour grossir dignement leurs cohortes impies,
Ils ont tout convoqué, requins, vautours, harpies,
Va-nu-pieds de l'honneur, bravos de guet-apens,
Hardis coquins, obscurs filous, puissants corsaires,
Bretteurs, coupe-jarrets, rénégats et faussaires,
Ribauds, voyous et sacripants!

S'il quitte ses grandes machines et emploie des formes plus ramassées comme le sonnet, ses défauts s'atténuent, on le voit par exemple dans *Octobre,* choisi parmi ses *Oiseaux de neige :*

Plus de chants joyeux, plus de fleurs nouvelles.
Aux champs moissonnés les lourdes javelles
Font sous leur fardeau crier les essieux.

Un brouillard dormant couvre les savanes;
Les oiseaux s'en vont, et leurs caravanes
Avec des cris sourds passent dans les cieux.

Il fit mieux d'écrire cela que des poèmes se terminant après de pompeuses tirades par « Le soleil de la France et son drapeau béni! » Le Canada méritait mieux que les célébrations outrées de ce patriote sincère et maladroit qui claironne et tonitrue sans effet réel.

Il eut un rival en la personne de William Chapman (1850-1917) et l'on passe bien vite sur des querelles de personnes sans élévation, d'autant que Chapman a les mêmes défauts que son adversaire, les mêmes buts qui sont de célébrer la mère patrie française, l'amour de la langue et les gloires nationales, et cela en pire. Ce romantique publie *les Québecquoises,* 1876, *les Feuilles d'érable,* 1890, *les Aspirations,* 1904, *les Fleurs de givre,* 1912, et se déclare partisan d'un « Romantisme étourdissant » et qui l'est à force de verbiage, tandis que certains morceaux descriptifs rappellent la manière parnassienne. Il eut du succès en son temps, tout comme Pamphile Le May (1837-1918) qui a moins d'ambition, mais, toutes réserves prises, plus de retenue dans son principal recueil, *les Gouttelettes,* 1904, venu après un roman versifié, *les Vengeances,* 1875, dont on retient quelques peintures folkloriques. A défaut de miracle, il y a dans ces *Gouttelettes,* comme dans les poèmes qu'il améliorera patiemment, *les Épis,* 1924, ou *Reflets d'antan,* 1926, posthumes, quelques poèmes rustiques prosaïques et frustres, mais appréciables dans leur simplicité : ce sont des sonnets familiers et émus meilleurs que ses sonnets historiques ou religieux. Ce candide, en se limitant au terroir, évite les pompes académiques d'un Fréchette ou d'un Chapman.

Comme Le May, Nérée Beauchemin (1850-1931) exploite la veine folklorique dans deux recueils : *Floraisons matutinales,* 1897, et *Patrie intime,* 1928, avant qu'on en tire un *Choix de poésies,* 1950. Chez lui, le métier est bien assimilé et si l'inspiration paysanne et religieuse ne lui permet pas une grande originalité, on trouve çà et là le ton de la jolie chanson qui se souvient de ses origines :

> Claire fontaine où rossignole
> Un rossignol jamais lassé
> N'es-tu pas le charmant symbole
> D'un cher passé?

On trouve même des recherches sonores qui font penser à Dupont de Nemours quand il voulait apparenter son art au chant des oiseaux :

> Sa turelure est le thème
> Tant de fois rossignolé
> Sème, semeur, sème blé,
> Sème, semeur, sème, sème!

Ses ritournelles sont sans conséquence, mais fort sympathiques, et peut-être a-t-il vu qu'il se passait quelque chose près de lui chez les jeunes de l'École de Montréal, même s'il en diffère. Dans *Patrie intime,* une petite musique personnelle, bien soignée, se fait entendre :

> Par un temps de demoiselle,
> Sur la frêle caravelle,
> Mon aïeule maternelle,
> Pour l'autre côté de l'Eau,
> Prit la mer à Saint-Malo.

Alfred Garneau (1836-1904) a peu écrit : quarante-cinq poèmes réunis dans ses *Poésies,* 1906, posthumes. Ce solitaire, qui passa inaperçu et ne songea pas à publier, reste, comme Le May, non un fresquiste historique, mais un poète de petites impressions. Il a le désenchantement des romantiques et s'ils lui fournissent un matériau poétique, du moins y laisse-t-il passer sa sensibilité. Certains poèmes montrent aussi qu'il a lu parnassiens et symbolistes auxquels il emprunte la forme et les teintes douces. Pour Jules Léger, « il fut le poète le plus artiste de sa génération ». Il a de la retenue, il sait repousser l'emphase, écrit en style soigné, mais ne s'éloigne guère de l'élégie lamartinienne.

Parmi les contemporains des poètes que nous venons de citer, ajoutons Antoine Gérin-Lajoie (1824-1882), romancier qui composa une chanson fredonnée dans son pays, *Un Canadien errant;* Eudore Evanturel (1854-1919) pour ses *Premières poésies,* 1878, qui témoignent d'un intimisme dans le goût de François Coppée; J. Lenoir, lamartinien auteur du *Huron mourant;* Albert Ferland (1872-1943) et ses ternes poèmes d'avant 1900; Adolphe Poisson (1849-1922) qui, comme Jules Tremblay (1879-1927), Blanche Lamontagne-Beauregard (1889-1958) ou Lionel Léveillé, perpétuera au xxᵉ siècle une tradition de poésie régionaliste.

Vers un renouveau québecois : Émile Nelligan.

En 1895, trois étudiants, Jean Charbonneau, Paul de Martigny et Louvigny de Montigny, créèrent un groupe de rencontre d'où devait sortir l'École de Montréal à laquelle Fréchette apporta son patronage, sans savoir que ces jeunes gens allaient s'éloigner de son « art » tout comme de celui de Chapman ou de Le May qui vont continuer de publier, parallèlement à de nouveaux poètes, des poèmes romantiques dépassés. C'est là que Nelligan se fera connaître, c'est là qu'on publiera en 1900 une anthologie des écrivains de la nouvelle école et son manifeste sous le titre *les Soirées du château de Ramezay.* Après 1900 les réunions se raréfieront pour reprendre de 1908 à 1912, puis en 1924-1925. On trouvera des romantiques encore, des parnassiens, auprès de poètes inspirés par Baudelaire et le Symbolisme. Il y aura Gonzalve Désaulniers (1863-1934), Charles Gill (1871-1918), Jean Charbonneau (1875-1960), Albert Ferland déjà cité, Albert Lozeau (1878-1924) et d'autres dont nous parlerons dans le prochain volume, car leur œuvre se situe dans la première partie du xxᵉ siècle. Pour terminer ici en beauté, nous rencontrons celui dont l'œuvre fut écrite avant le siècle, le meilleur de tous, Émile Nelligan.

Une expression s'impose : « un Rimbaud canadien ». Certes, précocité, génie, brièveté de la période créatrice, popularité auprès des jeunes qui en font le symbole de la poésie amènent cette trop facile analogie. Rejoignons-le sans référence. Il naquit à Montréal la veille de Noël 1879 d'un père Irlandais et d'une mère Canadienne Française. S'intéressant peu à ses études, boudant la classe, bientôt la poésie l'occupe tout entier et sans doute y voit-il une antinomie ou une antonymie avec l'enseignement. A dix-sept ans, il est un jeune bohème emmagasinant des messages qui lui viennent par voie poétique de Baudelaire, Poe et Rollinat, Heredia et Laprade, Nerval et Mallarmé, Rimbaud et Verlaine dont les livres lui laissent apparaître une patrie du poème hors des limitations ethniques. On dit alors qu'il imite, que Louis Veuillot connaît au moins un véritable honneur : il inspire à Nelligan ses *Couleuvres*. Le jeune homme est alors quelque peu hirsute, avec ses cheveux longs et désordonnés, sa tenue négligée, ses doigts tachés d'encre : les messieurs « bien » de la littérature peuvent être choqués, et pour le cacher parler de pose, nous le reconnaissons cet adolescent éternel et nous l'aimons. Il est d'ailleurs bien défini par Georges-André Vachon : « Sa poésie, de plus en plus étrangère au pays et à la société qui l'entourent, dénonce péremptoirement l'inexistence du Canada français. Ce qui fait la grandeur de Nelligan, c'est d'avoir trouvé seul le chemin de l'universel. [...] La vraie vie n'est pas ici : Crémazie l'avait déjà proclamé. Pour Nelligan, elle n'est pas davantage en France. Elle n'occupe pas non plus les régions extrêmes d'un espace intérieur que le poète chercherait à approfondir. La vraie vie réside tout entière dans les livres. Le pathétique des poèmes de Nelligan vient peut-être de ce qu'ils sont si livresques, et qu'on les sente en même temps si près d'accéder au statut de choses vivantes. »

Pendant trois ans, il se consacre à l'École de Montréal. Vainement son père tente de le ramener aux préoccupations matérielles, à la vie pratique, le plaçant sur un bateau en partance pour l'Angleterre ou lui trouvant un travail dans la comptabilité. Il fuit cela. Et voilà qu'en 1899, il lit à ses amis sa *Romance du vin* dont voici un fragment :

> C'est le règne du rire amer et de la rage
> De se savoir poète et l'objet du mépris,
> De se savoir un cœur et de n'être compris
> Que par le clair de lune et les grands soirs d'orage!

C'est un triomphe. Hélas, pauvre Nelligan! Le 6 août de cette année-là, il entre en clinique, puis est conduit à la retraite Saint-Benoît jusqu'en 1925 pour passer ensuite à Saint-Jean de Dieu jusqu'à sa mort en 1941! Quarante et une années de nuit. On a rapporté qu'on l'avait trouvé fou au pied d'une statue de la Vierge récitant des poèmes. Légende, tentative de récupération par l'Église? Passons. Cet incompris, il est en proie à une tragédie que porte sa poésie, avec sa lucidité devant la mort, son évasion dans l'enfance, son repli, son amertume, son imagination, sa détresse irrémédiable. Tout semble contenu dans son grandiose et scintillant *Vaisseau d'or,* immense joyau symboliste :

Ce fut un grand Vaisseau taillé dans l'or massif :
Ses mâts touchaient l'azur, sur des mers inconnues;
La Cyprine d'amour, cheveux épars, chairs nues,
S'étalait à sa proue, au soleil excessif.

Mais il vint une nuit frapper le grand écueil
Dans l'Océan trompeur où chantait la Sirène
Et le naufrage horrible inclina sa carène
Aux profondeurs du gouffre, immuable cercueil.

Ce fut un Vaisseau d'or, dont les flancs diaphanes,
Révélaient des trésors que les marins profanes,
Dégoût, Haine, Névrose, entre eux ont disputés.

Que reste-t-il de lui dans la tempête brève?
Qu'est devenu mon cœur, navire déserté,
Hélas! Il a sombré dans l'abîme du rêve!

Il est bien le frère de Nerval ou de Rimbaud. Il peut être celui
de Mallarmé quand il fait des bibelots ses familiers et ses inspirateurs. La pendule de Saxe, le miroir vénitien, l'éventail, le sofa,
le vase, la potiche, comme chez les symbolistes :

Mon âme est un potiche où pleurent, dédorés,
De vieux espoirs mal peints sur sa fausse moulure;
Aussi j'en souffre en moi comme d'une brûlure,
Mais le trépas bientôt les aura tous sabrés.

Et encore les images surannées :

Dans le salon ancien à guipure fanée
Où fleurit le brocart des sophas de Niphon,
Tout peint de grands lys d'or, ce glorieux chiffon
Survit aux bals défunts des dames de lignée.

Emmuré en lui-même, il se perçoit avec intensité, il voit sa
propre torture et ses *Musiques funèbres* résonnent :

J'ai toujours adoré, plein de silence, à vivre
En des appartements solennellement clos,
Où mon âme sonnant des cloches de sanglots,
En plongeant dans l'horreur, se donne toute à suivre,
Triste comme un son mort, close comme un vieux livre,
Ces musiques vibrant comme un éveil des flots.

Ainsi, partout se révèle sa sensibilité à la musique, la parfaite
évasion, celle que procurent Chopin, Mendelssohn, Mozart :

Que ton piano vibre et pleure,
Et que j'oublie avec toi l'heure
Dans un Éden, on ne sait où.

Des visions l'assaillent diaphanes ou sinistres. Les titres sont parlants : *les Chats, le Chat fatal, la Terrasse aux spectres, le Cercueil, la Vierge noire, Soirs hypocondriaques.* On pense à Baudelaire sans quitter Nelligan avec ces *Chats :*

> Aux becs de gaz éteints, la nuit, en la maison,
> Ils prolongent souvent des plaintes éternelles;
> Et sans que nous puissions dans leurs glauques prunelles
> En sonder la sinistre et mystique raison.
>
> Parfois, leur dos aussi secoue un long frisson;
> Leur poil vif se hérisse à des jets d'étincelles
> Vers les minuits affreux d'horloges solennelles
> Qu'ils écoutent sonner de bizarre façon.

On peut imaginer, en lisant *Je veux m'éluder,* qu'il pense aux poètes maudits de France, « ces gueux de rosses » comme Rimbaud qui « raillent la vierge Intelligence » :

> Je veux m'éluder dans les rires
> Dans les tourbes de gaîté brusque
> Oui, je voudrais me tromper jusque
> En des ouragans de délires.
>
> Pitié! quels monstrueux vampires
> Vous suçant mon cœur qui s'offusque!
> Ô je veux être fou ne fût-ce que
> Pour narguer mes Détresses pires!
>
> Lent comme un monstre cadavre
> Mon cœur vaisseau s'amarre au havre
> De toute hétéromorphe engeance.
>
> Que je bénis ces gueux de rosses
> Dont les hilarités féroces
> Raillent la vierge Intelligence!

Aux moments les plus calmes, il écrit un *Rondel à ma pipe* où il semble narguer la Camarde en restant dans la fraternité de Verlaine et de son compagnon :

> Les pieds sur les chenets de fer
> Devant un bock, ma bonne pipe,
> Selon notre amical principe
> Rêvons à deux, ce soir d'hiver.
>
> Puisque le ciel me prend en grippe
> (N'ai-je pourtant assez souffert?)
> Les pieds sur les chenets de fer
> Devant un bock, rêvons, ma pipe.
>
> Preste, la mort que j'anticipe
> Va me tirer de cet enfer

Pour celui du vieux Lucifer;
Soit! nous fumerons chez ce type,

Les pieds sur les chenets de fer.

Nelligan est de ces poètes qui, parce que nous les ressentons et les aimons, nous laissent paraître vaines nos critiques et nos définitions. Oui, il cisèle comme un parnassien, oui, il est dans la lignée symboliste et décadente, oui, il est le poète des nuances subtiles et des jeux musicaux, oui, chaque poème est original et témoigne de dons exceptionnels, oui, il sait trouver le mot juste et inattendu, l'image comme un éclair, la vision comme un coup de feu. Mais on préfère écouter le murmure d'un *Soir d'hiver :*

Ah! comme la neige a neigé!
Ma vitre est un jardin de givre.
Ah! comme la neige a neigé!
Qu'est-ce que le spasme de vivre
A la douleur que j'ai, que j'ai!

Tous les étangs gisent gelés.
Mon âme est noire : Où vis-je? Où vais-je?
Tous ses espoirs gisent gelés :
Je suis la nouvelle Norvège
D'où les blonds ciels s'en sont allés.

Pleurez, oiseaux de février,
Au sinistre frisson des choses,
Pleurez, oiseaux de février,
Pleurez mes pleurs, pleurez mes roses,
Aux branches du genévrier.

Ah! comme la neige a neigé!
Ma vitre est un jardin de givre.
Ah! comme la neige a neigé!
Qu'est-ce que le spasme de vivre
A tout l'ennui que j'ai, que j'ai!...

Frappez-vous la poitrine, anthologistes, de l'avoir toujours oublié dans vos choix parce qu'un océan le sépare de vous! Il est splendidement cet être du titre d'un poème, *Un Poète :*

Laissez-le vivre ainsi sans lui faire de mal!
Laissez-le s'en aller : c'est un rêveur qui passe;
C'est une âme angélique ouverte sur l'espace,
Qui porte en elle un ciel de printemps auroral.

C'est une poésie aussi triste que pure
Qui s'élève en lui dans un tourbillon d'or.
L'étoile la comprend, l'étoile qui s'endort
Dans sa blancheur céleste aux frissons de guipure.

Il ne veut rien savoir; il aime sans amour.
Ne le regardez pas! que nul ne s'en occupe!
Dites même qu'il est de son propre sort dupe!
Riez de lui!... Qu'importe! il faut mourir un jour...

Alors, dans le pays où le bon Dieu demeure,
On vous fera connaître, avec reproche amer,
Ce qu'il fut de candeur sous ce front simple et fier
Et de tristesse dans ce grand œil gris qui pleure!

A ceux qui diront : oui, mais il s'apparente à notre grand Untel, nous répondrons : pas plus que Verlaine à Gautier ou que Mallarmé à Baudelaire, et l'essentiel (lisez bien! lisez bien!) est tiré de lui-même et de son propre fonds. Il est dans ce volume du XIXe siècle, ce qui ne veut pas dire qu'il le clôt. Non, il est « le premier en date des poètes canadiens, dignes de ce nom » comme dit Alain Bosquet, comme ses lecteurs le reconnaissent. Il ouvre le XXe siècle et nos compatriotes l'ignorent généralement. Que cela cesse! c'est notre vœu.

De Divers continents.

Tandis que des États-Unis nous viennent Vielé-Griffin et Stuart Merrill, de Grèce Jean Moréas et le peu connu Musurus-Bey, de Cuba José-Maria de Heredia, de Roumanie, auprès d'Hélène Vacaresco que nous ne séparons pas de ses sœurs françaises, puis d'Anna de Brancovan, comtesse Mathieu de Noailles, avec qui nous prenons rendez-vous au début du XXe siècle, un certain nombre de poètes nés sur les bords du Danube écrivent en français, cette langue sœur de leur langue maternelle. Si Hélène Vacaresco s'impose, notamment par ses traductions de ballades populaires roumaines, d'autres, sous l'influence française prépondérante, font partie de ces « bonjouristes » comme on les appelle chez eux, qui ne cessent de « fransquillonner », ce que disent les railleurs. Sait-on qu'à l'époque deux journaux de Bucarest étaient rédigés en français? Or, ces poètes ne sont pas retardataires : auprès de lamartiniens, on trouve des symbolistes comme Alexandre Macedonski (1854-1920), collaborateur de la belge *Wallonie,* de la *Nouvelle Revue* ou de la *Revue contemporaine,* qui s'exprime dans les deux langues, fonde à Bucarest la revue *Litterator* et combat l'influence allemande en prônant la littérature française, la sœur latine des Roumains. Dans ses *Bronzes,* 1897, son *Calvaire du feu,* 1906, sous une forme parnassienne, il exprime un symbolisme délicat. Alexandre Sturdza, dans *les Facettes,* 1891, égrène « les sons purs des musiques divines » en jouant sur *le Clavier des parfums :*

Mais la gamme ascendante aux sons aromatiques
Déroule au vent des mers ses notes mélodiques;
L'odorante chanson, à la brume du soir,

Scandant ses rythmes doux, du sein de la vallée,
Remonte vers le ciel, par la terre exhalée,
Comme du fond sacré d'un sonore encensoir.

On trouve l'influence de Sully Prudhomme chez Julia Hasdeu (1868-1888) morte à vingt ans après avoir écrit *Bourgeons d'avril* et *Chevalerie*. Si déjà, aux temps romantiques, Démètre Bolintineanu (1819-1872) traduisait ses poèmes en français sous le titre de *Brises d'Orient*, 1866, avec une préface enthousiaste de Philarète Chasles, en même temps qu'il était le chef d'une renaissance littéraire roumaine, d'autres le suivront dans les voies lamartiniennes ou hugolesques comme B. Bossy avec ses *Feuilles mortes*, 1889, comme Marylie Markowitsch ou Jean Lahovary dont *les Iles* sont de 1906. G. Bengesco traduit en français les *Pastels,* 1902, de Vasile Alecsandri (1821-1890), grand poète roumain, grand diplomate qui publia en français les *Ballades* populaires roumaines, 1855, et eut un *Chant de la gent latine* traduit en provençal par Mistral couronné à Montpellier par le Félibrige. C'est Bengesco qui, dans *Carmen-Sylva intime,* 1907, traduisit en vers français des œuvres de la Reine de Roumanie. Et, pour ne pas quitter les princes, signalons un descendant des empereurs byzantins, le prince Charles-Adolphe Cantacuzène (né en 1874) que Mallarmé salua ainsi : « Ils ont un charme singulier, ces départs de sanglots dilués en sourire, que traverse, parfois, un coup d'archet grave et prolongé sur une profondeur de souffrance... » Beaucoup d'œuvres : *les Sourires glacés,* 1896, *les Douleurs cadettes,* 1897, *les Chimères en danger,* 1898, *Cinglons les souvenirs et cinglons vers les rêves,* 1900, *Litanies et petits états d'âme,* 1902, *Remember,* 1903, etc. Il adore chanter Paris, ce Parisien exotique, assez léger, précieux et impertinent, ingénieux dans ses poèmes pleins de sous-entendus, sonnets bien versifiés où l'on célèbre des marquises, des reines ou des grisettes. Citons encore *les Grâces inemployées,* 1904, *Poussières et falbalas,* 1905, *Larmes fouettées,* 1911, poèmes gentillets qui frisent parfois le ridicule malgré leur sincérité et qu'il faut ranger dans le tiroir aux souvenirs.

L'île Maurice, avant qu'on s'y distingue, voit en Léoville L'Homme (1857-1928) un parnassien qui donne des *Pages en vers,* 1882, puis 1905, et des *Poèmes païens et bibliques,* 1887, et un historien des *Lettres françaises à l'île Maurice,* 1924. Aujourd'hui, sur ce « pâté de rochers », comme dit Malcolm de Chazal, la poésie fleurit avec Édouard J. Maunick, Loys Masson, Jean Fanchette, et d'autres, mais n'anticipons pas. Comme pour les nations d'Afrique ou du Proche-Orient, il faudra attendre le xxᵉ siècle pour que se produise un éveil à la poésie.

Faut-il rappeler l'île de la Réunion et évoquer, après Parny, Leconte de Lisle et Léon Dierx ou le peu connu Georges-François (1869-1933)? Nous pourrions au Mexique trouver Lucien Biart (1829-1897) parce que ce Parisien y passa une année de sa vie et écrivit *les Mexicaines,* 1853, et aussi Auguste Génin, né en 1864 à Mexico de parents français, trait d'union entre les deux nations, archéologue, ethnographe, botaniste, dont les *Poèmes aztèques,* 1890, comme les *Poèmes mexicains,* évoquent passé et présent de la patrie. C'est du Leconte de Lisle tout pur, avec ce ton bien frappé, ces rimes martelées, ces mots exotiques et sonores chers au Parnasse et qui viennent naturellement sous sa plume.

A Cuba, pour la curiosité, rencontrons plusieurs Heredia : Severiano de Heredia (né en 1837) qui écrivit en français, José-Maria de Heredia (1803-1839), homonyme de l'auteur des *Trophées,* qui traduisit en espagnol des tragédies françaises du xviiiᵉ siècle. Severiano de Heredia fut naturalisé Français. Il écrivit des poèmes amers :

> Paris n'est aujourd'hui qu'un désert habité :
> Un vent qui nous dessèche y secoue à toute heure
> Sur un vieux piédestal la vieille Foi qui pleure!

C'est peu de chose. Après la Belgique, la Suisse, le Canada français, c'est en Haïti que le mouvement littéraire est le plus vivace. Auprès de romanciers comme Justin Lhérisson (1873-1907), Frédéric Marcelin (1848-1917) et Fernand Hibbert (1873-1929) connus seulement de spécialistes comme Gérard Tougas par exemple, les poètes pullulent, nous l'avons déjà vu dans le précédent volume. Cette littérature haïtienne est mal connue en France, en égoïste France. Ils ont en commun, les poètes, de marquer beaucoup de retard sur les poètes de la métropole. Tandis que certains en restent à un romantisme déjà éloigné, d'autres se rapprochent de Leconte de Lisle et parfois même de Baudelaire, mais longtemps après lui. Les plus intéressants à nos yeux ne sont pas les simples suiveurs, mais ceux qui, tout en recevant leur inspiration des poètes français, s'appliquent à tirer leur art, si peu personnel qu'il soit, vers les problèmes de leur île patrie. C'est ce qui fit le prix d'Oswald Durand (1840-1906) qui prend figure de poète national dans *Rires et pleurs,* 1896, poèmes de toute une vie, et ne dédaigne pas le dialecte créole dans sa populaire *Choucoune.* Patriotique, satirique, galant, s'il est un romantique tenté par le Parnasse, il associe l'esprit français à une inspiration locale, et cela avec une certaine vivacité.

Auprès de Durand, Charles Seguy Villevaleix (1835-1923) qui se rapproche de Musset, des romantiques 1830, avec quelques touches baudelairiennes dans *les Primevères,* 1866, pâlit quelque peu. Il a bien comme Durand le goût de chanter les belles îliennes, mais sur le ton des attardés du XVIIIe siècle. D'autres s'apparentent à Sully Prudhomme qui se nomment C.-D. Williams (1845-1899) qui donne *les Voix du cœur,* 1886, Luzincourt-Rose (1854-1888), auteur des *Soupirs,* 1882, Arnold Laroche, poète de *Bluettes,* 1886, tout comme Albert Féry (1819-1896). C'est Oswald Durand qui est le maître et a une foule d'imitateurs : Paul Lochard (1835-1919) et *Chants du soir,* 1878, *Feuilles de chêne,* 1901 ; Virginie Sampeur (1839-1919) ; Alcibiade Fleury-Battier (1841-1881) et *Sous les bambous,* 1884 ; Jules Auguste (1856-1903) et *Parfums créoles;* Emmanuel Édouard (1858-1891) et *Rimes haïtiennes,* 1882 ; Edmond Héraux (1858-1920) et *les Préludes,* 1893, *Fleurs des Mornes,* 1894 ; Isnardin Vieux (1865-1941) et *les Vibrations,* 1895, *Chants et rêves,* 1896, *Chants d'automne,* 1911, qui réagit contre l'occupation américaine par des drames patriotiques comme *Ogé et Chavannes.*

La plupart sont des poètes sentimentaux que nous trouvons exotiques, mais certains prendront conscience d'un amolissement et veulent oublier la beauté des paysages pour se manifester en tant que citoyens et hommes libres. Ces deux tendances se retrouvent chez Tertullien Guilbaud (1856-1939) dans *Patrie,* 1885, et *Feuilles au vent,* 1888. Cette ouverture au chant patriotique, à la prise de conscience politique, sera plus nette encore chez un Massillon Coicou (1867-1908), poète important de l'île qui mourra fusillé, dans ses *Poésies nationales,* 1892, et *Impressions,* 1903, à quoi s'ajoutent ses drames, *Liberté,* 1894, *l'Oracle,* 1901, ou son roman *la Noire,* 1905. Auprès de lui se situe Arsène Chevry (1867-1915) avec *les Voix du Centenaire,* 1904, rappelant l'indépendance, *les Voix de l'exil,* 1908.

Pensons à ces poètes d'un pays lointain qui s'expriment par notre langue qui est leur langue. Sans cesse, ils se rapprochent des écoles nouvelles et il faudra attendre longtemps pour que des personnalités se dégagent. Au début du XXe siècle, on chante encore l'intimisme sentimental et l'exotisme délicat, et lorsqu'on veut plus de fougue, c'est Hugo qui est présent. Parmi tant de poètes que nous citons simplement (Jean-Joseph Vilaire, Damoclès Vieux, Luc Ambroise, A. Carrénard, Félix Desroussels, E. Douyon, L.-H. Durand, Lebeaubrun, Lagarde, G. Lescouflair, Alcibiade Pommayrac, Dantès Rey) distinguons Etzer Vilaire (1872-1951), plus

ample que ses frères, mais ne parvenant pas à capter, comme dit
Gérard Tougas, « en une image mémorable, l'essence de son pays »
et restant dans la ligne de Hugo, de Leconte de Lisle ou de Baudelaire. Après Tougas, citons son poème *Tristesse* parce qu'il est révélateur :

> Sur un parvis désert, antique, où le gazon
> Croît autour de tombeaux poudreux, mon âme râle,
> Dans l'ombre d'une froide et vaste cathédrale
> Presque infinie, et triste ainsi qu'une prison.
>
> La nef s'étend si loin, si loin, qu'à l'horizon
> Se perd sa colonnade immense et sculpturale.
> Un vieil orgue soupire une hymne sépulcrale,
> Puis tout se tait, nul ne murmure une oraison.
>
> Et le dôme est si haut que dans l'espace il nage
> Et se perd sous les plis d'un funèbre nuage,
> Sur chaque autel désert je verse un pleur de sang.
>
> Nul croyant dans ce temple, et sous les sombres arches
> Je marche solitaire, ô mon âme, tu marches
> Sans jamais rencontrer le Dieu toujours absent!

Il est curieux de voir que ces poètes haïtiens ne songent pas à
former un mouvement cohérent duquel pourrait jaillir une poésie
nouvelle. On écrit des *Stances haïtiennes,* 1912, comme Duraciné
Vaval (né en 1879) ou on transpose La Fontaine en créole, ce qui
est délicieux, comme Georges Sylvain (1866-1925) dans *Cric-Crac;*
on suit l'évolution en France, le passage du Parnasse au Symbolisme, comme Probus Blot (1876-1937), Charles Moravia (1876-
1938), Seymour Pradel (1876-1943), Edmond Laforest (1885-1915)
sans rien trouver de nouveau. Les nouvelles écoles françaises donneront simplement plus de subtilité, un sens plus aigu des
nuances, une écoute meilleure des sentiments et de la psychologie,
on le voit avec Constantin Magnard (1882-1940), Émile Roumer
(né en 1903), Léon Caleau, Ida Faubert (né en 1880), Victor Man-
gonès (1880-1949), Frédéric Burr-Reynaud (1886-1946), Luc Grimaud (né en 1886), Walter Sansariq (né en 1890) et si nous mordons sur le xxe siècle, c'est qu'il faudra attendre qu'il soit bien
entamé pour trouver de grandes œuvres marquantes, le surréalisme, ce grand libérateur d'énergies, étant passé. Deux tendances apparaîtront alors, les poètes prompts à chanter le peuple
et ceux marqués par le surréalisme, tendances qui se rejoignent
d'ailleurs. Viendront les temps de nos contemporains, de René
Depestre (né en 1926) à Davertige (né en 1940), mais peut-être les

mainteneurs d'une tradition poétique française en Haïti, même si on est tenté de les reléguer au musée, par leur présence, par les réactions qu'ils ont suscitées, ne sont pas étrangers aux miracles futurs qu'ils ne pouvaient prévoir. Par-delà les idées de nouveauté, de qualité, d'originalité, sous quelque forme que ce soit, quand la poésie est présente chez un peuple, nous le savons civilisé et respectable et jetons à travers le temps un salut amical à ces créateurs qui auraient peut-être été meilleurs s'ils avaient été mieux écoutés hors de leur île tragique et belle.

3

La Poésie occitane

Avant le Félibrige.

Depuis le temps des troubadours, nous l'avons vu, malgré les tragiques étouffements, la poésie d'oc n'a jamais cessé d'être parlée et écrite, extraordinaire végétation verbale, que le soleil et la terre alimentent et qu'on ne parvient pas à faire mourir. Sans cesse les poètes du Midi, même à voix basse, élèvent par leur art ce que Charles Camproux définit « affirmation sans véhémence, protestation sans acrimonie ». On a pu oublier scandaleusement dans les histoires de la littérature que sur une partie importante du territoire français on s'exprimait aussi en une autre langue sœur de la nôtre, rien n'a fait taire une parole essentielle. Ou bien, si à Paris on s'y est intéressé, c'est presque toujours sous le signe du conservatisme et d'un intérêt vaguement exotique.

Cependant, le xixᵉ siècle, se tournant vers le moyen âge, a vu des érudits comme François Raynouard et ses disciples, des écrivains comme Lamartine, Nodier, Mary-Lafon ou de grands étrangers comme les frères August Wilhelm et Friedrich Schlegel, tenter de redécouvrir les troubadours. Des historiens, des grammairiens, des philologues, des savants tentés par les vieux idiomes, des érudits, des curieux surtout ont réacclimaté l'idée d'oc. Et les poètes-ouvriers comme Jean Reboul ou Charles Poncy ont fait beaucoup plus qu'on ne l'imagine généralement pour préparer une renaissance qui, quels que soient ses errements ou ses erreurs, est un phénomène historique et littéraire important.

Dans les nombreux ouvrages d'oc — poèmes, théâtre, prose — la tradition facile du xviiiᵉ siècle se perpétuera longtemps et jusque au Félibrige avec des dizaines de poètes, rustiques pour la plupart comme Jacques Azaïs (1778-1856), Gabriel Azaïs (1805-1888),

Pierquin de Gembloux (1798-1863), l'abbé Jean-François Baldit (1800-1883) auteur de *Glanes gévaudanaises,* Charles Semeria (1804-1854) qui écrit en dialecte niçois tout comme François Guisol, Lucien Mengaud (1803-1877), C. Dauphin, le marquis de La Fare-Alais (1791-1846), Victor-Quintius Thouron (1794-1872), etc. La plupart empruntent à Virgile revu par les petits poètes français du temps de Voltaire, et lorsqu'on trouve de la poésie intéressante, c'est qu'ils se tournent vers le folklore local, vers la malice de terroir, vers le réalisme.

Mais bientôt, aux alentours de 1830, des précurseurs du mouvement félibréen apparaissent. C'est le Marseillais Pierre Bellot (1783-1855) qui est célèbre sur place par ses *Dernieros belugos poueti-quos,* 1853, comme pour son conte en vers *lou Poueto cassaire,* 1817, et son théâtre. Il est à la base de l'école réaliste marseillaise qui se manifestera par deux journaux lancés par Bellot : *lou Tambourinaïre* et *le Ménestrel,* puis, entre 1841 et 1846, par *lou Bouil-Abaisso* du chansonnier Joseph Désanat (1796-1872). S'y manifeste une grande quantité de poètes dont les principaux sont, autour de Pierre Bellot, Fortuné Chailan (1801-1839) qu'on appelle « le Poète marinier » à cause du poème *le Filet* et qui écrit *lou Gangui,* 1839, contes où s'opposent citadins et villageois, tradition que reprendra son fils Alfred Chailan (1834-1881), majoral du Félibrige, et Victor Gélu (1806-1885), auteur du joyeux poème *Fainéant et gourmand,* 1838, de *Chansons provençales et françaises,* 1840, et surtout du roman humoristique *Noël Granet,* 1886. A ces noms s'ajoutent ceux d'Eugène Garcin (1830-1904) que Mistral citera dans *Mirèio,* d'Achard auteur d'*uno Journado au Roucas Blanc,* de Marius Clément (1848-1851), auteur de *Poésies provençales,* de Marius Bourrelly (1820-1896) qui, majoral du Félibrige, traduira La Fontaine en 1872, de Camille Raybaud, de Hyacinthe Dupuy, d'Eusèbe Raymonenq, du jeune Roumanille. Il est vrai que les poètes marseillais mettront longtemps à s'ouvrir au Félibrige et garderont toujours leurs particularités. La plupart de ces écrivains ou de ces poètes songent à amuser gentiment leurs lecteurs, comme c'est le cas pour Gustave Bénédit (1802-1870), poète des nervis et dont le personnage de *Chichois* fera attendre ceux de Marcel Pagnol.

Loin de Marseille, autour d'un bohème ami de Béranger, Xavier Navarrot (1799-1862), d'autres poètes, Béarnais comme lui, se sont groupés. Cet auteur des *Estrées béarnèses,* 1839, eut pour disciples Fabien Laborde (1801-1854), Frédéric Rivarès (1812-1895), J.-L. Lacountre (1809-1889), Félix Seignor (1828-1883), Alexis Peyret (1836-1902). Béranger eut d'ailleurs une influence sur maints poètes : à Désanat ajoutons Pierre Bonnet (1786-1859) de Beau-

caire et de nombreux poètes-ouvriers rencontrés dans notre pré-
cédent volume, ou bien des artisans, le plus célèbre étant Jacques
Boé, dit Jasmin (1798-1864), coiffeur d'Agen. Il est, avec Pierre
Bellot et Victor Gélu, un des célèbres poètes d'oc avant le Félibrige.

Comme écrit René Nelli, « les poètes-ouvriers étaient à la mode,
mais Jasmin qui les surpassa tous, relança la mode, et tous les coif-
feurs méridionaux se crurent poètes » comme ce fut le cas à Car-
cassonne de Daveau, auteur d'odes et d'élégies. Jasmin fut salué
exagérément par Charles Nodier, Sainte-Beuve et Lamartine; le
roi le reçut; il obtint le Grand Prix de Littérature de l'Académie
française. Méritait-il une telle gloire? Sa sensibilité romantique
plaisait et il répondait à un de ces engouements parisiens qui durent
peu. Il n'empêche que la gloire l'accompagna sa vie durant, qu'il
parcourut les villes occitanes en récitant ses poèmes, versant les
sommes recueillies à des œuvres de charité. Il a publié surtout le
recueil de ses poèmes, *las Papillotos de Jacques Jasmin coiffur,* 1835,
c'est-à-dire *les Papillotes* dont l'édition complète sera de 1860. Le
Marseillais Victor Gélu, « le Rousseau provençal », chantre des
gueux, dont les *Chansons,* 1855, seront condamnées pour « outrages
à la morale publique » et que Zola connaîtra bien, n'entrera pas, lui,
parmi les louangés bien sages et peu dangereux. Il a trop de verve
dans la satire et un réalisme qui n'est pas assez bourgeois pour
qu'on l'ait reconnu. Un retour au précédent volume nous montrera
la floraison des poètes travailleurs du midi de la France.

Entre la Révolution et le milieu du XIXᵉ siècle, le Midi poétique
bouge. Non, le Félibrige ne sera pas un phénomène poétique spontané. Il bénéficiera d'un vaste creuset populaire où se sont mêlées
toutes les saveurs de l'esprit du terroir comme de la haute culture
éternelle. Décidément, cette langue d'oc, répandue dans tant de
parlers, voulait vivre. Les messieurs de Paris, qu'ils louent immo-
dérément pour se faire plaisir à eux-mêmes ou qu'ils soient silencieux quand un poète les gêne, ne sont pas pour grand'chose dans
tout cela. D'ailleurs, quand le temps d'une apogée paraîtra passé,
on oubliera vite. En soi, la floraison, auprès de la poésie d'oc
de la bourgeoisie traditionnelle, de poètes de l'atelier, de la manu-
facture, de l'échoppe ou de la boutique, était en France un événement dont on n'a jamais bien pris la mesure.

Pour Jasmin, plus que par ses œuvres, il est important par son
exemple comme par la publicité qu'il a fait au mouvement poétique. Lorsque Sainte-Beuve conclut vers 1851 que « seul Jasmin
a réalisé le rêve de tous les grands poètes romantiques, Lamartine
et Hugo compris, à savoir, créer des épopées capables d'enflam-
mer des auditoires populaires entiers! » (nous citons Charles

Camproux), se doutait-il du silence qui suivrait? « Il est, dit le même auteur, littéralement inconcevable par exemple que les manuels de littérature française, au chapitre du Romantisme de 1830 à 1848, ne soufflent mot de Jasmin... »

Rappelons que Jean-Bernard Mary-Lafon (1812-1884), auteur de drames historiques en vers, *le Maréchal de Montluc,* 1842, *le Chevalier de Pomponne,* 1845, de comédies rimées, de recueils comme *Sylvio ou le boudoir,* 1834, fut de ceux qui s'attachèrent à la langue d'oc et au passé médiéval du pays. Philologue, il refondit en français *la Vie de saint Honorat, la Croisade contre les Albigeois,* et des gestes du Nord ou du Sud peu connues. On lui doit une série de *Romans du Midi* et des études historiques et philologiques.

Roumanille.

Il fallut ordonner ce foisonnement, organiser ce chaos, et des exemples s'offraient, du Breton Auguste Brizeux au Gascon Jasmin. Au départ, il y eut le fils d'un jardinier de Saint-Rémy, venu donc du peuple, et qui sera un érudit en même temps qu'un poète à notre avis trop masqué par Mistral, Joseph Roumanille (1818-1891), pensionnaire au collège de Tarascon, puis professeur à Nyons (où son élève Mistral lui montra ses premiers vers provençaux), avant d'être correcteur dans une imprimerie d'Avignon où il publie *li Margarideto* (les Pâquerettes), 1847, ses premiers vers, et de devenir le libraire-éditeur des félibres. Au pensionnat de Nyons, dirigé par le poète Hyacinthe Dupuy, Roumanille eut un collègue poète, Anselme Mathieu (1828-1895), de Châteauneuf-du-Pape. Roumanille écrivait, dans la langue des siens, des poèmes publiés plus tard comme *li Flour de Sauvi* (les Fleurs de sauge), 1859, ainsi que ces *Noëls,* comme les pastorales, chers à Saboly au xviie siècle et à l'ouvrier Peyrol au xviiie (genre qui sera la spécialité de l'Avignonnais Denis Cassan). En 1848, Roumanille sera du côté des « blancs » et s'engagera vivement contre le Socialisme : on sait que le Félibrige se situe plutôt à droite bien qu'il ait ses « rouges » comme le beau-père de Roumanille, Félix Gras, comme Jean Brunet, Remy Marcellin, Alphonse Michel, etc. Roumanille songe déjà à grouper les forces poétiques provençales. En 1852, *li Prouvençalo,* recueil collectif, annonce une restauration et une épuration de la langue, peut-être nécessaire, mais qui présentera les artifices d'une langue littéraire. Comme Viollet-le-Duc, les félibres sauvegarderont beaucoup et porteront aussi quelques atteintes à l'architecture. Il y aura, auprès des parlers locaux, ce qu'on appelle encore aujourd'hui dans les campagnes et les mas « la langue de Mistral ».

C'est Saint-René Taillandier, professeur à Montpellier, qui, préfaçant ce recueil bien tenu (le conte marseillais, avec son réalisme gras, est banni, les troubaïres populaires sont mis au second plan) où l'orthographe est épurée, simplifiée, clarifiée au point que maints collaborateurs se plaignent d'avoir été mis sur le lit de Procuste, affirme un rattachement du phénomène occitan au mouvement des nationalités, le comparant aux problèmes des Tchèques, Slovaques, Flamands ou Croates.

En 1853, c'est le *Roumavagi di troubaïre,* congrès d'Aix, où Léon d'Astros (1780-1863) et Jean-Baptiste Gaut (1819-1891) ont convié les poètes provençaux. Nous avons dit que les poètes-ouvriers triomphèrent devant les plus savants. C'est un immense succès, mais Roumanille sait déjà qu'il doit, avec ses amis, se séparer des patoisants qui semblent s'enliser. Quand Gaut lance dans *lou Gay saber* un appel pour une réunion l'année suivante, d'où seraient exclus les « affamés de bruit et de gloriole », on sait qui cela vise et la réunion n'aura pas lieu, ce qui n'empêchera pas une floraison aixoise au long du siècle et un ralliement au Félibrige.

Ce mouvement va naître avec une nouvelle Pléiade, autour de Paul Giera (1816-1861) et de sa famille en leur château de Font-Ségugne. Il y a des poètes ouvriers ou paysans, le maître de maison, Roumanille, Mistral, Aubanel, Jean Brunet, Anselme Mathieu, Alphonse Tavan. Ils seront les sept Félibres de la Loi, comme dans un vieux texte où Jésus enfant discute avec « li set felibre de la lèi », car ils préfèrent ce mot à troubadour désuet et romantique, à troubaïre qui évoque les rimeurs marseillais, à poète provençal banal. On aura pour emblème l'étoile à sept rayons, pour patronne sainte Estelle dont c'est la fête le 21 mai, pour organe *l'Armana prouvençau* qui, sous diverses formes, n'a jamais cessé de paraître depuis. Les savants du groupe vont commencer un immense travail sur la langue, rejetant l'orthographe étymologique pour adopter, à l'imitation des Italiens et des Espagnols, l'orthographe phonétique, mettant au point un nouveau système d'accentuation, tentant un rapprochement avec le latin et la langue des troubadours, mais en même temps s'éloignant du parler du peuple. Le système étant assez séduisant, la plupart s'y rallièrent, à l'exception des Languedociens de l'*Escola occitana* qui adoptent une orthographe plus proche selon eux de celle des troubadours, de poètes isolés et de protestataires, notamment à Marseille, qui avaient leurs raisons qu'on ne trouve point si mauvaises. Des statuts du Félibrige seront mis au point en 1876 et modifiés à diverses reprises. Il y a des Maintenances administrées chacune par un syndic et correspondant aux provinces : Auvergne, Catalogne, Roussillon, Gascogne-

Béarn, Guyenne-Périgord, Languedoc, Limousin, Provence, Velay. Un « capoulié » choisi par cinquante « majoraux » est le chef et on l'élit pour la sainte Estelle, ce qui depuis les premiers, Mistral, Roumanille, Félix Gras, dure encore. En Catalogne, il y aura aussi des majoraux, puis des. membres associés. Sans suivre toutes les étapes de cette organisation, tous les événements successifs, les ralliements et les déniements, on sait que la Pléiade primitive, sans cesse élargie, est dominée par Roumanille et ses cadets Mistral et Aubanel.

Roumanille épouse en 1862 Rose-Anaïs Gras, une des premières poétesses de langue d'oc moderne. Il publie ses *Cascareletes* à l'*Armana prouvençau* qu'il édite, les poèmes de sa femme, des éditions et des rééditions comme celles de Saboly et Peyrol, un poème héroï-comique, *la Cloche montée, les Rêveuses, les Provençales,* recueil collectif, des *Contes provençaux,* et surtout de nombreuses œuvres pamphlétaires. Ses *Petites œuvres en vers* paraîtront en 1903. Il est considéré comme le père du Félibrige le plus actif, il consacra sa vie à faire connaître en France et dans le monde entier les œuvres occitanes. Pamphlétaire, c'est un peu le Louis Veuillot de la Provence, mais conteur et poète il a de la qualité et de la fraîcheur. Joseph Salvat le dit « véritable organisateur doué de sagesse et de prudence », et ajoute : « On peut lui reprocher d'avoir bridé à l'excès le mouvement de la réforme linguistique entreprise par Mistral pour donner, mieux pour rendre à la langue de Provence les caractères graphiques qui eussent préparé plus rapidement sa résurrection et son unification désirables. »

On voit chez ces félibres un désir de simplifier pour se rapprocher du peuple et, paradoxalement, un résultat qui est de s'éloigner de sa langue. S'il est vrai qu'ils ont servi l'unité de la culture d'oc, faisant que les poètes des diverses provinces puissent se rassembler, qu'ils ont accompli un travail immense, que leurs buts étaient de donner au peuple la fierté de sa langue, qu'il en naquit une étonnante moisson lyrique et épique, aujourd'hui maints poètes prennent leurs distances avec eux. On reconnaîtra que, quelles que soient leurs options, les félibres s'inscrivent indéniablement dans ce mouvement de rénovation qu'on ne peut limiter au xixe siècle et qui se poursuit actuellement, surtout quand les Occitans ne sont pas, comme dit René Nelli, « des " provinciaux ", timides et craintifs, toujours prêts à s'abriter sous la préface-parapluie de l'Académicien, et qu'ils ne font confiance qu'aux grands hommes que Paris a déjà consacrés ». Ce danger est réel, mais, en anticipant, il semble qu'on s'en éloigne. Pour revenir aux félibres, disons qu'ils furent servis, plus que par des circonstances historiques favorables,

par leur enthousiasme et par l'éclosion de leurs chefs-d'œuvre et,
pour citer encore Nelli, « si beaucoup de poètes de clochers n'ont
point servi la poésie, ils ont du moins servi leur langue : ils l'ont
empêchée de disparaître dans le temps où l'industrialisation eût
risqué de la tuer ». Mais revenons à Mistral et à ses contemporains
dont la graphie a été adoptée par la plupart, tout en se ralliant à
l'idée d'Occitanie comme à celle d'une communauté humaine et
linguistique prête pour les desseins nouveaux.

Frédéric Mistral.

Il réussit ce que les poètes de langue française ont le plus souvent
tenté vainement : être un poète épique et national, car on oublie
trop qu'il est un des grands poètes de l'Europe moderne en son
temps et qu'il a donné conscience au pays d'oc de son unité cultu-
relle, à défaut de son unité politique ou économique. Si nous
laissons la politique de côté pour rejoindre un enfant du côté du
Mas du Juge, à Maillane où Frédéric Mistral (1830-1914) est né
d'une famille de riches cultivateurs, nous écoutons autour de lui
chanter la langue provençale au fil des légendes qui ne manquent
pas et des faits quotidiens qui les alimentent. Il y a en Frédéric un
enfant sauvage, coureur de buissons, en même temps qu'un excellent élève. Après son baccalauréat, il écrit à Roumanille : « Je suis
content. Je vais travailler la terre! » En fait, il fera son droit, mais
revient à Maillane, car il sent sa mission de réhabilitation du langage des siens. Il commencera par imiter Virgile dans un poème
sur les moissons. Dès les premiers vers, il s'écrie :

> Car cantan que per vautre, o pastre e gènt di mas,

autrement dit (mais nous aimerions ne pas avoir à traduire) : « Car
nous ne chantons que pour vous, ô pâtres et gens des mas. » Mistral
lui-même a placé une traduction française en regard. Les gens
des mas peuvent-ils le comprendre? La vie poétique de Mistral se
confond avec celle des félibres : congrès d'Aix, Font-Ségugne,
l'*Armana*... Avant qu'il soit le premier capoulié (de 1876 à 1888),
il donne son célèbre poème narratif *Mirèio,* 1851, que définit
Pierre Moreau : « l'épopée familière que les Allemands possédaient avec *Hermann et Dorothée,* les Danois avec *la Parthénéide*
de Baggesen, les Polonais avec *Pan Tadeusz* de Mickiewicz, et
qu'avait tentée Lamartine dans son *Jocelyn* ». Le grand romantique est d'ailleurs le premier à saluer son confrère du Midi
et le « quarantième entretien » du *Cours familier de littérature* le
comparait à Homère. C'est le début d'une gloire nationale et inter-

nationale, le plus important étant que ses compatriotes l'admirent. Heureux qui peut lire cette langue solaire et ce poète olympien. On oublie vite le prosaïsme de toute narration pour s'enchanter. « Il y avait, dit Pierre Moreau, dans *Mireille,* des Iliades de vanniers et de toucheurs de bœufs, des Odyssées de filles de la Crau, des descentes parmi les ombres comme dans l'*Odyssée* et l'*Énéide,* des sorcières semblables à la Sibylle de Virgile, des barques fantomatiques qui semblent sortir de *la Divine Comédie.* » Et, par-delà les sources livresques, on trouve une Provence vivante et imagée où le passé historique affleure au présent, où l'on nomme éperdument villages et coutumes, fleuves et poètes, dans une liberté enivrante. On s'enchante avec Vincent et Mireille sous les mûriers et les oliviers, on se réjouit avec l'aubade des magnanarelles :

> Cantas, cantas, magnanarello,
> Que la culido es cantarello!
> Galant soun li magnan e s'endormon di tres :
> Lis amourié soun plen de fiho
> Que lou bèn tèms escarrabiho,
> Coume un vou de bloundis abiho
> Que raubon sa melico i roumanin dou gres.

(Chantez, chantez, magnanarelles! − car la cueillette aime les chants. − Beaux sont les vers à soie, et ils s'endorment de leur troisième somme; − les mûriers sont pleins de jeunes filles − que le beau temps rend alertes et gaies, − telles qu'un essaim de blondes abeilles − qui dérobent leur miel aux romarins des champs pierreux.)

Des chansons célèbres agrémentent cette épopée amoureuse et tragique qui fait revivre les temps de la Provence. Tout le monde connaît :

> Ô Magali, ma tant amado,
> Mete la tèsto au fenestroun!
> Escouto un pau aquesto aubado
> De tambourin e de viouloun.
>
> Es plein d'estello, aperamount!
> L'auro es toumbado,
> Mai lis estello paliran,
> Quand te veiran!

On court avec Mireille dans les plaines brûlées de soleil, on pleure à son final wagnérien. Toute la civilisation méditerranéenne est là avec son sens de la beauté tragique. L'Homère provençal a su trouver pour s'exprimer une forme qui lui convient : douze chants en strophes de sept vers, d'une facture originale, se situant entre la laisse des gestes médiévales, comme *la Chanson de Roland,* et la ballade historique chère aux romantiques. On aime que ce vaste poème réalise la synthèse entre la noblesse tragique des sentiments éprouvés profondément, l'exaltation de la fatalité des passions et le sens le plus réaliste, le plus terrien, union rarement aussi bien conduite. Les hommes et les femmes de la terre de Mistral n'ont plus rien à envier des grands de l'histoire.

Cette qualité ne se démentira jamais. *Calendau,* 1866, le marin, est digne des antiques paladins et son histoire magique et allégorique où s'entremêlent des souvenirs historiques et légendaires a toutes les couleurs de la Provence, l'amour du pays dominant tous les thèmes romanesques. *Lis Isclo d'or* (les Iles d'or), 1876, est le recueil des poèmes lyriques de Mistral dont on apprécie la puissance musicale et la diversité, hors des écoles littéraires, Romantisme, Parnasse ou Symbolisme. Tout vient du fond provençal et d'une inspiration personnelle. Ce n'est pas à Hugo, à Baudelaire ou à Verlaine qu'on peut le comparer, mais au lointain Horace des *Odes* et des *Epodes.* On trouve là *l'Hymne à la race latine, le Lion d'Arles, le Tambour d'Arcole, la Comtesse* qui personnifie la Provence, *la Mort de Lamartine, la Fin d'un moissonneur, la Coupo,* hymne de la Provence :

> Vuejo-nous la Pouësio
> Pèr canta tout ço que vièu,
> Car es elo l'ambrousio
> Que tromudo l'ome en dièu.

(« Verse-nous la Poésie pour chanter tout ce qui vit, car c'est elle l'ambroisie qui transforme l'homme en dieu »). Comme dans les poèmes épiques, on est surpris par le souffle inépuisable du poète. *Nerto,* 1884, tente de ressusciter les fastes de la Provence du xvᵉ siècle dans des lieux imaginaires ou bien réels comme Arles et Avignon, avec des protagonistes qui font penser à ceux de Goethe, Nerte, la jeune fille, Rodrigue, le héros, et Satan, décimé par la Croix. *La Rèino Jano,* 1890, est une tragédie en vers où, sous prétexte de réhabiliter la reine Jeanne, revit encore le passé national du pays. *Lou Pouèmo dou Rose* (le Poème du Rhône), 1897, en douze chants, est le dernier chef-d'œuvre épique qui s'organise autour du fleuve-dieu de la Provence, le Rhône tumultueux, véritable héros du poème, avec ses bateliers aux fortes traditions, son « roi du Rhône »; là, les imaginations se multiplient dans le merveilleux légendaire, sans que le poète oublie le réalisme : les traditions devant céder la place aux nécessités du progrès. L'allégorie ici ne se superpose pas à l'action, mais y est mêlée. La composition est parfaite et on est ébloui par des tableaux comme l'apparition des tours d'Avignon dans le soleil couchant ou l'évocation du pont de Saint-

Esprit avec sa chapelle de saint Nicolas d'où maître Aplan bénit le Rhône. Le chant de Mistral est digne du grand fleuve et cette œuvre n'est pas inférieure à *Mirèio*. Voici un extrait que suit la traduction française de Mistral lui-même :

Ah! quant de cop, aquel estièu, la jouvo,
Dins si langour de niue de toufourado,
I lunesoun clarino de setèmbre,
Revenguè mai au delicious rescontre!
Mai remarquè ' non causo : qu'a la mueio
Touti li fes toujour estènt pichoto,
De-bado au brièu de l'aigo segrenouso
Avanquissiè soun cors de pièuceleto :
Aqueli niue, lou bèu glàri dou Rose
Au bagnadou – pauro pichouno, espèro
Qu'esperaras, – a l'espèro mancavo.

Ah! que de fois la jeune fille, cet été,
Dans ses langueurs de nuitée chaude,
Aux lunaisons si claires de septembre,
Revient au délicieux appât de sa rencontre!
Mais elle remarqua une chose : à la « mouille »
Chaque fois qu'en entrant elle s'était signée,
Ainsi qu'étant petite elle faisait toujours,
Au cours fougueux de l'eau mystérieuse
En vain livrait-elle son corps virginal;
Dans ces nuits-là, le beau génie du Rhône
A la baignade – pauvre petite, attends,
Attends toujours! – lui faussait compagnie.

Lis Oulivadou (les Olivades), 1912, sont comme le testament du poète qui voit venir le temps de l'hiver, lui qui ne chanta que le soleil. Une éternité charnelle et lumineuse y apparaît et si le poète se retire dans le château qui domine la mer, c'est pour voir *lou Parangoun,* le parangon, l'archétype, l'Idée : la Provence éternelle, avec les joyeuses jeunes filles, les dames d'antan, les félibresses, et sainte Estelle voisinant avec Mireille ou Magali, médiatrices du beau et du bien. C'est une morale en vers, comme au moyen âge, mais tournée vers l'enseignement de la vie et des rythmes sans cesse renaissants de la nature. Enraciné dans sa terre, le poète unit les temps et demande sa survivance aux grillons bruns. Partout la sagesse s'épanouit en musique, et c'est un chant d'espoir envers et contre tout qui est délivré.

Parmi les autres œuvres, citons ses délicieux souvenirs : *Ma naissance, Mes origines, Mémoires et récits,* 1909, sa traduction en provençal de *la Genèse,* 1910, ses posthumes *Proses d'almanach,* 1926, 1927, 1930, et surtout *lou Tresor dou Felibrige,* 1878-1886, dictionnaire provençal-français, monument embrassant les dialectes occitans, que Camille Jullian a placé au-dessus du Littré et que Gaston Paris considéra comme « l'un des dons les plus magnifiques que l'amour d'une langue et d'un pays ait fait à la science ». Mistral connut une incessante gloire sans cesse alimentée : par l'opéra-comique de Charles Gounod, *Mireille,* par un prix académique en 1891 qui lui permet de fonder avec Folio de Baroncelli-Javon (1869-1943), le poète manadier, et Marius André (1868-1927), *l'Aioli,* par le prix Nobel en 1904 dont il utilise le montant pour installer à Arles le *Museon arlaten,* l'inauguration pompeuse de sa statue, l'apothéose de 1913 aux fêtes félibréennes d'Aix, la visite de Raymond Poincaré qui l'invite à déjeuner au wagon présidentiel arrêté près de Maillane. Monarchiste, il condamna la politisation du Félibrige, et, tout en étant l'ami de Maurras dont il partagea les tendances, il ne se rallia pas à l'Action française, ce qui ne l'empêcha pas d'être antidreyfusard et anticombiste. Sa poésie reste en dehors de cela et on n'y trouve pas une doctrine politique précise. Non, il est avant tout, non comme dit Maurras, « le plus grand des poètes politiques », mais le poète épique et rustique des destinées d'une haute civilisation. « Il écrit dans la langue de nos domestiques » dit bêtement Armand de Pontmartin, sans savoir que c'est là son honneur et sa grandeur. On préfère écouter Maurice Barrès : « Mistral a restauré la langue de son pays, et par là, en même temps qu'il retrouvait une expression au contour des rochers, à la physionomie des plantes et des animaux, à la transparence de l'air, à la beauté des nuages et par cette même voix aux mœurs locales, il restituait à son univers natal son sens naturel. Il a rendu confiance à une société qui s'était désaffectionnée d'elle-même. » Croyez-moi, cela vaudrait la peine d'apprendre la langue pour le lire. Ce fut un de nos grands plaisirs poétiques hors du temps et des écoles.

Aubanel.

Théodore Aubanel (1829-1886), autre grand lyrique doué d'un tempérament poétique étonnant, offre un caractère plus sombre, plus mystérieux que celui de ses amis. Depuis le XVIIIe siècle, ses parents étaient « imprimeurs de Sa Sainteté » et il suivit, en bon catholique, cette tradition. Après ses premières œuvres en français, il commença dès 1849 à écrire en langue d'oc et Saint-René Taillandier put admirer les poèmes de sa contribution à *li Prouvençalo.* Il fit partie de toutes les manifestations préparant le Félibrige et c'est à Font-Ségugne qu'il connut Jenny Manivet, amie des filles Giéra. Comme elle portait une robe grenat, il fit de cette couleur, celle de la grenade, le symbole de sa poésie. Une idylle sans doute platonique naquit jusqu'à ce que la jeune fille entrât au couvent, ce qui le marqua tragiquement à jamais. Un an après *Mirèio* de son ami Mistral, parut *la Miougrano entre-duberto* (la Grenade entrouverte), 1860, recueil de poésies lyriques racontant la belle et triste histoire de son amour pour Zani (Jenny). Le récit de la rencontre fait penser à Pétrarque avec Laure, et ce poète original montre un sens rare du raffinement dans l'art quand il s'agit de traduire des sentiments simples et touchants. C'est « l'amour dont on ne peut être guéri » qui s'affirme avec d'autant plus de force qu'il est exprimé dans un climat apaisant. Comme dit Charles Rostaing, « il y a là des accents de douleur et de sincérité qui font d'Aubanel le Musset provençal ».

Lorsque, en 1861, le poète se maria chrétiennement, on pouvait penser qu'il avait trouvé l'équilibre du bonheur. Il écrivit alors de magnifiques poèmes qu'on admira en Provence comme à Paris. Mais son recueil *les Filles d'Avignon,* ou plutôt *li Filio d'Avignoun,* 1885, choqua les bien-pensants qui se plaignirent à l'archevêque d'Avignon, lequel menaça Aubanel de lui retirer le titre d'imprimeur du Pape. Étaient-ils si audacieux ces poèmes? Non, nous les trouvons chastes et surtout d'une admirable beauté. Il parle dans un sonnet célèbre, *lo Capitani grec,* d'un de ses aïeux, côté maternel, poème qui se termine ainsi : « Tire d'eu mon amor di femna'e dau solèu » (Je tire de lui mon amour des femmes et du soleil) ou bien, il termine sa *Venus d'Arle* par : « E vaqui perque ieu crestian, te cante, ô grand pagana! » (Et pourquoi, moi, chrétien, je te chante, ô grande païenne!). De quoi faire frémir? Quelle beauté et quelle sensualité dans ses descriptions! Voici une strophe et sa traduction par l'auteur :

> Siàs bèla, ô Venus d'Arle, a faire venir fou!
> Ta testa es fièra e doça, e tendrament ton cou
> Se clina. Respirant li potons e lo rire,
> Ta fresca boca en flor de qu'es que vai nos dire?
> Lis Amors, d'una veta, amé, gràcia an nosat
> Ti long peus sus ton front per ondadas friats.

> Tu es belle, ô Vénus d'Arles, à rendre fou!
> Ta tête est fière et douce et tendrement ton cou
> S'incline. Respirant les baisers et le rire,
> Ta fraîche bouche en fleur que va-t-elle nous dire?
> Les amours, d'un ruban, avec grâce ont noué
> Tes longs cheveux sur ton front, frisés par petites ondes.

Ses relations avec les félibres ne furent pas faciles, car il était volontiers ombrageux et violent. Des rivalités et des jalousies firent qu'il s'écarta parfois du Félibrige où il eut tous les honneurs, jouant un grand rôle aux Fêtes de Pétrarque en Avignon, 1874, à celles de Forcalquier, 1875, étant majoral du Félibrige, 1876, président du Félibrige, 1877.

Ses autres œuvres sont un sombre drame, *le Pain du péché,* 1878, que son ami Paul Arène traduira en vers français en 1888, deux autres drames posthumes, *le Rapt, le Berger* (titres provençaux : *lou Raubatori, lou Pastre*). Un recueil, posthume aussi, *lou Reire-soulèu* (le Soleil d'outre-tombe) parut en 1899. Un an après *les Filles d'Avignon,* en 1886, Aubanel était mort désespéré, et Zani, son inspiratrice, devait mourir l'année suivante.

Dans la poésie provençale, auprès de cet Hugo qu'est Mistral, il y a donc un poète qu'on a comparé à Musset, mais le poète des *Nuits* paraît léger auprès de lui, car Aubanel n'est pas un dandy, il est un homme réaliste qui peint en pleine lumière et cherche par cette lumière les ombres qui correspondent à son mal. Il est le poète de la volupté et de la mort. Son amour est violent, il exprime sa passion avec vérité, qu'il chante sa Laure-Zani ou, devant les Vénus d'Arles et d'Avignon, qu'il élève un hymne à la beauté vivante et païenne. La mort, chez lui, ce sont des visions douloureuses, allant jusqu'au macabre, au lugubre. Partout, il manifeste son sens de la nuance, de la progression, et il n'est pas étonnant que le drame l'ait attiré. Ses contrastes, Mistral les a exprimés : « Dans Aubanel chrétien et catholique, catholique convaincu et d'autre part artiste et païen de sa nature, comme les hommes du Midi, l'esprit et le sang, tous deux ardents, sont constamment en lutte, et de cette bataille sort, par éclairs, une lueur de pourpre. »

Valère Bernard, Auguste Fourès et tant d'autres...

Le Félibrige ne se limite pas à la trinité Roumanille-Mistral-Aubanel. Ainsi, le Marseillais Valère Bernard (1860-1936) dans la deuxième génération s'affirmera comme un successeur original. Peintre, graveur et sculpteur, il fréquenta Félicien Rops et Puvis de Chavannes. Romancier réaliste, il publia *Bagatouni* et *lei Boumians.* Après ses premiers recueils : *li Balado d'aram,* 1883, *li Cadarau,* 1884, *Guerro,* 1895, *la Pauriho,* 1899, une partie de son œuvre appartient à notre siècle et est la plus originale : *Long la mar latino,* 1908, *l'Aubre en flour,* 1913, *Lugar,* 1935, *la Legenda d'Esclarmonda,* 1936, *Lindaflor,* 1937, *Letanio,* posthume, 1946. Dans cette œuvre inégale, des poèmes émergent, merveilleux, splendides, comme en témoigne cet extrait du poème *Amour pacan* (Amour paysan) dont nous donnons un extrait en français et qui nous fait penser à certains poèmes de Lorca :

> Un pâtre appuyé sur sa canne,
> Béant d'amour comme un lézard,
> Boit des yeux la jolie bergère
> Qui dort, le corsage entrouvert.
>
> Elle est tout en nerfs, comme un chêne,
> Et brune comme un crépuscule,
> Et l'on sent que court sous sa peau
> Une sève forte et sauvage.
>
> Lors, la réveillant, sur sa bouche,
> Fou d'amour, il posa un baiser;
> Ses bras, noueux comme des souches
> Aussitôt, farouches, l'enserrent.
>
> Ainsi tout seuls sur la montagne,
> Ayant pour lit le sol fleuri,
> Au bruit des pins – douce harmonie! –
> Firent l'amour à en mourir.

Son aîné Auguste Fourès (1843-1891) fit partie des félibres rouges, fondant avec Louis-Xavier de Ricard un mouvement fédéraliste restant attaché à l'idée de patrie française. Directeur du *Petit Toulousain,* la future *Dépêche,* ce Languedocien, ami de poètes locaux comme Achille Mir, Gabriel Peyronnet, Auguste Galtier, fut salué par Mistral comme par Hugo et Sully Prudhomme. Dans ses recueils : *les Grilhs,* 1885, *les Cants del soulelh,* 1891, *la Muso silvestro,* 1896, *la Sego,* 1915, ces derniers posthumes, on peut trouver des poèmes personnels qui affirment qu'auprès de la terre natale la langue d'oc est prête pour une vocation universelle. On aime lire un poème fin de siècle intitulé *Japonism* et beaucoup d'autres en langue du pays, mais dont les sujets ne sont pas typiquement locaux, ce qui ne l'empêche pas de chanter le passé lauragais, la déchéance après la Croisade contre les Albigeois, et de faire vibrer en chanson douce la terre qu'il contemple.

A la deuxième génération appartient Prosper Estieu (1860-1939) qui, de *lou Terradou,* 1895, à ses *Oras luscralas,* 1941, n'a cessé, souvent dans un climat parnassien, de célébrer le passé historique du « païs ». D'Antonin Perbosc (1861-1944), né dans le Tarn-et-Garonne, auteur de poèmes parus au début du siècle, René Nelli a dit : « A force de science, et en communiant intelligemment avec le génie de son peuple, cet écrivain a réussi à se forger une langue riche et souple, *poétique par elle-même,* qui compense heureusement ce que son inspiration a souvent de trop étroit... » Il est vrai que cette belle langue, par ses sonorités, est toujours prête à apporter une compensation poétique et musicale aux platitudes et aux prosaïsmes. Un épicier des Hautes-Pyrénées, Michel Camelat (né en 1871) dans *lo Piu-piu dera mia flaüta*, 1895, ou *l'Espiga aus dits*, 1934, a jeté de forts belles incantations au pays.

Mais quel village en Provence n'eut pas son félibre, son frais chanteur ? Nous trouvons de fortes personnalités comme ce Napoléon Peyrat (1809-1891) déjà rencontré, le cher Napol le Pyrénéen. Le Comtadin Félix Gras (1844-1901), beau-frère de Roumanille, l'auteur des *Rouges du Midi*, 1896, roman du bataillon marseillais de la Révolution, nous entraîne au Mont Ventoux pour célébrer ses charbonniers dans *li Carbounié*, 1876, qui est une épopée comme *Toloza*, 1882, qui fait revivre la lutte contre Simon de Montfort. Son *Romancero Prouvençau*, 1877, réunit des chants guerriers incomparables, mais il est supérieur dans ses proses historiques. Plaçons près de lui Clovis Hugues (1851-1907) son ami et voisin de Ménerbes, ce député socialiste, membre du Félibrige parisien, qui fit en provençal des poèmes de circonstance ; le célèbre entomologiste Jean-Henri Fabre (1823-1915) qui met en scène la nature du Midi (qui la connaît mieux que lui ?) dans une *Oubreto prouvençalo* de haute qualité, et des félibres vauclusiens qui se nomment Augustin Boudin (1855-1872), Rémy Marcellin (1832-1908), Léon de Berluc-Perussis (1835-1902), Joseph Bonnet (1842-1915), Jules Cassini (1847-1896), Xavier de Fourvières (1855-1912), Paul Payan (1861-1925), Pierre Pansier (1863-1934), Louis Charasse (1868-1927) et son fils Alain Charasse (1891-1954), Louis Eymard (1872-1948), Louis Béchet (1873-1941), mais à Carpentras ou à Avignon les félibres avaient été précédés par maints troubaïres comme Hyacinthe Morel (1756-1829), Toussaint Poussel (1795-1859), Jean-Baptiste Laurent (1802-1862).

Mais les poètes d'oc peuvent venir de très loin : d'Irlande par exemple comme ce petit-fils de Lucien Bonaparte par sa mère, William Bonaparte-Wyse (1826-1892) qui se paie le luxe d'écrire en provençal *li Parpaioun blu*, 1862, et *li Piado de la Princesso*, 1881, étourdissants de richesse rythmique. Cet homme du Nord se rattacha à l'idée d'un Empire du Soleil, élargissant l'idée félibréenne. Autre personnage intéressant, Philadelphe de Gerde (1871-1952) ne cesse, même octogénaire, de répandre l'idée occitane et donne dès le XIXᵉ siècle une œuvre considérable : *Posos perdudos*, 1892, *Brumos d'automno*, 1893, *Cantos d'azur*, 1893, etc. Plaçons près d'elle sa consœur Marie-Antoinette Rivière (1840-1865) qui se fit appeler Antoinette de Beaucaire.

Nous ne saurions citer tous les poètes d'oc. Aussi, nous contenterons-nous d'ajouter aux noms déjà cités un certain nombre de chantres des diverses régions du Midi — et aussi du Centre de la France où se pratique cette langue qui n'est pas le privilège de la seule Provence.

Dans les Bouches-du-Rhône. A Marseille : Hyppolite Laidet (1794-1884), Étienne Bibal (1808-1854), Auguste Verdot (1823-1883), Antoine Bayle (1825-1877), Bistagne (1832-1900), A. Chailan (1834-1900), Jean Monnet (1838-1916), Joseph Huot (1839-1898), le député Charles-Roux (1841-1918), V. Lieutaud (1844-1926), Pierre Mazières (1851-1914), Elzéar Rougier (1857-1926), Louis Astruc (1857-1904), Pascal Cros (1859-1921), Auguste Marin (1861-1904), Fallen (1863-1911), Charles Galicier (1868-1908), Pierre Bertas (1864-1950). A Aix : Joseph Diouloufet (1771-1840), François Vidal (1832-1911), Malachie-Frizet (1850-1909), Bruno Durand (né en 1890). A Arles : Michel de Truchet (1766-1841) et Jacques-Claude Aubert (1808-1879). A Salon : Antoine-Blaise Crousillat (1814-1899). A Saint-Rémy : Marius Girard (1838-1906). A Tarascon : Albert Gautier (1830-1858), Élisabeth Gautier (1858-1898), Marius Fousson (1874-1955).

Dans le Gard. A Nîmes : Louis Aubanel (1758-1842), Antoine Bigot (1825-1897). A Alès : Albert Arnavielle (1844-1927) et sa fille Mireille Arnavielle, Paul Gaussen (1845-1893), Léontine Goirand (1853-1923), Antonin Glaize, Alcide Blavet (1868-1934). A Uzès : Louis Beaulard (1809-1872). A Sommières : Fernand Poussigue (1872-1940). A Beaucaire : Jean Bessat (né en 1873), Louis Roumieux (1829-1894). A Aigues-Mortes : Nicolas Lasserre (1862-1947). Dans l'Hérault. A Montpellier : Léon Rouvière (1810-1848), Alexandre Langlade (1820-1900), Octavien Bringuier (1829-1874), Diogène Guiraldenc (1840-1869), Louis-Alphonse Roque-Ferrier (1844-1907), Jules Boissière (1863-1897), Paul Redonnel, Louis Rouquier (1863-1939), Jean Charles-Brun (1870-1946), François Deleuze (1871-1949). A Saint-Pons : Melchior Barthes (1818-1886). A Béziers : Émile Barthe (1874-1939), J.-P. Bédard (1859-1938). A Agde : Balthazar Floret (1789-1872). A Sète : Joseph Soulet (1851-1919), Alfred Rottner, Gustave Thérond. A Lunel : Antonin Roux (1842-1915). Divers Cévenols ou Languedociens : Justin Boillat (1845-1914), Placide Cappeau (1808-1877), l'auteur du *Minuit chrétien*, Paul Chassary (1830-1859), Ernest Aberlenc (1847-1930).

Dans le Var. A Fréjus : Raoul Gineste (1849-1914). Au Luc : Jean-Baptiste Garnier (1829-1891). Dans la Drôme. A Châtillon-en-Diois : Pierre Devoluy (1862-1932). A Crest : Roch Grivel (1816-1888). Dans la Haute-Garonne. A Toulouse : Louis Vestrepain (1809-1865), Denis Saurat (1865-1958), spécialiste du catharisme. Dans l'Aude. A Narbonne : Hercule Birat (1796-1872), Sernin Santy. Dans l'Isère : Albert Ravinat (1845-1894). Dans les Alpes-Maritimes : Louis Funel. Divers poètes provençaux : Olympe Benazet (1802-1879), Édouard Plouvier (1821-1876), Alphonse Michel (1837-1893), Clément Auzière (1845-1904), Edmond Lefèvre (1855-1933), Paul Mariéton (1862-1911), et quelques dizaines d'autres...

La Renaissance auvergnate et limousine.

Les provinces du Centre, marquées plus tardivement par le Félibrige, apportent une contribution importante à la poésie d'oc, importante par les sonorités plus rudes, le ton plus épique, d'un terroir où la dentelle ne fait cependant pas défaut. Ralliés ou non au mouvement provençal, ces poètes ont en commun leur solidité. Le poète sabotier et maître d'école Jean-Baptiste Veyre (1798-1876) écrit en cantalien des *Piaoulats d'un reïpetit,* 1860 (les Pépiements d'un roitelet), marqués par la forte sagesse paysanne. François Courchinoux (1859-1902), du Cantal aussi, est un poète moral et social dans *la Pousco d'or,* 1884 (la Poussière d'or). Régis Michalias (1844-1914), pharmacien d'Ambert, est plus léger et moins fruste dans ces œuvres qu'aime Mistral : *Ers dè lou suts* (Chants de la Montagne), 1904, et *Ers d'uen païsan,* 1908.

Auprès de ces artisans d'une renaissance, citons deux poètes épiques limousins : Joseph Roux (1834-1905) et Joseph-Anne Vialle (né en 1762). Ils sont l'un et l'autre linguistes, et publient, le premier *la Chansou limouzina,* 1899, où s'affirme une maîtrise de la légende et de l'histoire, le second *la Pesta de Tula* (la Peste de Tulle) qui fait revivre un fléau au xIVe siècle. Un boulanger de Limoges, Léonard Trompillon (1750-1824) se rattachait à la tradition du siècle de sa naissance en traduisant *la Henriade* de Voltaire en vers burlesques.

Dans le Cantal on trouve encore un chansonnier réaliste engagé qui écrit fables et contes en vers, Auguste Bancharel (1832-1889); son fils Émile Bancharel reprendra le flambeau. Autre enfant du Cantal, Firmin Fau reste en marge des écoles et donne des évocations campagnardes qui tiennent du fabliau médiéval. Plus tard, Jean-Baptiste Chèze, Limousin, s'inscrira dans la même tradition. Dans le Rouergue, on rencontre Justin Bessou (1845-1918) qui compose avec *Del brès à la toumbo,* 1893, une narration bucolique proche des *Géorgiques chrétiennes* de Francis Jammes (Jean Jaurès salue en lui « un des maîtres de la langue méridionale »), Albert Girbal (1870-1960) auteur de comédies et de chansons, Auguste Bénézet (1858-1943) qui écrit autour de son clocher des contes et de petites œuvres lyriques. Le Velay vit dans le souvenir du troubadour Peire Cardenal et son école félibréenne se manifestera surtout au début de notre siècle.

C'est aussi au carrefour des deux siècles que maints poètes auvergnats se manifesteront, comme Arsène Vermenouze (1850-1910), poète bilingue que couronnent les académies, et qui a fondé *lo Cobreto* (la Cabrette), organe de l'*Escolo oubergnato* publié à Aurillac de 1895 à 1900, avant d'être republié en 1920. On y étudie des poètes comme Veyre, Jean Labouderie ou Dupuy de Grandval, et parmi les collaborateurs on relève des noms plus ou moins connus, de Jean Ajalbert, Arsène Vermenouze, Francis Courchinoux, à Louis Abel, Louis Delhostal, Henri Dommergues, Raymond Four, La Salle de Rochemaure, Eugène Lintilhac.

Poètes du Sud-Ouest et d'ailleurs.

C'est en 1896 que l'*Escole Gaston-Fébus* réunira une bonne partie des poètes des départements du Sud-Ouest. Il y a là des conteurs et des poètes comme Adrien Planté (1841-1912) et Pierre-Daniel Lafore (1863-1912), tous les deux d'Orthez, Simon Palay (1874-

1965) qui publie avec Michel Camelat la revue *Reclames de Biarn i Gascogne* (le père de ce dernier, Jean Palay (1848-1902), tailleur à Vic-en-Bigorre, rimait des chansons). D'autres noms : les abbés Labaig-Langlade (1830-1916) et Garet (1809-1864), le conteur Victor Lalanne, le chansonnier Xavier Navarrot (1795-1862), le docteur Lacouaret (1861-1923), et rappelons Philadelphe de Gerdes.

Au pays de Jasmin, Isidore Salles (1821-1900) célèbre la terre et les coutumes, tandis que Jean-François Bladé (1827-1900) recueille les contes transmis oralement et que de nombreux poètes, la plupart religieux, se groupent autour de Fernand Sairan. En Gascogne et dans le voisinage, citons : Meste Verdié (1779-1829), Jean-Baptiste Laffargue (1797-1866), Justin Larrebat (1816-1868), Jean-Baptiste Cassaigneau (1821-1904), Théodore Blanc (1840-1880), l'abbé Ferrand (né en 1849).

Dans le Périgord, une école littéraire, *lou Bournat* (la Ruche), est animée par des érudits et des poètes, tels qu'Auguste Chastanet (1825-1902) et Camille Chabaneau (1831-1908), A. Dujarric-Descombes, Ludovic Sarlat. Rappelons Paul Brousse et Amédée de Lacrousille qui ont achevé la constitution de l'école périgourdine, et quelques noms encore : Jean Beausoleil (1803-1837), Jules de Termes (1812-1893) et le coiffeur Robert Benoit (1862-1941) en rappelant que René Lavaud (1874-1955) réédita Peire Cardenal.

La langue catalane a réclamé le droit à la vie par de nombreuses voix de haute valeur, la preuve étant faite par la qualité. Après Justin Pépraxt (1828-1901) et Antoine Jofre, des poètes se sont affirmés qui se nomment Pierre Talrich, Joseph Bonafont (1855-1935), Jules Delpont qui a célébré l'amitié des Catalans d'Espagne et de France, Albert Saisset (1842-1894), auteur de fables tout comme Gabriel Boixeda (1809-1874), le poète religieux Jacques Boher et d'autres maîtres de la poésie catalane que Jean Amade réunira dans une belle *Anthologie catalane*.

Ces régions de la poésie d'oc sont connues des seuls spécialistes. Il peut apparaître qu'il s'agisse de poésie mineure, ce qui est le cas bien souvent, mais qui regarde de près s'aperçoit que les surprises ne sont pas rares.

Nous pourrions aussi nous rendre en Corse pour trouver par exemple Monseigneur Pierre-Matthieu de La Foata (1817-1899), ses hymnes ou son poème satirique *Preti sansu* populaire dans l'île, ou Pierre-Mathieu Lucciana (1832-1909) auteur de comédies corses, ou Martino Casanova (1834-1858) qui écrit plutôt en italien qu'en dialecte corse, — mais rien ne saurait être étranger dès qu'il s'agit d'un territoire, celui aussi de la poésie.

Où trouva-t-on encore des félibres ? A Paris où en 1879 se créa *le Félibrige de Paris,* société groupant des disciples de Mistral installés dans la capitale. On se réunira au café Voltaire, à Sceaux pour un pèlerinage annuel autour de bustes (ceux de Florian, Aubanel, Arène, Mariéton, Sextius-Michel, Deluns-Montaud, Clovis Hugues, Maurice Faure, Charles-Brun), on publiera des revues comme *la Farandole* ou le *Viro Souleu* (le Tournesol), un recueil *li Souleiado,* avant que l'Association des Amis de la Langue d'Oc lui succède. Signalons aussi l'École parisienne du Félibrige née d'une scission lorsque Charles Maurras et François Amouretti, en présence de Félix Gras, lurent un manifeste fédéraliste.

Cependant, nous voudrions introduire ici une parenthèse. On tient pour plus important que maintes manifestations régionalistes l'attention profonde du poète austro-hongrois Nikolaus Lenau (1802-1850) qui, après avoir lu la chanson médiévale de *la Croisade contre les Albigeois,* s'en inspira dans un vaste poème, *Die Albigenser* (les Albigeois) qui montre une prise de conscience historique que n'eurent pas toujours aussi intensément les félibres (ce qui laisse un regret). Henri Trébitsch a assuré la traduction de ce poème en français chez Pierre-Jean Oswald, avec une préface de Jean-Pierre Hammer qui rappelle cette phrase prise dans *Die Albigenser* par Karl Marx pour la préface du *Capital* : « Ce sont là signes du temps que ne peuvent masquer ni les manteaux de pourpre ni les soutanes noires. »

Nous le répétons : cette histoire poétique du Midi ne se termine pas avec les félibres, comme en témoignera la fondation d'instituts et de comités occitans aujourd'hui, et aussi l'arrivée de nouveaux poètes bien différents des félibres traditionnels qui glissent parfois vers l'académisme. Ce sera alors le passage de ce qu'on a pu voir de Paris comme un provincialisme vers un nouvel humanisme et surtout une transposition politique et sociale. Rien des problèmes de la science et du langage ne sera étranger aux hommes nouveaux. Il ne faut pas que la continuité d'oc soit rompue. Comme dit René Nelli : « Que la langue d'oc soit enseignée à l'école : la langue sera sauvée. Qu'il se lève de nombreux poètes et la culture occitane sera maintenue. » C'est mon souhait aussi car dans ma lignée, au pays de Garin d'Apchier, c'est cette langue que parlaient mes anciens et que l'école refusait.

Poésie aux cent visages

La Poésie humanitaire et sociale

Tentatives.

S I après la grande période romantique, les poètes venus du
prolétariat sont plus rares, quelques noms restent cependant
comme celui de Jules Mousseron (1869-1943), mineur de fond qui,
mêlant au patois local de Denain des expressions de la mine,
exprima en parler savoureux et vrai son rude métier dans *Fleurs
d'en-bas, Croquis au charbon*, 1899, *Feuillets noircis*, 1901, et quelques
autres recueils pleins de force souriante et de tranquille bonté. Ce
patoisan qui disait ses poèmes en vêtements de travail dans les
ducasses et les fêtes, s'il ne se révolte pas contre sa condition,
l'exprime avec force et réalisme. Célèbre dans sa province, on en
fera volontiers un personnage folklorique, au demeurant sympathique à tous puisque peu gênant. Auprès de lui se place son collègue Aimable Lucas qui publia sa *Muse d'un noir*, 1906, un an
avant de mourir. Il y eut alors quelques poètes ouvriers peu connus
comme Adolphe Vard (1832-1906), graisseur de wagons, ou Pierre-
Émile Jouïn, trimardeur, ou encore le typographe François Baril-
lot, disciple de Hugo, poète des *Vierges du foyer*, 1859, d'une violente
satire, *la Mascarade humaine*, 1863, et de pièces en vers.

Cela ne veut pas dire que la condition ouvrière soit oubliée, bien
au contraire! Des porte-parole ont surgi depuis Barthélemy qui
chantait *les Travailleurs* dans *la Nouvelle Némésis,* depuis les romantiques quittant l'élégiaque pour le social, et c'est dans la deuxième
moitié du siècle que la floraison est la plus vaste. Cela ne sous-
entend pas que la poésie soit bonne, hélas! mais du moins est-elle
utile. On le voit avec Eugène Manuel (1823-1901), un des fondateurs de l'Alliance israélite universelle, pédagogue et poète du
drame *les Ouvriers*, 1870, de *Poèmes populaires*, 1871, ou de *Poésies*

de l'école et du foyer, 1892, pleines de sentiments humanitaires qui sont aussi de bons sentiments. Il exista ainsi une poésie scolaire dont nous retrouverons les traces. Manuel a même des disciples comme Michel d'Ambur, Théodore Vibert et Fernand Massy, effacés par François Coppée le parnassien ou Clovis Hugues le romantique socialiste de Provence qui prône sans cesse *le Droit au bonheur,* et en appelle à la justice plutôt qu'au sacrifice, au renoncement et à la pauvreté ou bien chante *la Charrue* dans ses *Évocations,* 1885, qui suivirent ses *Poèmes de prison,* 1875.

Certains poèmes peuvent faire sourire, car ils manquent d'art, mais ils sont riches d'un allant lyrique et généreux; de plus, ils ont fait du bien en un temps où la condition ouvrière était abominable. Nous devons savoir qu'un Jules Michelet (1798-1874) s'il écrit un *Chant de l'oiseau* le veut fraternel :

> Je suis le compagnon
> Du pauvre bûcheron.

Un Maxime Du Camp (1828-1894) tenta dans ses *Chants modernes,* 1855, de créer une poésie où apparaisse le nouvel âge industriel, ce que tenta de faire aussi Louis Desprez (1861-1885) dans *la Locomotive,* 1883, avec la collaboration de Henry Fèvre. Les poètes mélancoliques du foyer comme Antoine Ferrant de Latour (1802-1881) sont aussi mièvres qu'innombrables et l'on préfère un chansonnier socialiste comme Pierre Vinçard (né en 1808), historien du travail ou un poète satirique comme Jules Baget (1810-1893) qui s'opposa à la Monarchie de Juillet dans *la Cause du Peuple,* 1848. Si Hyacinthe du Pontavice de Heussey (1812-1876) semble se révolter contre la société telle qu'elle est faite, c'est plus par mal du siècle que par fraternité.

Quelques tentatives encore nous font rencontrer : Eugène Nus (1816-1884), observateur satirique de la société; Claudius Hébrard (1820-1885), auteur des *Heures poétiques et morales de l'ouvrier,* 1844; le chansonnier démocratique Gustave Leroy (1822-1862) qu'aimèrent les ouvriers; le littérateur Louis Ulbach (1822-1889), mince poète de *Gloriana,* 1844, et auteur des lettres supposées de « Jacques Souffrant, ouvrier »; Jean Laurent-Pichat (1823-1886), poète libéral et philosophe social d'une *Chronique rimée;* Alexandre Ducros (1823-1906), satirique des *Étrivières,* 1875, et poète du *Gui du chêne,* 1872, où Coppée aurait puisé l'inspiration du *Passant;* Ernest Ameline (1825-1898), un petit poète et témoin de la Commune dans *Mai 1871.*

Clovis Hugues exprime dans son crédo poétique l'idéal qui est le sien tout en étant celui de maints poètes :

Le poète a une fonction sociale. Il lui appartient de glorifier le beau, mais il lui appartient aussi de servir le juste qui en est la représentation la plus élevée. Les lis ne travaillent point, et ils sont pourtant mieux vêtus que Salomon. Jésus a bien fait de le dire, et nous avons bien fait de le répéter; mais nous n'avons pas le droit d'oublier que les pauvres gens travaillent et qu'ils ne sont pas toujours vêtus. Nous devons aimer et chanter les roses, parce qu'elles sont belles; mais nous devons aussi nous rappeler que leurs épines couronnèrent souvent le front des penseurs. La poésie n'est grande que si elle complète le rêve par l'idée, l'idée par l'action.

Jean Richepin et les gueux.

Le tempérament de Jean Richepin (1849-1926), né à Médéa (Algérie), batailleur, fougueux, assoiffé de justice, le rapproche de Clovis Hugues, mais sa poésie est plus originale. Ce normalien, ce fort en thème, cet ancien franc-tireur, ce « beatnik » dans le style des années 1870, qu'on voit matelot, docker à Naples ou à Bordeaux, commence par se faire connaître dans les cafés du Quartier latin en jouant les excentriques, les bousingots quarante ans après. Il adore d'ailleurs Pétrus Borel, tout comme Baudelaire ou Jules Vallès. Il fréquente Ponchon et Rollinat, Bourget et Léon Bloy. En publiant *la Chanson des gueux,* 1876, il semble se séparer de la poésie conventionnelle ou trop attendue. Au fond, ce hâbleur, fier de sa force physique et de ses exploits virils, qui s'imaginait une biographie plus colorée que la réalité, étonne. Et voilà que dame Censure se met de la partie : il s'attire les foudres de la justice, une saisie du livre, un mois de prison, et la célébrité. Sa bohème, il n'est pas allé la chercher chez Mimi Pinson, mais à la Cour des Miracles. Le futur académicien français a voulu exprimer « la poésie brutale de ces aventureux, de ces hardis, de ces enfants de révolte à qui la société fut presque toujours marâtre ».

En élevant un hymne aux chemineaux et loqueteux, gueux des villes et gueux des champs, poètes qu'on disait crottés jadis, a-t-il voulu épater le bourgeois? On peut le penser, mais sa truculence verbale est là; son pittoresque, sa force s'imposent qui lui viennent, dit-il, de son sang touranien, du soleil africain. Ce poète serait grand si ne perçait le savoir-faire d'un normalien lettré connaissant bien le métier, sachant mêler les mots et faire image, aimant le néologisme, au fond très rhétoricien. Mais ne boudons pas trop. Il sait écouter la voix populaire et organiser des strophes autour du refrain, du cri de la rue : *Du mouron pour les p'tits oiseaux :*

Un sou par-là, deux sous par-ci!
La bonne femme dit merci.
C'est avec le gros sou de cuivre
Que l'on achète de quoi vivre,
Et qu'elle, la peau sur les os,
Peut donner, à l'heure où l'on dîne,
A son bambin, à sa bambine,
Du mouron pour les p'tits oiseaux!

Il sait rejoindre dans *le Chemin creux* qu'il décrit bien, le gueux, le frère de Rimbaud quand il s'en allait « les poings dans mes poches crevées » :

C'est là, le front couvert par une épine blanche,
Au murmure endormeur des champs silencieux,
Sous cette urne de paix dont la liqueur s'épanche
Comme un vin de soleil dans le saphir des cieux,

C'est là que vient le gueux, en bête poursuivie,
Parmi l'âcre senteur des herbes et des blés,
Baigner son corps poudreux et rajeunir sa vie
Dans le repos brûlant de ses sens accablés.

Et quand il dort, le noir vagabond, le maroufle
Aux souliers éculés, aux haillons dégoûtants,
Comme une mère émue et qui retient son souffle,
La nature se tait pour qu'il dorme longtemps.

Il sait sentir *la Tristesse des bêtes* ou la *Gloire des insectes,* jouer sur *l'Orgue de Barbarie* ou chanter une *Berceuse,* faire des *Sonnets sur la neige* ou des *Variations de printemps,* et toucher chaque fois qu'il se rapproche de la chanson des rues :

Y avait un' fois un pauv' gas,
Et lon la laire,
Et lon lan la,
Y avait un' fois un pauv' gas,
Qu'aimait cell' qui n'l'aimait pas.

Et encore quand il rejoint *Un Vieux lapin* de mendiant qui, par-delà ses malheurs, prisonnier attaché à sa geôle, n'en finit pas de chanter la vie, la nature et les hommes. Là, on trouve des accents qui font penser à Rutebeuf :

Ce vieux, poilu comme un lapin,
Qui s'en va mendiant son pain,
Clopin-clopant, clopant-clopin,

Où va-t-il? D'où vient-il? Qu'importe!
Suivant le hasard qui l'emporte
Il chemine de porte en porte.

Un pied nu, l'autre sans soulier,
Sur son bâton de cornouiller
Il fait plus de pas qu'un roulier.

Il dévore en rêvant les lieues
Sur les routes à longues queues
Qui vont vers les collines bleues...

Lorsqu'il va mourir, il revoit le bon et le chaud de la vie, il sait que le paradis ne peut être ailleurs

Et que nulle part, même aux cieux,
Les misérables ne sont mieux
Que sur terre; et le pauvre vieux

Voudrait voir la prochaine aurore
Et ne pas s'en aller encore
Vers l'autre monde qu'il ignore;

Et la vie est un si grand bien,
Que ce vieillard, ce gueux, ce chien
Regrette tout, lui qui n'eut rien.

Comme avec les gueux, il se sent à l'aise avec les matelots et les ports. Dans *la Mer,* 1886, il use parfois d'un nouveau procédé, celui de l'annotation picturale. Ainsi *En Septembre* fait songer à une étude de peintre :

Ciel roux. Ciel de septembre.
De la pourpre et de l'ambre
Fondus en ton brouillé.
Draperie ondulante
Où le soleil se plante
Comme un vieux clou rouillé.

Dans *les Caresses,* 1877, et dans *les Blasphèmes,* 1884, il avait déçu, ici par une sensualité affectée, là par un nihilisme sonnant le toc, partout par des attaques et des anathèmes trop gros pour être vrais. Un ton trop discoureur et rhétorique. On le traita même de « Lucrèce de foire », mais il avait d'autres cordes à son arc, on le vit avec ses drames dont il fut aussi l'acteur (il joua avec Sarah Bernhardt *Noha-Sahib,* 1883), son triomphe étant *le Chemineau,* 1897, on le vit avec ses romans *la Glu,* 1881, *Miarka, la fille à l'ourse,* 1883, dont le succès est prolongé par de nombreux films, on le vit par ses récits dans la veine de *la Chanson des gueux.* Bientôt, Richepin ne fera qu'exploiter ses sujets. Le révolté deviendra un personnage couvert d'honneurs et de gloire officielle, et aucun recueil (il publiera encore *Mes Paradis,* 1894, *la Bombarde, Églogues marines,* 1901, *Poèmes durant la guerre,* 1914-1918, *les Glas,* 1922, *Interludes,*

1923) ne fera pas oublier sa première œuvre. Son fils Jacques Richepin (1880-1946) essaiera de s'égaler à lui sans grand succès par le
théâtre ou par les poèmes plats du *Labyrinthe,* 1902.

En fait, Jean Richepin met toujours mal à l'aise les critiques.
On veut distinguer l'œuvre de l'homme pour rejoindre sa vraie
valeur. On veut oublier ses défauts dès lors qu'on les a reconnus,
et plus que le tapage et l'exhubérance, la fausse audace et la révolte
qui conduit à l'Académie, retenir une langue drue, savoureuse et
chantante, le jeu aussi d'une rhétorique que nul depuis Hugo
n'avait si heureusement maniée, une virtuosité bien exercée, une
invention constante, et derrière les proses ou les attitudes, une vraie
générosité. *La Chanson des gueux* mérite une place dans les anthologies.

Poètes de bonne volonté.

Chanter les forgerons comme Eugène Manuel ou les laboureurs,
comme Sully Prudhomme et tout un chacun, était beau, souvent
sincère, à peine démagogique. Naïfs à leur insu, maints rimeurs
et maints poètes se perdirent dans des tirades lyriques (chères
mamans! chers ouvriers!) et firent sur les modes romantique ou
parnassien des poèmes prêts pour les récitations scolaires et l'em-
poisonnement des écoliers quittant la communale à jamais dégoû-
tés de la poésie. Un Jean Aicard (1848-1921) vaut mieux par son pittoresque *Maurin des Maures,* 1908, que par *la Chanson de l'enfant,*
1875, tant de fois rééditée, par ses *Poèmes de Provence* que par des
drames bourgeois en vers à l'école du bon sens. De Lamartine qu'il
avait connu étant enfant, il retint certains aspects idéalistes. Bien
sûr, il est respectable, il aime les petits et les humbles, ceux sur
qui de plus grands poètes oublient de se pencher, il chérit les
ventres ronds des futures mères, et les bébés dans les berceaux,
mettant du bleu et du rose tendre partout avec une mièvrerie appro-
priée qui plut à tant de gens, mais est aujourd'hui peu supportable.
On le préfère quand il se souvient de son Midi, même s'il est affadi
par Paris, parce qu'au moins il y met quelque ardeur. Ailleurs, les
poèmes sont bien rimés et correspondent à de vieux, bien vieux
attendrissements.

Autre poète pour livres de lectures, Maurice Bouchor (1855-
1921) a eu le mérite de tenter une propagation de la chanson
populaire et d'avoir voulu vulgariser les chefs-d'œuvre de la littérature à l'intention des classes populaires, exilées de la culture.
Il y eut deux parties distinctes dans sa vie et dans son œuvre. Il
commença par des *Chansons joyeuses,* 1874, où se manifestaient une

bonne robustesse terre-à-terre, une truculence qu'on dit toujours rabelaisienne, des gaillardises lourdes, avec des clins d'œil au public du genre : riez-avec-moi. Jean Richepin aima cela, et aussi *les Poèmes de l'amour et de la mer,* 1876, mais il ne ménagea pas ses sarcasmes quand son ami et disciple quitta le rire facile pour la méditation philosophique, religieuse et morale. Si *le Faust moderne,* 1878, est encore humoristique, on y mesure aussi « le vide et l'insuffisance des doctrines matérialistes ». Après une crise intellectuelle et morale, Bouchor changera du tout au tout, on s'en aperçoit dans *l'Aurore,* 1883, *les Symboles,* 1888, *Vers la pensée et vers l'action,* 1899, où naît une sorte de mysticisme du bien, du beau, du grand, de l'élevé, tout étonné eux-mêmes de naître, mais ne trouvant pas leur expression originale, sauf toutefois quand le poète se mêle intimement à la nature et tente de la traduire. Sans cela, c'est une grandiloquence majuscule qui jaillit sous une forme plate et témoignant d'un didactisme primaire.

Combien de petits écoliers ont découvert ce qu'on leur disait poésie chez un parnassien rustique nommé André Theuriet (1833-1907), poète de la Lorraine, mais du moins ses poèmes sans grande portée étaient-ils parfumés d'odeurs sylvestres et de senteurs de foin coupé. Et puis, Théophile Gautier qui trouva sans doute chez lui quelques souvenirs de ses propres poèmes le reconnut : « Il aime la fraîcheur, l'ombre et le silence des bois, et les figures qui animent ses paysages, glissent sans faire de bruit comme sur des tapis de mousse, mais elles vous laissent leur souvenir et elles vous apparaissent sur un fond de verdure, dorées par un oblique rayon de soleil. » Qui n'a pas lu jadis *la Chanson du Vannier* dont le sujet rappelle *D'un Vanneur de blé aux vents* de Joachim Du Bellay?

> *Brins d'osier, brins d'osier*
> *Courbez-vous, assouplis sous les doigts du vannier.*

> Brins d'osier, vous serez le lit frêle où la mère
> Berce un petit enfant, aux sons d'un vieux couplet :
> L'enfant, la lèvre encor toute blanche de lait,
> S'endort en souriant dans sa couche légère.

André Theuriet a chanté le travail des bûcherons et des charbonniers, des paysans et des artisans, avec leur courage, leur robustesse, leurs vertus primitives faisant d'eux les hommes de l'avenir. Comme on voudrait que ce soit mieux! a-t-on envie de dire, et parfois, en cours de lecture, on rectifie par : cela n'est pas si mal. Simplement, il faut lire en faisant un saut dans le temps, alors dans *le Chemin des bois,* 1867, *les Nids,* 1879, *le Livre de la payse,* 1882, *Nos oiseaux,* 1886, etc., auprès du sentimentalisme mièvre, du moralisme banal, on peut trouver un réalisme délicat, un véritable sens de la nature que la forme emprisonne malheureusement, et on a envie brusquement de lire Francis Jammes, Whitmann ou Thoreau ou un roman sylvestre de Maurice Genevoix parce que là, le chant est libre et non empêtré par la versification plate.

Citons Martial Besson (né en 1856), auteur d'anthologies scolaires, de textes de récitation, de florilèges d'instituteurs-poètes, les uns taquinant la muse en amateurs, les autres pleins de fraîcheur comme Besson lui-même, car ses *Voix du cœur*, 1877, son *Choix de poésies*, 1895, évoquent le Gautier des *Émaux et Camées*. Citons aussi Gustave Zidler (né en 1862) pour *la Légende des écoliers de France*, 1898, pour *l'Ombre des oliviers*, où il se montre épris d'amour et de justice, prêt à sombrer dans le déroulèdisme, mais se sauvant par son amour de la paix.

L'Auvergnat de Clichy Jean Ajalbert (1863-1947) commença par être l'avocat de l'anarchiste Vaillant, l'adaptateur de *la Fille Élisa* des Goncourt au théâtre en 1890, ce qui fit scandale avant qu'il fût conservateur du château de la Malmaison et membre de l'Académie Goncourt. Ce naturaliste mal connu fut aussi un voyageur qui a laissé des volumes sur ses randonnées, en Indochine notamment, un romancier qui ne connut pas de grands succès, et aussi un poète dans *Sur le vif*, 1886, et *Sur les talus*, 1888, *Femmes et paysages*, 1891. Là, il sait être fidèle au Naturalisme, qu'il peigne de *Petites ouvrières* comme dans les romans de Zola ou des Goncourt, mais en vers, ou d'autres poèmes inspirés « par le spectacle continu des bords pelés de la Seine à Asnières, des terrains vagues de Clichy-la-Garenne et des environs ». Il est un poète social, réaliste, capable de chanter des chansons douces du genre *Il était une fois, ô gué...* ou de décrire un *Gennevilliers* où « Paris déverse ses eaux sales » avec des images jetées comme sur un dessin de Poulbot, sans jamais renier un sens de la psychologie et des nuances subtiles. Il peut passer du ton bon enfant et populiste à une imagerie urbaine, comme dans *les Cheminées* :

> Pensives – sur les toits comme des Sphinx penchées –
> Profilant dans le ciel leurs noires ossatures –
> Elles dévoilent les choses les mieux cachées.
>
> Elles geignent – tremblant ainsi que les mâtures
> D'un navire qui vogue au hasard de l'orage –
> Avec leurs longs tuyaux, plantés sur les toitures.
>
> Par les sombres minuits, plus d'une fait naufrage
> Sous la bourrasque – et va se perdre dans la rue,
> Quand siffle la tempête et que le vent fait rage.

Son voisin de naissance d'Asnières, Henri Barbusse (1873-1935) est surtout un romancier, celui surtout du *Feu,* 1916, ce journal d'une escouade qui obtint un prix Goncourt, un homme de caractère, pacifiste et internationaliste, fondateur avec Romain Rolland du groupe *Clarté,* lutteur infatigable du socialisme militant, croyant à un monde nouveau dominé par l'humanisme social et non par le machinisme. On connaît moins ses poèmes de jeunesse, ces *Pleureuses,* 1895, qui ne laissent pas augurer son œuvre future, lui qui dira : « Le roman est la forme moderne du grand poème. C'est le poème simple et parfait, qui ressemble le plus fraternellement à la réalité; c'est le monde le plus vaste et le plus pur qui puisse s'offrir à la pensée. » Il en juge au fond comme Edmond de Goncourt. Par rapport à lui-même, on lui donne raison, car ses poèmes en pleurs sont d'un bien jeune homme attendri où, comme dit Catulle Mendès, « les *Pleureuses* pleurent en des limbes, limbes de souvenance où se serait reflété le futur. Et en cette brume de douceur, de pâleur, de langueur, rien qui ne s'estompe, ne se disperse, ne s'épanouisse, pour reparaître à peine, délicieusement... » Henri Barbusse, poète humanitaire et social, mais ailleurs que dans le poème.

Comme si l'art pour l'art tentait un brusque rapprochement avec l'art pour le bien, les parnassiens sont parfois tentés par la poésie sociale. Les symbolistes sont trop épris du rare pour ne pas prendre des distances avec la foule. Stuart Merrill ou le peu connu André Verdaux, pour Georges Normandy et Maffeo-Charles Poinsot, « s'ils le deviennent (poètes sociaux), c'est pour tomber tout de suite dans l'anarchie ». Encore faut-il définir cette idée un peu simpliste du poète social qu'ont ces deux poètes qui s'écrient : « Ainsi s'avance, en rangs compacts, l'armée des poètes marchant à la conquête d'une beauté dont puisse jouir toute la foule. Elle a déjà démoli les tours d'ivoire, cette armée. Elle descend dans la vie. » Hélas! la plupart de ces gens de bonne volonté n'avaient pour arme que le langage sage de la bourgeoisie qu'ils attaquaient et une poésie versifiée si facile à récupérer.

Il n'y a pas de génie dans la plupart des œuvres de ces poètes que nous allons citer, mais des poèmes témoignant de vies en lutte, ce qui est déjà considérable. Un Joseph Déjacque (1822-1864) s'exilera en Louisiane après le coup d'État du 2 décembre; il rééditera ses *Lazaréennes* de 1851, violent pamphlet révolutionnaire en vers saisi par la police, et dirigera à New York *le Libertaire,* journal anarchiste, de 1858 à 1861. Un Hippolyte Stupuy (né en 1832), positiviste avec Littré, aura des ennuis avec la censure en 1861, mais, après *la Jeunesse de Van Dyck,* 1865, trois actes en vers, fera admirer une œuvre allégorique composée pour l'Exposition universelle, *les Hôtes de la France,* 1867. Un Hippolyte Baffert (1858-1919) sera à la fois social et anticlérical dans ses *Tartufiales,* 1890.

Édouard Pailleron (1834-1899) débuta comme poète avec *les Parasites,* 1860, et comme auteur de théâtre avec *le Parasite,* 1860. L'auteur du *Monde où l'on s'ennuie,* 1881, satire des salons littéraires, fut donc aussi poète. Son second recueil, *Amours et haines,* 1868, atténue par ses gentillesses son aspect satirique. Mais il a beau écrire « Mon indomptable orgueil est l'arme de ma vie », il manque de puissance. Alors il se penche comme tant de poètes sur *le Berceau* et mêle à la puérilité son moralisme : « La gourmandise du cœur, c'est le sacrifice! »

Les moralistes en vers sont légion : Louis Depret (1837-1901) et *les Feux follets,* 1855; Marc Amanieux (1851-1926), humaniste anticlérical dans *les Écolières,* 1875, *les Crucifiés,* 1885, et panthéiste dans une boursouflée *Chanson panthéiste,* 1893, avant *la Divine magie,* poème dramatique, 1909; Isidore-Alexandre Massé (né en 1833), poète pédagogique et bucolique; Henri Rouger (1865-1912), auteur du *Jardin secret,* 1893, ou de *Poèmes fabuleux,* 1897, où la philosophie quotidienne se met au contact de la nature; Albert Boissière (né en 1866) dans *les Aquarelles d'âme,* 1901, plus intimiste et artiste, met du symbolisme autour de ses méditations; Robert d'Humières (né en 1868) qui donne dans des sonnets parnassiens réunis dans *Du Désir aux destinées,* 1902, sa philosophie hautaine et peu personnelle; François-Étienne Adam (1833-1900), idéaliste chrétien qui chante *les Heures calmes,* 1892, ou écoute les *Vieilles cloches,* 1896.

D'aucuns auront un peu plus de vivacité comme Paul-Napoléon Roinard (né en 1856), ce bohème anarchiste qui connut la célébrité pour avoir fait jouer au *Théâtre d'Art* une adaptation du *Cantique des Cantiques,* 1893, avec projection de parfums dans la salle, inventant ainsi le théâtre odoriférant. Son recueil *la Mort du rêve,* 1902, est d'un décadent, et il a donné dans maints drames la preuve d'un idéalisme vague et surtout bavard. Paul Gineste (né en 1852), auteur du *Rameau d'or,* 1887, est banalement élégiaque, mais s'anime quelque peu dans *Chattes et chats,* 1894, « sous la triple incarnation familière, légendaire et satanique » comme dit son préfacier Paul Arène. Paul Marrot (né en 1851) est un pessimiste un peu sec, même quand il écrit *les Larmes,* poème didactique dont voici pour la distraction le début :

Vauquelin et Fourcroy les ont analysées,
Ils ont trouvé dedans du sel et du mucus.
Mes amis, qu'en eût dit Horatius Flaccus?
Le mucus florissant dans les âmes brisées!
Combien Horatius en eût fait de risées!
Ils ont trouvé dedans du sel et du mucus.

On écrit aussi cela en période symboliste. On préférera Jean-
Baptiste Rozier qui inclut dans un poème *les Cris de Paris,* tableau de
mœurs parisiennes héritées du moyen âge.

Les Poètes devant 1870.

On a vu les poètes répondre à l'événement et jeter une poésie
immédiate toute chaude devant la guerre, l'invasion, la Commune. En général, il semble que ce soit la voix de Hugo qui parle
à travers la plupart des poètes. Eugène Manuel manifeste la grandeur d'un homme qui ne sait pas haïr. Ses images sont aussi sincères que pompeuses et l'on sent parfois passer le souffle de l'Auguste Barbier des *Iambes* surtout quand il s'indigne. Théodore
de Banville, dans ses *Idylles prussiennes,* a sans doute trop de souplesse et de virtuosité pour la gravité du désastre, mais ses flèches
légères sont aiguës, et il émeut quand il pleure, comme Eugène
Manuel, la mort du poète et peintre Henri Regnault (1843-1871).
Tandis qu'Henri de Bornier charge Coquelin de déclamer au
Théâtre-Français des poèmes grandiloquents et patriotiques, le
cousin de l'auteur des *Iambes,* Jules Barbier (1825-1901), autre
dramaturge, dit la douleur nationale sans beaucoup de puissance.
   Au rendez-vous de l'événement, les poètes sont présents : Fran-
çois Coppée, Sully Prudhomme, Leconte de Lisle, Émile Bergerat,
Édouard Pailleron répondent par des vers et des proses. Jacques
Normand (1848-1931) publie *les Tablettes d'un mobile,* 1871. Le
ban et l'arrière-ban de la poésie sont aussi présents avec Catulle
Mendès qui jette sa *Colère d'un franc-tireur* au Français ou donne une
Odelette guerrière; Auguste Lacaussade qui pousse un mâle *Cri de
guerre,* 1870; André Theuriet qui montre un héros charbonnier dans
Paysans de l'Argonne; Albert Delpit (1849-1893) inspiré par *l'In-
vasion,* 1871; Félix Franck et *les Chants de colère,* 1871; Louis Gallet
(1835-1898) et *Patria,* 1872; et encore Édouard Grenier, Mme Ackermann, Louisa Siefert, Joséphin Soulary, Victor Drouyer, Albert
Glatigny, etc.
   Bien sûr, les cocoricos de ce coq qu'on attribue faussement aux
Gaulois (qui avaient l'alouette pour emblème), retentissent et
retentiront sans cesse jusqu'aux massacres de 1914-1918, et auprès

d'hommes responsables, de poètes blessés, il y a les chants militaires, les coups de clairon des bravaches que Paul Déroulède (1846-1914), ce neveu d'Émile Augier, résume dans ses *Chants du soldat,* 1872, auxquels s'en ajoutent d'autres en 1875, avant des *Marches et sonneries,* 1881, et des *Poésies militaires.* Voilà le viril, le guerrier, l'invincible, le patriotique flamboyant : « Il se peut que tous les peuples soient frères, mais mon premier frère, c'est le frère français. » Si le prosaïsme et le pompiérisme de ses vers est resté proverbial, il a sa statue à laquelle pas un bouton ne manque, car il fut durant un temps le patriote par excellence pour le bourgeois français. Voilà ce que cette inspiration militaire peut donner :

> Que tel soit mon destin, et ma part est trop belle!
> Je n'en voudrais pas plus et n'en rêve pas tant.
> Aussi, loin d'écarter mon néant, je l'appelle :
> Oh! oui! puisse aujourd'hui, tout à l'heure, à l'instant,
>
> La France s'élancer de victoire en victoire,
> Puisse — son fier triomphe à jamais établi —
> Mon nom être englouti dans ce torrent de gloire,
> Et mon livre inconnu se perdre dans l'oubli!

Il mourut au seuil de la boucherie de 1914-1918 qui chargea de tant de noms les monuments des villages, ce versificateur qui présida la Ligue des Patriotes et fut le héraut d'un général de carton-pâte nommé Boulanger. Le lecteur qui aura la curiosité de fouiller dans ses œuvres pourra trouver pire encore que ce que nous venons de citer et qui se situe dans sa moyenne habituelle.

Au fond, il définit lui-même sa manière :

> Car, forgeron brutal et tout de violence,
> Je frappais à grands coups pour frapper à coups sûrs,
> Et mes vers martelés comme des fers de lance
> Ne sont pas un trophée à placer sur les murs.

Ce ton-là put plaire en des temps passés comme en témoigne cet article d'Armand de Pontmartin : « C'est une poésie toute d'action, conçue dans la douleur, née dans l'orage, familiarisée dès le berceau avec l'odeur de la poudre, le sifflement des obus et le bruit du canon, ayant pour langes le lambeau d'un drapeau troué de balles ou le linceul d'un mobile mort en criant : " Vive la France! " Avec Paul Déroulède et son pompiérisme sincère, un exemple est donné des errements et des ridicules causés par un patriotisme mal compris et exacerbé par la défaite et la perte des provinces d'Alsace-Lorraine.

Georges Gourdon (né en 1852), auteur des *Pervenches,* 1878, des *Villageoises,* 1887, dans le style Aicard ou Theuriet, tente de ressusciter des *Chansons de geste,* 1891, que préface Pierre Loti. Il s'adresse *A Paul Déroulède* en lui empruntant sa trompette :

Frère, ta voix éclate en accents magnifiques,
Tout mon être tressaille à ton appel vengeur,
Et c'est les yeux mouillés de tes pleurs héroïques
Que je t'écris ces vers arrachés à mon cœur!

Chante, soldat-poète! Allume dans chaque âme
Ton invincible espoir et ton ardente foi.
Ton front prédestiné porte une double flamme :
Eschyle se battait et chantait comme toi.

Après cette évocation des heurs et malheurs de la poésie née de 1870, nous retrouverons plus loin les chansonniers des années sombres avec plus de joie, car il est vrai que l'admirable *Temps des cerises* répond par une espérance qu'on préfère aux rodomontades des guerriers lyriques.

D'autres poètes dans la société.

L'enthousiasme social, dans la lignée des Ajalbert, Clovis Hugues, Maurice Bouchor, Eugène Manuel, François Coppée, se manifesta chez les deux anthologistes de ces poètes. Le premier, Maffeo-Charles Poinsot (né en 1872), romancier et poète, libéra son vers, dit-il, « des règles arbitraires et bizarres », mais son émancipation fut des plus raisonnées. Le poète pour lui doit être sans singularité, une sorte de Monsieur Tout-le-Monde ouvert à la beauté, mais surtout au rôle social. Ses vers sont impressionnistes, un peu ternes dans leur mélancolie, on le voit dans *les Minutes profondes,* 1904, où l'élégie côtoie *la Muse sociale* où il emprunte à Musset : « Poète, prends ton luth, et penche-toi vers l'homme. » Il chante aussi les misérables et donne des narrations en vers émus.

Son ami Georges Normandy (né en 1878) collabora sans cesse avec lui dans des essais, romans et contes, et est resté connu pour ses études sur Jean Lorrain. Il est le poète du retour à la terre : « Fuis, ô foule, fuis vers les hameaux, vers les champs! » et on le dirait aujourd'hui poète écologique. Il aime les quais et les ports, les villes de province qu'il décrit et rêve pour le travailleur d'un Palais du Travail. Ces deux amis, Poinsot et Normandy, avec Adolphe Boschot fondèrent une école qui se proposait « la réintégration de la clarté et des sentiments humains dans la poésie française, et la libération du vers classico-romantique », une tendance de l'époque qui se rapproche de l'Humanisme de Fernand Gregh : « Nous voulons une poésie qui dise l'homme, et tout l'homme,

avec ses sentiments et ses idées, et non seulement ses sensations... »
Poinsot et Normandy fondèrent une Fédération régionaliste française, et aussi, avec Alcanter de Brahm, la classique Société des Poètes français.

Dans leur anthologie des *Poètes sociaux,* auprès des noms que nous avons cités se trouvent des poètes peu connus comme Edmond Blanguernon (né en 1876), élégiaque et panthéiste dans *Rimes blanches,* 1896, ou *la Vie orgueilleuse,* 1912, qui a parfois des accents verlainiens, et jette du merveilleux dans la poésie des humbles; Camille Cé qui crie *la Plainte du paysan* et *la Plainte de l'ouvrier;* Omer Chevalier qui se répand en vers épiques et sociaux bien prolixès; Gabriel Clouzet qui chante son humble logis ou les ouvriers du bâtiment; André Colomer qui dit « les damnés errants des capitales »; Charles Dornier, poète des prolétaires et du monde industriel à la manière du plus grand : Verhaeren; Louis Dumont qui rappelle « le soleil vigoureux » face à « l'air empuanti des villes »; Florian-Parmentier qui décrit *Anzin* ou narre *la Révolte;* Hubert-Fillay qui cherche le bonheur pour l'humanité dans des sonnets convenus; Émile Lante écoutant « les timbres sans écho des tramways électriques »; Paul Hubert ému devant *les Gares* et les « lourds wagons, noirs et suants de rouille »; Jean Picard composant un *Vitrail* dont les saints sont les travailleurs; Georges-Hector Mai ému par une *Gamine de faubourg...* Ces poètes, souvent poètes amateurs, apportent des images réalistes prises à la source du travail et leur manque d'art est souvent compensé par la fraîcheur de leur regard. Ils voisinent sans rougir auprès de poètes plus connus, certains cités, certains qui s'affirmeront à l'aube de notre siècle.

On aurait pu trouver auprès d'eux le fondateur avec Blanguernon et A.-M. Gossez de la revue *le Beffroi,* Léon Bocquet (1876-1954), car ce poète du terroir de *Flandre,* 1901, a su dans des sonnets « dégager la beauté latente du monde douloureux qui peine dans la mine, l'usine, les fonderies » comme dit Pierre Quillard, tout en célébrant le passé du pays et en disant ses beautés opulentes. Ou Marcel Roland (né en 1879), auteur des *Insomnies,* 1901, poète humanitaire d'une humanité souffrante et fière. Ou Pierre Colomb (né en 1883) qui faisait des cours dans les universités populaires en même temps qu'il écrivait ses poèmes; Henri Delisle (né en 1878) qui dans ses *Chansons dolentes et joyeuses,* 1899, *Pour la cité,* 1901, *Heures,* 1901, s'attendrit aux spectacles du « monde harmonieux comme une lyre »; Jérôme Doucet qui entonne *la Chanson de la forge;* le comtien Jean Canora (1877-1912) qui élève des hymnes à l'humanité...

C'est à l'aube de notre siècle que s'élèveront encore des chants près des hommes autour d'écoles comme l'Humanisme, le Naturisme, l'Unanimisme, l'Intégralisme, le Synthétisme, l'Impulsionnisme, et autres écoles plus ou moins importantes. Nous trouverons les Jules Romains, Jean Lahor, Edmond Haraucourt, Maurice Magre qui manifesteront leur bonne volonté sociale, sans toujours faire progresser la voix poétique pour autant, mais, comme toujours, les hommes de cette bonne volonté peuvent étonner, on s'en apercevra avec le premier des poètes que nous venons de nommer.

Cette poésie sociale nous la retrouverons encore chez les poètes du terroir que nous allons visiter et plus encore chez les chansonniers et maints poètes de cabaret qui ont rejoint la meilleure poésie et ont été les porte-parole du peuple.

Terroir et rusticité

S'IL est vrai que les poètes d'un terroir intéressent surtout lorsqu'ils touchent à l'universel comme un Tristan Corbière ou un
Francis Jammes, nous ne renierons pas le plaisir que nous eûmes à
découvrir, comme le fit si merveilleusement un Van Bever, auprès
des chantres de leur terre connus de tous, des hommes de dimensions modestes et dont quelque particularité a su, à des degrés
divers, nous toucher. Il ne s'agit pas ici de faire de la géographie
poétique ni de répéter combien le sol natal, le génie du lieu, sont
importants. Nous savons que, comme dit Van Bever, « Il suffit que
l'on prononce les noms de François Villon, Rabelais, La Monnoye,
La Fontaine, pour que nous évoquions tour à tour l'Ile-de-France,
la noble et douce Touraine, la joyeuse Bourgogne et la blanche et
lumineuse Champagne! » Sans nous arrêter au « clair génie français », sans hausser des poètes à des niveaux qu'ils n'ont pas,
nous proposons simplement un voyage à la paresseuse dans diverses
provinces.

En Bretagne.

Ayant salué Corbière, ayant dit déjà les travaux d'Hersart de
La Villemarqué (1815-1895), ayant rencontré Brizeux le romantique, nous trouvons avec Louis Tiercelin (1849-1915) le maître
d'œuvre d'une nécessaire et fugitive décentralisation qu'il opère
avec sa revue *l'Hermine* comme avec une anthologie faite en collaboration avec Guy Ropartz (1864-1955), *le Parnasse breton contemporain,* 1889. Disciple de Leconte de Lisle et Heredia, Tiercelin a
publié de nombreux recueils, de ses *Asphodèles,* 1873, à *la Bretagne
qui chante,* 1903, en passant par *l'Oasis,* 1881, *les Anniversaires,* 1887,
la Mort de Brizeux, 1888, *Yvonne Ann Dû,* 1891, *les Cloches,* 1892,

Sur la harpe, 1897, et de nombreuses pièces en vers. Il chante son compatriote Duguesclin et est à l'aise quand il narre en vers dans le ton des vieilles ballades populaires :

> Où court Yvonne Ann Dû si vite?
> Il fait froid, il est encor nuit...
> Ne dirait-on pas qu'elle évite
> Le vieux Kemener qui la suit?

Ailleurs, malgré son idéalisme tendre, il quitte rarement les sentiers battus, ce que l'on peut dire de Guy Ropartz quand on lit *Adagiettos,* 1888, *Modes mineurs,* 1889, *les Muances,* 1892, mais Ropartz fut surtout un grand compositeur dans le voisinage de Wagner, Franck et Fauré.

Les noms les plus connus sont ceux de Charles Le Goffic (1863-1932) et d'Anatole Le Braz (1859-1926). La poésie du premier est des plus classiques et en même temps fort vivante. Les lignes en sont nettes, précises, point trop recherchées. Dans ses recueils comme *Amour breton,* 1889, *le Bois dormant,* 1899, *Treizain de la nuit et du déchirement,* 1926, règne un sentiment nostalgique et tendre. Il n'appuie jamais lourdement sur la note folklorique et se contente de peindre ses tableaux avec un certain sens de la nuance qui rappelle parfois l'art de Verlaine. Il chante dans son arbre généalogique le plus naturellement du monde. Si l'on sent le Parnasse dans des sonnets aux rimes trop sonnantes, il se libère de trop de rigueur formelle dans des poèmes qui tiennent de la chanson ou de la complainte. Alors, cela sent bon la lande et la bruyère :

> Quand, du sein de la mer profonde,
> Comme un alcyon dans son nid,
> L'Ame bretonne vint au monde
> Dans son dur berceau de granit,
> C'était un soir, un soir d'automne,
> Sous un ciel bas, cerclé de fer,
> Et sur la pauvre Ame bretonne
> Pleurait le soir, chantait la mer.

Ou bien il fait vibrer des sonorités plus fortes :

> Une aube de douceur s'éveille sur la lande :
> Le printemps de Bretagne a fleuri les talus.
> Les cloches de Ker-Is l'ont dit jusqu'en Islande
> Aux pâles « En Allés » qui ne reviendront plus.
>
> Nous aussi qui vivons et qui mourons loin d'elle,
> Loin de la douce fée aux cheveux de genêt,
> Que notre cœur au moins lui demeure fidèle,
> Renaissons avec elle à l'heure où tout renaît.

> Ô printemps de Bretagne, enchantement du monde!
> Sourire virginal de la terre et des eaux!
> C'est comme un miel épars dans la lumière blonde :
> Viviane éveillée a repris ses fuseaux.

Oui, cette poésie a du charme et ne le doit pas qu'à l'exotisme qu'on veut y chercher. Comme Le Goffic, Anatole Le Braz fut un auteur de romans en accord avec ses poèmes. Chez lui, la poésie est d'autant meilleure qu'elle se réfère à des thèmes populaires, ce qui est le cas dans la *Chanson de la Bretagne,* 1892. Il y passe quelques-uns de ces frissons qu'on trouve dans un livre bien connu sur la *Légende de la Mort chez les Bretons armoricains* et que provoque « l'épouseur des mortes, l'Ankou! » Apparaît une Bretagne de jeteurs de sorts et de pilleurs d'épaves, rude et sensible, avec « les âpres Bigoudenn aux formes d'Androgynes » ou les matelots d'Armorique que Dieu doit prendre en pitié. La vie est là, et aussi la mort bien présente. Il n'y a rien là de Breton bretonnant, mais cette force profonde et noire des légendes et un sourd halètement, une attente angoissante. On écoute :

> On dit qu'on voit flotter, comme en de vastes urnes,
> Les secrets du destin dans les étangs nocturnes;
> Et, quand au vent du soir bruissent les roseaux,
> C'est le Verbe de Dieu qui passe sur les eaux.

Il sait user d'une répétition pour provoquer une lente progression vers une fin qu'on devine tragique, comme dans *la Lépreuse :*

> Monna Keryvel met pour aller paître,
> Pour aller, aux champs, paître ses brebis,
> Avec sa croix d'or qu'a bénite un prêtre,
> Monna Keryvel met ses beaux habits.
>
> Un doux cavalier s'en vient d'aventure :
> Il a « bonjouré » Monna Keryvel;
> C'est un fils de noble, à voir sa monture,
> Et son parler fin sent l'odeur de miel.
>
> Monna Keryvel n'a su que répondre
> Au doux cavalier qui la bonjoura;
> Mais son joli cœur s'est mis à se fondre,
> Monna Keryvel demain pleurera.

Il y a chez ces poètes bretons quelque chose qui semble venir de bien plus loin qu'eux-mêmes et qui dépasse leur art. On dirait que c'est une terre qui parle. Anatole Le Braz est grand quand il écoute les Celtes morts, les voix des épaves, les murmures du vent. C'est comme un office des ténèbres qui retentit quand « les vagues vont clamant un lourd *Dies irae* » et, par-delà une forme des plus classiques, une voix nous parle qui vient de très loin et ne se soucie pas trop des maladresses du langage. Le Braz n'est pas seulement un poète de la chère province, mais un homme qui ressent la présence d'un pays de l'au-delà, avec ce noir frémissement, ces sombres pressentiments qu'on trouve chez les auteurs de ballades, les poètes populaires des lieds germaniques, plus volontiers que chez nos compatriotes.

Pour Eugène Le Mouël, né en 1859, d'un père Breton et d'une mère Normande, tout est matière à conter les petits drames de son pays. Il s'attache aux bonnes gens, aux braves, aux simples dont les sentiments sont purs, les émotions fraîches et naïves. Il passe dans ses poèmes un écho atténué de Corbière, et d'un poème à l'autre, dans ses recueils *Feuilles au vent,* 1884, *Bonnes gens de Bretagne,* 1887, *Enfants bretons,* 1887, *Fleur de blé noir,* 1893, *Dans le manoir doré,* 1901, on voit toute une galerie de personnages, du *Père Jan* à la belle *Marivonnik,* en passant par de *Bonnes gens d'hôpital* ou tel lutteur de foire, tels gars solides ou telle scène villageoise. Auprès de lourds poèmes et de rudes attendrissements, il excelle à donner une poésie plus légère, avec parfois des touches précieuses et baroques :

> A la sainte, martyre et vierge,
> Et de son sexe l'ornement,
> Vous allez apporter un cierge
> Et la prier dévotement
>
> De garder le bleu turquoise
> A vos yeux plus bleus que l'azur,
> Et la couleur d'une framboise
> A votre bouche au dessin pur;
>
> De conserver pour les noisettes
> Vos dents de perle et de granit,
> Et d'élargir les deux fossettes
> Où votre rire a fait son nid;
>
> Sur vos yeux bleus de clématite
> D'embroussailler vos cheveux blonds,
> Et de rester toujours petite
> Pour qu'ils vous tombent aux talons;
>
> De vous garder l'âme naïve,
> Le cœur tendre et l'esprit flottant,
> Pour passer ainsi que l'eau vive
> Qui passe toujours en chantant!

Les saints, les héros et les poètes sont chantés par Olivier de Gourcuff (né en 1853), érudit qui se partage entre ses *Hugophilies,* 1906, et ses *Gens de Bretagne,* 1900, sans oublier de nombreux livres

de poèmes, des *Rimes d'amour et de hasard,* 1884, à *Sur la route,* 1895.
Il chante les bardes, « la bruyère, le gui de chêne et le genêt » et
ne cesse de rappeler les légendes celtiques et les particularités bretonnes en se référant à la race :

> J'ai vu Calédonie, Erin, Galles, Armor!
> Les quatres sœurs, venant par des pentes fleuries,
> Exhalaient dans leurs chants l'âme de leurs patries.

Auprès de ces poètes, il y a les bardes comme Léon Durocher
(né en 1862) qui recevra le titre de Kambr'O Nikor et sera « Pen-
tyern » à vie du Pardon d'Anne de Bretagne. Quelques recueils :
Clairons et binious, 1886, et surtout *Chansons de là-haut et de là-bas,*
que les meilleurs compositeurs de l'époque mettent en musique.
Il apporta à Montmartre l'écho de son pays, chantant *les Sardiniers
de Lochrist, la Passeuse, l'Angélus de la mer, Noël aux quatre vents,* etc.,
avec une grande qualité :

> Ohé! Goulven, ohé! Prigent,
> Le fin poisson lamé d'argent
> Au soleil là-bas frétille sous l'onde.
> Allons pêcher ces vifs reflets :
> Nous en ferons des bracelets
> Pour cercler chacun le bras de sa blonde!

Parmi les chansonniers, on distingue Yann Nibor (né en 1857)
pseudonyme de Jean Robin, matelot qui s'en tient à *la Légende des
siècles* et à Pierre Loti pour culture, et chante sans rhétorique les
lamentos du marin en mer et les bordées. « Un Villon qui va sur
l'eau », dit Jules Claretie. Il écrit comme il parle : « Connaissez-
vous ç'dram' de mer là? Çui des naufragés du Thécla? » Par lui,
les mathurins de Bretagne trouvent leur voix. C'est fruste, parfois
salé, pittoresque, sans art, et avec une spontanéité qui force la sympathie. Il est proche de Théodore Botrel (1868-1925), le plus connu
de tous, surtout par *la Paimpolaise* que lança Mayol. Des *Chansons
de chez nous,* 1898, à *Jean qui chante,* 1907, en passant par une dizaine
de recueils de chansons, il popularise une Bretagne familière,
religieuse et naïve, un peu trop convenue et mièvre parfois, mais
qui a la fraîcheur des choses primitives quand il fait vivre sans
grands effets les épisodes de la vie des paysans ou des matelots.

Tout au long du XIXᵉ siècle, les poètes de Bretagne reprennent
les mêmes thèmes issus d'un folklore assez riche pour permettre
d'infinies variations, on le voit encore avec Émile Souvestre (1806-
1854) et ses *Rêves poétiques,* 1830, Édouard Turquety dans sa
Primavera, 1841, Hippolyte Lucas (1807-1878), Élisa Mercœur
(1809-1835), Émile Péhant (1813-1876) et ses gestes lyriques,

Maximilien-René Radiguet (1816-après 1890) et ses poèmes de marin, Hippolyte Violeau (né en 1818), Robert Dutertre (né en 1820), François-Marie Luzel (né en 1822) qui écrit des fables en breton, Stéphane Halgan (1828-1882) et ses *Souvenirs bretons,* 1877, Joseph Rousse (né en 1838) et ses *Poésies bretonnes,* 1882, Paul Sébillot (né en 1843), folkloriste savant et poète, René Kerviler (1842-1907), Frédéric Le Guyader (né en 1847), poète folklorique et historique qui s'insurge contre l'idée que les Bretons sont tristes et veut restituer au terroir sa saine et robuste gaieté. Ses titres : *la Reine Anne,* 1881, *la Bataille de Carnac,* 1894, *Duguesclin,* 1896, *l'Ère bretonne,* 1896, *la Chanson du cidre,* 1901.

L'historien littéraire Léon Séché (1848-1914) est le poète des *Griffes du lion,* 1871, de *la Chanson de ma vie,* 1888. Narcisse Quillien (1848-1902) choisit de s'exprimer en langue bretonne. Parmi les poètes de la Bretagne, citons Robert de La Villehervé (né en 1849), Frédéric Plessis, Jos Parker (né en 1853), d'origine irlandaise, Dominique Caillé (né en 1856), Stéphane Du Halga, Paul Vrignault, Yves Berthou (né en 1861), Henri Bernès (né en 1861), Ludovic Jan (1864-1894), Édouard Beaufils (né en 1868), Auguste Dupouy (né en 1872), Joseph-Émile Poirier (né en 1875), François Jaffrenou (né en 1879), Mme Perdriel-Vaissière, et plus tard le somptueux Victor-Émile Michelet (né en 1861), et près d'eux des Vendéens comme Jacques Crétineau-Joly (1803-1875) ou Émile Grimaud (1831-1901).

La Normandie et le Nord.

Il est curieux de voir comment dans le territoire somme toute médiocrement étendu de la France, des provinces voisines sont interprétées par les poètes avec autant de variété. Des poètes issus de Normandie, nous en avons trouvé des floraisons au xviiᵉ siècle et il faut rappeler des poètes rencontrés ici comme Louis Bouilhet, Henri de Régnier, en attendant Lucie Delarue-Mardus. Pas de créateurs comparables à un Tristan Corbière, mais d'aimables conteurs en vers comme Eugène Mordret (1834-1856) qui décrit *le Roitelet,* oiseau pour miniatures, des élégiaques attardés comme Adolphe Paban (né en 1839) qui ressuscitent Anacréon et Horace sous les pommiers. « Ils ont aimé et chanté leur pays » inscrira-t-on sur la tombe des frères Aristide Frémine (1837-1897) et Charles Frémine (1841-1906), Prince des Poètes normands qui ne cesse de dire les « floraisons roses et blanches » des pommiers dans des *Chansons d'été* ou un *Bouquet d'automne.* Intimiste et sans prétention, il peint à l'aquarelle ses paysages, tout comme le bien nommé Achille

Paysant (né en 1841), banal dans nombre de poèmes des recueils *En Famille,* 1898, ou *Vers Dieu,* 1912, mais qui retient lorsqu'il délaisse l'idéalisme chrétien pour chanter *les Fleurettes :*

> .Ô fleurs, ô coupes d'or où l'aube a de ses perles
> Énivré tant de merles
> Siffleurs,
> Adieu tous vifs parfums, sœurs des voix et des ailes,
> Adieu toutes vos belles
> Couleurs!

Dans l'Orne, on aima tendrement l'aubergiste Paul Harel (1854-1927), parce qu'il faisait bien son métier et maniait également la broche et la lyre comme en témoignent ses titres : *Sous les pommiers,* 1879, *Gousses d'ail et fleurs de serpolet,* 1881, *Rimes de broche et d'épée,* 1883, etc. Il s'inspire de la nature et de ses produits chers à la bonne cuisine et tente aussi de rejoindre de plus hautes ambitions dans *les Heures lointaines,* 1903, romantiques, mais moins originales que dans ses chants les plus simples. Là, idylles et tableaux naïfs montrent un poète sans fard, bon garçon amoureux de la nature et des choses et qui parle franc et avec humour.

Rappelons que Gustave Levavasseur (1819-1896) fut honoré par un médaillon de Baudelaire. Le poète des *Fleurs du Mal* disait de lui : « Je n'ai jamais rencontré personne qui fût plus pompeusement et plus franchement normand. » Il se devait d'écrire une *Vie de Corneille,* 1843, et de saluer l'autre grand compatriote Malherbe; il collabora avec l'aubergiste-poète Paul Harel. Ses *Poésies complètes,* 1889, le montrent plein de fantaisie à la bonne franquette et de lumière tendre. Charles-Théophile Féret (né en 1859), Joseph Germain-Lacour (né en 1860), Robert Campion (né en 1865), Georges Thouret (né en 1866), avant Philéas Lebesgue (1869-1958), ont parcouru les vergers et les métairies et ont dit leur mélancolie devant la nature avec un amour profond et parfois exclusif, comme chez Féret qui se réfère aux ancêtres conquérants. Ils sont presque tous des poètes en vers réguliers, on le voit encore avec Francis Yard (né en 1876) qui, au début de notre siècle, décrit simplement et de manière pudique, un peu froide, dans *Dehors,* 1900, *l'An de la terre,* 1906, *A l'Image de l'homme,* 1910.

Féret reprochera à son compatriote, le poète chevelu et hirsute Léon Épinette, un des animateurs fantaisistes de *l'Hydropathe,* de *la Nouvelle rive gauche* et de *Lutèce,* plus connu sous le pseudonyme de Léo Trézenik ou de Pierre Infernal (il multiplie les pseudonymes pour donner à croire que ses revues ont un grand nombre de collaborateurs) de professer un anticléricalisme qui ne convient pas, selon lui, aux terres normande et bretonne qu'il dépeint pourtant si amoureusement. Dans *la Journée d'un carabin*, 1880, Trézenik-Infernal s'exprime en vers caustiques et satiriques. Dans *En jouant du mirliton*, 1884, ou *les Gouailleuses*, il applique la forme parnassienne à des thèmes divers, le plus souvent érotiques et paillards, mais aussi intimistes et désespérés, non sans qualité d'ailleurs. Trézenik fit beaucoup pour les poètes et notamment pour Paul Verlaine. A signaler un article du 19 avril 1885, dans *Lutèce*, où, pour la première fois, il emprunte un mot cher aujourd'hui à Claude Mauriac : *les Décadents de l'Allitérature*.

Dans le Nord, au pays de Jules Mousseron le mineur, de Léon Bocquet et de ses amis déjà rencontrés Gossez et Blanguernon, les fondateurs du *Beffroi*, l'inspiration se rapproche parfois des poètes de la Flandre belge voisine. Léon Bocquet (1876-1954) dans *Flandre*, 1901, *les Cygnes noirs*, 1906, et d'autres recueils jusqu'aux *Ciguës*, 1935, n'a cessé de chanter sa région en mêlant à une authentique inspiration rêveuse sa culture classique, tandis qu'Alphonse-Marie Gossez (né en 1878) se rapprochait d'un Rodenbach. Il écrit en vers libres et se montre réaliste, par exemple dans son poème sur *le Hainaut*, « pays de pâturages et de hauts fourneaux », de travail dur et de luttes ouvrières. C'est rude et vrai :

> J'ai vu des nuits d'octobre, monter, dessous la pluie,
> vers la petite lumière des fabriques de sucre
> – œil luisant de misère et de lucre –
> monter, disjoints et pleins, les chariots pesants,
> pesant des mille et des cents,
> pleins de grosses betteraves sales et boueuses,
> sur les routes aux pavés gluants d'argile hideuse...

Dans la Flandre qui est le pays de Marceline Desbordes-Valmore et d'Albert Samain, on trouve André de Guerne (né en 1853) qui subit l'influence parnassienne dans sa trilogie antique des *Siècles morts* et revient à son terroir dans *le Bois sacré*, 1898, et *les Flûtes alternées*, 1900, avec hauteur et froideur. Un autre parnassien, un des derniers, Auguste Dorchain (1857-1930), proche de Sully Prudhomme, sera connu des versificateurs par *l'Art des vers*, 1905, des poètes par *la Jeunesse pensive*, 1881, ou *Vers la lumière*, 1894. Amédée Prouvost (1877-1909) écrit des sonnets formant *le Poème du travail et du rêve*, 1904, et qui s'intitulent *Roubaix, l'Usine, le Tisserand à la main, les Navettes*, quand il s'agit du travail, et pour les loisirs *Concours de pinsons* ou *Combats de coqs*, avec des peintures de personnages :

> Les plantureux Flamands aux trognes violettes,
> Avec leurs cheveux roux et plats, vrais descendants
> Des types de Breughel, de Craesbeck ou Jordaens...

Signalons encore dans le nord de la France, l'historien d'Abbe-
ville, Ernest Prarond (1821-1909) qui a collaboré avec Levavasseur
et d'Argonne pour ses *Vers,* 1843, et qui poétise sa région en romantique, Jules Lachelin-Daguillon (né en 1823), poète des *Gerbes d'or,*
1865, Jules Breton (1827-1906), peintre et poète parnassien du
« vieil Artois aux plaines infinies », Léon Duvauchel (1850-1902),
chantre de la Picardie, Auguste Angellier (1848-1911) que Maurras
appelait « poète du stoïcisme », Jules Léontie (né en 1831) qui, en
son château de Cantin, près de Douai, recueille les chants populaires de Flandre, Paul-Auguste Massy (né en 1849), auteur d'*Au
Pays des carillons,* 1898, autrement dit Arras, Henri Potez (né en
1863), célébrateur de son Ponthieu natal, Henri Malo (né en 1868),
un des promoteurs du mouvement septentrional à Paris. Et encore
Floris Delattre (né en 1880) et son *Verger défleuri,* 1905, Émile Lante
(né en 1881) et ses *Émotions modernes,* 1904, Théo Varlet (né en 1878),
Edgard Malfère (né en 1885) et son *Vaisseau solitaire,* 1905.

Pour ces territoires septentrionaux, nous distinguons les chansonniers, les poètes patoisants comme le populaire Alexandre
Desrousseaux (1820-1892) dont *El Canchon dormoire,* autrement dit
le P'tit Quinquin, bercera les enfants du Nord, mais il en a composé
d'autres, de ces chansons de terroir réunies dans de nombreux
recueils comme *Chansons et pasquilles lilloises,* 1851-1855, et autres
almanachs chantants. Nous connaissons ce dialecte :

> Ainsi l'aut'jour eun' pauv' dintellière,
> In amiclotant sin p'tit garchon
> Qui, d'puis trois quarts d'heure, n'faisait qu'braire,
> Tachot d'l'indormir par eun' canchon.

Il en est d'autres de ces chanteurs qui jouent sur une déformation
locale du français et sur l'apocope de l'e muet : Hector Crinon
(1807-1870) qui chante sur des structures prosodiques classiques,
Charles Decottignies (1828-1887), patoisant lillois, Jules Watteuw
(né en 1849) qui manie le vieux patois picard comme le fera
Édouard David (né en 1863) et chante les pauvres gens à la manière
de Victor Hugo, mais dans sa langue à lui :

> I foit froid. Chés pauv's innocheints
> Sont guerlottants sous leu mansarde,
> L'mère, ein proie à d'cruels tourmeints,
> D'manne à Dieu d'les mettr' sous s'boinn' garde.

De Touraine, Maine, Orléanais, Anjou, Poitou...

L'art de ces poètes du terroir souvent ne se différencie que par
la source locale d'inspiration. Chantres de la doulce France, Victor

Pavie (1808-1886) et Paul Pionis (né en 1848), Angevins; Jacques Rougé (né en 1873), Georges Lafenestre (1837-1916), Paul Besnard (né en 1849), des pays de Touraine; Edmond Rocher (né en 1873) et Edmond-Paul Dreyfus-Brisac (1850-après 1909) du pays de Ronsard. En Ile-de-France, l'agriculteur Médéric Charot (né en 1846) dit « les garçons de labour au poignet formidable » et Pierre Gauthiez, plus « Parisien », dans *Isle-de-France,* 1902, est un élégant paysagiste, tandis que Philéas Lebesgue chante le Beauvaisis.

Au pays de George Sand, on trouve Joseph-Auguste Armandin (1870-1914), Hugues Lapaire (né en 1869), poète, narrateur, folkloriste, qui écrit en dialecte comme en français et consacrera un livre à son voisin Rollinat. *Au pays du Berri,* 1896, est un de ses nombreux recueils. Gabriel Nigond (né en 1877) sait aussi bien chanter les gens de sa campagne que décrire en paysagiste parnassien *les Cygnes* chers aux symbolistes. C'est le poète des teintes automnales.

En Poitou et en Saintonge, le parler patois est savoureux et plein de belles sonorités. On le voit avec François Rondier (1788-1872) :

De m'marier ol y at thiinze ons,
l'oguit la fontésie,
Mais i ne quiarchit ja longtomps
Ine fliaude bein assortie.

Et c'est cette langue que parle, avec des variations, Burgaud des Marets (1806-1873) de Jarnac, Édouard Lacuve (1828-1899) qui imite La Fontaine en poitevin, François Marchadier (1830-1898) qui écrit fables et noëls en patois de Saintonge. Citons Auguste Gaud (né en 1857), rustique poitevin, Léonce Depont (né en 1862) près du château d'Hélène de Surgères chère à Ronsard; ce poète est un parnassien mélancolique qui chante les souvenirs anciens, les choses et les animaux. « Il a, dit Charles Le Goffic, le faire d'un Heredia avec l'âme d'un Sully Prudhomme. »

Dans le Sud.

La gloire des félibres, en Provence, éclipse celle des poètes qui ont écrit en français, mais beaucoup ont écrit dans les deux langues comme Paul Arène (1843-1896) ou Clovis Hugues. On connaît déjà Joseph Autran. Son contemporain Elzéar Pin (1813-1883), d'Apt, homme politique républicain, est l'auteur de *Poèmes et sonnets,* 1839, et de *Souvenirs poétiques,* 1870. Paul Arène, auteur malicieux, collaborateur d'Alphonse Daudet, Jean Aicard (1841-1921) que nous avons rencontrés ici peuvent voisiner avec Henri Chantavoine (1850-1918), de Montpellier, mais ont plus de couleur que ce poète académique aux sentiments nobles comme il en fut tant et tant. Moins connus sont les *Dixains sur des fleurs de Provence*, 1899, mais ce n'est pas très grave. Au début du siècle, nous trouverons Émile Ripert, Emmanuel Signoret déjà cité, Paul Souchon ou Fernand Mazade.

Les poèmes de Paul Arène sont peu connus. Ils laissent parfois augurer Francis Jammes comme lorsqu'il chante le simple *Mobilier scolaire* :

> L'école était charmante au temps des hannetons,
> Quand, par la vitre ouverte aux brises printanières,
> Pénétraient, nous parlant d'écoles buissonnières
> Et mettant la folie en nos jeunes cerveaux,
> Des cris d'oiseaux dans les senteurs des foins nouveaux;
> Alors, pour laid qu'il fût, certes! il savait nous plaire
> Notre cher mobilier si pauvrement scolaire.
> A grands coups de canif, travaillant au travers
> Du vieux bois poussiéreux et tout rongé des vers,
> Nous creusions en tous sens des cavernes suspectes,
> Où logeaient, surveillés par nous, des tas d'insectes :
> Le noir rhinocéros, qui porte des fardeaux,
> Le taupin, clown doué d'un ressort dans le dos,
> Le lucane sournois, mais aimable du reste,
> Le charançon, vêtu d'or vert, et le bupreste...
> J'oubliais l'hydrophile avec le gribouri.

Charmant et sans prétention, le collaborateur d'Alphonse Daudet (*les Lettres de mon moulin* parurent tout d'abord sous le pseudonyme de Gaston-Marie), l'auteur de *Jean des Figues* sème ses poèmes comme graines au vent. Rappelons ses vers provençaux de *Ploù e souleio*.

Signalons deux poètes corses : Jean-Silvio Savoyardi, dit Vico (né en 1820), officier de Garibaldi, qui publia à Alger *Essais poétiques*, 1860, et Charles-Tomoléon Pasqualini (1840-1866), chirurgien et poète, républicain du second Empire qu'aimèrent Hugo et Michelet, Jean Aicard et Jules Claretie.

A Toulouse, c'est aussi la langue d'oc qui prime, même si son entrée aux Jeux Floraux paraît fort modeste. Beaucoup de poètes « estrangers » à la région y sont couronnés, mais localement, on rencontre Robert Caze (1853-1886) qui, avant d'être l'ami de Jules Vallès et un romancier naturaliste, publia *les Poèmes de la chair*, 1873, et *Poèmes rustiques*, 1880, Alfred-Pierre Delcambe (1854-après 1897), humoriste et satirique de *Fables à la vapeur*, 1886, et de *Sonnets silhouettes*, 1891, Maurice Magre (1877-1942) dont les œuvres : *Éveils*, 1895, en collaboration avec André Magre, *la Chanson des hommes*, 1898, *le Poème de la jeunesse*, 1901, sont des tentatives de communion fraternelle avec l'humanité par les liens de la terre et les prises de conscience sociales. Cette foi en la vie éloquemment traduite s'approfondira dans d'autres livres comme *les Lèvres et le secret,* 1906, *les Belles de nuit,* 1914, *la Montée aux enfers,* 1918, avant *la Porte du mystère,* 1923, plus subtile. De Toulouse sera également Hélène Picard, et aussi Armand Praviel. Dans cette région, il y a Jules-Émile Alaux (né en 1828) à Lavaur, Tarn, auteur de *Tendresses humaines,* et des Languedociens nommés Marc Lafargue (né en 1876), Paul Hubert (né en 1876), Ernest Gaubert (né en 1881), Touny-Lerys (1881-1976).

Pour le Béarn, nous détacherons le chansonnier Émile Vignancour (1797-1873) qui écrit dans la langue locale, ainsi que Francis Jammes que nous retrouverons. D'autres comme Simon Palay (né en 1874) et Léonce Al-Cartero (né en 1861) s'expriment dans leur langue natale sur la beauté des sites et des cités. Dans les Basses-Pyrénées (qui ne sont pas encore « Atlantiques »), Jean-Baptiste Fiterre (né en 1830) calque ses chants français sur ceux de la langue basque quand son érudition ne le conduit pas loin de sa terre. Son livre *Une Voix de Cantabrie,* 1868, fut lu à Bayonne. On ne saurait oublier qu'Aurélien Scholl (1833-1902), avant de jouer les boulevardiers, a consacré un frais lyrisme à *la Gascogne :*

> Là-bas, c'est mon pays, la Gascogne joyeuse,
> Où la pierre à fusil, sous le cep qui se tord,
> Jette son étincelle aux mille grappes d'or
> Que porte à ses bras verts la vigne plantureuse.

Des célébrateurs de la Gascogne sont Camille Delthil (1834-1902) qu'on appelle « le Cygne de Moissac », Paul Biers dit Paul Maryllis (né en 1867), auteur de *Fleurs gasconnes,* 1895, Emmanuel Delbousquet (1874-1909), né près de Nérac, auteur de *En les Landes,* 1892, et *le Chant de la race,* 1893-1907, où les lieux natals sont classiquement décrits. Enfin un poète des Landes est Laurent Labaigt dit Jean Rameau (1859-1942), poète réaliste et panthéiste qui fait des tableaux comme Rosa Bonheur :

> La bonne vache noire aux tachetures claires,
> Au pis rose et pesant, à l'œil doux et voilé,
> Paît dans la lande vaste où le pin désolé
> Se lamente en sourdine aux vents crépusculaires.

Au Cœur de la France.

En Auvergne, auprès des poètes d'oc, il y a André Imberdis (1810-1876), d'Ambert : *le Cri de l'âme,* 1836, Gabriel Marc (1840-1909) : *Ode au Puy de Dôme,* 1876, *Poèmes d'Auvergne,* 1882, et autres livres où la nature majestueuse est interprétée par un talent hugolien, et surtout le bilingue Arsène Vermenouze (1850-1910), solide poète descriptif qui ne cesse d'énumérer les beautés de *Mon Auvergne,* 1908, avec vigueur et robustesse :

> Poussant des bœufs pourprés dans le brun des labours,
> Et tranchant le genêt, déracinant la brande,
> Les bouviers du pays partout chantent la *Grande*
> A pleins poumons. — Ils ont, comme les guerriers boërs,
>
> D'épais colliers de poil tout autour des mâchoires,
> Ils s'attachent aux reins un tablier de peau;
> Et, sur leurs crânes ronds de Celtes, un chapeau
> Ouvre, énorme et velu, de larges ailes noires.
>
> A leurs chants, que nota quelque vieux ménestrel,
> Ils mêlent par instant de sonores vocables;
> Et les bœufs, entendant *Yé Bourro! yé Queirel!*
> Font saillir des tendons aussi gros que des câbles.

Il faut connaître les rudes merveilles du pays des volcans pour voir combien cette poésie s'y accorde, et l'on voudrait citer long-temps Vermenouze, un de ces poètes trop peu connus, trop effacés par Paris, et qui fut à la fois le meilleur poète de la renaissance occitane en Auvergne et le chantre français le plus efficace de sa province.

L'historien Pierre Girault de Nolhac (1859-1936), s'il a sans cesse uni la France à l'Italie : *Paysages de France et d'Italie,* 1894, *Poèmes de France et d'Italie,* 1904, n'a pas oublié sa naissance à Ambert comme en témoignent ses *Paysages d'Auvergne,* 1888. Ce sont des poèmes soignés qui portent la marque d'un esprit fin, mais n'ont pas la puissance de ceux d'un Vermenouze plus marqué par le relief natal. Près de Langeac naquit Olivier Calemard de La Fayette (1877-1906), un des bons poètes symbolistes dont la meilleure inspi-ration vient des confins de l'Auvergne et du Velay où se déroula son enfance. Son sens de la nature fait penser à Maurice de Guérin avec un lyrisme moins panthéiste, plus doucement évangélique. Il montre que l'Auvergne est ouverte à un sentiment artistique très pur et que le pays des sabots est aussi celui des danses légères :

> Pour fêter le retour normal de l'âpre hiver,
> J'ai gravi, dès le jour, ma montagne rouillée.
> Le vent du nord-ouest a soufflé tout hier.
>
> J'en voulais savourer la rafale mouillée,
> Jeux de pluie aux clartés du ravin partiel,
> Sur le treillis brumeux des branches dépouillées.
>
> La lumière est instable aux décors irréels
> Des vallons d'ombre ensoleillés de claire brume
> Où se joignent, pour fuir, des lambeaux d'arc-en-ciel.

Le roc ruisselle et luit et les pics d'argent fument.
Sous le vent brusque obstinément ailé de nuit,
Et l'aile sombre éteint le rayon qui s'allume;

Et tout le paysage pâle tourne et luit,
Cependant qu'au taillis fauve des petits chênes
Chaque feuille légère et plaintive bruit.

Et le mont tout entier pleure des larmes vaines.

Le poète du Rouergue est François Fabié (1846-1928)
qu'aima beaucoup François Coppée et qu'on appela « le Brizeux
du Rouergue ». Ce fils d'un bûcheron qui devint universitaire
décrit soigneusement, avec un grand souci du détail vrai, les mœurs
des animaux domestiques et sauvages comme les paysages du pays.
Ce poète de clocher, à défaut d'un art personnel, emploie l'alexandrin costaud et touche chaque fois qu'il rejoint une vérité locale qui
l'entraîne hors des épithètes et des rimes attendues. Dans *la Poésie
des bêtes*, 1886, il sait observer comme un La Fontaine ou un Jules
Renard. Sa veine rustique se devine dans ses titres : *le Clocher*,
1887, *la Bonne terre*, 1889, *les Voix rustiques*, 1892, etc. A force
d'amour, Fabié devient convaincant. Son compatriote de Ville-
franche-de-Rouergue, Charles de Pomairols (1843-1916), écrit des
vers de gentilhomme lettré, spiritualiste, entre Lamartine et Sully
Prudhomme et qui s'attendrit quand il chante *la Vie meilleure*, 1879,
ou *Pour l'Enfant*, 1904, en parlant avec quelque moralisme de ce
que son pays lui a apporté.

Le Bourbonnais, s'il est présent avec Robert-Victor (né en 1815)
ou Michel Abadie (1866-1922), est surtout le lieu chanté admirablement par Émile Guillaumin (1873-1951) dans son chef-d'œuvre
en prose, *la Vie d'un simple*, 1904. Hors des mouvements tapageurs
de la capitale, Guillaumin a peint la vie à la campagne avec la sensibilité la plus vive et l'émotion discrète qui se dégage de sa prose
est infiniment touchante et vraie. Parmi d'autres œuvres, on distingue ici *Ma Cueillette*, 1902, poèmes émus et confidentiels.

Dans le Velay, Jean-Antoine-Aimé Giron (1838-1907), poète et
romancier, a célébré *la Muse vellave* en y mêlant des échos venus de
Poe ou d'Hoffmann. Ses *Amours étranges*, 1864, le rattachent à un
Romantisme empreint de germanisme. Le Nivernais, le pays
d'Adam Billaut, a vu naître Gustave Mathieu de la Nièvre (1808-
1877) qui faisait un almanach comme celui de Mathieu de la Drôme,
en poète et chansonnier jouant sur la lyre démocratique, Louis
Oppepin qui fit des vers faciles et gracieux, *Brises du soir*, 1870, que
présenta Achille Millien, ce poète lamartinien de *la Moisson*, 1860, de
Chants agrestes, 1862, des *Poèmes de la nuit*, 1864, et maints livres

jusqu'à *Chez nous,* 1896. Le Limousin est présent avec Auguste Lestourgie (né en 1832) et ses *Rimes limousines,* 1864, Louis Guibert (né en 1839), Eusèbe Bombat (né en 1827), Jean Nesmy (né en 1876) qui dit *le Charme des saisons,* 1905.

Il ne faut pas confondre le Franc-Comtois Louis Mercier (1839-1907) avec le Roannais Louis Mercier (1870-1952) que nous avons bien connu, poète enraciné à sa terre natale dont l'œuvre appartient à notre siècle, mais qui déjà donna, en 1897, *l'Enchantée* qui montrait son indépendance face aux écoles, et qu'on pouvait rattacher à un Parnasse atténué par une sensibilité quasi symboliste. Dans *les Voix de la terre et du temps,* 1903, *le Poème de la maison,* 1907, comme, quarante ans après, dans *In Hymnis et canticis,* 1947, *Mes Amis les arbres,* 1951, *Offrande à la bien-aimée,* 1953, posthume (Mercier se maria peu avant sa mort), le poète a montré sa fidélité à lui-même. Écoutons *les Vêpres sonnent :*

> C'est un dimanche de chez nous.
> Le paysage nu frissonne
> Au soleil d'hiver triste et doux...
> Les Vêpres sonnent.
>
> Personne ne travaille aux champs.
> De loin les arbres solitaires
> Ressemblent aux semeurs marchant
> Au fond des terres.
>
> . . . .
>
> L'heure est pensive. Et l'on dirait,
> Tant elle est grave en son sourire,
> Que la terre sait un secret
> Qu'elle va dire.

On comprend que la renommée de cet homme de la terre, à la foi robuste, à la pensée délicate, soit restée grande dans les provinces du Lyonnais, du Roannais et du centre de la France.

En d'autres provinces.

Puisque nous parlons de Franche-Comté à propos de l'autre Louis Mercier, poète des *Saxifrages,* 1884, de poèmes divers et de sonnets consacrés à son pays, nous rencontrons encore ses compatriotes Édouard Grenier (1819-1901), Maximin Buchon (1818-1869), Frédéric Bataille (1850-après 1895) qu'ont admirés parnassiens et romantiques, Charles Grandmougin (1850-1930), poète simple et tendre aux vers bien frappés, l'ouvrier horloger Louis Duplain (né en 1860) qui chante *Autour du clocher,* 1906, celui de Besançon, Félix Jeantet (né en 1855), Marie Dauguet, une des plus puissantes évocatrices de sa terre. Et n'oublions pas Louis Pergaud (1882-1914) qui, avant son prix Goncourt pour *De Goupil à Margot,* 1910, fut le poète de *l'Aube,* 1904, et de *l'Herbe d'Avril,* 1908, qui reflètent ce terroir qui s'épanouira dans sa prose.

Tandis que, dans le Dauphiné, Pierre Dévoluy écrit en provençal, Léon-Henri Barracand (1844-1920) donne sous le nom de Léon Grandet *Domaniel,* 1866, puis *Jeannette,* 1874, *l'Enragé,* 1873. Il exprime surtout son terroir dans ses romans sentimentaux qui trahissent un romantisme en retard. Le plus connu des Dauphinois est Émile Trolliet (1856-1905), un critique admirateur de Hugo qui se dit curieusement « fonctionnaire de l'idéal ». Ses recueils (*les Tendresses et les cultes,* 1886, *la Vie silencieuse,* 1892, *la Route fraternelle,* 1900) s'éclairent chaque fois que son clocher lui dicte des vers francs, éclatants et enthousiastes. Mais là aussi, les Dauphinois de langue d'oc font concurrence et sont souvent plus vifs, Pierre Dévoluy, et aussi Maurice Faure. André Rivoire (1872-1930), de Vienne, Isère, sera connu comme auteur dramatique, mais dans ses nombreux livres de vers, des *Vierges,* 1895, au *Songe de l'amour,* 1906, en passant par bien des recueils, prend souvent racine au pays qu'il aime décrire à petites touches. Il sera surtout un poète d'états d'âme et de nuances discrètes.

Dans la province de Lamartine et d'Aloysius Bertrand, nous avons déjà vu le poète des *Émaux bressans,* 1884, Gabriel Vicaire, et nous indiquons dans son voisinage Philibert Le Duc (né en 1815), François Fertiault (né en 1814), Joachim Durandeau (né en 1835), Théodore Maurer (né en 1844) qui ont en commun d'être des poètes descriptifs fort honnêtes. Plus connu, Lucien Paté (1845-1939) est un poète virgilien. De *Lacrymae rerum,* 1871, à *Mélodies intimes,* 1874, et *Poésies,* 1879, il s'épanche, célèbre les vins de sa Bourgogne, son sol et sa patrie : *le Sol sacré,* 1896. De Bourgogne seront aussi André Mary (1879-1962) et Valentine de Saint-Point qui appartiennent à notre siècle. Terminons sur Georges Doncieux (1856-1903) puisqu'il aima la chanson populaire et le folklore en citant *la Voix de la tempête,* 1872, et *Feuilles mortes,* 1904, poésies posthumes.

En Champagne, au pays d'Hégésippe Moreau, on trouve Alphonse Baudouin (né en 1830). L'ont précédé Arsène Thévenot (né en 1828) avec *les Villageoises,* 1868, et son compatriote champenois Félix Thessalus (né en 1830) qui s'attacha à faire connaître les poètes de province par son *Tournoi poétique.* Théophile Renauld (né en 1854) chante non loin ses Ardennes. A Sedan, André Fage (né en 1883) montre aussi « l'Ardenne des légendes ». A Chartres, Henri Renard (né en 1841) est un poète doucement élégiaque. Dans les Vosges, il y a Justin Villeman (né en 1829) auteur des *Dernières pastorales,* 1856, et d'un poème narratif, *les Vierges de Millet,* 1857. En Lorraine, Boudet de Puymaigre (1816-1901) en même temps qu'il est l'historien de sa province écrit des vers : *Jeanne d'Arc,* 1843, *les Heures perdues,* 1866.

L'invasion de 1870 n'a pas empêché l'Alsace d'avoir ses poètes. Un Paul Ristelhuber (1834-1899) paya de bien des ennuis son attachement à la culture française. Dans ses *Rythmes et refrains,* 1864, les thèmes alsaciens comme *le Départ des cigognes* ou *la Fête des houblons* sont traduits avec sincérité et qualité. Édouard Siebecker (1829-1901) qui fut secrétaire d'Alexandre Dumas et ami d'Erckmann-Chatrian, est un poète patriotique : *Metz,* 1874, *Poésies d'un vaincu,* 1882. Georges Spetz (né en 1844) a écrit des *Légendes d'Alsace,* 1905, en vers. Ajoutons qu'Édouard Schuré a été inspiré par l'Alsace, de même que Léon Deubel (1879-1913) que nous retrouverons et que Sybil O'Santry, mystérieux auteur de *la Guirlande des jours,* 1902, et *les Accords,* 1904.

Faut-il ajouter que la langue basque, qui malheureusement n'est pas de notre compétence, a eu ses poètes? A titre de curiosité, indiquons que Louis-Lucien Bonaparte (1813-1891), philosophe, traduisit en basque *le Cantique des Cantiques,* 1863, après avoir traduit en 72 langues *la Parabole du sauveur,* 1857.

Cette randonnée dans les provinces françaises a pu nous éloigner des grands courants poétiques et des révolutions de la poésie, car la plupart de ces poètes sont les tenants d'une forme assagie, mais nous avons pu en revanche nous rapprocher d'une vérité de terroir et, peut-être, au cours d'énumérations qui ne sont pas exhaustives, sauver du total oubli des poètes et des chansonniers fort sympathiques et émouvants. Jadis, un Van Bever fit ce travail de recensement des *Poètes du terroir* avec une conscience admirable et une recherche très poussée. On ne cessera de s'y référer, mais nous sommes aussi partis à la recherche de chanteurs peu connus et souvent épars, oubliés même dans leur province. Il est à souhaiter que, quelque jour, un érudit s'attache à de nouvelles prospections de ces domaines, mais a-t-on encore le goût de ces longs travaux?

3

Chansonniers et poètes populaires

Au temps de la Commune.

« L A strophe, le décamètre, la stance, l'alexandrin, des bêtises!
Nos coquins d'enfants feront des cocottes avec nos poésies,
je vous le promets! » s'exclame Jules Vallès, et Jean-Pierre Chabrol,
préfaçant l'anthologie des *Poètes de la Commune* de Maurice Choury
chez Seghers, dit encore : « Quand il s'agit de la Commune, je n'ai
pas envie de couper les rimes en quatre. » Tout cela n'empêche pas
que les poètes de l'événement employèrent les armes qu'ils avaient
et que la rime et le rythme leur ont apporté leurs pouvoirs tout au
moins mnémotechniques. On peut répéter alors que « poésie qui
ne chante pas n'habite pas la mémoire ».

Les éclairs de la Commune, on les trouve chez Hugo, chez
Verlaine, chez Rimbaud. Des poètes surgissent de la bourgeoisie
éclairée ou du peuple qui ne semblent naître à cet art que par
nécessité immédiate. Faut-il opposer le poème à la chanson?
Jamais ils n'ont fait si bon ménage qu'aux époques révolutionnaires; jamais les frontières n'ont été aussi floues; au XIXᵉ siècle,
les chansonniers savent écrire aussi des poèmes dont la prosodie est
parfaite.

Parmi les poètes de la Commune marseillaise, auprès de Clovis
Hugues, on trouve Charles Bonnet (né en 1844) et Gaston Crémieux
(fusillé en 1871) qui écrivait :

> Le cri de Spartacus, du Christ et de Socrate,
> Comme un écho vivant dans ma poitrine éclate,
> Et je sens sourdre en moi la révolution.

A Lyon, c'est Achille Le Roy (1841-1929) qui entonne un *Chant
des prolétaires :*

> De la Croix-Rousse à la Ricamarie,
> Dans notre sang a germé l'avenir,
> Et la Commune indignement trahie,
> Pour se venger voit son jour revenir...

Des poètes ouvriers se lèvent. Eugène Chatelain (1829-1902), ouvrier ciseleur, déjà déporté après les tueries de 1848, doit après 1871 s'exiler. Dans ses recueils, *les Exilées de 1871,* 1886, *Fleurs ignorées, Mes dernières nées,* 1891, il emploie un langage direct :

> Je suis franc et sans souci;
> Ma foi, je m'en flatte!
> Le drapeau que j'ai choisi
> Est rouge écarlate.
> De mon sang, c'est la couleur
> Qui circule dans mon cœur.
> Vive la Commune!
> Enfants,
> Vive la Commune!

Ses vers prosaïques sont coulants et fort bien faits :

> J'ai combattu pour ma pensée,
> Pour la Justice et pour le Droit,
> Contre une foule intéressée,
> Dont le capital est le roi.
> J'ai combattu contre les crimes
> De la vieille société,
> Qui martyrise ses victimes,
> Au nom de la propriété.

Le tapissier Théodore Six fut de toutes les révolutions : en 1832, il se bat au cloître Saint-Merri; en février et en juin 1848, il est sur les barricades; en 1851, il résiste au coup d'État et est déporté (transporté dit-on alors); enfin il est communard. Son poème de juin 1852, *Du Peuple au Peuple,* en vers libre, est d'une étonnante modernité :

> Un jour m'élançant sur la place publique
> J'ai dit : vivre en travaillant, mourir en combattant.
> J'ai dit : l'air de ma mansarde m'étouffe
> Je veux respirer.
> J'ai dit : les hommes sont égaux
> J'ai dit : république universelle.
> Alors ils m'ont saisi
> Ils m'ont enfermé dans de noirs cachots,
> Ils m'ont laissé pendant de longues semaines
> Couché sur la paille infecte,
> Et puis une nuit, ils m'ont enchaîné...

Un autre ouvrier, Olivier Souetre (mort en 1897), ami d'Achille Le Roy, publiera un an avant sa mort *la Cité de l'Égalité* où l'on remarque un poème comme *la Commune ressuscitée,* texte violent contre les « pourvoyeurs des poteaux hideux de Satory ». Les satires abondent comme *les Versaillais,* 1871, du photographe Étienne Carjat (1828-1906), comme *les Modérés* de Roussel de Méry, *Paris pour un beafsteak* d'Émile Dereux, *Martyrs et bourreaux* du blanquiste Trohel. J. A. Sénéchal versifie des chansons comme *l'Union républicaine :* « Peuple français, que veut le prolétaire? » Le Vauclusien Clovis Hugues, dans ses *Poèmes de prison,* 1875, ou *les Jours de combat,* 1883, manifeste d'une verve combative incessante. On a dit de lui qu'il « porte la lyre comme on porte l'épée » et c'est bien un mousquetaire du combat social qui se partage entre poésie et politique, député des Bouches-du-Rhône avant de l'être à Montmartre, lieux du combat socialiste. Il est le Mathurin Régnier des révolutions sœurs du XIXe siècle :

> Vous qui fuyez quand a sonné
> L'heure sainte des sacrifices,
> Rhéteurs au geste suranné,
> Républicains de pain d'épices,
> Laissez désormais par les fous
> Cimenter l'œuvre politique!
> La Commune vaut mieux que vous :
> Elle a sauvé la République!

Il est vrai que les hommes de la Commune ont été solitaires dans leur combat. Auprès de timides sympathisants comme Hugo, on s'aperçoit que les plus grands écrivains, de Flaubert à George Sand, de Gautier à Daudet, des Goncourt à Renan, furent des anti-communards. Et pourtant, de simples chansonniers verront leurs œuvres plus répandues que celles des plus importants. Il suffit de citer Jean-Baptiste Clément (1836-1903), ouvrier de trente-six métiers avant de finir libraire socialiste boulevard de Clichy, admirateur de Pierre Dupont. Ce militant, ce combattant, cet auteur de *la Semaine sanglante,* comme de romances et de chansons mélancoliques, écrivain de qualité, pèlerin de ses idées révolutionnaires, a donné, sans un seul mot politique, le chant d'espoir de ses frères. On chantait alors *la Canaille,* on chansonnait comme en 1789 sur chaque événement, mais ce fut cette chanson composée avant la Commune qui connut le plus vif succès et fut (et est encore) l'expression profonde de la voix populaire :

> Quand nous en serons au temps des cerises,
> Et gai rossignol et merle moqueur
> Seront tous en fête.
> Les belles auront la folie en tête
> Et les amoureux du soleil au cœur.
> Quand nous en serons au temps des cerises,
> Sifflera bien mieux le merle moqueur.

La musique est pour beaucoup dans le succès; elle s'accorde parfaitement aux paroles.

Eugène Pottier (1816-1887) tour à tour emballeur, pion, commis de papeterie, dessinateur sur étoffes, a quatorze ans en 1830, au temps des bousingots, lorsqu'il écrit *Vive la Liberté!* sa première chanson. Il parcourt lui aussi les grandes étapes historiques. Après 1830, c'est 1848 où, comme dit Maurice Choury, « il traduit Fourier en flonflons », où il dit la faim du peuple, jette ses sarcasmes à l'Assemblée, est admiré par son confrère Gustave Nadaud. On le retrouve comme Théodore Six au moment du coup d'État, puis à la Commune. Il est le poète surtout de *l'Internationale* : « Debout! les damnés de la terre », puisque « C'est la lutte finale ». Qui ne connaît ces strophes et ce refrain dont Pierre Degeyter composa la musique? Il serait vain de citer. Mais qui lira les recueils de ses chansons comme *Quel est le fou?* 1883, que publia Nadaud, ou *Chants révolutionnaires,* 1887, que préfaça Rochefort; trouvera aussi bien des chansons que des poèmes comme *Jean Misère, Blanqui* (un sonnet), *le Monument des Fédérés, l'Insurgé, Jules Vallès,* etc., et découvrira une violence et une grandeur qui s'inscrivent dans cette tradition qui va d'Agrippa d'Aubigné à Victor Hugo. En 1884, Nadaud a fait le meilleur éloge de Pottier : « Il était déjà rouge en 1848, quand je l'ai connu; il n'a pas déteint, c'est une qualité. »

Quelles que soient les opinions politiques des lecteurs de ces chansonniers et poètes, nul ne niera l'ardeur de leur foi, la fermeté de leur conviction, leur entière sincérité. A la gouaille du temps des mazarinades, à la satire des contemporains de Régnier s'ajoute un ton plus âpre, plus violent, plus déchiré. Le plus grand polémiste du siècle, Henri Rochefort (1830-1913), s'il ne vient pas du peuple (il est marquis de Rochefort-Luçay) en épouse les idées. Rompu à toutes les richesses du langage, faiseur de calembours, vaudevilliste, intelligent et ironique, il aura une démarche bien curieuse : déporté au moment de la Commune, il sera un jour boulangiste, puis sombrera au moment de l'affaire Dreyfus dans le chauvinisme et l'antisémitisme. Retenons ce moment de 1873. où, transporté sur la *Virginie* en Nouvelle-Calédonie, il s'adresse : « A ma voisine de tribord arrière » :

> « J'ai dit à Louise Michel
> Nous traversons pluie et soleil,
> Sous le cap de Bonne Espérance,
> Nous serons bientôt tous là-bas.
> Eh bien, je ne m'aperçois pas
> Que nous ayons quitté la France...

Cette « voisine » ne sépare pas la poésie de sa destinée révolutionnaire de « Vierge rouge » et c'est à dessein que nous en parlerons dans le contexte de la poésie féminine de son temps à laquelle elle apporte une note vive et engagée. Poète de la Commune, Louise Michel (1830-1905) est aussi, on l'oublie trop, l'auteur d'une œuvre multiple où maints poèmes se rattachent encore au Romantisme de Lamartine et de son ami Hugo.

On ne sépare pas des poètes de la Commune des écrivains comme Jules Vallès (1832-1885) qui, s'il rima occasionnellement des alexandrins vigoureux, fut surtout grand dans sa trilogie de *Jacques Vingtras,* comme Maxime Vuillaume (1844-1925), l'auteur des *Cahiers rouges,* comme leur ami le Lillois Eugène Vermersch (1845-1878), mais ce dernier, en même temps qu'un journaliste, est un poète de talent, qu'il soit élégiaque ou qu'il essaie de retrouver le ton de Villon dans son *Grand Testament du sieur Vermersch,* 1868, pour fustiger les mauvais juges et les gens officiels et « bien pensants », qu'il peigne Courbet avec faconde ou écrive un grand poème de la Commune, *les Incendiaires :*

> Paris flambe, à travers la nuit farouche et noire;
> Le ciel est plein de sang, on brûle de l'histoire.
> Théâtres et couvents, hôtels, châteaux, palais,
> Qui virent les Fleurys après les Triboulets,
> Se débattent parmi les tourbillons de flammes
> Qui flottent sur Paris comme les oriflammes
> D'un peuple qui se venge au moment de mourir.

Il variera les mètres et choisira l'octosyllabe pour exprimer un univers paisible :

> Pourtant je suis l'ami des roses,
> Et je baise leurs lèvres closes
> A travers les pleurs du matin;
> Je suis bien connu des abeilles,
> Qui suivent sur les fleurs vermeilles
> Les grands papillons de satin.

Il reprendra bien vite :

> Ô Révolution, nous t'avions oubliée!
> Tu nous en punis justement!
> Pour le peuple vaincu, pour la France liée
> Au char du vainqueur allemand,
> Pour la cervelle humaine écrasée et fumante
> Sur le mur noir de Transnonain,
> Pour avril et pour juin, pour les morts que tourmente
> L'oubli sur le sol africain,
> Pour les réactions et pour les hécatombes,
> Pour nos droits à mort condamnés...

On écrira encore longtemps sur la Commune. Des romans, des relations historiques, des poèmes, *Quand j'étais au bagne,* 1887, de Henri Brissac (1826-1906) ou les *Chansons rouges,* 1896, de Maurice Boukay ou encore Jules Jouy, ces Montmartrois qui n'oublient pas dans leurs chansons les massacrés du mur des Fédérés au Père-Lachaise.

Autour du Chat Noir.

Il y eut les *Vivants* auxquels succédèrent les *Hydropathes* fondés par Émile Goudeau et Maurice Rollinat : une revue fut ainsi nommée dont la couverture s'orna des portraits du groupe : Goudeau comme Charles Cros et André Gill, Sarah Bernhardt et Émile Cohl, etc. On y maniait le calembour facile, on professait la sainte horreur de l'eau, on faisait aussi la transition car c'est là que se préparaient Décadence et Symbolisme. Auprès des auteurs déjà nommés on y pouvait lire Raoul Ponchon et Alphonse Allais.

Bientôt *le Chat Noir* apparut, dirigé par Rodolphe Salis, gentilhomme cabaretier et ce lieu joyeux ne nous incite pas à faire la fine bouche quand on sait qu'il a joué son rôle dans la littérature fin de siècle. Par lui, le public a reçu un écho du travail qui se faisait dans de petites revues contre la froideur parnassienne, le naturalisme chagrin et les rêveries symbolistes, encore que ces mouvements soient représentés au *Chat Noir* tant il est vrai que tout n'est pas blanc ou noir dans le monde de la poésie. Disons-le tout de suite : toutes les productions de la butte Montmartre ne sont pas admirables, mais il y a tant d'abondance et de variété qu'on peut facilement glaner un refrain ou une strophe qui méritent le nom de poésie.

Au fond, *le Chat Noir* apparaît aujourd'hui comme assez sage, quasi classique et son fond de gauloiserie insistante a son charme. Auprès de la gaieté trop voulue, débordante, il y a de l'ironie macabre et la chanson rosse est proche de la satire traditionnelle. Il existe aussi un certain idéalisme et plus d'un poète sait être suave et harmonieux. On y pratiqua le théâtre, les ombres chinoises, la facétie, la dérision, le monologue amorphe genre Franc-Nohain, la parodie des symbolistes, l'anarchisme superbe, l'appel à la justice. Dans la tradition d'Auguste de Châtillon dont nous avons parlé au cours du précédent volume, il y eut la chanson sentimentale, l'attaque politique engagée, le réalisme, la satire, des fantaisies en forme d'épopées, et surtout des complaintes et des romances, aussi bien en vers réguliers qu'en vers libres, en langage patoisant qu'en argot. Les uns chantent l'amour sur des rythmes exquis et sensuels. Les autres hurlent la plainte des miséreux, des loqueteux, des personnages de la Cour des Miracles, des bafoués, et les vagabonds, les chemineaux, les matelots, les traîneurs de port trouvent leur expression avec un rien de Corbière, de Laforgue ou de Richepin, de Victor Hugo aussi. Enfin, d'autres encore s'en prennent à la respectabilité, aux mots en majuscules, aux institutions publiques, à la Religion, à la Politique, à la Science, et, ne respectant rien, à la Mort comme à la Vie.

Le Chat Noir, oui, et aussi des dizaines de cabarets dits artistiques : *le Chien Noir, l'Éléphant, l'Ane rouge, le Carillon, la Roulotte, le Cabaret des Arts, la Boîte à Fursy, Tabarin, le Néant, la Mort, le Mirliton, Bruant, les Indépendants, l'Enfer, le Paradis, le Conservatoire de Montmartre, les Funambules, les Incohérents, le Clou, le Chat-huant, le Hibou, le Panier à salade, le Cabaret de la fin du monde,* et vingt autres. Ce sont les lieux où, à des niveaux de qualité divers, fleurissent bluettes mièvres et stances amoureuses, couplets humoristiques allant jusqu'au délire, refrains macabres, plaintes sociales, gaudrioles et romances, rosseries politiques, chansons exotiques et nostalgiques. On aurait pu écrire sur les portes : ici règne le bon plaisir, l'anarchie, la liberté sans restriction, l'irrespect...

S'il fallait établir une hiérarchie, au plus haut de la poésie on trouverait Charles Cros ou Rollinat, et disons qu'il n'y a pas que des chansonniers, car la séparation n'est pas encore faite. Ainsi un Émile Goudeau (1850-1906), dans de nombreux livres : *Fleurs du bitume,* 1878, *Poèmes ironiques,* 1884, *Chansons de Paris et d'ailleurs,* 1895, montre plus de complexité que ne le disent ses titres. Gouailleur ironique et tendre, gavroche et frondeur, il débouche toujours sur un rêve, une recherche de la fleur bleue qui peut naître dans les terrains les moins propices. S'il dit *Ce que chante la houille,* il y met une humanité profonde :

> J'ai moissonné mes moissonneurs,
> Os et nerfs, tête et cœur et foie ;
> C'est donc bien le sang des mineurs
> Qui fait que ton âtre rougeoie.

On peut chanter au dessert les refrains d'Aristide Bruant (1851-1925) comme *A Ménilmontant, Nini peau d'chien* ou *Saint-Lazare* en oubliant leur vrai contenu, il n'empêche qu'y règne la vie des faubourgs, l'anarchisme vrai et que Bruant est le poète des misérables. Au cabaret du *Mirliton* qu'il fonda, sa poésie sombre, horrible et brutale, forte en couleur pouvait faire frémir. Ses recueils : *Dans la rue,* 1889-1909, *Chansons et monologues,* 1896-1897, *Sur la route,* 1897, reflètent, dans leur style argotique, tout un monde poignant dont on fera peut-être du folklore, mais qui fut réel. Les meilleurs poètes français n'ont pas rendu mieux que lui cette *Fantaisie triste* d'un enterrement :

> I'bruinait... L'temps était gris,
> On n'voyait pus l'ciel... L'atmosphère,
> Semblant suer au d'ssus d'Paris,
> Tombait en bué' su' la terre.
>
> I'soufflait quéqu'chose... on n'sait d'où;
> C'était ni du vent ni d'la bise,
> Ça glissait entre l'col et l'cou
> Et ça glaçait sous not' chemise.
>
> Nous marchions d'vant nous, dans l'brouillard,
> On distinguait des gens maussades,
> Nous, nous suivions un corbillard
> Emportant l'un d'nos camarades.

Et le poème se termine sur un appel au soleil, « au bourguignon » comme dit Bruant :

> J'ai toujours aimé l'bourguignon,
> I' m' sourit chaqu' fois qu' i' s'allume;
> J' voudrais pas avoir le guignon
> D' m'en aller par un jour de brume.
>
> Quand on s'est connu l' teint vermeil,
> Riant, chantant, vidant son verre,
> On aim' ben un rayon d' soleil...
> Le jour ousqu' on vous porte en terre.

Jules Jouy (1855-1897) fut un des premiers du *Chat Noir*. Politique, il s'en prend aux « sergots », n'oublie pas la Commune et, quand il n'écrit pas des bluettes tristes où « les enfants font pleurer les mères », attaque Boulanger et le boulangisme. Comme André Gill, le caricaturiste et chansonnier, poète aussi de qualité, il mourut de maladie mentale. Sèverine a parlé de ce « Tyrtée cocasse, aux jambes en manches de veste », sceptique, impassible, qui faisait rire ou pleurer, avec « un œil sur le Champ de Navets et l'autre sur le champ de bataille ». Dans *Chansons de l'année,* 1888, *Chansons de bataille,* 1889, ou *les Refrains du Chat Noir,* il utilise une forme classique.

Il y a déjà du Carco, celui des chansons, dans Victor Meusy (né en 1856), fort classique dans ses recueils de *Chansons d'hier et d'aujourd'hui,* 1889, *Chansons modernes,* 1891, *Chansons du pavé,* 1901, où l'on peut lire :

> Sur ta croûte de cataplasme
> Glissent les canules des Cars
> Ou roulent sans enthousiasme
> Les pneus des voitures Panhard.

Cette poésie urbaine ne craint pas de faire de la poésie avec ce que d'autres jugeraient à tort anti-poétique. Souvent drolatique et fantasque, Meusy dit *les Nuits* avec une discrète pudeur :

> Le jour s'efface
> Et dans l'espace
> Un souffle passe;
> Effroi des cœurs :
> Chansons dolentes,
> Ô valses lentes,
> Ombres parlantes,
> Échos moqueurs.
> Lentement, lentement, du fond de la vallée
> L'ombre monte et s'étend sous la voûte étoilée,
> Lumière et bruit,
> Tout fuit;
> Le rêve suit
> La nuit.

On peut entendre Théodore Botrel et Yann Nibor déjà cités et celui qu'on nomme « le Prince de la chanson », Xavier Privas (1863-1927). Il est idéaliste et touchant dans bien des recueils comme *Chansons humaines*, 1897, *Chansons chimériques*, 1897, *la Chanson sentimentale*, 1906, *Chansons françaises*, 1919, etc., et nos grands-oncles ont aimé *la Chanson des heures*, fort bien faite, et dont il nous reste un écho :

> A qui sait aimer, les heures sont roses,
> Car c'est le Bonheur qu'elles font germer
> En l'Éden secret des Amours écloses.
> Les Heures sont roses
> A qui sait aimer!

Même sentimentalité chez le parolier préféré de Paul Delmet, un député du Doubs nommé Maurice Coyba qui signe Maurice Boukay (né en 1866), mais c'est le nom de Paul Delmet (1862-1904), « le Massenet chlorotique de la Butte » qu'on retiendra pour son charme simple et les teintes délicates et émues de chansons comme *les Petits pavés, Petite brunette aux yeux doux, Envoi de fleurs* ou *l'Étoile d'amour*. Nous avons pu rencontrer dans son grand âge sur les pentes de la Butte Léon Xanrof (1867-1953) dont les chansons furent des succès d'Yvette Guilbert, dont les vaudevilles furent prisés et les chroniques suivies. Cet avocat parigot a une muse bon enfant, incisive, quelque peu moralisatrice. Auprès d'eux, nous pouvons citer le biscornu Mac-Nab (1856-1899), auteur de *Poèmes mobiles*, 1885, de *Poèmes incongrus*, 1887, de *Chansons du Chat Noir*, 1890. Il fait des pieds de nez à tout ce qui est grave et grimace dans des couplets macabres : *la Guillotine, les Croque-Morts, les Squelettes,* ou bien il se met à rire et à faire rire dans *la Ballade des accents circonflexes*, *l'Expulsion des princes*, *le Bal à l'Hôtel-de-Ville* ou le plus connu *Métingue du métropolitain* qu'on chante encore. Ont joué sur la chanson rosse, un Maurice Donnay (1859-1945) à ses débuts, un Fursy, de son vrai nom Henri Dreyfus (né en 1866), un Jacques Ferny (né en 1864) qui cultive le genre impassible, sans geste, sans expression, sorte de Buster Keaton de la chanson comme on en trouvait à l'époque, un Numa Blès (né en 1871) qui chansonne l'actualité.

Un ami de Gustave Nadaud, Ernest Chebroux (né en 1840), a consacré sa vie à la chanson, voulant sans cesse améliorer le genre et lui donner ses lettres de noblesse poétiques. Ses *Chansons et sonnets*, 1885, *Chansons et toasts*, 1899, ont des qualités saines et robustes que bien des poètes pourraient lui envier. Fondateur de *la Lice chansonnière*, du *Caveau lyonnais*, du *Bon-Bock*, etc., il est plein de charme et de fantaisie.

Parmi les sentimentaux, il y a Hector Ganier, Marcel Legay, Edmond Teulet, Georges Oble, André Barde, Millandy, Lucien Boyer. La troupe des poètes argotiques, avec apocope de l'e muet, est la plus nombreuse : Vincent Hyspa le Gascon, Hector Sombre trivial à l'excès, Gasta qui peint le monde interlope, Gaston Sécot qui a des ennuis avec la censure, Georges Baltha qui écrit en sabir, René Ponsard, Jean Varney, Marcel Lefèvre chansonnier exotique, le Lyonnais Yon-Lug fort étrange et personnel, le pessimiste Léo Lelièvre, Paul Daubry, Jules Mévisto, Jules Moy, Henri de Saules, Paul Marinier, Jean Bataille, Jihel, Louis Dollinet, Victor Tourtal, Louis Moncet, et une trentaine d'autres. Il y a des parodistes politiques, des poètes de combat comme Paul Weill ou Henri Gréjois, Pierre Trimouillat ou des anciens travailleurs comme Paul Paillette, ouvrier ciseleur, et Charles Galilée, employé limonadier. Le plus connu de tous sera Gaston Couté (1880-1911) qui apporta de Beaugency ses chansons et ses monologues patoisants réunis sous le titre *la Chanson d'un gars qui a mal tourné*. Aux gémissements de Jehan Rictus (que nous allons rencontrer) répondent ses cris. Ses titres disent son inspiration : *les Conscrits, les Cocus, les Vieux sagouins, le Doute du malchanceux, Chanson du chemineux*, et le plus connu, *les Gourgandines* :

> Les garces des loué's, les souillons, les vachères,
> Cell's qu'ont qu'leu pain et quat' pér's de sabots par an,
> Cell's qu'ont ren à compter poure c' qu'est des parents,
> Cell's-là, a' peuv'nt attend' longtemps un épouseux,
> Longtemps! en par-delà coueffé sainte Cath'rine...
> Attend'?...

Mais coumment don' qu' vous v'lez qu'a fass', bon guieu!
Empêchez vouér un peu d'fleuri' les aubépines
Et les moignieaux d'chanter au cœur du joli Mai!...
Cell's-là charch'ront l'Amour par les mauvais senquiers...

Dans cette assemblée on verra des poètes teintés de symbolisme comme Albert Tinchant, des classiques comme Georges Fragerolle, Armand Masson ou le docteur Gabriel Montoya ou encore Jack Nassou, et la joyeuseté les unira à leurs compagnons plus faciles. Il y aura aussi des chansonnières bien intéressantes comme Louise France qui jouera la Mère Ubu et composera des fantaisies décadentes, comme la sensuelle Odette Dulac, et nous garderons une place à part pour la musicienne Marie Krysinska, une novatrice pudique, parmi les grands poètes féminins.

Certains poètes de cabaret sont étonnants. Ainsi Jean Goudezki (né en 1866), auteur des *Montmartroises* ou des *Chansons de lisières*. Il y a en lui du Baudelaire et du Banville. Abracadabrant et funambulesque, il écrit des sonnets et des chansons. Quand il ne se mêle pas à la troupe imbécile des antisémites fin de siècle, il lui arrive de faire des tours de force à la manière des anciens rhétoriqueurs. Ainsi ce sonnet olorime adressé à Alphonse Allais intitulé *Invitation* et qui est un tour de force :

Je t'attends samedi, car Alphonse Allais, car
A l'ombre, à Vaux, l'on gèle. Arrive. Oh! la campagne!
Allons — bravo! — longer la rive au lac, en pagne;
Jette à temps, ça me dit, carafons à l'écart.

Laisse aussi sombrer tes déboires, et dépêche!
L'attrait (puis, sens!) : une omelette au lard nous rit,
Lait, saucisse, ombre, thé des poires et des pêches,
Là, très puissant, un homme l'est tôt. L'art nourrit.

Et, le verre à la main, — t'es-tu décidé? Roule —
Elle verra, là mainte étude s'y déroule,
Ta muse étudiera les bêtes et les gens!

Comme aux dieux devisant, Hébé (c'est ma compagne)...
Commode, yeux de vice hantés, baissés, m'accompagne...
Amusé tu diras : « L'Hébé te soûle, hé! Jean! »

Les jeux de langage attirent ces chansonniers. Ainsi Dominique Bonnaud (né en 1864) compose avec Montoya un *Petit sonnet sauce Coppée* digne de l'*Album zutique*. Nous sommes dans une pharmacie montmartroise :

Entre les deux bocaux, ces phares du codex,
Près d'un ver solitaire accordéoniforme,
Long comme un jour sans pain, long comme Hugues Delorme,
Le Potard a surgi, solennel pontifex.

De ses doigts fuselés tachés d'iodoforme,
Pieusement entre son pouce et son index,
Il saisit dans la montre un clysopompe énorme
Et le remplit jusques au bord d' « aqua simplex ».

Narquois observateur, aussitôt je devine
Qu'une femme, là-bas, au fond de l'officine,
Rougissante, retrousse un coin de son jupon

Et découvre l'envers de son minois fripon
Pour l'offrir au baiser pointu de la canule,
Et je n'ai pas trouvé cela si ridicule.

Comme ces poètes faciles, Hugues Delorme utilise le sonnet et dédie au romancier tardif de l'épopée napoléonienne Georges d'Esparbès (1864-1944) un triptyque Louis XV intitulé la Mort en dentelles ou bien fait des poèmes de forme parfaite pour y cacher quelque grivoiserie. Comme lui Jules Gondoin (né en 1869) chansonne aussi bien l'Académie que ses contemporaines Séverine, Sarah Bernhardt ou Liane de Pougy avec misogynie. Dans ses poèmes, sa satire n'est pas indigne de ses illustres devanciers du XVIIe siècle. Citons encore André Joyeux, Georges Tiercy, Georges Arnould, Darvel, Paul Bilhaud...

En bref, ces chansonniers, ces rimeurs d'un soir, ces descendants des poètes des caveaux du XVIIIe siècle, même s'ils apparaissent très datés, même si leurs productions ne sont pas toujours d'un goût parfait, maintiennent une tradition populaire de la poésie. Il suffit que quelques grands sortent de leurs rangs pour justifier leur présence. Quelques grands? Nous allons les rencontrer. Mais signalons encore que Maurice Pottecher (1867-1960) le fondateur du Théâtre du Peuple de Bussang, ami des ouvriers, fut un de ces poètes familiers chantant les choses de la vie quotidienne.

Jehan Rictus.

Il se nomme Gabriel Randon de Saint-Amand, mais ce nom qui rappelle un lointain poète s'efface devant son pseudonyme : Jehan Rictus (1867-1933). Celui-là, c'est un très grand. Ses titres : les Soliloques du pauvre, 1897, sans cesse réédités et augmentés, Doléances, 1900, Cantilènes du malheur, 1902, le Cœur populaire, 1914, et son roman de la bohème Fil de fer, 1906. Il est à l'opposé de son ami Albert Samain qui l'a tant apprécié. Rien de plus savoureux et de plus mélancolique, de plus pittoresque et de plus déchirant, que ces soliloques nés de la langue argotique des faubourgs. « Mon désir, écrit-il, ce fut d'émouvoir tous les hommes et d'appeler leur attention sur des colères et des douleurs — tellement réelles et tellement sincères! — qu'on a l'habitude de mépriser. » Les mots dont il se sert ressemblent aux loques de ses miséreux dont ils traduisent la vie même.

« Une œuvre de grand poète mâle » dira Théophile Briant qui le rapproche de Gauguin et trouve à sa poésie « la saveur brûlante des alcools sortant de l'alambic » et ajoute : « Mais elle cheminera toujours dans le cœur des souffrants qui refusent d'accepter la condition humaine. » Auparavant, Léon Bloy l'avait reconnu comme un frère : « Existe-t-il en poésie, un aussi douloureux, un aussi long gémissement, un aveu de peine et de misère aussi naïf, aussi intime, aussi déchirant, un aussi profond sanglot? Je n'en sais rien et j'en doute. »

Jehan Rictus a pris pour héros l'homme quotidien écrasé par le monde industriel, et qui a gardé quelque chose d'un esprit critique mêlé d'ironie et de tristesse. Fataliste, il accepte au fond le monde tel qu'il est, le dépeint avec scepticisme, observe les « immortels principes », se moque des démagogues, des bien-pensants, des hypocrites, mais ne se sent guère enclin à pouvoir y changer quoi que ce soit : « Gn'a rien à faire, gn'a qu'à pleurer. » Sincère poète du menu peuple, il en épouse les chagrins et les misères, sans atteindre à la grande révolte. Tout le contraire d'un révolutionnaire, il se tourne vers un Dieu simple qu'il ressuscite dans un carrefour de la cité moderne et, dans *le Revenant,* parodie le *Pater,* « Notre dab qu'on dit aux cieux » :

> Si qu'y r'viendrait, si qu'y r'viendrait!
> Tout d'un coup... ji... en sans façons,
> L'modèl' des méniss's économes,
> Lui qui gavait pus d'cinq mille hommes
> N'avec trois pains et sept poissons.
>
> Si qu'y r'viendrait juste ed' not' temps
> Quoi donc qu'y s'mettrait dans l'battant?
> Ah! lui, dont à présent on s'fout
> (Surtout les ceuss qui dis'nt qu'ils l'aiment).
>
> P'têt' ben qu'y n'aurait qu'du dégoût
> Pour c'qu'a produit son sacrifice,
> Et qu'cette fois-ci en bonn' justice
> L'aurait envie d'nous fout' des coups!

Il y a en lui un ton plus proche du vagabond médiéval, du frère de François Villon que de l'*anar* moderne. Son parler faubourien daté aujourd'hui peut lasser, paraître pleurnichard, mais on ne saurait nier l'émotion qu'il dispense. Sa *Berceuse pour un pasde-chance,* sa *Jasante de la vieille,* cette mère d'un criminel conduit à l'échafaud, son *Bel enfant,* sa *Farandole des pauv's tits fanfans morts* furent célèbres et on récita longtemps *les Petites baraques :*

> — « M'man? Laiss'-moi voir les p'tit's baraques
> dis,... arrêt' toi M'man,... me tir' pas!
> Tu m'sahut's, tu m'fais mal au bras...
> Aïe, M'man! Tu fous toujours des claques!
>
> Ben vrai, c'qu'y a du populo!
> M'man? y rigol'nt comm' des baleines...
> Quoi c'est qu'y leur jacqu't' el' cam'lot?
> Pheu!... c'que ça pue l'acétylène!
>
> M'man, les « bolhommes »! M'man, les « pépées »,
> les « ciens d'fer », les flingu's, les « misiques »,
> les sabr's, les vélos « mécaliques »!
> oh! Moman, c'que j'suis egniaulé!

On se rapproche du *P'tit Quinquin* du bon Desrousseaux, mais là où il se montre vraiment grand, c'est lorsque passe un souffle de pitié, lorsque, par-delà les fatigues du langage à apocopes, il a la hardiesse de porter le divin au niveau de l'homme de la rue. Comme il dit : « Qu'est-ce que ça peut faire qu'un vocable ou qu'une expression ne soit pas parlementaire, classique, noble ou de bonne compagnie, si cela exprime une souffrance tellement vraie, tellement sincère, qu'elle vous tord les boyaux? Or, c'est là ce que je cherche. Exprimer, émouvoir. » Si le langage de Rictus, quelque peu promis au vieillissement, nous paraît venu de lointains faubourgs, du moins en exprime-t-il encore de sublimes beautés recueillies dans les ruisseaux citadins.

Raoul Ponchon.

« Salut! Ponchon! Salut, trogne, crinière, ventre! » s'écrie Jean Richepin, et l'on se croit revenu au temps de Saint-Amant et des poètes-biberons. Verlaine salue le « bon rimeur » et le « bon versificateur ». Guillaume Apollinaire s'exclame : « Un talent unique, le plus moderne possible, le moins incertain, si personnel qu'il faudrait remonter à quelques siècles pour trouver à qui le comparer. » Et Moréas : « Un véritable grand poète. » Et Maurras : « Oui, Ponchon est un grand poète. » Et Maurice Bouchor : « Soûl comme un templier et joyeux comme un nid. » Et Roland Dorgelès qui décrit son aîné de l'Académie Goncourt (où Ponchon fut élu en 1924) : « Sa face de Silène, son ventre à la Gambrinus le condamnaient à badiner. » Grand poète? Dorgelès a rapporté dans sa préface de *la Muse frondeuse* de Ponchon (1848-1937),

publiée en 1971 par Daniel Mouret, une conversation avec Pol
Neveux et Léon Daudet où le poète déclarait : « Mes vers ne
méritent pas d'être réunis. Je ne suis pas un poète! » Devant l'indignation de Daudet, il ajouta : « Non! je suis un versificateur.
C'est différent. » Il n'avait publié alors que *la Muse au cabaret,* 1920,
et on le tenait uniquement pour un poète bachique. On connais-
sait ses *Gazettes rimées,* des milliers de vers publiés de 1886 à 1908
dans *le Courrier français,* de 1897 à 1920 dans *le Journal.* Poète savoureux comme au temps de Saint-Amant et de Scarron, il ressuscitait
cet art de la gazette en rimes (il fit cent cinquante mille vers) comme
au temps de Loret, comme au temps de Barthélemy, et c'est là son
originalité. Il avait de la faconde, de la truculence, une joie gour-
mande, bachique, dionysiaque, et à cela se mêlait de la bonhomie
et de la fantaisie. En bref, il mettait de la poésie dans l'informa-
tion et extrayait de l'actualité ce qu'elle pouvait contenir de réjouis-
sant.

Rimeur, oui, mais non pas rimailleur. Rimeur, ce qui n'exclut
pas poète, car il a écrit aussi de délicieux *Noëls,* il a parlé de la
nature, des fleurs et de l'amour avec art. Certes, avec le Symbolisme,
la poésie perdait ce franc-parler pour rejoindre des horizons plus
vastes, mais il arrive qu'on regrette ce temps des personnages pittoresques qui étaient en même temps que le sel de la vie celui de la
poésie. Il lui est arrivé de se définir :

> Las, pauvre poète burlesque
> Tintamarro-funambulesque,
> Qu'est-ce que je viens faire ici?
> Moi qui m'attarde en quelque sorte
> Si la vanité ne m'emporte,
> Entre Scarron et d'Assoucy.

Il est donc l'unique poète-historien de son temps et l'homme
qui ressuscita de vieux genres. A cheval sur deux siècles puisqu'il
avait cinquante-deux ans en 1900; lorsqu'il mourut à près de
quatre-vingt-dix ans (comme quoi le vin...), on l'enterra en Bretagne auprès de son ami Jean Richepin dont il partage le tombereau.

Parmi ses recueils, nous citons encore *la Muse gaillarde,* 1937,
la Muse vagabonde, 1947. La plupart sont posthumes, car cet homme
sincèrement modeste ne se sentait pas tenu de publier. Qu'il y ait
des scories, certes, mais je défie qu'on s'ennuie en le lisant car il
est plein de trouvailles ingénieuses. Qu'il chante l'eau (car « sans
eau que deviendrait la vigne? ») et c'est pour lui l'occasion de faire
chanter toute la nature. Qu'il imite l'anthologie grecque, il y
ajoute un ton familier qui la rend vivante. Il y a chez lui du Verlaine à la bonne franquette, et du Carco mélancolique. A la fois

pessimiste et amoureux de la vie, d'un physique ingrat, mais d'une belle âme, il sait dans un *Rondel* unir ses contrastes :

> Ah ! la promenade exquise
> Qu'ils ont faite, tous les deux,
> Mon corps, ce monstre hideux,
> Mon âme, cette marquise...

Encore ici un contraste entre la légèreté et la trivialité :

> Et bien moins frileux que des loups,
> Nous nous moquions de la froidure,
> Et si la bidoche était dure,
> Nos dents étaient comme des clous.

> Et les belles nuits que nous eûmes,
> Nuits plus suaves que le miel,
> Avec pour ciel de lit le Ciel,
> Et la mousse pour lit de plumes!

Il n'existe plus de ces poètes au jour le jour dont il représente le dernier exemple, ce bon Ponchon au nom propice à bien des rimes, bouchon par exemple, et ce que nous retenons de lui est ce qui est le plus difficile à citer, les gazettes que Daniel Mouret a si bien définies : « Fantaisie verbale par laquelle Ponchon se crée une langue véritablement personnelle, fabriquant, déformant, triturant les mots, recourant à des archaïsmes savoureux, à des termes latins, russes ou anglais, jouant sur les sonorités, usant du calembour, se lançant dans des énumérations rabelaisiennes, groupant enfin des mots et des expressions insolites, en des comparaisons inattendues, en des contrastes burlesques. » A propos des événements d'aujourd'hui, disons encore avec Daniel Mouret : « Peut-être enfin regrettera-t-il (le lecteur) comme nous que Raoul Ponchon ne soit plus là pour mettre en rimes hebdomadaires et narquoises les événements grands et petits d'un monde particulièrement en folie. »

Nous ajoutons que si cette région de la poésie n'est pas celle que nous préférons, elle mérite considération. Elle est une voie par laquelle une authentique poésie pourrait pénétrer auprès d'un vaste public, le préparant à d'autres lectures. Encore faut-il que le gazetier en rimes soit intérieurement un poète profond, ce qu'était Raoul Ponchon avec sa modestie, sa pudeur et sa manière d'unir le satirique et le satyrique, la belle eau dont on fait le vin et la nature qui les unit, les fugacités de l'actualité et l'aspect intemporel de la vraie poésie. Une œuvre encore à découvrir.

Franc-Nohain.

Nous mordons à pleines dents dans le XXᵉ siècle? Oui, mais ces poètes qui participent de ces deux versants dont 1900 est le pivot correspondent autant à la bohème fin de siècle qu'au renouveau poétique du Surréalisme. Ils feront d'ailleurs école avec maints mouvements et maintes individualités que nous ne négligerons pas comme il est coutume de le faire au nom d'on ne sait quoi, même si nous préférons autre chose. Aucune demeure de la maison n'est négligeable s'il y a création.

Maurice Legrand est connu sous le nom de Franc-Nohain (1872-1934) et ce nom est devenu, comme dit Henri Clouard, « synonyme de raillerie flegmatique, de cocasserie bonhomme ». Un François Caradec saura de nos jours heureusement s'intéresser à lui comme à Ponchon et à d'autres oubliés et dédaignés. Avant le siècle, Franc-Nohain a écrit *Flûtes,* 1898, et ses *Chansons des trains et des gares,* 1900, avant *Dimanches en famille,* 1903, et surtout le recueil des *Fables,* 1923. Comme Ponchon, Franc-Nohain métamorphose le journalisme en une sorte de poésie. Inventant la fable moderne, faisant parler les machines où La Fontaine faisait parler les bêtes, au moyen des drôleries du quotidien, il éveille le grotesque endormi et peut nous attendrir en nous amusant, il rime à la diable dans maints autres recueils comme *le Kiosque à musique,* 1922, ou ses *Nouvelles fables,* 1927. Il écrit aussi pour le théâtre et ses proses de *Jaboune,* 1910, eurent du succès. Quelques titres de poèmes : *la Ballade des cure-dents mélancoliques, l'Opoponax, le Président de la République et le zébu, Vers écrits sur un papier à mouches.* Banville, Glatigny, les Décadents lui ont donné leurs instruments : il est un acrobate de la versification et ses jeux d'esprit bénéficient d'assonances et d'enjambements curieux; ils ne seraient rien cependant si ne s'y ajoutaient son imagination et son sens de la satire. A son propos, François Caradec écrit : « Nourrisson des Muses allaité au sein de François Coppée *(Les Humbles)* et à celui de Mac-Nab *(Les Poëles mobiles),* porté sur les fonts baptismaux par Alphonse Allais (auteur d'un *Poème morne,* traduit du belge), ami de Jarry (dont l'*Ubu-Roi* fut représenté au Théâtre des Pantins avec des *Petits poèmes amorphes* mis en musique par Claude Terrasse), Franc-Nohain est sans doute le seul poète français qui ait, volontairement, quitté l'administration pour tenter de vivre de sa plume. » Il y a une telle diversité dans ces *Poèmes amorphes,* réédités en 1969 par Jean-Jacques Pauvert, qu'une citation ne donnerait qu'une idée vague de son art. *La Cantilène des trains qu'on manque, la Berceuse obscène, la Chanson du porc-*

épic, la Plainte du billard nostalgique, les Cure-dents se souviennent...
autant de fables réjouissantes dans des régions proches de celles de
Cami, Prévert ou Queneau. C'est une fête du non-sens :

> Ô superbe, courbe la tête :
> Tu ne seras jamais la roue de la bicyclette
> Avec laquelle on va jusqu'à Saint-Pétersbourg.

L'actualité l'inspire, y compris le slogan publicitaire :

> Le COALTAR SPONINE LEBEUF
> Ferait croître le poil sur des coquilles d'œuf.

Tout le monde poète, dit un titre et cela « par les nouveaux procédés
amorphes de Franc-Nohain ». Il rit à la barbe des pontes et des
potiches, cet ancien avocat et même sous-préfet; il est un gentil
pourfendeur et l'on rapproche de lui un gentil mystificateur, son
confrère avocat Georges Fourest (1867-1945) que nous trouverons
(ah! les dates...) dans le prochain volume. Ces poètes préparent
l'école fantaisiste et, sous le signe de l'humour de diverses couleurs,
un certain surréalisme n'est pas si éloigné d'eux qu'on le pourrait
croire.

Retour au Chat Noir : l'étrange Rollinat.

Lorsque nous lisons la *Chanson du vieux braconnier sourd* de
Maurice Rollinat (1846-1903) extraite de ses *Paysages et paysans,* 1899,
nous ne doutons pas qu'il soit un poète du *Chat Noir :*

> Moi qui, d'fait, n'entends rien, q'ça criaille ou q'ça beugle! −
> On dit q'chez les aveugl', homm' ou femm', jeun's ou vieux,
> L'astuce de l'oreill' répar' la mort des yeux...
> Voyez c'que c'est! chez moi c'est au r'bours des aveugles!

On l'a dépeint chantant au célèbre cabaret, le corps à demi
tourné vers le public, compositeur-auteur-interprète, comme on
dit aujourd'hui, avec « cette belle tête pâle et noire, cette bouche
tordue par un rictus effroyable, cette face de terreur et d'agonie... »
Un autre portrait par Émile Gourdon : « Prenez un Berrichon de
George Sand, moitié paysan, moitié monsieur; laissez-le vaguer
toute son existence à travers les landes des environs de Château-
roux, dans ce pays embrumé où l'on rencontre encore des sorcières
et où, près des mares, valsent en rond les feux follets, farfadets et
farfadettes; puis plongez cet être mystique, mystifié par l'apparence
des choses dans le milieu parisien, brutal et intense; donnez à ce
Berrichon l'existence maladive d'un dépaysé; vous aurez Rollinat. »
Il est bien de sa terre, on le voit encore dans ces recueils : *Dans*

les brandes, 1877, *la Nature,* 1892, *le Livre de la nature,* 1893, et il aurait pu prendre place auprès de Lapaire ou de Nigond parmi les gens de terroir, mais il a une autre dimension. On voit dans ses *Brandes* qu'il est attiré par les épouvantes et recherche comme Baudelaire dont il est proche (comme du Belge Iwan Gilkin) les visions étranges, le monde du cauchemar et des fleurs vénéneuses. Dans ce premier recueil, on trouve cependant, auprès du *Crapaud,* des oasis de fraîcheur, des coins de campagne qu'égaient pinsons et merles, où les gardeuses de vaches ou la laveuse apportent la gaieté de leurs chansons, où des rondels apportent une note légère. Voici un tableau des *Gardeuses de boucs :*

> Les fillettes sont un peu rousses,
> Mais quelles charmantes frimousses,
> Et comme la croix d'or sied bien à leurs cous blancs!
> Elles ont l'air étrange, et leurs prunelles douces
> Décochent des regards troublants...

Le bouc, le crapaud, les reptiles, les corbeaux, les rapaces nocturnes, il trace un univers de la peur parce que c'est dans sa nature. Ce côté lugubre ira en s'accentuant dans *les Névroses,* 1883, son livre le plus connu. Il suit Baudelaire comme Baudelaire suivait Edgar Poe. Il ne s'agit pas d'une pose, mais d'un chant sincère où apparaissent « le martyre de la rage », « les angoisses de la folie encore consciente ». C'est l'univers obscur des squelettes et de la putréfaction, des moisissures, des voix violentes et désespérées, des anathèmes contre tout, des spectres, des ténèbres. On pense à Baudelaire, mais aussi au Gautier de *la Comédie de la mort,* au Hugo de *l'Épopée du ver,* au Richepin des *Blasphèmes;* la réserve qu'on peut faire, c'est que le goût montmartrois du cabaret du *Néant* ajoute quelque outrance à tout cela. On est tenté de dire que Rollinat « en fait trop » et qu'à partir d'un sentiment sincère il ne retient de ses maîtres que l'aspect extérieur trop visible, mais il a un peu de ce qu'il dépeint :

> Le strident quintessencié,
> Edgar Poe, net comme l'acier,
> Dégage un frisson de sorcier
>   Qui vous envoûte!
> Delacroix donne à ce qu'il peint
> Un frisson d'if et de sapin,
> Et la musique de Chopin
>   Frissonne toute.

Justement, il envoûte davantage quand c'est moins voulu, dans ses paysages par exemple de *la Nature,* plus que dans *l'Abîme,* 1886, qu'on place auprès des *Névroses.* Là, il chante les saisons de la nature et les personnages des paysans, avec une description minutieuse, assez poussée et pleine d'un délicat impressionnisme. Il en viendra dans *Paysages et paysans* à ce ton rustique et patoisant assez authentique. Plus que ces divers recueils, une mince postérité a choisi les plus frappantes *Névroses* où les images sont fortes dans cinq parties intitulées *les Ames, les Luxures, les Refuges, les Spectres, les Ténèbres*. Quels personnages trouve-t-on ? *L'Amante macabre* représentée par un squelette assis au piano ; *la Buveuse d'absinthe* toujours enceinte comme le dit la rime ; *l'Enterré vif* qui montre l'agonie d'un homme se réveillant dans son cercueil ; *Mademoiselle Squelette,* la phtisique qui se pend ; *le Mauvais mort* qui donne une idée de sa manière :

Viande, sourcils, cheveux, ma bière et mon linceul,
La tombe a tout mangé : sa besogne est finie;
Et dans mon souterrain je vieillis seul à seul
Avec l'affreux silence et la froide insomnie.

Mon crâne a constaté sa diminution,
Et, résidu de mort qui s'écaille et s'émiette,
J'en viens à regretter la putréfaction
Et le temps où le ver n'était pas à la diète.

Mais l'oubli passe en vain la lime et le rabot
Sur mon débris terreux de plus en plus nabot :
La chair de femme est là, frôleuse et tracassière!

Pour des accouplements fourbes et scélérats
Le désir ouvre encor ce qui fut mes deux bras,
Et ma lubricité survit à ma poussière.

Au fond, on préfère ses tableaux naturalistes comme *la Belle fromagère* ou *la Vache au taureau*. Comme dit Edmond de Goncourt : « Il est impossible de mieux faire valoir, de mieux monter en épingle, la valeur des mots et, quand on entend cela, c'est comme un coup de fouet donné à ce qu'il y a de littéraire en vous. » Jules Barbey d'Aurevilly nous surprend quelque peu : « Inférieur à Baudelaire pour la correction lucide et la patience de la rime qui le font irréprochable, Rollinat pourrait bien lui être supérieur ainsi qu'à Edgar Poe par la sincérité et la profondeur de son diabolisme. » Visiblement, cette comparaison n'est pas raison.

Un jour, Rollinat retourna dans son pays natal, celui de George Sand, celui de ces paysans qu'il a mis dans ses poèmes avec un lyrisme plein de suc, puis ses troubles cérébraux le firent entrer dans une maison de santé. L'ancien Hydropathe du célèbre cabaret était névropathe. Ses *Névroses* n'étaient pas littérature, mais il lui manquait, à ce grand talent, le génie d'un Nerval ou d'un Baudelaire.

Quoi qu'il en soit, Rollinat, par sa langue sonore, sobre, aux arêtes vives, par sa fermeté de poète, mérite une place dans les anthologies où on le laisse généralement à la porte.

Les Heurs et les malheurs.

Comme dans le passé, au XIXe siècle, la poésie n'a cessé de s'accorder aux grands moments historiques, de 1830, de 1848, de 1852 ou de 1870-1871, nous l'avons vu avec Victor Hugo présent partout, avec Alfred de Musset et son *Rhin allemand* ou Lamartine et sa *Marseillaise de la paix,* avec Auguste Barbier, Casimir Delavigne, Béranger, Hégésippe Moreau, Gautier, Nerval, les bousingots, Joseph Autran et Auguste Brizeux, les chansonniers comme Pierre Dupont, les francs-tireurs de la poésie. La défaite, la Commune, ont été chantées à des titres divers par tant de poètes qu'il est difficile de les citer tous. Nommons Eugène Manuel, Théodore de Banville, Jules Barbier (1825-1901) et son *Franc-Tireur,* 1871, sa *Gerbe,* 1882, sa *Fleur blessée,* 1890, François Coppée, Leconte de Lisle, Sully Prudhomme, Émile Bergerat, Édouard Pailleron, Catulle Mendès, Auguste Lacaussade, André Theuriet, Albert Delpit, Félix Franck, Louis Gallet, Édouard Grenier et *Marcel,* Mme Ackermann, les poètes satiriques, patriotiques, révolutionnaires, et tout ceux-là qui, jusqu'à une nouvelle guerre, ne cesseront de dire leur sentiment.

On aime que ces voix soient généreuses ou graves ou recueillies. Mais combien jouent sur de faciles grands sentiments. Le Nîmois Henry Maystre crie *Vengeance,* 1872, en disant les malheurs de la France. Henri de Bornier (1825-1901), dramaturge et poète académique, dans *la Fille de Roland,* 1875, rappelle que la France a deux épées, Joyeuse et Durandal. Des romantiques *Premières feuilles,* 1845, à *France... d'abord,* 1899, il écrit sur le même ton. *L'Isthme de Suez,* 1861, ou *la France dans l'extrême Orient,* 1863, l'ont inspiré. Marc Bonnefoy (1840-1896) chante *Dieu et la Patrie,* 1874. Gabriel de Pimodan (1856-1924), duc et officier, a publié *Lyres et clairons,* 1881, *Soirs de défaite,* 1887, mais de temps en temps il quitte les poèmes militaires pour des élégies sensibles, des chants très humains : *le Coffret de perles noires,* 1899, *Sous les hêtres de l'Est,* 1911. Auguste Baluffe (1843-1890) a donné, après *les Cigarettes, sonnets en l'air,* 1874, de patriotiques *Sonnets sonnants,* 1888. Eugène de Lonlay des *Hymnes et chants nationaux.* Et l'on rappelle d'Alexandre Parodi (1842-1901) *Passions et idées,* 1865, les *Nouvelles messéniennes,* 1867, *Cris de la chair et de l'âme,* 1883.

La Poésie des complaintes.

Parallèlement aux poésies des diverses écoles, l'histoire de France est rythmée par les chansons. Une poésie de l'effroi se répand dans les complaintes qui, au XIXe siècle, après s'être attachées aux événements nationaux, vont se consacrer aux crimes célèbres. Tandis que pendant les Cent-Jours, on chantait *l'Ogre de Corse* ou *l'Homme rouge,* sous Louis XVIII l'assassinat du duc de Berry, ou sous Louis-Philippe l'attentat de Fieschi, la voix populaire effraie les chaumières par ses couplets faciles. On se souvient de ces vers délicieux :

> J'ai tant tué de petits lapins blancs
> Que mes souliers sont pleins de sang.
> — Tu as menti, faux traître!
> Je te ferai connaître.
> Je vois à tes pâles couleurs
> Que tu viens de tuer ma sœur.

Une des plus célèbres complaintes sera celle de Fualdès :

> Écoutez, peuples de France,
> Du royaume de Chili,
> Peuples de Russie aussi,
> Du Cap de Bonne-Espérance,
> Le mémorable accident
> D'un crime très conséquent.
>
> Capitale du Rouergue,
> Vieille ville de Rodez,
> Tu vis de sanglants forfaits
> A quatre pas de l'Ambergue,
> Faits par des cœurs aussi durs
> Comme tes antiques murs.

Pas un crime qui ne fasse naître ces accents de burlesque naïf et maladroit. Les crimes supposés de l'auberge sanglante de Peyrebeille donneront lieu à de nombreuses compositions, avec des débuts écrits selon un modèle invariable :

> Chrétiens, venez tous écouter
> Une complainte véritable :
> C'est de trois monstres inhumains
> Leurs crimes sont épouvantables,
> Il y a bien environ vingt ans
> Qu'ils assassinaient les passants.

Au moment de l'affaire Vacher, le tueur de berger, dont René Tavernier est l'historien et son fils Bertrand le cinéaste, Raoul Ponchon a repris le genre avec humour :

> Écoutez, hommes et femmes,
> Pantagouriches aussi :
> Je vais vous conter ici
> L'histoire d'un monstre infâme
> Qui, par-dessus le marché,
> Répond au nom de Vacher.

Pas une affaire criminelle qui n'ait sa complainte. Cela procède du roman noir transposé dans la réalité la plus immédiate. Les strophes s'ajoutent les unes aux autres interminablement mêlant le sang et les larmes, faisant naître un merveilleux particulier où les gens simples reconnaissent leurs terreurs intimes. Un poète comme Laforgue saura y puiser une bonne part de son art. Plus tard, Bertold Brecht *(la Complainte de Mackie)* ou Robert Desnos *(la Complainte de Fantomas)* sauront distinguer ce qu'il y avait de profondément touchant et de réellement fantastique dans une forme aujourd'hui délaissée et qui, pour beaucoup, aux temps encore bien frappés d'obscurantisme, était une forme d'expression poétique.

Participant du même univers, les almanachs, les livres de colportage continuent au XIXe siècle à apporter les fruits le plus souvent anonymes de la création du peuple. Auprès de naïvetés balbutiantes et de niaiseries même, on trouve parfois, dans une manière d'utiliser les ressources du folklore et les maladresses voulues de véritables petits chefs-d'œuvre. Comme dit Claude Roy : « La véritable poésie populaire n'est pas une poésie un peu moins bonne que la bonne poésie " savante ", c'est une poésie aussi belle, mais qui est simplement plus immédiatement universelle, et plus innocente. » En parcourant comptines et complaintes, chansons de travail, rondes et berceuses, devinettes et formulettes magiques où sont présentes les préoccupations des hommes, l'amour, la misère, la mort, les saisons et les jours, les croyances et les peurs, on s'aperçoit qu'il y a parfois quelque chose d'intemporel dans leur composition. La mémoire collective, la permanence des sentiments, s'il n'y a pas une référence historique donnée, semblent hors du temps horaire et les enchantements sont infiniment durables.

4

Les Créatrices

A LA fin du XIXᵉ siècle, après l'époque de Louise Ackermann et
d'Anaïs Ségalas, bien longtemps après celle de Marceline
Desbordes-Valmore ou Élisa Mercœur, et en attendant quelques
poètes remarquables du début du siècle, Anna de Noailles étant la
plus souvent citée, Renée Vivien la plus originale, quelques
noms s'imposent tout particulièrement. Il y a certes Louisa Siefert,
Marie Nizet et Marie Dauguet qui sont de bonne qualité moyenne,
mais une Louise Michel et une Marie Krysinska sont d'une autre
trempe.

Louise Michel, la Velléda de l'anarchie.

Élevée au château de Vroncourt par Mᵐᵉ Demahis, intellectuelle
à la mode du siècle précédent et qui savait relater en vers les événements familiaux, celle qu'Édith Thomas appelle « la Velléda de
l'anarchie », Louise Michel (1830-1905), commença par écrire de
bien paisibles poèmes :

> Je n'ai jamais franchi nos paisibles villages
> Et cependant mon front est avide d'orages...

Avant que se lèvent ces orages désirés, elle écoute « le murmure
du saule et des roseaux sur l'onde », se dit « modeste fileuse » ou
pleure en élégiaque la fuite des heures. Si, en 1849, elle proteste
contre la loi sur les déportations, elle en appelle à l'unité de manière
bien sage :

> Grâce pour les descendants
> Ô grâce au nom de Louis seize
> Pour les fils de la royauté

Et pour les hordes populaires.
Miséricorde, car leurs pères
Sont tous morts pour la liberté.

Cette jeune fille bien élevée, devenue institutrice, s'adresse à Victor Hugo : « Qui donc sera mon guide? Est-ce Mozart ou toi? » Elle ne sait pas encore que son guide sera la misère humaine. Lorsque, loin de son village, elle prendra conscience de la condition des humbles et des travailleurs, sa poésie sera engagée :

Dans la nuit, on s'en va, marchant en longues files
Le long des boulevards, disant la paix! la paix!

Sa plume étant mise au service de la révolution, sous le signe de la générosité humaine, ce qu'elle écrira sera au service de ses idées. Auprès de romans à tendances sociales, écrits en collaboration, comme *la Misère*, 1881, *les Méprisées*, 1882, *La Fille du peuple*, 1883, *le Bâtard impérial*, 1883, *les Microbes humains*, 1886, *le Monde nouveau*, 1888, et encore *le Claque-dents*, 1890, il y a ses *Mémoires*, dès 1886, ses drames comme *Nadine*, 1882, *le Coq rouge*, 1883, ses *Œuvres posthumes*, 1905, que préface Laurent Tailhade, il y a ses poèmes *A travers la vie*, 1888, *Au gré du vent*, 1912, ou *Fleurs et ronces*, 1913, posthumes.

Pour la poésie, Alphonse Séché ou Rosemonde Gérard l'oublieront dans leurs anthologies, préférant quelques femmes du monde de peu d'intérêt, mais Jeanine Moulin la retiendra, ce qui est justice. Elle n'est sans doute pas une novatrice, Louise Michel, elle se sert du matériau poétique existant, se référant à l'art de Lamartine ou de Victor Hugo, celui qu'entendent ses contemporains, mais elle offre le premier exemple moderne d'une femme poète engagée. Édith Thomas nous a conté sa vie de luttes, ses emprisonnements, sa transportation après la Commune. Ici, après avoir fait les cornes à tous ceux qui l'ont oubliée dans leurs choix de poètes féminins ou masculins, nous citerons le début de sa *Chanson de cirque* :

Les hauts barons blasonnés d'or,
Les duchesses de similor,
Les viveuses toutes hagardes,
Les crevés aux faces blafardes,
Vont s'égayer. Ah! oui, vraiment,
Jacques Bonhomme est bon enfant.

C'est du sang vermeil qu'ils vont voir.
Jadis, comme un rouge abattoir,
Paris ne fut pour eux qu'un drame
Et ce souvenir les affame;

> Ils en ont soif. Ah! oui, vraiment,
> Jacques Bonhomme est bon enfant.

Nous citerons des vers romantiques aussi :

> Grondez, grondez, flots monotones!
> Passez, passez, heures et jours!
> Frappez vos ailes, noirs cyclones!
> Ô vents des mers, soufflez toujours!
> Emportez, houles monotones,
> Hivers glacés, pâles automnes,
> Et nos haines et nos amours!

Mais ce sont ses poèmes de la Commune qui sont les plus énergiquement frappés. Ainsi *les Œillets rouges* :

> Dans ces temps-là, les nuits, on s'assemblait dans l'ombre,
> Indignés, secouant le joug sinistre et noir
> De l'homme de Décembre, et l'on frissonnait, sombre
> Comme la bête à l'abattoir.
>
> L'Empire s'achevait. Il tuait à son aise,
> Dans son antre où le seuil avait l'odeur du sang.
> Il régnait, mais dans l'air soufflait la Marseillaise.
> Rouge était le soleil levant.
>
> Il arrivait souvent qu'un effluve bardique,
> Nous enveloppant tous, faisait vibrer nos cœurs.
> A celui qui chantait le recueil héroïque,
> Parfois on a jeté des fleurs.
>
> De ces rouges œillets que, pour nous reconnaître,
> Avait chacun de nous, renaissez, rouges fleurs.
> D'autres vous répondront aux temps qui vont paraître,
> Et ceux-là seront les vainqueurs.

De sa prison encore, elle s'adresse à Théophile Ferré, condamné à mort, et charge le rouge œillet de lui parler :

> Dis-lui que par le temps rapide
> Tout appartient à l'avenir
> Que le vainqueur au front livide
> Plus que le vaincu peut mourir.

Et l'on voudrait citer maints poèmes de la maison d'arrêt de Versailles comme *A mes frères, la Révolution vaincue,* d'autres poèmes de captivité ou d'exil où le romantisme héroïque se mêle au romantisme élégiaque. Voici le début du *Chant des captifs :*

> Ici l'hiver n'a pas de prise,
> Ici les bois sont toujours verts;
> De l'océan, la fraîche brise
> Souffle sur les mornes déserts
> Et si profond est le silence

Que l'insecte qui se balance
Trouble seul le calme des airs.

Cette femme qui mena une vie ascétique et ne fut que générosité et courage, portant partout l'aide sociale (par exemple en distribuant l'argent de sa dot), qui donna tout d'elle-même, était un poète, et l'on sait que poésie et fraternité marchent main dans la main.

Marie Krysinska, l'oubliée.

Qui, hormis les spécialistes, connaît Marie Krysinska (1864-1908)? On a oublié que dans *la Chronique parisienne,* en 1881, sous sa signature naquit le vers libre. Henri Clouard la dit « obscure épave des naufrages internationaux » et à propos de *Rythmes pittoresques,* 1890, *Joies errantes,* 1894, *Folle de son corps,* 1896, parle de rocailles, de maladresses sauvages ou de hardiesses disgracieuses. On aime y regarder de plus près. Les deux premiers sont des livres de poèmes, le troisième est un roman de peu d'intérêt en effet. Marie Krysinska, fille d'un avocat de Varsovie, vint à Paris dès l'âge de seize ans pour y suivre les cours du Conservatoire de Musique. Elle épousa un peintre, Georges Bellanger, et fréquenta assidûment *les Hydropathes* et *le Chat Noir,* composant des mélodies sur les textes de ses amis comme Jean Lorrain, Charles Cros, Maurice Donnay, et maints auteurs de poèmes ou de couplets. Sans lui attribuer du génie, du moins peut-on considérer que, musicienne, grâce à sa science des rythmes, sans émettre de brillantes théories, elle a pu inventer sa formule poétique en s'affranchissant des rigueurs prosodiques sans quitter l'harmonie.

Il lui est arrivé de se révolter contre l'injustice d'une obscurité dans laquelle l'ont tenue les poètes symbolistes attachés au vers libre : « Cette formule nouvelle a eu cette particularité de faire surgir une quantité considérable de chefs d'écoles, qui ont passé ces quinze dernières années littéraires à se dénombrer et à se congratuler sans jamais nommer l'auteur des *Danses* et de ce *Hibou* avec lequel Mme Segond-Weber fit un triomphal retour à Paris par la menue porte de la Bodinière. » Temps lointains, souvenirs perdus, rendons-lui justice après plus de trois quarts de siècle en citant le début de ce *Hibou* justement dédié à Maurice Rollinat :

Il agonise, l'oiseau crucifié, l'oiseau crucifié sur la porte.
Ses ailes ouvertes sont clouées, et de ses blessures, de grandes perles de sang tombent lentement comme des larmes.
Il agonise l'oiseau crucifié.
Un paysan à l'œil gai l'a pris ce matin, tout effaré de soleil cruel, et l'a cloué sur la porte.

Il agonise, l'oiseau crucifié.

Et maintenant, sur une flûte de bois, il joue, le paysan à l'œil gai.

Il joue assis sous la porte, sous la grande porte, où, les ailes ouvertes, agonise l'oiseau crucifié.

Le soleil se couche, majestueux et mélancolique —, comme un martyr dans sa pourpre funèbre;
Et la flûte chante le soleil qui se couche, majestueux et mélancolique.

Les grands arbres balancent leurs têtes chevelues, chuchotant d'obscures paroles;
Et la flûte chante le soleil qui se couche, majestueux et mélancolique.

Ailleurs, dans une *Chanson d'automne,* par exemple, elle use de cet art de la reprise de mêmes mots simples :

Sur le gazon déverdi, passent — comme un troupeau d'oiseaux chimériques — les feuilles pourprées, les feuilles d'or,
Emportées par le vent qui les fait tourbillonner, éperdument.
Sur le gazon déverdi, passent les feuilles pourprées, les feuilles d'or. [...]

Le ciel morose pleure et regrette les chansons du rossignol;
Le ciel morose pleure et regrette les féeries des rosiers et les fiançailles des papillons;
Le ciel morose pleure et regrette toutes les splendeurs saccagées.

Tandis que le vent, comme un épileptique, mène dans la cheminée l'hivernal orchestre.
Sonnant le glas pour les violettes mortes et pour les fougères,
Célébrant les funérailles des gardénias et des chèvrefeuilles.

Ailleurs, dans un *Camaïeu* pour Mme Du Barry, elle mêlera tout le rose (la chambre, la soie, le bonheur du jour en bois de rose, la rose piquée dans les cheveux) préparé pour poser devant François Bouchet au rouge sanglant de l'échafaud pour former cette composition avec tous les tons d'une même couleur. Nous pourrions parler d'humour noir si Marie Krysinska n'y mettait de l'ingénuité. Dans des poèmes en vers libres comme *Ames sonores,* elle fait revivre les grands musiciens, ou bien, dans une *Symphonie des parfums,* elle nous annonce que « les rythmes et les parfums se confondront en une subtile et unique symphonie ». Dans sa préface aux *Rythmes pittoresques,* J.-H. Rosny écrit : « Votre prose rythmée possède une harmonie délicate; l'euphonie des mots, le système des assonances, la modulation de la période, et, d'autre part, la grâce, l'inattendu, la concentration, la saveur des images ne laissent pas un instant de doute sur le caractère nettement et bellement poétique de votre travail... » Elle-même, dans les avant-propos de ses recueils, a défini son art poétique avec une grande rigueur.

Louisa Siefert, Marie Dauguet, Lydie de Ricard, Hélène Vacaresco, Judith Gautier...

Dans la ville de Louise Labé, la Lyonnaise Louisa Pène-Siefert (1845-1877), parce qu'elle était malade et immobilisée sur sa chaise longue, écrivit des poèmes sur le ton de la confidence touchante et noble, que remarqua Charles Asselineau qu'elle faillit épouser. C'est lui qui fit connaître *les Rayons perdus,* 1868, qui obtinrent un succès, confirmé par *l'Année républicaine,* 1869, *les Stoïques,* 1870, *Saintes colères,* 1871. Son inspiration peut être patriotique et libérale. Elle est surtout familière, stoïque et excelle dans l'expression des sentiments :

> Rentrez dans vos cartons, robe, rubans, résille!
> Rentrez, je ne suis plus l'heureuse jeune fille
> Que vous avez connue en de plus anciens jours.
> Je ne suis plus coquette, ô mes pauvres atours!
> Laissez-moi ma cornette et ma robe de chambre,
> Laissez-moi les porter jusqu'au mois de décembre;
> Leur timide couleur n'offense point mes yeux :
> C'est comme un deuil bien humble et bien silencieux,
> Qui m'adoucit un peu les réalités dures.
> Allez-vous-en au loin, allez-vous-en, parures!
> Avec vous je sens trop qu'il ne reviendra plus,
> Celui pour qui j'ai pris tant de soins superflus!

Elle envie ces femmes menant une vie normale qu'elle aperçoit *Par la fenêtre.* Tantôt, elle dit son *Désir,* ou combien *Il est doux de s'aimer;* tantôt, c'est l'amertume d'une *Bataille perdue :*

> Au fond ce qui domine en moi, c'est le dégoût,
> C'est l'ennui, c'est la lassitude.
> Le curieux vivait pour vivre jusqu'au bout :
> Je ne vis que par habitude.

Sa poésie est sans cesse celle de l'adieu à la vie, à tout ce qui lui est refusé et, parce qu'elle est vraie, elle n'est jamais mièvre. « Si je voulais chanter, ma voix se briserait » dit-elle dans *l'Orage* et elle sait regarder *la Mort* en face :

> Dormir, oublier! Puis, toute l'éternité,
> Rêver d'amour sans fin, rêver de pain sans lutte,
> Ne plus craindre à mes pieds le piège ni la chute,
> Et poursuivre à loisir l'idéale beauté!

Ses vingt ans lui ont inspiré un *Pantoum* mélancolique :

Au clair soleil de la jeunesse,
Pauvre enfant d'été, moi, j'ai cru.
— Est-il sûr qu'un jour tout renaisse,
Après que tout a disparu?

Pauvre enfant d'été, moi, j'ai cru!
Et tout manque où ma main s'appuie.
— Après que tout a disparu
Je regarde tomber la pluie.

Et tout manque où ma main s'appuie.
Hélas! les beaux jours ne sont plus.
— Je regarde tomber la pluie...
Vraiment, j'ai vingt ans révolus.

Les poèmes de Louisa Siefert, nés d'une souffrance profonde, dépassent les élégies touchantes pour atteindre à la beauté.

Rappelons Marie Nizet que nous n'avons pas séparée de ses compatriotes belges, Alice de Chambrier en Suisse, nos chansonnières ou nos Occitanes déjà citées avant de trouver chez Marie Dauguet (1865-1942) un intense sentiment de la nature dès *la Naissance du poète*, 1897, ou *A travers le voile*, 1902, où sa ballade du *Printemps* dit déjà une richesse qui s'épanouira dans notre siècle :

Tout vain désir avec toute pensée expire,
Et ma vie effacée, incertaine, recule,
Car voici, déversé, qu'autour de moi soupire
Le printemps, océan chantant qui s'accumule.
L'immense amour frémit en chaque molécule,
Éclate, et craque, et monte, et brise les cloisons,
Éternel flux berceur dont la force circule
De mon cœur attiédi aux primes floraisons.

Plus tard, ce seront *les Paroles du vent*, 1904, *Par l'amour*, 1906, *Clartés*, 1907, *les Pastorales*, 1909, *l'Essor victorieux*, 1911, *Ce n'est rien, c'est la vie*, 1924. On retiendra surtout son sens de la nature, son sens panthéiste qui lui fait dire : « Je vivrai dans l'odeur des glèbes embuées » ou « les purins noirs, chamarrés d'or ». Dans ses derniers poèmes, elle ira vers le vers libre, chantant *l'Amant* avec un souvenir du *Cantique des Cantiques :*

Tu es la vigueur du soleil
Et ta sève embaume,
Elle est un ruisseau de Mai sous l'aubépine,
Plus douce que la fleur du sureau.
Tu te dresses et tu es la force de la forêt,
Son mouvement dans la lumière.
Ta poitrine est rude sous ma joue,
Tes reins blessent mes mains nouées.
Tu es rude comme un chêne.

Je t'ai baisé comme un rouge-gorge dans ma main,
J'aime la tiédeur de ton corps dans ma main.

Sa passion la guide ainsi vers un érotisme transcendé mais assez clair. Sa sensualité est partout dans son œuvre, et même au cœur de la campagne :

Quand la sève en vertige, avec des frissons blêmes,
Met au cœur de la plante un sensuel émoi
Et fait jaillir la fleur du bourgeon trop étroit,
Je vivrai dans l'odeur du grand spasme suprême.

Née d'un père Écossais et d'une mère Flamande, Lydie Wilson épousa Louis-Xavier de Ricard et connut donc l'univers du *Parnasse contemporain*. Elle fut donc Lydie de Ricard (1850-1878) et le temps d'une vie courte et bien remplie fut un poète français influencé par les poètes lakistes anglais. Suivant son mari dans le Midi, elle s'essaya à l'art des félibres. Morte poitrinaire, son mari réunira ses œuvres françaises et occitanes sous le titre *Aux bords du Lez*, 1891. On trouve des poèmes tournés vers l'enfance des « poupons potelés aux bouchettes de lin sauvage » où elle fait passer sans cesse l'âme-lette ronsardelette, tandis qu'ailleurs, elle s'épanouit dans la nature ou chante un *Crépuscule :*

Car le rêve, tandis que s'anuitent les prées,
En la calme tiédeur de ces belles vêprées,
          Devient lueur,
Et quand, pour les regards, les formes se font vaines,
Alors l'essaim charmant des visions sereines
          S'éveille au cœur...

La Roumaine Hélène Vacaresco (1866-1947) fut fêtée par la reine Carmen Sylva comme par Hugo et Leconte de Lisle. Si son dernier livre, *Mémorial sur le mode mineur,* 1946, n'est pas si lointain dans le temps (ses rois, ses margraves, ses hospodars eux le sont), on goûta ses *Chants d'aurore,* 1886, *l'Ame sereine,* 1896, ses recueils de ballades roumaines, *Lueurs et flammes,* 1903, avant ses poèmes *Dans l'or du soir,* 1928. Longtemps avant Anna de Noailles, elle a exprimé son moi avec un mélange de grâce mélancolique et d'ardeur fiévreuse, comme dans cette *Envolée :*

Il est parfois des jours où l'on rêve d'espace,
Où tout nous semble étroit, où tous les horizons
Oppriment le désir de s'envoler qui passe
En nous, comme un parfum d'avril dans les prisons.

Alors rien ne paraît assez grand pour nos âmes,
Ni les abîmes clairs où vibrent les soleils,
Ni les océans bleus qui déroulent leurs lames
Jusque dans la splendeur des grands lointains vermeils.

Ce ton, vingt ans après qu'elle l'ait donné, fera la fortune de bien des femmes poètes du début de notre siècle et l'on aura trop tendance à oublier l'attachante Vacaresco dont les recueils recèlent bien des beautés, mais qu'on exile on ne sait pourquoi des anthologies au profit d'autres qui ne la valent pas.

C'est aussi le cas pour Judith Gautier (1850-1917), la fille du bon Théo, l'épouse de Catulle Mendès, qui sera le premier membre féminin de l'Académie Goncourt. Elle fit la connaissance d'un vieux Chinois hôte de son père et se passionna pour l'Extrême-Orient, publiant *le Livre de jade*, 1867, *Poèmes de la libellule*, 1885, *Poésies*, 1911. La plupart de ces œuvres poétiques sont des traductions, et aussi *les Parfums de la pagode*, 1919, posthume, mais en bien des endroits la création est personnelle. Ses romans, ses adaptations exotiques, ses ouvrages sur Wagner affirment l'unité de son œuvre. On a pu dire que sa couleur locale était superficielle et qu'elle n'a révélé l'Orient qu'en surface, mais ne peut-on pas le dire de nombre de parnassiens?

Elle ne resta pas longtemps la femme de Catulle Mendès et celui-ci épousa une autre femme poète, Jane Catulle Mendès (1867-1965), dont *les Charmes*, 1904, *le Cœur magnifique*, 1909, dont les épanchements lyriques, quoique prosaïques, ne manquent pas de sensibilité.

Un Tour d'horizon.

Des noms encore après la période romantique. Qui n'a entendu au moins le nom de Zénaïde Fleuriot (1829-1890) devenu le synonyme de romancière sentimentale et moralisatrice pour jeunes filles du monde? Elle fut le poète d'*A l'aventure*, 1870, bien pâle recueil. On ne connaît guère Marie Saffray, dite Raoul de Navery (1831-1885), auteur de quatre recueils de vers comme *les Prismes*, 1858, sans grand intérêt; Nelly Lieutier poète de la nature; Jenny Sabatier (née en 1840) dont les mièvres *Rêves de jeunesse*, 1863, font des enfants les « rossignols des familles »; Jeanne Loiseau dite Daniel Lesueur (1862-1921) et ses *Fleurs d'avril*, 1882; Berthe Le Barillier dite Jean Bertheroy (1868-1927) pour ses poèmes dans le genre antique... Nous pourrions beaucoup citer, car c'est le temps où la poésie est pour beaucoup de dames une occupation mondaine. On remarquera simplement au passage le goût du pseudonyme masculin que les circonstances sociales, la prédominance masculine, expliquent.

Juliette Adam (1836-1936) passera assez vite de la poésie à la politique. Amélie Gex (1837-1883) écrit en français ou en savoyard.

Ses compatriotes l'appellent « la Muse de Chambéry ». Dans les deux langues, elle exprime les mœurs simples, les travaux domestiques, les coutumes, les légendes, et comme elle a le sens de l'observation, comme elle est attentive aux voix de la nature, son lyrisme est concret et ne se perd pas comme tant de ses sœurs dans de vagues évanescences. On aime *les Noilleurs,* ses casseurs de noix, on aime ses parfums agrestes et sa vérité, que ce soit dans *los Reclans de Savoué,* 1880, ou dans *Feuilles mortes,* 1895.

Lorsque Jules Lemaitre dit de Julia Daudet (1847-1940), qu'il appelle bien sûr Mme Alphonse Daudet, qu'elle a des qualités féminines et qu'elle est « la plume la plus sensationnelle du sexe sentimental », il montre bien qu'il n'attribue pas d'autre ambition à la femme. Il est vrai que les recueils de Julia Daudet : *Enfants et mères,* 1889, *Poésies,* 1895, *Reflets sur le sable et sur l'eau,* 1903, *Au bord des terrasses,* 1906, gentils, simples et frais, ne sont pas d'une grande originalité. On préfère ses souvenirs d'enfance.

Dans la parenté d'écrivains, on trouve la nièce d'Auguste Maquet, Thérèse Maquet (1858-1891) que Massenet mettra souvent en musique. Dans ses *Poésies posthumes,* 1892, auprès de petits poèmes sentimentaux ou élégiaques, sa *Nymphe captive* où passent des Naïades « et les grands faunes roux aux prunelles brillantes » est richement harmonieuse :

> Seule à jamais! couchée au sol, l'âme troublée,
> Pleine d'un regard vague et d'un désir sans fin,
> Elle reste immobile, et sa pose accablée
> Du contour délicat accuse le dessin.
> Son corps souple et charmant fait une lueur blanche
> Entre les durs profils des rocs irréguliers;
> La tunique aux plis droits a glissé sur sa hanche,
> Des bandelettes d'or les bouts sont déliés,
> Et ses cheveux légers que le vent éparpille
> D'une vapeur ambrée auréolent son front.

Rosemonde Gérard (1871-1953) venait de faire paraître *les Pipeaux,* 1890, poèmes enrubannés souvent réédités, lorsqu'elle épousa Edmond Rostand. Plus tard, elle écrira des comédies en vers avec son fils Maurice Rostand (1891-1968) comme *Un bon petit diable,* 1911, et elle publiera encore *les Féeries,* 1933, *Rien que des chansons,* 1939, *les Muses françaises,* 1943, anthologie féminine où elle a le courage de présenter ses consœurs en consacrant à chacune d'elles un poème descriptif et analytique. *Les Pipeaux* sont des poèmes gracieux et faciles, prêts à l'attendrissement devant une *Maison à louer,* une *Neige de printemps* ou *l'Éternelle chanson :* « Lorsque mes cheveux blonds seront des cheveux blancs. » Elle a parfois le sens des formules et l'on frappe encore sur les médailles amoureuses : « Aujourd'hui plus qu'hier et bien moins que demain. » Elle est dans le ton de ces nombreux poètes qui participeront aux concours de la revue *Fémina*. C'est de peu de portée, fragile, souvent banal, parfois exquis.

Autres femmes poètes : les duchesses douairières de Rohan (1853-1926) et d'Uzès; Amélie de Wailly (née vers 1860) qui demandera des préfaces à des écrivains connus comme François Coppée, Alexandre Dumas fils ou Paul Deschanel, *Nos enfants,* 1885, *Rimes roses,* 1895, *Gestes d'enfants,* poèmes attendris et sans portée d'une dame qui se veut, comme elle le dit, « femme, et rien que femme », ce qui, à l'époque, est bien limitatif. On cite encore la baronne de Baye, auteur de *Grisailles et pastels,* 1896, et de *l'Ame brûlante,* 1905. Toutes ces dames écrivent comme écrira Anna de Noailles, à moins que ce ne soit le contraire, mais tel tableau parnassien comme *Thaïs* est empreint de beauté fin de siècle :

> Elle traîne sa robe aux fleurs hiératiques
> Le long des escaliers où les tigres mystiques
> Veillent, marbres luisants, dans des vapeurs de nard.
>
> L'ombre bleuit au loin les terrasses massives
> Que traverse le chœur des esclaves lascives,
> Sur la lyre pressant leurs doigts roses de fard.
>
> Thaïs prend ses cheveux imprégnés d'aromates;
> Le flot libre bondit sur ses épaules mates
> Et couvre d'un réseau fauve ses reins cambrés;
>
> Tout meurt; les rythmes las des sistres et des harpes
> S'éteignent doucement; les soyeuses écharpes
> Se confondent avec le granit des degrés...

Des noms encore : Noémie Dondel Du Faouëdic, Marie Guerrier de Haupt, Adèle Souchier, Anne Osmont, Aglaé de Corday, Léonie Denuit, Jeanne Leuba, Mme Perdriel-Vaissière, la duchesse de La Roche-Guyon, Isabelle Kaiser, Mme Noël Bazan. Des idées humanitaires se répandent dans les recueils de Marie de Valandré (née en 1861), *Au bord de la vie,* 1886, *le Livre de la fiancée,* 1890, *le Livre de l'épousée,* 1896, avec les marques d'un idéalisme lamartinien qui paraît d'un temps bien éloigné. Carmen Sylva, reine de Roumanie, a préfacé une œuvre d'une poétesse aveugle et sourde à qui l'alphabet de Louis Braille permit de s'exprimer; c'est *Dans ma nuit,* 1889, de Bertha Galeron de Calonne (née en 1859) qui rappelle les souvenirs du temps précédant ses infirmités. Il y a là une sincérité totale qui finit par convaincre, même si l'art a ses hésitations. Voici la fin d'un *Rêve d'aveugle :*

> Et quand je me réveille encor toute ravie,
> Et que je me retrouve en mon obscurité,

Je doute, et je confonds le rêve avec la vie :
Mon cauchemar commence à la réalité.

Et pour lutter contre la tristesse, ce *Qu'importe!*

Mes yeux sont fermés, mais qu'importe l'ombre!
J'ai trop de rayons et j'ai trop de jour
Pour qu'il puisse faire en moi jamais sombre.
Mes yeux sont fermés, mais qu'importe l'ombre,
Puisque j'ai l'amour.

Dans les revues de l'époque, nous avons pu lire des poèmes fort bons signés Mathilde Soubeyran, Simone Arnaud, Marie Suttin, auprès d'autres sentant l'ouvrage de dame, ce qu'on peut dire aussi de bien des messieurs. Les parents de notre contemporain, le poète Philippe Chabaneix (né en 1898), écrivirent leurs œuvres en commun. Ce sont Jacques Nervat (1875-1948) et Marie Nervat (1875-1909). Citons *les Cantiques des Cantiques,* 1897, *le Geste d'accueil,* 1900, *les Rêves unis,* 1905, avant *Poèmes d'hier et de jadis,* 1940, et un recueil posthume de Jacques Nervat seul, *Lueurs dans la nuit,* 1950. Délicat, émerveillé, mélancolique parfois, ce couple de poètes symbolise une union heureuse.

Nous nous arrêterons à la célèbre, mais à un autre titre, Thérèse Martin (1873-1897) qui sera sainte Thérèse de l'Enfant-Jésus. Auprès de tant de vestales, une sainte, ce n'est pas si courant. Seule Rosemonde Gérard l'a placée dans son anthologie des *Muses françaises.* Ces poèmes exclusivement religieux sont hors les écoles et les modes. « Jeter des fleurs, Jésus, voilà mon arme » dit la Sainte et si elle intitule un poème *la Rose effeuillée,* c'est pour que le pied du petit Jésus se pose sur ses pétales dispersés. On a lu une *Prière de Jeanne d'Arc dans sa prison* et des poèmes fort bien écrits où un peu de l'art du Malherbe des *Psaumes* semble transposé dans les tons bleu et blanc d'une touchante confidence fleurie du côté de Lisieux :

Mon ciel, je l'ai trouvé dans la Trinité sainte
Qui réside en mon cœur, prisonnière d'amour;
Là, contemplant mon Dieu, je lui redis sans crainte
Que je veux le servir et l'aimer sans retour.
Mon ciel est de sourire à ce Dieu que j'adore,
Lorsqu'il veut se cacher pour éprouver ma foi;
Sourire, en attendant qu'il me regarde encore,
Voilà mon ciel à moi!

Pourquoi ne pas terminer ce chapitre sur une sainte? Bien sûr, d'autres noms sont attendus, ceux de femmes poètes qui ont entre vingt et vingt-cinq ans à l'aube de notre siècle, mais ne publieront guère avant 1900 comme l'admirable Renée Vivien et d'autres prêtresses de Sappho, comme Anna de Noailles, Jean Dominique, Colette, Cécile Périn, Lucie Delarue-Mardrus, Nathalie Barney, Gérard d'Houville... Le temps sera-t-il venu qu'une réponse soit faite à une prophétie de Rimbaud? Au xxᵉ siècle, l'histoire ira vite, très vite et nous trouverons un immense épanouissement. Mais, pour conclure, écoutons Rimbaud le voyant :

Quand sera brisé l'infini servage de la femme, quand elle vivra pour elle et par elle... elle sera poète, elle aussi! La femme trouvera de l'inconnu! Ses mondes d'idées différeront-ils des nôtres? Elle trouvera des choses étranges, insondables, repoussantes, délicieuses; nous les prendrons, nous les comprendrons...

5

Vers et proses

Du Côté des prosateurs.

BAUDELAIRE, Lautréamont, Mallarmé, Rimbaud, Tellier...
nous avons parlé de poètes en prose. Il en est d'autres encore.
Et aussi des prosateurs, des romanciers dont la prose est poétique.
Et encore des auteurs connus pour des productions non poétiques
et qui furent poètes à leurs débuts. Ces diverses régions méritent
qu'on y voyage, comme nous l'avons fait déjà.

Si nous disions, par exemple, que la lecture des romans de Jules
Verne (1828-1905) a apporté à des générations l'évasion des voyages
extraordinaires et l'ouverture de l'imagination poétique vers l'ailleurs? Que Joseph-Henri Rosny (1856-1940) dit Rosny aîné, pré-
décesseur de Wells dans le roman d'hypothèse scientifique, avec le
fantastique terrifiant des *Xipehuz,* 1887, ou le voyage au temps de
la Guerre du feu, 1911, nous a apporté plus de rêve que maints
rimeurs? Il suffit de lire maintes œuvres encore de cet académicien Goncourt telles que *la Force mystérieuse, Un autre monde, la Mort
de la terre,* et dans l'univers de la Préhistoire, *Vamireh, Eyrimah, les
Origines, le Félin géant,* pour voir qu'il manie la poésie et la science
de l'inconnu. On le dira aussi du dessinateur et écrivain Albert
Robida (1848-1926) qui put faire rêver ses contemporains de la vie
quotidienne future dans *le XXᵉ siècle,* 1882, en attendant des œuvres
fantastiques de 1908 dues à Louis Boussenard (1847-1910) : *les
Gratteurs de ciel,* Gustave Le Rouge (1867-1938) : *le Prisonnier de
la planète Mars,* Jean de La Hire : *la Roue fulgurante,* en attendant
Maurice Renard ou Maurice Leblanc.

Sait-on qu'Hippolyte Taine (1828-1893) dont les travaux
reflètent l'imagination poétique composa douze sonnets en l'honneur des chats et des poèmes familiers, disant de lui-même :

> Les siècles en son cœur ont épaissi leur nuit,
> Mais au fond de son cœur, inextinguible, luit
> Comme un flambeau son rêve héréditaire...

Alphonse Daudet (1840-1897) est certes plus original dans ses *Contes du Lundi* que dans *les Amoureuses,* 1858, broderies sur La Fontaine et Musset, ou *Double conversion,* 1861. Il a beau dire « J'ai dans mon cœur un oiseau bleu », celui-ci ne s'envole pas, mais il est, dit Rodenbach, « le Poète du roman » et ce n'est pas si mal.

Pas de poèmes chez Pierre Loti (1850-1923), mais dans sa prose des obsessions visuelles et auditives, une manière de jouer sur l'impalpable qui font de certaines séquences romanesques des voisines du poème en prose.

Le maître de la nouvelle et du conte, Guy de Maupassant (1850-1893) débuta par *Des Vers,* 1880, où l'on distingue déjà son sens descriptif de la nature. Il n'y manque que ses personnages et dans des poèmes comme *les Oies sauvages, la Chanson du rayon de lune* ou *Nuit de neige,* on le trouve plus romantique que naturaliste :

> La grande plaine est blanche, immobile et sans voix.
> Pas un bruit, pas un son; toute vie est éteinte.
> Mais on entend parfois, comme une morne plainte,
> Quelque chien sans abri qui hurle au coin d'un bois.
>
> Plus de chansons dans l'air, sous nos pieds plus de chaumes.
> L'hiver s'est abattu sur toute floraison.
> Des arbres dépouillés dressent à l'horizon
> Leurs squelettes blanchis ainsi que des fantômes.
>
> La lune est large et pâle et semble se hâter.
> On dirait qu'elle a froid dans le grand ciel austère.
> De son morne regard elle parcourt la terre,
> Et, voyant tout désert, s'empresse à nous quitter.

Retenons plutôt de nombreuses œuvres en prose qui sèment l'inquiétude et l'effroi : *Magnétisme,* 1882, *Apparition* et *Lui?* 1883, *la Main,* 1884, *Un fou,* 1884, *le Horla,* 1887, *la Morte,* 1887. Comme dit Marcel Schneider : « Maupassant a vécu à côté de lui-même jusqu'au moment où la folie l'a pris... Ses contes sont le constat de cette lutte, de la lente désagrégation du moi : il a aperçu certaines vérités quand il n'était plus à même de faire effort pour les atteindre. » Auprès du réalisme des contes normands, par exemple, il existe chez Maupassant un véritable poète fantastique.

Si le goût de la vérité domine chez Jules Renard (1864-1910), dès qu'il sort du Naturalisme pour peindre ses *Histoires naturelles,* 1894, dans une neuve esthétique, le rêve rejoint la réalité. Ainsi dans *les Pigeons :*

Qu'ils fassent sur la maison un bruit de tambour voilé;
Ou qu'ils sortent de l'ombre, culbutent, éclatent au soleil et rentrent
dans l'ombre;
Que leur col fugitif vive et meure comme l'opale au doigt;
Ou qu'ils s'endorment, le soir, dans la forêt, si pressés que la plus
haute branche du chêne menace de rompre sous cette charge de fruits
peints;
Que ces deux-là échangent des saluts frénétiques et brusquement, l'un
à l'autre, se convulsent;
Ou que celui-ci revienne d'exil, avec une lettre, et vole comme la
pensée de notre amie lointaine (Ah! un gage!)
Tous ces pigeons, qui d'abord amusent, finissent par ennuyer.
Ils restent toute la vie un peu niais.
Ils s'obstinent à croire qu'on fait les enfants par le bec.
Et c'est insupportable à la longue, cette manie héréditaire d'avoir tou-
jours dans la gorge quelque chose qui ne passe pas.

Il faut lire ses *Coquecigrues,* 1898, ou son posthume *Journal,* 1935,
si riche d'observations, si moderne par l'acuité du regard, même
si Jules Renard, refusant d'être dupe, voile d'ironie et de scepticisme la poésie qu'il atteint. S'il affirme : « Je n'ai plus besoin de
décrire un arbre, il me suffit d'écrire son nom », lorsqu'il décrit,
il invente des images si originales, des analogies si inattendues,
des litotes si neuves, des trouvailles si personnelles que, par-delà
la froide observation des choses, il crée une poésie très forte.
Victor Margueritte (1866-1942) ne fait que taquiner la muse
lorsque des Danaïdes se lamentent en alexandrins devant leurs
vases sans fond. René Boylesve (1867-1926) écrit des *Proses rythmées,*
1891, avant de se révéler dans le voluptueux *Parfum des îles Borro-
mées,* 1898, qui le rapproche d'un Gabriele d'Annunzio. Hugues
Rebell (1867-1905), rappelons-le, dans ses *Chants de la pluie et
du soleil,* 1894, se sert du vers libre avec de beaux éclats diony-
siaques. Georges de Porto-Riche (1849-1930) fut d'abord le poète
romantique de *Prima verba,* 1872. Abel Hermant (1868-1950) et Abel
Bonnard (1883-1965) furent, le premier le poète hautain des *Mépris,*
1883, le second celui des *Familiers,* 1906, où il décrit des animaux,
des *Royautés,* 1907, des *Histoires,* 1908. Ces deux Abel finiront mal,
non parce qu'ils écriront des essais ou des romans révélant des
dons d'écriture certains, mais parce que, ayant vécu trop longtemps, ils se perdront durant l'Occupation dans un collabora-
tionnisme sénile.
Approches de la poésie par la voix fantastique encore chez
Joséphin Péladan (1859-1918), le fameux Sâr Péladan qui, dans
son idéologie confuse, a parfois des éclairs. Citons ces œuvres
bizarres par l'imagination et par le style : *l'Androgyne* ou *la Gynandre,*
1891-1892. La première de ces œuvres commence par des litanies.

Comme Marcel Schneider dans son *Histoire de la littérature fantastique,* citons-en quelques-unes « pour donner le ton qui appartient au fantastique de l'ectoplasme, au burlesque involontaire et démentiel » :

> Sexe très pur qui meurs aux caresses,
> Sexe très saint et seul au ciel monté,
> Sexe très beau qui nies la parèdre,
> Sexe très noble et qui défies la chair,
> Sexe irréel que quelques-uns traversent comme autrefois Adamah en Éden,
> Sexe impossible à l'extase terrestre! Los à toi qui n'existe pas!...

Fantastique poétique dans *les Contes extraordinaires,* 1900, d'Ernest Hello (1828-1885), dans tant de romans populaires porteurs de merveilleux, parlant pour l'imagination collective, du Paul Féval (1817-1887) des *Mystères de Londres,* 1844, de *la Ville vampire,* 1875, au Gaston Leroux (1868-1927) de *la Double vie de Théophraste Longuet,* 1904, par exemple.

Un Paul Adam (1862-1920) est, dans ses récits, peu soucieux de style, mais son imagination intarissable, la véhémence de ses propos atteignent une grande originalité. Ses rythmes le rapprochent parfois du poème en prose :

> Sauvages y a tué le Père des Sources!
> Dans l'éblouissement du soleil, une tête coupée, une pauvre tête de prolétaire européen. Les cheveux sont collés par la sueur suprême. La barbe est agglutinée avec les viandes saigneuses. Et le sel du Sahara, — que, pour la préserver de la corruption, les bourreaux unirent à la chair, — ce sel s'effrite en paillettes roses parmi la poussière étincelante.

Au hasard de la fourchette, visitant les romanciers, découvrant çà et là des tranches de prose poétique ou un ton proche de celui de la poésie, on pourrait prolonger ce voyage, parler des tentatives cosmiques d'Élémir Bourges (1852-1925), d'Edmond de Goncourt (1822-1896) qui pensa que le domaine poétique était dévolu à l'écriture artiste et eut entre autres mérites celui de ressusciter un XVIIIe siècle prêt pour *les Fêtes galantes* de Verlaine, d'Hector Malot (1830-1907) dont les attendrissements de *Sans famille,* 1878, nous ont bercé... — mais le lecteur pourrait nous accuser de voir de la poésie partout, ce qui d'ailleurs est peut-être vrai. Aussi en viendrons-nous à deux des romanciers, poètes des derniers jours du Parnasse, dont l'œuvre est soit qualitativement, soit quantitativement, fort importante.

Deux romanciers « poètes » : Anatole France, Paul Bourget.

Comme Sully Prudhomme, Mistral, Romain Rolland, et après eux, Anatole France (1844-1924) fut un prix Nobel (en 1921). Dans ses poèmes comme dans ses romans, il est le mainteneur de la tradition stylistique classique. Il a débuté par *les Poèmes dorés,* 1873, que suivirent le drame antique en vers *les Noces corinthiennes,* 1876, et les *Poésies,* 1896, quelques lustres avant de devenir la tête de Turc favorite des jeunes surréalistes. Chénier, Vigny, Leconte de Lisle se rejoignent chez lui dès son premier recueil, en même temps qu'il cherche chez Banville une virtuosité qui se dépense dans des variations fantaisistes froides sur des sujets de nature. Il a plus d'ambition dans des scènes mythologiques où de foisonnantes réminiscences livresques ne sont pas transcendées, car il est un ciseleur habile et non un inspiré. Parnassien attardé, il improvise sur des modèles éprouvés. Dilettante curieux, il ajoute du clinquant à des légendes, des idylles, en raffinant sur les descriptions, en alourdissant le vers d'épithètes sonores et faisant cliché. La plupart de ses poèmes sont sur le modèle du *Chêne abandonné :*

> Dans la tiède forêt que baigne un jour vermeil,
> Le grand chêne noueux, le père de la race,
> Penche sur le coteau sa rugueuse cuirasse,
> Et, solitaire aïeul, se réchauffe au soleil.
>
> Du fumier de ses fils étouffés sous son ombre,
> Robuste, il a nourri ses siècles florissants,
> Fait bouillonner la sève en ses membres puissants,
> Et respirer le ciel avec sa tête sombre.

Et s'il quitte cette lourdeur, il tombe facilement dans la mièvrerie. Un Paganisme de convention règne sur *les Noces corinthiennes,* avec parfois les éclairs d'un Christianisme voué à une souffrance peu convaincante. Malgré quelques rares somptuosités, on ne peut tenir la poésie d'Anatole France que comme un coup de diapason à son œuvre en prose où les qualités de style ne sont plus étouffées par une rythmique sans élévation.

Chez Paul Bourget (1852-1935), il y a plus de souplesse, mais que de vers ! Citons de longs recueils : *Au bord de la mer,* 1872, *la Vie inquiète,* 1875, *Edel,* 1878, *les Aveux,* 1882, *Poésies,* 1886. Le futur romancier se raconte en vers avec une facilité constante et cela coule comme du François Coppée, ruisselet portant des états d'âme, des élégances sentimentales, des nostalgies auxquelles on ne croit guère, des émerveillements devant les choses de la vie. On trouve des échos de Baudelaire (que de poèmes intitulés *Spleen!*), des parnassiens, du Moréas des *Stances,* de nombre de ses contemporains à ce point qu'on a du mal à le reconnaître. S'il chante la femme dans une sorte de roman en poèmes, *Edel,* il la magnifie et quelque chose d'aérien se glisse dans certains passages, mais la plupart sont prosaïques et font penser à un Musset sans la grâce :

> Hier au soir, première au Théâtre-Français.
> Par un pressentiment singulier, je pensais
> Y retrouver Edel, que je n'ai rencontrée
> Rien que deux fois, depuis la première soirée.
> Dès huit heures, j'étais debout à mon fauteuil...

Dans *les Aveux* passent des souvenirs de Tennyson ou Shelley. Ses romances s'accommodent mieux de ses languissantes paresses et ont un certain charme si l'on n'est pas trop difficile. C'est loin d'être antipathique, bien que superficiel cela sonne vrai, mais il dilue tant et tant qu'on se demande comment il a pu oublier les leçons de ses maîtres et de ses contemporains. C'est un poète du cœur amoureux tout prêt pour ses romans sentimentaux. Il sera l'auteur très remarquable des *Essais de psychologie contemporaine,* 1883, et de leur suite en 1885.

Un Parnassien considérable : Pierre Louÿs.

Si Pierre Louÿs (1870-1925) fut le mari d'une des trois filles de Heredia, Louise, c'est qu'il la rencontra dans cet univers des parnassiens qui l'attirait. A dix-neuf ans, il avait fréquenté Leconte de Lisle. A vingt et un ans, il fonda une revue, *la Conque,* qui réunissait des aînés de choix, Mallarmé, Verlaine, Swinburne, à de plus jeunes nommés Henri de Régnier, Paul Valéry, André Gide, sans oublier Louÿs lui-même qui donnait les poèmes réunis deux ans plus tard dans *Astarté,* 1893. Enfin un sang neuf venait renouveler le vieux Parnasse. Par-dessus tout, Pierre Louÿs aimait les Grecs. Ses sujets étaient ceux de Heredia, mais sa sensualité tendre, la finesse de son sens artistique, un certain alexandrinisme leur donnaient de l'air, faisaient oublier les rigueurs formelles. Un des poèmes pris au hasard, *Funérailles :*

> Plus pur que l'air nocturne où l'or bleu s'éblouit
> Plus pur que le désir suscité par les astres
> Un cœur de marbre qu'un lent souffle épanouit
> Éclôt d'une colonne où l'or des astres luit.
> Fleur! ô les cœurs d'acanthe aux cous blancs des pilastres!

Les souvenirs de l'être et du jour et du bruit
Se perdent, vieux voiles oubliés par leur âme.
Le cœur, rose de glace aux doigts d'Elle, réclame
Le crêpe en lourds flots noirs des longs deuils de la nuit.

Il se meurt d'une envie éternelle et tranquille.
Sa vision descend dans l'hiver immobile,
Descend, neige et l'ensevelit de lins ailés.

Extase qui revient des étoiles heureuses
Suivre dans les déserts vers les lieux révélés

Le silence mortel mené par les pleureuses.

Ce ton harmonieux, on le retrouve dans de nombreux groupes de poèmes : *Isthi, Iris, Aquarelles passionnées, Hivernales, la Forêt des nymphes, Stances, Pervigilium mortis, Derniers vers,* etc. Or, curieusement, Pierre Louÿs, bien connu pour d'autres œuvres dont nous allons parler, reste fort méconnu comme poète en vers. Il n'est pas éloigné par la qualité de son cher ami Paul Valéry avec qui il échangea une correspondance révélatrice de son caractère d'esthète et de moraliste. On ne trouve rien chez lui qui soit de petite qualité. Si sa plastique est celle d'un parnassien, rien d'attardé chez lui. Il est déjà un poète moderne. Voici le début du poème *Psyché* qui fut dédié « à l'héroïne d'un roman futur » :

Psyché, ma sœur, écoute immobile, et frissonne...
Le bonheur vient, nous touche et nous parle à genoux.
Pressons nos mains. Sois grave. Écoute encor... Personne
N'est plus heureux ce soir, n'est plus divin que nous.

Une immense tendresse attire à travers l'ombre
Nos yeux presque fermés. Que reste-t-il encor
Du baiser qui s'apaise et du soupir qui sombre?
La vie a retourné notre sablier d'or.

C'est notre heure éternelle, éternellement grande,
L'heure qui va survivre à l'éphémère amour
Comme un voile embaumé de rose et de lavande
Conserve après cent ans la jeunesse d'un jour.

Plus tard, ô ma beauté, quand des nuits étrangères
Auront passé sur vous qui ne m'attendrez plus,
Quand d'autres, s'il se peut, amie aux mains légères,
Jaloux de mon prénom, toucheront vos pieds nus,

Rappelez-vous qu'un soir nous vécûmes ensemble
L'heure unique où les dieux accordent, un instant,
A la tête qui penche, à l'épaule qui tremble,
L'esprit pur de la vie en fuite avec le temps.

Il existe d'autres visages de Pierre Louÿs, ce descendant d'un médecin de Napoléon, le docteur Sabatier, et on peut le suivre dans des *Vers de circonstance* comme ceux où il s'adresse avec humour à ses contemporains comme son ami Franc-Nohain, condisciple de Janson-de-Sailly, Marcel Drouin ou son cher Paul Valéry. Une face cachée est celle des poèmes érotiques publiés sous le manteau. Ils sont fort savoureux et d'une qualité égale à celle de ses autres œuvres. Disons par parenthèse qu'à ce vieux genre s'exercent non seulement les chansonniers, mais aussi Baudelaire, Glatigny, Barbey d'Aurevilly, Edmond Haraucourt, Paul Verlaine, Rimbaud, Mallarmé, Alfred Jarry, Jean Lorrain, Fernand Fleuret, Louis Perceau, en attendant Apollinaire ou Raymond Radiguet. Les anthologies de la poésie érotique ne les oublient pas.

Les triomphes, chez Pierre Louÿs, ne viendront pas de ses poèmes en vers. Certains ont été les ébauches d'œuvres en prose célèbres comme *Aphrodite,* 1896, roman licencieux, ou l'inachevé et posthume *Psyché,* 1927. Il a traduit les *Poésies de Méléagre de Gédara,* 1893, les *Scènes de la vie des courtisanes,* de Lucien, 1894, et la même année parurent les *Chansons de Bilitis,* ce chef-d'œuvre du poème en prose et de la littérature érotique qui permettra à Claude Debussy de composer des musiques célèbres, comme *les Aventures du roi Pausole,* 1901, ce divertissement galant, tentera Jacques Ibert et Arthur Honegger. On citera encore son roman *la Femme et le pantin,* 1898, qui inspirera les cinéastes. Parmi d'autres œuvres, mentionnons son exégèse littéraire tentant de prouver que les comédies en vers de Molière ont été écrites par Corneille.

Pour Pierre Louÿs, Bilitis serait une poétesse grecque contemporaine de Sappho qui lui aurait appris l'art du chant et de la musique. La première partie, bucolique, évoque les amours pastorales de Bilitis avec le jeune Lykas. La deuxième contient des élégies empruntées à Mnasidika, nom pris dans un fragment de Sappho, la troisième se compose d'épigrammes dont *le Tombeau de Bilitis.* Ces petits poèmes sont écrits dans une prose poétique fort bien adaptée à son objet. Des descriptions de la nature, finement et précieusement ciselées, alternent avec des scènes érotiques. On peut dire que ces poèmes de qualité, à la fin du mouvement parnassien en ce qui a de plus alexandrin, sont une apothéose et un couronnement. Écoutons *la Bague symbolique :*

Les voyageurs qui reviennent de Sardes parlent des colliers et des pierres qui chargent les femmes de Lydie, du sommet de leurs cheveux jusqu'à leurs pieds fardés.
Les filles de mon pays n'ont ni bracelets ni diadèmes, mais leur doigt

porte une bague d'argent, et sur le chaton est gravé le triangle de la déesse.

Quand elles tournent la pointe en dehors cela veut dire : Psyché à prendre. Quand elles tournent la pointe en dedans, cela veut dire : Psyché prise.

Les hommes y croient. Les femmes non. Pour moi je ne regarde guère de quel côté la pointe se tourne, car Psyché se délivre aisément. Psyché est toujours à prendre.

Écoutons *la Lune aux yeux bleus* :

La nuit, les chevelures des femmes et les branches des saules se confondent. Je marchais au bord de l'eau. Tout à coup, j'entendis chanter : alors seulement je reconnus qu'il y avait là des jeunes filles.

Je leur dis : « Que chantez-vous ? » Elles répondirent : « Ceux qui reviennent. » L'une attendait son père et l'autre son frère; mais celle qui attendait son fiancé était la plus impatiente.

Elles avaient tressé pour eux des couronnes et des guirlandes, coupé des palmes aux palmiers et tiré des lotus de l'eau. Elles se tenaient par le cou et chantaient l'une après l'autre.

Je m'en allai le long du fleuve, tristement, et toute seule, mais en regardant autour de moi, je vis derrière les grands arbres la lune aux yeux yeux bleus qui me reconduisait.

Mais il faudrait citer bien des *Bucoliques en Pamphylie,* des *Élégies à Mytilène,* des *Épigrammes dans l'île de Chypre,* pour parcourir toutes ces étapes de beauté et de sensualité.

Pierre Louÿs émerveilla ses contemporains et les plus grands le saluèrent. Bien connu, nous disons qu'il n'est pas à sa place, comme Valéry le pensait déjà : « La plupart ne lisaient dans ces beaux livres que des apologies de la chair et de ses plaisirs. Ni les peines que demande un langage si admirable, ni les connaissances que supposent ces peintures, ni l'amertume et la désespérance qui s'y mêlent, n'éclairaient à leurs yeux le vrai visage de l'auteur... Quand on a mis tant d'énergie et de désir, tant de patience et tant de réflexions dans la préparation de son œuvre, on peut exiger après soi d'être longuement et studieusement regardé. L'heure viendra de ce regard pieux. »

Maîtres du poème en prose : Schwob et Gourmont.

A la fin du xixe siècle, nous l'avons vu, le poème en prose est communément employé et il ne fera que se développer au long de notre siècle. On en trouve d'admirables chez Marcel Schwob (1867-1905) et la lecture de *Mimes,* 1893, et du *Livre de Monelle,* 1894, est un constant enchantement, alors qu'on le considère généralement comme un conteur, comme l'essayiste de *l'Argot français,*

1889, et du *Jargon des Coquillards de 1445,* 1890, comme l'historien de *la Croisade des enfants,* 1896, le biographe de *Vies imaginaires,* 1896. Dans ses contes très fin de siècle, le fantastique domine dans un univers proche de celui du peintre Gustave Moreau. Il peint luxueusement les morbidités glacées d'un monde en décomposition. L'inspiration alexandrine se mêle à l'univers du roman noir anglo-saxon. Dans *le Livre de Monelle,* il décrit la vie spirituelle d'une petite prostituée qui est la sœur de Madeleine et lui fait parler de charité, de renoncement et d'élévation. Du passage de la vie à la mort et à la résurrection, Schwob parcourt des étapes mystiques dans la voie d'un symbolisme somptueux, un peu trop daté avec ses amas de bijoux, ses sortilèges, mais on retient le prophétisme, le génie du nihilisme destructeur. Sa philosophie est celle de l'instant, du moment qu'il faut vivre, de l'oubli de soi-même. Auprès de la révolte sourdent une tendresse touchante et une grande pitié humaine. Voici un extrait :

> Et Monelle dit encore : je te parlerai des choses mortes.
> Brûle soigneusement les morts, et répands leurs cendres aux quatre vents du ciel.
> Brûle soigneusement les actions passées, et écrase les cendres; car le phénix qui en renaîtrait serait le même.
> Ne joue pas avec les morts et ne caresse point leurs visages. Ne ris pas d'eux et ne pleure pas sur eux; oublie-les.
> Ne te fie pas aux choses passées. Ne t'occupe point à construire de beaux cercueils pour les moments passés : songe à tuer les moments qui viendront.
> Aie de la méfiance pour tous les cadavres.
> N'embrasse pas les morts : car ils étouffent les vivants.
> Aie pour les choses mortes le respect qu'on doit aux pierres à bâtir.
> Ne souille pas tes mains le long des lignes usées. Purifie tes doigts dans les eaux nouvelles.
> Souffle le souffle de ta bouche et n'aspire pas les haleines mortes.
> Ne contemple point les vies passées plus que ta vie passée. Ne collectionne point d'enveloppes vides.
> Ne porte pas en toi le cimetière. Les morts donnent la pestilence.

Le propos de Marcel Schwob et celui de nombreux écrivains de son temps est bien défini par Remy de Gourmont : « Le goût d'une morale surtout esthétique, d'une vie sentie dans le résumé d'un moment, d'une liberté insoucieuse de son but. »

Ce Remy de Gourmont (1858-1915), esprit raffiné, avait des points communs avec Marcel Schwob : même goût de l'étrange, même attrait pour un Symbolisme voluptueux, sensuel, érotique. Mais Gourmont, atteint d'un lipus à la face, vécut caché dans sa demeure. Beaucoup d'œuvres. Des romans : *Merlette,* 1886, *Une Nuit au Luxembourg,* 1906, etc. Du théâtre : *Lilith,* 1892, *Théodat,*

1893, poèmes dramatiques en prose. Des ouvrages qui font de lui
« le Sainte-Beuve du Symbolisme » : *les Proses moroses,* 1894,
Histoires magiques, 1894, *Le Pèlerin du silence,* 1896, *le Livre des
masques,* etc. Des essais sur *le Latin mystique,* 1892, *l'Esthétique de la
langue française,* 1899, *la Culture des idées,* 1900, *les Promenades littéraires,* 1904-1913, etc. Disciple d'Épicure, Bayle, Renan, il fut un
maître à penser. Citons encore ses *Lettres d'un satyre,* 1913, *Lettres
à Sixtine,* 1921, et les plus connues *Lettres à l'amazone,* 1914, cette
dernière étant Nathalie Barney qui propagera son souvenir jusqu'à nous, comme en témoigne Jean Chalon dans une biographie.
Ajoutons que Gourmont s'intéressa justement aux petites revues,
ces pépinières de la littérature vivante.

Ses poèmes sont des œuvres de grand lettré : *Hiéroglyphes,* 1894,
les Oraisons mauvaises, 1900, *Simone,* 1901, *les Divertissements,* 1912.
Un exemple de cette poésie fin de siècle :

> Dans la terre torride, une plante exotique
> Penchante, résignée : éclos hors de saison
> Deux boutons fléchissaient, d'un air grave et mystique;
> La sève n'était plus pour elle qu'un poison.
>
> Et je sentais pourtant de la fleur accablée
> S'évaporer l'effluve âcre d'un parfum lourd,
> Mes artères battaient, ma poitrine troublée
> Haletait, mon regard se voilait, j'étais sourd.
>
> Dans la chambre, autre fleur, une femme très pâle,
> Les mains lasses, la tête appuyée aux coussins :
> Elle s'abandonnait : un insensible râle
> Soulevait tristement la langueur de ses seins.

Aux *Saintes du Paradis,* 1898, il consacre dix-neuf poèmes
comme des enluminures. On trouve *Agnès, Catherine, Jeanne,
Paule,* etc. Voici *Agathe* :

> Joyau trouvé parmi les pierres de la Sicile,
> Agathe, vierge vendue aux revendeuses d'amour,
> Agathe, victorieuse des colliers et des bagues,
> Des sept rubis magiques et des trois pierres de lune,
> Agathe, réjouie par le feu des fers rouges,
> Comme un amandier par les douces pluies d'automne,
> Agathe, embaumée par un jeune ange vêtu de pourpre,
> Agathe, pierre et fer, Agathe,. or et argent,
> Agathe, chevalière de Malte,
> Sainte Agathe, mettez du feu dans notre sang.

On retrouve ce ton dans des proses meilleures. *Le Pèlerin du
silence, Choses anciennes* contiennent la matière de poèmes parfaits.
On aime telles *Litanies de la Rose,* telles processions de métaphores

parfois osées qui accompagnent un *Dit des arbres*. Voici quelques versets sur la fleur chère aux poètes :

Rose couleur de cuivre, plus frauduleuse que nos joies, rose couleur de cuivre, embaume-nous dans tes mensonges, fleur hypocrite, fleur du silence.

Rose au visage peint comme une fille d'amour, rose au cœur prostitué, rose au visage peint, fais semblant d'être pitoyable, fleur hypocrite, fleur du silence.

Rose à la joue puérile, ô vierge des futures trahisons, rose à la joue puérile, innocente et rouge, ouvre les rets de tes yeux clairs, fleur hypocrite, fleur du silence.

Rose aux yeux noirs, miroir de ton néant, rose aux yeux noirs, fais-nous croire au mystère, fleur hypocrite, fleur du silence...

La postérité retiendra de lui le souvenir d'un libertin sensuel et celui d'un penseur qui, s'il est le double de maints contemporains, apporte dans son désordre et son trop-plein d'écriture quelques armes critiques, quelques trouvailles d'esthéticien.

Huysmans, poète en prose. Lorrain, poète en vers.

Autre pèlerin d'une esthétique décadente avec son personnage de Des Esseintes qui résume toute une époque, Joris-Karl Huysmans (1848-1907), avant d'être un grand romancier naturaliste, débuta par les petits poèmes en prose *le Drageoir aux épices,* 1874, qui, à défaut d'une grande qualité, ont des qualités. Huysmans est un observateur minutieux, un peintre raffiné. Ici, son *Hareng saur* est bien différent de celui de Charles Cros :

Ta robe, ô hareng, c'est la palette des soleils couchants, la patine du vieux cuivre, le ton d'or bruni des cuirs de Cordoue, les teintes de santal et de safran des feuillages d'automne!

Ta tête, ô hareng, flamboie comme un casque d'or, et l'on dirait de tes yeux des clous noirs plantés dans des cercles de cuivre.

Toutes les nuances tristes et mornes, toutes les nuances rayonnantes et gaies amortissent et illuminent tour à tour ta robe d'écailles.

A côté des bitumes, des terres de Judée et de Cassel, des ombres brûlées et des verts de Scheele, des bruns de Van Dyck et des bronzes florentins, des teintes de rouille et de feuille morte, resplendissent de tout leur éclat les ors verdis, les ambres jaunes, les orpins, les ocres de rhu, les chromes, les oranges de mars!

Par accumulation, les romanciers naturalistes sont parfois arrivés à rejoindre une sorte d'envoûtement poétique. Lorsque, dans *la Faute de l'abbé Mouret,* Émile Zola (1840-1902) invente le Paradou et énumère interminablement les noms des plantes, par-delà un artifice certain, une documentation de catalogue de fleuriste, peu à peu les mots nous envahissent et un panthéisme poétique enlève la prose vers d'autres régions.

Huysmans, grand artiste qui a hérité de ses ancêtres hollandais la passion des couleurs vives, ne cesse de peindre et d'emprunter à l'écharpe d'Iris ces teintes dont les noms sont déjà poésie. Des images comme « La nuit était venue, la lune émergeait de l'horizon, étalant sur le pavé bleu du ciel sa robe couleur de soufre » abondent. Dans ses *Croquis parisiens,* 1886, on trouve des portraits réalistes du genre :

Ce sont les fallacieux rosbifs et les illusoires gigots cuits au four des restaurants qui développent les ferments du concubinage dans l'âme ulcérée des vieux garçons.

Nous sommes dans l'univers de ses premiers romans où apparaît le sordide de certaines existences. Si, parmi ses croquis, nous regardons de plus près, nous nous apercevons qu'il crée cette poésie urbaine que nous connaissons mieux par le *Paysan de Paris* de Louis Aragon ou *Nadja* d'André Breton, mais ne trouve-t-on pas ici des germes évidents :

Dans une boutique, rue Legendre, aux Batignolles, toute une série de bustes de femmes, sans têtes et sans jambes, avec des patères de rideaux à la place des bras et une peau de percaline d'une couleur absolue, bis sec, rose cru, noir dur, s'aligne en rang d'oignons, empalée sur des tiges ou posée sur des tables.

L'on songe tout d'abord à une morgue où des torses de cadavres décapités seraient debout; mais bientôt l'horreur de ces corps amputés s'efface et de suggestives réflexions vous viennent, car ce charme subsidiaire de la femme, de la gorge, s'étale fièrement reproduit par les parfaits couturiers qui ont bâti ces bustes.

Ici, ce sont les poitrines anguleuses des garçonnes, les petites cloques perlées d'une goutte de vin rose, les mignonnes ampoules percées de pointes naines...

Chez Jean Lorrain (1855-1906), tellement fin de siècle, on trouve de tout, et parfois, à condition d'oublier les artifices, de merveilleuses chroniques, d'attachants portraits d'une époque qui sent le parfum et l'humus. Parmi tout cela, des recueils de poèmes : *le Sang des Dieux,* 1882, *la Forêt bleue,* 1883, *Modernités,* 1885, *les Griseries,* 1887, *l'Ombre ardente,* 1897. Disciple de Leconte de Lisle et Heredia, il peint, comme dans sa prose, les atteintes de la décadence sur les chairs trop utilisées de la femme éternelle ou le torse des éphèbes. Il y montre de l'habileté, soutenu qu'il est par la forme parnassienne qui lui donne de la netteté, mais un symbolisme convenu lui apporte sa pacotille et son clinquant. « C'est très mauvais » nous dit Hubert Juin et il est de fait qu'en son temps on ne trouve même pas les poèmes de Lorrain dans les anthologies fourre-tout les plus mal fréquentées. Il arrive cependant qu'un poète mauvais ait quelque intérêt s'il colle à son temps et Jean Lorrain exprime bien le poisseux, le putride, le maladif d'un univers mondain et dévergondé qui trouva le moyen de faire éclore sur son fumier de serre quelques fleurs admirables. Si Jean Lorrain n'en est pas l'horticulteur, il en est le témoin actif, et si nous avions à parler de ses peintures romanesques nous serions moins sévères que pour ses poèmes. Edmond de Goncourt, si peu favorable aux poètes de son temps, par ses travaux sur le XVIIIe siècle, a su les inspirer, mais chez Lorrain bergères et Gilles, Pulcinella et Arlequin des *Griseries* n'ont pas cette légèreté, ce vaporeux qu'on trouve chez Verlaine, comme en témoigne cette *Fête galante* :

> Ah! si fines de taille, et si souples, si lentes
> Dans leur étroit peignoir enrubanné de feu,
> Les yeux couleur de lune et surtout l'air si peu
> Convaincu du réel de ces fêtes galantes!
>
> Ah! le charmant sourire *ailleurs,* inattentif
> De ces belles d'antan, lasses d'être adorées
> Et graves, promenant, exquises et parées,
> L'ennui d'un cœur malade au fond seul et plaintif.
>
> Qu'importe à Sylvanire et les étoffes rares
> Et les sonnets d'Oronte et les airs de guitares,
> Qu'éveille au fond des parcs l'indolent Mezzetin?
>
> Auprès de Cydalise à la rampe accoudée,
> Sylvanire poudrée, en grand habit, fardée,
> Sait trop qu'Amour, hélas! est un songe lointain.

Dans ce voisinage, on place le héros du roman de Roger Peyrefitte, *l'Exilé de Capri,* le baron d'origine suédoise Jacques d'Adelsward-Fersen (1880-1923) dont les premiers recueils de poèmes sont *Conte d'amour,* 1898, *Poésies de l'enfance,* 1901, et *Hymnaire d'Adonis,* 1902. Ce chantre de l'amour grec connut des ennuis pour ce dernier recueil avant d'être impliqué dans un scandale de « messes noires », soirées littéraires d'un genre spécial proches de récents « ballets roses ». En plus de romans, il publia chez Messein *les Cortèges qui sont passés,* 1903, *le Danseur aux caresses,* 1906, *Ainsi chantait Marsyas,* 1907. Il fonda la revue *Akadémos.* S'il a quelque talent, il le met plus dans sa vie que dans ses poèmes qui n'ont que de beaux éclairs. Edmond Rostand et Fernand Gregh l'ont préfacé, ce mignon à la sensibilité décadente, cet amoureux des paradis artificiels dont l'œuvre offre surtout des curiosités d'époque.

Proses.

Le lauréat du premier prix Goncourt, en 1903, André Torquet dit John-Antoine Nau (1860-1918), auteur de *Force ennemie,* curieux récit d'un aliéné en proie à une folie intermittente, avait débuté avec *Au seuil de l'espoir,* 1897, avant de publier d'autres recueils : *Hiers bleus,* 1904, *En suivant les goélands,* 1904, *Vers la fée Viviane,* 1908. Comme son ami Jean Royère (1871-1956) qui entretiendra son culte, Nau est un poète mallarméen à la prosodie harmonieuse et fluide. Né en Californie de parents français, il voyagea beaucoup et ses poèmes sont le reflet d'une recherche d'exotisme et d'étrangeté. « S'il y a, dit Clouard, un lyrisme aux épices et un exotisme vanillé, c'est bien la poésie de Nau qui en porte la cargaison. » Un exemple :

Sur l'arc vert de la plage apaisée
Où le matin mélodieux descend,
Ta maison pâle entre les palmes balancées
Est un sourire las sous un voile flottant.

Ces longs stores sont des paupières affligées;
Des fleurs se meurent dans la nuit des banyans,
Des fleurs du violet velouté si souffrant
De tes doux yeux couleur de pensée.

Ces lourds parfums égarants, confondus,
Des bosquets fragrants comme des temples d'Asie...
... Brouillards embaumés sur l'horizon défendu?

Est-il vrai qu'il soit cruellement revenu,
Cédant à quelque nostalgique fantaisie,
Trop tard, le trop aimé que tu n'attendais plus?

Les lecteurs de Maurice Barrès (1862-1923) ont apprécié dans sa prose incantatoire une rythmique voulue. Déjà sont poésie des titres comme *Du sang, de la volupté et de la mort,* 1894, ou le posthume *Mystère en pleine lumière,* 1926, qui pourrait être en soi une définition de notre art. Une poésie authentique est éparse dans son œuvre. Prenons un passage du premier livre cité ici :

Derrière nous court le gémissement de la mer. Des pensées surgissent de toutes parts, énergiques et dévorantes, comme si elles avaient été laissées dans ce désert par tant d'hommes passionnés qui le traversèrent, ivres de désirs, de haines et de violences. Elles sont mêlées de fièvre pour avoir si longtemps dormi sur les marais.

Dans la lignée de Chateaubriand et de Michelet, nous pourrions trouver chez Barrès mille lieux où la prose prend de l'altitude.

Après Albert Chérel, citons encore ce passage du *Mystère en pleine lumière* :

Le rouge-gorge n'a rien ménagé de son âme, cette nuit. Toute sa force jaillissait dans le ciel obscur, pour retomber en pluie de lumière. Mais de cette lumière sonore, qu'advient-il, si nul ne veille pour le recueillir? Que devient la splendeur du soleil couchant sur la mer, quand fait défaut Claude Gellée? Et le parfum des fleurs, le soir?

Pour lui, comme pour Marcel Proust (1871-1922), on doit se limiter à une courte évocation en forme de salut fraternel. Une longue étude serait nécessaire pour glaner ce que son chef-d'œuvre, *A la recherche du temps perdu,* porte de dynamisme lyrique. Nous dirons seulement ici que de nombreuses peintures du livre *les Plaisirs et les jours,* 1896, sont de véritables poèmes en vers moyens ou en prose de qualité. Par-delà ses peintures d'un monde finissant, Proust recherche, comme dit Léon Daudet, « les mille ruisselets venus de son ascendance et de sa prime jeunesse ». Une mélancolie maladive, une morosité fin de siècle, des regrets ingénus laissent présager sa grande œuvre tout en restant loin de son ampleur. Ses états d'âme sont en accord avec la nature :

Mais le ciel s'est assombri, il va pleuvoir. Les bassins, où nul azur ne brille plus, semblent des yeux vides de regards ou des vases pleins de larmes. L'absurde jet d'eau, fouetté par la brise, élève de plus en plus vite vers le ciel son hymne maintenant dérisoire. L'inutile douceur des lilas est d'une tristesse infinie. Et là-bas, la bride abattue, ses pieds de marbre excitant d'un mouvement immobile et furieux le galop vertigineux et fixé de son cheval, l'inconscient cavalier trompette sans fin sur le ciel noir.

Après cette statue des *Tuileries,* plongeons avec Proust dans ce *Sous-bois* :

Nous n'avons rien à craindre mais beaucoup à apprendre de la tribu vigoureuse et pacifique des arbres qui produit sans cesse pour nous des essences fortifiantes, des baumes calmants, et dans la gracieuse compagnie desquels nous passons tant d'heures fraîches, silencieuses et closes. Par ces après-midi brûlants où la lumière, par son excès même, échappe à notre regard, descendons dans un de ces « fonds » normands d'où montent avec souplesse des hêtres élevés et épais dont les feuillages écartent comme une berge mince mais résistante cet océan de lumière, et n'en retiennent que quelques gouttes qui tintent mélodieusement dans le noir silence du sous-bois. Notre esprit n'a pas, comme au bord de la mer, dans les plaines, sur les montagnes, la joie de s'étendre sur le monde, mais le bonheur d'en être séparé; et, borné de toutes parts par des troncs indéracinables, il s'élance en hauteur à la façon des arbres...

Les Plaisirs et les jours contiennent aussi des poèmes en vers comme *Schumann, Antoine Watteau* ou *Paulus Potter* que son œuvre en prose efface bien sûr. En voici un exemple :

Coule, embaume, défile aux tambours et sois belle !
Schumann, ô confident des âmes et des fleurs,
Entre tes quais joyeux fleuve saint des douleurs,
Jardin pensif, affectueux, frais et fidèle
Où se baisent les lys, la lune et l'hirondelle,
Armée en marche, enfant qui rêve, femme en pleurs !

Faut-il penser comme Paul Claudel que « la poésie et la prose sont arrivées aujourd'hui à un point de développement où elles gagneraient à marier leurs ressources » ? Il est vrai que nos grands prosateurs sont de vrais poètes. On peut penser que Léon Bloy (1846-1917) sait élever ses hargnes et ses colères à hauteur de lyrisme, et qu'il en est de même pour ce dandy de Jean de Tinan (1874-1898) qui traduit des états d'âme sensible et bien fin de siècle. Et Claudel, et Gide, et Valéry, et plus tard Suarès ou Toulet, dans leurs proses atteignent des dimensions qui relèvent de notre histoire. Nous y reviendrons, et, peut-être, quelque jour l'histoire particulière de la poésie au sein de la prose française donnera-t-elle lieu à une étude longue et approfondie.

A la rencontre du XXᵉ siècle

I

Quelques hautes figures

Un Aperçu chronologique.

NE le dissimulons pas : à la fin du siècle, l'historien de la poésie connaît quelque embarras. Pour ne pas couper en deux l'étude de maints poètes de grande longévité, il est convenu de distinguer ceux dont l'œuvre participe de la première partie du xxᵉ siècle, même s'ils ont publié à la fin du siècle qui nous occupe dans ce livre. Par exemple, Tristan Klingsor (1874-1966), Paul Fort (1872-1960), Fernand Gregh (1873-1960), Paul Claudel (1868-1955), Charles Maurras (1868-1952), André Gide (1869-1951), Saint-Georges de Bouhélier (1876-1947), Paul Valéry (1871-1945), Francis Jammes (1868-1938), Louis Le Cardonnel (1862-1936), ayant écrit pour la plupart des œuvres marquantes avant 1900 vivront respectivement 66, 60, 60, 55, 52, 51, 47, 45, 38, 36 années du xxᵉ siècle.

Nous les étudierons dans le prochain volume de cette histoire, certes, mais nous devons ici déjà marquer leur présence.

Dans les sillages parnassien et symboliste.

Edmond Haraucourt (1856-1942), en 1900 est plus que quadra-génaire. Il a publié des poèmes stoïques dans la lignée de Hugo et des Parnassiens comme ceux qu'on trouve dans *l'Ame nue,* 1885, *Seul,* 1891, sorte de roman-poème, *l'Espoir du monde,* 1899, qui se veut une nouvelle *Légende des siècles, le XIXᵉ siècle,* poème. Dès le premier, il offre des vers bien frappés, d'une morale idéaliste, hau-taine et consolatrice. Il est l'auteur d'un théâtre où l'on distingue *la Passion,* 1890, un mystère où l'on trouve ce vers curieux : « Lais-sez venir à moi les petits enfants blonds. » Sa manière figée, en dépit de beaux éclairs, le condamne à rester dans l'ombre de ses maîtres. Dans notre temps, il restera fidèle aux vieux moules éprouvés sans se soucier des craquements opérés par de nouvelles écoles.

On pourrait dire cela aussi de Sébastien-Charles Leconte (1860-1934) à propos du *Bouclier d'Arès,* 1897, du *Sang de la Méduse,* 1905, et, plus tard, de *la Tentation de l'homme,* 1903, *l'Esprit qui passe,* 1910, *le Masque de fer,* 1910, *l'Holocauste,* 1926, *Nuit à Gethsémani,* 1932. Il rappelle sans cesse son homonyme Leconte de Lisle. Il trace droit son sillon, avec gravité et rigueur, sans se soucier des modes.

Dans la lignée de Sully Prudhomme, on trouve Daniel de Venancourt (1873-1950) dont on cite *les Adolescents,* 1891, et *le Devoir suprême,* 1895. Surtout prosateur, l'anarchiste athée Han Ryner (1862-1938) considérait lui-même ses *Chants du divorce,* 1892, comme mauvais. Trop éloquents, ils peuvent intéresser par l'énergie verbale de vers « mordant comme des crocs, brûlant comme la flamme ».

Le souvenir d'André Chénier passe dans les vers de Paul Souchon (1874-1951). Citons *Élévations poétiques,* 1898, *Hymne aux Muses,* 1900, avant des *Élégies parisiennes,* 1902, et *Beauté de Paris,* 1904. Ce Provençal aura pour originalité de faire vibrer la lyre de Pindare, tout comme Montherlant, dans *les Chants du stade,* 1923. Albert Thomas (1873-1907) dans *Lilas en fleurs,* 1897, et *le Poème du désir et du regret,* 1908, rejoint par éclairs la bonne poésie religieuse.

Georges Faillet, dit Fagus (né en 1872), fils d'un déporté de la Commune, est un autodidacte bien décidé à jouer de tous les instruments de la poésie, du madrigal au sonnet. Il aime glisser dans ses poèmes des vers célèbres d'autres poètes :

> — Reine des cieux, régente terrienne,
> Empérière des infernaux palus,
> Je meurs de soif au bord de la fontaine
> D'où pleut le sang de mon seigneur Jésus.
> Que fus-je ici que ce trouble Fagus,
> Qui peu valut, mais souffert à ses peines?
> Accordez-lui de joindre vos élus :
> Je meurs de soif au bord de la fontaine.

Après son *Testament de la vie première,* 1898, la plupart de ses œuvres sont du xxe siècle. Citons *Ixion,* 1903, *Jeunes fleurs,* 1906, *la Prière de Quarante heures* et *la Danse macabre,* 1920, ou les poèmes en prose des *Éphémères,* 1925. Ce bohème, dans des poèmes de toutes sortes, bons ou mauvais, est hanté par la mort qui lui inspire sa morale et ses lieux communs. De la race des Verlaine et des Germain Nouveau, il parvient mal à dégager son originalité.

Les poètes marqués par le Symbolisme, même si à la fin de leur existence ils passeront pour traditionnels, ont plus de souplesse et de durée. Fernand Mazade (1861-1939), avant 1900, a publié *De sable et d'or,* 1889, et *la Belle au bois dormant,* 1898. Il invente le sonnet de quinze vers, et certains de ses poèmes sont lumineux. Né près d'Alès, le soleil l'illumine. Artiste, il joue sur l'impair cher à Verlaine. Il écrira au xxᵉ siècle une vingtaine de recueils, plusieurs étant posthumes, comme *Au cadran d'Elseneur,* 1954, ou *la Chanson de Saint Valery,* publiés par la revue *Points et Contrepoints* qui lui voue un culte mérité.

Les grands compositeurs ont mis en musique les *Sonatines d'automne,* 1894, de Camille Mauclair (1872-1945) dont le vrai nom est Séverin Faust. Dans *le Sang parle,* 1904, on retrouve sa musique pleine de grâce et d'abandon. Maxime Formont (1864-1940) est voué à la symbolique de sa fleur préférée : *le Triomphe de la rose,* 1896, *le Cantique de la rose,* 1912. Le critique Félix Fénéon (1861-1947) a sa place ici pour sa participation active au mouvement symboliste et pour un prix toujours décerné, et souvent fort bien, qui porte son nom. Paul Reboux (1877-1963), dix ans avant les premiers *A la manière de...,* 1907, publie *les Matinales,* 1897, puis *les Iris noirs,* 1900. Fut-il conscient de trop d'éloquence et de savoir-faire pour aller peu à peu vers le pastiche et la fantaisie? Ses vers témoignent d'un sens artistique réel, délicat quoique superficiel.

Tristan Klingsor (1874-1966) méritera qu'on le retrouve, même si d'aucuns le jugent attardé, mais vivre quatre-vingt-douze ans est un record! Il n'empêche que l'on a pu prendre plaisir il y a bien longtemps à ses *Filles-fleurs,* 1895, en vers de onze pieds, ou à ses *Squelettes fleuris,* 1898. Comme La Fontaine, il a su mêler les mètres fort savamment. Musicien, auteur de mélodies et de pièces instrumentales, peintre de paysages, de natures mortes et de portraits, il eut tous les dons et Alexandre Arnoux le salua ainsi : « Poète exquis, délicat, aérien, rompu aux rythmes rigoureusement libres, abondant en images transparentes et irisées, un des plus purs et des plus nécessaires de son temps. » Dans *Schéhérazade,* 1903, *le Valet de cœur,* 1908, *Poèmes de Bohème,* 1921, *Humoresques,* 1921, *l'Escarbille d'or,* 1922, *Poèmes du brugnon,* 1928, *Cinquante sonnets du dormeur éveillé,* 1949, on trouve de petits trésors de gracieuseté menue, de tendresse anacréontique, de mélancolie maîtrisée et burlesque. Précurseur de l'école fantaisiste, mal connu et méconnu peut-être parce que trop doué dans trop de directions, il donne une leçon de légèreté et de fine poésie qui marie la chanson et la légende, le charme quotidien et le vaporeux des songes d'été.

Adolphe Retté (1863-1930) est un symboliste à l'écoute des voix de la nature : *Cloches de nuit,* 1899, *Dans la forêt,* 1903, après *la Forêt bruissante,* 1896, poème de l'humanité triomphante. Du Symbolisme, il ira vers le naturisme cher à Saint-Georges de Bouhélier, ce qui convient bien à son humanisme prêt pour des épousailles de l'homme avec la nature chères à ce groupe éclectique qui glana maints poètes de tendances diverses, surtout symbolistes, ccomme Maeterlinck ou Verhaeren, qui suivirent un chemin parallèle se dégageant de l'idéalisme mallarméen.

En 1896, Saint-Georges de Bouhélier (1876-1947), chantre de l'héroïsme quotidien, a lancé son manifeste naturiste : « Nous chanterons les hautes fêtes de l'homme... Pour la splendeur de ce spectacle, nous convoquerons les plantes, les étoiles et le vent. Une littérature viendra qui glorifiera les marins, les laboureurs, nés des entrailles du sol, et les pasteurs qui habitent près des aigles. De nouveau, les poètes se mêleront aux tribus... » Il se veut le maître d'une esthétique de la vie et fonde avec Maurice Leblond un Collège d'esthétique moderne dont Zola est président d'honneur. « Sa principale force, c'est l'élan » dit Catulle Mendès. Son titre *les Chants de la vie ardente,* 1902, est parlant, mais il s'imposera surtout par son théâtre où il dose intelligemment le réalisme et le symbolisme, la vérité humaine et la signification philosophique. Citons *le Carnaval des enfants,* 1911, venu après des pièces interprétant les thèmes du Christ, d'Œdipe ou de Tristan et Yseult. Strictement classique, la prosodie de ses poèmes n'a rien de novatrice. Il emporte souvent la conviction par son romantisme ardent et sa forte sincérité. A l'aube de notre siècle, nous le retrouverons. Son action est grande entre 1894 et 1900 dans les revues du Naturisme où l'on trouve des poèmes d'amis, de disciples ou de sympathisants comme Michel Abadie, Paul Alavaill, Henry de Braisne, J. Rozès de Brousse, Pierre Camo, Dauphin-Meunier, Albert Fleury, René Fleury, Joachim Gasquet, Edmond Jaloux, Marc Lafargue, René de La Palme, Léo Larguier, René Loudet, Jacques Nervat, Jules Nodi, Georges Pioch, Théo Reeder, Paul Souchon, Jean Viollis, jeunes poètes de l'époque qui pour la plupart feront leurs armes au début du siècle naissant.

Disons au passage que Charles-Louis Philippe (1874-1909), dès son plus jeune âge, avant que *Bubu de Montparnasse,* 1901, ou *le Père Perdrix,* 1903, montrent un romancier de valeur, au réalisme sensible et délicat, publie des sonnets et des critiques de poésie dans sa revue *l'Enclos,* en 1895, où écrivent des poètes amis comme Eugène Thébault, D. Mayssonnier ou Pierre Massoni. Précurseur du populisme, il lui apporte une valeur humaine incontestable.

Le siècle finissant marque aussi la naissance de Fernand Gregh (1873-1960) qui fut connu dès 1896 par un article sur Verlaine dans *la Revue de Paris* assorti d'un faux inédit de ce dernier, *Menuet*, en vérité pastiche mystificateur. Il n'en fallait pas plus pour donner la notoriété à un poète et l'on remarqua alors *la Maison de l'enfance*, 1896, avant le *Manifeste de l'Humanisme* en 1902 : « Nous voulons une poésie qui dise l'homme, et tout l'homme, avec ses sentiments et ses idées, et non seulement ses sensations... Nous sommes las d'une certaine impassibilité et d'une certaine incohérence. » Cette prise de position restait trop vague pour véritablement s'imposer, même si elle suscita des remous dans le Landerneau parisien. Ce condisciple de Proust à Condorcet publiera l'essentiel de son œuvre au xxᵉ siècle, luttant sans cesse pour la propagation de la poésie. L'Académie française, en le recevant parmi ses membres, récompensera à sa manière de bons et loyaux services et surtout une longue fidélité à l'art humaniste, mais que d'écoles seront passées entre-temps! Maints poètes pourraient être rapprochés de lui qui foisonneront au début du siècle. Déjà André Foulon de Vaulx (1873-1951) a publié en 1900 *les Jeunes tendresses* 1894, *les Floraisons fanées*, 1895, *le Jardin désert*, 1898, avant *l'Allée du silence*, 1904, *la Statue mutilée*, 1907, et d'autres titres qui, jusqu'au *Parc aux agonies*, 1923, expriment son caractère sensible et élégiaque. Nous trouvons encore des poèmes de Robert de Flers (1872-1927) dans *la Conque;* et, dans les revues symbolistes, Léon Blum (1872-1950), avant d'être l'essayiste, le critique littéraire et l'homme d'État socialiste que nous connaissons, donnait des sonnets fort bien faits.

Nous gardons une certaine tendresse pour un poète maudit, un miséreux nommé Léon Deubel (1879-1913), auteur de *la Chanson balbutiante*, 1899. Il nous fait penser à Germain Nouveau. Après son suicide, il partagera la tombe de Jules Laforgue au cimetière de Bagneux. S'il n'est pas un poète de grande dimension, ni un novateur lyrique, du moins a-t-il le don d'émouvoir fortement. En 1900, à trois heures du matin, il écrit son plus célèbre poème, *Détresse*, qui n'est point parfait, mais touche par son ton déchirant et prémonitoire :

> Seigneur! je suis sans pain, sans rêve et sans demeure.
> Les hommes m'ont chassé parce que je suis nu,
> Et ces frères en vous ne m'ont pas reconnu
> Parce que je suis pâle et parce que je pleure.
>
> Je les aime pourtant comme c'était écrit
> Et j'ai connu par eux que la vie est amère,

Puisqu'il n'est pas de femme qui veuille être ma mère
Et qu'il n'est pas de cœur qui entende mes cris.

Je sens, autour de moi, que les bruits sont calmés,
Que les hommes sont las de leur fête éternelle.
Il est bien vrai qu'ils sont sourds à ceux qui appellent.
Seigneur! pardonnez-moi s'ils ne m'ont pas aimé! [...]

Mais j'ai bien faim de pain, Seigneur! et de baisers,
Un grand besoin d'amour me tourmente et m'obsède,
Et sur mon banc de pierre rude se succèdent
Les fantômes de Celles qui l'auraient apaisé.

Le vol de l'heure émigre en des infinis sombres,
Le ciel plane, un pas se lève dans le silence,
L'aube indique les fûts dans la forêt de l'ombre,
Et c'est la Vie énorme encor qui recommence!

Voilà ce que fut pour beaucoup la prétendue Belle Époque. On
retrouvera ce poème dans *Régner*, 1913, et d'autres tout aussi douloureux et nostalgiques dans *la Chanson des routes et des déroutes*,
1901, *la Chanson du pauvre Gaspard*, 1902, *les Sonnets d'Italie*, 1904
(tirés à sept exemplaires!), *la Lumière natale*, 1905. Citons encore
ce vers : « Minuit! Le pas des mots s'éloigne au fond des livres... »
Le pauvre Léon frère du pauvre Lélian.

Saint-Pol Roux dit le Magnifique.

Celui que les poètes appelleront « le Magnifique », Paul Roux,
dit Saint-Pol Roux (1861-1940), a débuté avec un poème d'obédience symboliste, *Lazare*, 1886, suivi de ces livres : *le Bouc émissaire*,
1889, *l'Ame noire du prieur blanc*, légende dramatique, 1893,
Épilogues des saisons humaines, drame, 1893, *les Reposoirs de la procession*, 1893, et surtout sa tragédie *la Dame à la faulx*, 1899, « où
passe parfois, dit Jean Rousselot, un souffle shakespearien, mais
dont l'écriture orfévrée, somptueuse, indifférente aux lois de la
construction théâtrale, rend la représentation impossible ». Il faut
donc lire cette tragédie comme un poème. Voici un trop court
fragment :

Depuis l'aube des temps je plane sur la Vie,
Tel un oiseau de proie aux serres de démon.
L'Humanité, qui va sous mon signe asservie,
J''en saccage à mon gré les troupeaux de limon.

Mon appétit sans borne a pour gueule les tombes
Dont les fines et mobiles dents sont des vers.
Il me faut chaque jour d'énormes hécatombes,
Je mange tous les soirs un morceau d'univers.

C'est moi, la Mort, c'est moi qui veux les éphémères,
C'est moi, la Mort, qui mets l'automne après l'été,
C'est moi, la Mort, c'est moi qui fais pleurer les Mères
Et qui plonge l'Amour dans les flots du Léthé.

Les vivants m'ont craché les noms les plus infâmes
Car je tiens en mes mains tous les pouvoirs maudits,
Hors celui d'étrangler les diaphanes âmes
Qui glissent de mes doigts vers les bleus paradis.

Né près de Marseille, il trouvera le refuge silencieux qui lui convenait à Camaret, en Bretagne, en attendant que les maîtres du Surréalisme, vers 1930, reconnaissent en lui leur précurseur. Cette Bretagne dont il est un des grands chantres, elle est tout entière dans sa *Dame à la faulx,* et pour lui *Bretagne est univers :*

Quelle est donc cette race aux grands yeux de mystère
Aussi nombreuse et pure que l'oiseau dans l'air,
Un de ses gâs sur chaque motte de la Terre,
Un de ses gâs sur chaque lame de la Mer?

I

Elle fut, cette race, la race première
Avec son air sacré de descendre de Dieu.
Elle a gardé la foi sainte de la lumière
En son cœur analogue à la braise du feu.
Elle partit des lys où les coqs de l'aurore
Annoncent l'Ange d'or à notre espoir humain.
Pour atteindre le ciel de son hymne sonore,
Elle muait en mots les cailloux du chemin.

II

On la nommait l'Ancienne-à-la-coiffe-innombrable,
Épanouissement d'ailes sur ses cheveux.
L'Ancien accompagnait l'épouse incomparable
Et menait le long peuple émané de leurs vœux.
Elle avançait, un rêve en fleur sous la paupière,
Entre ses bras les boucles de l'humanité,
Cependant qu'il laissait une géante pierre
A chaque étape faite dans l'éternité.

Voici le final de ce poème :

V

Elle sculpta dans le granit un fier domaine
Où les âmes venaient s'allaiter de candeur
Et les bardes épars de l'allégresse humaine
Alimenter leur gloire à sa vieille splendeur.
Elle eut des rois, elle eut des saints, elle eut des fées,
Elle émit des chefs-d'œuvre au constant devenir.
Chère à la France, où ses légendes sont greffées,
La Dame de sa proue sourit à l'avenir...

> *Voilà quelle est la race aux grands yeux de mystère*
> *Aussi nombreuse et pure que l'oiseau dans l'air,*
> *Un gâs breton sur chaque motte de la Terre,*
> *Un gâs breton sur chaque lame de la Mer.*

Avant le retour à la poésie des années 30, Saint-Pol Roux avait encore publié *la Rose et les épines du chemin,* 1901, *De la colombe au corbeau par le paon,* 1904, *les Féeries intérieures,* 1907, trilogie sous le titre général de l'édition initiale *les Reposoirs de la procession,* et encore *Anciennetés,* 1903. Ajoutons deux drames, *la Dame en or* et *les Pêcheurs de sardines* et ajoutons qu'il écrivit anonymement le livret de l'opéra de Gustave Charpentier, *Louise,* 1900, son seul succès d'argent. Dédiées à Léon Dierx, ses *Anciennetés* réalisent le mariage de la poésie et de la métaphysique. Dès 1893, Saint-Pol Roux avait annoncé l'avènement de l'idéoréalisme ou magnificisme. Péladan le compta au nombre des sept de sa Rose-Croix esthétique. Théophile Briant pourra parler à propos de Saint-Pol Roux d'un « alchimiste du verbe » et d'un « thaumaturge de l'esthétique ou de la pensée ». Il est vrai que dans tous ses recueils l'image allégorique est une renaissance des magies primitives. Il est, dit Remy de Gourmont, « l'un des plus féconds et des plus étonnants inventeurs d'images et de métaphores ». Ces dernières, venues du subconscient, révélatrices, ont un pouvoir de signification universelle. Ce sont des enluminures alchimiques parfois d'une singulière fraîcheur, parfois fortement élaborées. Lisons son *Golgotha :*

> Le ciel enténébré de ses plus tristes hardes
> S'accroupit sur le drame universel du pic.
> Le violent triangle de l'arme des gardes
> A l'air au bout du bois d'une langue d'aspic.
>
> Parmi des clous, entre deux loups à face humaine,
> Pantelant ainsi qu'un quartier de venaison
> Agonise l'Agneau déchiré par la haine,
> Celui-là qui donnait son âme et sa maison.
>
> Jésus bêle un pardon suprême en la tempête
> Où ses os tracassés crissent comme un essieu,
> Cependant que le sang qui pleure de sa tête
> Emperle de corail sa souffrance de Dieu.
>
> Dans le ravin, Judas, crapaud drapé de toiles,
> Balance ses remords sous un arbre indulgent,
> — Et l'on dit que là-haut sont mortes les étoiles
> Pour ne plus ressembler à des pièces d'argent.

Non, son œuvre n'est pas, comme le pense Henri Clouard, « un cimetière de vocables ». Ni l'image ni le symbole ne sont figés;

ils conduisent à une vie totale par l'avancée de l'idée à travers les choses, à la transfiguration de l'univers par l'imagination : « le poète continue Dieu ». Proche de Novalis, son mysticisme peut paraître vague aux esprits cartésiens; ils ne nieront pas cependant la magnificence esthétique, la grandeur d'une recherche de l'infini, l'élargissement du champ du possible, et surtout une singulière énergie en un temps d'amolissement.

Qui trouverait aujourd'hui ces poèmes trop datés, trop marqués par une esthétique d'époque, qui voudrait une autre preuve de valeur que celle du poème formel, pourrait toujours découvrir dans *les Reposoirs de la procession* les plus admirables proses poétiques comme tel *Pèlerinage de Sainte-Anne* ou telle *Autopsie de la vieille fille*. Comme Paul Fort, il multiplie les retours de sons, les rimes intérieures, mais sans en faire un système. En voici un exemple :

Tout à coup, dressant le cou, les cinq Gars de faïence tirent de leur ceinture cinq couteaux plus brillants que cinq sardines de Lorient et se dirigent, sur l'orteil, vers les cinq vierges en sommeil.
Les oreilles d'icelles, emmi les tresses blondes, semblent des coquillages dans le sable de l'onde.
Comme pour faire des folies, les cinq Gars s'agenouillent devant les Jolies rêvant sur l'herbe verte ainsi qu'est verte une grenouille.
Lorsqu'a défait chaque jeune homme corsage et corselet où rient deux pommes de Quimperlé, voici qu'en les poitrines vives ils font d'un geste preste, avec des yeux de chandelier, font s'enfoncer les sardines d'acier...

Un extrait des *Alouettes,* poème pris dans *la Rose et les épines du chemin,* exprime encore la somptuosité :

Les coups de ciseaux gravissent l'air.
Viens-t'en sur la colline où les moulins nolisent leurs ailes de lin, viens-t'en sur la colline de laquelle on voit jaillir des houilles éternelles le diamant divin de la vaste alliance du ciel.
Les coups de ciseaux gravissent l'air.
Du faîte emparfumé de thym, lavande, romarin, nous assisterons, moi la caresse, toi la fleur, à la claire et sombre fête des heures sur l'horloge où loge le destin, et nous regarderons là-bas passer le sourire du monde avec son ombre longue de douleur.
Les coups de ciseaux gravissent l'air.

Des milliers d'*Oiseaux* encore dans l'étrange *De la colombe au corbeau par le paon* où il nous dit que « crever les yeux qui volent c'est aveugler Dieu », et aussi que « les yeux partis du front des aveugles deviennent des oiseaux ». Au cours de litanies hardies et peu communes, il égrène le chapelet des yeux interminablement :

Roitelet : œil de poupon!   Moineau : œil de gavroche!
Mésange : œil de fillette!   Alouette : œil de pâtre!
Fauvette : œil de garçon!   Bergeronnette : œil de lavandière!
Bengali : œil d'infante!   Ortolan : œil de vicaire!
Pinson : œil de page!   Rossignol : œil de poète!
Linotte : œil de bohémienne!   Hirondelle : œil de bayadère!...

Ses poésies sont d'ailleurs souvent des chapelets de métaphores et de catachrèses, de figures de mots et d'idées inimaginables. Le vers à son avis est à la fois « saveur, parfum, son, lumière, forme » et s'adresse à nos cinq sens dont la communion « engendre l'émotion suprême, l'éclosion de l'âme ».

Il y a surtout de l'ingéniosité dans ses métaphores qui semblent faire revivre le temps des Précieuses au temps de Jules Renard. Cela tient parfois de l'énigme comme en témoigne cette liste :

Sage-femme de la lumière (le coq)
Lendemain de chenille en tenue de bal (le papillon)
Péché-qui-tète (enfant naturel)
Quenouille vivante (mouton)
Nageoire des charrues (soc)
Mamelle de cristal (carafe)
Cimetière qui a des ailes (vol de corbeaux)
Hargneuse breloque du portail (chien de garde)
Psalmodier l'alexandrin de bronze (sonner minuit)
Feuilles de salade vivantes (grenouilles)

Le miracle est que cette semaison ne brise pas l'harmonie de ses poèmes. Cependant, lorsque leur présence est constante il en naît bientôt une certaine lassitude. On préfère le Saint-Pol Roux le plus simple : c'est alors qu'il est Magnifique.

Après 1930, il publiera *Randonnée,* 1932, *la Supplique du Christ,* 1933, où il crie son indignation devant les persécutions hitlériennes. *La Dame à la faulx* fut complétée par deux autres parties : *le Tragique dans l'homme* et *Sa Majesté la Vie,* mais les soldats d'Hitler les détruisirent ainsi que d'autres manuscrits. Comment ne pas anticiper sur le prochain volume? Sa mort tragique en 1940 est chargée de signes. Dans son manoir pillé, sa servante fut tuée, sa fille violée et grièvement blessée, lui-même brutalisé à mort. Il ne devait survivre que quelques mois pour mourir à l'hôpital de Brest avant d'être enterré à Camaret parmi le peuple des marins qu'il aimait tant. En 1941 paraîtra *Bretagne est univers.* Le surréaliste Alain Jouffroy éditera en 1966 une anthologie de son œuvre. Mais on peut se poser la question : ce poète assassiné est-il assez connu? André Breton écrivait déjà : « Saint-Pol Roux — c'est à qui sur ce point fera le plus honteux silence — a droit entre les vivants à la première place [...] le seul authentique précurseur du mouvement dit moderne. »

N'oublions pas ces phrases pieuses d'une préface de Paul Éluard à la réédition des *Anciennetés :* « Il s'est appelé le Magnifique, ce poète pétri d'amour et de clartés, de tendresse et de flammes, mais nous, quand nous le lisons, tout tremblants, enchantés et les yeux pleins de larmes devant cette beauté si nouvelle et candide, cette Beauté qui sourit irrésistiblement à l'homme et aux quatre éléments, un nom nous vient aux lèvres qui nous fait ses enfants : Saint-Pol Roux le Divin. »

Edmond Rostand, dernier romantique.

C'est par un recueil de poèmes, les biens nommées *Musardises,* 1890, que se fit connaître Edmond Rostand (1868-1918) qui sera plus connu par son théâtre en vers : *Cyrano de Bergerac,* 1897, triomphe prodigieux, *l'Aiglon,.* 1900, *Chantecler,* 1910, sans oublier *les Romanesques,* 1892, *la Princesse lointaine,* 1895, ou *la Samaritaine,* 1897, la plupart de ces dernières devant leur succès à l'interprétation de Sarah Bernhardt. Son théâtre le situe comme un romantique venu sur le tard : on y retrouve les traces de la virtuosité verbale de Victor Hugo, du brio et du brillant, une utilisation de toutes les ressources prosodiques devenues parfois une fin en elles-mêmes, un sens du dialogue et de la réplique indéniables, un éclat dans les vers qui éblouissent encore un vaste public plus épris de traits à la française que de poésie profonde.

Les Musardises, même si on y trouve la promesse de ses envolées, sont bien différentes. Là, pas de coups de clairon, mais une poésie sans morceaux de bravoure à la chaîne, des phrases tendres, un peu mièvres, qui portent un reflet de Musset. Le jeune Rostand est alors un jeune homme spontané, sentimental, mélancolique, un peu précieux, qui décrit *les Nénuphars* dans la manière de son temps :

> L'étang dont le soleil chauffe la somnolence
> Est fleuri, ce matin, de beaux nénuphars blancs;
> Les uns, sortis de l'eau, se dressent tout tremblants,
> Et dans l'air parfumé leur tige se balance.
>
> D'autres n'ont encor pu fièrement émerger :
> Mais leur fleur vient sourire à la surface lisse.
> On les voit remuer doucement et nager :
> L'eau frissonnante affleure aux bords de leur calice.

Il décrit aussi bien *le Petit chat* ou fait renaître dans un *Vieux conte* une Belle au bois dormant, à moins qu'il ne s'adresse à sa fiancée Rosemonde, la petite-fille du maréchal Gérard, poétesse des *Pipeaux,* 1889, et dont la plupart des œuvres sont du début de notre siècle. Tout au long de sa vie il rimera des narrations charmantes et sans prétention, des sonnets de circonstance dont on ne saurait dire ni bien ni mal, car ils sont anodins. La guerre lui fera écrire des morceaux patriotiques réunis dans *le Vol de la Marseillaise,* 1919. Sa posthume *Dernière nuit de Don Juan,* 1921, passera inaperçue. Mais *Cyrano de Bergerac,* dès le 28 décembre 1897, quel triomphe! On n'avait pas vu cela depuis le théâtre de Victor Hugo. Francisque Sarcey s'écrie : « Et ce qui m'enchante plus encore, c'est que cet auteur dramatique est de veine française. Il nous rapporte du fond des derniers siècles le vers de Scarron et de Regnard; il le manie en homme qui est imprégné de Victor Hugo et de Banville, mais il ne les imite point... » Et Jules Lemaitre : « Dans le premier acte, tout ce joli tumulte de comédiens et de poètes, de « précieux » et de « burlesques », de bourgeois, d'ivrognes et de tire-laine, et de la gentilhommerie et de la bohème littéraire du temps de Louis XIII, qu'est-ce autre chose qu'un rêve du bon Gautier... » Et Catulle Mendès : « Un grand poète, divers, multiple, heureux, follement inspiré, et prodigieusement virtuose... » Mais des critiques purent signaler des faiblesses très apparentes (qui n'empêchèrent pas le succès). Jehan Rictus : « Rostand s'est composé, en guise de français, un exquis charabia. » Remy de Gourmont : « M. Rostand, qui a produit tant de choses charmantes et spirituelles, a pu faire applaudir d'un public difficile, quelques-uns des plus mauvais vers dont s'afflige la poésie française. » En revanche, Faguet en délire compare Rostand à Eschyle et à Shakespeare, « ce qui, rappelle Kléber Haedens, lui permet d'ignorer Nerval et Rimbaud ».

Les louanges adressées alors à Rostand frisent le ridicule. Le clinquant, le lyrisme de bazar ont souvent passé en France pour de l'authenticité. On peut ne pas bouder à ses pièces et applaudir ses personnages flambards, ses tirades, son côté mousquetaire bavard, mais en les laissant à leur juste niveau qui est celui de l'éloquence :

> Je jette avec grâce mon feutre,
> Je fais lentement l'abandon
> Du grand manteau qui me calfeutre,
> Et je tire mon espadon;
> Élégant comme Céladon,
> Agile comme Scaramouche,
> Je vous préviens, cher Mirmidon,
> Qu'à la fin de l'envoi, je touche!

On est un peu gêné pour le vrai Cyrano de Bergerac, mais on convient que Rostand se rapproche du ton de ses contemporains comme Mathurin Régnier et les satiriques d'une autre qualité cependant. Quand Cyrano répond au reproche de don-quichottisme de ses amis, il y va de toute sa faconde :

> Et que faudrait-il faire ?...
> Chercher un protecteur puissant, prendre un patron,
> Et comme un lierre obscur qui circonvient un tronc
> Et s'en fait un tuteur en lui léchant l'écorce,
> Grimper par ruse au lieu de s'élever par force?
> Non, merci. Dédier, comme tous ils le font,
> Des vers aux financiers? se changer en bouffon
> Dans l'espoir vil de voir, aux lèvres d'un ministre,
> Naître un sourire, enfin, qui ne soit pas sinistre?
> Non, merci. Déjeuner, chaque jour, d'un crapaud?
> Avoir un ventre usé par la marche? une peau
> Qui plus vite à l'endroit des genoux devient sale?...

Les défauts apparents se noieront dans le débit de l'acteur. On y va tambour battant et le pire passe avec le meilleur. Du point de vue dramatique, c'est sans reproche, même si d'aucuns y voient le *Ruy Blas* du pauvre. Au fil de l'épée, Rostand redonne du lustre au théâtre romantique; il fait prendre pour poésie ce qui est versification; mais son héros est une trouvaille et ce Cyrano pourra prendre place auprès de D'Artagnan, Lagardère et Pardaillan, avec, en plus, le lustre du poème de salle d'armes. Et puis, nos compatriotes, entre deux guerres, ont cru se reconnaître dans ce type français plein d'imagination, de tendresse et de courage. Le public aime qu'on le flatte.

Écrites pour Sarah Bernhardt, *la Princesse lointaine,* 1895, cherchée dans le moyen âge de Jaufre Rudel, et *la Samaritaine,* 1897, durent beaucoup au talent de l'actrice qui fit passer le toc médiéval ou le pseudo-évangélisme. *L'Aiglon,* 1900, qu'elle interpréta aussi prolongea un mythe cher à tout le xixe siècle. Mais *Chantecler,* 1910, est une tentative originale et courageuse que nous devons saluer même si elle échoua. Le vers n'y manque pas d'éclat et il y a parfois un petit air aristophanesque. Cette fable allongée en pièce a du charme, notamment lorsque dans la forêt mouillée les bêtes et les plantes parlent avec émotion et cocasserie, la versification éclairant de ses feux des passages et des détails drolatiques, et puis la satire chevaleresque, malgré le nationalisme étroit, est de bonne santé. Lorsque Rostand mourut, après avoir vu la victoire de 1918, c'est en quelque sorte le théâtre en vers qu'on enterra avec lui.

De sa poésie, retenons certains sonnets charmants comme de galantes fêtes qu'il écrivit sur les personnages des *Romanesques* et sur Sarah Bernhardt. Un autre poème, *le Souvenir vague,* donne une idée de ses trouvailles :

> Nous étions, ce soir-là, sous un chêne superbe
> (Un chêne qui n'était peut-être qu'un tilleul),
> Et j'avais, pour me mettre à vos genoux dans l'herbe,
> Laissé mon rocking-chair se balancer tout seul.
>
> Blonde comme on ne l'est que dans les magazines,
> Vous imprimiez au vôtre un rythme de canot;
> Un bouvreuil sifflotait dans les branches voisines
> (Un bouvreuil qui n'était peut-être qu'un linot).
>
> D'un orchestre lointain arrivait un andante
> (Andante qui n'était peut-être qu'un flon-flon),
> Et le grand geste vert d'une branche pendante
> Semblait, dans l'air du soir, jouer du violon.
>
> . . . .
>
> L'ombre nous fit glisser aux pires confidences,
> Et dans votre grand œil, plus tendre et plus hagard,
> J'apercevais une âme aux profondes nuances
> (Une âme qui n'était peut-être qu'un regard).

Et aussi l'*Hymne au soleil* de *Chantecler* dont les deux derniers vers ont été si souvent cités :

> Je t'adore, Soleil! Tu mets dans l'air des roses,
> Des flammes dans la source, un dieu dans le buisson!
> Tu prends un arbre obscur et tu l'apothéoses!
>   Ô Soleil! toi sans qui les choses
>   Ne seraient que ce qu'elles sont!

Héroïque, éloquent, même si ses cris du cœur ne viennent pas de très loin ou de bien profond, ils ont de l'allure. Il est peut-être, tout comme son coq gaulois :

> Le porte-voix en quelque sorte officiel
> Par quoi le cri du sol s'échappe vers le ciel!

Il existe bien des demeures dans la maison de la poésie et nous avons promis de n'en oublier aucune. Les pièces de Rostand continueront longtemps d'enchanter des âmes simples plus soucieuses d'éclats sonores que de profondeur poétique. Mais le théâtre vivant a déjà choisi d'autres modes d'expression que ceux de la versification traditionnelle — et l'on ne croit guère aujourd'hui à son réveil. Il a choisi la prose ou des modes d'expression dont Paul Claudel présente à la fin du siècle le plus original. Cela ne signifie nullement la mort des grands chefs-d'œuvre classiques, à jamais durables, mais la fin d'une époque que Rostand clôt avec un certain panache.

2

Les Débuts de grands poètes du XXᵉ siècle

Francis Jammes ou la fraîcheur.

NÉ près de Tarbes, Francis Jammes (1868-1938), s'il éprouva une vague de nostalgie de la Guadeloupe où avait vécu son grand-père et où était né son père, ne quitta le Sud-Ouest que pour un voyage en Algérie en compagnie d'André Gide : sa jeunesse s'écoula en Béarn, sa vie au pays basque. Il aurait pu n'être qu'un chantre du terroir, il sut que son sourire, sa joie pouvaient s'étendre à toute la terre.

Ses premières plaquettes sont parues à Orthez. Ce sont *Six sonnets,* 1891, que suivront trois minces plaquettes, en 1891, 1892 et 1893, toutes les trois intitulées simplement *Vers,* la dernière étant plus importante et ayant permis au poète d'être accueilli par Mallarmé, Loti, Régnier, Gide qui paiera les frais d'édition d'*Un Jour,* 1895, poème dialogué qui ouvrira à Jammes les portes du *Mercure de France.* Déjà, le poète avait écrit : « J'ai fait des vers faux et j'ai laissé de côté, ou à peu près, toute forme et toute métrique... Mon style balbutie, mais j'ai dit la vérité. » En 1897, Henri de Régnier écrit : « M. Jammes est un poète tout à fait unique. Il n'écrit ni vers sonores ou martelés, ni strophes à combinaisons savantes; il n'est ni naturiste, ni symboliste; son style est un mélange de précision et de gaucherie, l'une naturelle, l'autre voulue. Ce langage à la fois maladroit et exquis est un charme chez lui... » Entré dans la poésie au moment où l'on redécouvrait la vérité de la nature et de la vie, où le poème était vivifié par bien des expériences, il retenait de Verlaine ou de Laforgue l'art des vers « délicieusement faux exprès » et apportait des effets bien personnels.

Sa vocation de poète chrétien cher à Claudel et à Mauriac s'affirma dès sa préface à *De l'Angélus de l'aube à l'Angélus du soir,* 1898 :

« Mon Dieu, vous m'avez appelé parmi les hommes. Me voici. Je souffre et j'aime. J'ai parlé avec la voix que vous m'avez donnée. J'ai écrit avec les mots que vous avez enseignés à ma mère et à mon père qui me les ont transmis. Je passe sur la route comme un âne chargé dont rient les enfants et qui baisse la tête. Je m'en irai où vous voudrez, quand vous voudrez. L'Angélus sonne. » Cependant, comme dit la comtesse de Noailles, « j'aimais mieux sa rosée que son eau bénite », et il y a en effet dans ces merveilleux poèmes une fraîcheur matutinale. Ici naît la beauté la plus vraie en même temps que le poète ne connaît qu'une école, l'école buissonnière qui sera chère à René-Guy Cadou et à ses amis de l'école de Rochefort. Le premier, Jammes tord le cou de l'éloquence, quitte tous les oripeaux littéraires et met au poème le bel habit des dimanches à la campagne. Voici la grâce primitive, une sorte de franciscanisme chez ce Francis.

Tandis que l'on pourrait croire en lisant ces lignes à un art brut, Francis Jammes, au contraire, est un homme très complexe. Il se révèle bucolique, mais d'une manière différente de Ronsard, Racan ou Segrais. Ce primitif est un raffiné. Il a adopté la naïveté qui, depuis La Fontaine, fleurit la poésie; or, il n'en est pas tout à fait dupe et il a de la malice, de l'humour, une sorte de réalisme aérien. Serions-nous anthologiste qu'un embarras naîtrait : tout chez lui est à citer, rien n'est indifférent, et en même temps, choisir ne peut montrer qu'une des facettes de son art. Citons ce poème :

Elle va à la pension du Sacré-Cœur.
C'est une belle fille qui est blanche.
Elle vient en petite voiture sous les branches
des bois, pendant les vacances, au temps des fleurs.

Elle descend le coteau doucement. Sa charrette
est petite et vieille. Elle n'est pas très riche
et elle me rappelle les anciennes familles
d'il y a soixante ans, gaies, bonnes et honnêtes.

Elle me rappelle les écolières d'alors
qui avaient des noms rococos, des noms de livres
de distribution des prix, verts, rouges, olives,
avec un ornement ovale, un titre en or :

Clara d'Ellébeuse, Éléonore Derval,
Victoire d'Étremont, Laure de la Vallée,
Lia Fauchereuse, Blanche de Percival,
Rose de Liméreuil et Sylvie Laboulaye.

Et je pense à ces écolières en vacances
dans des propriétés qui produisaient encor,
mangeant des pommes vertes, des noisettes rances
devant le paon du parc frais, noir, aux grilles d'or...

Poésie des noms propres. Il y reviendra souvent :

> J'aime dans les temps Clara d'Ellébeuse,
> l'écolière des anciens pensionnats,
> qui allait, les soirs chauds, sous les tilleuls
> lire les *magazines* d'autrefois.

Et il terminera ainsi : « Viens toute nue, ô Clara d'Ellébeuse. »
Des jeunes filles nues, pures et tendres, il en passera dans toutes
ses œuvres, nues comme la nature, nues comme sa poésie qui
s'alimente d'un prosaïsme qui devient le fin du fin de son art. Il
ne manque pas d'humour rose, comme dans ce *Septembre* dédié à
son ami Paul Claudel :

> Le mois de Septembre, expliquent les savants
> qui ont des bonnets carrés pour voir s'il fait du vent,
> est soumis au régime de la Balance.
> A cette époque, les bateaux sur la mer dansent
> furieusement. Les livres parlent d'équinoxe.
> J'en ai même vu un où sont des PARADOXES,
> des écliptiques, des zodiaques et des reflux
> qui expliquent la terre au moment de Septembre.

Jacques Borel en parle ainsi : « ... Jammes, au contraire, en
possession dès le début de son instrument : préféré aux mètres
courts, cet alexandrin boiteux, à ras de prose, non, jusque dans
son goût de l'impair, il ne doit rien même à Verlaine, il n'est qu'à
lui, et qui soudain tremble, une seconde, juste, faux? se met à
chanter, plein, gorgé de la plus précise, de la plus vibrante sensation, où il murmure et rêve, tendresse, émotion, l'extase sensuelle la plus troublante l'infléchit, avant de repartir, familier,
cocasse, ingénu et cette même flâneuse claudication toujours, qui
côtoie le chant sans s'y installer jamais, substitue, à l'enchantement de la coulée mélodique, mais, aussi bien à une arythmie
délibérée, feintes et surprises indéfiniment ménagées. » Tous les
êtres sont présents, des bourgeoisettes qu'il ne rêve que nues au
« fils de paysan qui était bachelier », et que d'élégies amoureuses :

> Si j'avais été un Arabe, je t'aurais placée
> dans un pays d'eaux vives et de grenades
> et où des chameaux bleus roulent sous des arcades,
> Porteurs d'outres et de gourdes où est l'eau glacée...

> Écoute ma tristesse pareille au grillon
> qui chante dans la suie luisante comme le sel.
> Viens, nous avons des bras. Tu mangeras le miel
> que les abeilles font, l'automne, à l'horizon.

Les travaux et les jours, la vie des humbles, le quotidien des
gestes s'insérant dans la loi universelle, la douleur et les bienfaits

du ciel, toujours l'admiration et l'amour de la nature, Jammes au cœur sincère nous en dit les secrets, nous apprend à mieux les voir. Il en sera ainsi tout au long de son œuvre. Comme dit André Gide : « Son œuvre n'est dans le prolongement de rien ; elle part à neuf et du sol même ; c'est une source où les altérés, où ceux qui ont le cœur pur, viennent boire. » Et Paul Claudel : « Il ne s'agit pas d'un poète, dans le sens professionnel du mot, il ne s'agit pas de prosodies, il ne s'agit pas d'écriture, il s'agit d'une voix, et jamais accent plus pur et plus naturel ne s'était élevé de notre terre chrétienne et baptisée. »

Les sources d'inspiration ne changeront pas tout au long de l'œuvre, et pourtant chaque nouveau poème apporte ses trésors ingénus. *Le Deuil des primevères,* 1901, marque un approfondissement et un agrandissement. Il contient dix-sept *Élégies, la Jeune fille nue, le Poète et l'oiseau,* des *Poésies diverses* et les *Quatorze prières.* Robert Mallet a écrit justement : « L'œuvre qui représente le mieux Francis Jammes est sans doute *le Deuil des primevères,* parce qu'elle se situe au point de sa vie où il a su concéder au prosaïsme et au lyrisme la juste part qui revient à chacun, sans que chacun nuise à l'autre ou l'étouffe. » Les lecteurs que pouvait rebuter la métrique du livre précédent donnèrent leur adhésion à cette nouvelle œuvre. Il y a un contraste entre ses élégies sensuelles et ses prières avec, comme une parenthèse, des strophes diverses dans sa première manière comme *Madame de Warens, Amsterdam, Bruges* ou *Guadalupe de Alcaraz :*

> Guadalupe de Alcaraz a des mitaines d'or,
> des fleurs de grenadier suspendues aux oreilles
> et deux accroche-cœur pareils à deux énormes
> cédilles plaquées sur son front lisse de vierge.

Dans ses élégies, il y a ce charme qu'on trouvait dans *la Jeune captive* ou *le Lac,* dans *la Tristesse d'Olympio* ou *la Maison du berger,* avec quelque chose de plus sauvage et de plus vrai. Citons au hasard :

> Quand mon cœur sera mort d'aimer : sur le penchant
> du coteau où les renards font leurs terriers,
> à l'endroit où l'on trouve des tulipes sauvages,
> que deux jeunes gens aillent par quelque jour d'Été.
> Qu'ils reposent au pied du chêne, là où les vents,
> toute l'année, font se pencher les herbes fines.
> Quand mon cœur sera mort d'aimer : ô jeune fille
> qui suivras ce jeune homme, essoufflée et charmante,
> pense à mon âme qui, en proie aux noires luttes,
> cherchait sur ce coteau raclé par les grands vents
> une âme d'eau d'azur qui ne la blessât plus.

On trouve encore :

> Toi qui ne m'as pas fait mal encore, femme inconnue,
> toi qui m'aimes, toi que l'on dit belle et douce,
> mon âme éclate en feu vers ta pureté nue,
> ô sœur des azurs blancs, des pierres et des mousses...

Et voici la dernière strophe, si nostalgique, de l'*Élégie dix-septième* :

> Elles sont allées
> jusqu'au haut du chemin qui entre dans la lande.
> Leurs robes s'écartaient et puis se rapprochaient.
> Les silences de leurs voix claires s'entendaient.
> Une pie rayait longuement le ciel. Un geai
> jacassait poursuivant un geai sur un noir chêne.
> Ainsi qu'un éventail les robes s'écartèrent
> encore, en ondulant, au soleil du sommet.
> Elles ont disparu. Je m'en suis attristé.
> Et, me sentant vieilli, j'ai pris dans le fossé,
> je ne sais pas pourquoi, une tige de menthe.

Il n'est rien de plus doux, de plus grave et de plus beau que ses *Prières* et les moins croyants les apprécieront au nom de la seule poésie. Qu'il prie « pour que les autres aient le bonheur », « pour demander une étoile », « pour qu'un enfant ne meure pas », « pour avoir la foi dans la forêt », « pour être simple » ou « pour aimer la douleur », le monde et ses créatures sont là. Qui ne connaît la *Prière pour aller au paradis avec les ânes ?* Tout l'art de Jammes s'y retrouve :

> Lorsqu'il faudra aller vers vous, ô mon Dieu, faites
> que ce soit par un jour où la campagne en fête
> poudroiera. Je désire, ainsi que je fis ici-bas,
> choisir un chemin pour aller, comme il me plaira,
> au Paradis, où sont en plein jour les étoiles.
> Je prendrai mon bâton et sur la grande route
> j'irai, et je dirai aux ânes, mes amis :
> Je suis Francis Jammes et je vais au paradis,
> car il n'y a pas d'enfer au pays du Bon-Dieu.
> Je leur dirai : Venez, doux amis du ciel bleu,
> pauvres bêtes chéries qui, d'un brusque mouvement d'oreille,
> chassez les mouches plates, les coups et les abeilles...
>
> Que je vous apparaisse au milieu de ces bêtes
> que j'aime tant parce qu'elles baissent la tête
> doucement, et s'arrêtent en joignant leurs petits pieds
> d'une façon bien douce et qui vous fait pitié...

Tandis qu'à huit cents kilomètres de Paris, Francis Jammes inventait une nouvelle poésie, les poètes parisiens se disputaient autour de lui. Robert Mallet décrit bien la situation : « Le verre d'eau fraîche, encore voilé des buées de la source montagnarde, ravit des gosiers qui pourtant aimaient d'habitude à se prodiguer les boissons fortes et les philtres quintessenciés. Francis Jammes proposait ce qu'il possédait, non ce qu'il avait voulu acquérir. Il n'avait rien cherché, rien prémédité. On s'emparait de sa simplicité, les uns en faisaient un contrepoison, le remède idéal pour une cure de désintoxication, les autres s'en détournaient non avec dégoût (l'eau pure n'écœure pas), mais avec le sentiment qu'on voulait leur forcer les lèvres et l'estomac; ils allaient jusqu'à parler de provocation. » Et le critique ajoute : « Il en a tellement assez de se voir revendiqué ou banni qu'il publie – mi-sérieux, mi-plaisant – son manifeste, le Jammisme, pour expliquer qu'il n'appartient qu'à une école, la buissonnière, et qu'il n'a qu'un langage, celui de son père et de sa mère qui le lui ont transmis pour écrire comme on parle et non pour parler comme on écrit. » En fait, il aura bien des disciples, d'Alain-Fournier à François Mauriac, même s'ils l'abandonneront un jour.

Face au Symbolisme, Francis Jammes revendique donc une place pour une poésie de fraîcheur et de naturel, qu'elle exprime l'amour et la foi ou la sensibilité et l'émotion. Sa simplicité est parfois voisine de la coquetterie, sa naïveté voulue, mais il nous apprend à aimer la province et ses désuétudes, la campagne et ses recommencements d'une manière inédite. Plus tard, dans sa retraite d'Hasparren, « enfoui, comme dit Kléber Haedens, dans sa grande barbe et les magazines d'autrefois », il pourra poser quelque peu. Il n'importe, car rien dans sa poésie ne pèse ni ne pose.

Nous aurons plaisir, grand plaisir, à le retrouver au XXᵉ siècle. Selon des bonheurs divers, il publiera : le Triomphe de la vie, 1902, où apparaît Jean de Noarrieu dans une subtile narration mettant en mouvement l'univers familier de la nature; Clairières dans le ciel, 1906, où la pastorale voluptueuse tend à s'épurer en spiritualité franciscaine, même si Jammes n'a pas le tempérament porté vers la métaphysique; les Géorgiques chrétiennes, 1912, plus ambitieuses et en même temps plus monotones, avec heureusement pour les éclairer le sourire de la terre; le Livre des quatrains, 1923-1925 et Ma France poétique, 1926; Alouette, 1935, bergerie en bleu et blanc qui tente, comme dans Jean de Noarrieu, de ressusciter le poème narratif cher au temps de Brizeux; et enfin, après De tout temps à jamais, de belles élégies au lyrisme dense, et les merveilleux décasyllabes de Sources, 1936, et du posthume Sources et feux.

Dans tous ses poèmes s'affirme sa sensibilité aiguë. Poète chrétien, s'il n'atteint pas à cette exaltation de la vie intérieure, plus approfondie, qu'on trouve chez Claudel et chez Péguy, du moins exprime-t-il la région la plus simple de la foi. Et l'on ne saurait oublier sa prose : des romans qui ressemblent à ses poèmes et où passent ses jeunes filles, *Clara d'Ellébeuse, Almaïde d'Étremont. Pommes d'anis* et *le Roman du lièvre* sont mêlés de piété. Que de délices naturelles encore dans ses volumes de *Mémoires!* N'oublions pas non plus ses volumes de *Correspondance,* notamment avec Gide et Claudel. Il laissa pour ses contemporains l'image d'un patriarche et l'on faisait le pèlerinage d'Orthez. Le lecteur de ses poèmes gardera l'image d'un jeune homme rêveur et ingénu qui renouvela une certaine forme de poésie sans avoir l'air de s'en donner la peine.

Henry Bataille, la source secrète.

On trouve un écho de Francis Jammes, dans les poèmes d'Henry Bataille (1872-1922) plus connu pour *Maman Colibri* que pour ses recueils de poèmes où bien des surprises heureuses se dissimulent. Une lecture rapide de *la Chambre blanche,* 1895, donnerait vite une impression d'attendrissements faciles et d'émotions attendues, de style relâché. Or, si l'on y regarde de plus près, surgit dans la poésie un monde de détails exacts, de pensées vraies puisées dans la quotidienneté. « Les vers de M. Bataille, a écrit Georges Eekhoud, caressent comme des berceuses de nourrices, des ronronnements de rouets, des romances de bouilloire et des cricris de grillon, durant les veillées d'hiver. Ce sont les impressions, que l'enfant garde, d'une heure vague pendant laquelle il n'était ni endormi ni éveillé, cette heure au bout de laquelle sa mère l'emportait pour le mettre dans son petit lit. *La Chambre blanche* fait songer au *Kinderscenen* de Schumann. » Si la rusticité de Bataille sonne moins vrai que celle de Jammes, il s'ajoute à cette poésie provinciale une tristesse profonde qui touche à la morbidité :

> Il y a de grands soirs où les villages meurent –
> Après que les pigeons sont rentrés se coucher.
> Ils meurent, doucement, avec le bruit de l'heure
> Et le cri bleu des hirondelles au clocher...

Tristesse déchirante encore dans *les Souvenirs :*

> Les souvenirs, ce sont les chambres sans serrures,
> Des chambres vides où l'on n'ose plus entrer,
> Parce que de vieux parents jadis y moururent.
> On vit dans la maison où sont ces chambres closes.
> On sait qu'elles sont là comme à leur habitude,
> Et c'est la chambre bleue, et c'est la chambre rose...

La maison se remplit ainsi de solitude,
Et l'on y continue à vivre en souriant...

Le Beau voyage, 1905, annonce les poèmes de Larbaud et du cosmopolitisme. Là apparaissent les images modernes des bars américains et des grands transatlantiques, des gares et des trains :

Les trains rêvent dans la rosée, au fond des gares...
Ils rêvent des heures, puis grincent et démarrent...
J'aime ces trains mouillés qui passent dans les champs,
Ces longs convois de marchandises bruissant,
Qui pour la pluie ont mis leurs lourds manteaux de bâches,
Ou qui forment la nuit entière dans les garages...
Et les trains de bestiaux où beuglent mornement
Des bêtes qui se plaignent au village natal...
Tous ces grands wagons gris, hermétiques et clos,
Dont le silence luit sous l'averse automnale,
Avec leurs inscriptions effacées, leurs repos
Infinis, leurs nuits abandonnées, leurs vitres pâles...

Dans *la Lépreuse,* 1897, tragédie légendaire, il avait emprunté ses rythmes au folklore breton. Le mérite du *Beau voyage* est du moins de s'attacher aux nouveaux paysages d'une nouvelle civilisation. Il définissait lui-même sa poésie comme « une forcerie de tendresse ». Il y a en lui un poète qu'on pourrait situer dans des régions explorées par Sully Prudhomme, avec parfois de fâcheuses redondances auprès de très grands moments où il se rapproche de Francis Jammes. La guerre lui inspira *la Divine Tragédie* et il écrivit après *la Quadrature de l'Amour,* 1920, où, là encore, auprès de moments faciles et de plates mélancolies, on trouve un singulier pouvoir : celui de rendre parlantes les choses muettes, de dire l'amour et son obsession, avec des langueurs originales. Comme dit Remy de Gourmont : « C'est le rêveur nerveusement triste, passionnément doux et tendre, ingénieux à se souvenir, à sentir et à souffrir. » Chez ce poète qui donne toutes les apparences d'un de ces innombrables élégiaques issus du Symbolisme, il y a comme un secret déguisé, un mystère qui rôde, un attente frissonnante, et il participe déjà à ce que sera la poésie du xxᵉ siècle si attentive à cerner l'incommunicable. Henry Bataille : une fraîcheur de source souterraine.

Paul Valéry à ses débuts.

Au seuil de notre époque, la poésie va poursuivre sa marche ascendante, même si le public boude ses poètes. On aurait pu croire que les richesses immenses du siècle dont nous traitons avaient épuisé la terre de poésie, or elles lui avaient apporté un humus fécondant. Une progression sans précédent allait s'accomplir. Souterrainement, de nouvelles germinations se préparaient. Déjà des pousses apparaissaient et des poètes, effacés dans leur jeunesse par d'illustres ombres, préparaient une renaissance.

Qu'en est-il de Paul Valéry (1871-1945) à l'aube du siècle? Il est depuis son adolescence enclin à « jouir sans fin de son propre cerveau ». Tout en faisant son droit, il s'intéresse à tout : mathématiques, musique, dessin, architecture, et, bien sûr, poésie. Il connaît par cœur *le Bateau ivre,* il envoie ses poèmes à Mallarmé qui, rue de Rome, lui montre les épreuves du *Coup de dés* en demandant : « Est-ce que je ne suis pas fou? » Le jeune Paul Valéry publie dans les revues : *la Conque,* la *Revue indépendante, Entretiens politiques et littéraires, l'Ermitage, Chimère, Syrinx, la Wallonie, le Centaure* et une demi-douzaine d'autres. On y trouve ce qui suffirait à sa gloire comme son *Paradoxe sur l'architecte* et surtout *la Soirée avec M. Teste,* et même une étude sur *la Conquête allemande* dans une revue anglaise. Il va dans toutes les directions, analyse aussi bien le conflit sino-japonais que Stendhal, Wells ou Nietzsche, rêve d'une *arithmetica universalis,* pense à son *Introduction à la méthode de Léonard de Vinci.* Pendant des années il étudie ainsi. Et la poésie? Écolier, il écrivait ses premiers vers. Il ne cessera pas jusque vers 1900 d'en honorer les revues, à petites doses cependant, et il faudra attendre 1920 pour trouver son *Album de vers anciens.* L'influence de Mallarmé y est nette. On la sent jusque dans les titres des poèmes : *la Fileuse, Naissance de Vénus, Féerie, Narcisse parle, Air de Sémiramis* entre autres. Ces poèmes, écrits avant 1900, ont déjà toute l'harmonie valérienne :

> Assise, la fileuse au bleu de la croisée
> Où le jardin mélodieux se dodeline;
> Le rouet ancien qui ronfle l'a grisée.
>
> Lasse, ayant bu l'azur, de filer la câline
> Chevelure, à ses doigts si faibles évasive,
> Elle songe, et sa tête petite s'incline.

Utilisant le sonnet, il a amélioré sans cesse chaque poème au cours des années, on le voit avec *Féerie* que suit une *Même féerie.* Voici le premier de ces poèmes :

> La lune mince verse une lueur sacrée,
> Toute une jupe d'un tissu d'argent léger,
> Sur les bases de marbre où vient l'Ombre songer
> Que suit d'un char de perle une gaze nacrée.
>
> Pour les cygnes soyeux qui frôlent les roseaux
> De carène de plume à demi lumineuse,

Elle effeuille infinie une rose neigeuse
Dont les pétales font des cercles sur les eaux...

Est-ce vivre?... Ô désert de volupté pâmée
Où meurt le battement faible de l'eau lamée,
Usant le seuil secret des échos de cristal...

La chair confuse des molles roses commence
A frémir, si d'un cri le diamant fatal
Fêle d'un fil de jour toute la fable immense.

Tour à tour méditatif comme dans *le Bois amical* (« Nous avons pensé des choses pures / Côte à côte, le long des chemins »), aérien comme dans *les Vaines danseuses* (« Celles qui sont des fleurs légères sont venues »), préraphaélite comme dans *Narcisse parle* (« Ô frères! tristes lys, je languis de beauté »), baudelairien comme dans *Profusion du soir* (... « Ce vin bu, l'homme bâille, et brise le flacon »), mallarméen partout, s'il est encore un réceptacle d'influences, dans maints poèmes, on peut augurer son futur destin de poète. Ainsi *Été* peut faire attendre *le Cimetière marin* de 1920 :

Été, roche d'air pur, et toi, ardente ruche,
Ô mer! Éparpillée en mille mouches sur
Les touffes d'une chair fraîche comme une cruche,
Et jusque dans la bouche où bourdonne l'azur ;

Et toi, maison brûlante, Espace, cher Espace
Tranquille, où l'arbre fume et perd quelques oiseaux,
Où crève infiniment la rumeur de la masse
De la mer, de la marche et des troupes des eaux,

Tonnes d'odeurs, grands ronds par les races heureuses
Sur le golfe qui mange et qui monte au soleil,
Nids purs, écluses d'herbe, ombres des vagues creuses,
Bercez l'enfant ravie en un poreux sommeil !

Paul Valéry ressent profondément la mort de Mallarmé en 1898. Un mur de silence va s'élever. Il entre à l'agence Havas en 1900, passionné par un emploi qui lui apporte une ouverture sur l'économie et la politique internationale. Tandis que la nouvelle génération se mire à ses œuvres publiées, comme *Monsieur Teste,* enfermé dans son cocon de pensée, tout à la gymnastique de ses spéculations intellectuelles, Valéry donne un exemple de droiture et de probité. La guerre de 14 passée, il surgira plus pur et plus grand que jamais. Sa poétique s'affirmera et l'on ne saurait mieux attendre de le retrouver poète à part entière, si beau, si pur, qu'en citant un extrait de *l'Amateur de poèmes* qui clôt *l'Album de vers anciens :*

Mû par l'écriture fatale, et si le mètre toujours futur enchaîne sans retour ma mémoire, je ressens chaque parole dans toute sa force, pour l'avoir indéfiniment attendue. Cette mesure qui me transporte et que je colore, me garde du vrai et du faux. Ni le doute ne me divise, ni la raison ne me travaille. Nul hasard, mais une chance extraordinaire me fortifie. Je trouve sans effort le langage de ce bonheur; et je pense par artifice, une pensée toute certaine, merveilleusement prévoyante, — aux lacunes calculées, sans ténèbres involontaires, dont le mouvement me commande et la quantité me comble : une pensée singulièrement achevée.

André Gide, poète au XIXᵉ siècle.

Autre maître à penser des générations qui commencent à 1920, André Gide (1869-1951) débute dans les lettres avec *les Cahiers d'André Walter,* 1891, qu'il intitule « œuvre posthume », histoire d'un jeune homme placé devant un tel choix de richesses intérieures qu'il renonce et s'écarte du monde. Ce sont des proses poétiques d'orientation décadente nourries de religiosité, des analyses psychologiques où l'on trouve le germe de toute l'œuvre de Gide. Ses méditations, d'un cahier à l'autre, vont d'une sorte d'idyllisme auquel succède un doute douloureux. L'ensemble est imprécis et confus, mais il reflète une complexité : celle d'un moi passif qui se consume. Suivent *les Poésies d'André Walter,* 1892, écrites en huit jour, peu après la publication des *Cahiers.* Ces poèmes évanescents, alanguis, avec trop de fausses morbidesses symbolistes, trop de passages mornes, laissent apparaître cependant, parmi de fades langueurs, combien le poète est désorienté, inquiet, en attente. Il affirme l'inquiétude d'une génération :

> Nous avons dû nous tromper de route
> Quelque part et les autres ne nous ont pas avertis.

Il y a quelques éclaircies, notamment quand Gide s'exprime en prose. Ainsi, après *le Traité du Narcisse,* 1893, *le Voyage d'Urien,* 1893, expérience d'un Symbolisme fantastique sans grand avenir, puisque *le Voyage* débouche sur le vide et prête au jeu de mots : « le Voyage du Rien », après *la Tentative amoureuse,* 1894, *Paludes,* 1895, naîtra un enchantement bien supérieur avec ces *Nourritures terrestres,* 1895, aliments de plusieurs générations, sans commune mesure avec ses *Poèmes* de 1892, 1895 et 1897 qu'il réunira dans ses *Œuvres complètes* et qui égrènent des nostalgies adolescentes.

Les Nourritures sont la véritable entrée de Gide en poésie, le message hédoniste qui va lui valoir une immense influence morale et littéraire : Montherlant, Saint-Exupéry, Camus seront ses débiteurs. L'adolescent des années 20 y trouvera un livre de chevet idéal avec ce final dynamique : « Nathanaël, à présent, jette mon livre. Émancipe-t'en. Quitte-moi. » Ce Ménalque du jeune Nathanaël ressemble au Sénèque du jeune Lucilius. Il enseigne à l'apprenti de la vie de se débarrasser des contraintes morales et intellectuelles, de devenir lui-même : « Que mon livre t'enseigne à t'intéresser plus à toi qu'à lui-même – puis à tout le reste plus qu'à toi. » La forme poétique est calquée sur la Bible, les textes orientaux sacrés ou profanes, avec une influence de Goethe et de Nietzsche, mais Gide, même s'il ne supporte pas la comparaison avec ces derniers, est tout entier dans cette œuvre d'imagination d'une incontestable valeur humaine.

Par-delà des préciosités et des afféteries, par-delà une certaine monotonie qui serait lassante si la poésie ne s'y engouffrait pas, on découvre un univers lyrique de sensualisme, d'ivresse, de plaisir, d'enthousiasme qui s'exaltent comme si ce Protestant les avait longtemps réfrénés. Son panthéisme même est dépouillé, mis en préceptes qui éloignent de tout abandon au confort intellectuel : « Nathanaël, je t'enseignerai la ferveur » ou « Que l'importance soit dans ton regard, non dans la chose regardée » ou « Non point la sympathie, Nathanaël, l'amour ». Gide donne à chacun selon sa faim et sa soif, et auprès du ton moral que la poésie atténue, on trouve la matière de quelque conte persan, de quelque supplément inédit aux *Mille et une nuits,* et des impressions fugaces, des tableaux à peine entrevus, des mouvements de phrase comme une danse de joie, celle de l'être qui veut « mordre à la pulpe de tous les fruits » après tant d'inanition réelle ou imaginaire.

Au moment où la littérature sentait le factice, un nouvel humanisme païen, semblable à celui de la Renaissance, apporte une communion avec un monde vivant, tout de chair, refusant les servitudes sociales et religieuses. L'influence de ce livre dépassera même ce que Gide en attendait. Il apportait un message qui semblait attendu par tant d'avidités. Comme nous sommes loin des *Poésies d'André Walter!* Comme leur ton paraît factice!

> Il n'y a pas eu de printemps cette année, ma chère;
> Pas de chants sous les fleurs et pas de fleurs légères,
> Ni d'Avril, ni de rires et ni de métamorphoses;
> Nous n'aurons pas tressé de guirlandes de roses.

Non, ce n'est pas là que Gide fut poète. On préfère qu'il ouvre successivement chaque porte de *la Ferme,* de celle des granges, des greniers et de la laiterie à celles de l'étable, du fruitier, du pressoir, de la distillerie ou des remises :

> – Ah! j'ai brisé ma coupe d'or – je me réveille. L'ivresse n'est jamais une substitution du bonheur : – Berlines! toute fuite est possible; traîneaux, pays glacé, j'attelle à vous mes désirs. – Nathanaël, nous irons vers les choses; nous atteindrons successivement à tout. J'ai de l'or dans les fontes de ma selle; dans mes coffres, des fourrures qui feraient presque

aimer le froid. Roues qui compteraient vos tours dans la fuite. Calèches, maisons légères, pour nos délices suspendues, que notre fantaisie vous enlève! Charrues, que des bœufs sur nos champs vous promènent! creusez la terre comme un boutoir : le soc inemployé dans le hangar se rouille, et tous ces instruments... Vous toutes, possibilités oisives de nos êtres, en souffrance, attendant – attendant que s'attelle à vous un désir, – pour qui veut des plus belles contrées...

Qu'une poussière de neige nous suive, que soulèvera tous mes désirs...

Gourmet et non pas gourmand, Gide se livre à des rondes sensuelles, des danses de fruits mûrs : « Nathanaël, te parlerai-je des grenades? » Par-delà un système énumératif de conquêtes naturelles, daté déjà, il y a le plaisir et la gourmandise des mots :

Hélas! après, Nathanaël, qui dira de nos lèvres
Quelle fut l'amère brûlure?
Aucune eau ne les put laver –
Le désir de ces fruits nous tourmenta jusque dans l'âme.

Trois jours durant, dans les marches, nous les cherchâmes;
La saison en était finie.
Où sont, Nathanaël, dans nos voyages,
De nouveaux fruits pour nous donner d'autres désirs?

Il y en a que nous mangerons sur des terrasses,
Devant la mer et devant le soleil couchant.
Il y en a que l'on confit dans la glace
Sucrée avec un peu de liqueur dedans.
Il y en a que l'on cueille sur les arbres
De jardins réservés, enclos de murs,
Et que l'on mange à l'ombre dans la saison tropicale.

Un certain nombre de courtes œuvres se rattachent au cycle des *Nourritures terrestres.* Elles furent réunies sous le titre d'*Amyntas,* 1906, et servent de lien entre *les Nourritures* et *l'Immoraliste,* mais peu à peu la poésie se fait roman. En 1935, Gide ajoutera *les Nouvelles Nourritures,* livre de l'homme au seuil du grand âge, nostalgique de l'ancienne ferveur sans que la curiosité et l'appétit se soient taris. Il dit : « J'ai besoin du bonheur de tous pour être heureux. » Mais ici les poèmes sont peu de chose auprès d'une prose plus ironique que fervente. Le prix Nobel ira avant tout au prosateur, mais Gide aura sans cesse côtoyé la poésie et fréquenté les poètes. N'oublions pas qu'il écrivit *Découvrons Henri Michaux,* 1941, n'oublions pas ses traductions de Tagore, de Conrad, de Whitman, de Blake ou de Shakespeare, n'oublions pas ses *Correspondances* avec Christian Beck, Francis Jammes, Paul Claudel, Charles Du Bos, Paul Valéry (qu'il envie quelque peu), Rainer Maria Rilke, et même si nous restons plein de réserves, comment ne pas mentionner son *Anthologie de la poésie française :* malgré une

préface que nous regrettons, malgré de flagrants oublis, elle a pu
mettre en valeur quelques poètes, c'est toujours cela et mieux que
rien. Trop d'écrivains célèbres oublient que la poésie existe...

Les Débuts de Paul Claudel.

Ce qu'il en est de Paul Claudel au xixe siècle? Déjà des œuvres,
déjà une démarche spirituelle, déjà cette idée de rattacher la poésie
à ses causes originelles. Ce jeune provincial venu des confins des
Ardennes et de la Champagne, rugueux, rustaud, va recevoir la
parole lumineuse de Mallarmé. « C'est, dit Stanislas Fumet, auprès
de Stéphane Mallarmé qu'il a reçu le choc de l'esprit *(Animus)*,
– non pas la fécondation de son âme, qu'il doit à Rimbaud *(Anima)*
depuis l'année précédente (1886). » Élevé loin de la foi catholique,
la nuit de Noël 1886, à Notre-Dame, une illumination lui fait
retrouver la foi. Rimbaud, qu'il a lu quelques mois auparavant,
a eu pour lui une action qu'il appelle « séminale et paternelle ».
Tandis qu'il préparera le concours du quai d'Orsay, il prendra,
auprès de Mallarmé, les meilleurs maîtres : Eschyle, Dante, Shakespeare, Dostoïevski, et il aura pour amis spirituels Marcel Schwob
et Jules Renard. Reçu premier au concours des Affaires étrangères,
sa carrière sera celle d'un diplomate et il connaîtra l'Amérique,
la Chine, la Tchécoslovaquie, l'Allemagne, l'Italie, le Japon, la
Belgique où il terminera sa carrière diplomatique en 1935.

Avant 1900, il a écrit *Tête d'or,* 1889, *la Ville,* 1890, il a préparé
déjà maintes œuvres dont il donnera l'état définitif au xxe siècle.
A dix-huit ans, il écrivait ses premiers vers :

> « Écoutez, me voici, enfants et hommes, comme
> Au premier jour, pour l'Espérance et pour l'Amour,
> Moi, le fils incarné de Dieu le Père, pour
> Qu'ils voient sourire en lui quelque chose de l'homme.

> « L'enfant parmi les champs où paissaient les ânons
> Qui marchait, en chantant aux gloires incertaines
> Et cœur meilleur au cœur que l'eau d'or des fontaines,
> Moi, dont les yeux du ciel ont reflété les noms.

En 1901, les drames de *l'Arbre (Tête d'or, la Ville, la Jeune fille
Violaine)* ouvrent véritablement son entrée dans le lyrisme théâtral
et religieux. Il publie *Connaissance de l'Est,* 1900. Ce sont ses
impressions d'Extrême-Orient exprimées en courtes notations
donnant l'essence d'un paysage, d'une pagode, d'une fête, d'un
objet, à partir de quoi, par touches successives, il rejoint une pensée cosmique. En fait ce sont de beaux poèmes en prose d'une
langue recherchée, précieuse et ferme, musicale et racée, où le mot
est recherché pour sa beauté musicale tout autant que pour sa

signification. Il ne refuse aucun sujet, car pour lui est noble tout ce qui vient de la Création. Ainsi *le Porc* :

Je peindrai ici l'image du Porc.
C'est une bête solide et tout d'une pièce; sans jointure et sans cou, ça fonce en avant comme un soc. Cahotant sur ses quatre jambons, c'est une trompe en marche qui quête, et toute odeur qu'il sent, y appliquant son corps de pompe, il l'ingurgite. Que s'il a trouvé le trou qu'il faut, il s'y vautre avec énormité. Ce n'est point le frétillement du canard qui entre à l'eau ce n'est point l'allégresse sociable du chien; c'est une jouissance profonde, solitaire, consciente, intégrale. Il renifle, il sirote, il déguste, et l'on ne sait s'il boit ou s'il mange; tout rond, avec un petit tressaillement, il s'avance et s'enfonce au gras sein de la boue fraîche; il grogne, il jouit jusque dans le recès de sa triperie, il cligne de l'œil...

Entre Buffon et Jules Renard, il ajoute : « Je n'omets pas que le sang de cochon sert à fixer l'or. » Contraste sa *Libation au jour futur* :

Je suis monté au plus haut de la montagne pour porter mon toast au jour futur – (au jour nouveau, à celui qui viendra, il succède à cette nuit même peut-être). Jusqu'au plus haut de la montagne, avec cette coupe de glace qu'elle porte aux lèvres de l'Aurore! Je suis dedans tout nu; elle était si pleine qu'en y entrant j'ai fait crouler l'eau comme une cataracte. Je danse dans l'ébullition de la source comme un grain de raisin dans une coupe de champagne. Je ne distingue pas cette couche jaillissante que je pétris du ventre et des genoux du gouffre d'air dont me sépare le bord mince : au-dessous de moi surgit l'aigle criard. Belle Aurore! d'un trait tu es ici de la mer là-bas entre les îles! Bois, que je ressente jusqu'aux plantes dans le sein de cette liqueur où je suis enfoncé l'ébranlement de ta lèvre qui s'y trempe. Que le soleil se lève! que je voie l'ombre légère de mon corps suspendu se peindre sous moi sur le sable de la piscine entouré de l'iris aux sept couleurs!

Chez lui, la poésie sera partout. Il faudra attendre les *Cinq grandes odes,* 1908, pour qu'il inaugure la forme qui lui convient le mieux : le verset dont le rythme s'accorde à la respiration humaine et la durée aux moments de pensée, en attendant que *Corona Benignitatis Anni Dei,* 1915, l'oriente vers un Catholicisme quasi médiéval. Dans ce dernier recueil, il insérera une pièce ancienne, *le Sombre Mai,* écrite en 1887. Là, on peut penser à Maeterlinck ou aux préraphaélites aimés des symbolistes. Ce poème en vers de mètres différents représente un pas vers la forme du verset :

Les princesses aux yeux de chevreuil passaient
A cheval sur le chemin entre les bois,
Dans les forêts sombres chassaient
Les meutes aux sourds abois.

Dans les branches s'étaient pris leurs cheveux fins,
Des feuilles étaient collées sur leurs visages.
Elles écartaient les branches avec leurs mains,
Elles regardaient autour avec des yeux sauvages.

Reines des bois où chante l'oiseau du hêtre
Et où traîne le jour livide,
Levez vos yeux, levez vos têtes,
Vos jeunes têtes humides!

Hélas! je suis trop petit pour que vous m'aimiez,
Ô mes amies, charmantes Princesses du soir!
Vous écoutiez le chant des ramiers,
Vous me regardiez sans me voir.

Courez! les abois des meutes s'élèvent!
Et les lourds nuages roulent.
Courez! la poussière des routes s'élève!
Les sombres feuilles roulent.

Le ruisseau est bien loin. Les troupeaux bêlent.
Je cours, je pleure.
Les nuages aux montagnes se mêlent.
La pluie tombe sur les forêts de six heures.

Nous ne donnons ici qu'un avant-goût de Paul Claudel. Mystique conscient de sa force, en usant volontairement, le fait chrétien sera le pivot d'une œuvre allant dans des directions diverses. Il fera couler à flots le lyrisme à travers les odes, les poèmes de guerre, les drames, les mystères disant la supériorité de la cité de Dieu, donnant à sa foi un univers cosmique à sa mesure, et n'oubliant pas les troubles, les remous, les angoisses de la créature. Il animera les grandes orgues de la nature. Massif, il aura de singulières délicatesses, mais certains poèmes de circonstance n'échapperont pas toujours à la lourdeur. C'est dans l'universel qu'il est à l'aise, dans sa manière de pétrir la masse humaine. Remportant une totale adhésion chez les uns, agaçant les autres, ce poète considérable, « le plus gros paquet de mer poétique que nous ayons reçu depuis Hugo », comme dit Thibaudet, est, comme souvent les grands, touffu, inégal et grandiose. Au XIXᵉ siècle, il représente déjà un accomplissement du Symbolisme dans la présence du verbe divin.

Alfred Jarry, le débauché sublime.

Celui dont Guillaume Apollinaire dira : « Ces débauches de l'intelligence où les sentiments n'ont pas de part, la Renaissance seule permit qu'on s'y livrât, et Jarry, par un miracle, a été le

dernier de ses débauchés sublimes », Alfred Jarry (1873-1907),
nous apporte un des rares exemples d'une création incessante et
autonome. Oscar Wilde disant qu'il a mis tout son génie dans sa
vie, émet une sorte d'idée reçue. Il faut chercher Jarry derrière le
Jarry de la parade en se disant bien que ce dernier est aussi Jarry.
Le génie est surtout dans l'œuvre. Que d'anecdotes à son sujet!
Parle-t-il de l'eau? « Liquide si impur qu'une seule goutte suffit
à troubler l'absinthe. » Et cette vie dans le « Tripode », wagon
de marchandise planté en pleine campagne près de Corbeil. Et
cette mort en réclamant, dit-on, un cure-dent. Les mots à
l'emporte-pièce, les scandales... Comme l'a observé Michel Arrivé,
la description du corpus des anecdotes jarryques ne permet de
déceler que les structures du mythe de Jarry et non celles de son
œuvre. On a longtemps méconnu Jarry. Ubu l'a caché. On répétait
le célèbre *merdRe,* on parlait des oneilles, de la pompe à phynances
et tout semblait dit; la gidouille et la chandelle verte occultaient
les autres écrits de Jarry. Aujourd'hui, on semble lui avoir
rendu justice, de J.-H. Sainmont à Maurice Saillet en passant par
Arrivé, Noël Arnaud et quelques autres, sans oublier le Collège de
Pataphysique, mais le lecteur n'est pas encore assez bien informé.

Après les textes d'enfance précoces d'*Ontogénie,* 1885 à 1890,
et d'autres proses et poèmes, il se fit connaître par *les Minutes de
sable mémorial,* 1894, proses, poèmes, scènes, qui l'assimilent aux
décadents. Une méthode de lecture est donnée dès la préface,
Linteau. Les choses sont sous-entendues plutôt qu'énoncées, ce
qui est une manière de forcer l'attention et de faire reculer la
paresse; c'est l'apologie de la liberté créatrice; c'est aussi un certain mépris de la perfection artistique : « Il y a divers vers et
proses que nous trouvons très mauvais et que nous avons laissés
pourtant... » Le recueil s'ouvre sur les *Lieds funèbres.* En prose?
Ils en ont l'apparence, mais le lecteur verra bien vite que le rythme
(quinquennal) s'impose. Savamment, Jarry déguise ses vers en
prose. Montrons un exemple :

> Vogue dans la coupe / aux flots d'huile rose, / sombre dans la coupe /
> aux flots d'huile fauve,/ frémis dans la coupe / aux flots de nuit noire,
> / veilleuse, et deviens / la lampe d'un mort! / Les Anges qui veillent /
> éclairés d'étoiles / remportent leurs lampes.

Disons par parenthèse que tout l'œuvre de Jarry est fait d'im-
brications complexes, de relations intertextuelles, de jeux de langage qui dépassent le simple jeu et dont le réseau recouvre l'ensemble. C'est l'auteur le plus subtil, le plus savant qui soit, le plus
grand architecte de secrets disséminés dans des signes linguistiques,

héraldiques, obsessionnels, avec parfois des panneaux indicateurs qui sont eux-mêmes à découvrir. Mais l'on verra cela surtout à partir de *César-Antechrist* dont *Ubu* est un fragment.

Dans *les Minutes,* des poèmes aussi, au sens le plus classique. Précieux, secrets, leur apparence est symboliste, comme dans *les Trois meubles du mage surannés (Minéral, Végétal, Animal).* Lisons :

> Le vélin écrit rit et grimace, livide.
> Les signes sont dansants et fous. Les uns, flambeaux,
> Pétillent radieux dans une page vide.
> D'autres en rangs pressés, acrobates corbeaux,
>
> Dans la neige épandue ouvrent leur bec avide.
> Le livre est un grand arbre émergé des tombeaux.
> Et ses feuilles, ainsi que d'un sac qui se vide,
> Volent au vent vorace et partent par lambeaux.
>
> Et son tronc est humain comme la mandragore;
> Ses fruits vivants sont les fèves de Pythagore;
> Des feuillets verdoyants lui poussent en avril.
>
> Et les prédictions d'or qu'il emmagasine,
> Seul le nécromant peut les lire sans péril,
> La nuit, à la lueur des torches de résine.

D'autres poèmes sont intercalés entre des proses comme *Guignol* où apparaît le père Ubu. Dans la prose *Phonographe,* il fait penser à Lautréamont :

Noires monères mobiles et cahotées, se creusent et cillent les orbites de la sirène minérale. Il doit voir ses yeux et la voir toute, sa tête de chaux si blanche et si froide et ses deux uniques bras de poulpe noirs et si froids. Ô le chant des stalactites de cuivre appendues à son palais, et le bruit de fer rouillé du maxillaire inférieur qui se déclenche! Ô entendre le chant sublime de l'argonaute de porcelaine, que des déménageurs trop pressés ont laissé empli de rouleaux fêlés de cordes de piano...

A cette parenté de *Maldoror* s'ajoute celle de Rimbaud qui semble s'être donné rendez-vous avec Mallarmé dans *les Paralipomènes.* On voudrait citer longuement des poèmes intitulés *Berceuse du mort pour s'endormir, la Régularité de la châsse, Tapisseries, l'Homme à la hache,* les poèmes enchâssés dans ses saynètes comme *Haldernablou* où les chœurs donnent strophes, antistrophes et épodes, au même titre que toutes les proses qui sont poèmes en prose. Le livre se ferme sur *les Prolégomènes de César-Antéchrist* et un poème symboliste, *le Sablier.*

L'avant-garde du XXe siècle est là. Cet ensemble annonce Dadaïsme et Surréalisme et contient toute la révolte de l'art moderne : virulences, bravades, ruptures, outrances. L'œuvre de Jarry c'est la caverne d'Ali Baba ou les mines du roi Salomon.

Dans cette gigantesque imbrication de textes qui s'appellent et se répondent, dans cette symphonie à nulle autre pareille, on trouve une semaison de poèmes. Henri Parisot et André Frédérique en ont recueilli dans *les Minutes* comme dans *César-Antéchrist,* 1895, *Gestes et opinions du docteur Faustroll, pataphysicien,* 1898 (publication en 1911), *Messaline,* 1901, *le Surmâle,* 1902, *Ubu roi,* 1896, *les Jours et les nuits,* 1897, et encore dans *la Dragonne* et dans les revues. Si l'ensemble de l'œuvre de Jarry est poésie, des morceaux détachés d'un contexte indispensable ont eu au moins l'avantage d'une mise en valeur.

César-Antéchrist révèle une étrange magie verbale, un délirant ésotérisme où, comme disent ses lépreux, « mon âme fenêtre voit », où l'enluminure, le blason ont leur part. *Ubu roi* contient *la Chanson du décervelage :*

> Je fus pendant longtemps ouvrier ébéniste,
> Dans la ru' du Champ de Mars, d'la paroiss' de Toussaints,
> Mon épouse exerçait la profession d'modiste
> Et nous n'avions jamais manqué de rien.
>
> Quand le dimanch' s'annonçait sans nuage,
> Nous exhibions nos beaux accoutrements
> Et nous allions voir le décervelage
> Ru' d'l'Échaudé, passer un bon moment.
>
> > Voyez, voyez la machin' tourner,
> > Voyez, voyez la cervell' sauter,
> > Voyez, voyez les Rentiers trembler;
>
> > *Chœur*
> Hourra, cornes-au-cul, vive le Père Ubu!
>
> Nos deux marmots chéris, barbouillés d'confitures,
> Brandissant avec foi des poupins en papier,
> Avec nous s'installaient sur le haut d'la voiture
> Et nous roulions gaiement vers l'Échaudé.
>
> On s'précipite en foule à la barrière,
> On s'fich' des coups pour être au premier rang,
> Moi je m'mettais toujours sur un tas d'pierres
> Pour pas salir mes godillots dans l'sang.

Faut-il rappeler la bataille d'Ubu? Quel scandale! quelles indignations, de Jules Renard à Courteline et Sarcey! Le glaneur de poèmes en trouvera partout, de *la Revanche de la nuit* qui est un groupe semé de curiosités sonores, de mots rares comme les ont aimés Rabelais ou les Burlesques, et aussi les Parnassiens : Jarry emprunte volontiers son art à Heredia pour l'appliquer au père Ubu dans *le Bain du roi.* Mais il faut surtout fouiller dans *Faustroll* et trouver la fable *le Homard et la boîte de corned-beef* ou des poèmes

en prose à foison, et même du grec et des signes algébriques (n'oublions pas de dire que Jarry parsème aussi ses œuvres d'une belle
imagerie). On y peut parfois trouver des rythmes d'alexandrins ou
de décasyllabes :

> Dieu monte nimbé d'un pentagramme bleu, bénit et sème et fait le ciel
> plus bleu. Le feu naît rouge de l'idée d'ascension, et l'or des étoiles, miroir
> du nimbe. Les soleils sont de grands trèfles à quatre feuilles, fleuris, selon
> la croix. Et tout ce qui n'est pas créé est la robe blanche de la seule
> Forme.

Voici *Aux Enfers* :

> Le feu des Enfers est du sang liquide, et on voit ce qui se passe au fond.
> Les têtes de la souffrance ont coulé, et un bras s'élève de chaque corps
> comme un arbre du fond de la mer, vers où il n'y a plus de feu. Là il y a
> un serpent qui mord. Tout ce sang qui flambe est contenu par la roche
> d'où l'on se précipite. Et il y a un ange rouge qui n'a besoin que d'un
> geste, lequel signifie : DU HAUT EN BAS.

Dans *les Jours et les nuits,* on découvre une fraîche *Pastorale,* des
comptines ou un poème mythologique en prose, *l'Ambre,* très beau,
mais qu'un personnage qualifie de « prose d'officier ». Avec la mystification il fait de la poésie. Un exemple de *l'Ile sonnante* où il décrit
la végétation : « Les plantes les plus communes y étaient les
taroles, le ravanastron, la sambuque, l'archiluth, la pandore, le kin
et le tché, la turlurette, la vina, le magrepha et l'hydraule. » Il faut
savoir qu'il s'agit d'instruments de musique. On trouve de tout
chez Jarry : des poèmes cosmogoniques, des chansons, des traductions, des parodies, des moqueries. D'aucuns parleront de
bric-à-brac où le pire rejoint le meilleur, où le pédantisme saugrenu
côtoie la haute poésie.

En fait, Jarry semble construire une poésie nouvelle en utilisant
des déchets et des loques, ceux d'un siècle qui se termine. L'Anarchisme, le Symbolisme, l'Occultisme, les métamorphoses de l'éros,
les idéaux informulés, la révolution scénique, les refus ont des
implications avec son œuvre et avec ses attitudes. Il en condense
l'univers ineffable et si difficilement préhensible. Faisant exploser
les genres, il oblige des marionnettes à s'animer pour devenir personnages, il construit des mythes durables avec des mythes fatigués,
il édifie une neuve architecture avec des ruines.

Préoccupé de faire « dans la route des phrases, un carrefour de
tous les mots », rêvant d'atteindre à un Anarchisme parfait (mais
oubliant parfois ses cibles), la joie du verbe pour le verbe l'amène
à dépasser la satire pour atteindre à la poésie. Métaphysicien ou
philosophe positiviste, moraliste ou chevalier d'une anti-morale,

esprit encyclopédique surgi entre le Rabelais médiéval et le Scève renaissant, humoriste noir, inventeur de la Pataphysique (science des solutions imaginaires), il est tout cela. Il est aussi l'architecte de labyrinthes multiples s'imbriquant sans cesse les uns dans les autres. L'insolite est son hygiène, le bizarre sa médecine, la bouffonnerie sa boussole. S'il a superposé des masques, c'est sans doute aussi pour cacher pudiquement sa détresse humaine. Qui le croirait cruel aurait tort : il répugne simplement à s'épancher et l'on a cité de lui des traits de délicatesse peu habituels. S'il a tourné en dérision les poncifs du Parnasse et du Symbolisme, il en a procédé avec art et peut-être même a donné des leçons. Révolté, qui sait si son pantagruélisme, ses rites burlesques, ses préfigurations de Dada ne marquent pas une impuissance tragique à créer une véritable révolution spirituelle. Mais son entreprise de subversion littéraire, sa contre-culture va apporter, au service de la vraie culture et de la vraie littérature des ferments essentiels. Évoquons Artaud et Vitrac fondateurs du *Théâtre Alfred Jarry,* évoquons Tzara et Breton, Queneau et Prévert. Évoquons le chaos des éruditions fécondes, des réminiscences extravagantes, des imitations somptueuses. Elle est là toute la littérature, il est là tout le passé gréco-romain, ils sont là Lautréamont et Rimbaud, Pétrus Borel et Jules Laforgue, Stéphane Mallarmé et Villiers de L'Isle-Adam, et Péladan, et Flaubert, et Rabelais, et Remy de Gourmont, et Cyrano de Bergerac, et surtout les grands mythes de l'Occident. Cauchemars et rêves, imaginations et présence tangible de la mort apportent leur tragique, car le poète Jarry est l'homme de sa propre tragédie. Disons sa fin, son corps détruit par l'alcool et la tuberculose, sa mort à trente-quatre ans à la Charité. Et sans cesse au XXe siècle ses résurrections.

Paul Fort et ses ballades.

En 1900, Paul Fort (1872-1960) a déjà écrit une bonne partie de son œuvre, et, pendant soixante ans, le Prince des Poètes continuera à écrire, s'en tenant à la forme que, gentil rhétoriqueur, il a inventée dans le sillage du vers libre : la ballade d'un nouveau genre. Elle a la typographie de la prose tout en étant écrite en vers, avec rimes et assonances, avec la mesure et le rythme poétiques. Ses innovations sont l'apocope des finales muettes, l'usage de l'hiatus et de quelques synérèses. Dans ce moule dont il use avec une entière liberté, il va couler à profusion les fruits d'une inspiration multiple et facile, fraternelle et tendre, s'adressant aussi bien aux orfèvres qu'à un public populaire qui en retiendra des ritournelles heureuses : *Si tous les gars du monde...* avant que Georges Brassens ne le familiarise avec *le Petit cheval blanc.*

Cette œuvre, il faut le dire, est si abondante que peu de lecteurs connaissent tous les fruits de plus de soixante-dix années de création poétique. Or, il y a, sous la même métrique, dans la même lignée lyrique, panthéiste, cosmique, des poèmes pittoresques, ironiques, malicieux ou touchants, des airs populaires, des paysages graves et mélancoliques, des peintures amoureuses ingénues et mystiques. Ayant trouvé son instrument, ce trouvère moderne n'en changera pas. Il n'y aura ni approfondissement ni affaiblissement. Il dit : « Je suis un arbre à poème : un poémier... » et sur cet arbre, il ne tentera pas de trop difficiles greffes. Moréas lui a donné un précepte : « Aérez, aérez les mots. » Verlaine lui a dit de tordre le cou de l'éloquence. Si Paul Fort dit lui-même : « Mallarmé, c'est de l'établi », ce sont là des règles qui lui apportent un art quasi classique.

Son existence est tout entière au service de la poésie et du théâtre. Dans la fougue de ses dix-sept ans, il a lancé un manifeste en faveur du théâtre symboliste. Il se destinait à Saint-Cyr, et Pierre Louÿs, le présentant à André Gide, éveilla en lui le goût de la poésie. Au café Voltaire, il fréquenta Barrès, les pères du symbolisme, Verlaine, Mallarmé, Moréas. Il prépara la création du *Théâtre d'Art* dont il transmit le flambeau à Lugné-Poe. Par lui, la poésie eut droit de cité sur la scène, notamment par la résurrection des Elizabethains. Le *Théâtre d'Art* devint le *Théâtre de l'Œuvre* où furent joués Shelley et Marlowe, Verlaine, Maeterlinck et Rachilde, et aussi une adaptation de *l'Iliade. Le Livre d'art, Vers et prose* seront des revues qu'il animera, la première avec André Salmon. Une énergie, un enthousiasme qui ne faibliront jamais et qui commandent le respect.

Avant 1900, il a déjà publié : *Monnaie de fer* (vers et prose), 1894, *Premières lueurs sur la colline,* 1894, *Plusieurs choses,* 1894, *Il y a là des cris,* 1895, et surtout les premières séries de ses célèbres *Ballades françaises : Poèmes et ballades,* 1894-1896, *Montagne, forêt, plaine, mer,* 1898, *le Roman de Louis XI,* 1898, *les Idylles sentimentales* et *les Hymnes,* 1900, *l'Amour marin,* 1900, auxquelles s'ajouteront tant d'autres séries formant un ensemble de dix-sept tomes et les six tomes de *Chroniques françaises* ainsi que des *Mémoires.* Voici un extrait de *la Vision harmonieuse de la Terre :*

Épousez-vous, mes sens, toucher, regard, ouïe. J'ai gravi la montagne et je suis en plein ciel. La terre est sous mes yeux. Oh! qu'elle me réjouit! Vaporeuse à mes pieds, comme la terre est belle, et distincte et joyeuse au-delà des vapeurs! La courbe d'un vallon m'a fait battre le cœur. Et je sens que mon plus beau jour est aujourd'hui. Épousez-vous mes sens, toucher, regard, ouïe.

Je vois la plaine au loin vibrante comme un son, qui parcourt la paroi remuée d'une cloche d'or. Doucement les moissons, frappées de soleil, sonnent. Un champ de coquelicots est comme un son plus fort. Jusqu'où le soleil rejoint la terre, la vibration parcourt la nappe immense des épis qui frissonnent. Que j'aime des grands blés la douce inflexion! Et le bout de la plaine est mourant comme un son.

La terre je la vois, la terre je l'entends, la terre est sous mes yeux et vit dans mon oreille. Rythmique et musicale, elle est encore plus belle! Ses bleus étages descendent, remontent, prennent un temps. Un lent dernier plateau de bruyère sur la plaine, dévale, puis c'est la plaine avec ses moissons d'or! La terre est sous mes yeux rythmique et musicale, et telle que je l'entends, plus musicale encore.

Nous ne sommes pas éloignés de Francis Jammes. Ce n'est là qu'un aspect. On définit l'ensemble en citant Robert de Souza : « M. Paul Fort a refondu dans cette nouvelle matière les formes passées et présentes de l'art rustique, toutes ses plus strictes inspirations allemandes, hongroises, espagnoles autant que françaises. Rondes et pastourelles, aubades, romances et guillonées, berceuses et brunettes, ballades narratives, complaintes d'amour, chansons de fêtes et de métiers, gwerziou et soniou bretons, lieds et saltarelles, il semble qu'aucun des modes lyriques populaires ne soit absent du livre de M. Fort. Rendus, dans leur rudiment expressif de langue et de pensée, ou transformés, affinés de la pénétration d'une sensibilité moderne, ils développent les broderies d'un art original très savant sur la trame de leurs rythmes primitifs. » Pierre Béarn pourra dire justement que « Paul Fort, c'est la réaction du cœur » et son poème le plus connu pourrait être un hymne mondial :

Si toutes les filles du monde voulaient s'donner la main, tout autour de la mer, elles pourraient faire une ronde.

Si tous les gars du monde voulaient bien êtr' marins, ils f'raient avec leurs barques un joli pont sur l'onde.

Alors on pourrait faire une ronde autour du monde, si tous les gens du monde voulaient s'donner la main.

Voici *les Baleines* :

Du temps qu'on allait encore aux baleines, si loin qu'ça faisait, mat'lot, pleurer nos belles, y avait sur chaque route un Jésus en croix, y avait des marquis couverts de dentelles, y avait la Sainte Vierge et y avait le Roi!

Du temps qu'on allait encore aux baleines, si loin qu'ça faisait, mat'lot, pleurer nos belles, y avait des marins qui avaient la foi, et des grands seigneurs qui crachaient sur elle, y avait la Sainte Vierge et y avait le Roi!

Eh bien, à présent, tout le monde est content, c'est pas pour dire, mat'lot, mais on est content!... y a plus d'grands seigneurs ni d'Jésus qui tiennent, y a la république et y a l'président, et y a plus d'baleines!

Paul Fort est bien dans la tradition française. Il ne déteste pas les mots : « Mademoiselle, voulez-vous me permettre de vous inventer? » Il a parfois ses faiblesses, mais sa spontanéité le rachète. « Je sais, dit Marcel Arland, qu'il est prolixe et sentimental, que sa facilité n'évite ni la négligence ni le relâchement, et que l'apparence prosaïque de ses vers agace et lasse. Mais il désarme par sa gentillesse, sa fantaisie et son enthousiasme. » Il occupe, sans maître ni disciples, une place à part. « Un poète intégral... », disait Maeterlinck. « La poésie même », disait Fontainas. « Tout ce qu'il y a de pur et d'honnête... », disait Mac Orlan. Armand Lanoux l'a bien situé : « L'art de Paul Fort n'a rien à voir avec les fouilles parfois merveilleuses de l'écriture automatique, ni avec les magnifiques jeux de mots de Valéry, ni avec les transparences minérales d'Éluard. Il n'est pas dans ces courants qui ont occupé le demi-siècle. Il plonge tout bonnement dans la chanson, le théâtre d'art, l'imagerie et le symbolisme, ce frère aîné et très clair, somme toute, du surréalisme. Il est contemporain de l'impressionnisme et c'est ce mauvais reproche qu'on lui fait obscurément. Or, chacun chante avec son temps et les chansons de son temps... » Paul Fort, enlumineur et tapissier, nous a surtout charmé par son sens de la nature qu'il exprime en mêlant à un réalisme de terroir des suggestions symbolistes. Son œuvre dramatique des *Chroniques de France* (de *Louis XI, curieux homme* à *l'Or* ou *Aux matinées de Philippe le Bel*), longues ballades dialoguées, surprend par des archaïsmes dont nous nous sommes déshabitués. Hors des grands courants du XXe siècle, son œuvre reste pleine de surprises heureuses à condition de ne pas y chercher autre chose que ce qu'il a voulu y mettre, ce gentil baladin du monde occidental, avec ses rondes inépuisables et les images simples et populaires de ses livres, qui nous apprend que la simplicité et la fraîcheur, la simple morale de la main tendue, cela existe aussi.

Deux personnalités : Levet, Roussel.

Frère aîné (sous le signe du voyage et du cosmopolitisme) de Valery Larbaud (dix-neuf ans en 1900), de Blaise Cendrars (treize ans en 1900), de Paul Morand (onze ans en 1900), de Louis Brauquier (qui vient de naître en 1900), le poète consulaire Henry Jean-Marie Levet (1874-1906) est un dandy voyageur qui parcourt le monde sur de beaux transatlantiques pas ivres du tout, mais dont les bars déversent les cocktails 1900 chers au Captain Cap d'Alphonse Allais. Dernier venu du Symbolisme, il marque une époque et, comme on dira dans l'anthologie Kra, est « un Parisien à l'accent anglais (avec) les guêtres, le monocle, la redingote, le Moulin-Rouge et les colonies repaires des maladies de foie ». Il occupa des postes aux Canaries et aux Philippines, envoyant de fines *Cartes postales* déroulant une imagerie exotique avec un prosaïsme voulu, sur un ton personnel, un de ses sonnets, *Outwards,* disant tout de lui :

> L'*Armand-Béhic* (des Messageries Maritimes)
> File quatorze nœuds sur l'Océan Indien...
> Le soleil se couche en des confitures de crimes,
> Dans cette mer plate comme avec la main.

> — Miss Roseway, qui se rend à Adélaïde,
> Vers le *Sweet Home* au fiancé australien,
> Miss Roseway, hélas, n'a cure de mon spleen;
> Sa lorgnette sur les Laquedives, au loin...

> — Je vais me préparer — sans entrain! — pour la fête
> De ce soir : sur le pont, lampions, danses, romances
> (Je dois accompagner Miss Roseway qui quête

> — Fort gentiment — pour les familles des marins
> Naufragés!). Oh, qu'en une valse lente, ses reins
> A mon bras droit, je l'entraîne sans violence

> Dans un naufrage où Dieu reconnaîtrait les siens...

C'est bien plus tard, en 1921, que ses vers devront leur fortune à l'enthousiasme de Larbaud qui se mira dans leurs thèmes.

Le premier livre de l'étrange et incomparable Raymond Roussel (1877-1933) qui sera l'initiateur du Nouveau Roman est de 1896. Ce curieux jeune homme, avant de choisir la solitude et, comme Levet, les voyages au long cours, mena la vie mondaine la plus brillante. La fortune de sa famille le lui permettait et il pouvait s'offrir plus d'extravagances qu'un Des Esseintes. Il commença à écrire en se cachant, puis, avide de gloire, il connut tous les échecs. Il avait des dons multiples : mathématiques, physique, musique, et ses œuvres en porteront le reflet. Après *la Doublure,* 1896, dont nous parlons ici, il publiera *la Vue,* 1902, *Impressions d'Afrique,* 1910, l'admirable *Locus Solus,* 1914, et encore *l'Étoile au front,* 1924, *la Poussière de soleils,* 1926, pour la scène, *Nouvelles impressions d'Afrique,* 1932, poème, *Comment j'ai écrit certains de mes livres,* 1935, posthume.

Au seuil de *la Doublure,* il avertit : « Ce livre étant un roman il doit se commencer à la première page et se finir à la dernière. » Déjà, Roussel fascine. Il possède l'art de la minutie descriptive. « L'art d'un Roussel, dit Montesquiou, de couper non pas, comme on dit, les cheveux en quatre, mais en quatre cent quarante mille, pour commencer, m'apparaît comme un phénomène digne d'être signalé à ceux qui font leurs délices de l'analyse, de l'énumération et de la nomenclature. » Michel Leiris parlera justement de « l'alliage insolite du simple-comme-bonjour et de la quintessence » et André Breton fera de Roussel « avec Lautréamont, le plus grand magnétiseur des temps modernes », avant que Michel Butor, Alain Robbe-Grillet, Michel Foucault ne le reconnaissent.

Les admirations du jeune Roussel vont à Victor Hugo et à Jules Verne. Écrivant *la Doublure,* il ressent « une sensation de gloire universelle d'une intensité extraordinaire ». Il y travaille jour et nuit dans une immense exaltation. Ses contemporains prendront-ils au sérieux ce jeune homme trop riche et trop doué qui commence par une évocation minutieuse du carnaval de Nice? Il faut lire la biographie de François Caradec pour découvrir les particularités et les originalités de ce poète hors du commun. Et puis, cette œuvre était déconcertante, trop en avance sur un temps où l'expression écrite n'est pas vouée tout entière à serrer la vérité humaine de plus près. Qui pouvait voir qu'elle marquait comme dit Bernard Noël, « un moment capital non seulement dans l'évolution de la " littérature ", mais dans les rapports de l'écrivain et de l' " écriture " »? Il faut voir comment les anthologistes et les historiens littéraires de son temps le traitent. Tout simplement par l'oubli. Dans *la Doublure,* il y avait déjà trop d'incisives curiosités, trop de « combinaisons imaginaires » (dira Pierre Janet), trop de microscopie poétique pour que les lecteurs de courte vue ne passent pas outre :

Quelquefois un reflet momentané s'allume
Dans la vue enchâssée au fond d'un porte-plume
Contre lequel mon œil bien ouvert est collé
A très peu de distance, à peine reculé;
La vue est mise dans une boule de verre
Petite et cependant visible qui s'enserre
Dans le haut, presque au bout du porte-plume blanc
Où l'encre rouge a fait des taches, comme en sang.
La vue est une très fine photographie
Imperceptible, sans doute, si l'on se fie
A la grosseur de son verre dont le morceau
Est dépoli sur un des côtés, au verso;
Mais tout enfle quand l'œil plus curieux s'approche
Suffisamment pour qu'un cil par moments s'accroche.
Je tiens le porte-plume assez horizontal
Avec trois doigts par son armure en métal
Qui me donne au contact une impression fraîche;
Mon œil gauche fermé complètement m'empêche
De me préoccuper ailleurs, d'être distrait
Par un autre spectacle ou par un autre attrait

Survenant au-dehors et vus par la fenêtre
Entr'ouverte devant moi...

Avec le ton habituel de la poésie, il y a rupture, et le lecteur put être surpris par ce prosaïsme constant, par cette observation du détail jugé par lui insignifiant. Qui voyait alors le carnaval comme le voit Roussel?

A cet endroit
La route fait à gauche un angle presque droit;
César en s'écriant : « Dieu que c'est beau! » fait halte,
Puis arrêtant Roberte avec la main, s'exalte,
Lui fait admirer par des gestes l'effet
Splendide, magnifique et sublime que fait
Dans son flot de couleurs diverses cette foule
De masques ressortant tout au fond sur la houle
Si bleue et si jolie et calme de la mer.

L'insuccès fut total. Il marqua la vie entière de Roussel. Ce fut un « choc d'une violence terrible ». Personne ne retrouvait « cette sensation de soleil moral » qu'il avait connue en composant son œuvre. Le monde le condamnait à être isolé. Il continua néanmoins sa recherche et nous reparlerons de lui, de *Locus Solus,* la plus extraordinaire aventure de l'esprit de notre temps. Cette prose, portée au théâtre, tout comme *la Poussière de soleils,* donna lieu à de véritables batailles d'Hernani. On connaît le mot de Robert Desnos qui figurait parmi les défenseurs de Roussel. On l'accusait, lui et son groupe, de former une claque. Il répondit : « Nous sommes la claque et vous êtes la joue. » Au cours de ses années de travail, ce créateur probe a connu les plus intenses douleurs : « Il m'est arrivé de me rouler par terre dans des crises de rage, en sentant que je ne pouvais parvenir à me donner les sensations d'art auxquelles j'aspirais. » Cet inventeur d'une nouvelle mythologie et d'un nouveau regard sur le monde par des constructions phonétiques et sémantiques inédites mourut à Palerme d'un abus de drogue, sans doute volontaire.

Situation de poètes à leurs débuts.

Louis Le Cardonnel (1862-1936) a fait des débuts profanes au *Chat Noir* et les cénacles symbolistes l'ont accueilli avec faveur. En 1894, il quitte Paris pour répondre à sa vocation religieuse et est ordonné prêtre en 1896. Il semble être perdu pour la poésie quand, en 1904, ses amis de jeunesse le décident à publier ses vers anciens et nouveaux. On lira ses *Poèmes* en 1904, *Carmina Sacra,* en 1912, ses *Poèmes retrouvés* en 1946. Dans ces chants classiques, le franciscanisme et l'orphisme se mêleront harmonieusement.

Charles Maurras (1868-1953), s'il a fait paraître *Pour Psyché* en 1891, s'il a été un des fondateurs de l'École Romane, s'il a été présent aux métamorphoses de la poésie, attendra 1925 pour publier *la Musique intérieure,* avec sa préface-manifeste, avant que, quelques mois avant sa mort, *la Balance intérieure,* 1952, lui apporte un complément.

Le militant socialiste Charles Péguy (1873-1914) sera un poète des premières années du siècle, mais déjà, en 1897, il a publié son drame *Jeanne d'Arc* annonçant une élévation spirituelle qui s'amplifiera. Sa première œuvre est dédiée « à tous ceux et à toutes celles qui sont morts pour tâcher de porter remède au mal universel ». Ses ardentes années de jeunesse sont consacrées au militantisme social et bientôt le retour à la religion va inspirer toute son œuvre.

Un grand seigneur qui peut reconstituer sa généalogie à partir du xıᵉ siècle, Oscar Venceslas de Lubicz-Milosz (1877-1939) né en Pologne d'une vieille famille de Lituanie, fait ses études en France dont il fait sa patrie d'adoption. Il fréquente les cénacles symbolistes et sous leur signe publie *le Poème des décadences,* 1899, en attendant que *les Sept solitudes,* 1906, révèlent un homme hanté par des visions d'histoire et de légende et que la fréquentation des textes sacrés l'ouvre aux grands problèmes de l'Être, du Temps et de l'Espace, du Mal et des grandes traditions ésotériques.

Jean Royère (1871-1955), pur mallarméen, fondateur du Musicisme, s'il n'a encore publié que *Exil doré,* 1898, ne se révélera qu'en 1904 avec ses *Eurythmies.* André Suarès (1868-1948), toujours méconnu en dépit de soixante-dix volumes, se voulut avant tout poète. Après des écrits en prose comme *les Pèlerins d'Emmaüs,* 1893, et *Lettres d'un solitaire sur les maux du temps,* 1894, 1899, 1900, il publie ses poèmes, *Airs,* 1900. Paul-Jean Toulet (1867-1920) ne sera publié qu'après sa mort. Léon-Paul Fargue (1876-1947) a débuté avec *Idée de retard,* 1893, et *Tancrède,* 1895. Victor Segalen (1878-1919) comme les poètes de l'Abbaye : René Arcos (1880-1959), Georges Duhamel (1844-1966), Charles Vildrac (1882-1971), Luc Durtain (1881-1959), comme Jules Romains (1885-1972), ne publiera qu'après 1900.

Au seuil du xxᵉ siècle, des poètes sont présents pour nous assurer que le grand, le gigantesque mouvement de la poésie moderne commencé au début de l'immense xıxᵉ siècle, va se développer. Tandis qu'apparaît 1900, le jeune Guillaume Apollinaire a vingt ans. Il jette un intense regard sur les siècles de la poésie française qu'il connaît mieux que quiconque et, à partir de ce tremplin, va commencer son élan vers l'avenir, faisant en quelque sorte une liaison et nous prouvant que cette histoire forme un tout, passé, présent, futur étant liés. En 1900, Max Jacob a vingt-quatre ans, André Salmon a dix-neuf ans, Jean Giraudoux dix-huit ans, Jules Supervielle et Georges Ribemont-Dessaignes ont seize ans, Pierre Albert-Birot, Jean Pellerin, François Mauriac en ont quinze, Henry de Montherlant et Francis Carco en ont quatorze, Saint-John Perse, Pierre-Jean Jouve et Blaise Cendrars en ont treize, Paul Morand en a douze, Tristan Derême, Jean Cocteau et Pierre Reverdy en ont onze, et les noms de tout petits enfants (Louis Aragon et Philippe Soupault, trois ans; Tristan Tzara et André Breton, quatre ans; Paul Éluard, cinq ans) sont là pour nous assurer que la relève est faite, que l'héritage est recueilli, que la leçon d'inventer toujours est comprise, et que l'histoire de la poésie française, déjà si riche, si féconde, si diverse, si mouvementée avec ses luttes et ses conquêtes, sa participation à l'histoire et à l'évolution des sensibilités, va entamer de nouvelles aventures qui ne se séparent jamais de la grande aventure humaine.

Index

Table des Matières

foi public » : Sagesse. Jadis et Naguère, Amour, Parallèlement.
Treize livres de poèmes. Regards sur Paul Verlaine.

*La composition
et l'impression de ce livre ont été effectuées
par l'Imprimerie Floch à Mayenne
pour les Éditions Albin Michel*

AM

*Achevé d'imprimer le 10 janvier 1977.
N° d'édition 5844. N° d'impression 14525.
Dépôt légal 1ᵉʳ trimestre 1977.*

IMPRIMÉ EN FRANCE